敦煌文獻合集

全國高等院校古籍整理研究工作委員會重大項目
浙江大學董氏文史哲基金資助項目
國家十五出版規劃重大項目

敦煌經部文獻合集

教育部人文社會科學研究重大項目（教社政〔2001〕89號）
國家古籍整理出版專項經費資助出版
浙江省省級社會科學學術著作出版基金

敦煌文獻合集

敦煌經部文獻合集

張涌泉 主編 審訂

第一册

羣經類周易之屬

羣經類尚書之屬

許建平 撰

圖書在版編目(CIP)數據

敦煌經部文獻合集/張涌泉主編、審訂. －北京:中華書局,
2008.8
ISBN 978－7－101－06035－5

Ⅰ.敦… Ⅱ.浙… Ⅲ.敦煌學－文獻－匯編 Ⅳ.K870.6

中國版本圖書館 CIP 數據核字(2008)第 017528 號

責任編輯: 李解民 徐真真

敦煌經部文獻合集
(全十一册)
張涌泉 主編、審訂
*
中 華 書 局 出 版 發 行
(北京市豐臺區太平橋西里 38 號 100073)
http://www.zhbc.com.cn
E－mail:zhbc@zhbc.com.cn
北京瑞古冠中印刷廠印刷
*
700×1000 毫米 1/16·368¼印張·32 插頁·6000 千字
2008 年 8 月第 1 版 2008 年 8 月北京第 1 次印刷
印數:1－1000 册 定價:3800.00 元

ISBN 978－7－101－06035－5

敦煌文獻合集

饒宗頤題

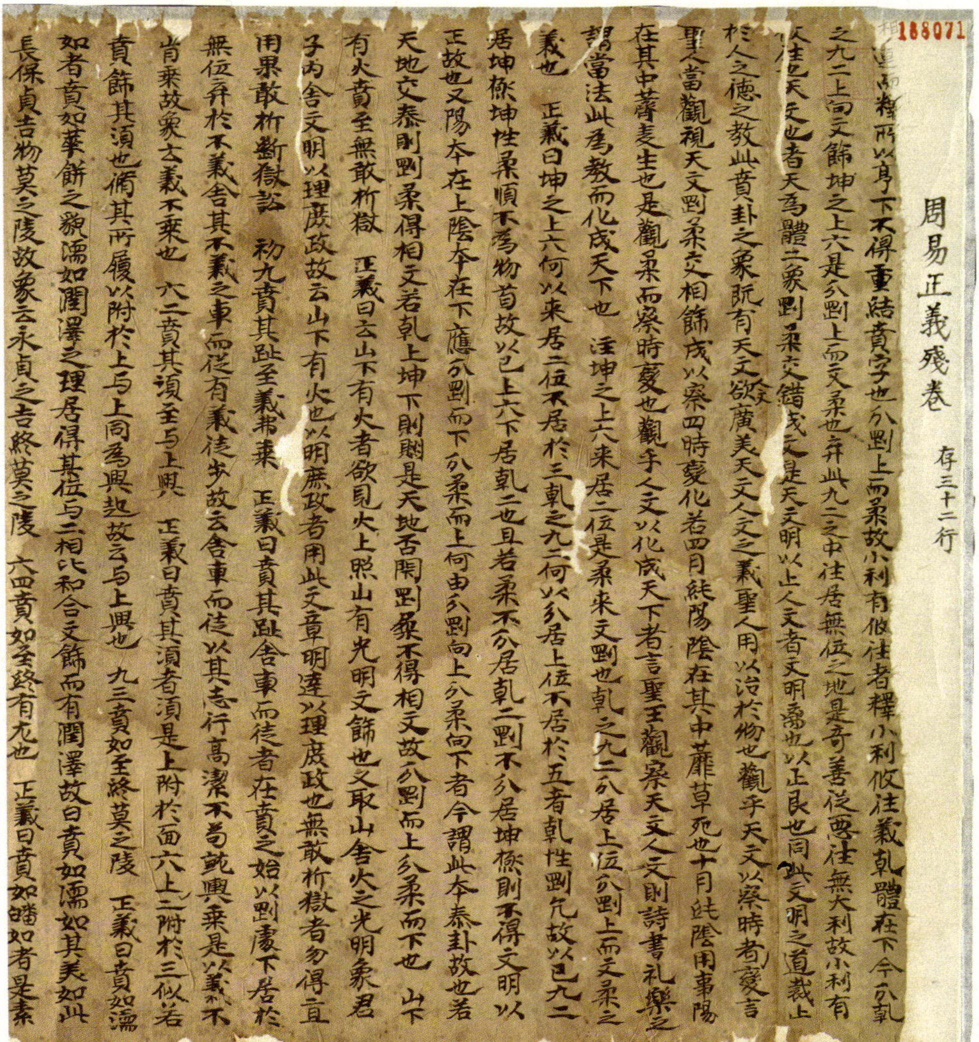

周易正義殘卷　存三十二行

188071

進而釋所以亨下不得重結賁字也分剛上而柔故小利有攸往者釋小利攸往義乾體在下今分乾
之九二上而文飾坤之上六是分剛上而文柔也并此九二之中往居無位之地是棄善從惡往無大利故小利有
攸往也天文也者天為體二象剛柔交錯成文是天文明以止人文者文明離也以止艮也用此文明之道裁止
於人之德之教此賁卦之象既有天文欲廣美天文人文之義聖人用以治於物也觀乎天文以察時變者言
聖人當觀視天文剛柔交相飾成以察四時變化若四月純陽陰在其中靡草死也十月純陰用事陽
在其中薺麦生也是觀剛柔而察時變也觀乎人文以化成天下者言聖王觀察天文人文則詩書礼樂之
謂當法此為教而化成天下也　注坤之上六來居二位是柔來文剛也乾之九二分居上位分剛上而文柔之
義也　正義曰坤之上六何以來居二位不居於三乾之九二何以分居上位不居於五者乾性剛亢故以己九二
居坤極坤性柔順不為物首故以己上六下居乾二也且若柔不分居乾二剛不分居坤極則不得文明以
止故也又陽本在上陰本在下應分剛而下分柔而上何由分剛向上分柔向下者今謂此本泰卦故也若
天地交泰則剛柔得相交若乾上坤下則是天地否閉剛柔不得相交故分剛而上分柔而下也　山下
有火賁至無敢折獄　正義曰云山下有火者欲見火上照山有光明文飾也又取山含火之光明象君
子內含文明以理庶政故云山下有火也以明庶政者用此文章明達以理庶政也無敢折獄者勿得直
用果敢折斷獄訟　初九賁其趾至義弗乘　正義曰賁其趾舍車而徒者在賁之始以剛處下居於
無位弃於不義舍其不義之車而從有義徒步故云舍車而徒以其志行高潔不苟就輿乘是以義不
肯乘故象云義不乘也　六二賁其須至与上興　正義曰賁其須者須是上附於面六二上附於三似若
賁飾其須也循其所履以附於上与上同為興起故云与上興也　九三賁如至終莫之陵　正義曰賁如濡
如者賁如華飾之貌濡如潤澤之理居得其位与二相比和合文飾而有潤澤故曰賁如濡如其美如此
長保貞吉物莫之陵故象云永貞之吉終莫之陵　六四賁如至終有尤也　正義曰賁如皤如者是素

傅斯年圖書館一八八〇七一號《周易正義（賁卦）》圖版（一）
臺北中研院歷史語言研究所藏品

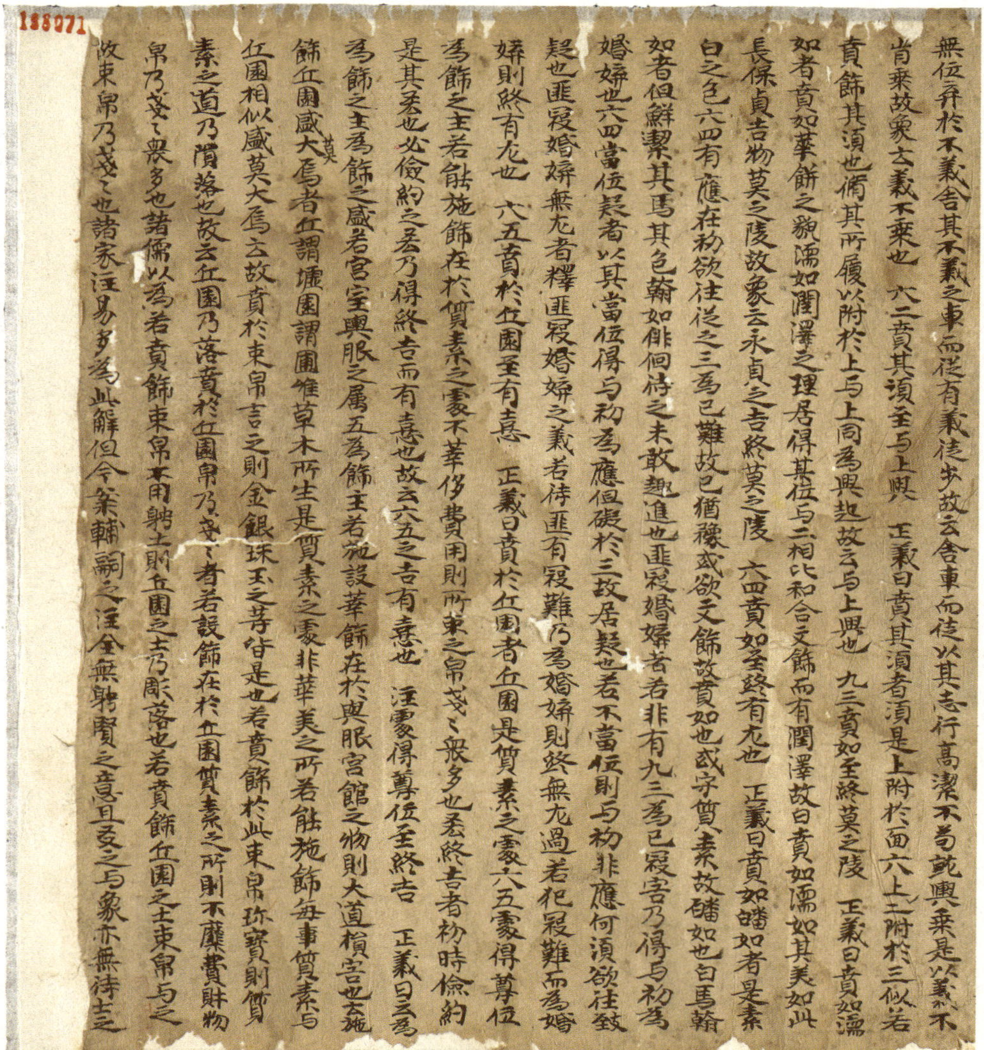
無位弃於不義舍其不義之事而從有義徒步故云舍車而徒以其志行高潔不苟就輿乘是以義弃不
肯乘故象云義不乘也　六二賁其須至与上興　正義曰賁其須者須是上附於面六上二附於三似若
賁飾其須也循其所履以附於上与上同為興起故云与上興也　九三賁如至終莫之陵　正義曰賁如濡
如者賁如華飾之貌濡如潤澤之理居得其位与二相比和合文飾而有潤澤故曰賁如濡如其美如此
長保貞吉物莫之陵故象云永貞之吉終莫之陵　六四賁如至終有尤也　正義曰賁如皤如者是素
白之色六四有應在初欲往從之三為已難故已猶豫或欲文飾故賁如也或守質素故皤如也白馬翰
如者但鮮絜其馬其色翰如徘徊待之未敢趣進也匪寇婚媾者若非有九三為已寇害乃得与初為
婚媾也六四當位疑者以其當位得与初為應但礙於三故居疑也若不當位則与初非應何須欲往致
疑也匪寇婚媾無尤者釋匪寇婚媾之義若待匪有寇難乃為婚媾則終無尤過若犯寇難而為婚
媾則終有尤也　六五賁於丘園至有憙　正義曰賁於丘園者丘園是質素之處六五處得尊位
為飾之主若能施飾在於質素之處不華侈費用則所束之帛戔戔衆多也吝終吉者初時儉約
是其吝也必儉約之吝乃得終吉而有憙也故云六五之吉有憙也　注處得尊位至終吉　正義曰為
為飾之主為飾之盛若宮室輿服之屬五為飾主若施設華飾在於輿服宮館之物則大道損害也若施
飾丘園盛莫大焉者丘謂墟園謂圃唯草木所生是質素之處非華美之所若能施飾每事質素与
丘園相似盛莫大焉云故賁於束帛言之則金銀珠玉之等皆是也若賁飾於此束帛珍寶則質
素之道乃隤落也故云丘園乃落賁於丘園帛乃戔戔者若設飾在於丘園質素之所則不靡費財物
帛乃戔戔衆多也諸儒以為若賁飾束帛不用聘士則丘園之士乃隤落也若賁飾丘園之士束帛与之
故束帛乃戔戔也諸家注易多為此解但今案輔嗣之注全無聘賢之意且爻之与象亦無待士之

傅斯年圖書館一八八〇七一號《周易正義（賁卦）》圖版（二）
臺北中研院歷史語言研究所藏品

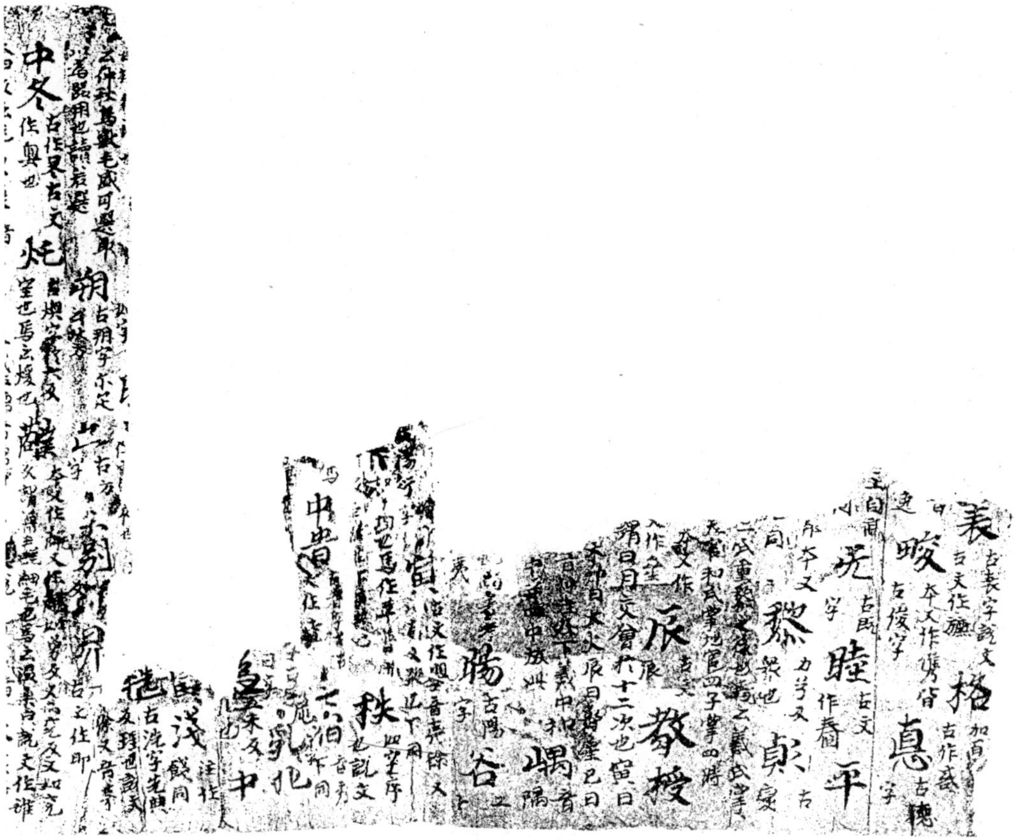

伯三三一五號《尚書釋文（堯典、舜典）》圖版

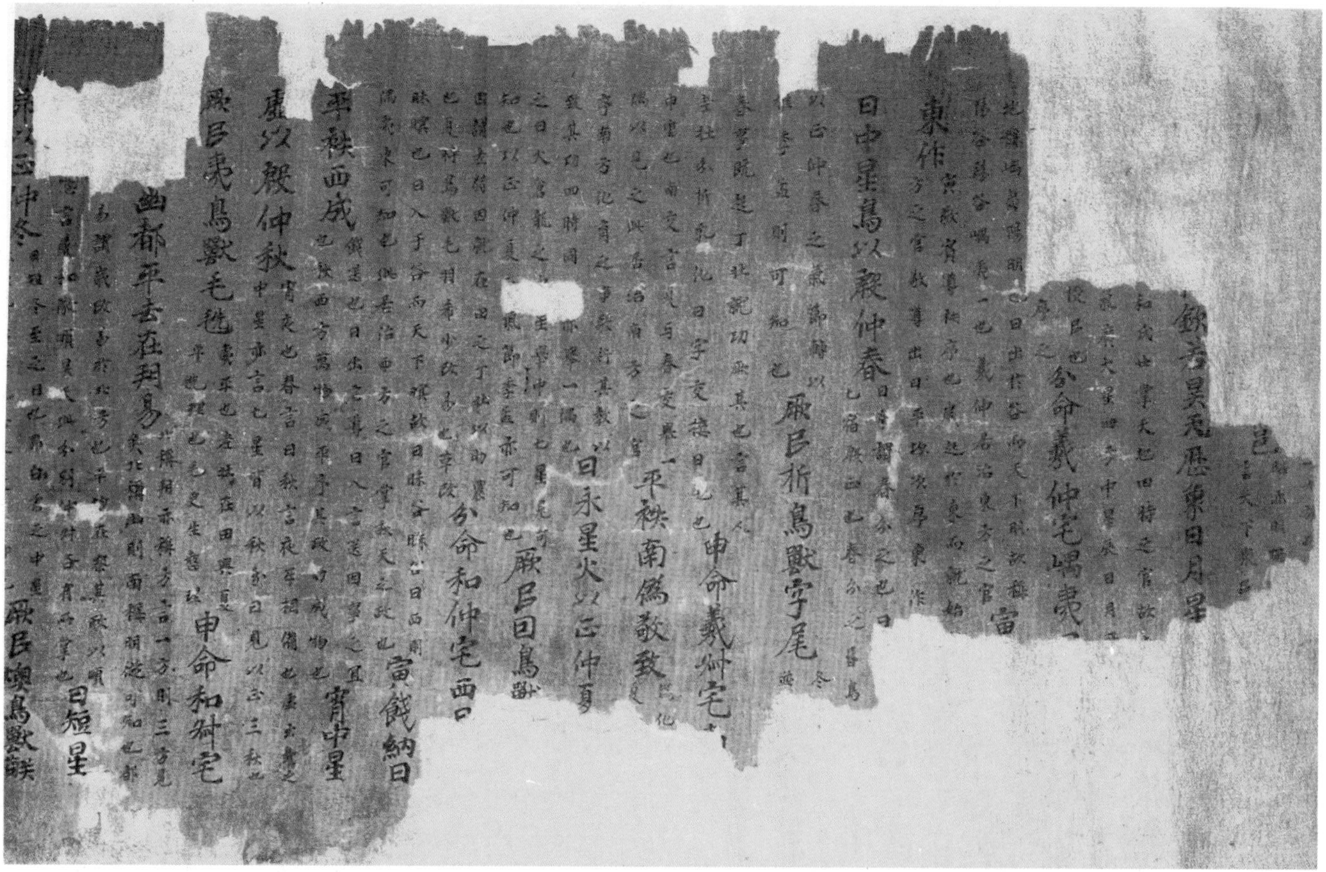

北敦一四六八一（北新八八一）號《古文尚書傳（堯典、舜典）》圖版（一）

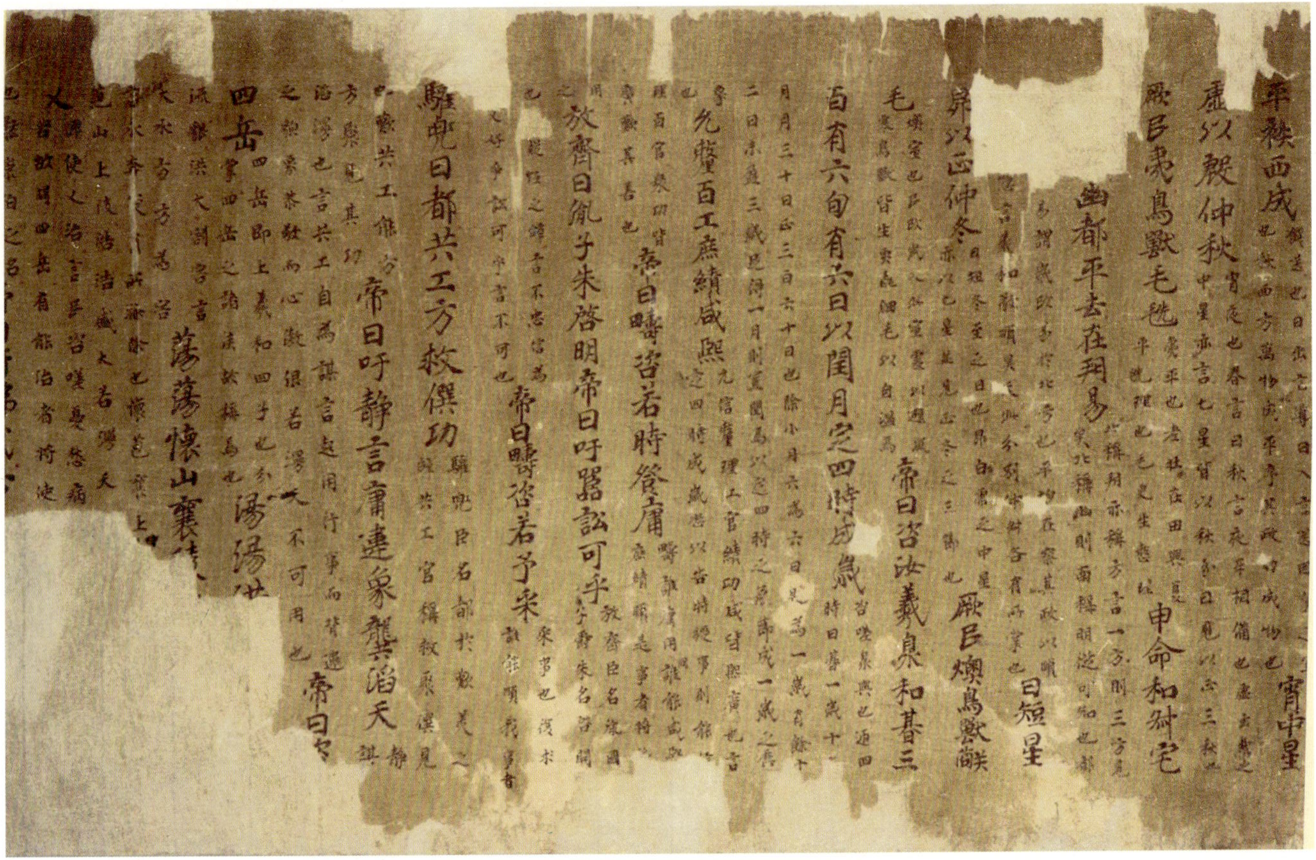

北敦一四六八一（北新八八一）號《古文尚書傳（堯典、舜典）》圖版（二）

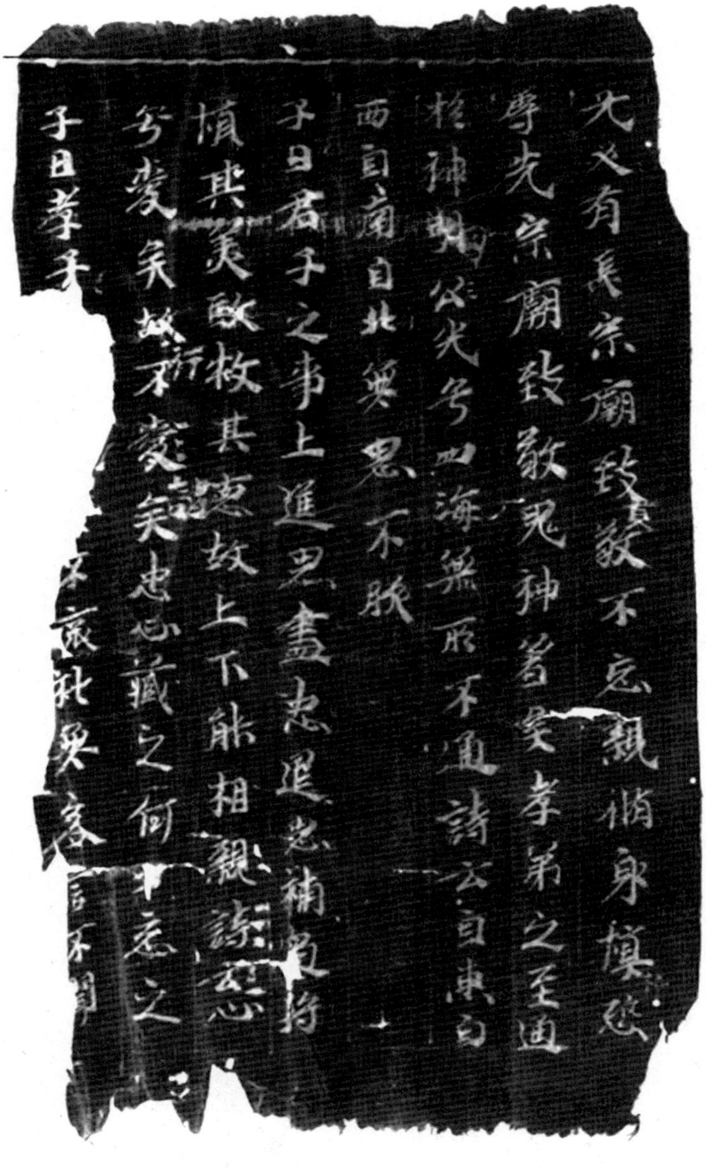

敦研三六六號《孝經（感應－喪親）》圖版（一）

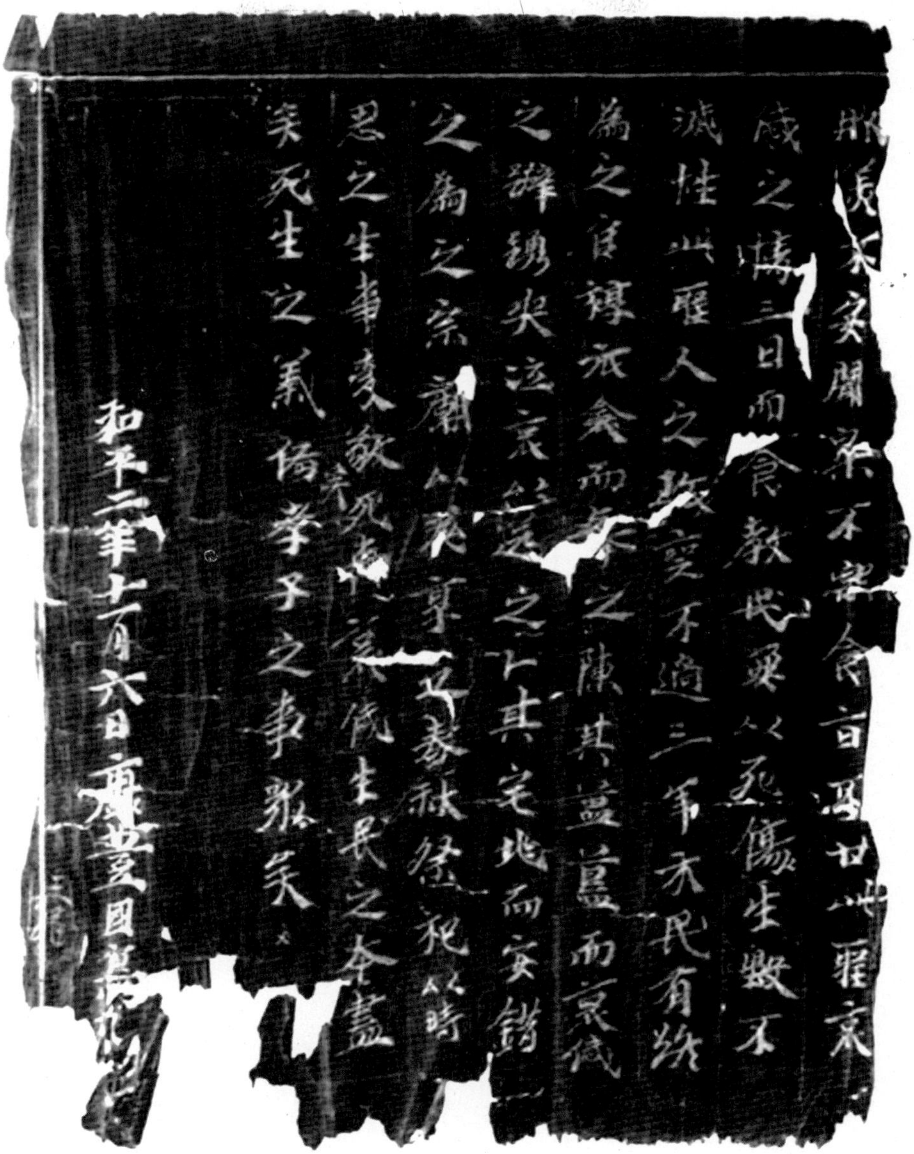
服美不安聞樂不樂食旨不甘此哀
戚之情也三日而食教民無以死傷生毀不
滅性此聖人之政也喪不過三年示民有終
為之棺槨衣衾而舉之陳其簠簋而哀戚
之擗踊哭泣哀以送之卜其宅兆而安錯之
之為之宗廟以鬼享之春秋祭祀以時
思之生事愛敬死事哀戚生民之本盡
矣死生之義備矣孝子之事親終矣
和平二年十月六日

敦研三六六號《孝經（感應－喪親）》圖版（二）

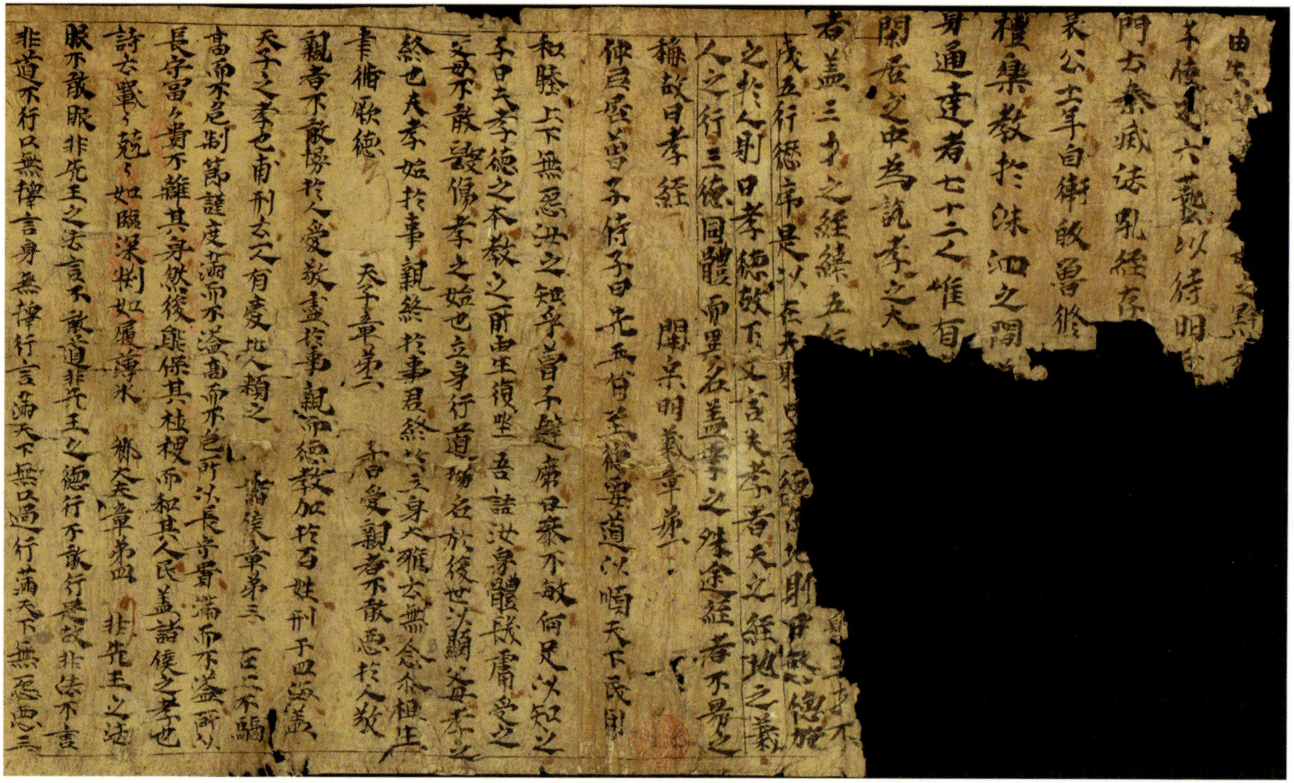

斯一三八六號《孝經（序－喪親）》圖版

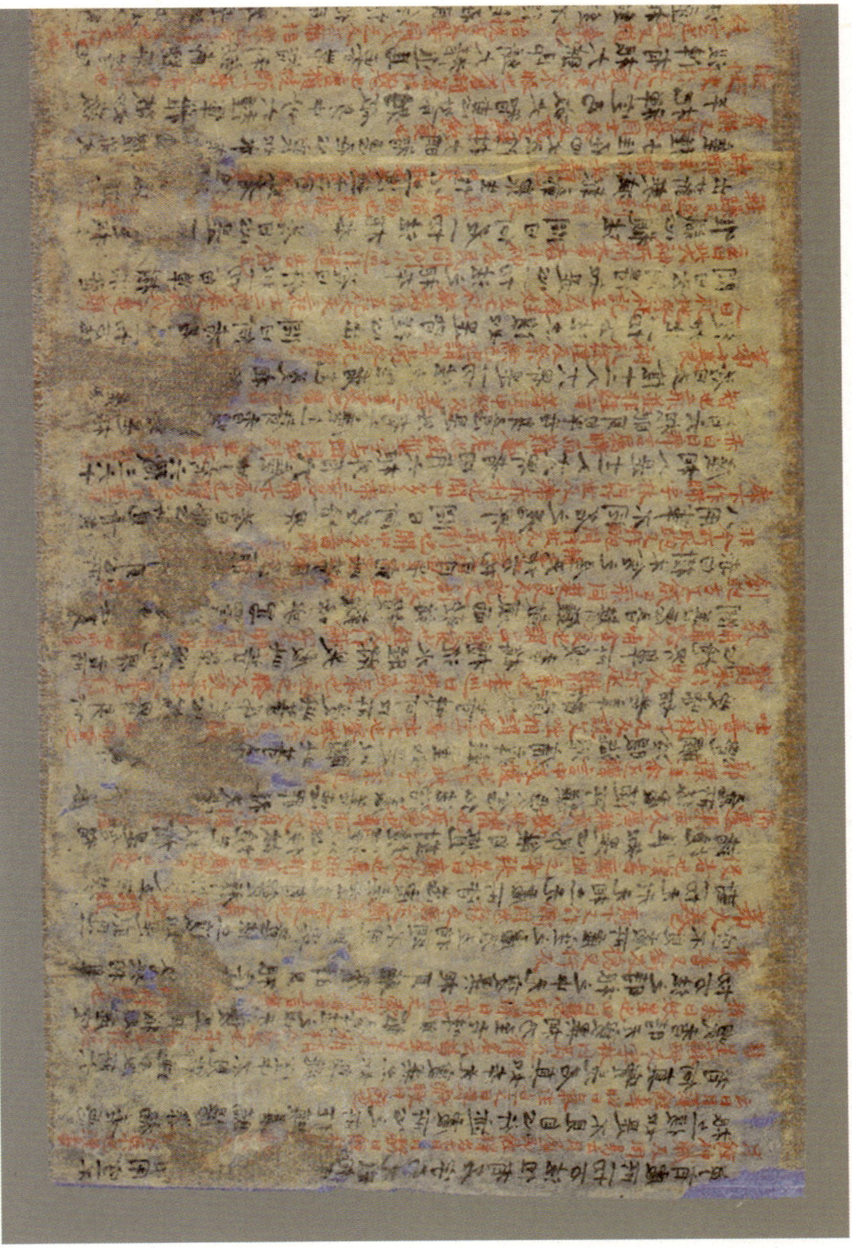

伯三〇九五號背《一切經音義》圖版（一）

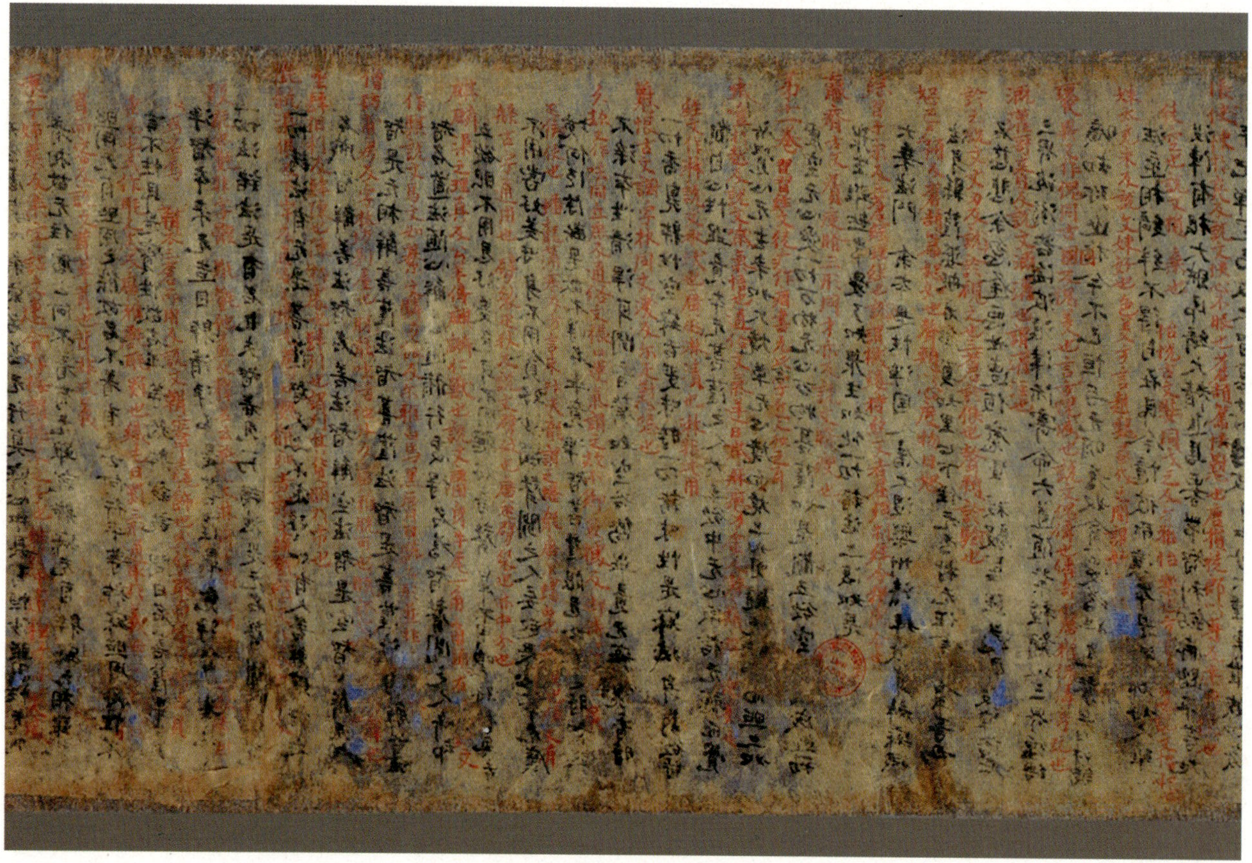

伯三〇九五號背《一切經音義》圖版（二）

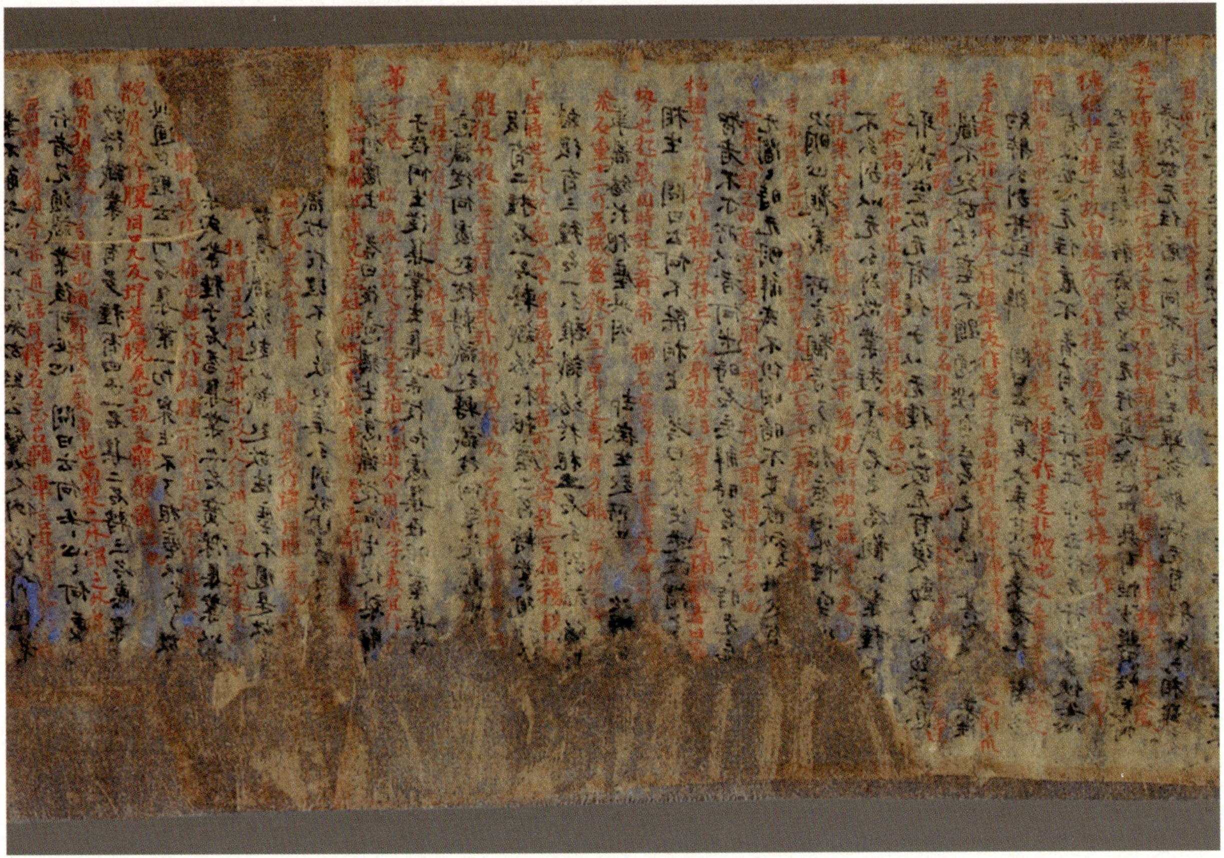

伯三〇九五號背《一切經音義》圖版（三）

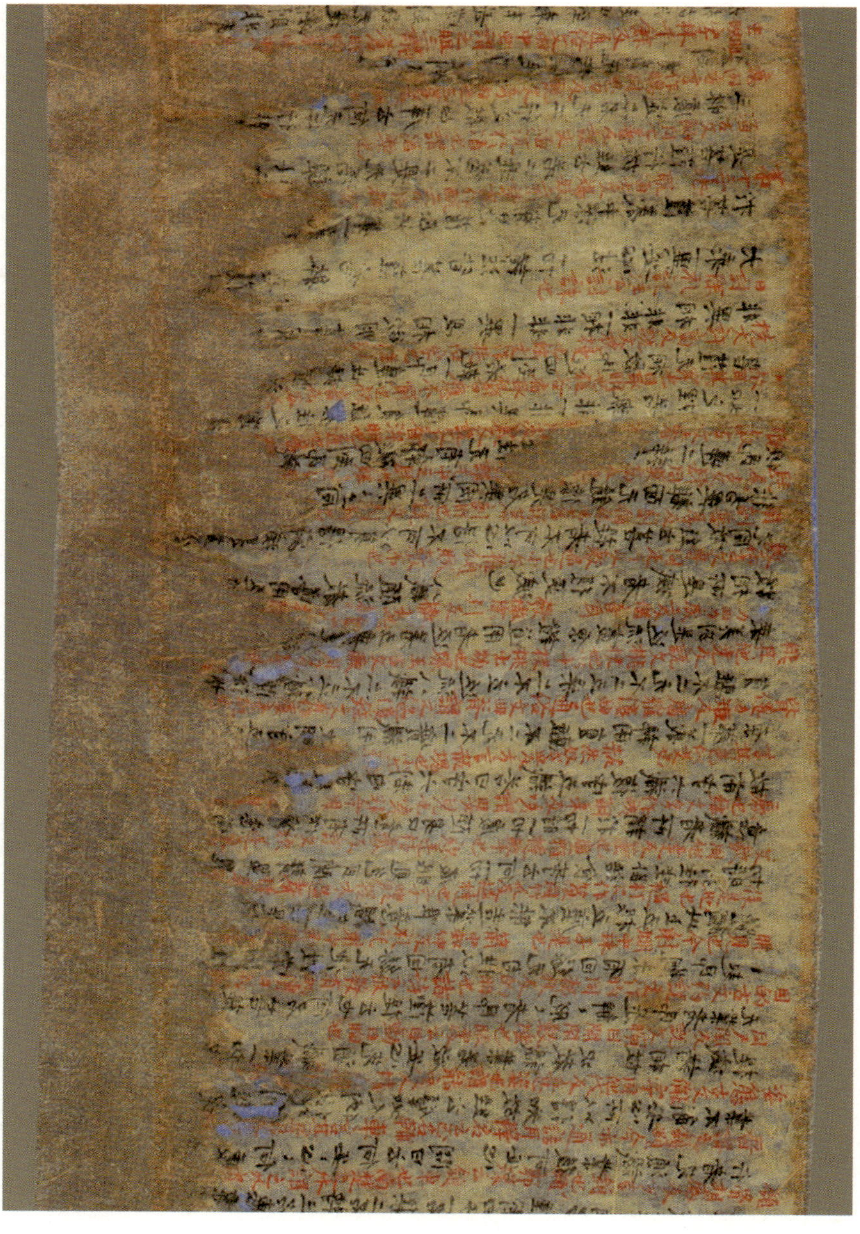

伯三〇九五號背《一切經音義》圖版（四）

伯三〇九五號背《一切經音義》圖版（五）

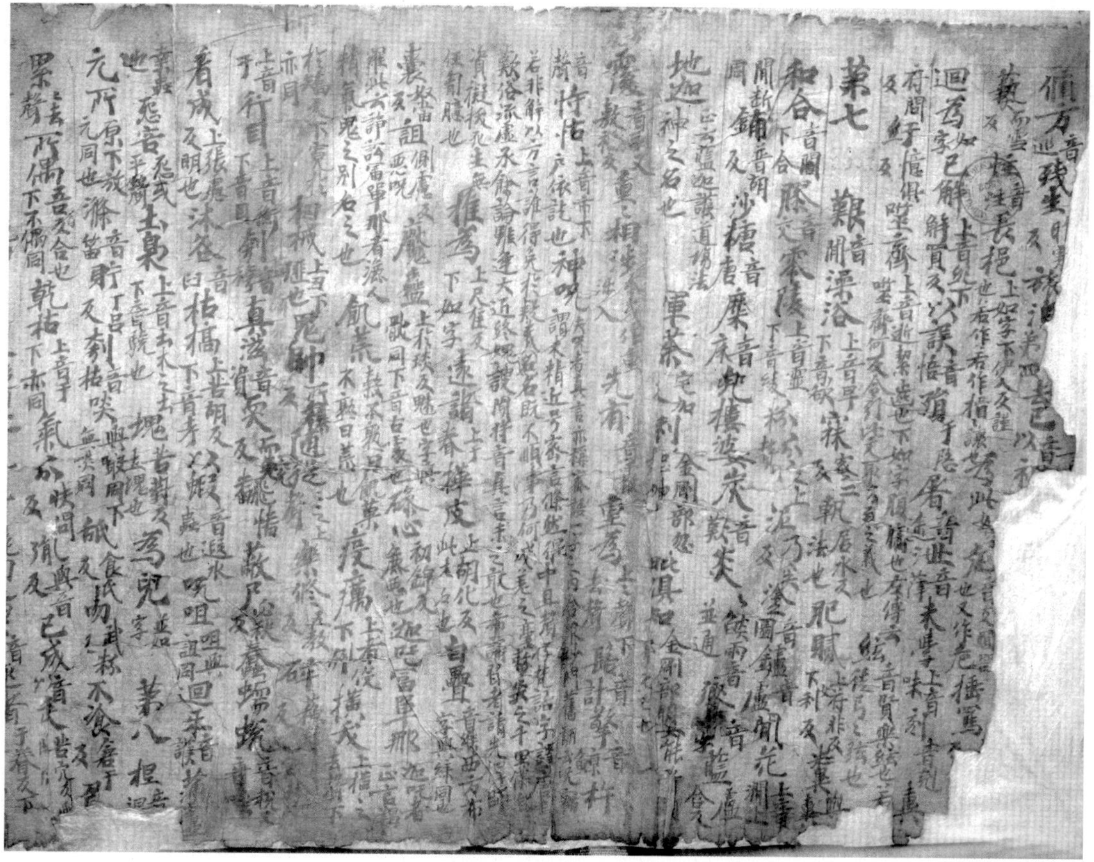

伯三六五一號《大佛頂經音義》（據中國國家圖書館藏王重民、向達所攝照片）圖版（一）

伯三六五一號《大佛頂經音義》（據中國國家圖書館藏王重民、向達所攝照片）圖版（二）

伯三六五一號《大佛頂經音義》（據中國國家圖書館藏王重民、向達所攝照片）圖版（三）

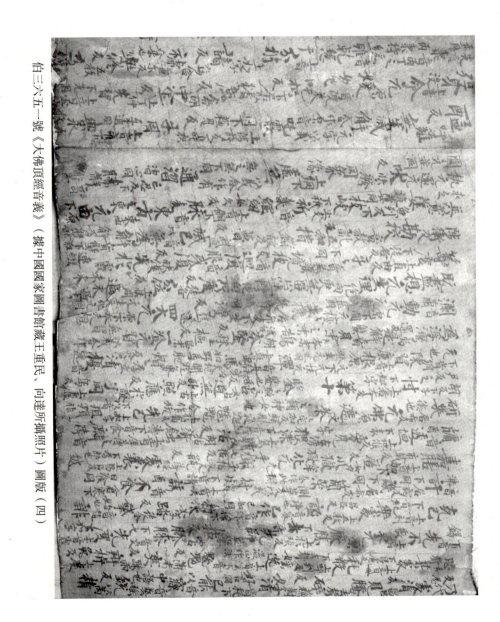

伯三六五一號《大佛頂經音義》（據中國國家圖書館藏王重民、向達所攝照片）圖版（四）

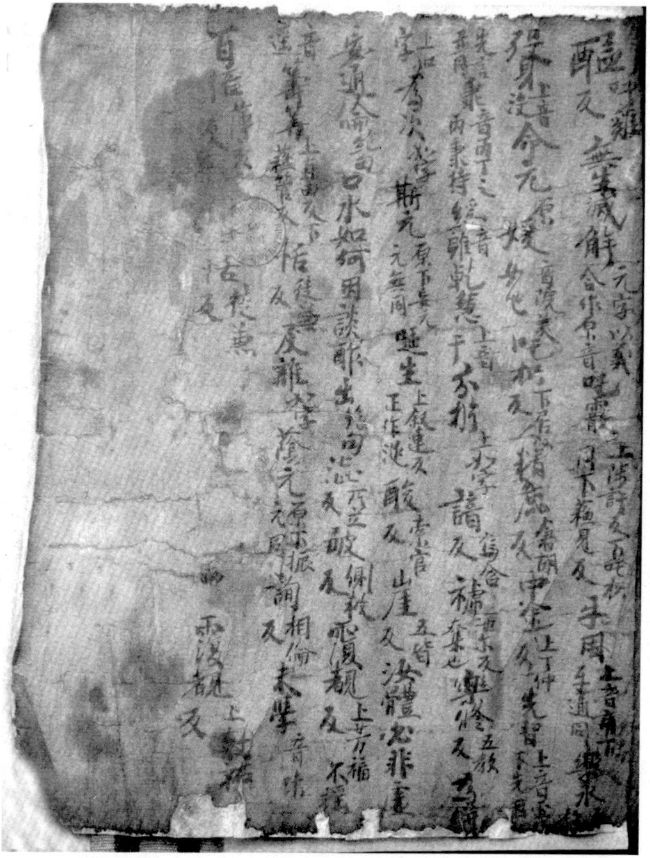

伯三六五一號《大佛頂經音義》（據中國國家圖書館藏王重民、向達所攝照片）圖版（五）

總目

第一册

序……項楚 一
前言…… 一
凡例…… 一
目録…… 一
羣經類周易之屬…… 一
羣經類尚書之屬…… 一〇七

第二册

羣經類詩經之屬…… 四二一
羣經類禮記之屬…… 九六九

第三册

羣經類左傳之屬……………………………………一〇一七
羣經類穀梁傳之屬……………………………………一三六三

第四册

羣經類論語之屬……………………………………一四三七
羣經類孝經之屬……………………………………一八八三
羣經類爾雅之屬……………………………………二〇一七

第五册

小學類韻書之屬（一）……………………………………二〇七七

第六册

小學類韻書之屬（二）……………………………………二七二三

第七册

小學類韻書之屬（三）……………………………………三三〇九
小學類訓詁之屬……………………………………三六一一

第八册
小學類字書之屬……三八〇一
第九册
小學類羣書音義之屬……四三五七
第十册
小學類佛經音義之屬（一）……四七八三
第十一册
小學類佛經音義之屬（二）……五三二一
後　記……張涌泉　五七八五
附　録　敦煌經部文獻卷號索引

序

項楚

敦煌文獻的發現，是世界文化史上的一件大事。多達六萬件左右的古代寫本、刻本，聚集了公元四至十一世紀古代歷史文化的無盡寶藏，迅速形成了一門引領二十世紀學術潮流的國際顯學——敦煌學，從而在很大程度上改寫了整個中國學術文化研究的面貌。一百多年來，數以萬計的專家學者焚膏繼晷，先後相繼，刊布了大量的整理研究著作，取得了許多重要的成果。但由於敦煌文獻分散在中、英、法、俄、日等許多國家，加上各家館藏多按流水號收藏，編排雜亂，讀者查閱利用不便，所以以往的研究，多是挖寶式的研究，研究者對研究對象往往缺少整體把握，只見樹木，不見森林，隔閡甚至疏誤時有所見。近幾十年來，各國所藏敦煌文獻陸續公布於世，纔爲系統全面的整理研究提供了條件。

正是在這種背景下，二十世紀九十年代後期，以張涌泉教授爲首的一批年輕的敦煌學家開始了《敦煌文獻合集》的編撰工作。現在，經過十多年的艱苦努力，這一項目的部分成果即將由中華書局出版。作爲該書最早的讀者之一，我想可以用『集大成，高水平』六個字來表述我閱讀後的感受。

先説『集大成』。如上所説，敦煌文獻各家館藏大都是以入藏先後的流水號編目排序的，後來的影印出版物也大抵以此爲序，没有分類，讀者使用起來很不方便。雖然後來有過一些專題性的索引或匯編著作，但往往掛一漏萬，不夠全面。本書則通過對現已公布的所有敦煌文獻的全面普查，在分類、匯聚、定名、綴合、匯校等工作的基礎之上，把所有相關寫卷及其校録成果全部類聚在一起。如經部小學類，就含括了陸法言《切韻》的傳寫本、箋注本《切韻》、王仁昫《刊謬補缺切韻》、《唐韻》殘本、《大唐刊謬補缺切韻》、《字寶》、《字樣》、《正名要録》、《俗務要名林》、《千字文》、《開蒙要訓》、《經典釋文》、《毛詩音》、《禮記音》、《楚辭音》、《文選音》、《莊子集音》、《莊子音義》、玄應《一切經音義》、可洪《藏經音義隨函録》等一千多個字書、韻書、訓詁書、音義書的敦煌卷子。又如《千字文》寫卷，《敦煌遺書總目索引》、《敦煌遺書最新目録》各著録三十五件；《敦煌遺書總目索引新編》著録四十二件。《敦煌蒙書研究》收載《千字文》寫卷最多，亦僅四十七件。而據本書敘録，包括習字雜抄在内，敦煌文獻涉及《千字文》的寫卷竟達一百四十件之多（綴合後一一九件），其中包括《篆書千字文》二件、《真草千字文》四件、《漢藏對音千字文》二件、《千字文注》二件、《新合六字千文》四件、普通本《千字文》一二一件，收載詳備，庶無遺珠之憾。

在類聚的基礎上，編者還進行了匯校的工作。匯校包含兩層意思：一是把不同異本的信息匯聚在一起。敦煌文獻中同一古書或文書往往有多少不等的異本，這種不同的異本會在内容或字句方面有出入，從而形成異文。由於種種原因，敦煌寫本的抄寫質量是不一致的，即便是最好的本子，也會存在或多或少的問題，這就需要參考其他異本來加以糾正。而且敦煌寫本不少是現存最早的傳本，由於未經後人校刻竄亂，更多地保存着古書的真相，可據以糾正傳本中的大量錯誤。所以有必要在選定底本的基礎上，參考其他異本（包括傳世本），一一寫成定本。二是把後人的整理研究成果匯聚在一起。以往挖寶式的校録整理，質量良莠不齊，既有真知灼見，也有一葉障目的胡言亂語。這些校録成果散在各處，讀者利用不便，現在在多數寫卷都已經公布的情況下，應該匯聚各家研究成果，吸收表彰正確意見，對一些誤校誤説，也需要作必要的批判，以免謬種流傳。這也是學術規範的要求。作者對這兩種意義的匯校，也都做得本色當行，不僅相關的研究資料幾乎網羅無遺，其收採之全之富，令人歎服；而且明異同，定是非，對每一種文獻、每一個句子甚至每一個字都逐一加以案斷，作出定論，確實是名副其實的敦煌文獻整理研究的集大成之作。正是這種集大成的類聚匯校工作，使後來者有所依凭，得以從更宏闊的學術視野，對每一件文獻作更爲系統全面的研究，從而極大地提高敦煌文獻的整體研究水平，昭示着敦煌學研究的新的方向。

再説『高水平』。二十年前，我在一篇文章中曾經這樣説過：

今天閱讀敦煌變文、王梵志詩和其他敦煌俗文學作品，存在着三個主要障礙。一是由於抄寫卷子的人文化水平低，原卷文字錯訛脱漏嚴重，其間還有許多當時民間流行的俗字，也增加了辨識的困難。二是其中使用了大量唐五代的口語詞彙，這在當時雖是一聽就懂，今天的讀者却感到難以索解。三是由於時代的變遷，它們反映的歷史背景和思想觀念，和我們有較大差距，例如其中有大量描寫佛教題材或表現佛教思想的作品，今天的一般讀者就很難讀懂了。（《敦煌文學研究漫談》，載《文史知識》一九八七年第十二期）

其實，這三個障礙幾乎也同樣存在於其他敦煌文獻之中。這就需要整理研究者具有較爲廣博的中國傳統文化學養和比較扎實的小學根柢；需要由精於古代語言文字的學者，對敦煌文獻加以系統全面的校録，做成像標點本二十四史那樣的定本，使之成爲各個學科都可以使用的材料。浙江大學的敦煌學研究素以語言文字和文獻整理見長，這一特色同樣也鮮明地呈現在本書之中。如編者自己所説，每個卷子的校録，至少與敦煌文獻的圖版核對過三次，真正做到一絲不苟，精益求精，不但糾正了大量寫卷本身的傳抄之誤以及後人的誤録誤校，保證了校録文本的可靠可信，而且融進了編者自己的許多研究心得，多發人所未發，在定名、綴合、斷代、辨僞、校勘等方面都有很多自己的創獲。這方面的例子很多，我這裏只拈出大家熟知的《千字文》首段中的一個例子來略作説明：

天地玄黄，宇宙洪荒。日月盈昃，辰宿列張。寒來暑往，秋收冬藏。閏餘成歲，律吕調陽。雲騰致雨，露結爲霜。

其中『吕』字日本小川爲次郎舊藏古寫本和宋大觀三年薛嗣昌刻石本智永《真草千字文》真書皆作『召』，明許光祚跋故宫博物院藏薛嗣昌刻本《真草千字文》遂云：『余前後見永師《千文》無慮數十善本，未有最初墨榻絲髮皆全如此㝵也者。……況前「律召調陽」乃永師原本乎！』李日華跋亦云：『「律吕」作「律召」，意謂律陽吕陰，律所召之氣足以調陽耳。』啓功《説〈千字文〉》（《啓功草書千字文》末附，中國和平出版社一九九一）亦以作『召』者爲是，而疑作『吕』者爲避宋諱所改（宋太祖趙匡胤四世祖名朓，啓功先生謂『朓』字從『兆』得聲，與『召』音近又同部）。各家言之鑿鑿如此，似無容復置喙者。但本書小學類字書之屬《千字文》下校記，則指出『吕』字斯五四五四、伯三〇六二、伯三一〇八、伯三六二六號等敦煌寫本多同，斯三八三五、伯三六一四號作『侣』，乃『吕』字音誤；斯五四六七、五九六一號《新合六字千文》有『十二月律吕調陽』句，亦用『吕』字。作者進而指出：

今案敦煌諸本皆作『吕』或音誤作『侣』，而無一作『召』，可定避宋諱説之不確。又考智永此字草書日本小川爲次郎舊藏本作『』，宋大觀三年薛嗣昌刻石本作『』，似皆即『吕』字草書（《草字編》載懷素、王升等人草書有作近似形狀者，蓋由『吕』字所從的『口』草體作倒書

的『厶』形，進一步草化即成『乚』形；而『召』字各家草書類皆點畫起筆，字形有明顯的區別），因疑小川、薛刻本真書『召』實『吕』字誤書。許、李二跋據謬字立説，殆不可從。日本上野淳一氏藏弘安十年（一二八七）寫本李暹《注千字文》『律吕調陽』句下注云：『律，六律也；吕，六吕也。律陽也，吕陰也，言人君有道則陰陽調順，各應其節，不相奪倫，故冬无伏陽，夏无僭陰也。』清汪嘯尹纂輯、孫謙益參注《千字文釋義》云：『律吕者，所以調和陰陽，言陽而不言陰者，省文以就韻也。』皆可參。

這條校記以衆多敦煌寫本爲據，再通過古本草書字形及文義的分析，證明『吕』是而『召』非，論證充分有力，結論令人信服。

類似精彩的例子書中所在多有，不必我多舉例子了。正是這些融入了編者心得的新見勝義，顯示出了編者廣博的學養和敏鋭的學術洞察力，使本書達到了敦煌文獻整理研究的最新學術水準。

本書編者在『前言』中説，本項目自一九九七年初正式啓動，歷經八年『抗戰』，纔完成經部部分的撰寫工作。接着還有史部、子部、集部，看來還得再有幾次『抗戰』纔能大功告成。人生難得，但更難得的是能在有限的人生中投身到敦煌文獻總集的編纂這樣的盛舉之中。我們期待着編者再接再厲，早日完成這一曠世盛典，昂首自立於世界敦煌學著作之林，爲祖國争取更大的光榮。

二〇〇七年歲末，於四川大學江安花園寓所

前言

一

二十世紀初，在中國甘肅省的敦煌莫高窟藏經洞發現了六萬件左右唐朝前後的手寫本和少數刻本文獻，震動了整個世界。這次發現的文獻數量之多，價值之高，影響之大，都是空前的。文獻的内容，涉及中國十一世紀以前（尤其是五世紀至十世紀）的歷史、政治、經濟、宗教、語言、文學、科技、社會生活和中外關係等各個方面，它們不僅是中華民族文化遺産中的瑰寶，也是全人類共同的寶貴財富。

然而令人遺憾的是，這些文獻發現不久，大多被國外的『探險家』劫掠而去，從而給研究者帶來了極大的困難。最近幾十年來，在學人的呼籲和努力下，世界各國所藏的敦煌文獻陸續公布於世。二十世紀五十年代至七十年代，英國、中國和法國先後將各自收藏的大部分敦煌文獻攝製成縮微膠卷；八十年代，中國臺灣學者又據縮微膠卷編輯影印了一百四十鉅册的《敦煌寶藏》；近幾年，中國國内幾家出版社又據原卷照片影印出版了《英藏敦煌文獻（漢文佛經以外部分）》、《俄藏敦煌文獻》和上海博物館、上海圖書館、北京大學、天津藝術博物館、浙江、甘肅所藏敦煌文獻，并正在影印出版法國國家圖書館、中國國家圖書館藏敦煌文獻，從而爲各國學人查閱敦煌文獻更清晰的影本提供了條件。但由於這些出版物價格昂貴，若以學者個人的財力來購置顯然力不從心，即使是一般的中小型圖書館也很難有財力全部予以購置。這在很大程度上阻礙了敦煌學研究的深入與普及。

同時由於上述出版物都是按各地館藏流水號影印出版的，没有分類，編排雜亂，讀者使用起來很不方便。而且由於敦煌文獻主要是以寫本的形式保存下來的，其中有着許多殊異於後世刻本的特點，讀者閲讀困難重重。一般認爲，研閲敦煌文獻有四大障礙：一是敦煌寫本多俗字，辨認不易；二是敦煌文書多俗語詞，理解不易；三是敦煌卷子多爲佛教文獻，領會不易；四是敦煌寫本有許多不同於後世刻本的書寫特點，把握不易。近一個世紀以來，世界各國研究敦煌學的前輩學者，曾爲敦煌文獻的校録付出過艱苦的努力，并陸續刊布了一些敦煌文獻的校録本，但這種校録往往是零散的、不完整的，而且由於對上列四大難點缺少深入的研究，不少校録著作失誤較多。所以不少學者提出，在利用敦煌文書資料以前，必須先『由精於中國文字學，特别是敦煌漢文卷册所有的文字』的學者，『將其加以徹底與通盤的校録』；按比較合理的分類體系重新編排，編纂一部集大成的敦煌文獻合集，做成像標點本二十四史那樣的『定本』，使敦煌文獻成爲各個學科都可以使用的材料。確實，也只有建立在這種高質量的文本校録基礎之上，敦煌學研究纔能走向深入，纔能産生一批無愧於我們這個時代的超越前人的研究精品。

敦煌在中國，敦煌學在世界。經過無數中外學人的共同努力，敦煌學已經成爲一門國際性的顯學。但在二十世紀八十年代之前，由於種種原因，敦煌學是『吾國學術之傷心史』，以致有『敦煌在中國，研究在外國』的説法，這當然是我們國人的奇耻大辱。但是我們自己『技不如人』，實在怨不得别人。二十世紀八十年代以後，我國敦煌學界發憤圖强，後先相繼，成果豐碩，局面已大爲改觀。但仍缺乏集大成的著作問世。匯輯出版一部集大成的高質量的敦煌文獻總集，真正昂首自立於世界敦煌學著作之林，可以説是我國學術界幾代人的心願，是『古籍史上前無古人的』偉業（原國家新聞出版總署副署長、全國古籍整理出版規劃領導小組常務副組長楊牧之語，《光明日報》二〇〇二年十一月二十一日C1版）。

鑒於以上原因，我們——一批年輕的敦煌學研究者——在有關部門的大力支持下，從一九九七年起，開始實施《敦煌文獻合集》工程。該工程擬分兩步進行：第一步將把除翻譯佛經以外的所有漢文敦煌文獻匯爲一編；第二步再整理翻譯佛經部分。估計全書總字數將達八千萬左右。同時，在系統分類整理的基礎上，我們將利用信息技術，促進敦煌文獻整理研究手段的更新和現代化，建設敦煌文獻數據庫，使珍貴的敦煌卷子從圖書館走進學者的書房，使敦煌文獻成爲全世界的學人在書房中即可利用的材料。這對於促進敦煌學研究的深入和普及，使敦煌學在新的世紀取得更大的成就，將發揮鉅大的作用。

二

《敦煌文獻合集》（漢文翻譯佛經以外部分）按傳統的四部分類法整理編排，目的是爲學術界提供一部校録精確、查閲方便的敦煌文獻的排印本。我們所做的整理工作主要包括以下五個方面：

（一）分類

如前所説，各家館藏大都是以入藏先後的流水號編目排序的，後來的影印出版物也大抵以此爲序，没有分類，編排雜亂，讀者使用起來很不方便。另外，不少寫卷存有異本，而這些不同的異本往往分置各處，也不利於讀者研閲比較。本書在對現已公布的所有敦煌文獻進行全面普查的基礎上，改按傳統的四部分類法分類編排，同一文獻撕裂爲數卷的合併校録；同一文獻有異本的選擇其一作爲底本，其餘作爲參校本，其異同寫入校記，不一一分開校録；從而保證了同一類文獻的相對集中，爲讀者閲讀利用帶來了極大便利。如敦煌文獻中共有唐釋玄應的《一切經音義》的寫本三十九件，分藏於中、法、英、俄各國。其中斯三四六九號、敦研三五七號二件，前者爲玄應《一切經音義》卷二《大般涅槃經》第一卷音義，後者爲同一經第十一、十二卷音義，二件之間略有殘缺，但字體行款完全相同，實爲同一寫本的殘片，而一在倫敦，一在中國敦煌，遠隔萬里，影印本亦邈不相涉（敦研三五七號《甘肅藏敦煌文獻》編者誤擬作『字書殘段』）。又俄藏敦煌文獻中有十一件玄應《一切經音義》第六卷的寫卷殘片，乃同一寫本所撕裂，按原書其先後順序應爲（一）俄敦一〇一四九、（二）俄敦一二三八〇R、（三）俄敦一二四〇九R—B、（四）俄敦一二四〇九R—C、（五）俄敦一二三四〇R、（六）俄敦一二四〇九R—D、（七）俄敦一〇〇九〇、（八）俄敦一二三三〇R、（九）俄敦一二三八一、（十）俄敦一二四〇九R—A、（十一）俄敦一二二八七R，原藏家把這些同一寫卷的殘片分編在八個卷號之下，《俄藏敦煌文獻》雖把（一）（七）二號綴合爲一，但仍分列在七處，讀者難以有效利用。本書把三十九件玄應《音義》的寫本全部集中在小學類佛經音義下，并且按原書順序依次校録，原爲同一寫本的則加以綴合，讀者執此一編，無異於遍檢中、法、英、俄各國所藏，庶幾可謂稱便矣。

又如石谷風編《晉魏隋唐殘墨》第七十八頁有一殘片，方廣錩《〈晉魏隋唐殘墨〉綴目》（《敦煌吐魯番研究》卷六頁三二七，北京大學出版社二〇〇二）定爲白文本《尚書·夏書·禹貢》。後來我們發現國家圖書館所藏北敦一五六九五號殘片是僞孔安國傳《尚書·夏書·禹貢》，與上揭殘片正好可以綴合，由此可以斷定石谷風藏殘片亦非白文本《尚書》。我們進而考察今敦煌寫本中所見的所有《尚書》殘卷，發現全部都是僞孔傳本《尚書》，無一例外，這就進一步排除了上揭殘片爲白文本《尚書》的可能性。很顯然，這種比較綜合的工作，只有在系統分類、同一類文獻相對集中的基礎上纔能進行；否則只見樹木，不見森林，就無法作出準確的判斷。

（二）定名

敦煌文獻中殘卷或殘片的比例相當大，没有題名者不在少數，社會經濟之類世俗文書卷子更是如此；即使相對完整的文本，也常有缺題的情況。雖然經過中外學術界的努力，已爲多數卷子擬定了正確的標題，但題目不明或擬題可商或尚未擬目的卷子仍不在少數（《俄藏敦煌文獻》十一册俄敦三六〇〇號至第十七册俄敦一九〇九二號原書皆未標注題目），所以爲卷子定名的任務仍相當繁重。本書在這方面作出了自己的努力，盡可能爲所收載的每一個卷子確定了適當的標題。如上揭《甘肅藏敦煌文獻》敦研三五七號，編者擬題『字書殘段』，我們經過比較研究，認定該件與斯三四六九號爲同一寫本的不同殘片，應皆爲玄應《一切經音義》卷二殘片，從而糾正了《甘肅藏敦煌文獻》的擬題之誤，又把被割裂『身首異處』的兩件寫卷綴合在了一起。又如下面的幾個例子：

伯三八九一號，原件無題，《敦煌遺書總目索引》題作『習書雜字廿八行』，《敦煌寶藏》、《敦煌遺書總目索引新編》、《法藏敦煌西域文獻》同。但本卷所抄雜字還算比較規整，并且基本上不重複，與其他習書的寫卷明顯不同；而敦煌寫卷中所抄雜字的寫卷多源於佛經，所以我們懷疑本卷所抄難字也與佛經有關。經過反復查考，最終我們發現該卷是後秦三藏鳩摩羅什譯的《大莊嚴論經》難字的摘録，所抄難字絶大多數見於該經，而且先後順序亦基本相合，故我們改擬《大莊嚴論經難字》。當年我們校録該卷時，還没有佛經的數據庫可供檢索，只能一個一個字與經本比對，真有大海撈針之感，雖然花了幾個月的時間，但最終確定了該卷的性質，我們仍然覺得是很值得的。

斯一〇五七號，翟理斯《英國博物館藏敦煌漢文寫本注記目録》將它置於『道教文獻』第六類『不明經品者』下，并云：『有關五行。』《敦煌遺書總目索引》定名爲《道經》。金榮華主編的《倫敦藏敦煌漢文卷子目録提要》亦定爲『道經』，《英藏敦煌文獻》定爲《失名道經》。《敦煌寶藏》定名爲《天地五行論（擬）》，《敦煌遺書總目索引新編》因之。今謂諸家所定之名均誤。此殘片存十行，實爲《禮記·禮運》『故天秉陽，垂日星；地秉陰，竅於山川』章之孔穎達《正義》，相當於中華書局影印的阮元編《十三經注疏》本一四二三頁上欄第二十四行『此一節以上經人稟天地陰陽鬼神五行而生』之『天地』二字起，至中欄第一行『以其依時得節』之『以其』二字止。諸家因卷中多有陰陽五行之語，遂以爲道經寫卷，大誤。

斯六一八九號，存二殘行，上下有邊框，存『朋友』、『不禁』、『棖觸』、『窓牖』、『泄洩』等條。《敦煌遺書總目索引》題『字寶碎金』，《敦煌寶藏》、《英藏敦煌文獻》、《倫敦藏敦煌漢文卷子目録提要》同；《敦煌遺書總目索引新編》題『碎金兩行』；潘重規《瀛涯敦煌韻輯新編》五四二頁題『字寶碎金殘卷』。張金泉《論敦煌本〈字寶〉》（《敦煌研究》一九九三年第二期）指出上述詞條均不見於《字寶》諸卷，且四聲錯雜，注文中有『非用，悞』、『非也』等語，皆非《字寶》書例，應非《字寶》殘片。又朱鳳玉《敦煌寫本碎金研究》四十四頁：『就此卷僅存二行觀之，體式不類《碎金》，而内容持與……《碎金》抄本相校，無一相涉，其非《碎金》殘卷明矣。』後二説皆是，但究竟爲何書，則仍未能指明。本書整理者以其體例與可洪《藏經音義隨函録》相近，疑即可洪音義的殘片。因命博士生查檢可洪音義，果然於《藏經音義隨函録》第拾陸册《根本毗奈耶雜事》第七卷、第十卷下檢得本件所載各條，字句全同，其出自一書殆可無疑。又該件字體行款與北八七二二號（李三九）寫卷二、四紙《藏經音義隨函録》殘葉相近（參看該篇題解），或即爲同一抄本之殘片，故本書改擬《藏經音義隨函録（第拾陸册）》。

伯二五五六碎，乃是附於伯二五五六號後之殘片，當是從伯二五五六號上揭下之補丁，《伯希和劫經録》未出此編號。《寶藏》雖亦無編號，但已印入第一二三册一〇五頁上欄，只是字迹略嫌模糊；縮微膠卷編號爲伯二五五六P。此殘片存二行，計大字正文九個，小字注文五個：

……故不樂也食旨不甘嘗□

……食教人無以……

本書指出其正文爲《孝經·喪親章》内容，『食旨不甘』前之注文『故不樂也』與唐明皇《御注孝經》同；然『食旨不甘』句之注文首二字爲『□嘗』，而《御注孝經》則作『旨，美也。不甘美味，故蔬食水飲』，二者不同。伯三四二八+伯二六七四號爲鄭玄注《孝經》，其第一一三行有『尚在悲哀故不樂食旨不甘不甞酸鹹而食粥』字樣，『食旨不甘』句前之注文爲『故不樂』，與此殘片作『故不樂也』僅相差一句末虚詞『也』字。陸德明《經典釋文·孝經音義》出『故不樂也』句，《御注孝經》作『悲哀在心，故不樂也』，邢《疏》云：『此依鄭《注》也。』是德明、明皇所見鄭注本句末均有一『也』字，與此殘片同。『食旨不甘』句下之注文『不甞酸鹹而食粥』，《釋文》出『不甞』、『鹹』、『酸』、『而食粥』四條，則陸德明所見鄭注本作『不甞鹹酸而食粥』，與伯三四二八+伯二六七四同，第二字亦作『甞』（甞、嘗同字），與此殘片第二字作『嘗』同。據此可以肯定，該殘片爲鄭玄注《孝經·喪親章》的殘文。

（三）綴合

由於人爲的或自然的原因，敦煌文獻中一個寫卷撕裂成兩件或多件的情況屢見不鮮，乃致四分五裂，身首異處，給整理和研究帶來了極大的困難。隨着敦煌文獻的不斷公布，敦煌學界在寫卷的綴合方面多有斬獲，但由於可以看到所有影印本或原卷的學者畢竟不多，限制了寫卷綴合工作的進行，所以這方面的進展至今仍相當有限。我們在系統調查整理敦煌文獻的過程中，通過綜合比較，反復勘對，在寫卷的綴合方面頗多收穫。比如下面的兩個例子：

伯二七一七號，正面爲『字寶碎金』。《字寶碎金》（應定名爲《字寶》或《碎金》）是一部非常重要的俗語詞和俗字辭典。劉復的《敦煌掇瑣》、姜亮夫的《瀛涯敦煌韻輯》、《瀛涯敦煌韻書卷子考釋》、潘重規的《瀛涯敦煌韻輯新編》都爲該卷做過録文。一般以爲該卷除首尾略有殘泐外，基本上是完整的，但我們看寫卷的印本，可以發現平聲部分第十行後有一條接縫，『第十一行』僅存左部殘畫，上揭各録文本均把『第十一行』作爲一行缺字處理，《敦煌寶藏》及《法藏敦煌西域文獻》影印本也把第十行和『第十一行』的殘畫粘合在一起。可是比較『字寶碎金』的另一異本斯六二〇四號，可以知道伯二七一七號第十行後總共應缺二十條，也就是説，第十行後所缺的并非一行，而是九行半（伯二七一七號、斯六二〇四號均每行抄兩條）。我們在普查俄藏敦煌文獻時，發現俄敦五二六〇號背存伯二七一七號分裂出來的第十一行至第二十行右半上半部分，俄敦五九九〇號背存伯二七一七號分裂出來的第十二行左半至十五行的中間部分（下部皆有殘泐，另缺第十一行下部和第十二行右下部），俄敦一〇二五九號背存伯二七一七號分裂出來的第十五行底部（可與俄敦五九九〇號該行的中部綴合）和十六至二十行的下半部分（該三件殘片《俄藏敦煌文獻》均未定名），伯二七一七號平聲部分所見的『第十一行』，實爲原本第二十行的左部殘畫，以上四卷綴合後如下圖版所示，除下部略有殘泐外，該寫卷平聲部分庶幾可稱完璧。另外，該四件所抄『字寶碎金』部分實爲寫卷的正面，而其背面皆爲習書的《開蒙要訓》，《俄藏敦煌文獻》把後三件抄寫『字寶碎金』部分定作背面，這是不對的。

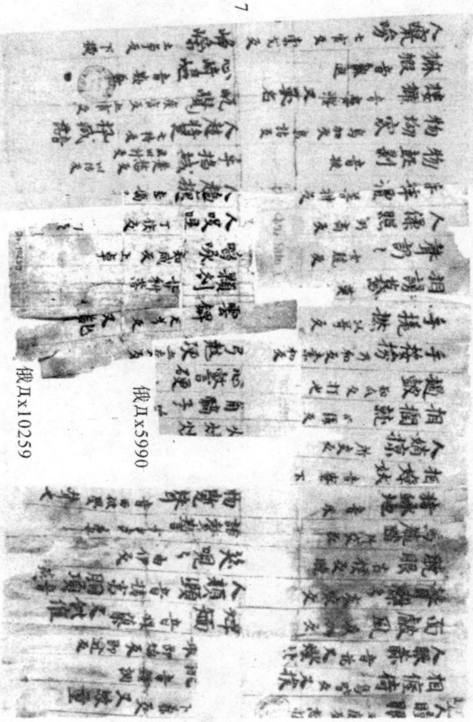

伯二七一七號、俄敦五二六〇、五九九〇、一〇二五九號《字寶》綴合圖（局部）

伯五五七九號，爲一殘片，僅十殘行。《敦煌遺書總目索引》該號下標『殘狀紙一包（碎片）』，未注出具體內容；《敦煌寶藏》題『家居常用字』；《敦煌音義匯考》云『所注字皆與屋舍相關，相似伯五〇〇一之宅舍部』，故附載於『俗務要名林』之後；《敦煌遺書總目索引新編》擬題『殘字書』。按伯五〇〇一號，首尾俱缺，凡二紙，前一紙二十三行，後一紙十七行，上下部多有殘泐。上揭伯五五七九號殘片實爲伯五〇〇一號第十六行至二十五行下部的殘缺部分，應予綴合，二件綴合後前八行基本完整。伯五〇〇一號《敦煌遺書總目索引》擬題『類書（似爲俗務要名林）』，《敦煌寶藏》題『類書（宅舍部女服部）』。朱鳳玉《敦煌寫本『碎金』系字書初探》定作『俗務要名

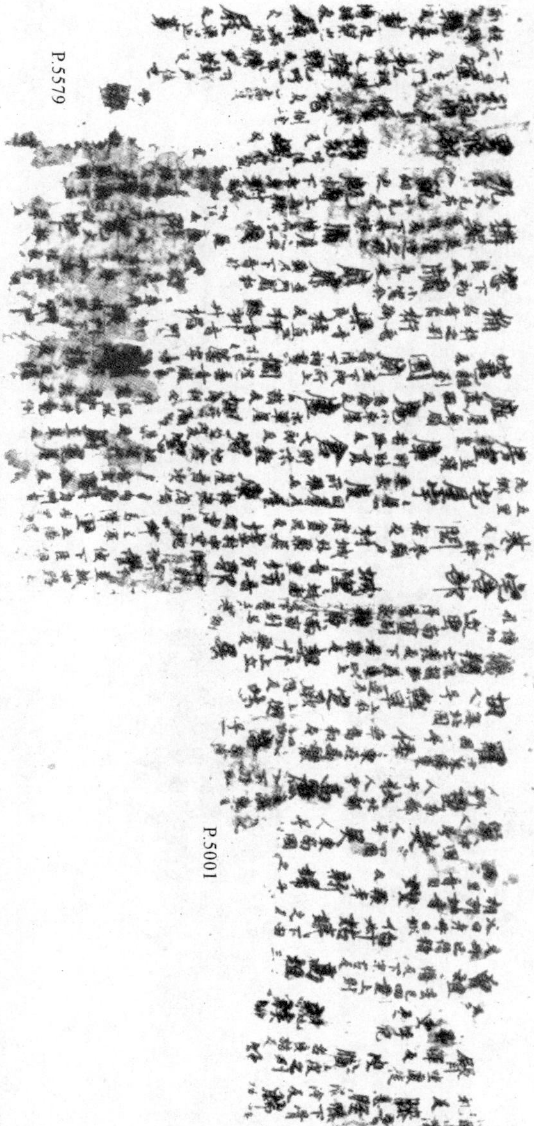

P.5579

P.5001

伯五〇〇一、伯五五七九號《俗務要名林》綴合圖（局部）

林』殘卷,《敦煌音義匯考》亦列於『俗務要名林』之下,《敦煌遺書總目索引新編》徑題『俗務要名林』,皆是。又考斯六一七號寫卷,首尾俱缺,此卷各家皆定作《俗務要名林》殘卷,已成定論。伯五〇〇一號+伯五五七九號與斯六一七號行款字體全同,當係同一寫本所撕裂,伯五〇〇一號+伯五五七九號應爲斯六一七號前部殘缺的一部分,應予綴合(二者不能完全銜接,但其間所缺當不會太多;伯五〇〇一號末行當與斯六一七號所見第一部分(朱鳳玉《敦煌寫本碎金研究》定作『器物部』)爲同一部的内容,以往各家皆把伯五〇〇一號末行當作其前女服部的一部分,當誤)。三卷綴合後,則伯五〇〇一號、伯五五七九號寫卷的性質,自亦可以不煩費辭矣。

(四)解題

根據體例,我們爲每一個校録文本都寫了一篇題解,簡要説明底本和參校本,原件完缺情況、定名依據、著作或抄寫年代的判斷、内容簡介、文獻存佚情況和前人的著録研究情況。題解長短不拘,短的數十字,長的達一二萬字(如《字寶》題解九千四百多字,《開蒙要訓》題解一萬四千多字,《千字文》題解二萬多字),一皆視内容而定。每篇題解近似於一篇學術論文,包括寫卷的方方面面,藴含着許多重要的信息,是瞭解寫卷内容的重要參考。

(五)校録

如前所説,敦煌寫本文獻的閲讀利用存在着俗字、俗語詞、佛教思想、書寫特點等多重障礙,從而極大限制了敦煌文獻資料的廣被利用,以致所謂『敦煌學』成了圈内少數研究者的專利。而且即便是那些圈内的行家裏手,面對『滿紙訛俗』的敦煌寫卷也深感棘手,因此造成的校録、理解錯誤仍屢見不鮮。所以在普查分類的基礎上,選定底本,參考異本(包括傳世本),給每一種文獻做成定本，推出一部爲各個學科門類的讀者都能充分利用的高質量的敦煌文獻總集，已經成爲學術界的當務之急。而本課題組的成員大都受業於姜亮夫、蔣禮鴻、郭在貽、裘錫圭、項楚等前輩學者，經過文字、音韻、訓詁、校勘等專門知識的訓練，素以敦煌語言文字研究和敦煌文獻整理見長（其先後完成的《敦煌變文集校議》、《敦煌變文校注》、《敦煌俗字研究》、《敦煌音義匯考》等著作均獲學術界好評），從而保證了敦煌文獻校録整理的質量。

在本書的實際操作中，我們也始終堅持質量第一的要求。每個卷子的校録，至少要與敦煌文獻的圖版覈對三次（先由校録者根據圖版寫出初稿，主編覆覈圖版定稿，排出校樣後由校録者覆覈圖版定型），努力做到一絲不苟，精益求精。各課題組成員在分類整理的基礎上，充分吸收海内外學術界近一百年來的研究成果，對每個寫卷進行了詳盡的校録、比勘、考訂，明異同，定是非，不但糾正了大量寫卷本身的傳抄之誤以及後人的誤録誤校，保證了校録文本的可靠可信，而且融進了作者自己的許多研究心得，有不少創見或發明，誠可謂是一項艱苦的創造性的勞動。下面試舉二例，以見一斑：

《詩經・小雅・鹿鳴》「我有嘉賓，鼓瑟吹笙。吹笙鼓簧，承筐是將」毛傳：「簧，笙也。吹笙而鼓簧矣。」「吹笙而鼓簧矣」句，斯二〇四九、伯二五一四號寫本作「吹笙而簧鼓矣」；俄敦一〇六八號殘存「而簧」二字，可知亦作「吹笙而簧鼓」。本書校記指出：

> 段玉裁《毛詩故訓傳定本》據《王風・君子陽陽》正義所引改爲「吹笙則鼓簧矣」。陳奐《詩毛氏傳疏》讚同段説，認爲「而」當作「則」。阮元《詩經校勘記》認爲「則」仍當作「而」。案：諸家糾纏於「而」、「則」之別，其實「而」即有「則」義（《經傳釋詞》舉例甚夥）。此句中的關鍵應是在「鼓簧」一詞上。《宋書・樂志一》引作「吹笙則簧鼓矣」，段、阮無説，

陳奂認爲『簧鼓』誤倒。今謂陳説誤也。簧是笙中用以發聲的片狀振動體，吹笙時，氣流吹到簧片上，簧片振動因而發出聲音。『吹笙』是原因，『簧鼓』是結果。經言『吹笙鼓簧』，似乎是一對並列的動賓詞組，易於使人誤會爲『吹笙』與『鼓簧』是對兩件物體所作的兩個動作。因而毛氏有對此作解釋的必要。毛先言『簧，笙也』，目的是使人明瞭簧非別物，與笙爲同物，接着説『吹笙而簧鼓矣』，不僅補充了上面『簧，笙也』之説，使人明白簧是笙中之物，而且也將吹笙器而奏樂的過程給表現出來了。若《毛傳》作『吹笙而鼓簧矣』，那等於没有解釋經文。沈約引作『吹笙則簧鼓矣』，已是深切領會了《毛傳》之意，而且改『而』爲『則』，就不會使人産生歧義。兩寫卷均作『簧鼓』，與《宋書》所引同，應是《毛傳》原貌。這條校記客觀介紹了敦煌各寫本的原貌，糾正了傳世刻本《詩經》毛傳的字序錯亂，證據充分，論析詳明，清陳奂《詩毛氏傳疏》以《宋書》『簧鼓』爲『鼓簧』之誤倒，是以不誤爲誤也。

又如前揭伯三八九一號《大莊嚴論經難字》在經本第四卷下列有『揣』字，校記指出：

經本（指《中華大藏經》影印金藏廣勝寺本《大莊嚴論經》）卷四相應位置未見『揣』字，而有『如似樹赤華，醉象以鼻掣，遠擲虚空中，華下被身赤』等句，校記謂『掣』字《高麗藏》本作『端』（按《頻伽藏》本、《大正藏》本亦作『端』）。按『端』疑即『揣』字之訛。玄應《音義》卷一〇引『鼻掣』作『鼻掯』，云『掯』字『初委反，《通俗文》：捫摸曰掯。論文作揣，初委、都果二反，揣，量也，战揣也……揣非此用』。慧琳《音義》卷四九引玄應説略同，可見玄應所見經本（玄應《音義》引經名作『大莊嚴經論』，故文中稱引經文爲『論』文）正作『揣』字，與本卷所據經文相合。不過玄應把『揣』臆改作『掯』是不對的。經文中『揣』應是『掣』字俗訛。『掣』字又作『掣』（見《龍龕手鏡·手部》，比較張守節《史記正義·論字例》謂『制』字古亦作『㓮』），乃『掣』的俗字。掣謂掣拽、牽挽，正與經義相合。倘用『揗』字，謂捫摸，則非『醉象』之狀矣。

這條校記根據伯三八九一號《大莊嚴論經難字》在經本第四卷下抄有『揣』字的綫索，指出《中華大藏經》影印本《大莊嚴論經》『醉象以鼻⿰扌制』的『⿰扌制』乃『掣』的俗字，『揣』則爲『⿰扌制』字俗訛；《大正藏》等本作『端』，又爲『揣』字之訛；玄應、慧琳《一切經音義》改『揣』作『揗』，臆改無據。這樣既爲上揭寫卷所摘難字本身找到了出處，校正了字形之誤，而且還連帶糾正了傳世經本的文字錯誤和玄應、慧琳《一切經音義》的解説錯誤，可謂一石三鳥、一舉數得矣。

三

《敦煌文獻合集》是一項集大成的跨世紀工程，爲世人所矚目，也得到了國内外學術界和有關部門的大力支持。本項目先後被確定爲全國高等院校古籍整理研究工作委員會和教育部的重大項目、國家古籍整理出版規劃和國家出版規劃重點項目。全國高校古委會主任安平秋先生及秘書處的領導多次過問項目的進展情況，并幫助我們解決了一些具體困難。浙江省社會科學學術著作出版基金提供了部分出版資助。一九九六年四月十二日和一九九七年五月七日，原國家古籍整理出版規劃小組副組長、中華書局總編輯傅璇琮先生和全國高校古委會秘書長楊忠先生先後主持召開《敦煌文獻合集》編纂工作座談會，出席會議的有中國佛教協會副會長、中國敦煌吐魯番學會語言文學委員會會長周紹良先生，中國敦煌吐魯番學會秘書長、中華書局柴劍虹編審，中華書局文學編輯室主任徐俊編審，全國高校古委會副主任、北京大學裘錫圭教授，北京大學榮新江教授，中國文物研究所鄧文寬研究員，北京理工大學趙和平教授，首都師範大學郝春文教授，等等，與會者都對編纂工作給予積極的支持。如周紹良先生説：『這個項目意義很大，我們應該大力支持。』榮新江教授説：『杭州大學有敦煌語言文字和文獻校録方面的傳統優勢，這個項目由杭大出面來做比較合適。』（《〈敦煌文獻合集〉編纂工作座談會在京舉行》，載《古籍整理出版情況簡報》總三〇六期）

爲保證編纂出版工作的順利進行，原杭州大學專門成立了以校長沈善洪教授、人文學院院長吴熊和教授、副校長（現浙江大學副校長）胡建淼教授爲首的《敦煌文獻合集》工作委員會和張涌泉、黄征教授爲主編的編纂委員會，并聘請著名學者季羡林、饒宗頤、裘錫圭、池田温（日本）等先生爲學術顧問，聘請柴劍虹、鄧文寬、趙和平、郝春文、榮新江、徐俊等先生爲特約編委。工作委員會曾先後五次召開有關會議，并以學校文件的形式下發了『《敦煌文獻合集》項目工作會議紀要』，解決了編纂工作中的一些具體問題；原杭州大學董氏基金會提供了部分啓動經費；學校又在『二一一』工程項目中提供了部分出版資助；校圖書館斥資數十萬元購買了國内外現已出版的絶大多數敦煌文獻方面的出版物，并特闢敦煌學資料中心，由本課題組負責管理：這些都爲編纂工作的順利進行提供了强有力的保證。

四

本項目自一九九七年初正式啓動至今，已經整整八年過去了。八年『抗戰』，近三千個日日夜夜，課題組的同仁們日以繼夜，付出了常人難以想像的艱辛和努力。在這個躁動不安的年代，晉升聘崗都需要『業績』，而我們投身的却是一項遥遥無期的『偉業』。没有時間寫論文，没有時間去讀博士學位，没有時間去參加學術會議（包括出國），没有時間在周末陪家人去西湖邊徜徉，除了打了折扣的『寢食』，我們把所有所有的時間都投入到了這個項目之中。雖然華髮早添，而『業績』無多，職稱依舊（課題組成員中當年的副教授今天仍是副教授），但多數同志仍然堅持下來了。《墨子》曰：『華髮隳（墮）巔，而猶弗舍者，其唯聖人乎！』我們雖非聖人，但我們有讀書人的傻勁和韌勁，我們爲能『預流』投身到敦煌文獻總集的編纂這一盛舉中而感到慶幸和自豪，這種自豪感成了我們不竭的力量的源泉。現在，本項目經部部分約六百萬字即將出版，八年的心血終於有了些許回報，這畢竟是令人高興的。當然，這也許只是萬里長征走完了第一步，前面更爲繁重的任務還在等着我們，然而駑馬十駕，功在不舍，我們將會繼續努力前行，直至到達勝利的終點。

最後，謹向長期以來給予了我們關心和支持的領導、前輩、朋友和親人們表示衷心的感謝！

《敦煌文獻合集》編委會

二〇〇四年十二月十八日

凡例

一、《敦煌文獻合集》收録敦煌莫高窟藏經洞發現的除佛經以外的所有漢文寫本和刻本文獻，按傳統的四部分類法分類編排。本書爲合集經部，含括羣經類和小學類。羣經類下設周易、尚書、詩經、禮記、左傳、穀梁傳、論語、孝經、爾雅等小類；小學類下設韻書、訓詁、文字等小類，羣書音義、佛經音義附此。

二、本書的整理工作包括定名、題解、録文、校勘等項，其細則如下：

（一）尊重前人已有的著録研究成果，除在題解中作總體説明外，前人一些比較重要的正確的校勘意見亦在校記中加以採納。鑒於本書自一九九八年起即陸續寫定，凡二〇〇〇年以前的研究成果盡可能加以採擇；二〇〇一年以後的成果則只能酌加引用，未周之處，讀者諒之。

（二）定名原則：原卷有題者照録（必要時也可作適當改變）；原卷前後題不一或異本間題名不一者酌採其一；原卷無題者據内容擬題。鑒於原卷有題者僅佔極少數，故擬題者亦只在題解中酌加説明，而不直接在題目中標明。

（三）題解簡要説明底本和參校本、原件完缺情況、定名依據、内容簡介、該文獻存佚情況和前人的著録研究情況。

（四）録文根據内容施加標點符號，除殘缺部分外，分段録出（有必要保留原文行款者除外，有特定款式的古書按原來的排列校録）。

（五）本書用繁體字排版，新舊字形不一者一般用新字形，亦或用舊字形，古代分用而現代漢字混用者如『並』『并』之類，亦從古，以求盡量與敦煌寫本中的寫法保持一致。一般的異寫字（結構不變而筆畫略有變異的字）徑加楷正，但異構字（包括異體字、古本字、古正字、古分用字）及有特定目的的通用字一律照原卷録寫。鑒於俗寫扌旁與木旁、巾旁與忄旁、衤旁與礻旁以及『己』與『已』『巳』、『瓜』與『爪』、『曰』與『日』之類相混無別，一般徑據文意録定，不一一出校説明。異體俗字録寫時小學類寫卷從嚴，其他寫卷適當從寬；單字從嚴，用作偏旁時從寬。合文拆開録文。

（六）原卷缺字用『□』號表示，缺幾字用幾個『□』，不能確定者用長條的『　』形符號表示（佔三格，上部殘缺時用『　』號，下部殘缺時用『　』號，中部殘缺時用『　』號；如果所缺部分既有正文大字又有注文小字的，則用五號字大小的長條缺字符表示），并在校記中説明約缺多少字；缺字據異本或上下文或文意補出時在缺字標記後用圓括號注明。模糊不清無法録出者用『▨』號表示，缺幾字用幾個『▨』號。殘存偏旁的字正文中用『▨』號表示，出校説明原字所存具體偏旁。如原卷本身有脱字，則加『［□］』號表示之，脱字據上下文或文義補出時外加［　］號。寫卷原有的空格，如係缺字，亦用『□』號表示之，并出校記加以説明；如係敬空，則可接排，不出校記，但必要時可在題解中略作説明；不能確定爲何種情況者，仍照留相應空格，并出校説明。

（七）重文符號或省代符（字頭在注文中出現時省書）一律改爲相應的字，特殊情況可出校説明（需要標示重文符號或省代符者，一般統一改用『＝』形號）。倒字、衍文據文意或原卷的乙正、刪除符號加以乙正或刪除，必要時出校加以説明。旁注補字可補於正文具體位置明確者徑予補入，不出校記；基本明確者補入正文後出校説明；不明確者則只在校記中説明。天頭、地角補字直接録入正文相應位置，必要時出校加以説明。旁注標音字或注解性文字改爲小字夾注，并出校加以説明。雙行小注一般改爲單行小注。

（八）引文盡可能查明出處，并出校注明。注碼一般放在整段引文之後。引文與原文出入不大者，加引號；如係意引或查不到出處而又不能斷定其首尾者，不加引號。

（九）同一文獻的不同抄本（或刻本）一般選取較爲完整或錯誤較少或較爲清晰的一種作爲底本，其餘作爲參校本。底本在校記中稱底卷，參校本則以甲卷、乙卷、丙卷、丁卷……子卷、丑卷、寅卷、卯卷……次之（參校本超過二十二個卷子的，其他卷子徑標原來的卷號，不用簡稱）。參校本的入校次序，全本以卷子質量（包括書寫質量）而定；存首段的以所存原文較多的在前，存中段、末段的以所存原文之先後爲序。數卷綴合爲一卷的，在題解中標注各卷原來的編號，并分别以底一、二、三……或甲一、二、三……（其餘據此類推）爲序標列。同一寫本分割爲數號的，合併校録，各號間如不能完全綴合（即有一行以上的殘缺），題解中用『？』號標出（如底一＋？＋底二＋？＋底三＋底四，表示底一、底二、底三之間有殘缺，而底三、底四間則無殘缺，可完全綴合）。

（十）各本重要的異文（如假借字、異義字及異體字）及詞句不同在校記中加以交代。但參校本的脱字及細微的筆畫之誤則一般不出校。底本的錯别字、缺字、脱字據參校本改正、補出時出校説明。内容或字句出入較大的異本分篇校録，但相關的文句也取作校勘之用。傳世古籍以常見的較權威的本子爲參校本，并在題解中加以交代。

（十一）假借字、常見俗字、訛字可考明者在原字下用『（　）』注出本字或正字，不出校記，不易考明者出校記加以説明。敦煌文書習見的假借字如『由（猶）』、『交（教）』、『惠（慧）』之類不一一注出本字。不能辨識的俗字在正文中照録，出校記加以説明。音譯詞一律照録，不加統一，必要時出校加以説明。缺筆避諱字先在題解中説明底卷哪些字避諱缺筆，然後文中第一次出現時出校説明，并用『下同』字樣，説明以下同一避諱缺筆字出現時不再出校。但如果以後字形不一樣，仍逐一出校説明。

（十二）不同卷號而實爲同一卷之撕裂，本書加以綴合者；或小學類寫卷俗字異寫繁多，描摹造字易走樣者，酌附原卷圖版，以資徵信。

（十三）見於卷子背面的文獻簡稱『背』，見於卷子正面的文獻則不再標注説明；凡各家著録標明爲碎片者，簡稱『碎』。

三、各家所藏敦煌文獻編號每有不同，本書使用學術界通行的簡稱及其依據如下：

北——中國國家圖書館藏敦煌文獻原編號
北新——中國國家圖書館藏敦煌文獻新編號
北臨——中國國家圖書館藏敦煌文獻臨編號
北敦——中國國家圖書館藏敦煌文獻統編號
斯——英國國家圖書館藏敦煌文獻斯坦因編號
英印——印度事務部圖書館藏敦煌文獻編號
伯——法國國家圖書館藏敦煌文獻伯希和編號
俄弗——俄羅斯科學院東方研究所聖彼得堡分所藏敦煌文獻弗魯格編號

俄敦——俄羅斯科學院東方研究所聖彼得堡分所藏敦煌文獻編號
上博——《上海博物館藏敦煌吐魯番文獻》編號
上圖——《上海圖書館藏敦煌吐魯番文獻》編號
北大——《北京大學藏敦煌文獻》編號
津藝——《天津市藝術博物館藏敦煌文獻》編號
浙敦——《浙藏敦煌文獻》編號
中國書店——《中國書店藏敦煌文獻》編號
敦研——敦煌研究院藏敦煌文獻編號
甘圖——甘肅省圖書館藏敦煌文獻編號
甘博——甘肅省博物館藏敦煌文獻編號
敦博——敦煌市博物館藏敦煌文獻編號
酒博——酒泉市博物館藏敦煌文獻編號
永博——永登縣博物館藏敦煌文獻編號
甘中——甘肅中醫學院藏敦煌文獻編號
西北師大——西北師範大學藏敦煌文獻編號
中村——《中村不折舊藏禹域墨書集成》編號
散——《敦煌遺書散録》編號(《敦煌遺書總目索引》附録)

四、本書引用以下文獻統一使用簡稱：

北——中國國家圖書館藏敦煌文獻

北新——中國國家圖書館藏新編號敦煌文獻
北臨——中國國家圖書館藏臨編號敦煌文獻
北敦——中國國家圖書館藏統編號敦煌文獻
斯——英國國家圖書館藏斯坦因編號敦煌文獻
英印——印度事務部圖書館藏敦煌文獻
伯——法國國家圖書館藏伯希和編號敦煌文獻
俄弗——俄羅斯科學院東方研究所聖彼得堡分所藏弗魯格編號敦煌文獻
俄敦——俄羅斯科學院東方研究所聖彼得堡分所藏敦煌文獻
《寶藏》——《敦煌寶藏》
《英藏》——《英藏敦煌文獻(漢文佛經以外部分)》
《法藏》——《法藏敦煌西域文獻》
《俄藏》——《俄藏敦煌文獻》
《上博》——《上海博物館藏敦煌吐魯番文獻》
《上圖》——《上海圖書館藏敦煌吐魯番文獻》
《北大》——《北京大學藏敦煌文獻》
《津藝》——《天津市藝術博物館藏敦煌文獻》
《浙敦》——《浙藏敦煌文獻》
《甘藏》——《甘肅藏敦煌文獻》
《國圖》(江蘇古籍版)——《中國國家圖書館藏敦煌遺書》

《國圖》——《國家圖書館藏敦煌遺書》
《中村》——磯部彰編《中村不折舊藏禹域墨書集成》
《中國書店》——《中國書店藏敦煌文獻》
《伯目》——伯希和（Paul Pelliot）《巴黎圖書館敦煌寫本書目》（陸翔譯，載《國立北平圖書館館刊》七卷六號、八卷一號）
《法目》——《巴黎國家圖書館藏敦煌漢文寫本注記目録》
《翟目》——翟理斯（Lionel Giles）《英國博物館藏敦煌漢文寫本注記目録》
《向目》——向達《倫敦所藏敦煌卷子經眼目録》（原載北平圖書館《圖書季刊》第一卷第四期，一九三九年版；收入向達《唐代長安與西域文明》，三聯書店一九五七年版）
《金目》——金榮華主編《倫敦藏敦煌漢文卷子目録提要》
《榮目》——榮新江《英國圖書館藏敦煌漢文非佛教文獻殘卷目録》
《方目》——方廣錩《英國圖書館藏敦煌遺書目録（斯6981號—斯8400號）》
《孟目》——孟列夫《俄藏敦煌漢文寫卷敘録》
《索引》——《敦煌遺書總目索引》
《索引新編》——《敦煌遺書總目索引新編》
《黄目》——黄永武《敦煌遺書最新目録》
《金岡目》——金岡照光《敦煌文獻目録——斯坦因、伯希和蒐集》（漢文文獻編）
《敘録》——王重民《敦煌古籍敘録》
《姜韻》——姜亮夫《瀛涯敦煌韻輯》

《姜韻考釋》——姜亮夫《瀛涯敦煌韻書卷子考釋》
《潘韻》——潘重規《瀛涯敦煌韻輯新編》
《周韻》——周祖謨《唐五代韻書集存》
《裴韻》——故宫舊藏裴務齊正字本《刊謬補缺切韻》
《蔣藏》——蔣斧舊藏本《唐韻》殘卷
《王一》——伯二〇一一號王仁昫《刊謬補缺切韻》
《王二》——故宫舊藏王仁昫《刊謬補缺切韻》
《補正》——上田正《切韻殘卷諸本補正》(東京大學東洋文化研究所一九七三年版)
《校箋》——龍宇純《唐寫全本王仁昫刊謬補缺切韻校箋》(香港中文大學一九七九年版)
《匯考》——張金泉等《敦煌音義匯考》
《唐録》——唐耕耦等《敦煌社會經濟文獻真迹釋録》
《郝録》——郝春文主編《英藏敦煌社會歷史文獻釋録》
《説文》——《説文解字》
《龍龕》——《龍龕手鏡》
玄應《音義》——玄應《一切經音義》
慧琳《音義》——慧琳《一切經音義》

五、鑒於韻書作爲工具書本身所具有的特殊性，該部分的校録除依用全書體例外，補充校例如下：

(一)爲讀者檢閲之便，正文每一大韻上方用五號黑體標注該大韻韻目及其序次，每個小韻首字用黑底標示；若干寫卷本身在大韻首字及小韻首字前加的朱點、朱圈等標記則不再保留。各小韻之標數字寫卷多用朱筆，今徑改作普通宋體。

（二）原文有殘缺的，校録時一般據内容或參校本擬補相應的缺文符或在校記中指出殘泐空間所能容納的約略字數；原卷存有殘筆的，如能推斷出原文，通常以括注的形式擬補；原卷没有殘筆的缺文及脱文，爲免臆斷之誤，一般僅在校記中説明所缺的具體内容。

（三）校記中引用韻書，凡一個引文符號内含括兩個以上條目時，爲便於分辨，於每條前加一『○』號作爲區隔。

（四）敦煌本及古寫本韻書，由於各家所見寫卷多寡的不同及認識的差異，定名頗爲紛雜，現把本書所定名稱與舊稱的異同表列如下，請讀者留意：

本書全稱	卷號/寫本	本書簡稱	主要舊稱
切韻（一）	伯三七九八	切一	切韻殘葉一
切韻（二）	伯三六九六碎十二（底一） 伯三六九六B（底二） 伯三六九五（底三） 伯三六九六碎十二（底四）	切二	切韻殘葉二
切韻（三）	斯六一八七	切三	切韻殘葉三
切韻（四）	斯二六八三（底一） 伯四九一七（底二）	切四	切韻殘葉四 切一（斯二六八三）
切韻（碎片）	伯三六九六碎十（底一） 伯三六九六碎二（底二）	切碎	

本書全稱	卷號/寫本	本書簡稱	主要舊稱
切韻箋注(一)	斯一一三八三C(底一) 斯一一三八三A(底二)	箋一	
切韻箋注(二)	斯二〇七一(底卷) 俄敦三一〇九(甲卷)	箋二	箋注本切韻一(斯二〇七一) 切三(斯二〇七一)
切韻箋注(三)	伯三七九九	箋三	增訓本切韻殘葉二
切韻箋注(四)	俄敦一三七二+三七〇三(底一) 斯六〇一三(底二)	箋四	增字本切韻殘葉一(斯六〇一三)
切韻箋注(五)	伯三六九三(底一) 伯三六九六A(底二) 伯三六九六碎九(底三) 斯六一七六(底四) 伯三六九四(底五)	箋五	箋注本切韻三
切韻箋注(六)	斯六一五六	箋六	增訓本切韻斷片
切韻箋注(七)	斯二〇五五	箋七	箋注本切韻二 切二
切韻箋注(八)	斯五九八〇	箋八	增訓本切韻殘葉一
切韻箋注(九)	伯二〇一七	箋九	增字本切韻殘卷
切韻箋注(十)	斯六〇一二	箋十	增字本切韻殘葉二
切韻箋注(十一)	伯四七四六	箋十一	增字本切韻殘葉三
切韻箋注(十二)	俄敦五五九六	箋十二	
切韻箋注(碎片一)	斯一〇七二〇	箋碎一	

本書全稱	卷號/寫本	本書簡稱	主要舊稱
切韻箋注(碎片二)	伯三六九六碎三(底一)　伯三六九六碎四(底二)　伯三六九六碎五(底三)　伯三六九六碎七(底四)　伯三六九六碎九(底五)　伯三六九六碎八(底六)	箋碎二	
切韻箋注(碎片三)	俄敦一二六七	箋碎三	
切韻箋注(碎片四)	伯三六九六碎十一	箋碎四	
切韻箋注(碎片五)	斯一一三八〇	箋碎五	
刊謬補缺切韻序	伯二一二九	王序	刊謬補缺切韻序文　唐韻序(伯二一二九、伯二六三八)　切序甲
刊謬補缺切韻	伯二〇一一	王一	王仁昫刊謬補缺切韻一　王一
唐韻	伯二〇一八(底一)　俄敦一四六六(底二)	唐韻	唐韻殘葉(伯二〇一八)
大唐刊謬補闕切韻	伯二〇一六(頁一)(底一)　伯二〇一四(第八頁除外)(底二)　伯二〇一四(第八頁)(底三)　伯四七四七(底四)　伯二〇一五(底五)　伯五五三一(底六)	唐刊	五代本切韻　刊(伯二〇一四、伯二〇一五)　五刊(伯二〇一四、伯二〇一五)
大唐刊謬補缺切韻(碎片一)	俄敦一一三四〇	唐刊碎一	
大唐刊謬補缺切韻(碎片二)	伯二〇一四碎	唐刊碎二	

本書全稱	卷號/寫本	本書簡稱	主要舊稱
大唐刊謬補缺切韻(碎片三)	伯四〇三六碎	唐刊碎三	
大唐刊謬補闕切韻箋注序	伯二六三八背(底卷) 伯四八七九+伯二〇一九(甲卷) 伯四八七一(乙卷)	唐箋序	切韻唐韻序一(伯四八七九、伯二〇一九) 切韻唐韻序二(伯二六三八) 唐韻序(伯二一二九、伯二六三八) 唐序乙(伯二六三八)
大唐刊謬補闕切韻箋注	伯二〇一六(頁二)	唐箋	寫本韻書殘葉
刊謬補缺切韻	故宮博物院舊藏宋濂跋本	王二	王三 王二 全王
刊謬補缺切韻	故宮博物院舊藏裴務齊正字本	裴韻	王二 唐韻
唐韻	蔣斧藏本	蔣藏	唐韻

目録

第一册

羣經類周易之屬

周易注……王弼 一
周易注（一）（坤卦—需卦）……一
俄敦一一八八〇（底一） 俄敦一一九一二（底二） 俄敦一二七一八（底三） 俄敦一一八六〇A（底四）
俄敦一二〇二三（底五） 俄敦一二〇〇四（底六） 俄敦一二六五三（底七） 俄敦一一七七三（底八）
俄敦一一八六〇B（底九） 俄敦一一九四五（底十） 斯九二一九（底十一）
周易注（二）（需卦—履卦）……一三
伯二六一六
周易注（三）（噬嗑卦—離卦）……二八
伯二五三〇
周易注（四）（咸卦、恒卦）……四九
斯六一六二
周易注（五）（家人卦、睽卦）……五六
伯三六八三
周易注（六）（解卦—益卦）……六〇

伯二五三二
周易注(七)(益卦、夬卦) …… 七三
伯三六四〇
周易注(八)(兑卦—既濟卦) …… 七七
伯二六一九(底一) 伯三八七二(底二) 斯一二二八二(甲一) 斯五九九二(甲二)
周易正義(賁卦) …… 孔穎達 九六
臺北中研院傅斯年圖書館一八八〇七一

羣經類尚書之屬

古文尚書傳 …… 一〇七
古文尚書傳(一)(序) …… 一〇七
伯四九〇〇
古文尚書傳(二)(堯典、舜典) …… 一一〇
北敦一四六八一(北新八八一)(底一) 斯九九三五(底二) 伯三〇一五(甲卷)
古文尚書傳(三)(大禹謨) …… 一四七
斯三一一背四(底一) 斯三一一背三(底二)
古文尚書傳(四)(大禹謨、泰誓中、泰誓下) …… 一五一
斯五七四五(底一) 斯八〇一(底二) 斯八四六四(底三)
古文尚書傳(五)(益稷—胤征) …… 一六九
伯三六〇五(底一甲) 伯三六一五(底一乙) 伯三四六九(底一丙) 伯三一六九(底一丁)
伯五五二二(底二甲) 伯四〇三三(底二乙) 伯三六二八(底二丙) 伯四八七四(底二丁)
伯五五四三(底二戊) 伯三七五二(底二己) 伯五五五七(底二庚) 伯二五三三(底三)
北敦一五六九五(忘九五)(甲一) 石谷風舊藏(甲二)

古文尚書傳（六）（仲虺之誥）……二三七
俄敦八六七二
古文尚書傳（七）（盤庚上—微子）……二三九
伯二六四三（底卷） 斯一一三九九（甲一） 伯三六七〇（甲二） 伯二五一六（甲三）
古文尚書傳（八）（泰誓上）……二八四
伯二五二三碎三
古文尚書傳（九）（泰誓中—武成）……二八六
斯七九九
古文尚書傳（一〇）（洪範）……三〇七
俄敦二八八三（底一） 俄敦二八八四（底二）
古文尚書傳（一一）（洛誥—立政）……三一三
伯二七四八（底一） 斯一〇五二四A（底二甲） 北臨二四〇九（底二乙） 斯五六二六（底二丙）
斯六二五九（底二丁） 斯二〇七四（底三） 伯二六三〇（底四） 斯六〇一七（甲卷）
伯三七六七（乙卷）
古文尚書傳（一二）（顧命）……四〇三
伯四五〇九
古文尚書傳（一三）（費誓、秦誓、尚書目録）……四〇六
俄敦一〇六九八（底一） 俄敦一〇八三八（底二） 伯三八七一（底三） 伯二九八〇（底四）
伯二五四九（底五）

第二册

羣經類詩經之屬

毛詩……四二一

毛詩（一）（周南關雎—陳風宛丘）……四二一
斯一七二二（底一） 斯三九五一（底二甲） 伯二五二九（底二乙） 伯四六三四B（甲卷）
俄敦一六四〇（乙卷） 俄敦一一九三三B（丙一） 俄敦一一九三七（丙二） 俄敦一二七五〇（丙三）
俄敦一二七五九（丙四） 斯七八九（丁卷） 俄敦一二六九七（戊卷）
毛詩（二）（小雅鴻鴈—十月之交、大雅緜—桑柔）……五四九
斯三三三〇（底一） 斯六三四六（底二） 斯六一九六（底三）
毛詩（三）（小雅小旻—瞻彼洛矣）……五八三
伯二九七八
毛詩（四）（周頌般—商頌）……六〇七
伯三七三七
毛詩傳箋……毛亨 鄭玄 六二〇
毛詩傳箋（一）（周南樛木—桃夭）……六二〇
伯二六六〇
毛詩傳箋（二）（邶風柏舟—靜女）……六二四
伯二五三八（底一甲） 斯五四一（底一乙） 斯一〇（底二）
毛詩傳箋（三）（齊風—魏風）……七〇〇
伯二六六九B（底卷） 天理本（甲卷）
毛詩傳箋（四）（豳風—小雅鹿鳴之什）……七三七
斯一三四（底一甲） 斯一四四二（底一乙） 斯二〇四九（底二甲） 伯四九九四（底二乙）
俄敦一〇六八（甲卷） 伯二五一四（乙卷） 伯二五七〇（丙卷）
毛詩傳箋（五）（小雅六月—吉日）……八五四
伯二五〇六

毛詩傳箋(六)(小雅小弁—巧言)……八七二
俄敦五五八八
毛詩傳箋(七)(小雅巧言—何人斯)……八七六
斯一五三三背
毛詩傳箋(八)(小雅北山、鼓鍾)……八七九
伯四〇七二D
毛詩傳箋(九)(大雅文王之什)……八八二
北敦一四六三六(北新八三六)(底一)　伯二六六九A(底二)
毛詩傳箋(一〇)(周頌潛—雍)……九五三
斯一一三〇九(底一)　斯五七〇五(底二)
毛詩傳箋(一一)(周頌敬之—小毖)……九五六
俄敦八二四八
毛詩正義……孔穎達　九五八
毛詩正義(一)(大雅思齊)……九五八
俄敦九三三八
毛詩正義(二)(大雅民勞)……九六〇
斯四九八
毛詩注(小雅巧言、何人斯)……九六六
故宮博物院藏卷

羣經類禮記之屬

禮記(曲禮上)……九六九

俄敦二一七三背（底一）　俄敦六七五三背（底二）
禮記注……鄭　玄　九七三
禮記注（一）（檀弓下）……九七三
伯二五〇〇（底卷）　伯二五二三碎二（甲卷）
禮記注（二）（月令）……九八六
斯二五九〇
禮記注（三）（大傳、少儀）……九九一
伯三三八〇
禮記注（四）（儒行、大學）……九九六
斯五七五
禮記正義……孔穎達　九九九
禮記正義（一）（禮運）……九九九
斯一〇五七
禮記正義（二）（郊特牲）……一〇〇二
伯三一〇六B
禮記正義（三）（郊特牲）……一〇〇五
斯六〇七〇
御刊定禮記月令……李隆基　一〇〇七
斯六二一
月令節義……一〇一四
伯三三〇六背

第三册

羣經類左傳之屬

春秋左氏經傳集解……………………杜 預 一〇一七
春秋左氏經傳集解（一）（桓公二年）……………………一〇一七
俄敦一三六七
春秋左氏經傳集解（二）（桓公十二年）……………………一〇二〇
斯五七四三
春秋左氏經傳集解（三）（僖公五—十五年）……………………一〇二三
伯四六三六（底一） 伯二五六二（底二）
春秋左氏經傳集解（四）（僖公二十一—二十二年）……………………一〇六〇
俄敦一二五二（底一） 俄敦三〇一六（底二） 俄敦一二六三（底三） 俄敦二九四五（底四）
俄敦一四六三（底五） 俄敦一一〇二九（底六） 俄敦三六二一（底七）
春秋左氏經傳集解（五）（僖公二十五—二十六年）……………………一〇六八
伯四〇五八C（底一） 伯二四九九（底二）
春秋左氏經傳集解（六）（僖公二十八—三十三年）……………………一〇七三
伯二五〇九
春秋左氏經傳集解（七）（文公十四—十七年）……………………一一一六
斯八五
春秋左氏經傳集解（八）（宣公二年）……………………一一三九
北八一五五（呂九）背
春秋左氏經傳集解（九）（宣公十四年）……………………一一四一

春秋左氏經傳集解（一〇）（成公十五、十六年）……一一四三
斯六一二〇　伯二九七三碎六
春秋左氏經傳集解（一一）（襄公十八年）……一一四六
俄敦五〇六七（底一）　俄敦四六五七（底二）
春秋左氏經傳集解（一二）（昭公五、六年）……一一四八
伯三七二九（底一甲）　伯四九〇四（底一乙）　中村一三八（底二甲）　中村一三七（底二乙）
春秋左氏經傳集解（一三）（昭公七年）……一一七九
俄敦四五一二（底一）　俄敦一七一二（底二）
春秋左氏經傳集解（一四）（昭公九年）……一一八七
方雨樓藏卷
春秋左氏經傳集解（一五）（昭公十三、十五、十六年）……一一九〇
伯三八〇六（底一）　斯五八五七（底二）　俄敦一四五六（底三）　伯二四八九（底四）
伯三六一一（底五）　伯二七六四（底六）　斯一九四三（底七）　斯二九八四（底八）
春秋左氏經傳集解（一六）（昭公二十四年）……一二二七
斯六二五八
春秋左氏經傳集解（一七）（昭公二十七—二十九年）……一二三〇
伯二五四〇（底一）　伯二九八一（底二）
春秋左氏經傳集解（一八）（定公四—六年）……一二五〇
斯五六二五（底一）　伯二五二三（底二）　伯二五二三碎一（底三）
春秋左氏經傳集解（一九）（哀公十四年）……一二六六
斯一四四三

羣書治要·左傳（襄公四—二十五年）…………………………………… 魏徵 一二七一
斯一三三
春秋左氏經傳集解節本………………………………………………… 杜預 一二八七
春秋左氏經傳集解節本（一）（僖公十六、二十二、二十三年）………………………… 一二八七
斯一四四三背
春秋左氏經傳集解節本（二）（僖公十九—三十年）…………………………………… 一二九六
伯三六三四（底一）　伯三六三五（底二）
春秋左氏經傳集解節本（三）（成公七—九年）………………………………………… 一三三二
斯一一五六三
春秋左氏經傳集解節本（四）（襄公十八—十九年）…………………………………… 一三三五
伯二七六七（底一）　斯三三五四（底二）
春秋左傳正義（哀公十二—十四年）………………………………………… 孔穎達 一三四八
伯三六三四背（底一）　伯三六三五背（底二）

羣經類穀梁傳之屬

春秋穀梁傳集解………………………………………………………………… 范甯 一三六三
春秋穀梁傳集解（一）（桓公十七、十八年）…………………………………………… 一三六三
北敦一五三四五（北新一五四五）
春秋穀梁傳集解（二）（莊公十九—閔公二年）………………………………………… 一三六八
伯二五九〇（底卷）　伯二五三六（甲卷）
春秋穀梁傳集解（三）（哀公六—十四年）……………………………………………… 一四〇八
伯二四八六

春秋穀梁經傳解釋……一四二〇
春秋穀梁經傳解釋僖公上第五……一四二〇
伯四九〇五（底一）　伯二五三五（底二）

第四册

羣經類論語之屬

論語……一四三七
論語（一）（述而—鄉黨）……一四三七
伯三七八三（底卷）　斯六〇二三（甲卷）　俄敦二一四四（乙一）　斯五七五六（乙二）
論語（二）（先進、顏淵）……一四五九
斯九六六（乙三）
伯二五四八
論語注……鄭玄　一四七〇
論語注（一）（八佾）……一四七〇
斯三三三九
論語注（二）（雍也—鄉黨）……一四七五
斯六一二一（底一甲）　斯一一九一〇（底一乙）　俄敦五九一九（底二甲）　伯二五一〇（底二乙）　北臨八三（甲卷）
論語注（三）（顏淵、子路）……一五一三
中村一三三
論語集解……何晏　一五二一
論語集解（一）（序、學而、爲政）……一五二一
伯二六八一（底一）　伯二六一八（底二）　伯三一九三（甲卷）　伯二七六六（乙一）

伯三九六二(乙二)　伯四八七五(丙卷)　斯五七八一(丁卷)　中村一三四(戊卷)　英印一〇三(己一)
伯二六〇一(己二)　伯四六八六碎二(庚卷)　散六六五(辛一)　天理本(辛二)
伯二六〇四(壬卷)　斯四六九六(癸卷)　俄敦一一〇八二(子一)　俄敦一八九四四R(子二)
俄敦一一〇八一(子三)　伯二六七七B(丑一)　伯二六七七C(丑二)　俄敦一八二八六(寅卷)
俄敦一四六〇(卯卷)

論語集解(二)(八佾、里仁)……一五六〇
斯七〇〇三A(底一)　伯二六七六(底二)　伯二九〇四(甲卷)　伯三九七二(乙卷)
斯一五八六(丙卷)

論語集解(三)(公冶長、雍也)……一五八七
伯三六四三(底卷)　斯七〇〇二(甲卷)　斯五七九二(乙卷)

論語集解(四)(述而、太伯)……一六〇三
斯八〇〇(底卷)　伯二六七七D(甲一)　伯二六七七E(甲二)　俄敦一二七六〇(甲三)
伯三一九四(甲四)　伯三七〇五(乙卷)　伯二六九九(丙卷)　伯三五三四(丁卷)

論語集解(五)(子罕、鄉黨)……一六三九
伯三三〇五(底卷)　斯三九九二(甲一)　伯四六四三(甲二)　伯三四六七(乙卷)
俄敦一三九九(丙一)　俄敦二八四四B(丙二)　伯三二七一(丁卷)　斯五七二六(戊卷)
俄敦五三二二(己一)　斯六〇七九(己二)　伯二六六三(庚卷)

論語集解(六)(先進、顏淵)……一六七六
斯七八二(底一)　伯二六二〇(底二)　伯三二五四(甲卷)　斯三〇一一A(乙卷)
伯二六六四碎(丙卷)　伯三四七四(丁卷)　伯四七三二(戊一)　伯三四〇二(戊二)
伯三一九二(己卷)　伯二六八七A(庚卷)　伯三六〇六(辛一)　散六六六(辛二)
伯二六六四(壬卷)　伯三四四一(癸卷)

論語集解(七)(子路、憲問)……一七二七

斯三〇一一B（底卷） 俄敦九五三（甲卷） 伯二五九七（乙卷） 伯三六〇七（丙卷）
俄敦八五八〇（丁卷） 伯二七一六（戊卷） 伯三三五九（己卷）

論語集解（八）（衛靈公、季氏）……一七六六
伯二四九六（底一） 伯三四三三（底二） 斯七四七（甲卷） 俄敦五三〇七（乙一）
伯三七四五（乙二） 俄敦二六六六（乙三）

論語集解（九）（陽貨、微子）……一七九九
斯六一八（底卷） 斯五七八九（甲卷）

論語集解（一〇）（微子—堯曰）……一八一三
伯二六二八

論語疏（學而—里仁）……皇侃……一八二八
伯三五七三

論語摘抄……一八七六
俄敦二一七四

論語目録……一八八〇
伯二八八〇

羣經類孝經之屬

孝經……一八八三
伯三六九八（底卷） 伯三四一六C（甲卷） 伯二五四五（乙卷） 伯四八九七（丙卷）
伯四六二八（丁一） 俄敦二九六二（丁二） 伯三三七二（戊卷） 斯一三八六（己卷）
伯三三六九（庚一） 伯四七七五（庚二） 斯七二八（辛卷） 斯一〇〇五六A（壬一）
斯一〇〇六〇B（壬二） 伯三八三〇（癸卷） 斯五五四五（子卷） 斯九九五六（丑一）
斯五八二一（丑二） 俄敦一三一八（寅卷） 伯二七一五（卯卷） 伯三六四三碎一（辰卷）

俄敦四六四六(巳卷)　斯七〇七(午一)　斯一二九一一(午二)　伯二七四六(未卷)
俄敦八三八(申卷)　斯六一六五(酉卷)　敦研三六六(戌卷)

孝經注(開宗明義—喪親)……鄭　玄　一九二四
伯三四二八(底一)　伯二六七四(底二)　俄敦二七八四(甲卷)　俄敦二九七九(乙卷)
俄敦三八六七(丙卷)　斯三九九三(丁一)　斯九二一三(丁二)　伯二五五六碎(戊卷)
斯三八二四背一(己卷)

孝經注(聖治)……李隆基　一九五八
斯六〇一九

孝經注……一九六一

孝經注(一)(開宗明義—三才)……一九六一
斯六一七七(底一)　伯三三七八(底二)

孝經注(二)(三才—聖治)……一九七六
伯三三八二

孝經鄭注義疏……一九八七
伯三二七四

孝經疏(喪親)……二〇一五
伯二七五七背

羣經類爾雅之屬

爾雅(釋詁—釋訓)……二〇一七
伯三七一九(底卷)　斯一二〇七三背(甲卷)

爾雅注(釋天—釋水)……郭　璞　二〇三六

伯二六六一(底一)　伯三七三五(底二)

第五册

小學類韻書之屬(一)

切　韻……陸法言　二〇七七
切韻(一)(卷一)……二〇七七
伯三七九八
切韻(二)(卷一)……二〇八八
伯三六九六碎十二(底一)　伯三六九六B(底二)　伯三六九五(底三)　伯三六九六碎十三(底四)
切韻(三)(卷二)……二一二三
斯六一八七
切韻(四)(卷三)……二一三〇
斯二六八三(底一)　伯四九一七(底二)
切韻(碎片)(序)……二一五一
伯三六九六碎十(底一)　伯三六九六碎二(底二)
切韻箋注……二一五三
切韻箋注(一)(卷二)……二一五三
斯一一三八三C(底一)　斯一一三八三A(底二)
切韻箋注(二)(卷一至三、五)……二一五八
斯二〇七一(底卷)　俄敦三一〇九(甲卷)
切韻箋注(三)(卷五)……二四三五
伯三七九九

切韻箋注(四)(卷五)……長孫訥言 二四四四
俄敦一三七二+三七〇三(底一)　斯六〇一三(底二)
切韻箋注(五)(卷三至五)……長孫訥言 二四六一
伯三六九三(底一)　伯三六九六A(底二)　伯三六九六碎九(底三)　斯六一七六(底四)　伯三六九四(底五)
切韻箋注(六)(卷四、五)…… 二五九四
斯六一五六
切韻箋注(七)(序、卷一)…… 二六〇一
斯二〇五五
切韻箋注(八)(卷四)…… 二六七〇
斯五九八〇
切韻箋注(九)(序、卷一)…… 二六七五
伯二〇一七
切韻箋注(十)(卷五)…… 二六八六
斯六〇一二
切韻箋注(十一)(卷五)…… 二六九四
伯四七四六
切韻箋注(十二)(卷一)…… 二七〇二
俄敦五五九六
切韻箋注(碎片一)(卷一)…… 二七〇六
斯一〇七二〇
切韻箋注(碎片二)(卷一至三)…… 二七〇八
伯三六九六碎三(底一)　伯三六九六碎四(底二)　伯三六九六碎五(底三)　伯三六九六碎七(底四)

伯三六九六碎九（底五）　伯三六九六碎八（底六）
切韻箋注（碎片三）（卷三）……二七一五
俄敦一二六七
切韻箋注（碎片四）（卷五）……二七一七
伯三六九六碎十一
切韻箋注（碎片五）（卷一、二）……二七一九
斯一一三八〇

第六册

小學類韻書之屬（二）

刊謬補缺切韻……王仁昫　二七二三
刊謬補缺切韻序……二七二三
伯二一二九
刊謬補缺切韻（卷一至五）……二七二九
伯二〇一一

第七册

小學類韻書之屬（三）

唐　韻……孫　愐　三三〇九
唐韻（卷一）……三三〇九
伯二〇一八（底一）　俄敦一四六六（底二）
唐韻『馬』字條抄……三三二八

伯二六五九

大唐刊謬補闕切韻……三三三一

大唐刊謬補闕切韻(序、卷一至三、五)……三三三一

伯二〇一六(頁一)(底一) 伯二〇一四(第八頁除外)(底二) 伯二〇一四(第八頁)(底三) 伯四七四七(底四)

伯二〇一五(底五) 伯五五三一(底六)

大唐刊謬補缺切韻(碎片一)(卷一)……三五四一

俄敦一一三四〇

大唐刊謬補缺切韻(碎片二)(卷一)……三五四三

伯二〇一四碎

大唐刊謬補缺切韻(碎片三)(卷五)……三五四六

伯四〇三六碎

大唐刊謬補缺切韻箋注……三五四九

大唐刊謬補缺切韻箋注序……三五四九

伯二六三八背(底卷) 伯四八七九+伯二〇一九(甲卷) 伯四八七一(乙卷)

大唐刊謬補缺切韻箋注(卷一)……三五五八

伯二〇一六(頁二)

韻書摘字(一)……三五六五

伯二七五八

韻書摘字(二)……三五七三

俄敦一六八七〇

論鳩摩羅什通韻……三五七五

斯一三四四背

歸三十字母例……三五八三
斯五一二
敲韻……三五八七
北六二八〇(雨五一)背
韻關辯清濁明鏡……三五八九
伯五〇〇六
切韻法……三五九四
伯二〇一二背
四聲譜……三六〇六
四聲譜(一)……三六〇六
俄敦四五三二
四聲譜(二)……三六〇九
伯四七一五

小學類訓詁之屬

俗務要名林……三六一一
伯五〇〇一(甲一)　伯五五七九(甲二)　斯六一七(甲三)　伯二六〇九(乙卷)
字寶……鄭氏三七一二
斯六二〇四(底卷)　伯三九〇六(甲卷)　伯二〇五八(乙卷)　伯二七一七(丙一)　俄敦五二六〇背(丙二)
俄敦五九九〇背(丙三)　俄敦一〇二五九背(丙四)　斯六一九背(丁卷)　北六六二一(雨九〇)背(戊卷)

第八册 小學類字書之屬

玉篇抄……………………………………顧野王 三八〇一
俄敦一三九九背、俄敦二八四四B背（底一） 斯六三一一背（底二）
羣書新定字樣……………………………杜延業 三八一〇
斯三八八
正名要録…………………………………郎知本 三八二三
斯三八八
時要字樣……………………………………………… 三八四六
時要字樣（一）………………………………………… 三八四六
斯六二〇八（底一） 斯五七三一（底二） 斯一一四二三（底三）
時要字樣（二）………………………………………… 三八七七
俄敦二三九一A（底一） 斯六一一七（底二）
時要字樣（三）………………………………………… 三八八六
俄敦八九一四、八九二八（底一） 俄敦一一三四六背（底二）
千字文………………………………………周興嗣 三八九〇
千字文………………………………………………… 三八九〇
斯五四五四（底卷） 伯三四一六（甲卷） 斯三八三五（乙卷） 伯三一〇八（丙卷）
伯三〇六二（丁卷） 伯三六二六（戊卷） 伯四〇六六+伯二七五九+伯二七七一（己卷）
伯三六一四（庚卷） 斯三二八七（辛卷） 伯三一七〇（壬卷） 斯五五九二（癸卷）
篆書千字文…………………………………………… 三九三〇

伯四七〇二（底一）　伯三六五八（底二）

真草千字文……三九三四

俄敦八七八三（底一）　俄敦五八四七（底二）　俄敦八九〇三（底三）　伯三五六一（底四）

漢藏對音千字文（一）……三九三九

伯三四一九A

漢藏對音千字文（二）……三九五二

英印一三二

千字文注……李暹　三九五六

斯五四七一（底卷）　伯三九七三背（甲卷）

新合六字千文……三九八〇

斯五九六一（底卷）　斯五四六七（甲卷）　伯三八七五A碎七+伯五〇三一碎二一（乙卷）

百家姓……三九九七

俄敦六〇六六（底一）　伯四五八五（底二）　伯四六三〇（底三）

敦煌百家姓……四〇〇六

伯二九九五（底一）　伯二三三一背（底二）　斯四五〇四背（底三）　北八〇四一（李七三）背（底四）　伯三〇七〇背（底五）　伯三一九七背（底六）

開蒙要訓……馬仁壽　四〇一九

伯二五七八（底卷）　俄敦一九〇八三+伯三二四三（甲卷）　伯三六一〇（乙卷）　伯二四八七（丙卷）　斯五四三一（丁卷）　伯三〇五四（戊卷）　伯三八七五A（己卷）　斯五四六四（庚卷）　伯二五八八（辛卷）　斯七〇五（壬卷）　斯一三〇八（癸卷）

訓蒙書抄（一）……四一二七

伯三一四五背

訓蒙書抄(二)……四一三八
斯四一〇六背
雜集時用要字(一)……四一四三
斯六一〇
雜集時用要字(二)……四一四八
斯三二二七背(底一) 斯六二〇八(底二)
雜集時用要字(三)……四一六六
伯三三九一
雜集時用要字(四)……四一八二
斯三八三六背
雜集時用要字(五)……四一九〇
伯三七七六
雜集時用要字(六)……四二〇〇
斯五五一四
雜集時用要字(七)……四二〇九
俄敦一一三一+一一三九B+一一四九背
雜集時用要字(八)……四二一三
伯二八八〇
雜集時用要字(九)……四二一八
俄敦二八二三
諸雜字一本(一)……四二四一

諸雜字一本(二) …… 四二五二
北八三四七(生二五)背
諸雜字 …… 四二五四
斯五四六三
雜字抄(一) …… 四二五七
斯五六七一
雜字抄(二) …… 四二五九
斯六二五三
雜字抄(三) …… 四二六二
伯三六九一碎二〇
雜字抄(四) …… 四二六七
上圖一一〇背
諸雜難字一本 …… 四二六九
伯二六一八背+伯二六八一背
雜字一本(一) …… 四二七二
斯四四四三背
雜字一本(二) …… 四二七四
伯四〇一七
雜 字 …… 四二七六
伯三六九八背
斯五七五七

詞句摘抄……四二七九
伯三六四四
雜字類抄……四二九六
斯四一九五背(上部)(底一) 斯四六一背(上部)(底二)
籯金難字……四三〇〇
斯四一九五背(下部)(底一) 斯四六一背(下部)(底二)
韻書字義抄(一)……四三〇九
斯六三二九
韻書字義抄(二)……四三二五
伯三〇一六
百行字……四三五五
斯四二四三背

第九册 小學類羣書音義之屬

經典釋文……陸德明 四三五七
周易釋文(泰卦—易略例)……四三五七
斯五七三五(底一) 伯二六一七(底二)
尚書釋文(堯典、舜典)……四四三六
伯三三一五(底卷) 伯三四六二A(甲卷)
禮記釋文(檀弓)……四四八五
北敦九五二三(殷四四)

毛詩音(一)(周南關雎—秦風駟驖)……四四九八
斯二七二九B(底一)　俄敦一三六六(底二)
毛詩音(二)(大雅旱麓—召旻)……四五五九
伯三三八三
禮記音(樂記—緇衣)……四五八三
斯二〇五三背A
論語鄭注音義(八佾—公冶長)……四六五二
北臨七三九(底一)　北殷四二(底二)
論語集解音(先進)……四六五八
伯三四七四碎二背
春秋後語釋文(魏語—燕語)……四六六〇
斯一四三九
莊子集音(駢拇—在宥、讓王、天下)……徐　邈　四七〇七
伯三六〇二(底一)　斯六二五六(底二)　伯四〇五八B(底三)
楚辭音(離騷)……四七二七
伯二四九四
文選音(卷二三—二五、二九)……四七三九
伯二八三三(底一)　俄敦三四二一(底二)　斯八五二一(底三)　斯一一三八三B(底四)

第十册

小學類佛經音義之屬（一）

一切經音義 …………………………………………………… 玄 應 四七八三

一切經音義（一）（卷一） ………………………………………… 四七八三

俄敦五八三（底一） 俄敦二五六（底二）

一切經音義（二）（卷二） ………………………………………… 四七八七

俄敦九六五背

一切經音義（三）（卷二） ………………………………………… 四七八九

斯三四六九（底一） 敦研三五七（底二）

一切經音義（四）（卷二） ………………………………………… 四七九三

伯三〇九五背

一切經音義（五）（卷二） ………………………………………… 四八一七

俄弗二三〇

一切經音義（六）（卷三） ………………………………………… 四八四五

俄敦五二二六（底一） 俄敦五八六A（底二） 俄弗三六八（底三） 俄敦五八五（底四）

一切經音義（七）（卷三） ………………………………………… 四八五四

俄敦五八六C（底一） 俄敦二一一+俄敦二五二+俄敦二五五（底二） 俄敦四一一（底三）

俄敦二〇九+俄敦二一〇（底四）

一切經音義（八）（卷六） ………………………………………… 四八六一

俄弗三六七

一切經音義（九）（卷六） ………………………………………… 四九〇五

俄敦一〇一四九（底一）　俄敦一二三八〇R（底二）　俄敦一二四〇九R－B（底三）　俄敦一二四〇九R－C（底四）
俄敦一二三四〇R（底五）　俄敦一二四〇九R－D（底六）　俄敦一〇〇九〇（底七）　俄敦一二三三〇R（底八）
俄敦一二三八一R（底九）　俄敦一二四〇九R－A（底十）　俄敦一二二八七R（底十一）
一切經音義（十）（卷七）……四九一九
斯三五三八
一切經音義（十一）（卷八）……四九二三
俄敦四六五九（底一）　俄敦一四六七五（底二）
一切經音義（十二）（卷十五）……四九二六
俄敦一〇八三一
一切經音義（十三）（卷十六）……四九二八
伯三七三四
一切經音義（十四）（卷十九）……四九三三
俄敦一一五六三
一切經音義（十五）（卷二十二）……四九三五
俄敦三二〇＋三八六
一切經音義摘抄……四九三九
伯二九〇一
一切經音義點檢録（一）……四九九九
斯五八九五
一切經音義點檢録（二）……五〇〇〇
伯四七八八
一切經音義點檢録（三）……五〇〇二

北臨六三一
一切經音義抄經録……五〇〇三
斯三五三八背
大藏隨函廣釋經音序……五〇〇五
伯四〇五七
藏經音義隨函録……可洪 五〇〇八
藏經音義隨函録(一)(第貳册)……五〇〇八
伯三九七一
藏經音義隨函録(二)(第拾册)……五〇一三
斯五五〇八
藏經音義隨函録(三)(第拾、拾壹、拾叁、貳拾册)……五〇一六
北八七二二(李三九)
藏經音義隨函録(四)(第拾陸册)……五〇二九
斯六一八九
藏經音義隨函録節抄(第伍、陸、柒、玖册)……五〇三三
伯二九四八
藏經音義隨函録摘抄(一)(第拾册)……五〇四一
斯三五五三
藏經音義隨函録摘抄(二)……五〇四四
俄敦一一一九六(底一)　俄敦一一一九六背(底二)
大般若波羅蜜多經難字音……五〇四七
大般若波羅蜜多經難字音(一)……五〇四七

北八四三一（字七四）
大般若波羅蜜多經難字音（二）……五〇五九
伯三三六五背
大寶積經難字……五〇六四
大寶積經略出字……五〇六四
斯三五三九
大寶積經難字（一）……五〇六八
斯二一四二背
大寶積經難字（二）……五〇九〇
伯三二二三
大寶積經難字（三）……五〇九五
北二三七四（巨四三）
大寶積經難字（四）……五〇九七
北八五八三（始七六）背
大寶積經難字（五）……五一〇三
俄敦一一〇二三
大方等大集經難字……五一〇六
俄敦三三〇（二）
大方廣十輪經難字音……五一二六
俄敦九四一
賢護菩薩所問經音……五一三〇
津藝三四（底一）　斯二〇二〇（底二甲）　斯五〇八（底二乙）　北二三三四（冬四五）（底二丙）

大方廣佛華嚴經音(附)……五一三六
北二三五(珍六六)(底三)　斯二二五八(底四)
俄敦一九〇二七(底一)　俄敦一九〇一〇(底二)　俄敦一八九七七(底三)　俄敦一八九八一(上片)(底四)
俄敦一九〇三三(底五)　俄敦一八九七六(右片)(底六)　俄敦一九〇〇七(底七)　俄敦一八九七六(左中二片)(底八)
俄敦一八九七四(底九)　俄敦一九〇五二(底十)　俄敦一八九八一(中片)(底十一)　俄敦一八九八一(下片)(底十二)
大般涅槃經難字……五一五〇
大般涅槃經音義……五一五〇
伯三〇二五
大般涅槃經音(一)……五一五六
伯二一七二
大般涅槃經音(二)……五二〇二
斯二八二一
大般涅槃經音(三)……五二二一
伯三四三八
大般涅槃經音(四)……五二三一
伯三四一五
大般涅槃經音(五)……五二三五
斯五九九九
大般涅槃經音(六)……五二五六
斯三三六六
大般涅槃經第一、二袟難字……五二六五
斯一五二二背

大般涅槃經第一袟難字……五二六八
俄敦三三〇（一）
大般涅槃經等佛經難字……五二七一
伯三五七八背
妙法蓮華經難字……五二七五
妙法蓮華經難字音……五二七五
伯三四〇六
妙法蓮華經難字（一）……五二八四
斯五六九〇
妙法蓮華經難字（二）……五二九一
伯二九四八
妙法蓮華經難字（三）……五三〇二
俄敦五三五二
妙法蓮華經譬喻品難字音……五三〇五
斯五五五四
妙法蓮華經譬喻品難字……五三〇九
斯五六八五
妙法蓮華經第六卷難字音……五三一三
北敦一三八三四（北新三四）（底卷）　北五六七〇（玉七七）（甲卷）
妙法蓮華經馬明菩薩品詞句抄……五三一六
北八四三一（字七四）背

第十一册　小學類佛經音義之屬（二）

金光明最勝王經音……五三一
斯六六九一（底一）　斯六五一八（底二）　斯三一〇六（底三）　斯三九三三（底四）　伯二二二四（底五）
斯二五二二（底六）　北一八二〇（巨三〇）（底七）　俄弗一二九（底八）　斯五一七〇（底九）
月光童子經等佛經難字……五三六二
俄敦一一〇一九
不空羂索神呪心經音……五三六五
伯三九一六（底卷）　伯三八三五（甲卷）
大佛頂經難字……五三七四
大佛頂經音義……五三七四
斯六六九一（底卷）　伯三四二九＋伯三六五一（甲卷）
大佛頂經難字……五四五四
俄敦五一二
大佛頂經大寶積經難字音……五四六一
北一四五二（秋二六）背
大莊嚴論經難字……五四六七
伯三八九一
正法念處經難字……五四九一
俄敦六九九
佛本行集經難字……五五四〇

佛本行集經難字音……五五四〇
伯三五〇六
佛本行集經難字……五五五四
俄敦二八一三
根本薩婆多部律攝第十三卷音……五五五七
伯二一七五
鼻柰耶難字……五五五九
斯四六四背
諸星母陁羅尼經音……五五六二
伯三九一六
佛經音義（一）……五五六六
俄敦六〇三八
佛經音義（二）……五五六九
俄敦六二三三
佛經音義（三）……五五七二
俄敦八六八七
難字音義（一）……五五七四
北二三三一（重三一）背
難字音義（二）……五五七七
斯五五四〇／四
『撼揩』音義……五五七九

音義殘片……五五八〇
斯三六六三背
俄敦七七五八
諸雜難字……五五八二
伯三一〇九
佛經難字音(一)……五六三〇
斯五五二四
佛經難字音(二)……五六三三
斯八四〇
佛經難字音(三)……五六五五
伯三二七〇背
佛經難字音(四)……五六六三
伯二二七一(底卷) 伯三七六五背+伯三〇八四背(甲卷)
佛經難字音(五)……五七〇三
伯二八七四
佛經難字音(六)……五七二三
斯四六二二背
佛經難字音(七)……五七三三
斯五七一二
佛經難字及韻字抄……五七三七
伯三八二三

難字音(一)……五七七四
伯四六九六
難字音(二)……五七七六
俄敦五九一二
難字音(三)……五七七八
俄敦五四〇三
難字摘抄(一)……五七八〇
俄敦一八九八六(底一)　俄敦一八九八五(底二)
難字摘抄(二)……五七八三
俄敦一一〇二一
後記……張涌泉　五七八五
附録　敦煌經部文獻卷號索引

羣經類周易之屬

周易注

王弼

周易注（一）（坤卦—需卦）

俄敦一一八八〇（底一）　俄敦一一九一一（底二）　俄敦一二七一八（底三）
俄敦一一八六〇A（底四）　俄敦一二〇二三（底五）　俄敦一二〇〇四（底六）
俄敦一二六五三（底七）　俄敦一一七七三（底八）　俄敦一一八六〇B（底九）
俄敦一一九四五（底十）　斯九二一九（底十一）

【題解】

底一編號爲俄敦一一八八〇，殘片，八殘行，存上截，行有界欄。起《坤卦》卦題，至《彖辭》「乃與類行」之「乃」。

底二編號爲俄敦一一九一一，殘片，六殘行，存上截，行有界欄。起《坤卦·彖辭》王弼注「用之者不亦至順乎」之「至」，迄《六二》爻辭「不習无不利」注「故不習焉而无不利也」。尋其内容，在底一之後，然兩者中間並不連接。據其行款估計，兩卷之間約殘缺一行。

底三編號爲俄敦一二七一八，小殘片，六殘行。起《坤卦·初六》爻辭「履霜，堅冰至」王弼注「非基於始以至於著者也」之「於著」，至《坤卦·六三》爻辭「含章可貞，或從王事，无成有終」王注「有事則從」之「有」。實存經文八字，注文十三字。其一、二、三、四行爲底二末四行之下端，然兩者之間殘缺若干字，並不直接連接。而其四、五、六行則緊接底四之下端，兩者可以綴合。

俄敦一一八六〇號由兩個碎片組成，然它們並不直接連接，不宜編爲一號。爲解説方便，今分别標之以俄敦一一八六〇A 與俄敦一一八六〇B。俄敦一一八六〇A，起《坤卦·六二》爻辭『直方大』之『大』，至《坤卦·六三》爻辭『含章可貞』王弼注『故曰含章可貞也』之『章』，四殘行。其前兩行正可拼接底二末兩行中間殘缺處。而其第二、三、四行之下端又接底三之末三行，故以之爲底四。

底五編號爲俄敦一二〇二三，殘片，三殘行，行有界欄。起《坤卦·六三》爻辭『含章可貞，或從王事，无成有終』王弼注『故曰或從王事也』之『也』，至《坤卦·六四》爻辭『括囊，无咎无譽』王注『无含章之美，括結否閉』之『閉』，正可與底四拼接。

底六編號爲俄敦一二〇〇四，殘片，七殘行，行有界欄。起《坤卦·六三》爻辭『含章可貞，或從王事，无成有終』王弼注『故曰无成有終也』之『也』，至《坤卦·上六》爻辭『龍戰于野，其血玄黄』王注『故戰于野也』。其前三行恰與底五之下端相接。

底七編號爲俄敦一二六五三，殘片，十行，存上截，行有界欄。起《坤卦·上六》爻辭『龍戰于野，其血玄黄』王弼注『卑順不盈』之『盈』，至《坤卦·文言》『則不疑其所行也』之『則不』，其首行中間殘缺處正可與底六之第七行拼合。

底八編號爲俄敦一一七七三，殘片，六殘行，行有界欄。起《坤卦·文言》『臣弑其君』（寫卷『弑』作『煞』），至『妻道也』之『道』，其前五行正可與底七後五行之下端相接。

底九爲俄敦一一八六〇之第二片，今以之爲一一八六〇B，殘片，六殘行，存上截，行有界欄。起《坤卦·文言》『正位居體』之『居』，至《屯卦》『元亨利貞』之『貞』字。此片與底八字體及行款均一致，而且其内容亦爲《坤卦·文言》，與底八當本爲一卷，只是兩者難以直接綴合，據其行款估計，中間約殘缺兩行。

底一至底九綴合圖

底十編號爲俄敦一一九四五，小殘片，三殘行，存經文七字，王弼注文二字。此片正可與底九前三行之下端拼接。

以上十個殘片，經綴合後，可分爲三段：底一爲一段，底二+底三+底四+底五+底六+底七+底八爲一段，底九+底十亦爲一段。雖説各段之間殘缺一、二行，然其字體、行款等均相合，因而它們應是同一寫卷。十個寫卷，《俄藏》皆未定名，此爲三國魏時王弼《周易注》之殘卷，故定名爲《周易注（坤卦、屯卦）》。

底十一編號爲斯九二一九，共七殘行，第一行僅存『順也』二字，後六行殘存下截，行有界欄。《榮目》首先比定了寫卷名稱。《英藏》據之定名爲《周易王弼注（需卦第二）》，其實《榮目》明確説明寫卷存有『《蒙》卦最末二字「順也」』至『《需卦》「象曰：需于郊」』，故『蒙卦』二字亦需在定名中有所反映。今定爲《周易注（蒙卦、需卦）》。此卷與前十個殘片字體、行款均一致，應是一卷之裂。只是兩者中間殘缺《屯》、《蒙》兩卦的大部分内容。

此十一件王弼注《周易》殘卷，綴合後，實得四十六行，前三十九行殘存上半截，後七行殘存下半截。《坤卦》首尾皆有，《屯卦》僅存『利貞』二字，《蒙卦》僅存『順也』二字，《需卦》殘存部分。經傳均單行大字，王弼注雙行小字，行十八字左右。今綴合爲一，定名爲《周易注（坤卦—需卦）》。

底二第三行『基』字缺末筆，當是避諱缺筆字，則此寫卷抄寫時間之上限不會早於玄宗時期。然從寫卷之字體、行款看，應非陷蕃後之抄本。是其抄寫時間可定爲盛唐時期。

底一至底十據《俄藏》録文，底十一據《英藏》録文，並校以中華書局影印阮元刻《十三經注疏·周易正義》（簡稱『刊本』），校録於後。

（前缺）

▭坤　元、▨（亨）〔一〕，▭〔二〕順而後乃▭▨（牝）〔三〕馬之貞。▭〔四〕□□（南得）朋，東北喪朋，▭〔五〕也，故曰『喪朋』也〔六〕。陰之爲物，必離□（其）黨，之於反類，而後獲安貞▭〔七〕生，乃順承天，坤厚▭〔八〕物咸亨，牝馬地類，▨（行）▭〔九〕而行地也〔一〇〕。柔順利▨（貞），▭〔一一〕。『西南〔一二〕得朋』，乃〔一三〕▭▨（至）〔一四〕順乎？若夫▭〔一五〕，利之不▨（以）〔一六〕□（永）貞，方而又剛，柔而又▭〔一七〕。地形不順，其勢順也〔一八〕。君子以厚德▨（載）▭〔一九〕。所謂至柔而動也剛。陰之爲▭〔二〇〕明〔二一〕其始。陽之爲物，非基〔二二〕於□□□（始以至）於著▭〔二三〕。《象》曰『履霜堅冰』，陰□（始）▨（凝）〔二四〕也。馴▭〔二五〕二：直方〔二六〕大，不〔二七〕習无不□（利）。居中得▭〔二八〕自生，不▭〔二九〕而无不利也〔三〇〕。《象》曰：六二之▨（動）〔三一〕，直以方▭〔三二〕，地〔三三〕道光也。六三：含章可貞，或▭〔三四〕。三處下卦之極，而不疑於陽，應斯義者▭〔三五〕乃發，含美而可正者也，故曰『含章〔三六〕可貞』。有〔三七〕▭也〔三八〕。不敢爲主〔三九〕，順命▭〔四〇〕曰『无成有終』也〔四一〕。《象》曰『含▨▨（章可）〔四二〕▭事，知光〔四三〕大〔四四〕也。知慮光大，故不擅其美也〔四五〕。六四：▨（括）〔四六〕▭陰〔四七〕，履非中位，无〔四八〕直方之質，不造陽事，无▭〔四九〕美，括結否閉〔五〇〕，賢〔五一〕人乃隱。施慎則可，非泰▭[五二]不害也。六五：黃裳元吉。黃，中之▨(色)▭[五三]於下。夫▭[五四]者也。以柔順之德，處于[五五]盛位，任夫文理者▭[五六]吉，非用武者也。極陰之盛，不至疑陽，▭[五七]元吉』，文在中也。用黃裳而獲元吉，以『文在中也』。上六：龍▭[五八]不盈[五九]，乃▨▨(全其)美[六〇]。盛而不已，固陽[六一]之地，陽所不堪，故『戰于野也』[六二]。《象》曰『▨(龍)▭[六三]用六：利永貞。用□□□(六之利)，『利永貞』[六四]。《象》曰：用六，▭[六五]坤至柔而動也剛，至靜而德▭[六六]德必方也。後得主▨(而)[六七]有常，含萬▨(物)▭[六八]承天而時行！□□□□(積善之家)，必▨(有)▭[六九]，必有餘殃。故臣煞其君，子▭[七〇]故，其所由來[七一]者漸矣，由辨▭[七二]霜堅冰至』[七三]，▨(蓋)[七四]言順也。直其正▭[七五]以直內，義以[七六]方外，敬義立而▭[七七]无不利』，則不[七八]疑其所行也。陰▭▨(成)[七九]也。地□□□(道也，妻)▨[八〇](道)▭居[八一]體，美在其[八二]中，而暢▨(於)▭[八三]也。陰疑於陽必戰。辯▭[八四]盛▭[八五]嫌於非陽而戰。故稱龍焉[八六]。猶▭[八七]陰類，爲陽所滅也[八八]。猶與陽戰而相傷，故稱血焉[八九]。夫玄▭[九〇]▨(而)[九一]地黃。

▭亨[九二]、利、▨(貞)[九三]▭

(中間殘缺)

▭順也[九四]。

▭▨(利)[九五]涉大川。《象》曰：需，▭不[九六]陷，其義不困窮矣。『需有▭▨(正)[九七]中也。謂五也，位乎天位，用其中正，以此待物，需道畢矣。▭獲[九八]進，□□(往輒)亨也。《象》曰：雲上於天，需，▭▨(盛)[九九]德光亨，▭[一〇〇]。初九：需于郊，利▭險[一〇一]▭《象》曰『需于郊』。

（後缺）

【校記】

〔一〕坤元亨，底一『坤』前殘泐三個大字的位置，當是殘脱卦形及『坤下坤上』四小字；底一『亨』字殘存上部『亠』，茲據刊本擬補。以下凡底卷中殘字、缺字、脱字補出者，均據刊本，不復一一注明。

〔二〕從第一行『亨』至本行『順』間底一殘泐，刊本作『利牝馬之貞坤貞之所利利於牝馬也馬在下而行者也而又牝焉順之至也至』。

〔三〕牝，底一殘存下截。从『乃』至『牝』間底一殘泐，刊本作『亨故唯利於』。

〔四〕『貞』下底一殘泐，刊本作『君子有攸往先迷後得主利西』。

〔五〕『朋』下底一殘泐，刊本作『安貞吉西南致養之地與坤同道者也故曰得朋東北反西南者』。

〔六〕也，刊本無。

〔七〕『貞』下底一殘泐，刊本作『吉彖曰至哉坤元萬物資』。

〔八〕『厚』下底一殘泐，刊本作『載物德合无疆含弘光大品』。

〔九〕行，底一殘存上半截，其下底一殘泐，刊本作『地无疆地之所以得无疆者以卑順行之故也乾以龍御天坤以馬』。

〔一〇〕而行地也，刊本無『而』、『也』二字。

〔一一〕貞，底一殘存上半截。其下底一殘泐，刊本作『君子攸行先迷失道後順得常』。

〔一二〕『南』字底一左下角殘破。

〔一三〕乃，底一至於此。

〔一四〕至，底二殘脱上面一横。底二起於此。從底一末字『乃』至底二首字『至』間殘脱諸字，刊本作『與類行東北喪朋乃終有慶安貞之吉應地无疆地也者形之名也坤也者用地者也夫用雄必爭二主必危有地之形與剛健爲耦而以永保无疆用之者不亦』。

〔一五〕『若夫』下底二殘泐，刊本作『行之不以牝馬』。

〔一六〕以，底二殘脱右邊『人』旁。

〔一七〕『又』下底二殘泐，刊本作『圓求安難矣象曰地勢坤』。

〔一八〕也，刊本無。

〔一九〕載，底二殘存右邊『戈』旁，其下底二殘泐，刊本作『物初六履霜堅冰至始於履霜至于堅冰』。

〔二〇〕『爲』下底二殘泐，刊本作『道本於卑弱而後積著者也故取履霜以』。

〔二一〕明，刊本作『明』，二字異體。下凡『明』字皆同此，不復出校。

〔二二〕基，底二缺末筆，當爲避諱缺筆字，兹據刊本改。

〔二三〕『於著』二字爲底三中文，底三始於此。『於著』下底三殘泐，刊本作『者也故以出處明之則以初爲潛』。底三之一、二、三、四行爲底二末四行之下端，因而每一行兩卷各存部分内容，而且兩卷不能直接銜接，中間殘缺若干字。

〔二四〕凝，底三殘存下截。

〔二五〕『也馴』爲底三中文，以下底三殘泐，刊本作『致其道至堅冰也六』。

〔二六〕方，底二存上半，底四存下半，正好綴合。底四起於此。底四首行僅存二字半，恰好是底二第二行中間殘缺部分。

〔二七〕『大不』二字爲底四中文。

〔二八〕『居中得』三字爲底三中文，以下底三殘泐，刊本作『正極於地質任其自然而物』。

〔二九〕『自生不』三字爲底三中文，以下底三殘泐，刊本作『假修營而功自成故不習焉』。

〔三〇〕也，刊本無。

〔三一〕動，底四殘脱右邊「力」旁。又「象曰六二之」五字亦底四中文。

〔三二〕「直以方」三字爲底三中文，以下底三殘泐，刊本作「也動而直方任其質也不習无不利」。

〔三三〕地，底二存上部三分之一，底四存下部三分之二，正好綴合。底二至於此。

〔三四〕「貞或」爲底三之文。「或」下底三殘泐，刊本作「從王事无成有終」。

〔三五〕「斯義者」三字爲底三中文，「者」下底三殘泐，刊本作「也不爲事始須唱乃應待命」。

〔三六〕章，底四存上截「立」，底三存下截「早」，兩者正可綴合。底四至於此。

〔三七〕「可貞有」三字爲底三中文，底三至於此。刊本「可貞」下有「也」字。

〔三八〕也，底五起於此。自前行底三之「有」至此行「也」間殘缺之文，刊本作「事則從不敢爲首故曰或從王事」。

〔三九〕不敢爲主，刊本作「不爲事主」。

〔四〇〕「命」下底五殘缺，刊本作「而終故」。

〔四一〕也，底六起於此。底六之前三行恰與底五之下端相接，故此三行兩卷各存部分内容。

〔四二〕章可，底六「章」殘去右下角，「可」殘存左半。

〔四三〕「事知光」三字爲底五中文。從前行底六之「可」至此行「事」間殘泐之文，刊本作「貞以時發也或從王」。

〔四四〕大，底五存上半，底六存下半，正好綴合。

〔四五〕也，刊本無。

〔四六〕括，底六存上截三分之一。

〔四七〕陰，從前行底六之「括」至此殘泐之文，刊本作「囊无咎无譽處陰之卦以陰居」。

〔四八〕「陰履非中位无」六字爲底五中文。

〔四九〕「无」下底六殘缺，刊本作「含章之」。

〔五〇〕「美括結否閉」五字爲底五中文。

〔五一〕賢，底五存上截，底六存下截，正好綴合。底五止於此。

〔五二〕『泰』下底六殘泐，刊本作『之道象曰括囊无咎慎』。

〔五三〕色，底六存上端殘畫，其下底六殘泐，刊本作『也裳下之飾也坤爲臣道美盡』。

〔五四〕『夫』下底六殘泐，刊本作『體无剛健而能極物之情通理』。

〔五五〕于，刊本作『於』，二字古通用。

〔五六〕『者』下底六殘泐，刊本作『也垂黄裳以獲元』。

〔五七〕『陽』下底六殘泐，刊本作『以文在中美之至也象曰黄裳』。

〔五八〕『龍』下底六殘泐，刊本作『戰于野其血玄黄陰之爲道卑順』。

〔五九〕盈，底六存右半，底七存左半，正好綴合。底七起於此。底七之首行中間殘缺處正可與底六之第七行拼合，故此行兩卷各存有部分内容。

〔六〇〕全其美，底七『全』殘去下部『王』，『其』殘存左下角。『美』字底七存大部分，底六存右下角，正好綴合。

〔六一〕『盛而不已固陽』六字爲底六中文。

〔六二〕于野也，『于』字底七存左上角，底六存右下角，正好綴合；底六止於『野』字；刊本無『也』字。

〔六三〕龍，底七殘存上截，其下底七殘泐，刊本作『戰于野其道窮也』。

〔六四〕『利永貞』下底七殘泐，刊本有『也』字。

〔六五〕『用六』下底七殘泐，刊本作『永貞以大終也能以永貞大終者也文言曰』。

〔六六〕『德』下底七殘泐，刊本作『方動之方直不爲邪也柔而又圓消之道也其德至靜』。

〔六七〕而，底七左下角殘去。

〔六八〕物，底七殘存上半截，其下底七殘泐，刊本作『而化光坤道其順乎』。

〔六九〕有，底七存上端殘畫，其下底七殘泐，刊本作『餘慶積不善之家』。

〔七〇〕故臣煞其君子，刊本無『故』字，『煞』作『弒』，《干禄字書·入聲》以『煞』爲『殺』之俗字，《釋文》云：『弒，式志反。本或作殺，音同。』其或本與寫卷同，案『殺』正字，『弒』爲後起分别文。『臣煞其君子』五字爲底八中文。底八起於此。『子』下底八殘泐，刊本作『弒其父非一朝一夕之』。底八之前五行正可與底七後五行之下端相接，故此五行兩卷各存部分内容。

〔七一〕『故其所由來』五字爲底七中文。

〔七二〕辨，刊本作『辯』，孔穎達《周易正義》云：『臣子所以久包禍心，由君父欲辯明之事，不早分辯故也。』則『辨』爲『辯』之借字。『辨』下底八殘泐，刊本作『之不早辯也易曰履』。

〔七三〕『霜堅冰至』四字爲底七中文。

〔七四〕蓋，底八存下部殘畫。

〔七五〕『正』下底八殘泐，刊本作『也方其義也君子敬』。

〔七六〕『以直内義以』五字爲底七中文。

〔七七〕『而』下底八殘泐，刊本作『德不孤直方大不習』。

〔七八〕『无不利則不』五字爲底七中文，底七止於此。

〔七九〕成，底八殘存右下角。自前行『陰』至此底八殘泐，刊本作『雖有美含之以從王事弗敢』。

〔八〇〕道，底八殘存『首』旁。底八止於此。

〔八一〕自『道』至此『居』間底卷约殘缺兩行，刊本作『也臣道也地道无成而代有終也天地變化草木蕃天地閉賢人隱易曰括囊无咎无譽蓋言謹也君子黄中通理正位』。底九起於『居』。

〔八二〕其，底九存上半截，底十存下半截，正好綴合。底十起於此。底十爲一僅存三行的小殘片，正可拼接於底九前三行之下端，故此三行兩卷各存部分内容。

〔八三〕中而暢於，底十之文。底十『於』殘存右上角。『於』下殘泐，刊本作『四支發於事業美之至』。

〔八四〕『必戰辯』三字爲底十之文。『辯』下底十殘泐，刊本作『之不早疑』。

〔八五〕『盛』爲底十之文，其下底十殘泐，刊本作『乃動故必戰爲其嫌於无陽也爲其』。

〔八六〕稱龍焉，『稱』字底九存上部三分之二，底十存下部三分之一，正好綴合。『龍焉』二字爲底十之文，底十止於此。

〔八七〕『猶』字底九碎成兩部分，尚可拼合，只是寫卷没有修復完整。『猶』下底九殘泐，刊本作『未離其類也猶未失其』，案下行王注『猶與陽戰而相傷故稱血焉』十一字前刊本有《文言》之『故稱血焉』四字，寫卷無者，蓋『故稱血焉』四字緊接『猶未離其類也』之下，故『猶』下底九殘泐者蓋當爲『未離其類也故稱血焉猶未失其』。

〔八八〕也，刊本無。

〔八九〕焉，刊本無。

〔九〇〕『玄』下底九殘泐，刊本作『黄者天地之雜也天玄』。

〔九一〕而，底九殘存右半。

〔九二〕『亨』前底九殘缺，刊本作『䷂震下坎上屯元』。

〔九三〕『貞』字底九殘去下部『八』。底九止於此。

〔九四〕順也，底十一起於此。

〔九五〕利，底十一殘損右上角。其前底十一殘泐，刊本作『䷄乾下坎上需有孚光亨貞吉』。

〔九六〕『不』前底十一殘泐，刊本作『須也險在前也剛健而』。

〔九七〕正，底十一殘存末畫。『正』前底十一殘泐，刊本作『孚光亨貞吉位乎天位以』。

〔九八〕『獲』前底十一殘泐，刊本作『故光亨貞吉利涉大川往有功也乾德』。

〔九九〕盛，底十一殘存下部『皿』。『盛』前底十一殘泐，刊本作『君子以飲食宴樂童蒙已發』。

〔一〇〇〕『亨』下底十一殘泐，刊本作『飲食宴樂其在兹乎』。

〔一〇一〕險，其前底十一殘泐，刊本作『用恆无咎居需之時最遠於難能抑其進以遠』；其後底十一亦殘泐，刊本作『待時雖不應幾可以保常也』。

周易注（二）（需卦—履卦）

伯二六一六

【題解】

底卷編號爲伯二六一六，起《需卦·九五》象辭『象曰』之『曰』，至《履卦》末，涉及《需》、《訟》、《師》、《比》、《小畜》、《履》凡六卦的内容，共一一八行。經傳均單行大字，王弼注雙行小字。卦首先畫卦形，下標『某下某上』四小字，與今傳本相同。伯希和《巴黎圖書館敦煌寫本書目》首先比定其名爲《易經》。《索引》定爲《周易殘卷（王弼注）》，《索引新編》因之；《寶藏》定爲《周易殘卷（需卦至履卦）》，《法藏》定爲《周易王弼注》。此爲三國魏時王弼《周易注》之殘卷，今定名爲《周易注（需卦——履卦）》。

寫卷字體爲優美的行草書，然卷面模糊，字迹極淺淡，縮微膠卷及《寶藏》、《法藏》均不能辨識。二〇〇一年十月余欣博士去巴黎，得法國國家圖書館工作人員之幫助，重新攝製膠卷，較原膠卷清晰，今即據余欣所贈新攝膠卷録文。

寫卷『民』字或缺筆，其卷背爲唐杜友晉《新定書儀鏡》殘卷（趙和平《敦煌寫本書儀研究》三七〇頁，臺北·新文豐出版公司，一九九三），蓋爲唐寫本。

今以中華書局影印阮元刻《十三經注疏·周易正義》爲校本（簡稱『刊本』），校録於後。

（前缺）

□曰『酒食貞吉』，以中正也。上□[一]之客三人來，敬之，終▨（吉）。□[二]故不得不出自穴而避〔三〕之也。至▨（於）□〔四〕終，非▨（塞）□〔五〕也。与〔六〕三爲應，三來之已，乃爲己援，故□〔七〕之避，而乃有入穴之固〔八〕。三陽所以不敢進者，須難之終也。難終則至，不待召也。己居難終，故自來也。處无位之地，以一陰而爲三陽之主，故必敬之而後終吉。《象》曰：不速之客三人〔九〕來，『▨（敬）〔一〇〕之終吉』，雖不當位，未大失也。處无位之□〔一一〕位者也。敬之則得終吉，故雖不當□〔一二〕也。

䷅坎下乾上訟　有孚，窒惕，中吉，窒謂窒塞者〔一三〕。皆惕，然後可以獲中吉。終凶。利見大人，不利涉大川。《象》曰：訟，上剛下險，險而健，訟。『訟有孚，窒惕，中吉』，剛來而得中也。『終凶』，訟不可成也。『利見大人』，尚中正也。『不利涉大川』，入于淵也。凡不和而訟，无施而可，涉難特甚焉。唯有信而見塞▨（懼）者也〔一四〕，乃可以得吉也。猶復不可終，中乃吉也。不閉其▨（源），使訟不至，雖每□□（不枉）訟〔一五〕而訟至終竟，此亦凶矣。故雖復有信，而見塞懼，猶▨▨▨□□（不可以爲終）也。故曰『訟有孚，窒惕，中吉，終凶』也。无善聽者，雖有其實，▨（何）由得明？而令有信塞懼者〔一六〕得其『中吉』，必有善聽▨▨▨（之主焉），其在二▨（乎）？▨▨▨▨（以剛而來）正夫群〔一七〕小，斷不失中，應▨▨▨（斯任也）。《象》曰：天与水違行，訟。君子以作事謀始。『聽訟，▨▨▨▨（吾猶人也）。必也使無訟乎？』无訟在於謀始，謀始在於作制。▨▨□（契之不）明，訟之所以生也。物有其分，職不相濫〔一八〕，爭何由興？訟之所以起者〔一九〕，契之過也。故有德司契而不責於人也〔二〇〕。初六：不永所事，小有言，終吉。處訟之始，訟不可▨（終），故『不永所事』，然後乃吉也〔二一〕。凡陽唱而陰和之〔二二〕，陰非先唱者也。四召而應，見犯乃訟。處訟之始，不爲訟先，雖不能不訟，而了訟心明▨也〔二三〕。《象》曰『不永所事』，訟不可長也。雖『小有言』，▨〔二四〕明也。九二：不克訟，歸而逋其邑。人三百户，无眚。以剛處訟，不能下物，自▨▨（下訟）上，宜其不克。若能以懼歸竄其邑，乃可以免災。邑過三百，非□〔二五〕災〔二六〕未免也。《象》曰『不克訟』，歸逋竄也。自下訟上，患至掇也。體夫柔弱以順其〔二七〕上，不爲九二自下訟上，不見侵奪，保全其有，故得食其舊德而不失也。居乎爭訟時〔二八〕，處兩剛之閒，而皆近不相得，故曰『貞厲』。柔體不爭，繫應在上，衆莫能傾，故曰『終吉』。六三：食舊德，貞厲，終吉。或從王事无成。上壯爭勝，▨（難）可忤也，故或從王事，不敢成▨（也）。《象》曰『食舊德』，從上吉也。九四：不克訟。初辯▨▨

(明也)。復即命渝，安貞吉。處上□〔二九〕者也，其故〔三〇〕□(咎)不大。若能反從本理，變前之命，安貞不犯，不失其道，『爲▨(仁)由〔三一〕己』，故吉從之。《象》曰『復即命渝』，安貞不失也。九五：訟元吉。處得尊位，爲訟之主，用其中正以斷枉直，□〔三二〕所溺，公无所偏，□〔三三〕。《象》曰『訟元吉』，以中正也。上九：或錫之鞶帶，終朝三褫之。處訟之極，以剛居上，訟而得勝者也。以訟受錫，榮何□□(可保)？故終朝之閒，褫帶者三也。□(《象》)曰：以訟受服，亦不足敬也。

䷆坎下坤上師　貞，丈人吉，无咎。丈人，嚴莊之稱也。爲師之正，丈人乃吉也。興役動衆无功，罪也，故吉乃无咎〔三四〕。□(《象》)曰：師，衆也。貞，正也。能以衆正，可以王矣。剛中而應，行險而順，以此毒天下而民〔三五〕從之，吉又何咎矣？毒猶役〔三六〕也。《象》曰：地中有水，師。君子以容民〔三七〕畜衆。初六：師出以律，否臧凶。爲師之始，齊師者也。齊衆以律，〔失律則散。故師出以律，律不可失。失律〕而臧〔三八〕，何以〔三九〕於否？失令有功，□(法)所不赦。故師出不以律，否臧皆凶。《象》曰『師出以律』，失律凶也。九二：在師中，吉，无咎，王三錫命也〔四〇〕。以剛居中，而應於上，在師而得其中者也。承上之寵，□□(爲師)之主，任大役重，无功則凶，故吉乃无咎也。行師得吉，莫善懷邦，邦懷衆服，錫莫重焉，故乃得成命也〔四一〕。《象》曰『在師中吉』，承天寵也。『王三錫命』，懷萬邦也。六三：師或輿尸，凶。以陰處陽，以柔乘剛，進則无應，退无所守，以此用師，宜獲『輿尸』凶也〔四二〕。《象》曰『師或輿尸』，大无功也。六四：師左次，无咎。得位而无應，无應不可以行，得位則可以處，故左次之，而无咎矣〔四三〕。▨▨(行師)之法，欲右背高，故左次之。《象》曰『左次以〔四四〕无咎』，未失常也。雖不能有獲，足以不失其常也。六五：田有禽，利執言，▨▨▨▨(无咎。長子)帥師，弟子輿尸，貞□(凶)。處師之時，柔得尊位，陰不先唱，柔不犯物，犯而後應，往必得直，故『田有禽』者也〔四五〕。物先犯己，故可以執言而无咎也。柔非軍帥，陰非剛武，故不躬行，必以授也。授不得王，則衆不從矣〔四六〕，故『長子帥師』可也。弟子之凶，故其宜也。《象》曰『長子帥師』，以中行也。『弟子輿尸』，使不當也。上六：大君有命，開國承家，小人勿用。處師之極，師之終也。

大軍[四七]之命，不失功也。開國承家，以□（寧）邦也。小人勿用，非其道也。《象》曰『大君有命』，以正功也。『小人勿用』，□□□（必亂邦）也。

☷☵坤下坎上比　吉，原莁[四八]，元永貞，无咎。不寧方來，後夫凶。《彖》曰：比，吉也。比，輔也，下順從也。『原莁，元永貞，无咎』，以剛中也。處比之時，將原莁以求无咎，其唯元永貞乎？夫群黨相比，而不以『[元]』[四九]永貞』，則凶邪之道也。若不遇其主，□[五〇]於咎[五一]。使永貞□[五二]者，其唯九五乎？『不寧方來』，上下應也。上下无陽以分其民，五獨處尊，莫不歸之，上下應之，既親且安，安則不安者託焉，故不寧方所以來之[五三]，『上下應』故也。夫无者求有，有者不求所與；危者求安，安者不求所保。火有其炎，寒者附之。故已苟安焉，則不寧方來也[五四]。『後夫凶』，其道窮也。將合和親而獨在後，親成則誅，是以凶也。《象》曰：地上有水，比。先王以建萬國，親諸侯。萬國以『比』建，諸侯以『比』親也[五五]。初六：有孚比之，无咎。有孚盈缶，終來有▨（它）[五六]吉。處比之始，爲比之首者也。夫以不信爲比之首，則禍莫□□（大焉），故必『有孚』[五七]，然後乃得免比[五八]之咎，故□[五九]之，『无咎』也。處比之首，應不在一，心无私吝，則莫不比之。著信立誠，盈□[六〇]則物終來▨▨（无衰）竭也。親乎▨▨（天下）者[六一]，著信盈缶，應者豈一道而來？故必『有他吉』之者也[六二]。□『它吉』者[六三]也。六二：比之自內，貞吉。處比之時，居中□[六四]在五，不能來他，故得其自內貞□（吉）而已。□[六五]『比之自內』，不自失也。六三：比之匪人。四自外比，二爲五應，近不相得，遠則无應，所与比者，皆非己親，故曰『比之匪□（人）』。《象》曰『比之匪人』，不亦傷乎？六四：外比之，貞吉也[六六]。外比於五，履[六七]得其位，□□（比不）失賢，處不失位，故貞吉也。《象》曰：外比於賢，以從上也。九五：顯比。王用三驅，失前禽也[六八]。邑人不誡，吉。爲比之主而有應在二，顯比者也。比而顯之，□（則）所親者□[六九]是与，則去之与來，皆无失也。夫三驅之禮，禽□[七〇]愛於來而惡於去也，故其所施，常『失前□[七一]『王用三驅，失前禽也』。用□[七二]邑，動必討畔[七三]，邑人无虞，故不誡也，雖不得[七四]大人之吉，是顯□[七五]此可以爲上之使，非爲上之道[七六]。《象》曰：顯比之吉，位正中也。舍逆取順，『失前禽』也。『邑人不誠』，上使中也。上六：比之无首，凶。无首，後已，處卦之終，是後夫也。親道已成，无所与終，爲時所棄，宜其凶也。《象》曰『比之无首』，无所終□（也）。

☴☰乾下巽上 小畜 亨。不能畜大，止健剛志，故行是以亨也〔七七〕。密雲▭〔七八〕郊。《象》曰：小畜，柔得位而上下應之，□□□（曰『小畜』）。謂六四也，成卦之義，在此爻也。體无二陰，以分其應，故上下應之也。既得其位，而上下應之，三不能陵，小畜之義也〔七九〕。健而選〔八〇〕，剛中而應〔八一〕，志行乃亨。『密雲不雨』，尚往也；『自我西郊』，施未行也。小畜之勢，足作密雲，乃『自我西郊』，未足以爲雨也。何由知未能爲雨乎〔八二〕？夫能爲雨者，陽上薄陰，陰能固之，然後烝而爲雨。今不能制初九之復道，固九二之牽復，九三更以不能復爲劣也。下方尚往，施豈得行？故密雲而不能雨〔八三〕，尚往故也。何以明夫陰能固之然後乃雨乎〔八四〕？上九獨能固九三之路，故九三不能以進而『車説輹』也〔八五〕。能固其路而安於上，故得『既雨既處』也〔八六〕。若四、五皆能若上九之善畜，則〔八七〕雨明矣。故舉一卦而論之，能爲小畜密雲而已。陰苟不足以固陽，則▭〔八八〕▨（雨）〔八九〕之未下，即施之未行也。▭〔九〇〕既處』〔九一〕。《象》曰▭〔九二〕初九：復自道，何其咎？吉。處乾之始，以升巽初，四爲己應，□□□（不距己）者也。以陽升陰，復自其道，順而无違，何所犯咎，得義之吉者也〔九三〕。《象》曰『復自道』，其義▭〔九四〕雖不能若陰□□（之不）違，可牽以獲復，是以吉也。《象》曰：牽復在中，亦不自失也。九三：輿説▨（輹）〔九五〕。夫妻反目。上爲畜盛，不可牽征，以斯而進，故必『説輹』也。己爲陽極，上爲陰長，畜於陰長，不能自復，方之『夫妻反目』之義〔九六〕。《象》曰『夫妻反目』，不能正室也。六四：有孚，血去惕出，无咎也〔九七〕。夫得〔九八〕血者，陽犯陰也。四乘於三，近不相得，三務於進，而己隔之，將懼侵克者也。上亦惡三而能制焉，志与上合，共同斯誠，三雖逼己，而不〔能〕〔九九〕犯，故得血去懼除，保无咎者〔一〇〇〕也。《象》曰『有孚惕出』，上合志也。九五：有孚攣如，富以其□（鄰）。處得尊位，不疑於二，來而不▭〔一〇一〕牽已攣，不爲專固，『有孚攣如』之謂也。以陽居陽，處實者□（也）。居盛處實而〔不〕〔一〇二〕專固，富以其鄰者也。《象》曰『有孚攣如』，不獨富也。上九：既雨既處，尚德載，婦貞厲，月幾望，君子征凶。處小畜之極，能畜者也。陽不獲亨，故『既雨』也。剛不［能］〔一〇三〕侵，故『既處』也。體巽處上，剛不能〔一〇四〕犯，『尚德』者也。爲陰之長，能畜剛健，德積載者也。婦制其夫，臣制其君，雖貞近危，故曰『婦貞厲』也。陰之盈盛，莫盛於此，故曰『月幾望』也。滿而有〔一〇五〕進，必失其道，陰疑於陽，必見戰伐，雖復君子，以征必凶，故曰『君子征凶』也〔一〇六〕。《象》曰『既雨既處』，德積載也。『君子征凶』，有所疑也。夫處下可以征而无咎者，唯泰〔一〇七〕則然。坤本體下，又順而弱，不能敵剛，故可以全其類，征而吉也。自此以往，則其進各有難矣。夫巽雖不能若艮之善畜，猶不肯爲坤之順從〔一〇八〕，故可得少進，不可盡淩〔一〇九〕也。是以初九、九二，其復則可，至於九三，則『輿説輹』也。夫大畜者，畜之極也。畜而不已，畜極則通，是以其畜之盛在於四、五，至于上九，道乃大行。小畜積極而後乃能畜，是以四、五可以進，而上九説征之輹也〔一一〇〕。

䷉兑下乾上履　虎尾，不咥人，亨。《象》曰：履，柔履剛也。説而應乎乾，是以『履虎尾，不咥人，亨』。凡『象』者，言乎卦〔一一一〕之所以爲主也，成卦之體在六三也。『履虎尾』者，言其危也。三爲履主，以柔▨（履）剛，履危者也。『履虎尾』，而〔一一二〕『不見咥』者，以其説而應乎乾〔一一三〕。［乾］〔一一四〕，剛正之德者也。不以説行夫佞〔一一五〕邪，而以説應乎乾，宜其『履虎尾』，不見咥而亨也〔一一六〕。　剛中正，履帝位而不疚，光明也。言五之德也〔一一七〕。《象》曰：上天下澤，履。君子以辯上下、定民志。初九：素履往，无咎。處履之初，爲履之始，履道惡華，故素乃无咎。處履以素，何往不從？必獨行其願，物无犯者〔一一八〕也。《象》曰：素履之往，獨行願也。九二：履道坦坦，幽人貞吉。履道尚謙，不喜處盈，務在致誠，惡夫外飾者也。二〔一一九〕以陽處陰，履在〔一二〇〕謙也。居内履中謙〔一二一〕，隱顯同也。履道之美，於斯爲盛。故『履道坦坦』，无險厄也。在幽而貞，宜其吉之也〔一二二〕。《象》曰『幽人貞吉』，中不自亂也。六三：眇能視，跛能履。履虎尾，咥人凶。武人爲于大君。居履之時，以陽處陽，□（猶）曰不謙，而况以陰居陽〔一二三〕者乎？故以此爲明，眇目者也；以此爲行，跛足者也；以此爲〔一二四〕履危，見咥者也。志在剛健，不修所履，欲以淩〔一二五〕武於人，『爲于大君』，行未免於凶〔一二六〕，而志存于五，頑之甚也。《象》曰『眇能視』，不足以有明也。『跛能履』，不足以与行也。咥人之凶，位不當也。『武人爲于大君』，志剛也。九四：履虎尾，愬愬，終吉。逼近至尊，以陽承陽，處多懼之地，故曰『履虎尾，愬愬』也。然以陽居陰，以謙爲本，雖處危懼，終獲其志，故『終吉』也。

《象》曰『愬愬終吉』，志行也。九五：夬履，貞厲。得位處尊，以剛決正，故曰『夬履貞厲』〔一二七〕。履道惡盈而五處尊，是以危也〔一二八〕。《象》曰『夬履，貞厲』，位正當也。上九：視履考祥，其旋元吉。禍福之祥，生乎所履。處履之極，履道成矣，故可視履而考祥〔一二九〕。居極應説，高而不危，是其旋也。履道大成，故元吉〔一三〇〕。《象》曰：元吉，在上大有慶也。

（後缺）

【校記】

〔一〕『上』下底卷殘泐，刊本作『六入于穴有不速』。

〔二〕吉，底卷殘存上部『十』。『吉』下底卷殘泐，刊本作『六四所以出自穴者以不與三相得而塞其路不辟則害』。以下凡底卷中殘字、脱字、模糊不清之字補出者，均據刊本，不復一一注明。

〔三〕避，刊本作『辟』，『辟』『避』古今字。注中『避』字同此，下不復出。

〔四〕於，底卷殘存上半。『於』下底卷殘泐，刊本作『上六處卦之』。

〔五〕塞，底卷殘脱下部『土』。『塞』下底卷殘泐，刊本作『路者』。

〔六〕与，刊本作『與』，二字古混用無別，敦煌寫本多用『与』字，後世刊本多改作『與』。下凡刊本作『與』者均不復出。

〔七〕『故』下底卷殘泐，刊本作『无畏害』。

〔八〕『固』下刊本有『也』字。

〔九〕三人，刊本無。

〔一〇〕敬，底卷殘存右半『攵』。

〔一一〕『之』下底卷殘泐，刊本作『地不當』。

〔一二〕『當』下底卷殘泐，刊本作『位未大失』。

〔一三〕者，刊本作『也』，案作『也』義長。

〔一四〕也，刊本無。

〔一五〕訟，刊本無。

〔一六〕『者』下底卷原有『也』字，衍文，兹據刊本删。

〔一七〕群，刊本作『羣』，二字異體。下『群』字同。

〔一八〕軄不相濫，刊本『軄』作『職』，『濫』作『監』。《玉篇·身部》云：『軄，俗職字。』阮元《周易校勘記》（以下簡稱『阮校』）云：『岳本、監、毛本「監」作「濫」，《釋文》亦作「濫」。』北京大學出版社點校本《周易正義》據以改作『濫』，是也。刊本『職不相濫』前有『起契之過』四字，阮校：『宋本、古本、足利本無上四字。』孟森《宋本周易注附釋文校記》云：『十行此句下衍「起契之過」四字，乃涉下文而誤衍，岳亦無。』北京大學出版社點校本《周易正義》認爲依文意四字是衍文，故據阮校删之，是也。

〔一九〕者，刊本無。

〔二〇〕也，刊本無。

〔二一〕吉也，底卷原重『吉』字，當因換行而誤衍，兹删其一；刊本無『也』字。

〔二二〕之，刊本無。

〔二三〕心明▨也，刊本作『必辯明矣』，『心』爲『必』字之誤，『明』下一字底卷模糊不能辨。

〔二四〕底卷此字模糊難辨，刊本作『辯』，前有『其』字。

〔二五〕『非』下底卷殘泐，刊本作『爲竄也竄而據強』。

〔二六〕灾，刊本作『災』，案『烖』之或體作『灾』，籀文作『災』，見《説文·火部》『烖』篆下説解。本卷中『灾』字皆同此，下不復出校。

〔二七〕其，刊本作『於』。

〔二八〕居乎爭訟時，刊本作『居爭訟之時』。

〔二九〕『上』下底卷殘泐，刊本作『訟下可以改變』。

〔三〇〕其故，刊本作『故其』，案『其故』當是誤倒。

〔三一〕仁由，底卷『仁』字殘脱右邊『二』，刊本『由』作『猶』，案二字古多通用。

〔三二〕『直』下底卷殘泐，刊本作『中則不過正則不邪剛无』。

〔三三〕『偏』下底卷殘泐，刊本作『故訟元吉』。

〔三四〕『无咎』下刊本有『也』字。

〔三五〕『民』字底卷缺末筆，當爲避諱缺筆字，兹據刊本改。

〔三六〕役，刊本作『役』，《説文·殳部》：『古文役从人。』下『役』字同此，不復出校。

〔三七〕『民』字底卷缺末筆，當爲避諱缺筆字，兹據刊本改。

〔三八〕失律則散故師出以律律不可失失律而臧，『失律則散故師出以律律不可失失律』十五字底卷原作『以此毒天下而民從之吉又何咎矣』，『以此毒天下而民從之吉又何咎矣』乃是《彖辭》中文，此蓋抄者看錯而誤録，今據刊本改正。底卷『而』原誤作『否』，兹據刊本改正。

〔三九〕以，刊本作『異』，『以』爲『異』之同音借字，伯三八三三《王梵志詩·觀此身意相》：『一郡（羣）泊（怕）死漢，何以叩頭蟲。』『以』即『異』之借。

〔四〇〕也，刊本無。

〔四一〕也，刊本無。

〔四二〕凶也，刊本作『之凶』。

〔四三〕矣，刊本作『也』。

〔四四〕以，刊本無。

〔四五〕者也，底卷『也』似塗去，刊本無『者』字，是也。

〔四六〕矣，刊本無。

〔四七〕軍，刊本作『君』，『軍』爲『君』之同音借字，敦煌寫卷此二字多有通假者，伯二一八七《破魔變文》『遂向君前親號令，火急抽兵卻歸宮』，『君』即『軍』之借，斯三四九一即作『軍』；斯二一四四《韓擒虎話本》『今日便作萬乘軍王』，『軍』即『君』之借。

〔四八〕莁，刊本作『筮』，『莁』爲『筮』之俗寫，敦煌寫卷『艹』、『竹』混用。下凡『莁』字同此，不復出校。

〔四九〕元，底卷原脱，兹據刊本補。

〔五〇〕『主』下底卷殘泐，刊本作『則雖永貞而猶未足免』。

〔五一〕『咎』下刊本有『也』字。

〔五二〕『永貞』下底卷殘泐，刊本作『而无咎』。

〔五三〕之，刊本無。

〔五四〕也，刊本作『矣』。

〔五五〕也，刊本無。

〔五六〕它，底卷此字破損。

〔五七〕有孚，刊本作『有孚盈缶』，唐郭京《周易舉正》卷上：『「故必有孚」下，今本多誤增「盈缶」字，從「處比之首應不在一」下，方釋「盈缶」之義。審詳首末註理，義自明矣。』郭以『盈缶』二字爲衍文，寫卷正無此二字。

〔五八〕比，底卷原誤作『此』，兹據刊本改正。

〔五九〕『故』下底卷殘泐，刊本作『曰有孚比』。

〔六〇〕『盈』下底卷殘泐，刊本作『溢乎質素之器』。

〔六一〕者，刊本無。

〔六二〕故必有他吉之者也，『他』字刊本同，案刊本唯《屯》、《家人》及此卦之王注中各出一『他』字，餘皆作『它』，段玉裁在《説文·它部》『它』篆下云：『其字或叚佗爲之，又俗作他。經典多作它，猶言彼也。』作『他』者俗字，王注原當作『它』，以下底卷『他』字，刊本皆作『它』，不復出校，刊本無『之者』二字，據文意，『之者』二字不當有，蓋抄者爲雙行對齊而添。底卷『也』下殘泐，刊本作『象曰比之初六有』。

〔六三〕者，刊本無。

〔六四〕『居中』下底卷殘泐，刊本作『得位而繫應』。

〔六五〕『而已』下底卷殘泐，刊本作『象曰』。

〔六六〕也，刊本無。

〔六七〕履，刊本作『復』，案《六二》注云：『處比之時，居中得位，而繫應在五。』六二得位，此六四亦得位，故云『復』，作『履』者當是形誤。

〔六八〕也，刊本無。

〔六九〕『者』下底卷殘泐，刊本作『狹矣夫无私於物唯賢』。

〔七〇〕『禽』下底卷殘泐，刊本作『逆來趣己則舍之背己而走則射之』。

〔七一〕『前』下底卷殘泐，刊本作『禽也以顯比而居王位用三驅之道者也故曰』。

〔七二〕『用』下底卷殘泐，刊本作『其中正征討有常伐不加』。

〔七三〕畔，刊本作『叛』，『畔』爲『叛』之借字。

〔七四〕『不得』下刊本有『乎』字。

〔七五〕『顯』下底卷殘泐，刊本作『比之吉也』。

〔七六〕非爲上之道，刊本作「非爲上道也」，阮校：「岳本、錢本、宋本、足利本作『非爲上之道』，古本作『非爲上之道也』。案：孔穎達《周易正義》（以下簡稱『《正義》』）標起止作『非爲上之道』，又曰『非爲上之道者』，又『故云非爲上之道』，則《正義》本作『非爲上之道』是也。」

〔七七〕也，刊本無。

〔七八〕「密雲」下底卷殘泐，刊本作「不雨自我西」。

〔七九〕也，刊本無，《周易集解》引亦無「也」字。

〔八〇〕選，刊本作「巽」，當據以改正，《易・説卦》：「乾，健也。」《巽卦》卦辭「巽，小亨」，《釋文》云：「巽，《廣雅》云：順也。」《小畜》卦乾下巽上，故云「健而巽」。

〔八一〕應，刊本無，案二爲陽爻而處陰位，是失位也；五爲陽爻而居陽位，是剛而中正也。二變陰而應於五，故志行乃亨也。疑《彖》本當有「應」。《師卦》彖辭「剛中而應，行險而順」，《臨卦》彖辭「剛浸而長，説而順，剛中而應，大亨以正，天道也」，《无妄卦》彖辭「動而健，剛中而應」，《萃卦》彖辭「順以説，剛中而應，故聚也」，《升卦》彖辭「巽而順，剛中而應，是以大亨」，皆作「剛中而應」，是其比。

〔八二〕乎，刊本無。

〔八三〕不能雨，刊本作「不能爲雨」。

〔八四〕刊本「明」下有「之」，「夫」作「去」。盧文弨《羣書拾補》於「何以明之」下校云：「古本無『之』字。案當連下文，讀『何以明夫陰能固之然後乃雨乎』十三字爲一句。毛本『乎』作『今』，訛，古本、宋本、監本、足利本並是『乎』字。」阮校：「『去』當作『夫』，形近之譌。」

〔八五〕不能以進而車説輹也，刊本作「不可以輿説輻也」，案《九三》正義曰：「九三欲復而進，上九固而止之，不可以行，故車輿説其輻。」則作「不可以」於義爲長；又《釋文》出「車説」，是陸所據本亦作「車」，然底卷《九三》爻辭作「輿説」，不能前後互異，則仍當以作「輿」者爲是；「輹」正字，「輻」借字，説詳馬宗霍《説文解字引經考》。以下凡『輹』字刊本皆作『輻』，不復出校。

〔八六〕也，刊本無。

〔八七〕則，刊本下有『能』，於義爲長。

〔八八〕『則』下底卷殘泐，刊本作『雖復至盛密雲自我西郊故不能雨也』。

〔八九〕雨，底卷殘存右半。

〔九〇〕『行也』下底卷殘泐，刊本作『彖至論一卦之體故曰密雲不雨象各言一爻之德故曰既雨』。

〔九一〕『既處』下刊本有『也』字。

〔九二〕『象曰』下底卷殘泐，刊本作『風行天上小畜君子以懿文德未能行其施者故可以懿文德而已』。

〔九三〕者也，刊本無。

〔九四〕『其義』下底卷殘泐，刊本作『吉也九二牽復吉處乾之中以升巽五五非畜極非固己者也』。

〔九五〕輹，底卷存左邊『車』，刊本作『輻』，案注中作『輹』，故據以補『輹』字，『輻』爲『輹』之借字，説見校記〔八五〕。

〔九六〕『義』下刊本有『也』字。

〔九七〕也，刊本無。

〔九八〕得，刊本作『言』，案作『言』義長。

〔九九〕能，底卷原脱，兹據刊本補。

〔一〇〇〕者，刊本無。

〔一〇一〕『不』下底卷殘泐，刊本作『距二』。

〔一〇二〕不，底卷原脱，兹據刊本補。

〔一〇三〕能，底卷原脱，兹據刊本補。

〔一〇四〕不能，刊本作『不敢』。

〔一〇五〕有，刊本作『又』，『有』爲『又』之同音借字。
〔一〇六〕也，刊本無。
〔一〇七〕『泰』下刊本有『也』字。
〔一〇八〕『順從』下刊本有『也』字。
〔一〇九〕淩，底卷原作『汲』，刊本作『陵』，案作『汲』無義，當爲『淩』之誤，『淩』者『陵』之借字，故據以改作『淩』。
〔一一〇〕也，刊本無。
〔一一一〕言乎卦，刊本作『言乎一卦』。
〔一一二〕而，刊本作『有』。
〔一一三〕『乾』下刊本有『也』字。
〔一一四〕乾，底卷原脱，兹據刊本補。
〔一一五〕倿，刊本作『佞』，《干禄字書·去聲》：『倿、佞，上俗下正。』
〔一一六〕也，刊本無。
〔一一七〕也，刊本無。
〔一一八〕者，刊本無。
〔一一九〕二，刊本前有『而』。
〔一二〇〕在，刊本作『於』。
〔一二一〕謙，刊本無。
〔一二二〕之也，刊本無。
〔一二三〕以陰居陽，刊本下有『以柔乘剛』四字，案前云『以陽處陽，猶曰不謙』，此云『以陰居陽』，正對上句而言，不必有『以柔乘剛』四字。

〔二四〕爲，刊本無。

〔二五〕淩，刊本作「陵」，《説文·夊部》：「夌，越也。」段注：「凡夌越字當作此。今字或作淩，或作凌，而夌廢矣。……今字概作陵矣。」則「淩」、「陵」皆爲「夌」的後起字。

〔二六〕未免於凶，刊本作「未能免於凶」。

〔二七〕「貞厲」下刊本有「也」字。

〔二八〕也，刊本無。

〔二九〕「考祥」下刊本有「也」字。

〔三〇〕「元吉」下刊本有「也」字。

周易注（三）（噬嗑卦—離卦）

伯二五三〇

【題解】

底卷編號爲伯二五三〇，起《噬嗑》六五「噬乾肉」注「以柔乘剛」之「乘」字，至《離卦》末，凡二百四十四行，行約十五字，行有界欄。存《噬嗑卦》至《離卦》凡十卦的内容，《噬嗑卦》前缺，餘九卦皆全。經傳均單行大字，王弼注雙行小字。每卦皆提行書寫，卦首高一字爲別，上標「某下某上」四小字，次畫卦形。卦形與「某下某上」四小字的位置與今傳本相反。自《賁卦》至《頤卦》卦文皆用朱書；《大過卦》以下，在朱書上更以墨筆掩之（姜亮夫《海外敦煌卷子經眼録》，《敦煌學論文集》二十四頁，上海古籍出版社一九八七）。尾題「周易卷第三」五字，故諸家多據此定名。此爲三國魏時王弼《周易注》之殘卷，今定名爲《周易注（噬嗑卦——離卦）》。

卷末有五言詩一首及題記二行：「顯慶五年五月十四日午時記。」「五年六月十一日題此□□一首。」字體與正文不同。伯希和《巴黎圖書館敦煌寫本書目》因而認爲「係唐顯慶五年前所書」。劉師培、羅振玉所見影本没有攝入卷末五言詩及題記，劉師培據「虎」字缺筆，「隆」不缺筆，懷疑抄寫於玄宗以前（《敦煌新出唐寫本提要》，《劉申叔遺書》下册二〇一八頁，江蘇古籍出版社一九九七）；羅振玉據寫卷「虎」字缺筆，「民」字不缺筆，定爲唐高祖時寫本（《敦煌本周易王弼注殘卷跋》，《羅振玉校刊群書敘録》一九七頁，江蘇廣陵古籍刻印社一九九八）；王重民據卷末顯慶五年題記，認爲寫卷抄寫於顯慶五年（《敘録》一頁），林聰明（《敦煌文書學》十四頁，新文豐出版公司一九八一）、黄忠天（《敦煌周易王弼注殘卷的學術背景與價值》，《高雄工商專學報》第二十五期，一九九五）贊成王説；林平和更認爲寫卷「當爲唐高宗顯慶五年五月十四日至六月十一日之抄校本」（《羅振玉敦煌學析論》四九頁，文史哲出版社一九八八）。案：寫卷「虎」字缺筆，然「世」、「民」、「治」、「隆」諸字皆不諱。

若此爲高宗朝抄本，不應僅諱『虎』字。姜亮夫先生贊成羅振玉之説，認爲此卷爲『初唐本』（《敦煌學論文集》二十五頁），其説較善。

劉師培《敦煌新出唐寫本提要》（簡稱『劉師培』）、羅振玉《敦煌古寫本諸經校勘記卷一》（載《敦煌叢刊初集》第八册，臺北·新文豐出版公司一九八五。簡稱『羅校』）、羅振玉《敦煌本周易王弼注殘卷跋》（載《羅振玉校刊群書敘録》，簡稱『羅跋』）都曾對本卷作過校勘。林平和《敦煌〈周易王弼注〉寫卷佐證先賢校勘之學術價值》（《中國學術研討會論文集——紀念高明先生八秩晉六冥誕》，大安出版社一九八三）、黄忠天《敦煌周易王弼注殘卷的學術背景與價值》亦有關於寫卷的校勘内容，但其説大抵前人已發，缺少新見，今不取。

今據《寶藏》第一三九册的《欣賞篇》録文，以中華書局影印阮元刻《十三經注疏·周易正義》爲校本（簡稱『刊本』），校録於後。

（前缺）

□▨（乘）〔一〕剛，以噬於物，物亦□〔二〕得尊位，以柔乘剛而居於中，能行□□□□（其戮者也）。履□（不）正而能行其戮，剛勝者也。噬不服〔三〕，得中而勝，□（故）曰『噬乾肉得黄金』也。己雖不正而刑戮得當，□（故）雖貞厲而无咎者也〔四〕。《象》曰『貞厲无咎』，得當也。上九：何校滅耳，凶。處罸〔五〕之極，惡積不改者也。罪非所懲，故刑及其首，至于滅耳。及首非誡，滅耳非懲，▨▨（凶莫）〔六〕甚焉。《象》曰『何校滅耳』，聰不明〔七〕也。聰不□（明），故不慮惡積，□（至）于不可解也。

［離下艮上］䷕賁〔八〕亨。小利有攸往。《彖》曰：賁亨，柔來而文剛，故亨。分剛上而文柔，故『小利有攸往』。剛柔不分，文何由生？故坤之上六來居二位，『柔來文剛』之義也。柔來文剛，居位得中，是以亨也〔九〕。乾之九二，分居上位，分剛上而文柔之義也。剛上而〔一〇〕文柔，不得中位，不若柔來文剛，故『小利有攸往』也〔一一〕。天文也。剛柔交錯而成文焉，天之文也。文明以止，人文也。止物不以威武而以文明，人之文也。觀乎天文，以察時變；觀乎

人文，以化成天下。解〔一二〕天之文，則時變可知也；解人之文，則化成可爲者〔一三〕也。《象》曰：山下有火，賁。君子以明庶政，无敢折獄。處賁之時，止物以文明，不可以威刑，故『君子以明庶政』，而『无敢折獄』也〔一四〕。初九：賁其趾，舍車而徒。在賁之始，以剛處下，居於无位，棄於不義，安夫徒步以從其志者也。故飾其趾，舍車而徒，義弗乘之謂也。《象》曰『舍車而徒』，義弗乘也。六二：賁其須。得其位而无應，三亦无應，二〔一五〕俱无應而比焉，近而相得者也。須之爲物，上附者也。循其所履以附於上，故曰『賁其須』也。《象》曰『賁其須』，與上興也。九三：賁如濡如，永貞吉。處下體之極，居得其位，與二相比，俱履其正，和合相潤，以成其文者也。既得其飾，又得其潤，故曰『賁如濡如』也。永保其貞，物莫之淩〔一六〕，故曰『永貞吉』也。《象》曰：永貞之吉，終莫之淩也。六四：賁如皤如，白馬翰如。匪寇，婚媾。有應在初而閡於三，爲己寇難，二志相感，不獲通亨，欲靜則欽〔一七〕初之應，欲進則懼三之難，故或飾或素，内懷疑懼也。鮮絜其馬，翰如以待，雖履正位，未敢果其志也。三爲剛猛，未可輕犯，匪寇乃婚，終无尤也。《象》曰：六四當位，疑也。『匪寇，婚媾』，終无尤也。六五：賁于丘園，束帛戔戔。吝，終吉。處得尊位，爲飾之主，飾之盛者也。施飾於物，其道害矣〔一八〕。施飾丘園，盛莫大焉，故施〔一九〕賁于束帛，丘園乃落，賁于丘園，帛乃戔戔。用莫過儉，泰而能約，故必吝焉，乃得終吉也。《象》曰：六五之吉，有喜也。上九：白賁，无咎。處飾之終，飾終反素，故任〔二〇〕其質素，不勞文飾而无咎也。以白爲飾，而无患憂，得志者也。《象》曰『白賁无咎』，上得志也。

坤下艮上䷖〔二一〕剥　不利有攸往。《象》曰：剥，剥也，柔變剛也。『不利有攸往』，小人長也。順而止之，觀象也。君子尚消息盈虚，天行也。坤順而艮止也。所以『順而止之』，不敢以剛止者，以觀其形象也。强亢激拂，觸忤殞〔二二〕身。身既傾焉，功又不就，非君子之所▨（尚）〔二三〕也。《象》曰：山附於地，剥。上以厚下安宅。□（厚）下者，牀不見剥也。安宅者，物不失處也。厚下安宅，治剥之道也。初六：剥牀以足，蔑貞凶。牀者，人之所以安也。『剥牀以足』，猶云剥牀之足也。蔑猶削〔二四〕也。剥牀之足，滅下之道也。下道始滅，剛殞〔二五〕柔長，則正削而凶來也。《象》曰『剥牀以足』，以滅下也。六二：剥牀以辯〔二六〕，蔑貞凶。蔑猶甚極之辝〔二七〕也。辨者，足之上也。剥道浸長，故剝其辨也。稍近於牀，牀〔二八〕轉欲滅物之所處，長柔而消〔二九〕正。以斯爲德，物所棄也。《象》曰『剝牀以辨』，未有與也。六三：剝无咎〔三〇〕。與上爲應，羣陰剝陽，我獨協焉，雖處於剝，可以无咎也〔三一〕。《象》曰『剝之，无咎』，失上下也。三上下各有二陰，而三〔三二〕獨應於陽，則失上下也。六四：剝牀以膚，凶。初二剝〔三三〕，民所以安，未剝其身也。至四剝道浸長，牀既剝盡，以及人身，小人遂盛，物將失身，豈唯消正，靡所不凶也〔三四〕。《象》曰『剝牀以膚』，切近災〔三五〕也。六五：貫魚，以宫人寵，无不利。處剝之時，居得尊位，爲剝之主者也。剝之爲害，小人得寵，以消君子者也。若能施寵小人，於宫人而已，不害於正，則所寵雖衆，終无尤矣〔三六〕。貫魚謂此衆陰也，駢頭相次，似貫魚也。《象》曰『以宫人寵』，終无尤也。上九：碩果不食，君子得輿，小人剝廬。處卦之終，獨全不落，故果至于碩而不見食者〔三七〕也。君子居之，則爲民覆蔭；小人用之，則剝下所庇也。《象》曰『君子得輿』，民所載也。『小人剝廬』，終不可用也。

震下坤上䷗〔三八〕復　亨。出入无疾，朋來无咎。反復其道，七日來復，利有攸往。《彖》曰：『復，亨。』剛反動而以順行，是以『出入无疾』，入則爲反，出則剛長，故无疾。疾猶病也。『朋來无咎』，朋謂陽也。『反覆〔三九〕其道，七日來復』，陽氣始剝盡至來復時，凡七日也〔四〇〕。天行也。以天之行，反覆〔四一〕不過七日，復之不可遠也。『利有攸往』，剛長也。往則小人道消也。復，其見天地之心乎？復者，反本之謂也，天地以本爲心者也。凡動息則靜，靜非對動者也。語息則默，默非對語者也。然則天地雖大，富有萬物，雷動風行，運化萬變，寂然至无，是其本矣。故動息地中，乃天地之心見也。若其以有爲心，則異類未獲具存矣。《象》曰：雷在地中，復。先王以至日閉關，商旅不行，后不省方。方，事也。冬至，陰之復也。夏至，陽之復也。故爲復則至於寂然大靜，先王則天地而行者也。動復則靜，行復則止，事復則无事也。初九：不遠復，无祇〔四二〕悔，元吉。最處復初，始復者也。復之不速，遂至迷凶。不遠而復，幾悔而反，以此脩〔四三〕身，患難遠矣。錯之於事，其殆庶幾乎？故元吉也。《象》曰：不遠之復，以脩身也。六二：休復，吉。得位處中，最比於初。上无陽爻以疑其親，陽爲仁行，在初之上而附順之，下仁之謂也。既得〔四四〕中位，親仁善隣，復之休者〔四五〕也。《象》曰『休復』之吉，以下仁也。六三：頻復，厲无咎。頻慼〔四六〕之貌也。處下體之終，雖愈於上六之迷，已失復遠矣，是以蹙也。蹙而求復，未至於迷，故雖危无咎也。復道宜速，蹙而乃復，義雖无咎，他〔四七〕來難保。《象》曰『頻復』之厲，義无咎也。六四：中行獨復。四上下各〔四八〕有二陰而處厥中，履得其位而應於初，獨得所復，順道而反，物莫之犯，故得〔四九〕『中行獨復』也。《象》曰『中行獨復』，以從道也。六五：敦復，无悔。居厚而履中，居厚則无怨，履中則可以自考，雖不足以及『休復』之吉，守厚以復，悔可免也。《象》曰『敦復，无悔』，中以自考也。上六：迷復，凶，有灾眚。用行師，終有大敗。以其國君凶，至于十年不克征。最處復後，是迷者也。以迷求復，故曰『迷復』也。用之行師，難用有克也，終必大敗。用之於國，則反乎君道者〔五〇〕也。大敗乃復量斯勢也。雖復十年脩之，猶未能征也。《象》曰『迷復』之凶，反君道也。

震下乾上䷘〔五一〕无妄　元、亨、利、貞。其匪正有眚，不利有攸往。《象》曰：无妄，剛自外來而爲主於内。謂震也。動而健，震動而乾健也。剛中而應。謂五也。大亨以正，天之命也。剛自外來，而爲主於内，動而愈健。剛中而應，威剛方正，私欲不行，何可以妄？使有妄之道滅，无妄之道成，非大亨利貞而何？剛自外來，而爲主於内，則柔邪之道消矣。動而愈健，則剛直之道通矣。『剛中而應』，則齊明之德著矣。故『大亨以正』也。天之教命，何可犯乎？何可妄乎？是以匪正則有眚，而『不利有攸往』也。『其匪正有眚，不利有攸往』。无妄之往，何之矣？天命不祐〔五二〕，行矣哉！匪正有眚，不求改以從正，而欲有所往，居不可〔五三〕妄之時，而欲以不正有所往，將欲何之？天命之所不祐也〔五四〕，竟矣哉！《象》曰：天下雷行，物與无妄。與，辝也，猶皆也。天下雷行，物皆不可以妄也。先王以茂對時育萬物。茂，盛也。物皆不敢妄，然後万物乃得各全其性，對時育物，莫盛於斯矣〔五五〕。初九：无妄往，吉。體剛處下，以貴下賤，行不犯妄，故往得其志矣〔五六〕。《象》曰『无妄』之往，得志也。六二：不耕穫，不菑畬，則利有攸往。不耕而穫，不菑而畬，代終已成而不造也。不擅其美，乃盡臣道，故『利有攸往』也〔五七〕。《象》曰『不耕而〔五八〕穫』，未富也。六三：无妄之灾，或繫之牛。行人之得，邑人之灾。以陰居陽，行違謙順，是『无妄』之所以爲灾也。牛者，稼穡之資也。二以不耕而穫，『利有攸往』，而三爲不順之行，故『或繫之牛』，是有司之所以爲獲，彼人之所以爲灾也，故曰『行人之得，邑人之灾』〔五九〕。《象》曰：行人得牛，邑人灾也。九四：可貞，无咎。處无妄之時，以陽居陰，以剛乘柔，履於謙順，比近至尊，故可以任正，固有所守而无咎也。《象》曰『可貞，无咎』，固有之也。九五：无妄之疾，勿藥有喜。居得尊位，爲无妄之主者也。下皆无妄，害非所致而取藥焉，疾之甚也。非妄之灾，勿治自復，非妄而藥之則凶，故『勿藥有喜』也〔六〇〕。《象》曰：无妄之藥，不可試也。藥攻於〔六一〕有妄者也，而反攻无妄，故不可試也。上九：无妄行，有眚，无攸利。處不可妄之極，唯宜靜保其身而已，故不可以行也。《象》曰『无妄』之行，窮之灾也。

乾下艮上䷙〔六二〕大畜　利貞。不家食，吉。利涉大川。《象》曰：《大畜》，剛健篤實，煇〔六三〕光日新其德。凡物〔既〕〔六四〕厭而退者，弱也；既榮而隕者，薄也。夫能『煇光日新其德』者，唯『剛健篤實』者〔六五〕也。剛上而尚賢，謂上九也。處上而大通，剛來而不距，尚賢之謂也。能止健，大正也。健莫過乾而能止之，非夫大正，未之能也。『不家食吉』，養賢也。有大畜之實，以之養賢，令賢者不家食，乃吉也。『利涉大川』，應乎天也。『尚賢』制健，『大正』應天，不憂險難，故『利涉大川』也。《象》曰：天在山中，大畜。君子以多識前言往行，以畜其德。物之可畜於懷，令德不散，盡於此也。初九：有厲利已。四乃畜已，未可犯也。故進則有厲，已則利也。《象》曰『有厲利已』，不犯灾也。九二：輿説輹。五處畜盛，未可犯也。遇斯而進，故『車〔六七〕説輹』也。居得其中，能以其中不爲馮河，死而无悔，遇難能止，故无尤也。《象》曰『輿説輹』，中无尤也。九三：良馬逐，利艱貞。曰：閑輿衛，利有攸往。凡物極則反，故畜極則通。初二之進，值於畜盛，故不可以升。至於九三，升於〔六八〕上九，而上九處天衢之亨，塗徑大通，進无違距，可以馳騁，故曰『良馬逐』也。履當其位，進得其時，之〔六九〕乎通路，不憂險厄，故『利艱貞』也。閑，閡也。衛，護也。進得其時，雖涉艱難而无患也，輿雖遇閑而故衛也。與上合志，故『利有攸往』也。《象》曰『利有攸往』，上合志也。六四：童牛之牿，元吉。處艮之始，履得其位，能止健初，距不以角，柔以止剛，剛不敢犯。抑鋭之始，以息彊〔七〇〕爭，豈唯獨利？乃將有喜也。《象》曰：六四元吉，有喜也。六五：豶豕之牙，吉。豕牙橫猾，剛暴難制之物，謂二也。五處得尊位，爲畜之主。二剛而進，能豶其牙，柔能制強〔七一〕，禁暴抑盛，豈唯能固其位，乃將有慶也！《象》曰：六五之吉，有慶也。上九：何天之衢，亨。處畜之極，畜極則通，大畜以至於大亨之時也〔七二〕。何，辝也，猶云何畜，乃天之衢亨者也〔七三〕。《象》曰『何天之衢』，道大行也。

震下艮上䷚〔七四〕 頤　貞吉。觀頤。自求口實。《象》曰：頤貞吉，養正則吉也。『觀頤』，觀其所養也。『自求口實』，觀其自養也。天地養萬物，聖人養賢以及萬民，頤之時大矣哉！《象》曰：山下有雷，頤。君子以慎言語，節飲食。言語〔七五〕、飲食猶慎而節之，而況其餘乎？初九：舍爾靈龜，觀我朶頤，凶。朶頤者，嚼也。以陽處下而爲動始，不能令物由己養，動而求養者也。夫安身莫若不競，脩己莫若自寶〔七六〕。守道則福至，求禄則辱來。居養賢之世，不能貞其所履以全其德，而舍其靈龜之明兆，羡我朶頤而躁求，離其致養之至道，而闚我寵禄之競進〔七七〕，凶莫甚焉。《象》曰『觀我朶頤』，亦不足貴也。六二：顛頤，拂經于丘。頤，征凶。養下曰顛。拂，違也。經，猶義也。丘，所履之常也。處下體之中，无應於上，反而養初居下，不奉上而反養下，故曰『顛頤拂經于丘』也。以此而養，未見其福〔七八〕；以此爲〔七九〕行，未見有與，故曰『頤征凶』也〔八〇〕。《象》曰：六二『征凶』，行失類也。類皆上養，而二處下養初也〔八一〕。六三：拂頤，貞凶。十年勿用，无攸利。履夫不正以養於上，納上以諂者也。拂養正之義，故曰『拂頤貞凶』也。處頤而爲此行，十年見棄者也。立行於斯，无施而利。《象》曰『十年勿用』，道大悖也。六四：顛頤，吉。虎〔八二〕視眈眈，其欲逐逐，无咎。體屬上體，居得其位，而應於初，以上養下，得頤之義，故曰『顛頤吉』也。下交不可以瀆，故『虎視眈眈』，威而不猛，不惡而嚴也〔八三〕。養德施賢，何可有利？故『其欲逐逐』，尚敦實也。脩此二者，然後乃得全其吉而无咎也〔八四〕。觀其自養則履正，察其所養則養陽，頤爻之貴，斯爲盛矣。《象》曰『顛頤』之吉，上施光也。六五：拂經，居貞，吉。不可涉大川。以陰而〔八五〕居陽，拂頤之義也。行則失類，故宜居貞也。无應於下而比於上，故可守貞從上，得順之吉也〔八六〕。雖得居貞之吉，處頤違謙，難未可涉也。《象》曰：居貞之吉，順以從上也。上九：由頤，厲吉，利涉大川。以陽處上而履四陰，陰不能獨爲主，必宗於陽者〔八七〕也。故物〔八八〕莫不由之以得其養，故曰『由頤』。爲衆陰之主，不可瀆也，故厲乃吉也[八九]。有似《家人》『悔厲』之義，貴而无位，是以厲也。高而有民，是以吉也。爲養之主，物莫之違，故『利涉大川』也。《象》曰『由頤厲吉』，大有慶也。

巽下兑上䷛大過音相過之過也[九〇] 棟橈[九一]，利有攸往，亨。《象》曰：大過，大者過也。大者乃能過也。『棟橈』，本末弱也。初爲本而上爲末也。剛過而中，謂二也。居陰，過也；處二，中也。拯弱興衰，不失其中者[九二]也。巽而説行，『巽而説行』，以此救難，難乃濟也。『利有攸往』，乃亨。危而弗持，則將安用？故往乃亨也[九三]。大過之時大矣哉！是君子有爲之時也。《象》曰：澤滅木，大過。君子以獨立不懼，遯世无悶。此所以爲『大過』，非凡所及者[九四]也。初六：藉用白茅，无咎。以柔處下，過而可以无咎，其唯慎乎！《象》曰『藉用白茅』，柔在下也。九二：枯楊生稊[九五]，老夫得其女妻，无不利。稊者，楊之秀也。以陽處陰，能過其本而救其弱者也。上无其應，心无持吝，處過以此，无衰不濟者[九六]也。故能令枯楊更生稊，老夫更得其[九七]少妻，拯弱興衰，莫盛斯爻，故『无不利』也。老過則枯，少過則稚。以老分少，則稚者長；以稚分老，則枯者榮，過以相與之謂也。大過至衰而已至壯，以至壯輔至衰，應斯義也。《象》曰『老夫女妻』，過以相與也。九三：棟橈，凶。居大過之時，處下體之極，不能救危拯弱，以隆其棟，而以陽處陽，自守所居，又應於上，係心在一，宜其淹溺而凶喪矣[九八]。《象》曰：棟橈之凶，不可以有輔也。九四：棟隆，吉。有它吝。體屬上體，以陽處陰，能拯其弱，不爲下所橈者也，故棟隆吉[九九]。而應在初，用心不弘，故『有他[一〇〇]吝』也。《象》曰『棟隆』之吉，不橈乎下也。九五：枯楊生華，老婦得其士夫，无咎无譽。處得尊位，而以陽處陽。以陽處陽[一〇一]，未能拯危。處得尊位，亦未有橈，故能生華，不能生稊；能得夫，不能得妻。處棟橈之世，而爲『无咎无譽』，何可長哉！故生華不可久，士夫誠可醜也。《象》曰『枯楊生華』，何可久也？老婦士夫，亦可醜也。上六：過涉滅頂，凶，无咎。處大過之極，過之甚者[一〇二]也。涉難過甚，故至于『滅頂凶』也[一〇三]。志在救時，故不可咎也。《象》曰『過涉』之凶，不可咎也。雖凶无咎，不害義也。

坎下坎上䷜習坎坎，險陷之名也。習謂便習之也[一〇四]。有孚，維心亨，剛正在内，『有孚』者也。陽不外發而在乎內，『心亨』者也。行有尚。內亨外闇，內剛外順，以此行險，行有尚也。《象》曰『習坎』，重險也。坎以險爲用，故特名曰『重險』也〔一〇五〕，言『習坎』者，習乎重險也〔一〇六〕。水流而不盈，行險而不失其信。險陗之極〔一〇七〕，故水流而不能盈也。處至險而不失剛中，『行險而不失其信』者也〔一〇八〕。『其信』，習險之謂也〔一〇九〕。『維心亨』，乃以剛中也。『行有尚』，往有功也。便習於坎而之坎地，盡坎之宜，故往必有功也。天險不可升也，不可得升，故得保其威尊也〔一一〇〕。地險山川丘陵也，有山川丘陵，故物得以保全也。王公設險以守其國。國之爲衛，恃於險也。言自天地以下莫不須險也。險之時用大矣哉！非用之常，用有時也。《象》曰：水洊至，以〔一一一〕『習坎』。重險縣〔一一二〕絕，故水洊至也。不以坎爲隔絕，相仍而至，習乎坎者〔一一三〕也。君子以常德行，習教事。至險未夷，教不可廢，故以常德行而習□（教）事也。習於坎，然後乃能不以險難爲困，而德行不失常也。故則夫『習坎』，以常德行而習教事也。初六：『習坎』，入于坎窞，凶。習坎者，習爲險難之事者〔一一四〕也。最處欿〔一一五〕底，［入］〔一一六〕坎窞者也。處重險而復入欿底，其道凶也。行險［而］〔一一七〕不能自濟，習欿而入欿窞，失道而窮在欿底，上无應援可以自濟，是以凶也。《象》曰『習坎』入坎，失道凶也。九二：坎有險，求小得。履失其位，故曰『坎』。上无應援，故曰『有險』。欿而有險，未能出險之中者〔一一八〕也。處中而與初三相得，故可以『求小得』也。初三未足以爲援，故曰『小得』也。《象》曰『求小得』，未出中也。六三：來之坎坎，險且枕，『入于坎窞』，勿用。既履非其位，而又處兩坎之閒，出則亦〔一一九〕坎，居則亦坎，故曰『來之坎坎』也。枕者，枝〔一二〇〕而不安之謂也。出則无所之，處則无所安〔一二一〕，故曰『險且枕』也。來之皆坎，无所用之，徒勞而已。《象》曰『來之坎坎』，終无功也。六四：樽酒簋貳，用缶，納約自牖，終无咎。處重險而履正，以柔居柔，履得其位，以承於五，五亦得位，剛柔各得其所，不相犯位，皆无餘應以相承比，明信顯著，不存外飾，處坎以斯，雖復一樽之酒，一〔一二二〕簋之食，瓦缶之器，納此至約，自進於牖，乃可羞之於王公，薦之於宗廟，故終无咎也。《象》曰『樽酒簋』〔一二三〕，剛柔際也。剛柔相比而相親焉，際之謂也。九五：坎不盈，祇〔一二四〕既平，无咎。爲險〔一二五〕之主而无應輔可以自佐，未能盈坎者也。坎之不盈，則險不盡矣。祇，辝也。爲坎之主，盡平乃无咎，故曰『祇既平无咎』也。說既平乃无咎，明九五未免於咎也。《象》曰『坎不盈』，中未大也。上六：係用徽纆，寘于叢棘，三歲不得，凶。險陗之極，不可升也。嚴法峻整，難可犯也。宜其囚執寘于思過之地。三歲，險道之夷也。險終乃反，故三歲不得也〔一二六〕。自脩，三歲乃可以求復，故曰『三歲不得凶』也。《象》曰：上六，失道凶，三歲也。

離下離上☲離　利貞，亨。離之爲卦，以柔爲正，故必貞而後乃亨，故曰『利貞亨』也。畜牝牛，吉。柔處于內而履正中，牝之善也。外強而內順，牛之善也。離之爲體，以柔順爲主者也，故不可以畜剛猛之物，而吉於『畜牝牛』也。《象》曰：離，麗也。麗猶著也。各得所著之宜也〔一二七〕。日月麗乎天，百穀草木麗乎土。重明以麗正〔一二八〕，乃化成天下。柔麗于〔一二九〕中正，故亨。是以『畜牝牛，吉』也。柔著于中正，乃得通也。柔通之吉，極於『畜牝牛』，不能及剛猛也。《象》曰：明兩作，離。大人以繼明照于四方。繼謂不絕也，明照相繼，不絕曠者〔一三〇〕也。初九：履錯然，敬之，无咎。錯然者，警慎之貌也。處離之始，將進而盛，未在既濟，故宜慎其所履，以敬爲務，避〔一三一〕其咎也。《象》曰：履錯之敬，以避咎也。六二：黃離，元吉。居中得位，以柔處柔，履文明之盛而得其中，故曰『黃離元吉』也。《象》曰『黃離元吉』，得中道也。九三：日昃〔一三二〕之離，不鼓缶而歌，則大耋〔一三三〕之嗟，凶。嗟，憂歎之辭也。處下離之終，明在將没，故曰『日昃之離』也。明在將終，若不委之於人，養志无爲，則至于〔一三四〕耋老有嗟，凶矣，故曰『不鼓缶而歌，則大耋之嗟凶』也。《象》曰『日昃之離』，何可久也？九四：突如〔一三五〕其來如，焚如，死如，棄如。處於明道始變之際，昏而始曉，没而始出，故曰『突如〔一三五〕其來如』。其明始進，其炎始盛，故曰『焚如』。逼近至尊，履非其位，欲進其盛，以炎其上，命必不終，故曰『死如』。違離之義，无應无承，衆所不容，故曰『棄如』也。《象》曰『突如其來如』，无所容也。六五：出涕沱若，慼〔一三六〕嗟若，吉。履非其位，不勝所履。以柔乘剛，不能制下，下剛而進，將來害己，憂傷之深，至于沱嗟也。然所麗在尊，四爲逆首，憂傷至深，衆之所助，故乃沱嗟而獲吉也。《象》曰：六五之吉，離王公也。上九：王用出征，有嘉折首，獲匪其醜，无咎。離，麗也。各〔一三七〕得安其所麗謂之離。處離之極，離道已成，則除其非類以去民害，『王用出征』之時也。故必『有嘉折首，獲匪其醜』，乃得无咎〔一三八〕。《象》〔一三九〕曰

『[王]』〔一四〇〕用出征』，以正邦也。

周易卷第三〔一四一〕

【校記】

〔一〕乘，底卷殘存下部，兹據刊本擬補。以下凡底卷中殘字、缺字、脱字補出者，均據刊本，不復一一注明。

〔二〕『亦』下底卷殘泐，刊本作『不服故曰噬乾肉也然處』。

〔三〕噬不服，刊本作『噬雖不服』。

〔四〕故雖貞厲而无咎者也，底卷『故』字原殘泐，孔穎達《周易正義》（以下簡稱『《正義》』）云：『已雖不正，刑戮得當，故雖貞正自危而无咎害。』是其所據本有『故』字，兹據刊本補；底卷『者』字旁注，刊本無。

〔五〕罸，刊本作『罰』。《五經文字·罒部》：『罰、罸，上《説文》，下《石經》，五經多用上字。』下凡『罸』字皆同此，不復出校。

〔六〕凶莫，底卷『凶』殘存右邊殘畫，『莫』殘去『艹』。

〔七〕明，刊本作『明』，二字異體。下凡『明』字皆同此，不復出校。

〔八〕賁，底卷此行上端有殘泐，羅振玉《敦煌古寫本諸經校勘記卷一》云：『卦文朱書頂格寫。「離下艮上」四字雙行在闌外。』劉師培云：『卦首高一字爲別。上標「某上某下」四小字，次畫卦形。』是羅、劉所見照片有『離下艮上』四字及卦文。姜亮夫《海外敦煌卷子經眼録》云：『自第四紙《大過》一卦以前，凡卦文皆用朱書；自《大過》以後，則更以墨筆掩之。朱書極細，墨掩者極粗。每卦皆提行高一字爲別。卦文下「△下△上」字樣，書於板匡以外。』可知原卷卦形爲朱書所寫，故此影本不能反映。至於『離下艮上』四字本爲墨書，今影本無者，蓋寫卷又有殘脱。兹據羅、劉之説補。

〔九〕也，刊本無。

〔一〇〕而，底卷旁注，刊本無。羅校：『諸本奪「而」字。』

〔一一〕也，刊本無。

〔一二〕解，刊本作『觀』，下『解人之文』句，『解』字刊本亦作『觀』，羅校：『兩「解」字十行本及閩、監、毛本並誤作「觀」。岳、宋、古、足利四本並作「解」，與此合。』

〔一三〕者，底卷旁注，刊本無。

〔一四〕也，刊本無。

〔一五〕二，刊本無，羅跋：『諸本奪「二」字。』

〔一六〕淩，刊本作『陵』，《説文·夊部》：『夌，越也。』段注：『凡夌越字當作此。今字或作淩，或作凌，而夌廢矣。……今字概作陵矣。』則『淩』、『陵』皆爲『夌』的後起字。下『終莫之淩』句之『淩』同此。

〔一七〕欽，刊本作『疑』，案盧文弨《羣書拾補》云：『「疑」字，古本、宋本、足利本並作「欽」字。文弨案：《大壯·上六》疏云：「有應於上，欽之不已。」宋本、錢本亦並是「欽」字，其非誤可知。』

〔一八〕矣，刊本作『也』。

〔一九〕施，底卷旁注，刊本無，羅跋：『諸本奪「施」字。』

〔二〇〕任，刊本作『在』，阮元《周易校勘記》（以下簡稱『阮校』）云：『閩、監、毛本同，岳本、宋本、古本、足利本「在」作「任」，是也。』

〔二一〕䷖，底卷無，乃因朱書而然，説詳校記〔八〕，刊本卦形在『坤下艮上』四字前。

〔二二〕殞，刊本作『隕』，前有『以』字，《説文》有『隕』無『殞』，『殞』爲後起別體；陸德明《經典釋文·周易音義》（以下簡稱『《釋文》』）出『以殞』二字，是陸所據本亦有『以』字。

〔二三〕尚，底卷殘存右半。

〔二四〕猶削，刊本同，下『則正削而凶來也』句之『削』刊本亦同，然《六二》注『長柔而消正』、《六四》注『豈唯消

正』之『消』刊本皆作『削』，《釋文》出『猶削』，云：『相略反。或作消，此從荀本也。下皆然。』是作『消』者荀爽注文也。寫卷『削』、『消』間出，不能定其何者爲佳。

〔二五〕殞，刊本作『隕』，《説文》有『隕』無『殞』，『殞』爲後起別體。

〔二六〕辯，刊本作『辨』，《説文・刀部》：『辨，判也。』段注：『辨從刀，俗作辦，爲辦別字。』《辡部》：『辯，治也。』二字義別。李鼎祚《周易集解》引鄭玄曰：『足上稱辨，謂近膝之下。詘則相近，信則相遠，故謂之辨。辨，分也。』《正義》曰：『辨，謂牀身之下，牀足之上，足與牀身分辨之處也。』是作『辨』者正字。寫卷注中及下象辭仍作『辨』，是此處作『辯』者，蓋音訛也。

〔二七〕辞，刊本作『辭』，《干禄字書・平聲》：『辞、辤、辭，上中竝辞讓；下辭説，今作辞，俗。』是『辞』爲『辭』之俗字。下凡『辞』字皆同此，不復出校。

〔二八〕牀，羅校：『各本奪「牀」字。』案：《正義》云：『「稍近於牀轉欲滅物之所（『所』字原脱，兹據王弼注補）處」者，物之所處謂牀也。今剥道既至於辨，在牀體下畔之間，是將欲滅牀，故云「轉欲滅物之所處」也。』牀上載物，因剥道近於牀，將滅物所處之牀也，非牀滅物之所處也。『牀』字不應有。底卷『稍近於牀』之『牀』在行末，下『牀』字蓋因換行而誤衍。羅説不確。

〔二九〕消，刊本作『削』，羅校：『消，諸本誤作「削」。』案羅説無據，説見校記〔二四〕。《六四》注『豈唯消正』之『消』同此，不復出校。

〔三〇〕剥无咎，刊本作『剥之无咎』，羅跋：『開成本以下均作「剥之无咎」，《釋文》出「剥无咎」，注「一本作剥之无咎」，是陸氏正本亦無「之」字。』徐芹庭《周易異文考》云：『《集解》本，荀爽《易》作「剥无咎」，漢《石經》亦作「剥无咎」。晁氏《易》云：「京、劉、荀爽、一行，皆無『之』字。」據此則漢《易》原作「剥无咎」，後人據象辭加「之」字，陸氏以爲非，是也。』

〔三一〕也，刊本無。

〔三二〕三，刊本作『二』，羅校：『各本「而三」誤作「而二」。』孟森《宋本周易注附釋文校記》以十行本『二』爲『三』之訛，案羅、孟説是也，《周易集解》引荀爽曰：『衆皆剥陽，三獨應上，无剥害意，是以「无咎」。』是作『二』者誤字。

〔三三〕剥，刊本下有『牀』。

〔三四〕也，刊本無。

〔三五〕灾，刊本作『災』，案『烖』之或體作『灾』，籀文作『災』，見《説文·火部》『烖』篆下説解。本卷中『灾』字皆同此，下不復出校。

〔三六〕矣，刊本作『也』。

〔三七〕者，刊本無。

〔三八〕☷，底卷無，乃因朱書而然，説詳校記〔八〕。

〔三九〕覆，刊本作『復』，卦辭『反復其道』，《釋文》出『反復』，注云：『芳福反。劉本同。本又作覆，《彖》并注『反復』皆同。』是亦有作『覆』之本，『覆』『復』古亦可通用，然此卦中寫卷唯此句及注作『覆』，餘皆作『復』，故仍當以作『復』爲是，作『覆』者音誤字。

〔四〇〕也，刊本無。

〔四一〕覆，刊本同，阮校：『錢本同。岳本、閩、監、毛本「覆」作「復」。』案此當作『復』，説詳校記〔三九〕。

〔四二〕衹，刊本作『祇』，羅跋：『岳本、十行本、閩、監本、毛本「祇」均作「衹」，《釋文》、盧校本亦作「衹」，唐寫本作「衹」，《釋文》言王肅作「禔」，古是、氏通，可證「衹」從氏非從氐也。』

〔四三〕脩，刊本作『修』，《説文·肉部》：『脩，脯也。』彡部：『修，飾也。』二字古多通用，然此處當以作『修』爲正字。本卷凡『脩』字皆同此，不復出校。

〔四四〕得，刊本作『處』，案《周易集解》引王弼注：『得位居中，比初之上而附順之，「下仁」之謂也。既處中位，

「親仁善鄰」，復之休也。』當以作『處』爲善。

〔四五〕者，刊本無。

〔四六〕頻慼，刊本作『頻頻蹙』，案《説文·瀕部》：『瀕，水厓，人所賓附也。瀕戚不前而止也。』段注改『瀕戚』爲『顰戚』，云：『將涉者，或因水深，顰眉蹙頞而止。』《説文》無『頻』字，『頻』即『瀕』之後起省筆字，『戚』『慼』正俗字，『戚』『蹙』古今字，《玉篇·頻部》『顰』字下云：『顰蹙，憂愁不樂之狀也。』《易》本作「頻」，曰：「頻復，厲无咎。」注：「謂頻蹙之貌。」』是王弼釋『頻』爲顰蹙也。《離卦·初九》『履錯然，敬之，无咎』王注：『錯然者，警慎之貌也。』《鼎卦》象辭『君子以正位凝命』王注：『凝者，嚴整之貌也。』是王弼釋狀貌之辭前均出被注字，此亦當如刊本作『頻，頻蹙之貌也』。底卷『頻』字不重，蓋誤删也。

〔四七〕他，刊本作『它』，段玉裁在《説文·它部》『它』篆下云：『其字或叚佗爲之，又俗作他。經典多作它，猶言彼也。』

〔四八〕各，底卷原字右上角有一點，則與『咎』之俗體同形，當是手民之誤，兹據刊本改正。

〔四九〕得，底卷先寫好『曰』，再添寫成『得』，刊本作『曰』。

〔五〇〕者，刊本無。

〔五一〕䷘，底卷無，乃因朱書而然，説詳校記〔八〕。

〔五二〕祐，底卷原作『祜』，劉師培認爲『祜』爲訛文，兹據刊本改正。

〔五三〕不可，底卷下原有『以』，又在其上加一横以抹之，刊本有『以』。

〔五四〕也，刊本無。

〔五五〕矣，刊本作『也』。

〔五六〕矣，底卷原作『也』，又在上改作『矣』，刊本無此字。

〔五七〕也，刊本無。

〔五八〕而，刊本無，阮校：『岳本、閩、監、毛本同，古本「穫」上有「而」字，石經初刻亦有「而」字，後改删去，故此行止九字。』嚴可均《唐石經校文》：「《釋文》：「不耕穫，或依注作不耕而穫，非，下句亦然。」則「而」字似可節。然以他卦例之，爻當無「而」字，象每增字，豈得遍删。」《疏》云：「釋不耕而穫之義。」則孔所據本有「而」字。《六帖》卷八十《收穫門》引有「而」，足利本有「而」。又郭京《易舉正》云：「象曰不耕而穫，求富也。求字誤作未字。」郭改「未」爲「求」，自繆，然其有「而」字，尚可據也。又按《易林·无妄之訟》「不耕而穫，家食不給」，正用《易》語。』徐芹庭《周易異文考》云：『然《釋文》以爲無，李氏《集解》亦無，則漢《易》以無「而」者爲正，有「而」者，恐民間之俗本，亦或他本有之，陸氏、李氏皆未見也，不然，則後人傳鈔之誤也。』案陸氏《釋文》明云：『下句亦然。』可知其所見有作『不耕而穫』之本也，今此寫本亦有『而』字，正與陸德明所見或本同。

〔五九〕『邑人之災』下刊本有『也』字。

〔六〇〕故勿藥有喜也，刊本作『故曰勿藥有喜』。

〔六一〕於，底卷旁注，刊本無，案『於』不當有。

〔六二〕☰，底卷無，乃因朱書而然，説詳校記〔八〕。

〔六三〕煇，刊本作『輝』，《説文》有『煇』無『輝』，『輝』爲後起俗字。下皆同，不復出校。

〔六四〕既，底卷原無，案前後兩句對文，後『既榮而隕』有『既』字，此亦當有。《正義》云：『若无剛健，則劣弱也，必既厭而退；若无篤實，則虚薄也，必既榮而隕。』是孔所據本有『既』字，茲據刊本補。

〔六五〕者，刊本無。

〔六六〕能已也，刊本作『能利已』，阮校：『岳本、閩、監、毛本同。案《釋文》「利已」下云：「注能已同。」此文作「能利已」，與《釋文》不合。』案寫卷與《釋文》本合。

〔六七〕車，刊本作『轝』，案經文作『轝』，注引經文，當亦作『轝』，作『車』者誤字。

〔六八〕於，底卷旁注，刊本作『于』。二字古多混用。

〔六九〕之，刊本作『在』，羅校：『之，十行本、閩、監、毛諸本並作「在」，宋、岳、古、足利四本作「之」，與此同。』孟森《宋本周易注附釋文校記》云：『《易》「之」字作動辭用者極多，此確是「之」而非「在」。岳作「之」。』

〔七〇〕彊，刊本作『強』，案『彊』正字，『強』借字。

〔七一〕強，刊本作『健』。

〔七二〕也，刊本無。

〔七三〕『者也』二字在行末欄綫之外，當屬後補；刊本無『者』字。

〔七四〕䷀，底卷無，乃因朱書而然，説詳校記〔八〕。

〔七五〕語，刊本無，阮校：『「言」下當有「語」字。』羅跋：『諸本奪「語」字。』

〔七六〕寶，刊本作『保』。『寶』爲『保』之借字。

〔七七〕而闕我寵禄之競進，底卷『而』字在天頭界欄之外，當是後加，刊本作『闕我寵禄而競進』，《釋文》出『而闕』。

〔七八〕『其福』下刊本有『也』字。

〔七九〕爲，刊本作『而』，案前後對文，前句『以此而養』，此亦當作『而』爲善。

〔八〇〕也，刊本無。

〔八一〕也，刊本無。

〔八二〕虎，底卷原作『虍』，蓋『虎』之常見俗字『乕』的避諱缺筆字，兹據刊本改正。注中『虎』字同。

〔八三〕也，刊本無。

〔八四〕咎也，『咎』字底卷原誤作『各』，兹據刊本改正；刊本無『也』字，《周易集解》引作『矣』。

〔八五〕而，刊本無，《周易集解》引無『而』字，《正義》云：『以陰居陽，不有謙退。』則其所見亦無『而』字。羅跋：

〔八六〕「諸本奪『而』字。」未知何所據。

〔八六〕得順之吉也，刊本「順」作「頤」，末無「也」字，羅校：「以下文『順以從上』觀之，則作『順』是也。」案《周易集解》引作「順而從上則吉」，亦作「順」。

〔八七〕者，刊本無。

〔八八〕物，底卷旁注，刊本無，羅跋：「諸本奪『物』字。」

〔八九〕也，刊本無。

〔九〇〕音相過之過也，刊本無，阮校：「岳本、錢本、宋本、足利本此下有注文『音相過之過』五字，古本『之過』下有『也』字，《釋文》出『相過之過』，十行本、閩、監、毛本並脱去。」臧琳《經義雜記》卷三「王弼易注有音」條云：「《易·大過》注『音相過之過』，明神廟、崇禎兩刻本皆無，《正義》標注有此句。《釋文》大書『相過之過』四字。蓋後人疑注中不當有音，恐非王氏語，故删之。……舉此可證注中本有音矣。」

〔九一〕橈，刊本作「撓」，阮校：「『撓』，各本皆作『橈』，是『撓』字誤也。《正義》同。《九三》爻辭以下經文、《正義》亦並作『橈』，則此特寫者誤耳。」下「橈」字並同，不復出校。

〔九二〕者，刊本無。

〔九三〕也，刊本無。

〔九四〕者，刊本無。

〔九五〕梯，刊本作「稊」，毛居正《六經正誤》云：「『作「稊」誤。案「梯」字從木從弟，梯，稚也，木根再生稚條也。』」羅跋：「《大戴記·夏小正》『柳梯』，宋本亦作『梯』。知古本從木旁作也。」注中「梯」字同。

〔九六〕者，刊本無。

〔九七〕「其」字底卷添加於行末欄外，刊本無，羅跋：「諸本奪『其』字。」案《正義》云：「故衰者更盛，猶若枯槁之楊，更生少壯之梯；枯老之夫，得其少女爲妻也。」似其所據本亦有「其」字。

〔九八〕宜其淹溺而凶喪矣，刊本作『宜其淹弱而凶衰也』，伯二六一七《周易釋文》出『淹溺』及『喪』兩條（今本無『喪』條，後人所删），是陸所據本與寫卷同。

〔九九〕『吉』下刊本有『也』字。

〔一〇〇〕他，刊本作『它』，段玉裁在《説文·它部》『它』篆下云：『其字或叚佗爲之，又俗作他。經典多作它，猶言彼也。』

〔一〇一〕『以陽處陽』四字刊本不重。

〔一〇二〕者，刊本無。羅跋：『諸本奪「者」字。』

〔一〇三〕也，刊本無。

〔一〇四〕也，刊本無。

〔一〇五〕也，刊本無。

〔一〇六〕『言習坎者習乎重險也』九字底卷添於行末欄外；『習乎重險也』刊本作『習重乎險也』，阮元《周易校勘記》云：『閩、監、毛本同，岳本、宋本、古本、足利本「重乎」作「乎重」。』案：《周易集解》引虞翻曰：『天險、地險，故曰重險也。』是刊本『重乎』誤倒，應以寫卷作『乎重』爲是。

〔一〇七〕極，刊本作『釋』，阮校：『岳本、閩、監、毛本「釋」作「極」，是也。』

〔一〇八〕也，刊本無。

〔一〇九〕其信習險之謂也，刊本作『習坎之謂也』。

〔一一〇〕也，刊本無。

〔一一一〕以，底卷旁注，刊本無。

〔一一二〕縣，刊本作『懸』，『縣』『懸』古今字。

〔一一三〕者，刊本無。

〔二四〕者，刊本無。
〔二五〕欿，刊本作『坎』，《釋文》出『處欿』，云：『亦作坎字。』《説文·土部》：『坎，陷也。』欠部：『欿，欲得也。』其義不同。《詩·魏風·伐檀》『坎坎伐輪兮』，《漢石經》『坎』作『欿』；《爾雅·釋言》『坎，律，銓也』，《釋文》：『坎，字又作欿。』是二字古多通用。寫卷作『欿』，應是『坎』之借字。下皆同，不復出校。
〔二六〕入，底卷原無，羅校：『諸本「坎」上有「入」字，此殆奪。』劉師培云：『似係挩文。』案《説文·穴部》：『窞，坎中小坎。』《周易集解》引干寶曰：『窞，坎之深者也。』是『坎窞』爲名詞，前有動詞『入』者爲是，兹據刊本補。
〔二七〕而，底卷原無，案此句與下二句『習欿而入欿窞，失道而窮在欿底』對文，彼皆有『而』字，此亦當有，兹據刊本補。
〔二八〕者，刊本無。
〔二九〕亦，刊本作『之』，《釋文》：『出則之坎，一本作「出則亦坎」，誤。』
〔三〇〕枝，刊本前有『枕』。
〔三一〕出則无所之處則无所安，刊本無兩『所』字，羅跋：『各本奪兩「所」字。』案寫卷兩『所』字爲旁注，其爲後加無疑，《正義》云：『出則无應，所以險處則不安，故「且枕」也。』是孔釋『无安』爲『不安』，其所據本無『所』字。王注曰：『出則之坎，居則亦坎。』是困處於坎中，不能出也。此非無所之，乃不能之也，兩『所』字爲抄者臆加可知。
〔三二〕一，刊本作『二』。
〔三三〕『簋』下刊本有『貳』字，《釋文》：『象曰樽酒簋，一本更有「貳」字。』是寫卷與《釋文》同。
〔三四〕祇，刊本作『祗』，阮校：『閩、監、毛本同，石經、岳本「祗」作「祇」，是也。』注中同。
〔三五〕險，刊本作『坎』，《正義》曰：『爲坎之主而无應輔可以自佐，險難未能盈坎，猶險難未盡也。』是孔所據本亦作『坎』。《六三》云：『來之坎坎，險且枕。』人在坎中，故爲坎之主。作『坎』是。

〔二二六〕也，刊本無。

〔二二七〕也，刊本無。

〔二二八〕麗正，刊本作『麗乎正』，案《彖辭》中諸句『麗』下皆有『乎』，此句亦當有。

〔二二九〕于，底卷原作『乎』，後改作『于』，案『乎』『于』通用，然此仍當以作『乎』爲佳，抄者蓋因王注『柔著于中正』而改『乎』爲『于』。

〔二三〇〕『者』字底卷添補於上下二字間，刊本無。

〔二三一〕避，刊本作『辟』，『辟』『避』古今字。下《象辭》中『避』字同此。

〔二三二〕昃，刊本作『昃』，案：二字並爲『厢』之隸變。下同，不復出校。

〔二三三〕耋，刊本作『耊』，《説文·老部》：『耋，年八十曰耋。从老省，至聲。』段注：『小篆既从老省，今人或不省，非也。』是寫卷作『耋』者正字。注中同。

〔二三四〕于，刊本作『於』，二字古多通用。

〔二三五〕如，底卷作『始』，形誤字，兹據刊本改正。

〔二三六〕慼，刊本作『戚』，『戚』『慼』古今字。

〔二三七〕各，底卷原字右上角有一點，則與『咎』之俗體同形，當是手民之誤，兹據刊本改正。

〔二三八〕『无咎』下刊本有『也』字。

〔二三九〕『象』前底卷有大字『咎』，此蓋前行末字『咎』因換行而誤衍者，故删去不録。

〔二四〇〕王，底卷原無，當是誤奪，兹據刊本補。

〔二四一〕『苐』爲『弟』之俗字，俗書竹頭多寫作草頭，俚俗據『苐』楷正，則成『第』字。

周易注(四)(咸卦、恒卦)

斯六一六二

【題解】

底卷編號爲斯六一六二，存《咸卦》、《恒卦》二卦内容，共三十二行，行十五、六字。《咸卦》全，《恒卦》止於彖辭『終則有始也』之『則有』。卷首有書名標簽，上題『周易卷』三字。卷題『周易卷第四』，諸家皆據以定名。此爲三國魏時王弼《周易注》之殘卷，今定名爲《周易注(咸卦、恒卦)》。

寫卷殘損嚴重，存整行者九行而已。經傳均單行大字，王弼注雙行小字。每卦首先畫卦形，次標『某上某下』四小字。

寫卷由兩片組成，前二十七行爲一片，末五行亦爲一片，兩者字體不類，顯非一人所書。翟理斯認爲前一片爲十世紀抄本，後一片抄寫時代要早於前一片。王重民認爲『末五行爲舊卷，而前二十七行爲唐末五代人所補寫』(《敘録》六頁)，其説與翟氏無别。

黄忠天《敦煌周易王弼注殘卷的學術背景與價值》(《高雄工商專學報》第二十五期，一九九五，簡稱『黄忠天』)有數條校勘涉及本卷。

今據《英藏》録文，以中華書局影印阮元刻《十三經注疏·周易正義》爲校本(簡稱『刊本』)，校録於後。

周易卷第四[一]

䷞兑上艮下[二]咸　亨，利貞，娶□[三]而剛下，二氣咸應以相與▨(也)[四]。□□(是以)[五]亨者也。□[六]貞者[七]也。男下女，故娶女吉[八]。　是以『亨，利貞』，『娶□□(女吉)』也。天地感而萬物

化生，二氣相與，故〔九〕化生也。聖人□（感）人心而天下和平。觀乎〔一〇〕所感，而天下〔一一〕□（萬）物之情
可見矣。天地萬物之情，見於所感□（也）。凡感之［爲］〔一二〕道，不能感非類也，故引娶女以明同類之爲▨（義）〔一三〕也。凡同
類▭〔一四〕其各亢所處〔一五〕。故女雖應□▨（男之）〔一六〕物，必下▭〔一七〕乃吉〔一八〕。《象》曰：山上有澤，咸。
君子▨（以）〔一九〕虛受□（人）。□□（以虛）受人，物乃感應。初六：咸其拇。處咸之初，爲咸〔二〇〕之始，所感在末，
故有志而已。如〔二一〕其本實，未至傷靜也〔二二〕。《象》曰『咸其拇』，志在外也。四爲外卦〔二三〕。六二：咸其腓，
凶。居吉。咸道轉進，離拇升腓，腓體動躁〔二四〕。感物以躁，凶之道也。由躁故凶，居則吉矣。處不乘剛，故可〔二五〕居而獲吉。
《象》曰：雖凶居吉，順不害也。陰而爲居，順▭〔二六〕而居，順不害也。九三：咸其股，執其▨（隨）
▭〔二七〕進不能制動，退不能靜處，所咸〔二八〕在□□（股志）在隨□□（人者）也。『志在隨人』，所執〔二九〕亦以賤矣。用斯以
往，吝其宜▭〔三〇〕『咸其股』，亦不處也。志在隨人，所執下也。九四：貞吉，悔亡。憧憧〔三一〕往來，
朋從尒〔三二〕思。處上卦之初，應下卦之始，居體之中，在股之上，二體始相交感，以通其志，心神始感者也。凡物始感而不以之
於正，則至於害，故必貞然後乃吉，吉然後乃得亡其悔〔三三〕。始在於感，□（未）盡感□（極），不能至於無思乃得〔三四〕其黨，故有
『憧憧往來』，然後『朋從其思』〔三五〕。《象》▭〔三六〕也。未感於害，故可正之，得悔亡也。『憧憧往來』，未光大
也。九五：□（咸）其脢，无悔。脢者心之上，口〔三七〕之下，進不能大感，退亦不爲无志，其志淺末，故无悔而已也〔三八〕。
《象》曰『咸其脢』，志末也。上六：咸其輔、頰、舌。感〔三九〕道轉末，故在口舌言語而已。《象》曰『咸其輔、
頰、舌』，騰〔四〇〕口説也。『輔、頰、舌』者，所以爲言〔四一〕語之具也。『咸其輔頰舌』者〔四二〕，則騰口説也。『憧憧往來』，猶未
光大也〔四三〕，況在騰口，▨（薄）▭〔四四〕者乎〔四五〕。
䷟震上巽下〔四六〕恒　亨，无咎，利貞。▭〔四七〕利有攸往。各得所恒，以脩▨（其）▭〔四八〕无違，故『利
有攸往』▭〔四九〕▨▨（恒，久）〔五〇〕也。剛上而柔下。剛尊柔卑，得其序也。雷▨（風）〔五一〕▭而〔五二〕
動。動无違也。剛柔皆應，不孤▭咎〔五三〕，利貞』，久於其道也。▭道〔五四〕，恒久▨▨▨（而不

已）〔五五〕□▨（終）〔五六〕則有▨（始）〔五七〕□

（後缺）

【校記】

〔一〕『苐』爲『弟』之俗字，俗書竹頭多寫作草頭，俚俗據『第』楷正，則成『第』字。

〔二〕兑上艮下，刊本作『艮下兑上』，案其他諸《周易》寫本及傳刻本均作『某下某上』，未有如此作者，蓋抄者不解《易經》體例而改。下《恒卦》亦如此。

〔三〕娶，刊本作『取』，『取』『娶』古今字。底卷『娶』字刊本皆作『取』，下不復出校。底卷『娶』下殘泐，刊本作『女吉彖曰咸感也柔上』。

〔四〕二氣咸應以相與也，刊本『咸』作『感』，案當作『感』，此涉上彖辭『咸感也』而誤；底卷『也』殘存左半，刊本無此字。

〔五〕是以，底卷殘泐，兹據刊本擬補。以下凡底卷中殘字、缺字、脱字補出者，均據刊本，不復一一注明。

〔六〕亨者也，刊本無『者』字；『也』下底卷殘泐，刊本作『止而説故利』。

〔七〕者，刊本無。

〔八〕故娶女吉，刊本無『故』字，『娶』作『取』，末有『也』字。

〔九〕故，刊本作『乃』。

〔一〇〕乎，刊本作『其』，孔穎達《周易正義》（以下簡稱『《正義》』）引亦作『其』。

〔一一〕天下，刊本作『天地』，案注中仍作『天地』，作『天下』者誤。

〔一二〕爲，底卷原無，案『×之爲道』，王注常語，如《觀》彖辭王注『統説觀之爲道，不以刑制使物，而以觀感化物者也』，《恒》卦辭王注『恒之爲道，亨乃无咎也』，《損》彖辭王注『損之爲道，損下益上，損剛益柔也』，皆其例，兹據刊本補。

〔一三〕爲義，底卷『義』殘存右下角殘畫；刊本無『爲』字，是也。

〔一四〕『凡同類』下底卷殘泐，刊本作『而不相感應以』；刊本無『凡』字。

〔一五〕『所處』下刊本有『也』字。

〔一六〕之，底卷殘存右半。

〔一七〕『下』後底卷殘泐，刊本作『之而後取女』。

〔一八〕『乃吉』下刊本有『也』字。

〔一九〕以，底卷殘存左下角。

〔二〇〕咸，刊本作『感』，案當作『感』，否則與前句同義。

〔二一〕如，底卷原作『始』，形誤字，兹據刊本改正。

〔二二〕也，刊本無。

〔二三〕四爲外卦，刊本作『四屬外也』。

〔二四〕『躁』下刊本有『者也』字。

〔二五〕『可』下刊本有『以』字。

〔二六〕『順』後底卷殘泐約五字，刊本作『之道也不躁』。

〔二七〕隨，底卷殘去左下角，『隨』下底卷殘泐，刊本作『往吝股之爲物隨足者也』。

〔二八〕咸，刊本作『感』，案當作『感』。

〔二九〕執，底卷原作『報』，形誤字，兹據刊本改正。

〔三〇〕『宜』下底卷殘泐，刊本作『也象曰』。

〔三一〕憧憧，刊本作『憧憧』，陸德明《經典釋文·周易音義》（以下簡稱『《釋文》』）云：『京作憧。』是京房本作

『⿰忄重』也。《繫辭下》引此句，《釋文》云：『憧憧，本又作⿰忄重。』是有作『⿰忄重』之異本也。《説文・心部》：『憧，意不定也。』『⿰忄重，遲也。』《釋文》云：『憧，劉云：意未定也。』是『憧』爲正字，『⿰忄重』爲借字。《説文》無『慟』字，新附始有，黄侃《説文新附考原》認爲是『⿰忄重』之後起字。本卦中『慟慟』同此。

〔三二〕尒，刊本作『爾』，《敦煌俗字研究》云：『「爾」「尒」古本非一字，後世則合二而一，字多寫作「爾」。』（下編第七頁）

〔三三〕吉然後乃得亡其悔，底卷原無『吉』字，《正義》引有，案此當是誤脱重文符號，今據刊本補；刊本『悔』下有『也』字。

〔三四〕無思乃得，刊本『無』作『无』，『乃』作『以』，案《説文・亾部》：『无，奇字無也。』帛書本《周易》及王注『無』多寫作『无』，此卷餘皆作『无』，僅此處作『無』。

〔三五〕『朋從其思』下刊本有『也』字。

〔三六〕『象』下底卷殘泐，刊本作『曰貞吉悔亡未感害』。

〔三七〕『口』字底卷原作『⿱口乀』，此字與『足』之俗寫同形，案此卦初六感拇，六二感腓，九三感股，上六感輔頰舌，所感位置由下而上，故九五所感之脢，位置應在股之上，輔頰舌之下。李道平《周易集解纂疏》云：『輔嗣以四爲心神，上爲輔頰，五在上四之間，故直云「心之上，口之下」也。』若此字爲『足』，然『足』在初六，不合《咸卦》所感之次序，當非。疑此字爲『口之』二字誤綴而成，因『口之』誤連爲『足』字，故手民又於下添一『之』字，遂成今貌，兹據刊本改正。

〔三八〕也，刊本無。

〔三九〕感，刊本作『咸』，案當作『咸』。

〔四〇〕騰，刊本作『滕』，黄忠天云：『陸德明、孔穎達所見本均未提及，或爲晚出的本子。』案：《周易集解》作『媵』，引虞翻曰：『媵，送也。』是虞翻本作『媵』。徐芹庭《周易異文考》云：『項氏《玩辭》及晁氏《易》引虞說作「騰」。」則虞翻本亦有作『騰』者。惠棟《九經古義·周易上》云：『滕當讀爲騰。騰，傳也。……滕本古文騰字。』李道平《周易集解纂疏》曰：『滕當讀爲騰。……自下而上曰騰。滕者，騰也。《咸》上自《否》三來，《彖傳》曰「柔上」是也。上成兑口，故「滕口說」。』『滕』古字，『騰』今字，『滕』則爲『騰』之借字。黄氏以爲作『騰』者晚出之本，誤也。注中『騰』字同，不復出校。

〔四一〕言，刊本無，黄忠天云：『今本奪「言」字。』

〔四二〕者，刊本無。

〔四三〕也，刊本無。

〔四四〕薄，底卷殘存右半；『薄』下底卷殘泐，刊本作『可知也』。

〔四五〕者乎，刊本無，此蓋爲雙行對齊而添。

〔四六〕震上巽下，刊本作『巽下震上』，案底卷誤，説詳校記〔三〕。

〔四七〕『貞』下底卷殘泐，刊本作『恒而亨以濟三事也恒之爲道亨乃无咎也恒通无咎乃利正也』。

〔四八〕以脩其，刊本無『以』字，『脩』作『修』，案二字古多通用，然此處當以作『修』爲正字；『其』字底卷殘存上部三分之一。『其』下底卷殘泐，刊本作『其常道終則有始往而』。

〔四九〕『利有攸往』下底卷殘泐，刊本作『也彖曰』。

〔五〇〕恒久，底卷『恒』字殘存右下角殘畫，『久』殘存右半。

〔五一〕風，底卷殘存左半。

〔五二〕『而』前底卷殘泐，刊本作『相與長陽長陰能相成也巽』。

〔五三〕『咎』前底卷殘泐，刊本作『媿也恒皆可久之道恒亨无』。

〔五四〕『道』前底卷殘泐，刊本作『道德所久則常通无咎而利正也天地之』。

〔五五〕而不已，底卷『而』字殘脱左下部分，『不已』二字存右下角殘畫。

〔五六〕 終，底卷殘存右下角。『終』前底卷殘泐，刊本作『也得其所久故不已也利有攸往』。

〔五七〕 始，底卷存上端殘畫。

周易注（五）（家人卦、睽卦）

伯三六八三

【題解】

底卷編號爲伯三六八三，起《家人·九三》象辭「婦子嘻嘻」之「嘻嘻」，至《睽·六三》象辭「位不當也」，凡十八行，行二十字左右，前四行下截殘泐。經傳均單行大字，王弼注雙行小字。卦首先畫卦形，次標「某下某上」四小字，與今傳本相同。《索引》及《索引新編》均定爲《周易》，《寶藏》定名《周易家人卦暌卦王弼注》（「暌」爲「睽」之誤字）。此爲三國魏時王弼《周易注》之殘卷，今定名爲《周易注（家人卦、睽卦）》。

今據縮微膠卷録文，以中華書局影印阮元刻《十三經注疏·周易正義》爲校本（簡稱「刊本」），校録於後。

（前缺）

□▨▨（厲，猶）[一]得其道。「▨（婦）□[二]嘻嘻」，失家節也。六四：富家，□[三]明於家道，以近至尊，能富其家者[四]也。《象》曰「富家，大□[五]勿恤，吉」。假，至也。履正而應，處尊體巽，□[六]家道，則下莫不化矣。父父、子子、兄兄、弟□[七]道正，「正家而天下定矣」。故「王假有家」，則勿恤而吉。《象》曰「王假有家」，交▨（相）□[八]如，終吉。處家人之終，居家道之成，「刑于寡妻」，以著于外者也。故曰「有孚」。凡物以猛爲本者則患在寡恩，以愛爲本者則患在寡威，故家人之道尚威嚴也。家道可終，唯信與威。身得威敬，人亦如之。反之於身，則知［施］[九]於人也。《象》曰：「威如」之吉，反身之謂也。

䷥兑下離上睽　小事吉。《象》曰：睽，火動而上，澤動而下。二女同居，其志不同行。説而麗乎明，柔進[一〇]上行，得中而應乎剛，是以「小事吉」。事皆相違，害之道也，何由得小事吉？以有此三德也。天地睽而其事同也，男女睽而其志通也，萬物睽而其事類也。□□□（睽之時）用大矣▨（哉）[一一]！睽離之時，非小人之所能用也。《象》曰：上火下澤，睽。君子以同而異。同於通理，異於職事。初九：悔亡。喪馬，勿逐，自復。見惡人，无咎。處睽之初，居體之下[一二]，无應獨立，悔也。與四[一三]合志，故得悔亡也[一四]。馬者，必顯之物也[一五]。處乖[一六]物之始，乖而喪其馬，物莫能同，其私之[一七]必相顯也，故勿逐而自復也。時方乖離，而位乎窮下，上无應可援，下无權可恃，顯德自異，爲惡所害，故見惡人乃得免咎也。《象》曰『見惡人』，以避[一八]咎也。九二：遇主于巷，无咎。處睽失位，將无所安。然五亦失位，俱求其黨，出門同趣，不期而遇，故曰『遇主于巷』[一九]。處睽得援，雖失其位，未失道也。《象》曰『遇主于巷』，未失道也。六三：見輿曳，其牛掣。其人天且劓，□□（无初）▨（有）[二〇]終。凡物近而不相得，□□（則凶）。處睽之時，履非其位，以陰居陽，以柔乘[二一]剛，志存[二二]於上，而不▨▨▨▨▨（和於四二應於）□[二三]故『見輿曳』[二四]者，履非其位，失所載也。『其牛掣』者，滯隔所在，不獲進也。『其人天且劓者，□□（四從）上取，二從下取也[二五]，而應在上九，執志▨▨▨▨▨▨▨▨（不回初雖受困終獲剛助）也[二六]。《象》曰『見輿曳』，位不當也。▨（无）□[二七]

（後缺）

【校記】

〔一〕底卷『厲』字殘存左下角殘畫，『猶』殘存『犭』旁，兹據刊本擬補。以下凡底卷中殘字、缺字補出者，均據刊本，不復一一注明。

〔二〕婦，底卷殘存『女』旁。『婦』下底卷殘泐，刊本作『子嘻嘻乃失其節也象曰家人嗃嗃婦子』。

〔三〕『富家』下底卷殘泐，刊本作『大吉能以其富順而處位故大吉也若但能富其家何足爲大吉體柔居巽履得其位』。

〔四〕者，刊本無。

〔五〕『大』下底卷殘泐，刊本作『吉順在位也九五王假有家』。

〔六〕『體巽』下底卷殘泐，刊本作『王至斯道以有其家者也居於尊位而明於』。

〔七〕『弟』下底卷殘泐，刊本作『弟夫夫婦婦六親和睦交相愛樂而家』。

〔八〕『相』字底卷存左上角殘畫。『相』下底卷殘泐，刊本作『愛也上九有孚威』。

〔九〕施，底卷原無，孔穎達《周禮正義》（以下簡稱『《正義》』）云：『身得人敬則敬於人，明知身敬於人人亦敬己，反之於身則知施之於人。』是其所據本亦有『施』字，兹據刊本補。

〔一〇〕進，刊本下有『而』字。

〔一一〕哉，底卷殘存右半。

〔一二〕居體之下，刊本作『居下體之下』，《正義》引作『居下體之下』，案刊本是，下體者，《睽》中之離也，初九乃離之下爻，故云『居下體之下』。

〔一三〕四，刊本作『人』，阮元《周易校勘記》云：『岳本、宋本、古本、足利本作「四」。』北京大学出版社點校本《周易正義》據而改作『四』，案作『四』是也。四者，九四也。《正義》云：『「悔亡」者，初九處睽離之初，「居下體之下，无應獨立」，所以悔也。四亦處下，无應獨立，不乖於己，與己合志，故得「悔亡」。』《九四》王注云：『初亦无應特立。處睽之時，俱在獨立，同處體下，同志者也。』初九爲離之下爻，九四爲兑之下爻，故云『同處體下』也。

〔一四〕也，刊本無。

〔一五〕也，刊本無。

〔一六〕乖，刊本無，案《序卦》云：『家道窮必乖，故受之以《睽》。睽者，乖也。』《睽》爲乖離之卦，初九爲《睽卦》之始，故云『處乖物之始』也，有『乖』字義長。

〔一七〕之，刊本無。

〔一八〕避，刊本作『辟』，『辟』『避』古今字。

〔一九〕『遇主于巷』下刊本有『也』字。
〔二〇〕有，底卷存下半截。
〔二一〕棄，刊本作『乘』，《五經文字·桀部》：『棄、乘，上《説文》，下隸省。』
〔二二〕存，刊本作『在』，『存』『在』義同。
〔二三〕『和於四二應於』六字底卷皆殘存左半。『於』下底卷殘泐，刊本作『五則近而不相比』。
〔二四〕輿曳，刊本下又有『輿曳』二字。
〔二五〕也，刊本無。
〔二六〕不回初雖受困終獲剛助也，『不回初雖受困終獲剛助』十字底卷殘存右邊殘畫；刊本無『也』字。
〔二七〕无，底卷存右邊殘畫。

周易注（六）（解卦—益卦）

伯二五三二

【題解】

底卷編號爲伯二五三二，起《解卦》彖辭『夙吉』之『吉』，止《益卦》末，凡九十五行，行十三、四字不等，行有界欄，字體精美。存解、損、益三卦内容，解卦前缺，損、益二卦則全。尾題『周易第四』四字，故諸家多依此定名。此爲三國魏時王弼《周易注》之殘卷，今定名爲《周易注（解卦—益卦）》。

經傳均單行大字，王弼注雙行小字。每卦提行，先畫卦形，次標『某下某上』四小字，與今傳本相同。卷中多所改易，劉師培以爲『蓋初書之時所據僅一本，既成之後，復據别本校訂也』（《敦煌新出唐寫本提要》，《劉申叔遺書》下册二〇一九頁，江蘇古籍出版社一九九七）。羅振玉《敦煌本周易王弼注殘卷跋》據卷中『民』字缺筆，定爲初唐寫本（《羅振玉校刊群書叙録》一九七頁，江蘇廣陵古籍刻印社一九九八）；劉師培則據卷中不避『亨』字，以爲肅宗前之抄本。今檢卷中尚有一『治』字，則其於『治』亦不諱，而諸家均未措意。據敦煌寫卷的避諱規律來看，不諱『治』、『亨』，並不能據以説明此必爲高宗或肅宗之前的抄本。此諱『民』字，其不早於太宗時期，可以肯定。而其下限，則難以確定。據其行款書法，應是唐前期的寫本。

劉師培《敦煌新出唐寫本提要》（簡稱『劉師培』）、羅振玉《敦煌古寫本諸經校勘記卷二》（載《敦煌叢刊初集》第八册，臺北新文豐出版公司一九八五。簡稱『羅校』）、羅振玉《敦煌本周易王弼注殘卷跋》（《羅振玉校刊群書叙録》，簡稱『羅跋』）都曾對寫卷作過校勘。林平和《敦煌〈周易王弼注〉寫卷佐證先賢校勘之學術價值》（《中國學術研討會論文集——紀念高明先生八秩晉六冥誕》，大安出版社一九九四）一文中亦有一些對此寫卷的校勘意見，然文中多據前人之校勘成果來印證寫卷，缺少自己的新見，今不取。

今據縮微膠卷録文，以中華書局影印阮元刻《十三經注疏·周易正義》爲校本（簡稱『刊本』），校録於後。

（前缺）

吉，往有功也。天地解而雷雨作，雷雨作而百菓草木皆甲坼〔一〕。天地否結，則雷雨不作；交通感散，雷雨乃作也。雷雨之作，則險厄者亨，否結者散，故『百菓草木皆甲坼』也。解之時大矣哉！無所〔二〕而不釋也。難解之時，非治難時也〔三〕，故不言用。體盡于〔四〕解之名，無有幽隱，故不曰義也〔五〕。《象》曰：雷雨作，解。君子以赦過宥罪。初六：無咎。解者，解也。屯難槃〔六〕結，於是乎解也。處蹇難始解之初，在剛柔始散之際，將散〔七〕罪厄，以夷其險。處此時也〔八〕，不煩於位而無咎者〔九〕也。《象》曰：剛柔之際，義無咎〔一〇〕。或有過咎，非其理也〔一一〕。義猶理也。九二：田獲三狐，得黄矢，貞吉。狐者，隱伏之物也。剛中而應，爲五所任，處於險中，知險之情，以斯解物，能獲隱伏者〔一二〕也，故曰『田獲三狐』也。黄，理中之稱也。矢，直也。田而獲三狐，得于〔一三〕理中之道，不失枉直之實，能全其正者也。故曰『田獲三狐，得黄矢，貞吉』也。《象》曰：九二『貞吉』，得中道也。六三：負且乘，致寇至，貞吝。處非其位，履非其正，以附于〔一四〕四，用夫柔邪以自媚者也。乘二負四，以容其身〔一五〕。寇之來也，自己所致矣〔一六〕，雖幸而免，正之所賤〔一七〕。《象》曰『負且乘』，亦可醜也。自我致戎，又誰咎也？九四：解而栂〔一八〕，朋至斯孚。失位不正而比於三，故三得附之爲其栂也。三爲之栂，則失初之應，故『解其栂』，然後朋至而信也〔一九〕。《象》曰『解而栂』，未當位〔二〇〕。六五：君子維有解，吉。有孚于小人。居尊履中而應乎剛，可以有解而獲吉矣。以君子之道解難釋險，小人雖闇〔二一〕，猶知服之而無怨矣。故曰『有孚于小人』〔二二〕。《象》曰：君子有解，小人退也。上六：公用射隼于高墉之上，獲之，無不利。初爲四應，二爲五應，三不應上，失位負乘，處下體之上，故曰『高墉』也〔二三〕。墉非隼之所處，高非三之所履，上六居動之上，爲解之極，將解荒悖而除穢亂者也。故用射之也〔二四〕，極而〔二五〕後動，成而後舉，故必獲之，而無不利也。《象》曰『公用射隼』，以解悖也。

䷨兑下艮上損　有孚，元吉，無咎可貞，利有攸往。曷之用？二簋可用享。《象》曰：損，損下益上，其道上行。艮爲陽，兑爲陰。凡陰順于〔二六〕陽者也。陽止于〔二七〕上，陰悦而順之〔二八〕，損下益上，上行之義之〔二九〕也。損而有孚，元吉，無咎可貞，利有攸往。損之爲義〔三〇〕，損下益上，損剛益柔者〔三一〕也。損下益上，非補不足者〔三二〕也；損剛益柔，非長君子之道者〔三三〕也。爲損而可以獲吉，其唯有孚乎？『損而有孚』，則『元吉』，『無咎』而可正，『利〔有〕〔三四〕攸往』矣。『損剛益柔』，不以消剛。『損下〔三五〕益上』，不以盈上，剛損而不爲耶〔三六〕，益上而不爲諂，則何咎而可正？雖不能拯濟大難，以斯而〔三七〕往，物無距者矣之〔三八〕也。『曷之用』？曷，辭〔三九〕也。『曷之用』，言何用〔四〇〕豐爲也。『二簋可用享』。二簋，質薄之器也。行損以信，雖二簋而可用享。二簋應有時，至約之道，不可常也。損剛益柔有時。下不敢剛，貴於上行，『損剛益柔』之謂也。剛爲德長，損之不可以爲常也。損益盈虚，與時偕行。自然之質，各定其分，短者不爲不足，長者不爲有餘，損益將何加焉？非道之常，故必与時偕行〔四一〕。《象》曰：山下有澤，損。山下有澤，損之象〔四二〕。君子以懲忿窒欲。可損之善，莫善忿欲〔四三〕。初九：已事遄往，無咎，酌損之。損之爲道，損下益上，損剛益柔，以應其時者也。居於下極，損剛奉柔，則不可以逸。處損之始，則不可以盈，事已則往，不敢宴安，乃獲無咎也。剛以奉柔，雖免於〔四四〕咎，猶未親也。故能〔四五〕獲無咎，復自酌損，乃得合志也。遄，速也。《象》曰『已事遄往』，尚合志也。尚於合志〔四六〕，故〔四七〕速往也。九二：利貞，征凶。弗損，益之。柔不可以全益，剛不可以全削〔四八〕，下不可以無正。初九已損剛以順柔，九二履中，而復損己以益柔，則剥道成焉，故不可遄往而利貞也。進之乎〔四九〕柔，則凶矣，故曰征凶也。九二〔五〇〕不損而務益，以中爲志也。《象》曰『九二利貞』，中以爲志也。六三：三人行則損一人，一人行則得其友。損之爲道，損下益上，其道上行。三人，謂自六三以〔五一〕上三陰也。三陰並行，以承于〔五二〕上，則上失其友，内無其主，名之曰『益』，其實乃『損』也〔五三〕。故天地相應，乃得化淳〔五四〕；男女匹配，乃得化生。陰陽不對，生可得乎？故六三獨行乃得其友。三〔五五〕陰俱行，則必疑矣。《象》曰『一人行』，三則疑也。六四：損其疾，使遄有喜，無咎。履得其位，以柔納剛，能損其疾者〔五六〕也？疾何可久？故速損乃有喜也〔五七〕。損疾以離其咎，有喜乃免，故〔五八〕速乃有喜，有喜乃無咎之〔五九〕也。《象》曰『損其疾』，亦可喜也。六五：或益之，十朋之龜，弗剋〔六〇〕違，元吉。以柔居尊而爲損道，江海處下，百谷歸之，履尊以損，則或益之矣。朋，黨也。龜者，決疑之物也。陰非先唱，柔非自任，尊以自居，損以守之。故人用其力，事竭〔六一〕其功，智者慮能，明者慮策，不〔六二〕能違也，則衆才之用盡〔六三〕矣，獲益而得十朋之龜，足以盡天人之助者〔六四〕也。《象》曰：六五元吉，自上祐也。上九：弗損，益之，無咎，貞吉，利有攸往。得臣無家。處損之終，上無所奉，損終反益。剛得〔六五〕不損，乃反益之，而不憂於咎。用正而吉，不制於柔，剛德遂長，故曰『弗損，益之，無咎，貞吉，利有攸往』也。居上乘柔，處損之極，尚夫剛德，爲物所歸，故曰『得臣』。得臣則天下爲一，故曰〔六六〕無家也。《象》曰『弗損益之』，大得志也。

䷩震下巽上益　利有攸往，利涉大川。《象》曰：益，損上益下，民悦無彊〔六七〕。震，陽也。巽，陰也。巽非違震者也。震上而巽不違於下〔六八〕，損上益下之謂〔六九〕。自上下下，其道大光。『利有攸往』，中正有慶也〔七〇〕。五處中正，『自上下下』，故有慶也。以中正有慶之德，有攸往也，何適而不利哉！利涉大川，木道乃行。木者，以〔七一〕大川爲常而不溺者也。以益涉難，同于〔七二〕木也。益動而巽，日進無彊〔七三〕。天施地生，其益無方。損上益下〔七四〕。凡益之道，與時偕行。益之爲用，施未足者〔七五〕也。滿而益之，害之道也。故『凡益之道，与時偕行』〔七六〕。《象》曰：風雷，益。君子以見善則遷，有過則改。之〔七七〕善改過，益莫大焉。初九：利用爲大作，元吉，無咎。處益之初，居動之始。體夫剛德，以莅其事而之乎巽，以斯大作，必獲大功也〔七八〕。夫居下非厚事之地，在卑非任重之處，大作非小功所濟，故元吉，乃得無咎也。《象》曰『元吉，无咎』，下不厚事也。時可以大作，而下不可以厚事，得其時而無其處，故元吉，乃得無咎〔七九〕。六二：或益之十朋之龜，弗克違，永貞吉。王用享于帝，吉。以柔居中，而得其位。處内履中，居益以沖〔八〇〕。益自外來，不召而〔八一〕至，不先不爲，則朋龜獻策，同于〔八二〕損卦六五之位，位不當尊，故吉在永貞也。帝者，生物之主，興益之宗也〔八三〕，出震而齊巽者也。六二居益之中，體柔當位，而應于〔八四〕巽，享帝之美，在此時者〔八五〕也。《象》曰『或益之』，自外來也。六三：益之，用凶事，無咎。有孚中行，告公用珪〔八六〕。以陰居陽，求益者也，故曰益之也〔八七〕。益不外來，己自爲之〔八八〕。己自爲之，物所不与也〔八九〕，故在謙則戮，救凶則免也〔九〇〕。以陰居陽，處卦〔九一〕之上，壯之甚也。用救衰危，物所恃也，故用凶事，得〔九二〕無咎也。若能益不爲私，志在救難，壯不至亢，不失中行，以此告公，國主所任也；用圭之禮，備此道矣，故曰『有孚，中行，告公用圭』也。公者，臣之極也。凡事足以施天下，則稱王；次天下之大者，則稱公。六三之才，不足以告王，足以告公，而得用珪者〔九三〕也，故曰『中行告公用圭』〔九四〕。《象》曰：益用凶事，固有之也。用施凶事，乃得固有之也。六四：中行，告公從，利用〔九五〕依遷國。居益之時，處巽之始，體柔當位，在上應下。卑不窮下，高不處亢，位雖不中，用中行者也。以斯告公，何有不從？以斯依遷，誰有不納〔九六〕？《象》曰『告公從』，以益志也。志得益也。九五：有孚惠心，勿問元吉。有孚，惠我德。得位履尊，九五〔九七〕爲益之主者也。爲益之大，莫大于〔九八〕信。爲惠之大，莫大于〔九九〕心。因民〔一〇〇〕所利而利之焉，惠而不費，惠心者也。信以惠心，盡物之願，故不待問而『元吉』也〔一〇一〕，『有孚惠我德』也。以誠惠物，物亦惠〔一〇二〕之，故曰『有孚惠我德』也。《象》曰『有孚惠心』，勿問之矣。『惠我德』，大得志也。上九：莫益之，或擊之，立心勿恒，凶。處益之極，過盈者也。求益無已，心無恒者也。無厭之求，人弗与也。獨唱莫和，是偏辞〔一〇三〕也。人道惡盈，怨者非一，故『或擊之』〔一〇四〕。《象》曰『莫益之』，偏辤〔一〇五〕也。『或擊之』，自外來也。

周易第四〔一〇六〕

【校記】

〔一〕百菓草木皆甲坼，刊本『菓』作『果』、『坼』作『圻』，案《干禄字書·上聲》：『菓、果，上俗下正。』坼、圻二字乃隸變之異。注中同此。

〔二〕無所，刊本作『无圻』。底卷僅《益卦·初九》象辭寫作『无』，餘皆寫作『無』。《説文·亾部》：『无，奇字無也。』帛書《周易》及王注『無』多寫作『无』，此卷則多有作『無』者。下凡『無』皆同，不復出校。阮元《周易校勘記》（以下簡稱『阮校』）云：『「圻」當作「坼」，毛本作「所」，非也。』孟森《宋本周易注附釋文校記》云：『无所而不釋也，岳同。十行「所」誤「圻」。阮校毛作「所」非。阮氏不引岳而引毛，又反以爲非，甚誤。』

〔三〕也，刊本無。

〔四〕于，刊本作『於』，二字古多通用。

〔五〕也，刊本無。

〔六〕槃，刊本作『盤』，『盤』『槃』皆爲『般』之後起分别文。

〔七〕散，刊本作『赦』。案象辭云『君子以赦過宥罪』，此應以『赦』爲長。

〔八〕時也，刊本作『之時』。

〔九〕者，刊本無。

〔一〇〕『無咎』下刊本有『也』字。

〔一一〕或有過咎非其理也，羅校：『初有此八字，後滅去。』劉師培云：『初書有此注，繼施塗抹，與《釋文》所云或本無此八字合。』案：初有此八字者，寫卷所據底本有也；後施塗抹，蓋讀者據他本删。

〔一二〕者，刊本無。

〔一三〕于，刊本作『乎』，二字古多通用。

〔一四〕于，刊本作『於』，二字古多通用。

〔一五〕身，刊本作『爲』，阮校：『毛本「爲」作「身」。』北京大學出版社標點本《周易正義》校云：『依文意，作「身」字爲宜，據改。』寫卷可佐證其説。

〔一六〕矣，刊本無。

〔一七〕『所賤』下刊本有『也』字。

〔一八〕栂，刊本作『拇』。孔穎達《周易正義》（以下簡稱『《正義》』）云：『拇，足大指也。』則作『栂』者乃扌旁與木旁混淆所致。下諸『栂』字皆當作『拇』。

〔一九〕也，刊本作『矣』。

〔二〇〕『當位』下刊本有『也』字。

〔二一〕闇，刊本作『間』，孟森《宋本周易注附釋文校記》云：『「小人雖闇」，岳同，十行「闇」訛「間」。』

〔二二〕『有孚于小人』下刊本有『也』字。

〔二三〕也，刊本無。

〔二四〕也，刊本無。

〔二五〕而，刊本作『則』，阮校：『閩本同。岳本、監、毛本「則」作「而」。案「而」字是也，《正義》可證。』

〔二六〕于，刊本作『於』，二字古多通用。

〔二七〕于，刊本作『於』，二字古多通用。

〔二八〕陰悦而順之，刊本『悦』作『説』，無『之』字，案『説』『悦』古今字；《正義》云：『陽止於上，陰説而順之，是下自減損以奉於上，「上行」之謂也。』則孔所據本有『之』字。

〔二九〕刊本無『之』。案『之』字不當有，蓋爲雙行對齊而添。

〔三〇〕刊本『義』作『道』，案當作『道』，《初九》注云：『損之爲道，損下益上，損剛益柔，以應其時者也。』義與此句同。

〔三一〕者，刊本無。

〔三二〕者，刊本無。

〔三三〕者，刊本無。

〔三四〕底卷原無『有』字，案此引彖辭『利有攸往』句也，『有』字不可無，兹據刊本補。

〔三五〕下，刊本作『柔』，羅校：『十行本「下」誤作「柔」。』孟森《宋本周易注附釋文校記》：『十行「下」訛「柔」，……岳及此宋本俱作「下」，可補阮校之脱。』

〔三六〕剛損而不爲耶，刊本作『損剛而不爲邪』，案此句就『損剛益柔』而言，正猶『益上而不爲諂』就『損下益上』而言，彼作『益上』，不作『上益』，則此當作『損剛』，而不應作『剛損』矣；『耶』，俗『邪』字。

〔三七〕而，刊本作『有』，案作『而』義長。

〔三八〕刊本無『者矣之』三字，案底卷『矣之』二字乃後插入，應是讀者爲填補字間過多的空白而加；而『也』前有『者』字，乃寫卷之常例。

〔三九〕辤，刊本作『辭』。『辭』爲正字，『辤』爲借字。

〔四〇〕用，刊本作『以』，孟森《宋本周易注附釋文校記》云：『「言何用豐爲也」，岳同，十行「用」作「以」，此釋經文「曷之用」，自應作「用」。』

〔四一〕与時偕行，刊本『与』作『與』，末有『也』字，案『与』、『與』古混用無別，敦煌寫本多用『与』字，後世刊本多改作『與』。下凡刊本作『與』者均不復出。

〔四二〕『象』下刊本有『也』字。

〔四三〕『忿欲』下刊本有『也』字。

〔四四〕於，刊本作『乎』，二字古多通用。

〔四五〕能，刊本作『既』，案作『既』義長。

〔四六〕尚於合志，刊本作『尚合於志』，案此釋小象『尚合志』句，《正義》曰：『尚，庶幾也。所以竟事速往，庶幾與上合志也。』此未言『上』爲何事。《周易集解》引虞翻曰：『終成《既濟》，謂二上合志於五也。』謂九二與六五易位，則成益卦也。是『上合志者』，九二往上與六五合志也，寫本作『尚於合志』不合語法。

〔四七〕故，刊本作『欲』，案爲與六五合志，故須速往也，作『故』義長，『欲』蓋爲『故』之形誤。

〔四八〕柔不可以全益剛不可以全削，刊本無二『以』字，案下句『下不可以無正』，刊本亦有『以』字，三句對文，有『以』爲長；上『不』字刊本作『下』，阮校：『「下」、「不」之誤，岳本、閩、監、毛本不誤。』

〔四九〕乎，刊本作『於』，二字古多通用。

〔五〇〕『九二』前刊本有『故』字。

〔五一〕以，刊本作『已』，阮校：『岳本、閩、監、毛本同，《釋文》出「以上」。按以、已古多通用。』

〔五二〕于，刊本作『於』，二字古多通用。

〔五三〕也，刊本無。

〔五四〕淳，刊本作『醇』，案《説文・水部》：『淳，淥也。』酉部：『醇，不澆酒也。』段注：『澆，沃也。凡酒沃之以水則薄，不襍以水則曰醇，故厚薄曰醇澆。』《易・繫辭下》『萬物化醇』正義：『萬物感之變化而精醇也。』是『醇』爲正字，『淳』爲借字。

〔五五〕三，刊本作『二』，羅校：『三，十行本誤作「二」。』孟森《宋本周易注附釋文校記》：『十行又訛「三」作「二」，阮無校。』

〔五六〕者，刊本無。

〔五七〕速損乃有喜也，底卷『也』字後加於『喜』與『損』間，刊本無『損』、『也』二字，《正義》引亦無此二字。

〔五八〕『故』下刊本有『使』字。

〔五九〕刊本無『之』字，案此爲雙行對齊而添。

〔六〇〕剋，刊本作『克』，《説文・克部》『克』篆下段注：『俗作剋。』

〔六一〕竭，刊本作『順』，孟森《宋本周易注附釋文校記》云：『「事竭其功」，岳同，十行「竭」誤改「順」。阮失校。』

〔六二〕不，刊本作『弗』，二字義同。

〔六三〕盡，刊本作『事』，阮校：『《正義》「事」當作「盡」，毛本不誤。』孟森《宋本周易注附釋文校記》云：『岳同，十行「盡」誤「事」，阮校引毛本正作「盡」。』

〔六四〕『者』字底卷後加於『助』與『也』間，刊本無。

〔六五〕得，刊本作『德』，『得』爲『德』之同音借字。下『剛德遂長』句仍作『德』，是也。

〔六六〕曰，刊本無，《正義》曰：『夫剛德爲物所歸，故曰得臣；得臣則以天下爲一，故曰无家。』是孔所據本亦有『曰』字。

〔六七〕民悦無彊，底卷『民』缺末筆，避諱缺筆字，兹據刊本録正；刊本『悦』作『説』，『無』作『无』，『彊』作『疆』，案『説』『悦』古今字，『彊』爲『疆』之俗字（《敦煌俗字研究》下編四一六頁）。

〔六八〕震上而巽不違於下，刊本作『處上而巽不違於下』，案此句釋卦名之義，益卦震下巽上，震剛而巽柔，柔損在上，剛動在下，巽在上而不違下，即損上益下，若作『震上』，則成恒卦矣，當以作『處』爲是。

〔六九〕『謂』下刊本有『也』字。

〔七〇〕『也』字底卷後加於『慶』之下，刊本無。

〔七一〕『以』下刊本有『涉』字，案此釋『利涉大川』，有『涉』於義爲長。

〔七二〕于，刊本作『乎』，二字古多通用。

〔七三〕彊，刊本作『疆』，『彊』爲『疆』之俗字，説已見校記〔六七〕。

〔七四〕損上益下，刊本作『損下益上』，阮校：『岳本、閩、監、毛本作「損上益下」，是也。』

〔七五〕者，刊本無。

〔七六〕『与時偕行』下刊本有『也』字。

〔七七〕之，刊本作『遷』，案『之』疑爲『〜』之誤，『〜』爲『遷』之省代符。

〔七八〕『也』字底卷後加於『功』與『夫』之間，刊本無。

〔七九〕『無咎』下刊本有『也』字。

〔八〇〕沖，刊本作『中』，阮校：『「中」當作「沖」，下《正義》「居益而能用謙沖者也」可證。』

〔八一〕而，刊本作『自』，案前云『自外來』，則『而』字佳。

〔八二〕于，刊本作『於』，二字古多通用。
〔八三〕也，刊本無。
〔八四〕于，刊本作『於』，二字古多通用。
〔八五〕者，刊本無。
〔八六〕珪，刊本作『圭』，《説文·土部》以『珪』爲『圭』之古文。下『珪』字同此。
〔八七〕『也』字底卷後加於『之』與『益』之間，刊本無。
〔八八〕已自爲之，底卷爲重文符號，刊本無此四字，《正義》引亦無此四字，然據文義，有此四字者爲長。
〔八九〕也，刊本無。
〔九〇〕也，刊本無。
〔九一〕卦，刊本作『下卦』，《正義》引亦有『下』字，案六三者，陰居陽位，故云『以陰居陽』，下卦指夬卦也，夬卦九三，以陽居陽，是亢陽也，此以陰居陽，故『壯不至亢』，有『下』字爲善。
〔九二〕『得』前刊本有『乃』字。
〔九三〕者，刊本無。
〔九四〕『中行告公用圭』下刊本有『也』字。
〔九五〕『用』下刊本有『爲』字。《正義》引亦有『爲』字。
〔九六〕『不納』下刊本有『也』字。
〔九七〕九五，刊本無，案此句本釋《九五》爻辭，不必再有『九五』二字。
〔九八〕于，刊本作『於』，二字古多通用。
〔九九〕于，刊本作『於』，二字古多通用。
〔一〇〇〕民，底卷原缺末筆，避諱缺筆字，兹據刊本録正。

〔一〇一〕故不待問而元吉也，刊本『故』作『固』，無『也』字，案『故』『固』二字古多通用；底卷『待』原作『得』，乃形誤字，兹據刊本改正。

〔一〇二〕惠，刊本作『應』。

〔一〇三〕辞，刊本作『辭』，《干禄字書·平聲》：『辞、辤、辭，上中並辭讓；下辭説，今作辞，俗。』是『辞』爲『辭』之俗字，此作『辞』，又爲『辞』的訛變俗字（《敦煌俗字研究》下編六〇三頁）。

〔一〇四〕故或擊之，刊本作『故曰或擊之也』。

〔一〇五〕辤，刊本作『辭』，『辭』爲正字，『辤』爲借字。

〔一〇六〕『苐』爲『弟』之俗字，俗書竹頭多寫作草頭，俚俗據『苐』楷正，則成『第』字。

周易注（七）（益卦、夬卦）

伯三六四〇

【題解】

底卷編號爲伯三六四〇，起《益卦·上九》象辭，至《夬卦·九四》『牽羊悔亡，聞言不信』注『自任所處』之『任』，共十九行，行約二十八字。卷面模糊，字體不佳。下截多有殘泐。經傳均單行大字，王弼注雙行小字。《索引》定名《周易卷第五》，《索引新編》從之；《寶藏》定名《周易卷第五夬卦》。此皆據卷中第三行小題定名。其實，寫卷前尚有《益卦》一行及第四卷尾題。此爲三國魏時王弼《周易注》之殘卷，故定名爲《周易注（益卦、夬卦）》。

今據《法藏》録文，以中華書局影印阮元刻《十三經注疏·周易正義》爲校本（簡稱『刊本』），校録於後。

（前缺）

《象》曰『莫益之』，偏辭[一]也。『或擊之』，自外來也。

周易下經卷第[二] 四

周易卷第五

䷪夬[三] 楊[四]于王庭，孚號有厲。告自邑，不利即戎。利有攸往。夬與戎反□（者）[五]也。剥以柔變□（剛），至于[六]剛幾盡。夬以剛決柔，如剥之消剛。剛隕則君子道消矣[七]，柔［消］則小人道隕。君子道消，則剛正之德不可德[八]直道而用，刑罰[九]之威不可得坦然而行。『楊于王庭』，其道公也。《象》曰：夬，決也，剛決柔也。健而悦[一〇]，決而和。『健而能[一一]悦』，則『決而和』矣。『揚于王庭』，柔乘五剛[一二]。剛德齊長，一柔爲逆，衆所同誅而無〔一三〕忌者也，故可『揚于王庭』者也〔一四〕。『孚號有厲』，其危逎〔一五〕光也。剛正明□□（信以）宣其□（令），則〔柔〕耶者危矣〔一六〕，故曰『其危逎光』者〔一七〕也。『告自邑，不利即戎』，所尚逎窮也。以剛斷制，告令可□（也）。『□（告）自邑』，謂［　　］〔一八〕。用剛即戎，尚力取勝〔一九〕。物所同疾者〔二〇〕也。『利有攸往』，剛長乃終也。剛德愈長，柔耶▨（愈）［　　］〔二一〕有攸往』，道逎［　　］〔二二〕上於天，夬。君子以施禄及下，居德則忌。『澤上於天』，夬之象也，［　　］〔二三〕及下』之義也。夬［　　］〔二四〕也。法既明斷則嚴〔二五〕，不可以慢，故曰居德以忌明禁也〔二六〕。施而能嚴，嚴而▨▨（能施）〔二七〕，健而能悦，決而能和，美之道者〔二八〕也。初九：壯于［　　］〔二九〕勝，爲咎。居健之初，爲決之始，宜審其策，以行其事。壯其前趾，往而不勝，宜其咎也。《象》曰：不勝而往，咎也。［　　］〔三〇〕號，暮〔三一〕夜有戎，勿恤。居健履中，以斯決事，能審己度而不疑者也。故雖有惕懼號呼，暮夜有戎，不憂不惑，故勿恤者也〔三二〕。《象》▨▨▨（曰有戎）〔三三〕勿恤』，得中道也。九三：壯于頄，有凶也〔三四〕。君子夬夬，獨行，遇雨若濡。有愠，無咎。頄者〔三五〕，面權也，謂上六也。最處體上，故曰權也。剥之六三，以應陽爲善。夫剛長則君子道興，陰盛則小□（人）道長。然則處陰長而助陽則善，處剛長而助陰則爲凶矣〔三六〕。夬爲剛長，而三獨應上六，助其少〔三七〕，是以凶也。君子處之，必能弃〔三八〕夫情累，決之不疑，故曰□□□（夬夬也）。若不與衆陽爲羣，而獨行殊志，應於小人，則受其困焉。『遇雨若濡』，有恨□□（而无）所咎也。《象》曰『君子夬夬』，終無咎也。九四：臀無膚，其□（行）赼趄〔三九〕。牽羊悔亡，聞言不信。不剛□（而）進，非己所據，必見侵食〔四〇〕，失其所安，故曰『臀□（无）膚，其行赼趄』〔四一〕。羊者，抵佷〔四二〕難移之物，□（謂）五也。〔五〕爲夬之〔四三〕主，非下所▨（侵）［　　］〔四四〕▨（可）〔四五〕得悔亡而已。剛亢不能納言，自任所處，聞［　　］斯〔四六〕［　　］

（後缺）

【校記】

〔一〕辤，伯二五三二同，刊本作『辭』，『辭』爲正字，『辤』爲借字。

〔二〕『苐』爲『弟』之俗字，俗書竹頭多寫作草頭，俚俗據『苐』楷正，則成『第』字。下同，不復出校。

〔三〕夬，刊本卦名前有「乾下兑上」四字，其餘諸寫本均有「某下某上」四字，此無者，蓋脱也。

〔四〕楊，刊本作「揚」，案當作「揚」，此乃是扌、木混用。下皆同。

〔五〕戎反者，刊本「戎」作「剥」，案剥卦坤下艮上，一陽五陰；夬卦乾下兑上，五陽一陰，故王弼云：「夬與剥反者也。」作「戎」無義，蓋涉卦辭「不利即戎」而誤。「者」字底卷殘泐，兹據刊本擬補。以下凡底卷中殘字、缺字、脱字補出者，均據刊本，不復一一注明。

〔六〕于，刊本作「於」，二字古多通用。

〔七〕矣，刊本無。

〔八〕德，刊本作「得」，「德」爲「得」之同音借字，下句作「得」，是也。

〔九〕罸，刊本作「罰」，《五經文字·㓁部》：「罰、罸，上《説文》，下《石經》，五經多用上字。」下凡「罸」字皆同此，不復出校。

〔一〇〕悦，刊本作「説」，「説」「悦」古今字。注中「悦」字同。

〔一一〕能，刊本無。

〔一二〕「五剛」下刊本有「也」字。

〔一三〕無，刊本作「无」，《説文·亾部》：「无，奇字無也。」帛書《周易》及王注凡「無」多寫作「无」。下凡「無」皆同，不復出校。

〔一四〕刊本無「者也」二字，蓋爲雙行対齊而添。

〔一五〕迺，刊本作「乃」，郝懿行《爾雅義疏·釋詁下》：「經典迺、乃通者非一，故《廣韻》及《列子釋文》並以「迺」爲古文「乃」字，是矣。」下「迺」字同。

〔一六〕柔耶者危矣，底卷原無「柔」字，案前云「剛正」，則此當有「柔」字，兹據刊本擬補；刊本「耶」作「邪」，無「矣」字，「耶」爲「邪」之俗字。下「耶」字同。

〔一七〕者，刊本無。

〔一八〕『謂』下底卷殘泐，刊本作『行令於邑也』。

〔一九〕刊本『勝』下有『也尚力取勝』五字，案刊本重複『尚力取勝』五字爲善，寫本蓋脱去重文符號也。

〔二〇〕者，刊本無。

〔二一〕『愈』下底卷殘泐，刊本作『消故利』。

〔二二〕『迺』下底卷殘泐，刊本作『成也象曰澤』。

〔二三〕『象也』下底卷殘泐，刊本作『澤上於天必來下潤施禄』。

〔二四〕『夬』下底卷殘泐，刊本作『者明法而決斷之象也忌止』。

〔二五〕法既明斷則嚴，刊本無『既』、『則』二字。

〔二六〕故曰居德以忌明禁也，刊本無『曰』、『忌』二字。

〔二七〕能施，底卷皆存左邊殘畫。

〔二八〕者，刊本無。

〔二九〕『于』下底卷殘泐，刊本作『前趾往不』。

〔三〇〕『咎也』下底卷殘泐，刊本作『不勝之理在往前也九二惕』。

〔三一〕暮，刊本作『莫』，『莫』『暮』古今字。注中『莫』字同。

〔三二〕故勿恤者也，底卷原有二『故』字，兹據刊本删其一；刊本無『者』字。

〔三三〕曰有戎，底卷皆殘存右半。

〔三四〕也，刊本無。

〔三五〕者，刊本無。

〔三六〕助陰則爲凶矣，刊本『助陰』作『助柔』，無『爲』字，案上句謂『處陰長而助陽則善』，以陽與陰相對，則此句應以柔與剛相對，作『助柔』爲善。

〔三七〕其少，刊本作『於小人』。

〔三八〕弃，刊本作『棄』，『弃』字《説文》以爲古文『棄』字，唐代因爲避太宗之諱，多從古文寫作『弃』，説詳《敦煌俗字研究》下編二四〇頁。

〔三九〕趑趄，刊本作『次且』，案『趑趄』爲後起本字。

〔四〇〕食，刊本作『傷』。

〔四一〕故曰臀无膚其行趑趄，刊本無『曰』字，『趑趄』作『次且』，末有『也』字，案『趑趄』爲後起本字。

〔四二〕佷，刊本作『狠』，案『佷』同『很』，俗書亻、彳不分，《説文·犬部》『狠』字下段注：『今俗用狠爲很，許書很、狠義别。』

〔四三〕之，刊本無。

〔四四〕侵，底卷存右上角殘畫。『侵』下底卷殘泐，刊本作『若牽於五則可得』。

〔四五〕可，底卷殘存下半。

〔四六〕『斯』前底卷殘泐，刊本作『言不信以』。

周易注（八）（兑卦—既濟卦）

伯二六一九（底一）　伯三八七二（底二）　斯一二二八二（甲一）

斯五九九二（甲二）

【題解】

底卷編號爲伯二六一九（底一）+伯三八七二（底二）。底一起《兑卦》象辭『剛中而柔外』，至《中孚·初九》王弼注『得乎專吉者也』之『得』，伯希和《巴黎圖書館敦煌寫本書目》首先比定其名爲《易經》，不過太寬泛。《索引》定名《周易殘卷（王弼注）》，《索引新編》因之。底二起《中孚》象辭王弼注『信發於中』之『於』，抄至《既濟·九五》象辭『實受其福』，《索引》定名《易經王弼注》，《索引新編》卻遺漏了此卷内容。

兩卷共一〇五行，在第五十一行處斷爲兩片，底一殘存該行右邊部分，底二存左邊大部分。縮微膠卷將伯三八七二綴合在伯二六一九之下，從而使三八七二成爲空號。《寶藏》根據膠卷印製，將伯二六一九定名爲《周易（兑卦至既濟）》，但没有標出伯三八七二的去向，其實伯二六一九號已包括了二六一九與三八七二兩卷的内容。《法藏》亦綴合了兩卷内容，並標出了兩卷之編號，定名爲《周易王弼注》。寫卷每行十八至二十二字不等，經傳單行大字，王弼注雙行小字。每卦提行，先畫卦形，次標『某下某上』四小字，與今傳本相同。字迹不佳，抄寫粗疏，多有脱漏。

王重民據卷中『民』字缺筆，認爲是『太宗高宗之世』的寫本（《敘録》五頁）；陳鐵凡則認爲是初唐寫本（《敦煌本易書詩考略》，《孔孟學報》第十七期，一九六九）。黄忠天對王重民的説法表示懷疑，『王重民認爲寫於太宗、高宗之世，這個説法未必可靠，不過寫於唐代是可以確定的』（《敦煌周易王弼注殘卷的學術背景與價值》，

《高雄工商專學報》第二十五期，一九九五）。今謂寫卷『治』字不諱，不可能是高宗朝寫本。從其書法及行款來看，可能非初唐寫本，而是較晚的抄本。

甲卷編號爲斯一二二八二（甲一）＋斯五九九二（甲二），甲一爲殘片，四殘行。起《渙卦·六四》爻辭『匪夷所思』王弼注『猶有丘虛匪夷之慮』，至《九五》象辭『正位也』之『位』。《榮目》首先比定其名。甲二亦爲殘片，共八行，存上截，末行僅存半邊。起《渙卦·上九》爻辭『去逖出』之『出』，至《節卦》卦辭『節以制度』。行有界欄。《翟目》早已比定其名。兩者本爲同一寫本（榮新江《〈英藏敦煌文獻〉定名商補》，《文史》二〇〇〇年第三輯），雖然在内容上不能直接綴合，但根據行款，我們可以肯定甲二正緊接甲一之後。綴合後，甲卷實存十二殘行，涉及《渙卦》與《節卦》兩卦的内容。書法甚優，行款整飭。經傳單行大字，王弼注雙行小字。每卦提行，先標『某下某上』四小字，次畫卦形，與今傳本不同，而與伯二五三〇之體例相同。《翟目》定爲七世紀寫本。

傅振倫所撰《敦煌寫本周易註一卷》提要（《續修四庫全書總目提要》上册，中華書局一九九三。簡稱『傅振倫』）、饒宗頤《周易王弼注殘卷》提要（《法藏敦煌書苑精華》第二册《經史（一）》，廣東人民出版社一九九三。簡稱『饒宗頤』）、林平和《敦煌伯二六一九、三八七二號唐寫本周易王弼注殘卷書後》（《中央大學人文學報》第十一期，一九九三，簡稱『林平和』）都曾對寫卷作過校勘。林平和《敦煌〈周易王弼注〉寫卷佐證先賢校勘之學術價值》（《中國學術研討會論文集——紀念高明先生八秩晉六冥誕》，大安出版社一九九四）一文中亦有一些對此寫卷的校勘意見，然皆據前人之校勘成果來印證寫卷之内容，缺少自己的

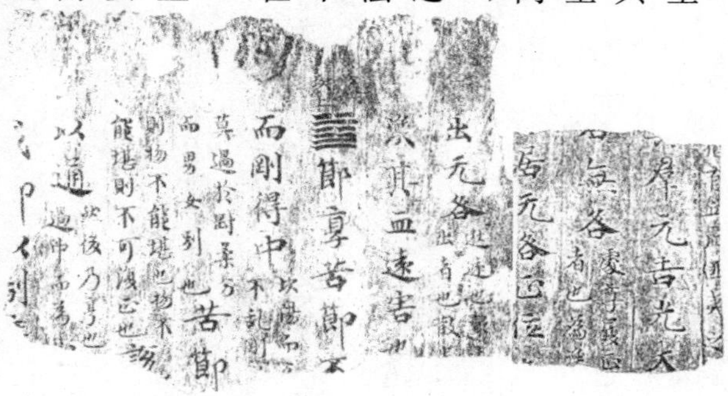

S.5992　S.12282

甲一、甲二綴合圖

新見，今不取。

今據《法藏》録文，以甲卷及中華書局影印阮元刻《十三經注疏·周易正義》爲校本（簡稱『刊本』），校録於後。

（前缺）

□▨▨（剛中）〔一〕而柔外，説以利貞，□暴〔二〕。剛中而柔外，則所以▨（悦）〔三〕□▨（利）〔四〕貞；柔外，故曰〔五〕亨。是以順乎天而應乎人。天剛而不失悦者也。悦以先民〔六〕，民〔七〕忘其勞；説以犯難，民忘其死。説之大，民勸矣哉！《象》曰：麗澤，兑。君子以朋友講習。麗猶連也。施説之盛，莫盛於〔八〕此。初九：和兑，吉。居兑之初，應不在一，无所黨後〔九〕，和兑之謂也。悦不在諂，履斯而行，未見有疑之者也〔一〇〕，吉其宜矣。《象》曰：和兑之吉，行未疑也。九二：孚兑，吉，悔亡。悦不失中，有孚者也。失位而悦，孚吉，乃悔亡也。《象》曰：孚兑之吉，信志也。其志信也。六三：來兑，凶。以陰柔之質，履非其位，來求悦者也。非正而求悦，邪佞也〔一一〕。《象》曰：來兑之凶，位不當也。九四：商兑未寧，介疾有喜。商，商量裁制之謂也。介，隔也。三爲佞悦，將近至尊。故四以剛德，裁而隔之，匡内制外，是以未寧〔一二〕。處於幾近，閑邪介疾，宜其有喜〔一三〕。《象》曰：九四之喜，有慶也。九五：孚于剥，有厲。比於上六，而與相得，處尊正之位，不悦信乎陽，而悦信乎陰，『孚〔于〕〔一四〕剥』之義也。剥之爲義，小人道長之謂也。《象》曰『孚于剥』，位正當也。以正當之位，信於小人而疎君子，故曰『位正當』〔一五〕。上六：引兑。以夫陰質，最處悦後，静退者也。故必見引，然後乃悦〔一六〕。《象》曰『上六，引兑』，未光也。

䷺坎下巽上渙　亨。王假有廟，利涉〔一七〕大川，利貞。《象》曰：渙，亨，剛不來而窮〔一八〕，柔得位乎外而上同。一〔一九〕以剛來居内，而不窮於險；四以柔得位乎外，而與上同。内剛而无險困之難，外順而无違逆之乖，是以亨，利涉大川，利貞也。凡剛得暢而无忌回之累，柔履正而同志乎剛，則皆亨，利涉大川，利貞者〔二〇〕也。『王假有廟』，王乃在中也。王乃在乎渙然之中，故至有廟〔二一〕。『利涉大川』，乘〔二二〕木有功也。乘木即涉難也。木者專所以涉川也。涉難而常用渙道，必有功也。《象》曰：風行水上，渙，先王以亨〔二三〕于帝，立廟。初六：〔用〕拯馬▨（壯），▨（吉）〔二四〕。渙，▨（散）〔二五〕也。處散之□（初），▨▨（散）〔二六〕□（未）甚，故可以遊行，得其志而違於難也，不在危劇而後乃逃竄，故〔二七〕『用拯馬壯，吉』。《象》曰：初六之吉，順也。觀難而行，不與險爭，故曰『順也』。九二：渙犇其几〔二八〕，悔亡。几，承物者也，謂初也。二俱无應，與初相得，而初得散道，離散而犇，得其所安，故悔亡〔二九〕。《象》曰『渙犇其几』，得願也。六三：渙其躬，无悔。渙之爲義，内險而外安者也。散躬志外，不固所守，與剛合志，故得无悔〔三〇〕。《象》曰『渙其躬』，志在外也。六四：渙其羣，元吉。渙有丘，匪夷所思。踰乎險難，得位體巽，與五合志，内掌機蜜〔三一〕，外宣化命者也，故能散羣之險，以光其道。然處於卑順，不可自專，而爲散之任，猶〔三二〕有丘虛匪夷之慮，雖得元吉，所思不可志者〔三三〕也。《象》曰『渙其羣，元吉』，光大也。九五：渙汗其大號。渙，王居无〔三四〕咎。處尊履正，居巽之中，散汗大號，以蕩〔三五〕險阸者也。爲渙之主，唯王居之，乃得无咎〔三六〕。《象》曰『王居无咎』，正位也〔三七〕。正位不可以假人也〔三八〕。上九：渙其血，去逖出〔三九〕，无咎。逖，遠也。最遠於害，不近侵克〔四〇〕，散其憂傷，遠出者也。散患於遠害之地，誰將咎之哉！《象》曰『渙其血』，遠害也。

䷻兑下坎上〔四一〕節　亨，苦節不可貞。《象》曰：節，亨，剛柔分而剛得中。坎陽而兑陰也。陽上而陰下，剛柔分〔四二〕。剛柔分而不亂，剛得中而爲制主，節之義也。節之大者，莫若〔四三〕剛柔分，男女别〔四四〕。苦節不可貞，其道窮也。爲節過苦，則物〔四五〕不能堪也。物不能堪，則不可復正也。説以行險，當位以節，中志〔四六〕以通。然後乃〔四七〕亨也。无悦而行險，過中而爲節，則道窮〔四八〕。天地節而四時成，節以制度〔四九〕，不傷財，不害民。《象》曰：澤上有水，節。君子以制數度，議德行。初九：不出户庭，无咎。爲節之初，將整離散而立制度者也，故明於通塞，慮於險僞〔五〇〕，不出户庭，慎蜜不失，然後事濟而无咎也。《象》曰『不出户庭』，知通塞也。九二：不出門庭，凶。初已造之，至二宜宣其制矣，而故匿之，失時之極，則遂廢矣。故不出門庭，則凶〔五一〕。《象》曰『不出門庭』〔五二〕，失時極也。六三：不節若，則嗟若，无咎。若，辭〔五三〕也。以陰處陽，以柔乘剛，違節之道，以至哀嗟。自己所致，无所怨咎，故曰无咎也。《象》曰：不節之嗟，又誰咎也。六四：安節，亨。得位而順，不改其節，而能亨者也。承上以斯，得其道也。《象》曰：安節之亨，承上道也。九五：甘節，吉。往有尚。當位居中，爲節之主不失其中，不傷財，不害民之謂也。爲節而不苦〔五四〕，非甘而何？術斯以往，往有尚也。《象》曰：甘節之吉，居位中也。上六：苦節，貞凶，悔亡。過節之中，以致亢極，苦節者也。以斯施正，物所不堪〔五五〕，正之凶也。以斯修〔五六〕身，行在无妄，故得悔〔五七〕亡。《象》曰『苦〔五八〕節，貞凶』，其道窮也。

䷼兑下巽上中孚 豚〔五九〕魚吉。利涉大川，利貞。《象》曰：中孚，柔在内而剛得中，説而巽，孚，有上四德，然後乃孚。乃化邦〔六〇〕。信立而後邦乃化也。柔在内而剛得中，各當其所也。剛得中，則直而正；柔在内，則靜而順；悦而以巽，則乖争不作。如此，則物无巧競，敦實〔六一〕之行著，而篤信發乎其中〔六二〕。『豚魚吉』，信及豚魚也。魚者，蟲之隱者也。豚者，獸之微賤者也。争競之道不興，中信之德淳著，則雖微隱之物，信皆及之也〔六三〕。『利涉大川』，乘木舟虚也。乘木於用〔六四〕舟之虚，則終已无溺也。用中孚以涉難，若乘木於舟虚〔六五〕。中孚以利貞，乃應于天〔六六〕。盛之至也。《象》曰：澤上有風，中孚。君子以議獄緩死。信發於中〔六七〕，雖過可亮。初九：虞吉，有他〔六八〕不燕。虞猶專也〔六九〕。爲信之始，而應▨▨（在四）〔七〇〕，得〔七一〕乎專吉者也，志未能變，繫心於一，故『有他不燕』〔七二〕。《象》曰『初九，虞吉』，志未變也。九二：鳴鶴〔七三〕在陰，其子和之。我有好爵，吾與爾靡之。處内而居於〔七四〕重陰之下，而履不失中，不徇於外，任其真者也。立誠篤至，雖在闇昧，物亦應焉，故曰『鳴鶴在陰，其子和之』也。不私權利，唯德是與，誠之至也，故曰我有好爵，與物散之。《象》曰『其子和之』，中心願也。六三：得敵，或〔七五〕鼓或罷，或泣或哥〔七六〕。三居少陰之上，四居長陰之下，對而不相比，敵之謂也。以陰居陽〔七七〕，欲進而閡敵，故或鼓〔七八〕也。四履正而承五，非己所克，故或罷也。不勝而退，懼見侵凌〔七九〕，故或泣也。四履乎順，不與物校，退而不見害，故或哥也。不量其力，進退无恒〔八〇〕，憊可知〔八一〕。《象》曰『或鼓或罷』，位不當也。六四：月幾望，馬匹亡，无咎。居中孚之時，處巽之始，應悦之初，居正履順，以承於五，内毗元首，外宣得化〔八二〕。充乎陰德之盛，故曰『月幾望』也〔八三〕。『馬匹亡』者，弃羣類者也〔八四〕。若夫居盛德之位，而與物校其競爭，則失其所以〔八五〕盛矣，故〔八六〕絕類而上，履正承尊，不與三爭，乃得无咎〔八七〕。《象》曰『馬匹亡』，絕類上也。類謂三，俱陰爻，故曰類也。九五：有孚攣如，无咎。攣如者，繫其信之辭也。處中誠以相交之時，居尊位以爲羣物之主，信何可舍？故『有孚攣如』，乃得无咎〔八八〕。《象》曰『有孚攣如』，位正當也。上九：翰音登于天，貞凶。翰，高飛〔八九〕。〔飛〕音者，音飛而實不從之謂也。居卦之上，處信之終，信終則衰，忠篤内喪，華美外揚〔九〇〕，故曰『翰音登于天』也。翰音登天，正亦滅矣也〔九一〕。《象》曰『翰音登于天』，何可長也。

䷽艮下震上小過　亨，利貞。可小事，不可大事。飛鳥遺之音，不宜上，宜下，大吉。飛鳥遺其音聲，哀以求處，上愈无所適也〔九二〕，下則得安。愈上〔九三〕愈窮，莫若飛鳥〔九四〕。《象》曰：小過，小者過而亨也。小者謂凡諸小事也，過於小事而通者也。過以利貞，與時行也。過而得以利貞，應時宜也。施過於恭儉，利貞者也。柔得中，是以小事吉也；剛失位而不中，是以不可大事也。成大事者，必在剛也。柔而浸大，剥之道也。有飛鳥之象焉。不宜上，宜下，即飛鳥之象。『飛鳥遺之音，不宜上，宜下，大吉』，〔上〕〔九五〕逆而下順也。上則乘剛，逆也；下則承陽，順也。施〔過於〕〔九六〕不順，凶莫大焉；施過於順，過更變而爲吉也。《象》曰：山上有雷，小過。君子以行過乎恭，喪過乎哀，用過乎儉。初六：飛鳥以凶。小過，上逆下順，而應在上卦，進而之逆，无所錯足，飛鳥之凶〔九七〕。《象》曰『飛鳥以凶』，不可如何也。六二：過其祖，遇其妣，不及其君。遇其臣，无咎。過而得之謂之遇，在小過而當位，過而得之之謂也。祖，始也，謂初也。妣者，居内履中而正者也。過初而履二位，故曰『過其祖』而『遇其妣』也〔九八〕，過而不至于〔九九〕僭，盡於臣位而已，故曰『不及其君，遇其臣，无咎』。《象》曰『不及其君』，臣不可過也。九三：弗過防之，從或戕之，凶。小過之世〔一〇〇〕，大者不立，故令小者得過也。居下體之上，以陽當位，而不能先過防之，至令小者咸〔一〇一〕過，而復應而從焉。其從之也，則『戕之』之〔一〇二〕凶至矣。故曰『弗過防之，從或戕之，凶』〔一〇三〕。《象》曰『從或戕之』，凶如何也？九四：无咎，弗過〔遇〕之，往厲必戒，勿用永貞。雖體陽爻，而不居其位，不爲責主，故曰〔一〇四〕无咎也。失位在下，不能過者也。以其不能過也〔一〇五〕，故得合〔一〇六〕免咎之宜，故曰『不過遇之』也〔一〇七〕。夫宴安酖毒，不可懷也，處於小過不寧之時，而以陽居陰，不能有所爲者也。以〔此〕自守，免咎可也；以斯攸往，危之道也。不交於物，物亦弗與，无援之助，故危則必戒而已，无所告救也。沈没怯弱，自守而已，以斯而處於羣小之中，未足任也〔一〇八〕，故曰『勿用永貞』，言不足用之於永貞。《象》曰『弗過遇之』，位不當也。『往厲必戒』，終不〔可〕〔一〇九〕長也。六五：密雲不雨，自我西郊，公弋取彼在穴。小過者〔一一〇〕，小者過於大也。六得五位，陰之盛也。故密雲不雨，至于西郊也。夫雨者，陰布〔一一一〕於上，而陽薄之而不得通，則烝而爲雨。今艮止〔一一二〕於下而不交焉，故不雨也。是故小畜尚往而亨，則不雨〔一一三〕；小過陽不〔一一四〕上交，亦不雨也。雖〔陰〕盛於上〔一一五〕，未能行其施者〔一一六〕也。公者，臣之極也，五極陰盛，故稱公也。弋，射〔一一七〕。在穴者，隱伏之物也。『小過』者，過小而難未大作，猶在陰〔一一八〕伏者也。以陰質治小道〔一一九〕，能獲小過者也，故曰『公弋取彼在穴』也。除過之道，不在取之，足及密雲不能雨者也〔一二〇〕。《象》曰『密雲不雨』，已上也。陽已上，故止也。上六：弗遇過之，飛鳥離之，凶，是謂灾〔一二一〕眚。小人之過，遂至上極，過而不之〔一二二〕限，至于亢者〔一二三〕也。過至於〔一二四〕亢，將何所遇？飛而不已，將何所託？灾自己致，復何言哉！《象》曰『不〔一二五〕遇過之』，已亢也。

䷾離下坎上既濟　亨小，利貞，初吉〔終〕〔一二六〕亂。《象》曰『既濟，亨』，小者亨也。既濟者，以皆濟爲義者也。小者不遺，乃爲皆濟，故舉小者，以明既濟〔一二七〕。『利貞』，剛柔正而位當也。剛柔正而位當，則邪不可以行矣，故唯正乃利貞也。『初吉』，柔得中也。終止則亂，其道窮也。柔得中，則小者亨也。柔不得中，則小者未亨。〔小者未亨〕〔一二八〕，雖剛得正，則爲未既濟也。故既濟之要，在柔得中也。以既濟爲家〔一二九〕者，道極无進，終唯有亂，故曰『初吉終亂』。不〔一三〇〕爲自亂，由止故亂，故曰『終止則亂』也。《象》曰：水在火上，既濟。君子惡〔一三一〕患而豫防之。存、不忘亡，既濟不忘未濟也。初九：曳其輪，〔濡其尾〕，義〔一三二〕无咎。最處既濟〔之初，始濟〕〔一三三〕者也，始濟未涉於燥，故輪曳而尾濡也。雖未造易，心无顧戀，志弃難者也。其於〔一三四〕義也，无所咎矣〔一三五〕。《象》曰『曳其輪』，義无咎也。六二：婦喪其茀，勿逐，七日得。居中履正，處文明之盛，而應乎五，陰〔之〕光〔盛〕〔一三六〕者也。然居初、三之間，近而〔一三七〕不相得，上不丞〔一三八〕三，下不比初。夫以光盛之陰，處乎〔一三九〕二陽之間，近而不相得，能无見侵乎？故曰『喪其茀』也。稱婦者，以明自有夫，而他人侵之也。茀，首飾也。夫以中道執乎貞正，而見侵者，衆之所助也。處既濟之時，不容邪道者也。時既[明]〔一四〇〕峻，衆又助〔一四一〕之，竊之逃竄莫之歸矣〔一四二〕。量斯勢也，不過七日，不須己逐，而自得也。《象》曰『七日得』，以中道也。九三：高宗伐鬼方，三年克之，小人勿用。處既濟之時，居文明之終，履得其位，是居衰末而能濟者也〔一四三〕。故〔一四四〕『伐鬼方，三年乃克』也。君子處之，故能興也，□□（小人）居之，遂喪邦也。《象》曰『三年克之』，憊也。六四：繻有衣袽，終日戒。繻宜曰濡，衣袽，所以塞舟漏者〔一四五〕也。履得其正，而不〔一四六〕近不與三、五相得。夫有郄之舟〔一四七〕，而得濟者，有衣袽也。隣於不親，而得全者，終日戒也。《象》曰『終日戒』，有所疑也。九五：東隣殺牛，不如西隣之禴祭，實受其福。牛，祭之盛者也。禴，祭之薄者也。居既濟之時，而處尊位，物皆濟〔一四八〕矣，將何爲焉？其所務者，祭祀[而已。祭祀]〔一四九〕之盛，莫盛修〔一五〇〕德，故沼沚之毛，蘋繁〔一五一〕之菜，可修〔一五二〕□□（於鬼）神，故『黍稷非馨，明德惟馨』，是以『東隣殺牛，不如西隣之禴祭，實受其福』也。《象》曰：東隣殺牛，不如西隣之時也。在於合時，不在〔一五三〕豐也。『實受其福』。（原文抄寫至此）

【校記】

〔一〕『剛中』二字底一均存左邊殘畫，兹據刊本擬補。以下底卷中凡殘字、缺字、脱字補出者，均據刊本，不復一一注明。

〔二〕『暴』前底一殘泐，刊本作『説而違剛則諂剛而違説則』。

〔三〕則所以悦，刊本無『則』字；底一『悦』殘存上截，刊本作『説』，案『説』『悦』古今字，下凡『悦』字刊本均作『説』，不復出校。『悦』下底一殘泐，刊本作『以利貞也剛中故』。

〔四〕利，底一存左半『禾』。

〔五〕曰，刊本作『説』，案二、五皆陽，三、上均陰，陽者剛，陰者柔，三在二外，上在五外，故云『剛中而柔外』，孔穎達《周易正義》(以下簡稱『《正義》』)云：『只爲剛中而柔外，中外相濟，故得説亨而利貞也。』朱熹《周易本義》云：『卦體剛中而柔外，剛中故説而亨，柔外故利於貞。』則作『説』者是也，底一作『曰』，當是音誤。

〔六〕民，底一原缺末筆，避諱缺筆字，茲據刊本録正。以下凡『民』字皆同，下不復出校。

〔七〕民，底一原作重文符號。

〔八〕於，底一原作『施』，饒宗頤云：『「於」字誤作「施」。』茲據刊本改正。

〔九〕後，刊本作『係』，陸德明《經典釋文・周易音義》(以下簡稱『《釋文》』)出『黨繫』，云：『本亦作「係」。』朱熹《周易本義》云：『以陽爻居説，體而處最下，又无係應，故其象占如此。』作『後』無義，應是形誤。

〔一〇〕也，刊本無。

〔一一〕倿也，刊本『倿』作『佞』，饒宗頤云：『「佞」字誤從妾作「倿」。』《干禄字書・去聲》：『倿、佞，上俗下正。』是『倿』爲俗字，非爲誤字，下『倿』同；刊本『也』前有『者』字。

〔一二〕未寧，底一原誤作『來寧』，茲據刊本改正；刊本末有『也』字。

〔一三〕『有喜』下刊本有『也』字。

〔一四〕于，底一原無，林平和云：『伯二六一九號卷脱「于」字。』茲據刊本補。

〔一五〕信於小人而踈君子故曰位正當，刊本『踈』作『疏』，末有『也』字，《廣韻・魚韻》：『疏，俗作踈。』

〔一六〕『悦』下刊本有『也』字。

〔一七〕涉，底一原形似『沚』，不過其右下角竪筆作撇形，當是『涉』俗寫之變體，故據刊本改爲正字『涉』。本卷中『涉』字皆同，下不復出校。

〔一八〕剛不來而窮，刊本作『剛來而不窮』，傅振倫云：『今本作「剛來而不窮」爲是。』林平和云：『伯二六一九號卷「剛來而不窮」誤作「剛不來而窮」。』案諸説是也，剛謂二也，二爲陽爻，陽者剛也，《否卦》之九四來居坤二，坤二上升乾四，遂成《渙卦》，渙者，散也，散則通也；九四居坤二以成坎，坎者水也，水流而不窮，故云『剛來而不窮』。

〔一九〕一，刊本作『二』，林平和云：『伯二六一九號卷「二」誤作「一」。』林説是也，一者陰爻，柔也；二則陽爻，剛也。

〔二〇〕者，刊本無。

〔二一〕『有廟』下刊本有『也』字。

〔二二〕椉，刊本作『乘』，《五經文字·桀部》：『椉、乘，上《説文》，下隸省。』卷中『椉』字皆同，不復出校。

〔二三〕亨，刊本作『享』，傅振倫云：『今本「亨」作「享」，義通。』《説文·亯部》『亯』篆下段注：『薦神作亨，亦作享；……隸書作亨、作享，小篆之變也。』

〔二四〕用拯馬壯吉，底一原無『用』字，帛書本《周易》亦無，然注中云：『故「用拯馬壯吉」。』是王弼本有『用』字，兹據刊本補；底一『壯』殘存右邊『士』，『吉』殘存右边殘畫。

〔二五〕散，底一殘存右邊『攵』。

〔二六〕散，底一殘存左半『昔』；『散』前一字底一模糊不能辨，刊本作『乖』。

〔二七〕『故』下刊本有『曰』字。

〔二八〕犇其几，刊本作『奔其机』，傅振倫云：『「犇」爲「奔」之古文，几、机亦爲古今字。』注及下同。

〔二九〕『悔亡』下刊本有『也』字。

〔三〇〕『无悔』下刊本有『也』字。

〔三一〕蜜，刊本作『密』，饒宗頤云：『機密之「密」誤作「蜜」。』案敦煌寫卷常將『蜜』字寫作『密』，如伯三九二九《敦煌古迹廿咏》：『高格籠宿霧，蜜葉隱朝霞。』斯六八三六《葉淨能詩》：『殿後蜜排五百口劍。』此同音借字，不可謂之誤字。本卷『蜜』皆爲『密』之借字，下不復出校。

〔三二〕猶，甲一殘存左下角。甲一起於此。

〔三三〕志者，刊本『志』作『忘』，無『者』字，饒宗頤云：『所思不可忘者也，「忘」誤作「志」。』

〔三四〕无，刊本同，甲一作『無』，《説文・亾部》：『无，奇字無也。』帛書《周易》及王注『無』多寫作『无』。下凡『無』皆同，不復出校。

〔三五〕蕩，刊本作『盪』，二字古多通用。

〔三六〕『无咎』下刊本有『也』字。

〔三七〕也，甲一止於此。

〔三八〕也，刊本無。

〔三九〕出，甲二起於此。

〔四〇〕侵克，刊本作『侵害』，孟森《宋本周易注附釋文校記》：『不近侵克，岳同，十行「克」作「害」。』是孟森所見宋本及岳本均作『侵克』。《小畜・六四》爻辭『有孚血去惕出，无咎』王注：『四乘於三，近不相得，三務於進，而已隔之，將懼侵克者也。』朱熹《周易本義》：『逖當作惕，與《小畜・六四》同。』此《上九》爻辭與《小畜・六四》爻辭句式同。彼王注作『侵克』，則此當以作『侵克』者爲佳。

〔四一〕兑下坎上，甲二此四字在卦形前。

〔四二〕『分』下刊本有『也』字。

〔四三〕莫若，刊本同，甲二作『莫過於』。

〔四四〕男女别，底一『男』原作『晏』，當爲『男』之誤字，兹據刊本改正；甲二『男』前有『而』字；甲二、刊本末有『也』字。

〔四五〕物，甲二同，刊本下有『所』。

〔四六〕志，刊本作『正』，饒宗頤云：『「中正」誤作「中志」。』

〔四七〕乃，甲二同，刊本作『及』，《敘録》云：『今本「乃」誤爲「及」。』

〔四八〕『窮』下刊本有『也』字。

〔四九〕度，甲二止於此。

〔五〇〕僞，刊本作『爲』。阮元《周易校勘記》（以下簡稱『阮校』）云：『案下《正義》，「爲」當作「僞」，毛本是「僞」字。』

〔五一〕『凶』下刊本有『也』字。

〔五二〕刊本『庭』下有『凶』字，傅振倫云：『今本「庭」下有「凶」字爲是。』

〔五三〕辤，刊本作『辭』，『辭』爲正字，『辤』爲借字。

〔五四〕而不苦，刊本『而』作『之』，《正義》曰：『爲節而無傷害，則是不苦而甘，所以得吉。』則孔所據本亦作『而』；底二『苦』原誤作『若』，茲據刊本改正。

〔五五〕堪，底一原作『堪』，饒宗頤云：『物所不堪，「堪」誤作「堪」。』形誤字，茲據刊本改正。

〔五六〕修，刊本作『脩』，二字古多通用，然此處當以作『修』爲正字。

〔五七〕得悔，底一原誤倒作『悔得』，茲據刊本改正。

〔五八〕苦，底一原誤作『若』，茲據刊本改正。

〔五九〕豚，刊本作『豚』，案『豚』字《説文》正篆作『豚』，從『彖』省，從又持肉，『豚』蓋即『豚』省『又』而從不省的『彖』旁，實即『豚』字或體。下同。

〔六〇〕『化邦』下刊本有『也』字。

〔六一〕敦實，底一原作『敢實』，饒宗頤云：『敦實之行之「敦實」誤作「敢實」。』茲據刊本改正。

〔六二〕『其中』下刊本有『矣』字。

〔六三〕也，刊本無。

〔六四〕用，刊本作『川』，案『用』蓋『川』之形誤。

〔六五〕於舟虚，刊本無『於』，末有『也』字。

〔六六〕應于天，刊本『于』作『乎』，末有『也』字。『于』、『乎』古多通用。

〔六七〕於中，底二起於此。

〔六八〕虞吉有他，『虞吉有』三字底一存右邊小部分，底二存左邊大部分；『他』字底一存右邊『也』，底二存左邊『亻』，正好綴合，刊本作『它』，段玉裁在《説文·它部》『它』篆下云：『其字或叚佗爲之，又俗作他。經典多作它，猶言彼也。』下凡『他』字皆同此。

〔六九〕『不燕虞猶専也』六字爲底一之文。

〔七〇〕在四，底一殘破且模糊，不能辨認，刊本作『在四』，兹據以補。

〔七一〕得，底一存右半，底二存左半，正好綴合。底一止於此。

〔七二〕『有他不燕』下刊本有『也』字。

〔七三〕鳴鸖，刊本作『鶴鳴』，《干禄字書·入聲》：『鸖、鶴，上俗下正。』注中『鸖』字同此。阮校：『「九二鳴鶴在陰」，十行本初刻與諸本同，正德補板「鳴鶴」誤作「鶴鳴」，今訂正。』

〔七四〕於，刊本無。

〔七五〕惑，刊本作『或』，『惑』爲『或』之同音借字。

〔七六〕哥，刊本作『歌』，『哥』爲古字。注中同。

〔七七〕『陽』下刊本有『欲進者也』四字，案有此四字義長。

〔七八〕鼓，底二原誤作『敵』，兹據刊本改正。

〔七九〕淩，刊本作『陵』，《説文》：『夌，越也。』段注：『凡夌越字當作此。今字或作淩，或作凌，而夌廢矣。……今字概作陵矣。』則『淩』、『陵』皆爲『夌』的後起字。

〔八〇〕恒，底二原作『桓』，形誤字，兹據刊本改正。
〔八一〕『可知』下刊本有『也』字。
〔八二〕得化，刊本作『德化』，下有『者也』二字，案『得』爲『德』之借字。
〔八三〕也，刊本無。
〔八四〕弃羣類者也，刊本『弃』作『棄』，無『者』字，案『弃』字《説文》以爲古文『棄』，唐代因爲避太宗之諱，多從古文寫作『弃』，説詳《敦煌俗字研究》下編二四〇頁。下『弃』字同此。
〔八五〕以，刊本無。
〔八六〕『故』下刊本有『白』字，林平和云：『伯三八七二號卷脱「曰」字。』
〔八七〕『无咎』下刊本有『也』字。
〔八八〕『无咎』下刊本有『也』字。
〔八九〕『高飛』下刊本有『也』字。
〔九〇〕楊，刊本作『揚』，案當作『揚』，此乃是扌、木混用。
〔九一〕也，刊本無。
〔九二〕也，刊本無。
〔九三〕『上』下刊本有『則』字。
〔九四〕『飛鳥』下刊本有『也』字。
〔九五〕上，底卷原無，林平和云：『伯三八七二號卷脱「上逆」之「上」字。』兹據刊本補。
〔九六〕過於，底卷原無，林平和云：『伯三八七二號卷脱「過於」二字。』兹據刊本補。
〔九七〕『之凶』下刊本有『也』字。
〔九八〕也，刊本無。

〔九九〕于，刊本作『於』，二字古多通用。

〔一〇〇〕世，底卷缺筆，避諱缺筆字，兹據刊本改。

〔一〇一〕咸，刊本作『或』，《正義》云：『以陽當位，不能先過爲防，至令小者或過。』阮校：『閩、監、毛本同，岳本、宋本、古本、足利本「或」作「咸」，《疏》中錢本亦作「咸」。』

〔一〇二〕之，刊本無，案有此字義長。

〔一〇三〕『弗過防之從或戕之凶』下刊本有『也』字。

〔一〇四〕曰，刊本作『得』。

〔一〇五〕也，刊本無。

〔一〇六〕『合』下刊本有『於』字。

〔一〇七〕不過遇之也，刊本『不』作『弗』，無『也』字，案『不』『弗』二字義同。

〔一〇八〕也，刊本前有『者』。

〔一〇九〕可，底二無，林平和云：『伯三八七二號卷脱「可」字。』案《正義》云：『「終不可長」者，自身有危，无所告救，豈可任之長，以爲正也。』故據刊本補。

〔一一〇〕者，刊本無。

〔一一一〕布，刊本作『在』，孟森《宋本周易注附釋文校記》云：『夫雨者陰布於下（『下』當是『上』之誤——筆者），岳同，阮刻「布」訛「在」。』

〔一一二〕止，底二原作『上』，形誤字，兹據刊本改正。

〔一一三〕『不雨』下刊本有『也』字。

〔一一四〕不，底二原作『以』，林平和云：『伯三八七二號卷「不」誤作「以」。』兹據刊本改正。

〔一一五〕陰盛於上，底二原無『陰』字，林平和云：『伯三八七二號卷脱「陰」字。』案《小過》卦象重陰在上，中爲二陽所隔而不能達於下，故不雨也，『陰』字不可無，兹據刊本補；刊本『於』作『于』，二字古多通用。

〔一一六〕者，刊本無。

〔一一七〕『射』下刊本有『也』字。

〔一一八〕陰，刊本作『隱』，案前云『隱伏之物』，則當以作『隱』爲是，底二作『陰』者，蓋音誤也。

〔一一九〕道，刊本作『過』，林平和云：『伯三八七二號卷「小過」誤作「小道」。』案《正義》云：『以小過之才，治小過之失。』是其所據本亦作『過』。

〔一二〇〕足及密雲不能雨者也，刊本『足及』作『是乃』，阮校：『岳本、閩、監、毛本同，宋本、足利本「是乃」作「足及」，古本同。』林平和云：『伯三八七二號卷「是乃」誤作「足及」。』刊本『不』作『未』，無『者』字。

〔一二一〕灾，刊本作『災』，案『烖』之或體作『灾』，籀文作『災』，見《説文・火部》『烖』篆下説解。本卷中『灾』字皆同此，下不復出校。

〔一二二〕之，刊本作『知』，林平和云：『伯三八七二號卷「知」誤作「之」。』案唐五代西北方音『知』『之』同音，此將『知』寫作『之』，音借字，非誤字。

〔一二三〕至于亢者，刊本『于』作『於』，無『者』字，案『于』、『於』二字古多通用。

〔一二四〕於，刊本作『于』，二字古多通用。

〔一二五〕不，刊本作『弗』，案爻辭作『弗』，此應同，其作『不』者，後人所改也。

〔一二六〕終，底二原無，林平和云：『伯三八七二號卷脱「終」字。』兹據刊本補。

〔一二七〕『既濟』下刊本有『也』字。

〔一二八〕『小者未亨』四字底二原無，林平和云：『伯三八七二號卷未重「小者未亨」四字，當爲脱奪也。』案：依文義當有，兹據刊本補。

〔一二九〕家，刊本作『安』，阮校：『岳本、閩、監、毛本同，錢本、古本、足利本「安」作「象」，宋本作「家」。案「家」即

「象」之誤。」

〔一三〇〕「不」前刊本有「終亂」二字，阮校：「閩、監、毛本同，岳本、足利本不重「終亂」二字，古本同。」

〔一三一〕惡，刊本作「思」，前有「以」字，林平和云：「伯三八七二號卷脱「以」字，「思」誤作「惡」。」案：《周易集解》引荀爽曰：「六爻既正，必當復亂，故君子象之，思患而豫防之，治不忘亂也。」《晉書・郭璞傳》：「《既濟》云：「思患而豫防之。」」皆作「思」。

〔一三二〕義，刊本無，案小象作「義无咎」，此「義」字蓋或人因小象之語而添也，帛書《周易》亦無「義」字。

〔一三三〕「之初始濟」四字底二原無，林平和云：「伯三八七二號卷脱「之初始濟」四字。」案《正義》云：「初九處既濟之初，體剛居中，是始欲濟渡也。」是當有此四字，兹據刊本補。

〔一三四〕於，刊本作「爲」。

〔一三五〕矣，刊本作「也」。

〔一三六〕陰之光盛，底二原無「之」、「盛」二字，林平和云：「伯三八七二號卷脱「陰之光盛者也」之「之」「盛」字。」案「陰光」無義，當作「陰之光盛」，《正義》云：「六二居中履正，處文明之盛，而應乎五，陰之光盛者也。」是其所據有此二字。

〔一三七〕近而，刊本作「而近」，林平和云：「伯三八七二號卷「而近」誤倒作「近而」。」案林説誤，二陰爻，處於初、三兩陽爻之間，雖近而不能相助，故云「近而不相得」，故王弼於下申釋之云：「夫以光盛之陰，處乎二陽之間，近而不相得，能无見侵乎？」作「而近」於義不順。

〔一三八〕丞，刊本作「承」，案二字敦煌寫卷常通用，如伯四六三八《右軍衛十將使孔公浮圖功德銘并序》：「猶是負荷既深，夜佩衝星之劍；丞恩既重，朝提倒日之戈。」伯二二二六背《文範》：「丞家盡孝悌之誠，奉國效忠貞之節。」「丞」皆「承」之借。

〔一三九〕乎，刊本作「於」，二字古多通用。

〔一四〇〕明，底二原無，林平和云：『伯三八七二號卷脱奪「明」字。』兹據刊本補。

〔一四一〕助，底二原作『眅』，案作『眅』無義，王注前亦云『衆之所助也』，故據刊本改正。

〔一四二〕竊之者逃竄而莫之帰矣，底卷原無『者』、『而』二字，案《正義》云：『竊之者逃竄而莫之歸矣。』全用王注文，兹據刊本擬補；據《説文》，『帰』爲籀文隸定字，『歸』爲小篆隸定字。

〔一四三〕也，刊本無。

〔一四四〕刊本無『故』字而有『高宗』二字，孟森《宋本周易注附釋文校記》云：『是居衰末而能濟者也故伐鬼方三年乃克也，岳同，十行「也故」二字作「高宗」。此爲十行妄填缺蝕之失，舊本所以可貴。而阮校言各本作「也故」，仍不以十行爲非，亦失之。』

〔一四五〕者，刊本無。

〔一四六〕不，刊本無，林平和云：『伯三八七二號卷「而」下「近」上衍「不」字。』

〔一四七〕有郄之舟，刊本作『有隙之棄舟』，《釋文》出『有郄』，《晋書音義·帝紀第六》：『郤，本或作郄，俗。』則『郤』『郄』正俗字，『郤』爲『隙』之借字，林平和云：『伯三八七二號卷脱「棄」字。』案：林氏臆説。《正義》云：『六四處既濟之時，履得其位，而近不與三五上得，如在舟而漏矣。而舟漏則濡濕，所以得濟者，有衣袽也。』是其所據本無『棄』字，且既爲棄舟，必不用以濟渡，『棄』字後加可知。

〔一四八〕濟，刊本作『盛』，孟森《宋本周易注附釋文校記》云：『物皆濟矣，岳同，十行「濟」妄改「盛」，阮失校。』案《正義》云：『九五居既濟之時，而處尊位，物既濟矣，將何爲焉？』是孔所據本亦作『濟』。

〔一四九〕『而已祭祀』四字底二原無，《正義》有此四字，底二當爲鈔脱，兹據刊本補。

〔一五〇〕修，刊本作『脩』，二字古多通用，然此處當以作『修』爲正字。

〔一五一〕繁，刊本作『蘩』，案《左傳·隱公三年》：『苟有明信，澗谿沼沚之毛，蘋蘩薀藻之菜，筐筥錡釜之器，潢汙行潦之水，可薦於鬼神，可羞於王公。』此節略《左傳》之文也。《説文·艸部》：『蘩，白蒿。』段注：『皤亦白也。」是『蘇』爲『蘩』之本字，而『繁』則又爲『蘩』之借字。

〔一五二〕修，刊本作『羞』，《説文·丑部》：『羞，進獻也。』彡部：『修，飾也。』『羞』爲正字，『修』爲借字，二字通用之例可參王引之《經義述聞》卷八『具脩』條。『脩』『修』本多通用。

〔一五三〕『在』下刊本有『於』字。

周易正義（賁卦）

孔穎達

臺北中研院傅斯年圖書館一八八〇七一

【題解】

底卷藏臺北中央研究院傅斯年圖書館，編號爲一八八〇七一，起《周易·賁卦》象辭《正義》『以亨之与賁相連而釋』之『連』字，至《六五》正義『亦無待士之文』之『之』，共三十二行，行四十字左右。傅斯年圖書館《館藏目録》定爲唐孔穎達所撰《周易正義》之殘卷，鄭阿財《臺北中研院傅斯年圖書館藏敦煌卷子題記》（《慶祝吳其昱先生八秩華誕敦煌學特刊》三六一頁，臺北文津出版社二〇〇〇）定爲《周易正義·賁卦》，兹據以定名。

黄彰健《唐寫本周易正義殘卷跋》（《大陸雜誌》第四十二卷第九期，一九七一年五月）以宋刻單疏本《周易正義》與殘卷對勘，發現殘卷記經文、注文起訖所用字多較單疏本爲繁，因而推測孔穎達《周易正義》原本對經文及注文並不省略，而是抄録全文。蘇瑩輝《略論五經正義的原本格式及其標記經、傳、注文起訖情形》則認爲英藏《毛詩正義》及法藏《春秋左傳正義》均以朱書標傳、注起止，因而此注語偶出全文和記經注起訖所用的字數較繁的《周易正義》殘卷未必爲原本《正義》，而且『其紙張的厚度，既不及敦煌所出一般唐、五代的卷子，色澤又不類初、盛唐寫本；但就書體言，似不能晚於五代』。（《敦煌論集續編》八二頁，臺北學生書局一九八三）

據黄彰健文中介紹，此殘卷是抗戰勝利後，中央研究院歷史語言研究所在北平（今北京市）買到的。但它的來歷如何，則不得而知。今所見斯四九八《毛詩正義》及伯三六三四背＋伯三六三五背《春秋左傳正義》皆經注朱書，正義墨書。而此《周易正義》殘卷經、注、正義皆墨書，似已非原本舊式。殘卷『治』字不諱；『棄』均寫作『弃』，然『婚』或寫作『婚』，『媾』寫作『媾』，皆爲避太宗之諱而成之别體。此等避諱情形，在敦煌寫卷中，應屬較晚時期的抄本。如果此寫卷確爲藏經洞寫本流失於外者，則其抄寫時代不應早於晚唐。

今據傅斯年圖書館所藏原卷録文，以中華書局影印阮元刻《十三經注疏·周易正義》爲校本（簡稱『刊本』），校録於後。

（前缺）

□（相）〔一〕▨▨（連而）〔二〕釋，所以『亨』下不得重結『賁』字也〔三〕。『分剛上而［文］〔四〕柔，故小利有攸往』者〔五〕，釋『小利［有］攸往』〔六〕義。乾體在下，今分乾之九二，上向文飾坤之上六，是『分剛上而文柔』也。弃〔七〕此九二之中，往居無〔八〕位之地，是奇〔九〕善從惡，往無大利，故『小利有攸往』也。『天文也』〔一〇〕者，天［之］〔一一〕爲體，二象剛柔，［剛柔］〔一二〕交錯成文，是天文〔一三〕。『［文］〔一四〕明以止，人文』〔一五〕者，文明，离〔一六〕也；以止，艮也。用〔一七〕此文明之道，裁止於人，［人］之［文］德之教〔一八〕，此賁卦之象。既有天文、人文，欲廣美天文、人文之義，聖人用以〔一九〕治於物也。『觀乎天文，以察時變』者，言聖人當觀視天文，剛柔交［錯］〔二〇〕，相飾成［文］〔二一〕，以察四時變化。若四月純陽［用事］〔二二〕，陰在其中，靡〔二三〕草死也。十月純陰用事，陽在其中，薺〔二四〕、麥生也。是觀［剛］〔二五〕柔而察時變也。『觀乎人文以化成天下』者，言聖王觀察人文〔二六〕，則《詩》、《書》、《礼》〔二七〕、《樂》之謂，當法此爲〔二八〕教而『化成天下』也。注『坤之上六，來居二位，是「柔來文剛」也〔二九〕。乾之九二，分居上位，分剛上而文柔之義也』。正義曰：坤之上六，何以來居二位不居於三〔三〇〕，乾之九二，何以分居上位不居於五者，乾性剛亢，故以已九二居坤極；坤性柔順，不爲物首〔三一〕，故以已上六下居乾二〔三二〕也。且若柔不分居乾二，剛不分居坤極，則不得文明以止〔三三〕故也。又陽本在上，陰本在下，應分剛而下，分柔而上，何由〔三四〕分剛向上，分柔向下者，今謂此本

《泰卦》故也。若天地交泰，則剛柔得相交〔三五〕。若乾上坤下，則是天地否閉，剛柔不得相交，故分剛而上，分柔而下也。

「山下有火，賁」至「無敢折獄」。　正義曰：云「山下有火」〔三六〕者，欲見火上照山，有光明文飾也。又取山含火之光明，象君子内含〔三七〕文明，以理庶政，故云「山下有火」〔三八〕也。「以明庶政」者，用此文章明達以理〔三九〕庶政也。「無敢折獄」者，勿得直用果敢，折斷獄訟〔四〇〕。

「初九賁其趾」至「義弗乘」。　正義曰：「賁其趾，舍車而徒」者，在《賁》之始，以剛處下，居於無位〔四一〕，弃〔四二〕於不義，舍其不義〔四三〕之車，而從有義[之]〔四四〕徒步，故云「舍車而徒」。以其志行高潔〔四五〕，不苟就輿乘，是以義不肯乘，故《象》云「義不〔四六〕乘」也。

「六二賁其須」至「与〔四七〕上興」。　正義曰：「賁其須」者，須是上附〔四八〕於面，六二上〔四九〕附於三，似若〔五〇〕賁飾其須也。循其所履，以附於上，与上同爲興起，故[《象》]〔五一〕云「与上興」也。

「九三賁如」至「終莫之陵」。　正義曰：「賁如濡如」者，賁如，華飾之貌；濡如，潤澤之理。居得其位，与二相比，和合文飾，而有潤澤。故曰「賁如濡如」。其美如此，長保貞吉，物莫之陵，故《象》云「永貞之吉，終莫之陵」〔五二〕。

「六四賁如」至「終無〔五三〕尤也」。　正義曰：「賁如皤如」者，[皤]〔五四〕是素白之色。六四有應在初，欲往從之，三爲己難，故己猶豫。或欲文飾〔五五〕，故賁如也；或守質素，故皤如也。「白馬翰如」者，但鮮潔其馬，其色翰如，徘徊〔五六〕待之，未敢趣〔五七〕進也。「匪寇婚媾〔五八〕」者，若非有〔五九〕九三爲己寇害，乃得与初爲婚媾也。「六四當位疑」者，以其當位，得与初爲應，但礙於三，故居疑〔六〇〕也。若不當位，則与初非應，何須欲往致疑〔六一〕也？「匪寇婚媾，[終]〔六二〕無尤」者，釋「匪寇婚媾』之義。若待匪有寇難乃爲婚媾，則終無尤過。若犯寇難而爲婚〔六三〕媾，則終有尤也。

『六五賁於〔六四〕丘園』至『有喜』〔六五〕。　正義曰：『賁於丘園』者，丘園是質素之處。六五『處得尊位，爲飾之主』。若能施飾在於質素之處，不華侈費用，則所束之帛，戔戔衆多也。『吝終吉』者，初時儉約，是〔六六〕其吝也。必儉約之吝，乃得終吉，而有喜也。故［《象》］〔六七〕云『六五之吉，有喜』也。　注『處得尊位』至『終吉』〔六八〕。　正義曰：云『爲〔六九〕飾之主，飾之盛［者］』〔七〇〕，若宮室輿服之屬，五爲飾主。若施設華飾在於輿服宮館〔七一〕之物，則大道損害也。云〔七二〕『施飾丘園盛莫大焉』者，丘謂墟，園謂圃〔七三〕。唯草木所生，是質素之處，非華美之所。若能施飾，每事質素，与丘園相似，盛莫大焉。云『故賁於〔七四〕束帛，［丘園乃落』者，束帛，財物也。舉束帛］〔七五〕言之，則金銀珠玉之等皆是也。若賁飾於此束帛珍寶，則質素之道乃隕落也〔七六〕，故云『丘園乃落』〔七七〕。『賁於丘園，帛乃戔戔』者，若〔七八〕設飾在於丘園質素之所，則不縻〔七九〕費財物，［束］〔八〇〕帛乃戔戔衆多也。諸儒以爲若賁飾束帛，不用聘士，則丘園之士乃彫落也〔八一〕。若賁飾丘園之士〔八二〕，束帛〔八三〕与之，故束帛乃戔戔也。諸家注《易》，多爲此解。但今案：輔嗣之注全無聘賢之意，且爻之与象，亦無待士之

（後缺）

【校記】

〔一〕　相，底卷此行第一字殘泐，兹據刊本擬補。
〔二〕　『連而』二字底卷皆殘存左半，兹據刊本擬補。
〔三〕　也，刊本無。

〔四〕文，底卷原無，此《正義》引彖辭「分剛上而文柔」句，「文」字不應無，底卷當是抄脱，兹據刊本補。

〔五〕者，刊本無。阮元《周易校勘記》（以下簡稱「阮校」）云：「錢本、宋本下有「者」字。」正與寫卷合，北京大學出版社點校本《周易正義》（以下簡稱「點校本」）校云：「依文意，有「者」字爲宜，據補。」

〔六〕有攸往，底卷原無「有」，案此《正義》引彖辭「分剛上而文柔，故小利有攸往」句，「有」字不應無，底卷當是抄脱，兹據刊本補；刊本「往」作「住」，阮校：「「住」當作「往」，閩、監、毛本不誤。」

〔七〕弃，刊本作「棄」，《説文》以「弃」爲古文「棄」字，唐代因爲避太宗之諱，多從古文寫作「弃」，説詳《敦煌俗字研究》下編二四〇頁。下凡「弃」字皆同此，不復出校。

〔八〕無，刊本作「无」，《説文・亾部》：「无，奇字無也。」今所見帛書本《周易》及王注「無」字多寫作「无」，此卷皆作「無」。下凡「無」字同此，不復出校。

〔九〕是奇，刊本無「是」字，「奇」作「棄」，案《廣韻》「奇」音渠羈切，羣紐支韻；「棄」音詰利切，溪紐至韻，聲韻均不同。伯三五五六《曹法律尼厶乙邈真贊并序》：「早年之異衆超羣，齔歲之棄姿美貌。」伯三五五六《張戒珠邈真讚》「清河貴派，稟洛雪之奇姿」、伯三七一八《閻勝全寫真讚》「應世奇姿，宏才而超過羣輩」，「棄姿」當即此「奇姿」，「棄」應是「奇」之音借字。伯三四五一《張淮深變文》：「朕聞往古「義不伐亂」，匈奴今豈謂矣。」《敦煌變文集》校「豈」爲「其」，此即溪、羣二紐通用之例。而支、至兩韵通押之例，在變文及曲子詞中甚夥，説參洪藝芳《唐五代西北方音研究》頁七四——七六。

〔一〇〕天文也，刊本同，郭京《周易舉正》卷上：「「天文」上脱「剛柔交錯」一句。此是夫子廣美賁卦有天文之象，欲人君取義，以理化人，審詳天文及人文，註義誤脱，昭然可知。」洪邁《容齋隨筆》同郭説。然伯二五三〇《周易注》無「剛柔交錯」四字，《周易集解》及刊本亦無。徐芹庭《周易異文考》云：「郭氏以爲上脱「剛柔交錯，天文也」一句，此亦以意爲之，殆非漢《易》之舊。蓋文明以止者釋賁卦之卦德離明艮止也。若剛柔交錯，固可指艮剛離柔，然六十四卦釋卦德少此例，故郭氏之言以意爲之也，殆非漢《易》之舊也。」寫卷亦未出此四字，可爲徐説佐證。

〔一一〕之，底卷原無，案『之』的語法作用是取消句子獨立性作名詞，不可少，兹據刊本補。

〔一二〕『剛柔』二字底卷原無，案『剛柔』二字不可無，否則此句主語即成『天之爲體』矣，當是寫卷抄脱重文符號，兹據刊本補。

〔一三〕『天文』下刊本有『也』字。

〔一四〕文，底卷無，蓋脱去重文符號，兹據刊本補。

〔一五〕『人文』下刊本、伯二五三〇《周易注》有『也』字。

〔一六〕离，刊本作『離』，二字古多通用。

〔一七〕用，底卷原作『同』，形誤字，兹據刊本改正。

〔一八〕人之文德之教，底卷原無『人』、『文』二字，『人』字蓋脱寫重文符號，兹均據刊本補。刊本『人』前又有『是』字。

〔一九〕『以』前刊本有『之』字。

〔二〇〕錯，底卷原脱，兹據刊本補。

〔二一〕文，底卷原脱，兹據刊本補。

〔二二〕用事，底卷原無，案下句『十月純陰用事』句有『用事』二字，此亦當有，兹據刊本補。

〔二三〕蘼，刊本作『靡』，《禮記・月令》云：『是月也，聚畜百藥。靡草死，麥秋至。』《正義》云：『以其枝葉靡細，故云靡草。』《逸周書・時訓解》云：『小滿之日，苦菜秀。又五日，靡草死。』亦作『靡』，『蘼』當是涉下『草』字類化增旁。

〔二四〕薺，刊本作『齊』，阮校：『閩、監、毛本同，錢本、宋本「齊」作「薺」，是也。』案《淮南子・天文》云：『五月爲小刑，薺、麥、亭歷枯。』即作『薺』。

〔二五〕剛，底卷脱，兹據刊本補。

〔二六〕聖王觀察人文，刊本『聖王』作『聖人』，案《周易》之經、傳及《正義》均言『聖人』而不言『聖王』，且前『聖人用以治於物也』、『聖人當觀視天文』兩句亦作『聖人』，當以作『聖人』爲是；又底卷『人文』前原有『天文』二字，案此釋彖辭『觀乎人文以化成天下』句，不當有『天文』二字，兹據刊本删。

〔二七〕礼，刊本作『禮』，『礼』爲古文『禮』字，敦煌寫本多用此字，後世刊本則多用『禮』字。

〔二八〕爲，刊本無。

〔二九〕是柔來文剛也，刊本無『是』字，『也』前有『之義』二字。

〔三〇〕三，刊本作『初三』，案《周易集解》引荀爽曰：『此本《泰卦》。』《賁卦》自《泰卦》來，《泰卦》下乾上坤，其上六來居二位，二位而居上六，則成《賁卦》。坤之上六，坤卦之極，其對應之爻乾三也；乾之九二，其對應之爻則爲坤五也。今坤之上六下居乾二而不居乾三，因『坤性柔順，不爲物首』也；乾之九二不居於坤五而居於上六，因『乾性剛亢』也。『初』字當是後人臆加。若該句作『何以來居二位不居於初三』，何以下句不作『何以分居上位不居於四五』也？其誤可知。

〔三一〕物首，刊本作『順首』。阮校：『閩、監、毛本同，錢本、宋本「順」作「物」。』點校本校云：『依文意，作「物」字爲宜，據改。』

〔三二〕乾二，刊本作『乾之二位』，案上句言『坤極』，疑此作『乾二』爲佳。

〔三三〕止，底卷原誤作『正』，兹據刊本改正。

〔三四〕由，刊本作『因』。

〔三五〕交，底卷原誤作『文』，兹據刊本改正。下句『剛柔不得相交』同。

〔三六〕云山下有火，刊本無『云』字，『火』下有『賁』。

〔三七〕含，底卷原作『舍』，形誤字，兹據刊本改正。

〔三八〕山下有火，刊本無『下』字，末有『賁』字，阮校：『毛本作「山下有火賁」也，案所加是也。』

〔三九〕理，刊本作『治理』，孔穎達《五經正義》成於唐高宗時，文中不應有『治』字，此字蓋爲後人旁注誤入者。

〔四〇〕獄訟，刊本作『訟獄』，案當作『獄訟』，刊本《正義》唯此一處作『訟獄』，餘皆作『獄訟』，如《豐卦》象辭『君子以折獄致刑』《正義》曰：『君子法象天威而用刑罰，亦當文明以動，折獄斷決也。斷決獄訟，須得虛實之情，致用刑罰，必得輕重之中。』《旅卦》象辭『君子以明慎用刑而不留獄』《正義》：『故君子象此以靜止明察審慎用刑而不稽留獄訟。』《訟卦》彖辭『「訟有孚，窒惕中吉」，剛來而得中也』《正義》：『言中九二之剛，來向下體而處下卦之中，爲訟之主，而聽斷獄訟。』

〔四一〕『無位』下刊本有『之地』二字。

〔四二〕弃，刊本作『棄』，前有『乃』字。

〔四三〕舍其不義，刊本無。

〔四四〕之，底卷原無，案『之』的語法作用是取消句子獨立性作名詞，不可少，兹據刊本補。

〔四五〕潔，刊本作『絜』，《説文》有『絜』無『潔』，新附始有『潔』字，《廣韻・屑韻》：『潔，清也。經典用絜。』下『潔』字同此。

〔四六〕不，刊本作『弗』，案前標起止作『弗』，當以作『弗』爲是。

〔四七〕与，刊本作『與』。二字古混用無别，敦煌寫本多用『与』字，後世刊本多改作『與』。下底卷『与』字刊本作『與』者均不復出。

〔四八〕附，刊本作『須』，《阮校》：『毛本下「須」字作「附」，案「附」字是也。』

〔四九〕『上』前刊本有『常』字。

〔五〇〕似若，刊本作『若似』，案二詞皆爲同義連文，其義相同，然今刊本《正義》『若似』唯此一處，餘皆作『似若』，如《乾卦・九四》爻辭『或躍在淵』《正義》：『陽氣漸進，似若龍體欲飛。』《坤卦・初六》爻辭『履霜堅冰至』《正義》：『陰氣之微，似若初寒之始。』《剥卦·六五》爻辭『貫魚以宫人寵』《正義》：『駢頭相次，似若貫穿之魚。』

〔五一〕象，底卷無，案前《上六》疏及下《九三》疏中均作『故象云』，此亦當同，兹據刊本補。

〔五二〕『陵』下刊本有『也』字。

〔五三〕終無尤也，底卷『無』原作『有』，案刊本作『无』，寫卷下文云『匪寇婚媾，無尤者』，則『有』爲誤字，此蓋手民因下『若犯寇難而爲婚媾，則終有尤也』句而改。寫卷凡『无』皆寫作『無』，故據以改爲『無』字；刊本『尢』作『尤』，《正字通·九部》：『尢，尤本字。』下凡『尢』字同。

〔五四〕皤，底卷原無，依文例當有，兹據刊本補。

〔五五〕欲文飾，刊本作『以文絜』，案王注云：『故或飾或素，内懷疑懼也。』《正義》實據此句而釋爻辭也。賁，飾也；皤，素白也，故『或飾』而『賁如』，『或素』而『皤如』也。刊本誤。

〔五六〕俳佪，刊本作『徘徊』，聯緜詞無定字。

〔五七〕趣，刊本作『輒』。

〔五八〕媾，刊本作『媾』，案『媾』之俗字有作『㛹』者，此『媾』當爲彼之訛變，《唐鄭準墓誌》『遘』字作『違』，《唐袁弘毅墓誌》『搆』字作『搙』，皆可資比勘。下『媾』字同此，不復出校。

〔五九〕有，刊本無。

〔六〇〕居疑，刊本作『遲疑』。

〔六一〕致疑，刊本作『而致遲疑』。

〔六二〕終，底卷脱，兹據刊本補。

〔六三〕婚，刊本作『婚』，『婚』乃唐人諱改字，本當作『婚』，説詳《敦煌俗字研究》下編二八一頁及虞萬里《榆枋齋學術論集》四〇五頁。

〔六四〕於，刊本作『于』，二字古通用。下『賁於丘園』皆同。

〔六五〕憙，刊本作『喜』，《説文・喜部》：『喜，樂也。』『憙，説也。』段注：『憙與嗜義同，與喜樂義異。淺人不能分別，認爲一字。』則『喜』爲正字，『憙』爲假借字。下凡『憙』字同此。

〔六六〕『是』前刊本有『故』字。

〔六七〕象，底卷原無，玆據刊本補，説詳校記〔五二〕。

〔六八〕終吉，刊本作『乃得終吉也』。

〔六九〕云爲，刊本無『云』字；底卷原有二『爲』字，當因換行而誤衍，玆據刊本删其一。

〔七〇〕飾之盛者，底卷『飾』前原有『爲』字，無『者』字，案此引王弼注文，故據刊本删『爲』字，補『者』字。

〔七一〕館，刊本作『舘』，《干禄字書・去聲》：『舘、館，上俗下正。』

〔七二〕云，刊本無。

〔七三〕丘謂墟園謂圃，刊本作『丘謂丘墟園謂園圃』，案《楚辭・九章・哀郢》『曾不知夏之爲丘兮』王逸注：『丘，墟也。』《後漢書・馮衍傳》『周秦之丘』李賢注：『丘亦墟也。』《廣雅・釋詁》『丘、墟，尻也』王念孫《疏證》：『丘、墟，皆古所居之地。』是丘即墟也。《説文・囗部》：『穜菜曰圃。』又：『園，所以樹果也。』《詩・秦風・駟驖》小序『園囿之樂焉』孔疏：『園者，種菜殖果之處。』《豳风・七月》『九月築場圃』孔疏：『種樹菜果則謂之圃。』《禮記・曾子問》『葬于園』孔疏：『園，圃也。』則孔氏以園、圃同義。寫卷所作於義可通。

〔七四〕云故賁於，刊本無『云』字，『於』作『于』。『於』『于』二字古通用。

〔七五〕『丘園乃落者束帛財物也舉束帛』十三字底卷原無，當是手民因看錯『束帛』二字之位置而抄脱者，玆據刊本補。

〔七六〕質素之道乃隕落也，刊本『質素』誤倒作『素質』，無『也』字。

〔七七〕『丘園乃落』下刊本有『也』字。

〔七八〕若，刊本無。

〔七九〕則不糜，刊本作『用不士』，阮校：『宋本「用不士」作「則不靡」，閩本作「則不縻」，監、毛本作「則不糜」。』點校本校云：『依文意，作「則不靡」爲宜，據改。』案『糜』蓋當爲『糜』之形誤，『糜』則爲『穈』之别體。《説文・米部》：『穈，碎也。』段注：『糜與穈音同義少别。』『糜』與『靡』亦通假，《禮記・月令》『靡草死』，《吕氏春秋・孟夏紀》作『糜草死』。

〔八〇〕東，底卷原脱，兹據刊本補。

〔八一〕不用聘士則丘園之士乃彫落也，刊本『用』作『困』，二『士』字作『上』，無『彫』字，阮校：『毛本「不困」作「不用」，二「上」字並作「士」字。』點校本改『困』爲『用』，改『上』爲『士』。案底卷兩『士』字原均誤作『土』，兹據以改正。

〔八二〕士，底卷原誤作『土』，兹據刊本改正。

〔八三〕束帛，刊本無。

羣經類尚書之屬

古文尚書傳

古文尚書傳（一）（序）

伯四九〇〇

【題解】

底卷編號伯四九〇〇，起篇題『尚書序』，至『讚易道以黜八索』，共十四行，前七行全，後七行下截殘。《索引》與《寶藏》均定名爲『孔安國撰尚書序』。案：衆所周知，今所流傳的五十八篇《古文尚書》（其中三十三篇爲漢時二十八篇今文《尚書》拆分而成，真本）及其所謂的孔安國《傳》以及孔安國所作的《尚書序》皆爲東晉時出現的僞本，因而正確的提法應是『僞孔安國《尚書序》』，《法目》、《索引新編》、《法藏》依卷題定爲『尚書序』，較爲妥當。

寫卷『世』字不諱，陳鐵凡《尚書敦煌卷序目題記》懷疑爲六朝寫本（《包遵彭先生紀念論文集》，臺北歷史博物館一九七一）。

陳鐵凡《尚書敦煌卷序目題記》（簡稱『陳鐵凡』）、吴福熙《敦煌殘卷古文尚書校注》（甘肅人民出版社一九九二，簡稱『吴福熙』）、徐在國《〈敦煌殘卷古文尚書校注〉校記》（《古籍整理研究學刊》一九九六年第六期，簡稱『徐在國』）有校記。

今據縮微膠卷録文，以中華書局影印阮元刻《十三經注疏·尚書正義》爲對校本（簡稱『刊本』），校録於後。

尚書序

古者伏羲氏〔一〕之王天下也，始畫八卦，造書契，以代結繩之政，由是文籍生焉。伏羲、神農、皇帝〔二〕之書，謂之三墳，言大道也；少昊、顓頊、高辛、唐、虞之書，謂之五典，言常道也。至于夏、商、周之書，雖設教不倫〔三〕，雅誥奥〔四〕義，其歸一揆。是故歷代保▨（之）〔五〕，以爲▨▨（大訓）〔六〕。▨▨（八卦之）〔七〕説，謂之八索音色〔八〕，求其義也。▭〔九〕言九州所有，土地所生，風▭〔一〇〕秋左氏傳》曰：楚左史倚▭〔一一〕索九丘，即謂上世帝王▭〔一二〕於周末，覩史籍之煩▨（文）▭〔一三〕《礼》〔一四〕、《樂》，明舊章，删《詩》爲▭〔一五〕秋》，讚《易》▨□□（道以黜）〔一六〕八索▭

（後缺）

【校記】

〔一〕伏羲氏，刊本『羲』作『犧』，《説文·牛部》：『犧，宗廟之牲也。从牛，羲聲。賈侍中説：此非古字。』段注：『犧牲、犧尊，蓋本衹假「羲」爲之，漢人乃加牛旁，故賈云非古字。』下『羲』字同此。

〔二〕皇帝，刊本『皇』作『黄』，陳鐵凡云：『今案先秦典籍，凡君臨天下者，或稱「皇」，或稱「帝」。皇帝二字連用，始於秦政。此卷作「皇帝」，當是寫經生筆誤。』吴福熙云：『「皇」爲「黄」之誤。』徐在國云：『此注誤。「皇」應爲「黄」字之假借。古書中習見「皇」、「黄」二字通假例。』案徐説是，敦煌寫卷『皇』『黄』二字亦多通用不别，伯二〇五八背《兒郎偉》：『若説開天闢地，自有皇帝軒轅。』亦將『黄帝』寫作『皇帝』。

〔三〕雖設教不倫，縮微膠卷『雖』存上半，『倫』殘去『亻』旁，此據國家圖書館藏王重民所攝照片。

〔四〕奥，縮微膠卷殘脱左上角，此據國家圖書館藏王重民所攝照片。

〔五〕保之，刊本『保』作『寶』，底卷『之』存上半，底卷『之』存上半，兹據刊本補，以下底卷中殘字補出而未特别説明者，均據刊本，不復一一注明。陳鐵凡云：『保、寶古通。』吴福熙云：『「保」爲「寶」之誤。』徐在國云：『此注誤。「保」應爲「寶」字之假借。典籍中常見二字通假例。』案陳、徐説是，敦煌寫卷『保』『寶』二字亦多通用不別，伯四六四〇《沙州釋門索法律窟銘》：『屬天保之末，逆胡内侵，土蕃乘危，敢犯邊境。』斯二八三二《時文軌範》：『男即令問令望，寶國安家。』即二字通假之證。

〔六〕『大訓』二字底卷皆存右半。

〔七〕八卦之，底卷『八』存右邊一捺，『卦』存右邊『卜』，『之』存右下角殘畫。

〔八〕『音色』二字底卷小字旁注於『索』字右側。

〔九〕『也』下底卷殘泐，刊本作『九州之志謂之九丘丘聚也』。

〔一〇〕風，縮微膠卷存左上角，此據國家圖書館藏王重民所攝照片。『風』下底卷殘泐，刊本作『氣所宜皆聚此書也春』。

〔一一〕『倚』下底卷殘泐，刊本作『相能讀三墳五典八』。

〔一二〕『王』下底卷殘泐，刊本作『遺書也先君孔子生』。

〔一三〕『文』字底卷存上端一點。『文』下底卷殘泐，刊本作『懼覽之者不一遂乃定』。

〔一四〕礼，刊本作『禮』，『礼』爲古文『禮』字，敦煌寫本多用此字，後世刊本則多用『禮』字。

〔一五〕『爲』下底卷殘泐，刊本作『三百篇約史記而修春』。

〔一六〕道以黜，底卷『道』脱右下角，『以黜』二字殘泐。

古文尚書傳（二）（堯典、舜典）

北敦一四六八一（北新八八一）（底一）　　斯九九三五（底二）

伯三〇一五（甲卷）

【題解】

底一編號爲北敦一四六八一，原新字號爲八八一，起《堯典》『九族既睦，平章百姓』僞《傳》『言化九族而平和章明』之『九族』，至《舜典》末，共一百六十二行，第一行僅存傳文三字，前四行上下端均有殘缺，第六至十四行下部有缺損，第三二至三九行下截亦有缺損。經文單行大字，僞孔《傳》雙行小字。今擬名爲《古文尚書傳（堯典、舜典）》。殘卷『世』字缺筆，『虎』或缺筆，『治』或改爲『理』，陳紅彦《北京圖書館藏敦煌新八八一號〈尚書〉殘卷校勘後記》（《北京圖書館館刊》一九九七年第四期）、王煦華《〈許貞于味青齋所藏敦煌唐寫本今字尚書堯典、舜典殘卷〉序》（《文獻》二〇〇二年第二期）皆據以認定寫卷抄寫於唐高宗時期。許建平則據卷中『治』字出現十四次而不缺筆的情況，認爲寫卷不可能抄寫於高宗時期，應是晚於高宗朝的寫本（《北敦一四六八一號〈尚書〉殘卷的抄寫時代及其版本來源——與王煦華先生商榷》，《敦煌學輯刊》二〇〇二年第二期）。

底二編號爲斯九九三五，殘片，起《堯典》『宅南交』之『交』，至『曰昧谷』之『谷』，僅存經文五字，傳文十一字。此卷正爲底一第十至十四行所缺損的部分，李際寧已斷定它們爲一卷之裂（榮新江《〈英國圖書館藏敦煌漢文非佛教文獻殘卷目録〉補正》，《英國收藏敦煌漢藏文獻研究》三八三頁，中國社會科學出版社二〇〇〇）。榮目定名爲《古文尚書·堯典》。

甲卷編號爲伯三〇一五，起《堯典》『曰静言庸違』，迄《舜典》篇題，凡三十六行，經文單行大字，僞孔《傳》雙行小字。《索引》定名爲《尚書堯典殘卷》，《索引新編》仍之；《寶藏》定名《尚書堯典、舜典第二孔氏傳》。今擬名爲《古文尚書傳（堯典、舜典）》。王重民疑爲初唐寫本（《巴黎敦煌殘卷敍録卷一》，《敦煌叢刊初集》第九册第一一〇頁）；姜亮夫以『民』字避諱，定爲初唐寫本（《敦煌——偉大的文化寶藏》第九一頁）。陳鐵凡認爲當是『天寶改字後今字之本』（《敦煌本易書詩考略》，《孔孟學報》第十七期，一九六九），其説較善。

陳紅彦《北京圖書館藏敦煌新八八一號〈尚書〉殘卷校勘後記》（簡稱『陳紅彦』）、許建平《BD一四六八一〈尚書〉殘卷考辨》（《新世紀敦煌學論集》，巴蜀書社二〇〇三）對底一作過校札。陳鐵凡《敦煌本虞夏書校證》（《南洋大學中文學報》第二期，一九六三年十二月，簡稱『陳鐵凡』）對甲卷有校勘。

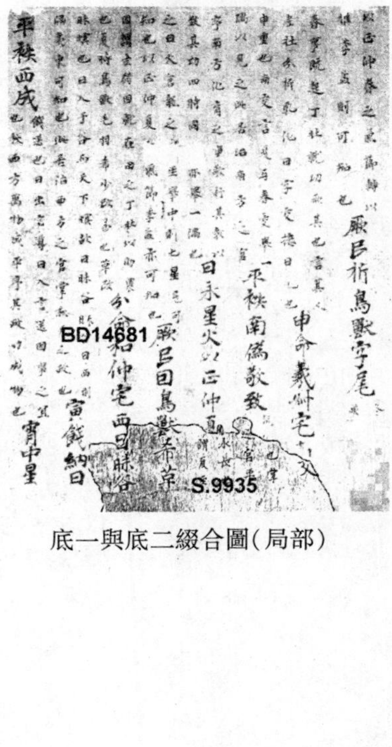

底一與底二綴合圖（局部）

底一據國家圖書館所藏原卷録文，底二據《英藏》録文，以甲卷及中華書局影印阮元刻《十三經注疏·尚書正義》（簡稱『刊本』）爲對校本，校録於後。

（前缺）

□▨（姓）。□〔一〕九族而□邕〔二〕。昭亦明〔三〕。協□〔四〕言天下衆民〔五〕□▨（和）〔六〕，欽若昊天，歷〔七〕象日月星□和〔八〕氏世〔九〕掌天地四時之官，故▨（堯）〔一〇〕□氣〔一一〕廣大。星，四方中星；辰，日月▨（所）〔一二〕□授民〔一三〕也。□序之〔一四〕。分命羲仲，宅嵎夷，▨（曰）□〔一五〕地稱嵎夷。陽〔一六〕，明也。日出於谷而天下明，故稱陽谷。陽谷、嵎夷一也。羲仲，居治東方之官。▨（寅）〔一七〕□□□□□（賓出日，平秩）東作。寅，敬；賓，導；秩〔一八〕，序也。歲起於東而始就□〔一九〕方之官敬導出日，平均次序東作□〔二〇〕日中，星鳥，以殷仲春。日中謂春分之日也〔二一〕。□□□□□（鳥，南方朱鳥）七宿。殷，正也。春分之昏，鳥□□□（星畢見），以正仲春之氣節，轉以推季孟，則可知也〔二二〕。厥民析，鳥獸字〔二三〕尾。冬□□□（寒無事），並□□□（入室處）。春事既起，丁壯就功。厥，其也。言其人〔二四〕老壯分析。乳化曰字，交接曰▨（尾）也〔二五〕。申命羲叔，宅▨（南）交〔二六〕。申，重也。南交言夏与〔二七〕春交。舉一隅以見之。此居治南方之官。平秩南僞〔二八〕，敬致。僞，化也。掌夏之官平序南方化育之事〔二九〕，敬行其教，以致其功。四時同□（之），亦舉一隅也〔三〇〕。日永，星火，以正仲夏。永，長也，謂夏至〔三一〕之日。火，倉龍之▨▨（中星）〔三二〕。舉中則七星見可知也〔三三〕。以正仲夏▨（之）〔三四〕氣節，季孟亦可知也〔三五〕。厥民因，鳥獸希革〔三六〕。因謂老弱因就在田之丁壯以助農也。夏時鳥獸毛羽希少改易也〔三七〕。革，改〔三八〕。分命和仲，宅西，曰昧谷〔三九〕。昧，暝〔四〇〕也。日入于〔四一〕谷而天下暝，故曰昧谷。昧谷曰西，則嵎夷東可知也〔四二〕。此居治西方之官，掌秋天之政也。寅餞納日，平秩西成。餞，送也。日出言導，日入言送，因事之宜也〔四三〕。秋，西方，萬物成。平序其政，助成物也〔四四〕。宵中，星虚，以殷仲秋。宵，夜也。春言日，秋言夜，互相備也〔四五〕。虚，玄虎〔四六〕之中星，亦言七星皆以秋分日見，以正三秋也〔四七〕。厥民夷，鳥獸毛毨。夷，平也，老壯在田與夏平〔四八〕。毨，理也，毛更生整理。申命和叔，宅□□□（朔方，曰）幽都。平去〔四九〕在朔易。北稱朔，亦稱方，言一方則三方見矣。北稱幽，則南稱明從可知也。都□□□□（謂所聚也）。易謂歲改易於北方也〔五〇〕，平均在察其政，以順□□□（天常。上）揔言羲和敬順昊天，此分别仲、叔，各有所掌也〔五一〕。日短，星昴，以正仲冬。日短，冬至之日也〔五二〕。昴，白虎之中星，亦以七星並見，正冬之三節也〔五三〕。厥民燠〔五四〕，鳥獸氄〔五五〕毛。燠，室也。民改歲入此室處，以避〔五六〕風寒。鳥獸皆生耎〔五七〕毳細毛以自温焉。帝曰：『咨！汝羲臮〔五八〕和。朞〔五九〕三百有六旬有六日，以閏月定四時，成歲。咨，嗟；臮，與也。匝四時曰朞。一歲十▨（二）〔六〇〕月，月三十日，正三百六十日也〔六一〕；除小月六，爲六日，是爲一歲有餘十二日，未盈三歲足得一月，則置閏焉，以定四時之氣節，成一歲之歷象也〔六二〕。允釐百工，庶績咸熙。』允，信；釐，理〔六三〕；工，官；績，功；咸，皆；熙，廣也。言定四時成歲歷，以告時授事，則能▨（信）理〔六四〕百官，衆功皆廣，歎其善也〔六五〕。

帝曰：『疇咨若時登庸？』疇，誰；庸，用〔六六〕。問〔六七〕誰能咸熙庶績，順是事者，將▨（登）〔六八〕用之。放齊曰：『胤子朱啓明。』帝曰：『吁！嚚訟，可乎？』放齊，臣名。胤，國。子，爵。朱，名。啓，開也。□（吁），疑佐之辞〔六九〕。言不忠信爲□（嚚），又好爭訟，可乎？言不可也〔七〇〕。帝曰：『疇咨若予采？』采，事也。復求誰能順我事者。驩兜曰：『都！共工方救僝〔七一〕功。』驩兜，臣名。都，於，歎美之辞。共工，官稱。救，聚；僝，見也。歎共工能方方聚見其功。帝曰〔七二〕：『吁！靜言庸違，象龔〔七三〕滔天。』靜，謀；滔，漫也。言共工自爲謀言，起用行事而背違〔七四〕之，貌象恭敬而心傲很〔七五〕，若漫天。不可用也〔七六〕。帝曰：『▨（咨）〔七七〕！四岳，四岳，即上羲和四子也〔七八〕。分掌四岳之諸侯，故稱焉也〔七九〕。湯湯▨（洪）〔八〇〕□□□□□（水方割，湯湯）〔八一〕，流貌。洪，大；割，害〔八二〕。言大水方方爲害。蕩蕩懷山襄▨（陵）〔八三〕，□□□□□□（浩浩滔天。蕩蕩）〔八四〕，言水奔突有所滌除也〔八五〕。懷，苞〔八六〕；襄，上▨（也）〔八七〕。苞山上陵，浩浩盛大，若漫天。□□□□□□（下民其咨，有能俾）〔八八〕乂？』俾，使；乂，治〔八九〕。言民咨嗟憂愁，病□□（水困）〔九〇〕苦，故問四岳，有能治者將使□□□□□□（之。僉曰：『於，鯀哉！』僉，皆）〔九一〕也。骸〔九二〕，崇伯之名。▨（朝）臣舉之也〔九三〕。帝曰：『吁！咈哉！方▨（命）〔九四〕□□□□□□□□□□□（圮族。』凡言『吁』者皆非帝所意）〔九五〕。咈，戾；圮，毀；族，類也。言骸性佷戾，好〔九六〕此方名，命而行事，輒毀敗善類。□□□□□□（岳曰：『异哉！試可）〔九七〕乃已。』异，已；已，退也〔九八〕。言餘人盡已，唯骸可試，無成乃退之也〔九九〕。□□□□□□□□（帝曰：『往，欽哉！』勑鯀往治）〔一〇〇〕水，命使敬其事。堯知其性佷戾□□□（圮族，未）〔一〇一〕明其所能，而衆舉〔一〇二〕言可試，故遂用之也〔一〇三〕。□□□□（九載，績用）〔一〇四〕弗成。載，年也。三考九年，功用不成，則放退〔一〇五〕。

帝曰：『咨！四岳，朕在位七十載，堯年十六以唐侯升爲天子，在位七十年，則時年八十六，老將求代也〔一〇六〕。汝能庸命，遜〔一〇七〕朕位？』遜，順也。言四岳能用〔一〇八〕帝命，故〔一〇九〕欲使順行帝位之事。岳曰：『否德忝帝位。』否，不也〔一一〇〕；忝，辱也。辞不堪也〔一一一〕。曰：『明明揚側陋。』堯知子不肖，有禪位之志，故明舉明人在側陋者。廣求賢也〔一一二〕。師錫帝曰：『有鰥〔一一三〕在下，曰虞舜。』師，衆；錫，與也。無妻曰鰥。虞，氏；舜，名。在下民之中。衆臣知舜聖賢，恥己弗〔一一四〕若，故不舉，乃不獲已而言之也〔一一五〕。帝曰：『俞，予聞，如何？』俞，然〔一一六〕，然其所舉也〔一一七〕。言我亦聞之，其德行如何？岳曰：『瞽〔一一八〕子，父頑，母嚚，象傲，無目曰瞽。舜父有目，不能分别好惡，故時人謂之瞽，配字曰瞍。瞍，無目之稱。心不測德義之經爲頑〔一一九〕。象，舜弟之字，慠〔一二〇〕慢不友。言並惡〔一二一〕。克諧以孝，烝烝乂，不格姦。』諧，和；烝，進也。言能以至孝和諧頑嚚昏慠〔一二二〕，使進進以善自治，不至於姦惡。帝曰：『我其試哉！言欲試舜，觀其行迹。女于時，觀厥刑于二女。』女，妻；刑，法也。堯於是以二女妻舜，觀其法度接二女，以治家觀治國。釐降二女于嬀汭，嬪于虞。降，下；嬪，婦〔一二三〕。舜爲匹夫，能以義理〔一二四〕，下帝女之心於所居嬀水之汭，使行婦道於虞氏。帝曰：『欽哉！』歎舜能脩己行敬以安人，則其所能者大矣〔一二五〕。

舜典第二〔一二六〕　虞書孔氏傳〔一二七〕

虞舜側微，爲庶人，故微賤。堯聞之聰明，將使嗣位，歷試諸難，嗣，繼也。試以治民之難事。作《舜典》。

舜典典之義與堯同。

曰若稽古，帝舜，亦言其順考古道而行之。曰重華，協〔一二八〕于帝。華謂文德，言其光文重合於堯，俱聖明也。濬哲文明，温龔允塞，濬，深；哲，智也。舜有深智文明温恭之德，信充塞四表上下也〔一二九〕。玄德升聞，乃命以位。玄謂幽潛，潛行道德，升聞天朝，遂見徵用也〔一三〇〕。慎徽五典，五典克從。徽，美也。五典，五常之教，父義、母慈、兄友、弟恭、子孝也〔一三一〕。舜慎美篤行斯道，舉八元布使〔一三二〕之於四方，五教能從，無違命也〔一三三〕。納于百揆，百揆時敘。揆，度也。度百事，總百官，納舜於此官。舜舉八凱，使揆度百事，百事時敘，無廢事業。賓于四門，四門穆穆。穆穆，美也。四門，四方之門。舜流四凶族，四方諸侯來朝者，舜賓迎之，皆有美德，無凶人也〔一三四〕。納于大禄〔一三五〕，烈風雷雨弗迷。

禄，録也。納舜使大録萬機之政，陰陽和，風雨時，各以其節，不有迷錯愆伏，明舜之德合於天也〔一三六〕。帝曰：『格，汝舜。詢事考言，乃言厎〔一三七〕可績，三載。汝陟帝位。』格，來；詢，謀也〔一三八〕。乃，汝；厎，致；陟，升也。堯呼舜曰：『來，汝所謀事，我考汝言〔一三九〕致可以立功，三年矣。』三載考績，故命使升帝位，將禪之也〔一四〇〕。舜讓于德，弗嗣。辞讓於德不堪，不能嗣成帝功〔一四一〕。

正月上日，受終于文祖。上日，朔日也。終謂堯終帝〔一四二〕之事。文祖者，堯文德之祖廟也〔一四三〕。在璿璣玉衡，以齊七政。在，察也。璿，美玉也〔一四四〕。璣、衡，王者正天文之器也〔一四五〕，可運轉者。七政，日月五星各異其〔一四六〕政。舜察天文，齊七政，以審己當天与否也〔一四七〕。肆類于上帝，堯不聽舜讓，使之攝位。舜察天文，考〔一四八〕七政而當天心，故行其事。肆，遂也。類謂攝位事類。遂以攝告天及五帝〔一四九〕。禋于六宗，精意以享謂之禋。宗，尊也。所尊者祭〔一五〇〕，其祀有六，謂四時也，寒暑也，日也，月也，星辰也，水旱也。祭亦以告攝〔一五一〕。望于山川，偏于羣臣〔一五二〕。九州名山大川、五岳四瀆之屬，皆一時望祭之。羣臣謂丘陵、墳衍、古之聖賢，皆祭之。揖〔一五三〕五瑞。既月，乃日覲四岳群牧，班瑞于羣后。揖，斂；既，盡；覲，見；班，還；后，君也。舜斂公侯伯子男之瑞珪〔一五四〕璧，盡以正月中，乃日日見四岳及九州牧監，還五瑞於諸侯，与之正始。

歲二月，東巡狩〔一五五〕，至于岱宗，柴。諸侯爲天子守土，故稱狩，巡行之。既班瑞之明月，順春東巡狩〔一五六〕。岱宗，泰山，爲四岳宗〔一五七〕。燔柴祭天告至也〔一五八〕。望秩于山川，東岳諸侯境内名山大川如其秩次望祭之。謂吾岳牲礼〔一五九〕視三公，四瀆視諸侯，其餘視伯子男也〔一六〇〕。肆覲東后。遂見東方之國君也〔一六一〕。叶〔一六二〕時月正日，同律度量衡。合四時氣節〔一六三〕，月之大小，日之甲乙，使齊一也。律法制及尺丈，量斗斛，斤兩，皆鈞同也〔一六四〕。修五禮、五玉、修吉、凶、賓、軍、嘉之禮。五等諸侯執其玉也〔一六五〕。三帛、二牲〔一六六〕、一死贄，三帛，諸侯世子執纁，公之孤執玄，附庸之君執黄。二生，卿執羔，大夫執鴈。一死，士執雉。玉、帛、生、死，所以爲贄以見之也〔一六七〕。如五器，卒乃復。卒，終；復，還也。器謂珪璧也〔一六八〕。如五器，禮終則還之。三帛、生、死則否也〔一六九〕。五月南巡狩，至于南岳，如岱禮。南岳，衡山也〔一七〇〕。自東岳南巡，五月至也〔一七一〕。八月西巡狩，至于西岳，如初。西岳，華山。初謂岱宗。十有一月朔巡狩，至于北岳，如西禮。北岳，恒山。歸，格于藝祖，用特。巡守四岳然後歸，告至文祖之廟。藝，文也。言祖則考著。特，一牛也〔一七二〕。五載一巡狩，羣后四朝。各會朝于方岳〔一七三〕，凡四處，故曰四朝。將説敷奏之事，故申言之。堯舜同道，舜攝則然。堯又何〔一七四〕知。敷奏以言，明試以功，車服以庸。敷，陳；奏，進也。諸侯四朝，各使陳進治化〔一七五〕之言，明試其言，以要其功，功成則錫車服以表顯其能用。肇十有二州，肇，始也。禹治水之後，舜分冀州爲幽州、并州，分青州爲營州，始置十二州。封十有二山，濬川。封，大也。每州之名山殊大之〔一七六〕，以爲其州之鎮。有流川則深之，使通利也〔一七七〕。象以典刑，象，法也。法用常刑，用不越法也〔一七八〕。流宥五刑，宥，寬也。以流放之法寬五刑。鞭作官刑，以鞭爲理官事之刑〔一七九〕。朴〔一八〇〕作教刑，朴，榎、楚也。不勤道業則撻之也〔一八一〕。金作贖刑。金，黄金也〔一八二〕。誤而入刑，出金以贖罪也〔一八三〕。省灾肆赦〔一八四〕，怙終賊刑。省，過；灾，害；肆，緩；賊，煞也〔一八五〕。過而有害，當緩赦之。怙姦自終，當刑煞之。欽哉，欽哉，惟刑之卹哉〔一八六〕！舜陳典刑之義，勑天下使敬之，憂欲得中也〔一八七〕。流恭工于幽州〔一八八〕，象恭滔天，足以惑世，故流放之。幽州，北裔也〔一八九〕。水中可居者曰洲〔一九〇〕。放驩兜于崇山，黨於恭工，罪惡同矣〔一九一〕。崇山，南裔也〔一九二〕。竄三苗于三危，三苗，國名。縉雲氏之後，爲諸侯，號饕餮。三危，西裔。殛鮌于羽山，方命圮族，績用不成，殛、竄、放、流，皆誅也，異其文，述作之體也〔一九三〕。羽山，東裔，在海中。四罪而天下咸服。皆服舜用刑當其罪，故作者先敘典刑而連引四罪，明皆徵用所行，於此揔見之。

二十有八載，帝乃殂落。殂落，死也。堯年十六即位，七十載求禪，試舜三載，自正月上日至崩二十八載，堯凡壽百一十七歲也〔一九四〕。百姓如喪考妣，考妣，父母也〔一九五〕。言百官感德思慕也〔一九六〕。三載，四海遏密八音。遏，絶也〔一九七〕。密，靖〔一九八〕也。八音，金、石、絲、竹、匏、土、革、木也〔一九九〕。四夷絶音三年，則華夏可知。言感〔二〇〇〕德恩化所及者遠。

月正元日，舜格于文祖，月正，正月也〔二〇一〕。元日，上日也。舜服堯喪三年畢，將即政，故復至文祖告也〔二〇二〕。

詢于四岳，闢四門，詢，謀也。謀政治於四岳。開闢四方之門未開者，廣致衆賢也〔二〇三〕。明四目，達四聰。廣視聽於四方，使天下無壅塞也〔二〇四〕。

咨十有二牧，曰：『食哉，惟時！咨亦謀也。所重在於民食，惟當恭敬授民時也〔二〇五〕。柔遠能迩〔二〇六〕。惇德允元，柔，安；迩，近；敦，厚也。元，善之長。良善〔二〇七〕。言當安遠，乃能安近。厚行德信，使足長善也〔二〇八〕。而難壬〔二〇九〕人，蠻夷率服。』壬，佞也〔二一〇〕。難，距〔二一一〕也。佞人斥〔二一二〕遠之，則忠信昭於四夷，皆相率而來服也〔二一三〕。

舜曰：『咨，四岳！有能奮庸熙帝之載，奮，起；庸，功；載，事也。訪羣臣有能起發其功，廣堯之事者。言『舜曰』以別堯也〔二一四〕。使宅百揆，亮采惠疇〔二一五〕？』亮，信；惠，順也。求其人使居百揆之官，信立其功，順是事者誰乎？僉曰：『伯禹作司〔二一六〕空。』四岳皆同辭而對也〔二一七〕，禹代鯀爲崇伯〔二一八〕，崇伯〔二一九〕入爲天子司空。治洪水有成功，言可用也〔二二〇〕。

帝曰：『俞，咨！禹，汝平水土，惟時懋〔二二一〕哉！』然其所舉，稱禹前功以命之。懋，勉也。惟居是百揆，勉行之。禹拜稽首，讓于稷、契暨咎繇〔二二二〕。居稷官者弃也。契、咎繇，二臣名。稽首，首至地也〔二二三〕。帝曰：『俞，汝往哉！』然其所推之賢，不許其讓，勅使往宅百揆。

帝曰：『弃〔二二四〕，黎民阻飢，汝后稷，播時百穀。』阻，難；播，布也。衆民之難在於飢〔二二五〕，汝后稷布種是百穀以濟之。美其前功以勉之也〔二二六〕。

帝曰：『契，百姓不親，五品不遜。五品謂五常。遜，順也。汝作司徒，敬敷五教，五教〔二二七〕在寬。』布五常之教務在寬，所以得民〔二二八〕心。亦美其前功也〔二二九〕。

帝曰：『咎繇，蠻夷猾夏，寇賊姦宄〔二三〇〕。猾，亂也；夏，華夏也〔二三一〕。羣行功〔二三二〕劫曰寇，殺人曰賊，在外曰姦，在内曰宄，言無教之致也〔二三三〕。汝作士，明于〔二三四〕五刑有服，士，理官也。五刑，墨、劓、剕、宮、大辟也〔二三五〕。服，從也。言得輕重之中正也〔二三六〕。五服三就。既從五刑，謂服罪也。行刑當就三處，大罪於原野，大夫於朝，士於市也〔二三七〕。五流有宅，五宅三居。謂不忍加刑，則流放之，若四凶者。五刑之流，各有所居。五居之差，有三等之居，大罪四裔，次九州之外，次千里之外也〔二三八〕。惟明克允！』言咎繇能明信五刑，施之遠近，蠻夷猾夏，使咸信服，無敢犯者。因禹讓三臣，故歷述之也〔二三九〕。

帝曰：『疇若予工？』僉曰：『垂哉！』問誰能順我百工事者，朝臣舉垂。垂，臣名也〔二四〇〕。帝曰：『俞，咨，垂，汝作共工。』共謂供其職事也〔二四一〕。垂拜稽首，讓于殳斨臮伯與。殳斨、伯與，二臣名也〔二四二〕。帝曰：『俞，往哉！汝諧。』汝能諧此官也〔二四三〕。

帝曰：『疇若予上下草木鳥獸？』僉曰：『益哉！』上謂山，下謂澤。順爲施其政教，取之有時，用之有節。言伯益能〔二四四〕。帝曰：『俞，咨！益，汝作朕虞。』虞，掌山澤之官。益拜稽首，讓于朱虎〔二四五〕、熊羆。帝曰：『俞，往哉！汝諧。』朱虎、熊羆，二臣名。垂、益所讓四人皆在元凱之中也〔二四六〕。

帝曰：『咨！四岳，有能典朕三禮？』僉曰：『伯夷！』三禮，天地人之禮也〔二四七〕。伯夷，臣名，姜姓也〔二四八〕。帝曰：『俞，咨！栢㞐〔二四九〕，汝作袟宗〔二五〇〕。袟，序；宗，尊也。主郊廟之官。夙夜惟寅，直哉惟清。』夙，早也。早夜敬其職〔二五一〕，典禮施政教，使正直而清明也〔二五二〕。伯拜稽首，讓于夔、龍。夔、龍，二臣名也〔二五三〕。帝曰：『俞〔二五四〕，欽哉！』然其賢，不許讓。

帝曰：『夔！命汝典樂，教胄子，胄，長也，謂元子以下至卿大夫子弟也〔二五五〕。以歌詩蹈之舞之，教長國子忠、和、祇、庸、孝、友也〔二五六〕。直而温，寬而栗，教之正直而温和，寬弘而能莊栗。剛而無虐，簡而無慠〔二五七〕。剛失入虐，簡失入慠〔二五八〕，教之以防其失。詩言志，歌詠言〔二五九〕，謂詩言志以導之，歌詠其義以長其言也〔二六〇〕。聲依詠，律和聲。聲謂五聲，宮、商、角、徵、羽；律謂六律、六吕，十二月之音氣。言當依聲律以和樂也〔二六一〕。八音克諧，無相奪倫，神人以和。』倫，理也。八音能諧，理不錯奪，則神人咸和。命夔使勉之。夔曰：『於！予擊石拊石，百獸率舞。』石，磬也。磬，音之清者。拊亦擊也。舉清者和則其餘皆從矣。樂感百獸，使相率而舞，則神人和可知也〔二六二〕。

帝曰：『龍，朕堲讒説殄行，震驚朕師。堲，疾；殄，絶；震，動也。言我疾讒説之人〔二六三〕絶君子之行而動驚我衆，欲遏絶之也〔二六四〕。命汝作納言，夙夜出納朕命，惟允！』納言，喉舌之官也〔二六五〕。聽下言納於上，受上言宣於下，必以信也〔二六六〕。

帝曰：『咨！汝二十有二人，禹、垂、益、伯夷、夔、龍六人新命；有職四岳、十二牧，凡二十二人，特勑命之也〔二六七〕。欽哉！惟時亮天功。』各敬其職事〔二六八〕，唯是乃能信立天下之功也〔二六九〕。三載考績，三考，黜陟幽明，三年有成，故以考功。九歲則能否幽明有别，黜退其幽者，升進其明者。庶績咸熙。分北三苗。考績法明，衆功皆廣。三苗幽闇，君臣善否，分北流之，不令相從。善惡明矣也〔二七〇〕。

舜生三十徵庸，言其始見試時〔二七一〕。三十在位，歷試三年〔二七二〕，攝位二十八年也〔二七三〕。五十載陟方乃死。方，道也。舜即位五十年，升道南方巡狩，死於蒼梧之野而葬焉。三十徵用，三十在位，服喪三年，其一在三十之數，爲天子五十年，凡壽百一十二歲也〔二七四〕。

帝釐下土，方設居方，言舜理四方諸侯，各設其官居其方也〔二七五〕。别生分類。生，姓也。别其姓族，分其種類〔二七六〕，使相從也〔二七七〕。作《汩作》、汩，治；作，興也。言其治民之功興，故爲《汩作》之篇，亡。《九共》〔二七八〕九篇、《槁飫》〔二七九〕。槁，勞〔二八〇〕；飫，賜也。凡十一篇，皆亡也〔二八一〕。

尚書卷第一

【校記】

〔一〕姓，底一殘存左下角殘畫，兹據刊本擬補。以下底卷中殘字凡補出而未特别説明者，均據刊本，不復一一注明。『姓』下底卷殘泐，刊本作『既已也百姓百官言化』。

〔二〕邕，自前行『而』至此行『邕』間底一殘泐，刊本作『平和章明百姓昭明協和萬邦黎民於變時』；刊本『邕』作

『雍』，案《晉書·涼武昭王李玄盛傳》：『其羣下以爲白祥金精所誕，皆應時邕而至。』《文選》卷三五張協《七命》：『六合時邕，巍巍蕩蕩。』皆作『邕』，與底一同，《說文·川部》：『邕，四方有水自邕成池者，从川从邑。讀若雝。』楊樹達云：『四方有水爲池，此邕字之義也。加隹爲雝，則爲鳥名之雝渠矣。然經典以二字音同，多假雝爲邕。』（《積微居小學述林》一四四頁，北京中華書局一九八三）據此，則『雝』爲正字，『雍』爲後起字，而『邕』則爲『雝』之同音假借字。

〔三〕『明』下刊本有『也』字。

〔四〕『協』下底一殘泐，刊本作『合黎衆時是雍和也』。

〔五〕民，底一原缺末筆，避諱缺筆字，茲據刊本録正。底一凡『民』字皆缺末筆，下不復出校。

〔六〕和，底一存左邊『禾』旁下端殘畫。自前行『民』至此『和』間底一殘泐，刊本作『皆變化化上是以風俗大和乃命羲』。

〔七〕歷，刊本作『厤』，『厤』『歷』古今字。

〔八〕和，自前行『星』至此『和』間底一殘泐，刊本作『辰敬授人時重黎之後羲氏』。

〔九〕世，底一原缺筆，避諱缺筆字，茲據刊本録正。底一凡『世』字皆缺筆，下不復出校。

〔一〇〕堯，底一存上端殘畫。

〔一一〕氣，自前行『堯』至此『氣』間底一殘泐，刊本作『命之使敬順昊天昊天言元』。

〔一二〕所，底一殘存上半。

〔一三〕授民，自前行『所』至此『授』間底一殘泐，刊本作『會厤象其分節敬記天時以』；刊本『民』作『人』，乃承襲諱改字也。

〔一四〕『序之』前底一殘泐，刊本作『此舉其目下別』。

〔一五〕曰，底一存右上角殘畫。『曰』下底一殘泐，刊本作『暘谷宅居也東表之』。

〔一六〕陽，刊本作『暘』，據此則底一殘缺之經文亦當作『陽』，《史記・五帝本紀》『分命羲仲，居郁夷，曰暘谷』張守節《正義》：『陽或作暘。堯命羲仲理東方青州嵎夷之地，日所出處，名曰陽明之谷。』是張氏所見本《史記》作『陽』，伯三三一五《尚書釋文》第九行：『暘，古陽字。』《傳》中『陽』字均同。

〔一七〕寅，底一殘損下端『八』。

〔一八〕祑，刊本作『秩』，案二字同音，當可通用，然《廣雅・釋詁》云：『秩，次也。』而『祑』字則《集韻》始收入，入聲質韻：『祑，祭有次也。』而敦煌寫卷『禾』旁字常寫作『礻』旁，則此處『祑』應可作爲『秩』之俗寫看待（參看張涌泉《漢語俗字續考》，載《中國文字研究》第六輯，廣西教育出版社二〇〇五）。『秩』亦寫作『祑』，從『礻』旁，亦俗寫也。下『祑』、『祑』皆同。

〔一九〕『就』下底一殘泐，刊本作『耕謂之東作東』。

〔二〇〕『東作』下底一殘泐，刊本作『之事以務農也』。

〔二一〕也，刊本無。

〔二二〕也，刊本無。

〔二三〕字，刊本作『孳』。王先謙《尚書孔傳參正》云：『「鳥獸孳尾」，古文也；今文作「鳥獸字微」。』案：《史記・五帝本紀》『其民析，鳥獸字微』裴駰《集解》：『孔安國曰：「春事既起，丁壯就功，言其民老壯分析也。乳化曰字。」《尚書》「微」作「尾」字。說云「尾，交接也」。』裴氏所見《尚書》『微』字與《史記》不同，作『尾』，而『字』字相同，故不言『《尚書》「字微」作「孳尾」』。從上引僞孔《傳》『乳化曰字』亦可知裴所見本作『鳥獸字尾』。且裴既引僞孔《傳》，其所見者必是《古文尚書》，而非《今文尚書》也。伯三三一五《尚書釋文》第一三行『乳化』條前殘存小字注文『字古尾▨曰字』五字，此當是『字尾』條之注文，而『曰字』二字則爲『乳化曰字』之殘存者。今本《釋文》作『孳，音字』，乃爲陳鄂因衛包今字本作『孳』而改正文爲『孳』，却將原來正文之『字』改爲注文，與陸氏原本正相反。《古文尚書》作『鳥獸字尾』，改『字』爲『孳』者，後人所爲，非梅賾本原貌也。《傳》中『字』同。

〔二四〕人，刊本作『民』，案作『人』者諱改字。

〔二五〕尾也，底一『尾』殘存下半，刊本無『也』字。

〔二六〕南交，底一『南』字殘存上部『十』，底二『交』字殘損右上角。底二起於此。

〔二七〕与，刊本作『與』，二字古混用無別，敦煌寫本多用『与』字，後世刊本多改作『與』。下凡此均不復出校。

〔二八〕僞，刊本作『訛』，段玉裁《古文尚書撰異》據《史記》及《史記索隱》、《羣經音辨》認爲：『《古文尚書》作「南僞」，亦或作「南爲」。必是孔讀作「訛」，衛包因徑改作「訛」字。則言音義者誤之也。小司馬開元時人，其所據尚是「南爲」。』阮元《尚書校勘記》云：『《史》文及注皆當作「爲」，今作「譌」，非也。至孔本經傳亦皆當作「爲」，若經文本是「訛」字，可得云「安國强讀耶」？又《羣經音辨・人部》云：「僞，化也，音訛，《書》平秩南僞。」蓋古文僞、譌通用。《漢書・王莽傳》亦作「南僞」。按：今本《史記》「爲」作「譌」者，妄依衛包所改《尚書》。』《傳》中『僞』字同。

〔二九〕化也掌夏之官平序南方化育之事，『也掌』、『之官平』五字爲底二之文；刊本『序』作『敘』，《説文・广部》：『序，東西牆也。』攴部：『次弟謂之敘。』是應以『敘』爲正字，『序』爲借字，然二字後世混用不分。

〔三〇〕也，刊本無。

〔三一〕『永長也謂夏至』六字爲底二之文。

〔三二〕中星，底一『中』字殘存右上角，『星』字殘存下部『生』。

〔三三〕也，刊本無，《史記・五帝本紀》裴駰《集解》引有『也』字。

〔三四〕之，底一殘存上端一點。

〔三五〕也，刊本無。

〔三六〕獸希革，『獸』字底一存上半，底二存下半，今拼合；『希革』二字爲底二之文。

〔三七〕也，刊本無。

〔三八〕『改』下刊本有『也』字，案依《傳》例當有，《史記·五帝本紀》裴駰《集解》引亦有『也』字。

〔三九〕曰昧谷，『曰』字底一存左上角部分，底二存右下角部分，今拼合；『昧谷』二字爲底二之文。底二止於此。

〔四〇〕暝，刊本作『冥』，《史記·五帝本紀》裴駰《集解》、《通典》卷十九《職官一·歷代官制總序》引均作『冥』，《説文·冥部》：『冥，幽也。从日从六，冖聲。』朱駿聲《説文通訓定聲》認爲『暝』是『冥』之俗字，案朱説是，『暝』爲後起增旁字。下句『暝』字同。

〔四一〕于，刊本作『於』，二字古通用。

〔四二〕也，刊本無。

〔四三〕也，刊本無。

〔四四〕也，刊本無。

〔四五〕也，刊本無。

〔四六〕虎，底一原寫作『武』，後塗去而旁改爲『虎』，案北方玄武七宿之『玄武』從無寫作『玄虎』的，刊本作『玄武』，《史記·五帝本紀》裴駰《集解》引亦作『玄武』，『虎』爲唐高祖李淵之祖父，唐人遇『虎』多改爲『武』，未聞有改『武』爲『虎』的。此蓋後人誤以爲『武』乃『虎』之諱改字，遂奮筆改之，而不知其本當作『玄武』，非諱改字也。

〔四七〕也，刊本無。

〔四八〕『平』下刊本有『也』字。

〔四九〕去，刊本無，陳紅彦云：『衍一「去」字。』

〔五〇〕也，刊本無。

〔五一〕也，刊本無。

〔五二〕也，刊本無。

〔五三〕正冬之三節也，刊本「正」前有「以」字，無「也」字，陳紅彥謂底卷「脱一「以」字」，案有「以」爲長。《史記·五帝本紀》裴駰《集解》引正作「以正冬節也」。

〔五四〕燠，刊本作「隩」，段玉裁《古文尚書撰異》云：「今本作「隩」。此字本作「奧」，故孔云「室也」，《正義》引《爾雅》「室西南隅爲奧」，經文斷不作「隩」字。」案段氏據僞孔「室也」之訓而定《尚書》原當作「奧」，其説甚是，然「奧」與「燠」古多通用，《禮記·曲禮上》「居不主奧，坐不中席」《釋文》：「奧，烏報反，西南隅也。沈於六反。」元朗讀作「烏報反」，乃是據鄭玄「室中西南隅謂之奧」之訓，然沈重《禮記音》則音「於六反」，乃是讀「燠」之音，蓋其所見本作「燠」。伯三三一五《尚書釋文》第一八行：「烍，古燠字，於六反，室也。馬云：煖也。」則元朗所見隸古本《尚書》作「烍」，《集韻·屋韻》：「燠，熱也。或作烍。」《類篇·火部》：「烍，又乙六切，熱也。」正與寫本《釋文》同。此卷作「燠」者，已改隸古字爲今字也。馬融訓作「煖」，則馬融所見真古文本作「烍」。或隸古定《尚書》的作僞者即據此真古文本，亦未可知。《傳》中「燠」字同。

〔五五〕毹，刊本作「毨」，案伯三三一五《尚書釋文》第一八行：「毲，本又作毨，又作毹。」毹、毲、毹三字形似，蓋本當爲一字。疑「毹」之右下角本爲「毛」而作「𣯛」，右邊上下相合，即爲「小毛」。小毛，細毛也。《説文·小部》：「小，物之微也。」又《糸部》：「細，微也。」《漢書·西域傳上·烏秅國》「出小步馬，有驢無牛」顏注：「小，細也。」正與僞孔「細毛」之訓合。「𣯛」（其左旁爲「喬」之俗寫）從「喬」聲，「細」從「由」聲，段玉裁《古十七部諧聲表》將喬部與由部均列在第十五部，「𣯛」「細」同聲，二詞語源相同，義亦相同。《説文通訓定聲》：「細者，絲之散也。」是「𣯛」之義即爲細毛也。「𣯛」爲左聲右形之形聲字，亦符合造字原則。此字蓋爲隸古定《尚書》之原字。「毨」則爲「𣯛」之省形字。《集韻·腫韻》：「毴，《説文》毛盛也。或作毹、毨。」「毹」當亦「𣯛」之形誤。

〔五六〕避，刊本作「辟」，「辟」「避」古今字。

〔五七〕烎，刊本作『而』，案『烎』爲『耎』之俗寫，孔穎達《尚書正義》（以下簡稱『正義』）云：『鳥獸皆生耎毳細毛以自温煖。』阮元《尚書校勘記》（以下簡稱『阮校』）云：『岳本、閩本、明監本、毛本「而」作「耎」。陸氏曰：「耎，如兖反，本或作濡，音儒。」是作「而」字誤也。』

〔五八〕臮，刊本作『暨』，《玉篇·乑部》：『臮，古文暨字。』段玉裁《古文尚書撰異》曰：『暨，壁中故書當作「臮」，以許君引「臮咎繇」知之也。蓋亦漢人以今文讀之讀爲「暨」，《爾雅·釋詁》「暨，與也」，《公羊傳》「會及暨者皆與也」。「暨」字久行，人所易知，「臮」字罕識，故易之。』下『臮』字皆同。

〔五九〕朞，刊本作『朞』，案《説文·月部》：『期，會也。从月，其聲。古文从日丌。』《説文·丌部》：『丌，下基也。』段注：『字亦作「亓」，古多用爲今渠之切之「其」。《墨子》書「其」字多作「亓」，「亓」與「丌」同也。』則『朞』即『期』之古文也。『朞』與『期』同，僅偏旁位置之異耳。《傳》中『朞』字同。

〔六〇〕二，底一存上面一畫。

〔六一〕也，刊本無。

〔六二〕也，刊本無。

〔六三〕理，刊本作『治』，案『理』爲諱改字。

〔六四〕信理，底一『信』存上半；刊本『理』作『治』，『理』爲諱改字。

〔六五〕也，刊本無。

〔六六〕『用』下刊本有『也』字，案有『也』字爲長。

〔六七〕問，刊本無。

〔六八〕登，底一存上半。

〔六九〕疑佐之辤，刊本『佐』作『怪』，『辤』作『辭』，案『佐』爲『恠』的訛俗字，而『恠』與『怪』則爲篆文隸變之異，説見《敦煌俗字研究》下編三七六頁；《干禄字書·平聲》：『辤、辝、辭，上中竝辤讓；下辭説，今作辤，俗。』『辞』爲『辭』之俗字。下凡『辞』字皆同此，不復出校。

〔七〇〕也，刊本無。

〔七一〕救僎，刊本作『鳩僝』，案《説文·人部》：『孱，具也。』朱駿聲《説文通訓定聲》云：『「孱」聲與「僎」畧同。』《説文·人部》：『僎，具也。』朱珔《説文假借義證》云：『「孱」當爲「孱」之假借。今書作「僝」，蓋俗字。』段玉裁《古文尚書撰異》云：『「鳩」，壁中古書作「救」。孔子國以今文讀之，易爲「鳩」字。』則隸古定當作『救』，『鳩』爲後人所改。『僎』與『孱』音義皆同，作『僝』者，後人所改也。伯三三一五《尚書釋文》第二六行出『救孱』，與《説文》『孱』字下所引同，隸古本蓋本作『救孱』也。《傳》同。

〔七二〕曰，甲卷起於此。

〔七三〕龔，甲卷、刊本作『恭』。案：《漢書·王尊傳》湖三老公乘興等上書言王尊『無承用詔書之意，靖言庸違，象龔滔天』，則漢時《尚書》作『龔』也。又《晉書·載記·慕容暐》史臣曰：『無名而舉，表深譏於魯册；象龔致罰，昭大訓於姚典。』是唐初史臣所見隸古定《尚書》亦作『龔』也，與寫卷同。朱珔《説文假借義證》曰：『此（指『龏』）與心部「恭」音義皆同，可爲通借。共部「龔，給也」，義别。《春秋》「楚恭王」，《吕覽·權勳篇》作「龔王」。《書》「象恭滔天」，《漢書·王尊傳》作「象龔」，竝宜作「龏」爲是。「龔」殆假借字。今則知有「龔」而「龏」幾廢矣。』是朱氏疑『龔』爲『龏』之借。段玉裁《古文尚書撰異》云：『古以「龏」爲「恭」，或誤爲「龔」。』則以『龔』爲『龏』之誤字。繆祐孫《漢書引經異文録證》卷六：『《甘誓》、《牧誓》「龔行天之罰」，漢魏晉唐引此無不作「龔」，其作「恭」者，衛包所改也。據此知「象龔」亦古本。又案《説文·廾部》「龏，慤也」，與心部「恭」音義皆同。师古解「象龔」曰「皃象恭敬」，疑本作「龏」。』下『温龔允塞』句同。

〔七四〕而背違，甲卷同，伯三三一五《尚書釋文》第二八行出『而背』，則亦作『背違』也；《正義》云：『此人自作謀計之言，及起用行事而背違之，貌象恭敬而心傲很若漫天。』其所據本亦作『背違』也。

〔七五〕佷，甲卷同，刊本作『很』，案二字同，俗書亻、彳不分，《玉篇・人部》：『佷，戾也。本作很。』『佷』爲後起字。下『佷』字同。

〔七六〕不可用也，甲卷無『也』字，刊本作『言不可用』，陳鐵凡云：『依《傳》例此當誤脱「言」字。』

〔七七〕咨，底一僅存右上角『欠』，兹據甲卷擬補。

〔七八〕即上羲和四子也，甲卷同，刊本作『即上羲和之四子』，案《史記・五帝本紀》張守節《正義》引與寫卷同。

〔七九〕焉也，甲卷、刊本無『也』字，案《史記・五帝本紀》張守節《正義》引無『也』字，『也』當是爲雙行對齊而添。

〔八〇〕洪，底一存上半，兹據甲卷擬補。

〔八一〕『水方割湯湯』五字底一殘泐，兹據甲卷擬補。

〔八二〕『害』下甲卷、刊本有『也』字，案依《傳》例當有。

〔八三〕陵，底一左下部分殘缺，兹據甲卷擬補。

〔八四〕『浩浩滔天蕩蕩』六字底一殘泐，兹據甲卷擬補。

〔八五〕言水奔突有所滌除也，甲卷同，刊本『水』作『之』，無『也』字，阮校：『閩本同。毛本「之」作「水」，是也。』案阮説是。《正義》、《史記・五帝本紀》張守節《正義》引均與寫卷同。

〔八六〕苞，甲卷、刊本作『包』，案『包』『苞』古今字。下句『苞』字同。

〔八七〕也，底一存上端殘畫，兹據甲卷擬補。

〔八八〕『下民其咨有能俾』七字底一殘泐，兹據甲卷擬補。

〔八九〕『治』下甲卷、刊本有『也』字，案依《傳》例當有，《正義》標起止亦有『也』字。

〔九〇〕『水困』二字底一殘泐，兹據甲卷擬補。

〔九一〕『之僉曰於鯀哉僉皆』八字底一殘泐，兹據甲卷擬補。

〔九二〕骸，甲卷、刊本作『鯀』，《説文・魚部》：『鯀，鯀魚也。从魚从系。』段玉裁注：『禹父之字古多作「骸」、作

「骸」。』孫星衍《尚書今古文注疏》云：『蓋「骸」即「髐」之誤，「髐」亦「鯀」字誤也。』下凡『骸』字皆同。

〔九三〕朝臣舉之也，底一『朝』殘脱右邊『月』，兹據甲卷擬補；甲卷、刊本無『也』字，此蓋爲雙行對齊而添。

〔九四〕命，底一存上端殘畫，兹據甲卷擬補。

〔九五〕『圮族凡言吁者皆非帝所意』十一字底一殘泐，兹據甲卷補；刊本無『所』字。

〔九六〕好，底一殘泐，兹據甲卷補。

〔九七〕『岳曰异哉試可』六字底一殘泐，兹據甲卷補。

〔九八〕异已已退也，甲卷同，刊本作『异已也退也』，阮校：『古本作「异，已也；已，退也」。宋板、岳本、《史記正義》俱作「异，已；已，退也」。《纂傳》與今本同。按：今本之誤甚明。《纂傳》疑後人妄改。』案阮説是也，《正義》標起止、《史記·五帝本紀》張守節《正義》引均與寫卷同。

〔九九〕之也，甲卷無『也』字，刊本無『之也』二字，案『之』字當有，此言鯀若治水無成則黜退之，若無『之』字，句無賓語也。

〔一〇〇〕『帝曰往欽哉勑鯀往治』九字底一殘泐，兹據甲卷補。

〔一〇一〕『圮族未』三字底一殘泐，兹據甲卷補。

〔一〇二〕衆舉，甲卷作『衆擄』，刊本作『擄衆』，案『衆舉』是也，『舉』同音訛作『擄』，不可通，故又倒作『擄衆』，此刊本訛誤之由來也。舉，皆也。『衆舉言可試』者，四岳皆言鯀可以試。此乃釋經『僉曰：於，鯀哉……試可乃已』句。四岳皆言鯀可試，堯不能違，故遂用之。後『舉』訛作『擄』，以致不可解。《正義》云：『而衆皆擄之，言鯀可試。』是其所見本亦作『衆擄』，誤與甲卷同。

〔一〇三〕之也，甲卷、刊本無『也』字。

〔一〇四〕『九載績用』四字底一殘泐，兹據甲卷補。

〔一〇五〕『放退』下甲卷、刊本有『之』字，義長，《正義》標起止亦有『之』字。

〔一〇六〕也，甲卷、刊本無。

〔一〇七〕遜，甲卷、刊本作『巽』，案《説文・丌部》：『巺，具也。巽，篆文巺。』段玉裁注云：『孔子説《易》曰：「巺，入也。」「巺」乃「愻」之假借字。愻，順也。順故善入。許云「具也」者，「巺」之本義也。』《説文・心部》：『愻，順也。从心，孫聲。《唐書》曰：「五品不愻。」』段玉裁注云：『訓順之字作「愻」，古書用字如此。凡愻順字从心，凡遜遁字从辵，今人「遜」專行而「愻」廢矣。』是訓『順』之字當爲『愻』，作『巽』與『遜』，均爲『愻』之借。《傳》中『遜』字同。

〔一〇八〕能用，甲卷『能』下衍『有始行』三字。

〔一〇九〕故，刊本同，甲卷無。

〔一一〇〕也，甲卷、刊本無。

〔一一一〕也，甲卷、刊本無。

〔一一二〕也，刊本同，甲卷無。

〔一一三〕鱞，甲卷、刊本作『鰥』，『鱞』爲『鰥』之別體。《傳》中『鱞』字同。

〔一一四〕弗，甲卷、刊本作『不』，案二字義同。

〔一一五〕也，甲卷、刊本無。

〔一一六〕『然』下甲卷、刊本有『也』字。

〔一一七〕也，甲卷、刊本無。

〔一一八〕瞽，甲卷同，刊本作『瞽』，『瞽』爲『瞽』之俗字。《傳》中『瞽』字同。

〔一一九〕心不測德義之經爲頑，甲卷、刊本『測』作『則』，案當作『則』，語出《左傳・僖公二十四年》：『心不則德義之經爲頑，口不道忠信之言爲嚚。』甲卷此句下有『口不道忠信之言爲嚚』九字，阮校：『岳本此句下有「口不道忠信之言爲嚚」九字。按前「嚚訟」《傳》云：「言不忠信爲嚚。」《傳》例一訓不重出，岳本恐非。』

〔二〇〕慠，甲卷、刊本作『傲』，《説文・人部》：『傲，倨也。』無『慠』字，『慠』爲『傲』之後起別體。

〔二一〕並惡，刊本同，甲卷下有『也』字。

〔二二〕昬慠，甲卷作『昏傲』，刊本作『昬傲』，『昏』爲『昬』之異體，『慠』爲『傲』之後起別體。

〔二三〕『婦』下甲卷、刊本有『也』字，案依《傳》例當有。

〔二四〕理，刊本同，甲卷作『治』，案『理』爲諱改字。

〔二五〕矣，刊本同，甲卷無。

〔二六〕苐，甲卷作『第』，『苐』爲『弟』之俗字，俗書竹頭多寫作草頭，俗據『苐』楷正，則成『第』字。

〔二七〕孔氏傳，甲卷止於此。

〔二八〕恊，刊本作『協』，《説文・劦部》：『協，衆之同和也。从劦从十。叶，古文協，从日。叶，或从口。』『恊，同心之和也。从劦从心。』伯三三一五《尚書釋文》第四四行出『叶』，即爲『協』之古字，則當以作『協』爲是，『協』、『恊』二字敦煌寫卷常混。

〔二九〕信充塞四表上下也，刊本作『信允塞上下』，阮校：『古本作「充塞四表，至于上下也」，岳本作「信充塞上下」。按：古本「四表」與《疏》説不合。「允」字作「充」則是也。《纂傳》亦誤作「允」。』案：『允』當作『充』，誠如阮説，然『四表上下』即同《堯典》『光被四表，格于上下』，亦即常所云『六合』也，古本有『至于』者，因《堯典》『格于上下』而擅增。

〔三〇〕也，刊本無。

〔三一〕也，刊本無。

〔三二〕布使，刊本作『使布』，案：《左傳・文公十八年》：『舉八元，使布五教于四方。』《史記・五帝本紀》：『舉八元，使布五教于四方。』寫卷誤倒。

〔三三〕也，刊本無。

〔二三四〕也，刊本無。

〔二三五〕禄，刊本作『麓』，歷來於『麓』字釋義有二：一爲王肅之説，録也，以『大麓』爲官名。一爲馬融、鄭玄説，山足也，則以爲地名。段玉裁《古文尚書撰異》、孫星衍《尚書今古文注疏》、皮錫瑞《今文尚書考證》等主馬、鄭『山足』之説。魏源《書古微》云：『大麓之野決非山林之足，史遷所説略而不明，而欲以此易《大傳》朝諸侯録大政之誼，失之遠矣。』乃主王肅説也。許鴻磐《尚書札記》云：『納於百揆者，察百官外庭之事也；納於大麓者，贊萬機内庭之事也。前蓋試之以宰輔之任，此則隱寓夫傳位之意，納於百揆，尊之也；納於大麓，親之也。』王棻《納于大麓解》云：『攷之上文，「慎徽五典」，是爲司徒；「納于百揆」，是居相位；「賓于四门」，是兼四岳。則所謂大麓者，亦必官名而非地名矣。玩「納于」二字，與上句「納于百揆」，文法正同。百揆既是官名，豈大麓又爲地名乎？……當從《論衡》所引居一公之位，總攝二公之事者，其説爲近。』(譚廷獻輯《詁經精舍三集·經解》第三册第一卷，清同治六年刊本)許、王二説相近，皆以『大麓』爲一高於宰輔之官職。牟庭《同文尚書》曰：『僞孔《傳》用王肅注，王肅注用《大傳》鄭注，此即伏生所傳今文説矣。……今文説「大麓」近是，而「麓」通爲「録」，義尚迂迴。《周禮·職幣》注曰：「故書録爲禄，杜子春云：禄當爲録。」《白虎通·京師》曰：「禄者，録也。」《詩·小戎》傳「歷録」《釋文》：「一本作歷禄。」《説文》「麓，古文作禁」。然則録、禄、禁、麓皆通用，即「麓」當讀爲「禄」。《釋詁》曰：「禄，福也。」「納于大禄」，謂使攝帝位，入於大福。非「大録」也。馬融注、鄭注皆曰「麓，山足也」。《五帝紀》曰「堯使舜入山林川澤」，馬、鄭亦聞而從之，所謂古文説也。然「大麓」若是山林川澤，則是投出，非納入也。堯得舜，鄉用方殷，而使在山澤風雨之處禦螭魅乎？事不近情，可知古文説非也。』牟氏言此官指攝帝位，當是也。『納于百揆』者，爲宰輔也；進而『納于大麓』，居攝也；終之『汝陟帝位』，因而舜『受終于文祖』，登上帝位。這段話歷述堯對舜權力下放之過程。鄭玄注《尚書大傳》云：『堯聚諸侯，命舜陟位居攝，致天下之事，使大録之。』即以舜爲居攝。《後漢書·百官志》劉昭注引《新論》：『昔堯試於大麓者，領録天子事，如今尚書官矣。』亦同鄭説。王棻認爲『下文方命攝位，則此時未攝位可知，康成之説非是』，誤會鄭意，遂使與真理僅一步之差，可惜哉！居攝者，如周公所爲之事也；攝位者，登上帝位也。本質仍有不同。牟氏言『麓』當讀爲『禄』，而寫卷經文即作『禄』，正與其説相合，則似隸古定本原作『禄』者。然伯三三一五《尚書釋文》第四九行出『禁』，云：『古文鹿字。』是德明所見本作『禁』。寫卷作『禄』之由，不易索解。然地名説之非，毋庸贅語矣。陳新雄《尚書堯典納于大麓解》亦主此説（《王靜芝先生七十壽慶論文集》，臺北文史哲出版社一九八六）。《傳》中『禄』字同。

〔三六〕也，刊本無。

〔三七〕庢，刊本作『厎』，『庢』爲『厎』之俗字，伯三三一五《尚書釋文》第五〇行出『厔』，即『厎』之古字，並云：『本或作底字，非也。』《傳》中『庢』字同。

〔三八〕也，刊本無。

〔三九〕汝言，刊本此二字重。

〔四〇〕也，刊本無。

〔四一〕帝功，刊本作『帝位』。

〔四二〕『帝』下刊本有『位』字，《正義》云：『受堯終帝位之事於堯文祖之廟。』是亦有『位』字。

〔四三〕也，刊本無。

〔四四〕也，刊本無。

〔四五〕王者正天文之器也，刊本『王』作『玉』，無『也』字，阮校：『岳本、閩本、《纂傳》「玉」作「王」，是也。』

〔四六〕其，刊本無。

〔四七〕天与否也，刊本作『天心與否』，案下有『舜察天文，考七政而當天心』句，與刊本同，《正義》云：『是「舜察天文，齊七政，以審己之受禪當天心與否」也。』是『天』下有『心』者是也。

〔四八〕『考』下刊本有『齊』字。

〔四九〕五帝，刊本下有『王云上帝天也馬云上帝太一神在紫微宫天之最尊者』二十二字，阮校：『山井鼎曰：此以下二十二字《釋文》混入於注。』

〔五〇〕所尊者祭，刊本作『所尊祭者』，寫卷『者祭』二字當是誤倒。

〔五一〕告攝，刊本作『攝告』，案『告攝』者，告天以攝位之事也；『攝告』者，以攝位之事告天也。云『告攝』者，義已足；『攝告』者，句未完，『告』後需帶賓語。今刊本無者，『告攝』倒作『攝告』也。

〔五二〕臣，刊本作『神』，案《廣韻》『臣』音植鄰切，『神』音食鄰切，聲紐禪、神有別，敦煌寫卷二字常通用，如伯三六九七《捉季布傳文》『要其捨罪收皇勅，半由天子半由臣』，斯五四三九作『臣』作『神』；北圖八六七二（河十二）號寫卷有『惟願出將入相，長爲國下之重神』句，皆二字通用之證。此處『臣』爲『神』之借字。《傳》中『臣』字同。

〔五三〕揖，刊本作『輯』，段玉裁《古文尚書撰異》云：『《唐石經》以下作「輯」，當是衛包改也。《釋文》當云「揖，徐音集」。今大字作「輯」，當是開寶中改也。』王先謙《尚書孔傳參正》云：『「輯五瑞」，今古文並當作「揖五瑞」。』案伯三三一五《尚書釋文》第五八行：『楫，徐音集。』則作『楫』，非作『揖』。《漢書·兒寬傳》師古注引作『楫』，阮校：『輯，古文作「楫」，見《漢書·倪寬傳》注。』師古所言，段玉裁已有駁，案此字王肅訓合，馬融訓斂，用爲動詞，自當從手，古代手書扌、木混用，敦煌寫卷屢屢可見，今此寫卷作『揖』，正是《尚書》原字。

〔五四〕珪，刊本作『圭』，《説文·土部》以『珪』爲『圭』之古文。

〔五五〕狩，刊本作『守』，案伯三三一五《尚書釋文》第五八行：『守，詩救反，本或作狩。』元朗所見或本作『狩』，正與此寫卷同。《史記·五帝本紀》：『歲二月，東巡狩，至於岱宗，祡，望秩於山川。遂見東方君長，合時月正日，同律度量衡，脩五禮五玉三帛二生一死爲摯，如五器，卒乃復。五月，南巡狩；八月，西巡狩；十一月，北巡狩：皆如初。歸，至于祖禰廟，用特牛禮。五歲一巡狩，群后四朝。』《史記・封禪書》、《漢書・郊祀志上》引《尚書》皆作『狩』。《晉書・禮志上》：『唐虞之制，天子五載一巡狩，順時之方，柴燎五嶽，望于山川，偏于羣神。』《大唐新語・極諫第三》：『帝五載一巡狩，羣后四朝，此蓋常禮。』亦作『狩』。《孟子・梁惠王下》：『天子適諸侯曰巡狩，巡狩者，巡所守也。』《白虎通・巡狩》：『王者所以巡狩者何？巡者，循也。狩者，牧也。爲天下巡行守牧民也。』《風俗通義・山澤》：『巡者循也，狩者守也，道德太平，恐遠不同化，幽隱有不得所者，故自親行之也。』段玉裁《古文尚書撰異》云：『依《孟子》、《白虎通》訓故，作「狩」爲長。』宋翔鳳《過庭録》云：『古守、狩通用。《説文》十篇上：「狩，犬田也。从犬，守聲。《易》曰：明夷于南狩。」則作狩者，古文也。』《爾雅・釋天》：『冬獵爲狩。』《左傳・隱公五年》杜預注：『狩，圍守也。冬物畢成，獲則取之，無所擇也。』是『狩』即今所云圍獵也。古時天子圍獵，實乃講武之儀式。天子巡狩，名爲循行全國，實爲炫耀武力。《左傳・僖公四年》『昭王南征而不復』，《史記・周本紀》則云『昭王南巡狩不返，卒於江上』。《風俗通》所云『恐遠不同化，幽隱有不得所者，故自親行之也』，正此義也。當以作『狩』者爲是，『守』則爲同音假借字。段説是也。《傳》中『狩』及下『巡狩』之『狩』皆同。

〔一五六〕順春東巡狩，刊本作『乃順春東巡』。

〔一五七〕四岳宗，刊本作『四岳所宗』。

〔一五八〕也，刊本無。

〔一五九〕吾岳牲礼，刊本作『五岳牲禮』，案『吾』爲『五』之音訛字；『礼』爲古文『禮』字，敦煌寫本多用此字，後世刊本則多用『禮』字。下凡『礼』、『禮』之別者均不復出。

〔一六〇〕也，刊本無。

〔一六一〕也，刊本無。

〔一六二〕叶，刊本作『協』，段玉裁《古文尚書撰異》云：『協，《白虎通》及漢永和二年詔皆作叶，叶、旪皆古文「協」字也。』案《後漢書・律曆志中》漢章帝元和二年二月甲寅詔引《尚書》：『歲二月，東巡狩，至岱宗，柴，望秩于山川。遂覲東后，叶時月正日。』是漢時今文《尚書》作『叶』。《舜典》『帝舜曰重華，協於帝』，伯三三一五《尚書釋文》作『叶』；《大禹謨》『龜筮協從』，斯八〇一號作『叶』。是隸古定《尚書》亦作『叶』也。《晉書・律曆志上》：『則《虞書》所謂「叶時月正日，同律度量衡」者也。』知唐初史臣所見亦作『叶』。寫卷作『叶』，隸古定原貌也。

〔一六三〕四時氣節，刊本作『四時之氣節』。

〔一六四〕量斗斛斤兩皆鈞同也，刊本無『量』字，『斗斛』作『斛斗』，『皆』誤作『昔』。

〔一六五〕也，刊本無。

〔一六六〕牲，刊本作『生』，阮校：『二生，《儀禮・士昏・記》疏引《尚書》云：「三帛二生一死摯。」宋單疏本「生」作「牲」，考《風俗通・山澤篇》及劉昭注補《後漢書・祭祀志上》引此經俱作「二牲」，是漢世經文如此，孔傳古本蓋亦作「牲」，賈疏所引尚存其舊。今經及賈疏俱作「生」，古本遂湮矣。』

〔一六七〕也，刊本無。

〔一六八〕珪璧也，刊本『珪』作『圭』，無『也』字，案『珪』爲『圭』之古文。

〔一六九〕也，刊本無。

〔一七〇〕也，刊本無，案前『岱宗，泰山』，後『西岳，華山』、『北岳，恒山』下均無『也』字，則此處亦不應有。

〔一七一〕也，刊本無。

〔一七二〕也，刊本無。

〔一七三〕『方岳』下刊本有『之下』二字，案《正義》云：『此揔説巡守之事，而言「羣后四朝」，是言四方諸侯各自會朝於方岳之下。』是亦有『之下』二字。

〔一七四〕何，刊本作『可』，案敦煌寫卷『可』、『何』常通假，斯三八七七《下女夫詞》『精神磊郎，因可到來』，斯五九四九『可』作『何』，此處『可』爲本字，『何』爲借字。

〔一七五〕治化，刊本作『治理』，毛居正《六經正誤》云：『《正義》云：「各使自陳進其治化之言。」監本作「治禮之言」，誤；興國軍本作「治理」。』則《正義》亦有作『治化』之本。

〔一七六〕每州之名山殊大之，刊本『州』誤作『川』，『之』作『者』，阮校：『古本「者」作「之」。按：《疏》云：「特舉其名，是殊大之也。」則作「之」爲是。』

〔一七七〕也，刊本無。

〔一七八〕也，刊本無。

〔一七九〕以鞭爲理官事之刑，刊本『鞭』作『作』，『理』作『治』，阮校：『閩本、明監本同。毛本「作」作「鞭」。案「鞭」字是也。』『理』爲諱改字。

〔一八〇〕朴，刊本作『扑』，段玉裁《古文尚書撰異》云：『扑者，攴之隸變，手與又同也。從木作朴，非。』《傳》中『朴』字同。

〔一八一〕也，刊本無。

〔一八二〕也，刊本無。

〔一八三〕也，刊本無。

〔一八四〕省灾肆赦，刊本『省』作『眚』，『赦』作『赦』，案于省吾《雙劍誃羣經新證》云：『「眚災」當讀作「省哉」。《康誥》「乃惟眚災」，王符（指《潛夫論》）作「乃惟省哉」，可證。……言罪之輕者，能省察遂赦之。』正與寫卷作『省』同。據《説文》，『赦』爲『赦』之異體。《傳》中『省』、『赦』同。

〔一八五〕煞，刊本作『殺』，『煞』爲『殺』之俗字，説見《干禄字書·入聲》。

〔一八六〕卹，刊本作『恤』，段玉裁《古文尚書撰異》云：『卹，今本作「恤」，此衛包改也。《尚書》本皆作「卹」，衛皆改爲「恤」，妄謂卹、恤古今字也。攷《説文·血部》「卹，憂也」，心部「恤，憂也」，是二字音義皆同。』案敦煌《尚書》殘卷中，惟《君奭》『明恤小臣』、『丕承無疆之恤』，伯二七四八皆寫作『恤』，其餘凡是『恤』，寫卷均作『卹』。《盤庚中》『永敬大恤』，伯二六四三、伯二五一六作『卹』；《立政》『知恤鮮哉』，斯二〇七四、伯二六三〇作『卹』；《多士》『罔不明德恤祀』，伯二七四八作『卹』。伯二七四八或作『恤』，或作『卹』，已有改動之痕迹。由此可知，雖然『恤』、『卹』二字音義無別，但在隸古定《尚書》中，是寫作『卹』的。伯三三一五《尚書釋文》出『卹』，即與此寫卷同。而且改『卹』作『恤』，亦非始於衛包。敦煌隸古定殘卷已有作『恤』者，上所云伯二七四八是也。

〔一八七〕也，刊本無。

〔一八八〕流恭工于幽州，刊本『恭』作『共』，『州』作『洲』，案『共工氏』之『共』未見有作『恭』者，此當是同音借字。伯三三一五《尚書釋文》第七一行：『共工，音恭。』下『恭工』之『恭』同此。阮校：『《說文》無「洲」字。水中之地本只作「州」，後人加水，相沿已久，惟此句不可作「洲」。觀孔《疏》直以十二州之幽州釋之，則孔氏所據之經作「州」，與《孟子》同。若作「洲」，則似別有一地名爲幽洲矣。』孫星衍《尚書今古文注疏》云：『洲，俗字，《孟子》作州。……此「洲」字後人所改。』

〔一八九〕也，刊本無。

〔一九〇〕洲，刊本作『州』，阮校：『孔《傳》云：「水中可居者曰州。」此蓋汎釋「州」字之義，顧不於「肇十有二州」釋之，而釋之於此，亦不可解。』阮氏又在僞《傳》『幽洲，北裔。水中可居者曰洲』下校云：『閩本同，岳本「州」作「洲」，當是岳本誤。』案：寫卷作『幽州，北裔也，水中可居者曰州』。僞《傳》在此所釋者乃『洲』，並非『州』字，當然不會在『肇十有二州』句下釋之。僞《傳》所釋者乃是『幽州』得名之由。此幽州，實即《堯典》『申命和叔，宅朔方，曰幽都』之『幽都』，張守節《史記正義》云：『北方幽州，陰聚之地，命和叔居理之。』《太平御覽》卷一六二引《晉地道記》曰：『幽州，因幽都以爲名。』《莊子·在宥》『流共工於幽都』陸德明《釋文》：『李云：即幽州也。《尚書》作幽州，北裔也。堯六十四年，流共工於幽州。』皆以『幽州』爲

『幽都』也。《後漢書・馮勤傳》李賢注：『幽都，北裔也。』正與僞《傳》所言同。牟庭《同文尚書》引《楚辭・招魂》王逸注『幽都，地下后土所治也。地下幽冥，故稱幽都』，並説：『幽都，謂北極下日所不到處也。日所不到則無景，不可揆度，故度日景於朔方而名之曰幽都也。』劉熙《釋名・釋州國》：『幽州，在北幽昧之地也。』綜上諸説，此幽州當在今極北之地。《山海經・海内經》云：『北海之内，有山，名曰幽都之山，黑水出焉。其上有玄鳥、玄蛇、玄豹、玄虎，玄狐蓬尾。有大玄之山。有玄丘之民。有大幽之國。有赤脛之國。』則『幽都』在海中也。其同《莊子・逍遥遊》之『北冥』，或有極大之關係。《釋文》：『北冥，本亦作溟，北海也。』慧琳《音義》卷三一《大乘入楞伽經》卷二音義：『司馬彪注《莊子》云：「溟，謂南北極也。去日月遠，故以溟爲名也。」』又卷六七《阿毗達磨識身足論》卷一音義引同。『幽州』在極北大海中，故僞《傳》云『水中可居者曰洲』。

〔一九一〕矣，刊本無。

〔一九二〕也，刊本無。

〔一九三〕也，刊本無。

〔一九四〕凡壽百一十七歲也，刊本『凡』作『死』，『百』前有『一』，無『也』字，阮校：『古本、岳本、宋板「死」作「凡」。岳本、宋板無上「一」字。』案岳本、宋板同寫卷，寫卷是也，《史記・五帝本紀》張守節《正義》引皇甫謐云：『堯即位九十八年，通舜攝二十八年也，凡年百一十七歲。』諸例均作『凡』，無『一』字。寫卷一五八行僞《傳》『三十徵用，三十在位，服喪三年，其一在三十之數，爲天子五十年，凡壽百一十二歲也』，阮本同。句法與此一致，亦可爲證。

〔一九五〕也，刊本無。

〔一九六〕也，刊本無。

〔一九七〕也，刊本無。

〔一九八〕靖，刊本作『静』，『静』與『靖』皆爲『竫』之借字，段玉裁《説文解字注》：『安静本字當从立部之「竫」。』

〔一九九〕也，刊本無。

〔二〇〇〕感，刊本作『盛』，案當作『盛』，『感』爲形訛字。

〔二〇一〕也，刊本無。

〔二〇二〕至文祖告也，刊本作『至文祖廟告』，案前『正月上日，受終于文祖』僞《傳》：『文祖者，堯文德之祖廟。』則後有『廟』字者義長。

〔二〇三〕也，刊本無。

〔二〇四〕也，刊本無。

〔二〇五〕恭敬授民時也，刊本無『恭』、『也』二字。

〔二〇六〕迩，刊本作『邇』，案《説文·辵部》：「邇，近也。迩，古文邇。」《傳》同。

〔二〇七〕良善，刊本無。

〔二〇八〕也，刊本無。

〔二〇九〕壬，刊本作『任』，段玉裁《古文尚書撰異》云：『《咎繇謨》作「壬」。《釋詁》：「任、壬，佞也。」』案伯三三一五《尚書釋文》第八二行出『壬人』，段氏所云『《咎繇謨》作壬』者，即《皋陶謨》『何畏乎巧言令色孔壬』句。朱駿聲《説文通訓定聲》謂『壬』、『任』皆『栠』之借，『善柔似弱，如木之栠也』，如此，則『任』『壬』二字通用，然兩寫卷均作『壬』，則似隸古定原本作『壬』。石經《皋陶謨》作『壬』，當是改而未盡者。《傳》同。

〔二一〇〕佞也，刊本『佞』作『佞』，無『也』字，案『佞』爲『佞』之訛變俗字，説見《敦煌俗字研究》下編三五頁。下『佞』字同。

〔二一一〕距，刊本作『拒』，『距』『拒』古今字。

〔二一二〕斥，刊本作『斥』，案二字均『㡿』之隸變，説詳《敦煌俗字研究》下編三三一頁。

〔三三〕也，刊本無。

〔三四〕也，刊本無。

〔三五〕嚋，刊本作「疇」，《説文·田部》：「疇，耕治之田也。」《口部》：「𠷎，誰也。从口𠃬，又聲。𠃬，古文疇。」《白部》：「𤾋，詞也。从白，𠃬聲。𠃬與疇同。」無「嚋」字。朱駿聲《説文通訓定聲》以「𠷎」爲「𤾋」之或體，而在「𤾋」下又補「𠷎」篆，云：「𤾋，詞也。从白，𠃬聲。按：或从口、𠃬聲。今據《説文》偏旁補𠷎篆。……今《書》衛包所改本通皆以「疇」爲之。」以朱氏之意，作疑問代詞「誰」解之「嚋」，其本字當爲「𤾋」，或作「𠷎」、「𠷎」。今寫卷之「嚋」即「𠷎」之楷化字。「𠃬」爲「疇」之古字。《爾雅·釋詁下》「疇，誰也」郝懿行《義疏》：「疇者，𠷎之叚音也。」寫卷除此條「亮采惠嚋」外，第二六行「嚋咨若時？登庸」，二八行「嚋咨若予采」，一二九行「嚋若予工」，三處皆作「嚋」。第一三二行「嚋若予上下草木鳥獸」，則作「嚋」。《堯典》「嚋咨若時？登庸」，伯三三一五出「𠷎」，注云：「古嚋字，誰也。」《五子之歌》「予將嚋依」，伯二五三三作「𠷎」。《説命上》「嚋敢不祗若王之休命」，伯二六四三作「𠷎」，伯二五一六作「𠷎」。諸字皆爲「𠷎」之訛變。是隸古定《尚書》原皆作「𠷎」也。今此寫卷作「嚋」，則已爲楷化之字也。「嚋」者，又後人所改也。寫卷兩「嚋」字，爲改而未盡者。則隸古定《尚書》原非作「嚋」也。當然此字之改亦非始於衛包。

〔三六〕司，刊本作「司」，案「司」當爲省筆俗字。下皆同。

〔三七〕皆同辞而對也，刊本無「皆」、「也」二字，案「同辭」義已足，添「皆」則詞複。

〔三八〕崇伯，刊本作「宗伯」。阮校：「岳本『宗』作『崇』，是也。」

〔三九〕崇伯，刊本無。

〔三〇〕也，刊本作「之」。

〔三一〕掓，刊本作「楙」，案《説文·林部》：「楙，木盛也。」段注：「此與《艸部》「茂」音義皆同，分艸木耳。」《漢書·律曆志上》「林，君也，言陰氣受任，助蕤賓君主種物使長大楙盛也」師古注：「楙，古茂字也。」字書無

『揫』字，據敦煌寫卷扌、木混用例，此字當作『楸』。《説文·木部》：『楸，冬桃。』與此不合，則此字蓋當爲『楙』之形訛。《説文·心部》：『懋，勉也。从心，楙聲。《虞書》曰：時惟懋哉。』艸部：『茂，艸豐盛。』據《説文》，似當以『懋』爲是。然伯三三一五《尚書釋文》第八四行出『楙』，云：『古茂字。王云：勉也。馬云：美。』『楙』當爲『楙』之訛。《大禹謨》『時乃功，懋哉』，斯五七四五作『楙』。《胤征》『其爾衆士，懋戒哉』，伯五五五七作『楙』。《盤庚下》『懋建大命』，伯二五一六作『楙』，伯二六四三作『楙』；『予其懋簡相爾』，伯二五一六作『楙』，伯二六四三作『楙』。《蔡仲之命》『懋乃攸績』，斯二〇七四、斯六二五九作『楙』。是所有《尚書》『懋』字在敦煌殘卷中均作『楙』。則隸古定原乃作『楙』也。《傳》同。

〔三三二〕咎繇，刊本作『皋陶』，案段玉裁《古文尚書撰異》云：『攷自來《古文尚書》有作「皋陶」者，有作「咎繇」者，是以顔注《漢書》引《尚書》皆作「咎繇」，李注《文選》則皆作「皋陶」。要之，衡以古音，則皋陶二字古在尤幽，《説文》引《虞書》作「咎繇」，則壁中元本也。』伯三三一五《尚書釋文》第八五行出『咎』、『繇』，此爲『咎』、『繇』二字之變體。敦煌寫卷《尚書》皆作『咎繇』（伯二五四九第二行、伯三六〇五第八行、斯五七四五第十一行），無作『皋陶』者，則隸古定當是作『咎繇』。《傳》同。

〔三三三〕也，刊本無。

〔三三四〕弃，刊本作『棄』，段玉裁《古文尚書撰異》云：『凡經典「棄」字，《唐石經》皆作「弃」，此因其字中有「世」字，故避諱從古文作「弃」，不必從也。』案段説誤也，伯三三一五《尚書釋文》第八五行出『弃』，云：『古棄字。』則非因避諱可知也。

〔三三五〕衆民之難在於飢，刊本『民』作『人』，『飢』作『饑』，案作『人』者，承襲諱改字也；《説文·食部》：『穀不熟爲饑。』又：『飢，餓也。』則作『飢』者是。

〔三三六〕也，刊本無。

〔三三七〕五教，刊本無，案段玉裁在《古文尚書撰異》中據《史記·殷本紀》、《後漢書·禮儀志》劉昭注引、《後漢書·鄧禹傳》、袁宏《後漢紀》卷三十皆疊『五教』二字，認爲『唐時本有作「敬敷五教五教在寬」者』，孫星衍《尚書今古文注疏》、皮錫瑞《今文尚書考證》與段説同，寫卷正可爲段説提供直接的文獻證據。

〔三二八〕民，刊本作『人』，承襲諱改字也。

〔三二九〕也，刊本無。

〔三三〇〕宂，刊本作『宄』。『宂』乃『宄』之變體。《傳》同。

〔三三一〕也，刊本無。

〔三三二〕功，刊本作『攻』，案『功』爲音訛字。

〔三三三〕之致也，刊本作『所致』。

〔三三四〕明于，刊本無，段玉裁《古文尚書撰異》據《大禹謨》之文，懷疑『五刑有』上所缺四字爲『明于五刑』，今寫卷一二二三行作『汝作司徒敬敷五教五教在寬』，一二二四至一二二六行爲『汝作士明于五刑有服五服三就』，正有『明于』二字，『五教』二字亦疊，可爲段説提供直接的文獻證據。《唐石經》初刻正與殘卷同，可證衛包原本與殘卷之文相同。唯殘卷『五刑』二字不疊，當是傳抄過程中脱漏重文符號所致，否則此語不能句讀。

〔三三五〕大僻也，刊本『僻』作『辟』，无『也』字，案『僻』爲借字。

〔三三六〕也，刊本無。

〔三三七〕也，刊本無。

〔三三八〕也，刊本無。

〔三三九〕也，刊本無。

〔三四〇〕也，刊本無。

〔三四一〕軄事也，刊本『軄』作『職』，無『也』字，《玉篇·身部》云：『軄，俗職字。』下『軄』字皆同。

〔三四二〕也，刊本無。

〔二四三〕諧此官也，刊本「諧」下有「和」字，無「也」字。

〔二四四〕「能」下刊本有「之」字。

〔二四五〕虎，底一原作「虍」，避諱缺筆字，兹據刊本録正。《傳》同。

〔二四六〕也，刊本無。

〔二四七〕也，刊本無。

〔二四八〕也，刊本無。

〔二四九〕栢𡰣，刊本作「伯夷」，案《干禄字書·入聲》：「栢、柏，上俗下正。」而伯仲之「伯」古皆寫作「柏」，敦煌《尚書》寫卷例甚多。陳直《漢書新證》云：「柏益，本表『伯』字皆作『柏』，與《漢開母廟石闕銘》『伯鮌』作『柏鮌』，《武梁祠畫像》『韓伯瑜』作『柏瑜』正同。此沿用戰國時之古文。」（一五五頁，天津人民出版社一九七九）「𡰣」當作「𡰥」，此爲「夷」之古字。《玉篇·尸部》：「𡰥，古文夷字。」上句「僉曰伯夷」，伯三三一五《尚書釋文》第九一行出「柏𡰥」。孫星衍《尚書今古文注疏》以爲作「伯」者，今文説；作「伯夷」者，古文説。段玉裁《古文尚書撰異》、皮錫瑞《今文尚書考證》認爲不當有「夷」字。案伯三三一五《尚書釋文》第九一行出「咨柏」，並云：「本或作『咨伯夷』，舊本皆無『夷』字。」是德明亦認爲不當有「夷」。《唐石經》亦無「夷」字。「夷」爲淺人所增。《白虎通德論》卷三《王者不臣》：「先王老臣不名。親與先王戮力共治國，功於天下，故尊而不名也。《尚書》曰『咨爾伯』，不言名也。」此其證也。

〔二五〇〕汝作袟宗，底一「作」字爲紅筆加於「汝」之右下角，刊本作「汝作秩宗」，案「袟」爲「秩」之俗訛，説已見校記〔八〕，伯三三一五《尚書釋文》第九二行出「女袟宗」，云：「本或作『女作袟宗』，『作』衍字。」則元朗所見有兩本，一作「汝袟宗」，一爲「汝作袟宗」。寫卷墨筆所書「汝袟宗」，正與《釋文》本同。「作」當是後校讀之人據别本補。《唐石經》「汝作秩宗」，與元朗所見别本同，足證此本亦流傳於後。

〔二五一〕早夜敬其職，刊本作「言早夜敬思其職」，案《史記·五帝本紀》張守節《正義》引孔安國云：「職典禮，施政教，使正直而清明。」以『職』字屬下讀，讀與此不同。然據此亦可知其所見孔《傳》本無『思』字也。

〔二五二〕也，刊本無。

〔二五三〕也，刊本無。

〔二五四〕『俞』刊本有『往』字，案此蓋寫卷誤脱。

〔二五五〕也，刊本無。

〔二五六〕忠和祗庸孝友也，刊本『忠』作『中』，無『也』字，案『忠』爲『中』之通假字，正字當作『中』。《史記·五帝本紀》張守節《正義》引孔安國云：『教長國子中和祗庸孝友。』孔傳之語用《周禮》之文也。《周禮·春官·大司樂》：『以樂德教國子：中、和、祗、庸、孝、友。』郑注：『中猶忠也。和，剛柔適也。祗，敬；庸，有常也。善父母曰孝，善兄弟曰友。』

〔二五七〕慠，刊本作『傲』，案『慠』爲後起字。《傳》同。

〔二五八〕剛失入虐簡失入慠，刊本两『入』字皆作『之』，阮校：『兩「之」字古本、岳本、宋板、《纂傳》俱作「入」。岳本考證曰：「《正義》云：剛强之失入於苛虐，簡易之失入於傲慢，謂過於剛簡則入虐傲。」知元本兩「入」字最得解。若如諸本作「失之」，則似剛簡即虐傲矣，於義未洽。』

〔二五九〕詠，刊本作『永』。皮錫瑞《今文尚書考證》認爲『永』與『詠』乃三家今文之異說。俞樾《羣經平議》云：『《漢書·禮樂志》曰：「歌詠言，聲依詠。」《藝文志》曰：「詩言志，歌詠言。」是今文《尚書》「永」作「詠」，當從之。詩言志，歌詠言，謂詩所以言其志，歌所以詠其言也。依其所詠以定五聲，是謂聲依詠；又患其不和也，而以六律六吕和之，是謂律和聲。古文《尚書》作「永」者，即「詠」之叚字耳。《釋文》曰：「永，徐音詠。」得之矣。』曲園認爲古文《尚書》作『永』，今文《尚書》作『詠』，與皮説不同。金景芳《〈尚書·虞夏書〉新解》認爲『永』是古文，『詠』是今文（一七〇頁，遼寧古籍出版社一九九六）。案《詩·大序》云：『詩者，志之所之也，在心爲志，發言爲詩。情動於中而形於言，言之不足，故嗟歎之；嗟歎之不足，故永歌之；

永歌之不足，不知手之舞之、足之蹈之也。』此段話與《尚書》之意大同。然未見諸家有異説。《晉書·王廙傳》引王廙上疏：『雖未足以宣揚盛美，亦是詩人嗟歎詠歌之義也。』梁釋慧皎在《高僧傳》卷十三《經師》論中云：『故《詩序》云：情動於中，而形於言。言之不足，故詠歌之也。』二者皆引《大序》之文，均作『詠』，不作『永』也。斯一七二二《毛詩·周南關雎詁訓傳卷第一》：『詩者，志之所之也，在心爲志，發言爲詩。情動於中而形於言，言之不足，故嗟歎之；嗟歎之不足，故詠歌之；詠歌之不足，不知手之舞之、足之蹈之。』此爲唐寫本，亦作『詠』，不作『永』。此足可爲《尚書》作『詠』之旁證。俞樾認爲『永』爲『詠』之叚字，甚是。但並非今、古文《尚書》有字之别，其實皆當作『詠』耳，作『永』者，人所改也。今寫卷作『詠』，即爲其證。下句『詠』字同。

〔二六〇〕也，刊本無。

〔二六一〕也，刊本無。

〔二六二〕也，刊本無。

〔二六三〕之人，刊本無，案《正義》引亦無此二字；《史記·五帝本紀》張守節《正義》：『言己畏忌有利口讒説之人殄絶無德行之官也。』則似有此二字者。

〔二六四〕也，刊本無。

〔二六五〕也，刊本無。

〔二六六〕也，刊本無。

〔二六七〕也，刊本無。

〔二六八〕事，刊本無，案《正義》云：『汝當各敬其職事哉！』則所見有『事』字。

〔二六九〕也，刊本無。

〔二七〇〕矣也，刊本無，案《正義》標起止同刊本，此條僞《傳》，皆四字爲句，此蓋亦四字句。『矣也』二虚詞不連用，

「也」字乃是寫卷爲雙行對齊而加者。

〔三七一〕時，刊本作「用」。

〔三七二〕三年，刊本作「二年」，案《正義》云：「上云『乃言底可績，三載』，則歷試當三年。云『二年』者，其一即是徵用之年，已在上句三十之數，故惟有二年耳。」此孔氏因訛字而曲説也，不知孔《傳》原作「三年」，不作「二年」也。

〔三七三〕也，刊本無。

〔三七四〕也，刊本無。

〔三七五〕也，刊本無。

〔三七六〕種類，刊本無「種」字，案《左傳·哀公十一年》「無俾易種于茲邑」杜預注：「易種，轉生種類。」《論語·衛靈公》：「子曰：『有教無類。』」何晏《集解》引馬融曰：「言人所在見教，無有種類。」是人亦可稱種類，非僅動物而已。僞《傳》全句爲「别其姓族，分其類，使相從」，「别其姓族」與「分其種類」儷偶爲佳，是應以有「種」者爲長。

〔三七七〕也，刊本無。

〔三七八〕恭，刊本作「共」，「共」「恭」古今字。

〔三七九〕槁枖，刊本作「稾飫」，「槁」、「稾」字同，「稾」本字，「槁」後起字。《説文·木部》「稾」篆下段注：「枯稾、禾稾字，古皆高在上。今字高在右，非也。」《説文》有「䬴」，爲「飫」之本字，而無「枖」字。伯三三一五《尚書釋文》第一〇一行出「稾枖」，蓋隸古定本即如此，然非先秦古字也。《傳》同。

〔三八〇〕「劳」下刊本有「也」字。

〔三八一〕也，刊本無。

古文尚書傳(三)(大禹謨)

斯三一一一背四(底一)

斯三一一一背三(底二)

【題解】

底一編號爲斯三一一一背四,起『嘉言罔攸伏』之『罔』,迄『帝德廣運』之『帝』,三行,上端殘缺。底二編號爲斯三一一一背三,起『惟帝時克』僞孔《傳》『帝謂堯也』之『堯』,迄『帝德廣運』僞《傳》『聖無所不通』之『不』,三行,末行僅存傳文半字。

《寶藏》無定名,且編號誤爲斯三一一〇背;《索引》定名《古文尚書大禹謨殘片》,《英藏》定名《隸古定尚書(大禹謨)》。此兩殘片當是一卷之裂,底一末行與底二首行正可綴合,綴合後共五行。《英藏》未將兩片綴合,而且把按次序在前的一片定爲斯三一一一背三,而把在後的一片定爲斯三一一一背四。

斯三一一一卷正面爲《金剛般若波羅蜜經疏釋》,卷背之第一、第二片爲大業五年殘牒(《英藏》定名爲《大業五年六月十五日隊副賈宗申甲槊弓箭帳牒》)。疑此四殘片乃作爲補丁而粘貼於卷背之殘片。

底二『愍』字缺筆,應是唐寫本。

底一、底二均據《英藏》録文,以中華書局影印阮元刻《十三經注疏·尚書正義》爲對校本(簡稱『刊本』),校録於後。

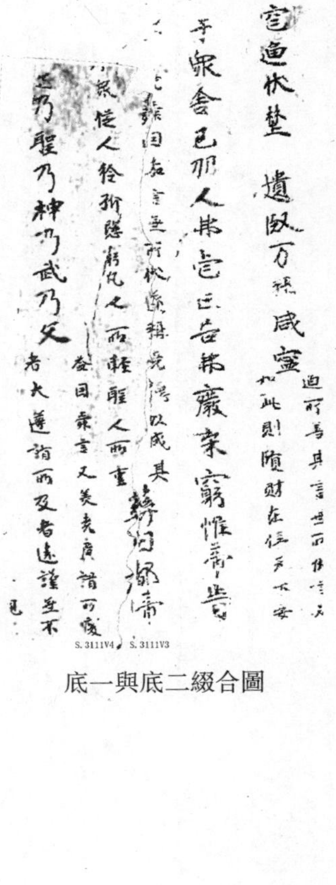

底一與底二綴合圖

（前缺）

□窅逌〔一〕伏，埜□遺臤〔二〕，万邦咸寍〔三〕。逌，所〔四〕。善其言〔五〕無所伏，言必［用］〔六〕，如此則賢財〔七〕在位，天下安□〔八〕于衆，舍己𠛱〔九〕人，弗㞢亡告〔一〇〕，弗廢朱〔一一〕窮，惟帝㫖〔一二〕□堯〔一三〕。▨▨（舜因）嘉言無所伏〔一四〕，遂稱堯德以成其□〔一五〕衆從人，矜孤愍窮〔一六〕，凡人所輕，聖人所重。𠌥〔一七〕曰：『都！帝〔一八〕□▨（運）〔一九〕，乃聖乃神，乃武乃文。益因舜言又美堯〔二〇〕。廣謂所覆者大，運〔二一〕謂所及者遠，聖無〔二二〕不□▨（視）〔二三〕□

（後缺）

【校記】

〔一〕窅逌，刊本作『罔攸』，『窅』即『罔』字隸變之訛（『罔』字從网、亡聲，『网』旁隸變亦作『穴』，如『罕』字上部之例），《玉篇·宀部》：『宀，古文罔。』『宀』實又『窅』字省變。『逌』應是『逌』之訛體，《傳》文作『逌』可證，《漢書·地理志上》『漆沮既同，酆水逌同』顔注：『逌，古攸字也。』

〔二〕埜□遺臤，刊本『埜』作『野』，『臤』作『賢』，《玉篇·林部》：『埜，古文野。』《説文·臤部》：『臤，古文以爲賢字。』底二『埜』下空一格，刊本作『無』。

〔三〕寍，刊本作『寧』，《説文·宀部》：『寍，安也。』段注：『此安寧正字，今則寧行而寍廢矣。僞古文「萬邦咸寍」，《音義》曰：「寍，安也。」《説文》安寧字如此。寧，願詞也。語甚分明。自衛包改正文，李昉、陳鄂又改《釋文》，令人不可讀矣。』

〔四〕逌所，刊本『逌』作『攸』，末有『也』字，案『逌』爲『攸』之古字。

〔五〕善其言，刊本無『其』字，案此釋經『嘉言罔攸伏』句，『其』字不當有。

〔六〕用，底一原無，茲據刊本擬補。

〔七〕財，刊本作『才』，『財』爲『才』之借字。

〔八〕『安』下底一殘泐，刊本作『寧稽』。

〔九〕加，刊本作『從』，《集韻・鍾韻》：『从，古作加。』『从』『從』古今字，《説文・从部》『从』篆下段注：『从者，今之「從」字，「從」行而「从」廢矣。』

〔一〇〕弗虐亡告，刊本作『不虐無告』，『弗』『不』義同，下句『弗』字同；『虐』蓋爲『虐』之訛體；『亡』『無』古今字。

〔一一〕宋，刊本作『困』，《説文・口部》『困』篆下云：『朱，古文困。』『宋』即『朱』字之訛。

〔一二〕皆，刊本作『時』，《説文・日部》：『旹，古文時，从日㞢作。』『皆』當是『旹』之訛變。

〔一三〕堯，底一存右半、底二存左半。『堯』前底一殘泐，刊本作『克帝謂』。刊本『堯』下有『也』字。底二起於此。

〔一四〕舜因嘉言無所伏，『舜因』二字底一殘存右半，茲據刊本擬補；『嘉言無』三字爲底一中文；『所伏』二字底一存右半、底二存左半。

〔一五〕『遂稱堯德以成其』六字在底一，其下缺字在底二，刊本作『義考』。

〔一六〕狑孤惸窮，刊本『狑』作『矜』。《玉篇・犬部》：『狑，犬名。』與此不符。《禮記・仲尼燕居》『子産猶衆人之母也』鄭注：『言子産慈仁，多不矜莊。』斯二〇五三背A《禮記音》『矜』字寫作『狑』，『狑』當是『矜』之俗訛，『矜』爲『矝』之異，凡經典『矜』字皆『矝』之訛變，説詳《説文・矛部》『矝』篆下段注、臧庸《拜經日記》卷五『矝』字條。『惸』，左上角構件『民』底二缺末筆，避諱缺筆字，茲據刊本録正。

〔一七〕『㚔』字底一存右半、底二存左半，刊本作『益』，《漢書・百官公卿表》云：『𦏧作朕虞。』師古注：『𦏧，古益字也。』『㚔』當爲其訛變。

〔一八〕底一止於『曰都帝』三字。

〔一九〕 運，底二殘存下截。底二「運」前殘泐，刊本作「德廣」。
〔二〇〕 「堯」下刊本有「也」字。
〔二一〕 運，底二原誤作「遵」，兹據刊本改正。
〔二二〕 聖無，底二「聖」原誤作「諻」，兹據刊本改正；刊本「無」下有「所」字。
〔二三〕 視，底二殘存右半「見」。

古文尚書傳(四)(大禹謨、泰誓中、泰誓下)

斯五七四五(底一)　斯八〇一(底二)　斯八四六四(底三)

【題解】

底一編號爲斯五七四五,起《大禹謨》「勸之以九哥」,迄「俾予從欲以治,四方風動,惟乃之休」僞孔《傳》「使我從心所欲而政以治」之「使我」,共二十一行,原卷從第十行起斷爲兩片,前片九行,後片十二行,前八行下截殘缺,最後一行僅剩經文一字,傳文二字。

底二編號爲斯八〇一,起《大禹謨》「汝終陟元后」之「陟」,迄「七旬,有苗格」僞孔《傳》「去京師二千五百里也」之「里」,共三十二行,末行上截殘。經文單行大字,傳文雙行小字。原卷從第十六行起斷爲兩片,前片十五行,後片十七行。

底三編號爲斯八四六四,起《泰誓中》「罔或無畏」僞孔《傳》「無敢有無畏之心」之「畏」,至《泰誓下》「祝降時喪」之「時」(寫卷作「旹」),共十五行,首行與末二行均有殘。

三寫卷之字體與行款相同,應是同一卷之不同部分,只是三者不能直接綴合。今擬名爲《古文尚書(大禹謨、泰誓中—下)》。

陳鐵凡據卷底一「民」字缺筆,「治」字不缺筆,定爲初唐寫本(《敦煌本尚書述略》,《大陸雜誌》第二二卷第八期,一九六一年四月)。案底一第十六行經文「世」不缺筆而傳文則缺筆,「世」、「民」二字缺筆起於唐高宗時,則寫卷應是高宗以後寫本,而非初唐寫本。

陳鐵凡《敦煌本虞書校證》(《南洋大學中文學報》第二期,一九六三年十二月。簡稱「陳鐵凡(一)」)對底一、底二作過校勘;他的《敦煌本易書詩考略》(《孔孟學報》第十七期,一九六九年四月。簡稱「陳鐵凡(二)」)

亦有校記數條。

底一、底二、底三均據《英藏》録文，以中華書局影印阮元刻《十三經注疏・尚書正義》爲對校本（簡稱『刊本』），校録於後。

（前缺）

勸之目九哥〔一〕，▨（俾）勿▨（斁）。』▭〔二〕勿壞，在此三者而已。帝曰：『俞！地平天▨（成），
▭〔三〕永賴，旹〔四〕乃功。』水土治曰平，五▭〔五〕歎美之，言是▭〔六〕女侖〔七〕。朕宅帝位卅ナ三
▭〔八〕惟弗〔九〕怠，揔〔一〇〕朕師。』八十、九十曰▭〔一一〕厭倦万機▭〔一二〕欲使▨（攝）也〔一三〕。侖曰：
『朕悳宔〔一四〕克，民▨（弗）▭〔一五〕▨（德）〔一六〕，德乃降，黎民褱〔一七〕之。▨（邁）▭〔一八〕己
▭〔一九〕繇〔二〇〕布行其德，下洽〔二一〕於民，民歸服之也〔二二〕。帝念才〔二三〕！念茲▨（在）▭〔二四〕茲，此；釋，
廢也。念此人在此功，廢此人在此罪。言不可誣。名言茲在茲，允出茲在茲，惟帝念功。』名言此□（事），□□（必在）
此義；信出此□（心），亦在此義。言咎▨▨▨（陶之德）〔二五〕以義爲主，所宜念也〔二六〕。帝曰：『咎繇，惟茲臣庶〔二七〕，
宔或干予正。或，有也。無有干〔二八〕正。言順命。女作士，明于五〔二九〕刑，目弼〔三〇〕五教，刑〔三一〕于予治。弼，
輔；期，當也。歎其能以刑輔教，當於治體。刑刑于亡〔三二〕刑，民協于中，旹乃功，楙〔三三〕才！』雖或行刑，以
煞〔三四〕止煞，終無犯者，期〔三五〕於無所刑，民皆合于大中〔三六〕，是女之功，勉之。咎繇曰：『帝悳宔僁〔三七〕，臨下目
柬〔三八〕，御衆目寬。僁，過也。善則歸君，人臣之義。罰弗及孠〔三九〕，賞延于世。嗣亦世〔四〇〕，俱謂子也〔四一〕。延，及
也。父子罪不相及，而及其賞。道德之政。宥過亡大，刑故亡小；過誤所犯，雖大必宥；不忌故犯，雖小必刑。辠〔四二〕
疑惟輕，功［疑］惟重〔四三〕。刑疑附輕，賞疑從重，忠厚之至。與亓敍弗〔四四〕辜，寧失弗經。好生之悳〔四五〕，洽
於〔四六〕民心，茲用弗〔四七〕犯于ナ司。』辜，罪也〔四八〕；經，常也〔四九〕；司，主也。咎繇因帝勉己，遂稱帝之德，所以明民不

犯上也。寧失不常之罪，不枉不辜之▨（善）〔五〇〕，仁愛之道。帝曰：『俾予刅〔五一〕欲𠀁[ ]〔五二〕休。』使
我[ ]〔五三〕

（中殘缺六行）

陟元后〔五四〕。丕〔五五〕，大也。歷數，謂天道。元，大〔五六〕。大君，天子也〔五七〕。舜善禹有治水大功〔五八〕，言天道在汝身，汝終當升爲天子。[ ]〔五九〕▨（道）〔六〇〕心惟微，惟精惟一，允執身〔六一〕中。危則難安，▨▨（微則）〔六二〕難明，故誡〔六三〕以精一，信執其中。亡乩〔六四〕之言勿聽，弗詢之悬〔六五〕勿庸。無考，無信驗也〔六六〕；不詢，專獨也，終必無成，故戒勿聽用之〔六七〕。可愛非君？可畏非民？衆非元后何戴？后非衆它與守邦？民以爲君〔六八〕命，故可愛；君失道，民叛之，故可畏。言衆戴君以自存，君恃衆〔六九〕以守國，相須而立。欽才！昚〔七〇〕乃有位，敬修亓〔七一〕可願，亖㲋宋窮〔七二〕，天禄永終。有位，天子位也〔七三〕。可願，謂道德之美。困窮，謂天民之無告者。言爲天子勤此三者，則天之禄籍長終汝身也〔七四〕。惟口出玨〔七五〕興戎，朕言弗〔七六〕再。』好謂賞善，戎謂伐惡。言口榮辱之主，慮而宣之，成於一〔七七〕。

𠅗曰：『枚卜功臣，惟吉之刅。』枚謂歷卜之而從其吉也〔七八〕。此禹讓之至〔七九〕。帝曰：『𠅗，官占，惟先弊〔八〇〕志，昆命于元龜〔八一〕。帝王立卜占之官，故曰官占。弊，斷；昆，後也。官占之法，先斷人志，後命〔八二〕元龜。言志定然後卜。朕志先定，詢謀僉同，鬼神亓〔八三〕依，龜筮叶〔八四〕刅，卜不習吉。』習，因也。言〔八五〕已謀之於心，謀及卜筮，四者合從，卜不因吉，無所枚卜。𠅗拜䭫〔八六〕首，固詞〔八七〕。再辭〔八八〕曰固。帝曰：『亡〔八九〕！惟女諧。』言無〔九〇〕，所以禁其辭也〔九一〕。禹有大功德，故能諧和元后之任。正月朔旦，受命于神宗，受舜終事之命。神宗，文祖之宗廟。言神，尊之。𧗿〔九二〕百官，若帝之初。順舜初攝帝〔九三〕故事奉行之。帝曰：『咨！𠅗，惟旹有苗弗𧗿〔九四〕，女徂征〔九五〕。』三苗之民數干王誅。率，循也〔九六〕；徂，往〔九七〕。不循帝道，言亂逆也〔九八〕。命禹討之也〔九九〕。𠅗乃𢓊〔一〇〇〕群后，誓于師曰：『濟濟〔一〇一〕才衆，咸聽朕命。會諸侯共伐有苗也〔一〇二〕。軍旅曰誓。濟濟，衆盛之

狠〔一〇三〕。戩〔一〇四〕兹𠂇苗，昬迷弗龔〔一〇五〕，蠢，動也〔一〇六〕；昬〔一〇七〕，闇也。言其所以宜討〔一〇八〕。侮嫚〔一〇九〕自賢，反道敗悳，狎侮先王，輕慢典教，反正道，傷敗德義也〔一一〇〕。君子在埜〔一一一〕，小人在位，癈〔一一二〕仁賢，任奸〔一一三〕佞。民弃弗〔一一四〕保，天降之咎，言民叛之〔一一五〕，天灾之。肆予㠯尒〔一一六〕衆士，奉詞伐〔一一七〕辠。肆，故也。辝〔一一八〕，謂不恭。罪，謂侮慢以下事。尒尚一乃心力，亓克𠂇勛〔一一九〕。』尚，庶幾。一女心力，以從我命。

三旬，苗民逆命。旬，十日〔一二〇〕。以師臨之，一月不服，責舜不先有文告〔一二一〕之命、威讓之辭，而便憚之以威，脅〔一二二〕之以兵，所以生辝。𦲷贊〔一二三〕于帝曰：『惟悳𢘅〔一二四〕天，亡遠弗届。贊，佐；届，至也。益以此義佐禹，欲其修德以〔一二五〕致遠。滿招損，嗛〔一二六〕受益，旹乃天道。自滿者人損之，自嗛者人益之，是天道之常〔一二七〕。帝初耕〔一二八〕于歷山，往于田，日號泣于旻天于父母，仁覆愍下謂之旻天。言舜初耕于歷山之時，爲天〔一二九〕母所疾，日號泣於〔一三〇〕旻天及父母。克己自責，不責他〔一三一〕人。負辠引〔一三二〕慝。祗載見瞽〔一三三〕叟，夔夔𠫤𣓁〔一三四〕，瞽亦允若。慝，惡也〔一三五〕；載，事也。夔夔，悚懼之皃〔一三六〕。言舜負罪引惡，敬以事見於〔一三七〕父，悚懼齋莊，父亦信順之。言能以至成〔一三八〕感頑父。至諴感神，矤〔一三九〕兹有苗。』諴，和也〔一四〇〕；矤，况也。至和感神，况有苗乎！言易感。帝拜昌言曰：『俞！』班師振旅。昌，當也。以益言爲當，故拜受而然之，遂還師。兵入曰振旅。言整衆也〔一四一〕。帝乃誕尃〔一四二〕文悳，遠人不服，大布文德以來之。翌〔一四三〕干羽于兩階。干，楯也〔一四四〕；羽，翳〔一四五〕，皆舞者所執。脩〔一四六〕闡文教，舞文舞於〔一四七〕賓主階間，抑武［　　］▨（服）〔一四八〕，不討自來，明御之必有道也〔一四九〕。三苗之國，左

［　　］荒〔一五〇〕服之例，去京師二千五百里〔一五一〕

（中間殘缺）

［　　］▨（畏）〔一五二〕□心，寧▨（執）非▨（敵）之志〔一五三〕，以伐之▨（則）克矣。［　　］〔一五四〕若崩身角。言民畏紂之虐，危懼不安，若崩摧其角，无所容頭也〔一五五〕。烏雽〔一五六〕！乃一悳一心，立定身功，惟克永世。』〔一五七〕汝同心立功，則能長世以安之也〔一五八〕。

泰𧥄下第卄九〔一五九〕

旹身明，王乃大巡六師，明𧥄衆士。是其戊午明日，師出以律，三申令之，重難之義。衆士，百〼(夫)長〼(以)上也〔一六〇〕。王曰：「烏雩！我西土君子。天亣顯道，身𣌭〔一六一〕惟彰。言天有明道，其義類惟明，言王所宜法則。商王受〔一六二〕，狎侮又常，巟〔一六三〕怠弗敬。輕狎五常之教，侮慢不行，大爲怠惰，不敬天地神明。自𢇍〔一六四〕于天，結怨于民。不敬天，自絶之；酷虐民，結怨之。斮朝涉𡳿〔一六五〕脛，剖臤〔一六六〕人之心，冬月見朝涉水者，謂其脛耐寒，斬而視之；比干忠諫，謂其心異於人〔一六七〕，剖而觀之。酷虐之甚。作㕲煞𦑀〔一六八〕，毒痡〔一六九〕四𠲺。痡，病也。言害所及遠。崇㐰〔一七〇〕姦回，放黜師窠〔一七一〕，迴〔一七二〕，邪也。姧耶〔一七三〕之人，反尊信之。可法以安者，返放退之也〔一七四〕。屏弃〔一七五〕典刑，囚佞〔一七六〕正士，屏弃常法而不顧，箕子正諫而以爲囚奴。郊社弗〔一七七〕修，宗廇弗亯〔一七八〕，作奇伎〔一七九〕淫巧㠯悦婦人。言紂廢至尊之敬，營卑褻惡事，作過制伎巧，以恣耳目之慾〔一八〇〕。上帝弗順，祝降旹□

（後缺）

【校記】

〔一〕㠯九哥，刊本作「以九歌」，《玉篇·人部》：「以，古作㠯。」下「㠯」字皆同。陳鐵凡（一）云：「哥、歌古今字，《漢書》仍多以「哥」代「歌」。」

〔二〕俾勿𣀔，底一「俾」右部略有殘泐，兹據刊本擬補；「𣀔」字殘存上半，刊本作「壞」，《説文·土部》：「壞，敗也，从土褱聲。𣀔，籀文壞，从攴。」兹據以擬補。又「𣀔」後底一殘泐，刊本作「休美董督也言善政之道美以戒之威以督之歌以勸之使政」。以下底卷中凡殘字、缺字、脱字補出而未特別説明者，均據刊本，不復一一注明。

〔三〕成，底一殘存右上角。「成」下底一殘泐，刊本作「六府三事允治萬世」。

〔四〕旹，刊本作「時」。《説文·日部》：「旹，古文時，从日㞢作。」下「旹」字同此。

〔五〕「五」下底一殘泐，刊本作「行敘曰成因禹陳九功而」。

〔六〕「是」下底一殘泐，刊本作「汝之功明衆臣不及帝曰格」。

〔七〕女𠁁，刊本作「汝禹」，「女」「汝」古今字，寫卷作「女」者，刊本皆作「汝」，下凡此均不復出。《説文·内部》：「𠁁，古文禹。」《漢書·藝文志》有「《大𠁁》三十七篇」，師古注：「𠁁，古禹字。」《書古文訓》作「𠁁」，「𠁁」者「𠁁」之訛變。下凡「𠁁」字同此。

〔八〕卅十三，刊本作「三十有三」，陳鐵凡(一)云：「巾箱本、互注本、八行本、阮刻本「卅」作「三十」。案古文數字多合書，敦煌本、日本古鈔本凡十位數字亦多合書；但讀時仍作二字讀。」《集韻·有韻》：「有，古作ナ。」下「ナ」字皆同此。「三」下底一殘泐，刊本作「載耄期倦于勤汝」。

〔九〕弗，刊本作「不」，二字義同。

〔一〇〕捴，刊本作「總」，「總」之俗字有寫作「惣」者(《敦煌俗字研究》下編五三四頁)，此作「捴」，又「惣」之訛變也。

〔一一〕「曰」下底一殘泐，刊本作「耄百年曰期頤言已年老」。

〔一二〕「機」下底一殘泐，刊本作「汝不懈怠於位稱總我衆」。

〔一三〕攝也，底一「攝」殘存右下角「耳」，刊本無「也」字。

〔一四〕㥁宀，刊本作「德罔」，《説文》有「𢛳」字，隸變作「悳」、「㥁」，「㥁」者「悳」之變體也，《廣韻·德韻》以「悳」爲「德」之古文；《玉篇·宀部》：「宀，古文罔。」

〔一五〕𫝀弗，刊本「𫝀」作「民」，「𫝀」當是「民」之變體，下凡「𫝀」字同此。底一「弗」殘存上半，兹據日本古寫本内野本、足利本擬補。刊本「弗」作「不」，「弗」「不」義同。底一「弗」下殘泐，刊本作「依皐陶邁種」。

〔一六〕德，底一殘存左邊「彳」。

〔一七〕民褱，刊本作「民懷」，底一「民」原缺末筆，避諱缺筆字，兹據刊本録正，下凡「民」字同此；《説文・心部》「懷」篆下段玉裁注：「古文又多叚『懷』爲『褱』者。」「褱」爲「褱」之俗訛。

〔一八〕邁，底一殘存上半。「邁」下底一殘泐，刊本作「行種布降下懷歸也言」。

〔一九〕「已」下底一殘泐，刊本作「無德民所不能依臯」。

〔二〇〕繇，刊本作「陶」，「繇」前殘脱之字當是「咎」，刊本作「臯陶」，隸古定《尚書》「臯陶」作「咎繇」，説詳《古文尚書傳》（一）校記〔三三〕。下凡「咎繇」同此。

〔二一〕洽，刊本作「治」，陳鐵凡（一）云：「内野本、足利本「洽」與此同。互注本、阮刻本作「治」。案《正義》云：「臯陶行布於德，德乃下洽於民。」《左・莊八年》傳引《夏書》「臯陶種德」《疏》亦云：「孔安國以爲邁行種布降下也。言臯陶能行布其德，德乃下洽於民。」是孔《疏》本作「洽」也。宋以後本以形近而訛爲「治」。」

〔二二〕也，刊本無。

〔二三〕才，刊本作「哉」，《集韻・咍韻》：「哉，古作才。」下「才」字同。

〔二四〕在，底一存上端殘畫。「在」下底一殘泐，刊本作「在兹釋兹在兹」。

〔二五〕咎陶之德，刊本「咎」作「臯」，《字彙補・子集拾遺》：「咎，「咎」字之譌。」「臯陶」之「臯」，古皆作「咎」。下凡「咎」字同此。「陶之」二字底一存左側殘畫，「德」存左邊「彳」。

〔二六〕也，刊本作「之」，陳鐵凡（一）云：「互注本、八行本、阮刻本「也」作「之」。案《疏》題作「傳名言至念之」，作「之」，「也」字當是「之」字之譌。」

〔二七〕庻，刊本作「庶」，「庶」字《説文》小篆作「庶」，「庻」當是其隸變之異。

〔二八〕「干」下刊本有「我」字，陳鐵凡（一）云：「各本「干」下有「我」字。案《正義》云：「皆無敢有干犯我正道者」，此當誤脱「我」字。」

〔二九〕 明于ㄨ,刊本作「明于五」,「明」「明」異體;「五」字《説文》小篆作「X」,《玉篇·五部》以爲「五」之古文,此作「ㄨ」,當是「X」之變體。下凡「明」、「ㄨ」字皆同。

〔三〇〕 弻,刊本作「弼」,據《説文·弜部》,「弻」爲「弼」之古文。

〔三一〕 ⿰开月,刊本作「期」,《書古文訓》作「⿰亓月」,《集韻·之韻》:「其,古作亓。」「⿰开月」當作「⿰亓月」,左旁「亓」作「开」者,形誤也。下「⿰开月」字同。

〔三二〕 亡,刊本作「無」,「亡」「無」古今字。下凡「亡」字皆同此。

〔三三〕 楙,刊本作「懋」,《説文·心部》「懋,勉也」段玉裁注:「古多叚「茂」字爲之。」《舜典》「汝平水土,惟時懋哉」,伯三三一五《尚書釋文》第八四行出「楙」(「楙」之形誤字)字,注云:「古茂字。」是「楙」爲「懋」之古文。

〔三四〕 煞,刊本作「殺」,「煞」爲「殺」之俗字,説見《干禄字書·入聲》。下「煞」字同。

〔三五〕 「期」前刊本有「刑」字,陳鐵凡(一)云:「此當誤脱「刑」字。」

〔三六〕 合于大中,刊本作「命於大中之道」,阮元《尚書校勘記》(以下簡稱「阮校」)云:「毛本「命」作「合」,是也。」陳鐵凡(一)云:「案《正義》云:「民皆合於大中,言舉動每事得中,不犯法憲,是合大中。」阮刻本誤。内野本、神宫本、八行本、互注本、阮刻本末有「之道」二字。案《疏》文亦無「之道」二字,與此同。《洪範》「建用皇極」僞《傳》:「皇,大極,中也。凡立事當用大中之道。」本傳各本末有「之道」二字,當涉《洪範》傳文而衍。」

〔三七〕 僁,刊本作「愆」,《干禄字書·平聲》:「僁、愆,上俗下正。」

〔三八〕 柬,刊本作「簡」,《漢書·高惠高后文功臣表》「遴柬布章,非所以視化勸後也」師古注引晉灼曰:「柬,古簡字。」「柬」爲「柬」之變體。

〔三九〕 罰弗及孠,底一「罰」之「罒」旁原訛作「曰」,兹據刊本録正;刊本「孠」作「嗣」,《説文·册部》:「古文嗣,从子。』是『孚』爲『嗣』之古文。

〔四〇〕注文『世』字底一原缺筆，避諱缺筆字，兹據刊本録正。

〔四一〕也，刊本無。

〔四二〕辠，刊本作『罪』，《説文・辛部》：『辠，犯灋也。秦以辠似皇字，改爲罪。』下『辠』字同。

〔四三〕輕功疑惟重，底一『輕功』二字淡墨書於界外地脚，『惟』字淡墨書於天頭上，蓋朱筆後添；『疑』字原無，底卷『功』下似有殘筆，蓋『疑』字部分原紙被裁去，兹據刊本擬補。

〔四四〕亓敍弗，刊本作『其殺不』，《集韻・之韻》：『其，古作亓。』《字彙・攴部》：『敍，同殺。』攵與攴同，則『敍』爲『殺』之别體；『不』『弗』義同。下句『弗』字同。

〔四五〕悳，刊本作『德』。『悳』者，『惪』之俗訛。『惪』爲『德』之古字，説詳校記〔一四〕。下『悳』字同。

〔四六〕於，刊本作『于』，二字古多通用。

〔四七〕弗，刊本作『不』，二字義同。

〔四八〕也，刊本無。

〔四九〕也，刊本無。

〔五〇〕善，底一殘存下部『口』。

〔五一〕从，刊本作『從』，《集韻・鍾韻》：『从，古作从。』『从』『從』古今字，《説文・从部》『从』篆下段注：『从者，今之從字，從行而从廢矣。』下凡『从』字同此。

〔五二〕『目』下底一殘泐，刊本作『治四方風動惟乃之』。

〔五三〕底一至『使我』二字止，其下殘泐。

〔五四〕陟元后，底二起於此。

〔五五〕平，刊本作『丕』，趙坦《春秋異文箋・附録》云：『丕，本字；平，隸之變體。』

〔五六〕『大』下刊本下有『也』字。

〔五七〕也，刊本無。

〔五八〕大功，底二『大』字墨色濃而字體大，似改在『之』字上者；刊本『大』前有『之』字。

〔五九〕雙行注文『善禹』（右行）『天子』（左行）下底二殘泐，刊本作經文『人心惟危』。

〔六〇〕『道』字底二上端殘損。

〔六一〕身，刊本作『厥』，《説文·氏部》有『氒』篆，段玉裁注云：『《玉篇》亦作「身」，隸變也。』《廣韻·月韻》以『氒』爲『厥』之古文，案《書古文訓》作『氒』，此作『身』，均『氒』之隸變也。

〔六二〕微則，底二『微』缺右邊『攵』，『則』缺右邊『刂』。

〔六三〕誡，刊本作『戒』，『戒』『誡』古今字。

〔六四〕乩，刊本作『稽』，《説文·卜部》：『卟，卜以問疑也。从口卜，讀與稽同。』段注：『俗作乩。』《玉篇·乙部》：『乩，今作稽。』

〔六五〕惎，刊本作『謀』，《龍龕·心部》：『惎，古文，音謀。』《書古文訓》亦作『惎』。

〔六六〕也，刊本無。

〔六七〕之，刊本無。

〔六八〕爲君，刊本作『君爲』，陳鐵凡（一）云：『各本作「民以君爲命」。案《正義》曰：「民以君爲命，故愛君也。」又曰：「百人無主，不散則亂，故民以君爲命。」此當誤倒。』

〔六九〕『戴君以自存君恃衆』八字底二旁注；陳鐵凡（一）云：『各本「守」上有「君恃衆」三字。案《正義》曰：「君非衆人無以守國，無人則國亡。」此當誤脱「君恃衆」三字。』案『戴君以自存君恃衆』八字爲抄脱而後添者，而且由於『戴君以自存』五字寫得過大，『存』字已接近寫卷的地脚邊緣，『君恃衆』三字已不能續寫在本行之下，因而『君』字蜷縮在地脚邊緣，而『恃衆』二字則又在旁邊橫寫於地脚上。陳氏所據者爲日本東洋文庫據縮微膠卷影印的《敦煌文獻録》，地脚邊緣之字不可辨識，故而誤以爲寫卷脱此三字。而且「君恃衆」三字當置於「以守國」的「以」字前，而不是在「守」字前。

〔七〇〕昚，刊本作「慎」，「昚」爲「慎」之古文，見《説文・心部》「慎」篆。

〔七一〕亓，底二原作「开」，刊本作「其」，《集韻・之韻》：「其，古作亓。」「开」爲「亓」之形誤，兹據以改正。

〔七二〕亖㮺朱窮，刊本作「四海困窮」。《玉篇・二部》：「亖，古文四。」《玉篇・水部》「海」字條下云：「㮺，同上。」《説文・口部》「困」篆下云：「朱，古文困。」此作「朱」，「朱」之訛體也。下凡此皆同。

〔七三〕也，刊本無。

〔七四〕也，刊本無。

〔七五〕𡥆，刊本作「好」，《集韻・晧韻》：「好，古作𡥆。」

〔七六〕弗，刊本作「不」，二字義同。

〔七七〕「一」下刊本有「也」字。

〔七八〕也，刊本無。

〔七九〕至，刊本作「志」，陳鐵凡（一）云：「巾箱本、互注本、八行本、阮刻本「至」作「志」。案《正義》亦作「志」，無「至」當爲「志」之譌。內野本、足利本、神宮本「至」作「志也」。案《疏》題云「傳枚謂至之志」，無「也」字。」

〔八〇〕獘，刊本作「蔽」，《説文》有「敝」無「獘」，「獘」爲後起字，《玉篇・㡀部》「敝」下云：「獘，同上，俗。」「獘」爲「蔽」之借字。《傳》中「獘」字同。

〔八一〕𪚦，刊本作「龜」，《説文・龜部》以「𠁴」爲「龜」之古文，《書古文訓》之「𠁴」，寫卷之「𪚦」，蓋當爲「𠁴」之變體。下「𪚦」字同。

〔八二〕「命」下刊本有「於」字，是也。

〔八三〕亓，刊本作『其』，《集韻·之韻》：『其，古作亓。』

〔八四〕叶，刊本作『協』，《玉篇·口部》：『叶，合也。古文協。』

〔八五〕言，刊本作『然』。

〔八六〕𥡴，刊本作『稽』，《玉篇·𥡴部》：『𥡴，今作稽。』『𥡴』其變體也。

〔八七〕詞，刊本作『辭』，二字通用；《書古文訓》作『詞』。下『詞』字同。

〔八八〕辤，刊本作『辭』，敦煌寫本『辭』多寫作『辤』或『辞』，《干禄字書·平聲》：『辤、辝、辭，上中立辤讓；下辭說，今作辞，俗。』是在唐時，『辞』已成爲『辭』之俗字，而『辞』則又爲『辤』之訛變俗字。下『辤』同。

〔八九〕亡，刊本作『毋』，陳鐵凡(一)云：『巾箱本、互注本、八行本、阮刻本「亡」作「毋」。案甲骨文、鐘鼎文無「毋」字。有無之「無」俱作「亡」。』

〔九〇〕無，刊本作『毋』，《説文·毋部》：『毋，止之詞也。』段注：『古通用無。』此『無』字釋經文『亡』字，所謂釋古以今也。

〔九一〕也，刊本無。

〔九二〕⿴行吉，刊本作『率』，《説文·行部》『⿴行率』篆下段注云：『⿴行率，導也，循也，今之「率」字。「率」行而「⿴行率」廢矣。』案『率』字盂鼎作『[illegible]』，毛公鼎作『[illegible]』，吴大澂《説文古籀補》云：『小篆别作⿴行率，非是。』『[illegible]』正與『⿴行吉』形同。如此，『率』之古文當作『⿴行吉』也。『率』字詛楚文作『[illegible]』，隸定爲『⿴行率』。《集韻·質韻》：『⿴行率，古作⿴行率。』《幽州刺史朱龜碑》：『不⿴行率天常。』(《隸釋》卷十)《書古文訓》作『⿴行率』，皆與詛楚文同。《説文》以『⿴行吉』爲『𧗳』之異體，用爲⿴行吉賣之『⿴行吉』。隸古定字蓋皆作『⿴行率』。

〔九三〕『帝』下刊本有『位』字。

〔九四〕⿴行率，刊本作『率』，説見校記〔九二〕。

〔九五〕佂，刊本作『征』，陳鐵凡(一)云：『案「佂」爲許書所無，此當「征」之譌省。《廣雅·釋詁》有「佂」字，訓懼，與此無涉。』案敦煌寫卷彳、亻常混。

〔九六〕也，刊本無。

〔九七〕『往』下刊本有『也』字。

〔九八〕也，刊本無。

〔九九〕也，刊本無。

〔一〇〇〕岃，刊本作『會』，《玉篇·會部》：岃，古文『會』字。

〔一〇一〕⿰氵岃⿰氵岃，刊本作『濟濟』，《玉篇·水部》『濟』條下云：『⿰氵岃，古文。』《傳》同。

〔一〇二〕也，刊本無。

〔一〇三〕狠，刊本作『貌』，『狠』爲『貌』之俗字『貇』的訛變。

〔一〇四〕戩，刊本作『蠢』，《説文·蚰部》以『𢧢』爲『蠢』之古文，《書古文訓》作『𢧢』，應是『𢧢』之訛變，『戩』又是『𢧢』之形訛。

〔一〇五〕弗龔，刊本作『不恭』，『弗』『不』義同，『龔』爲古文『恭』，説詳《古文尚書傳》(二)校記〔七三〕。

〔一〇六〕也，刊本無。

〔一〇七〕昏，刊本作『昬』，『昏』爲『昬』之異體。

〔一〇八〕『討』下刊本有『之』字，陳鐵凡(一)云：『内野本、足利本末有「也」字，其他各本末有「之」字。案《疏》題：「傳蠢動至討之」，作「之」。』

〔一〇九〕嫚，刊本作『慢』，陳鐵凡(一)云：『各本「嫚」作「慢」。案嫚，正字。慢，借字。《説文·女部》云：「嫚，侮傷也。」人部云：「侮，傷也。傷，輕也。」「慢」字許書訓惰，經傳多用以代「嫚」。』

〔一一〇〕傷敗德義也，刊本無『傷』、『也』二字。

〔一一一〕埜，刊本作『野』，《玉篇·林部》：『埜，古文野。』

〔一一二〕癈，刊本作『廢』，『癈』爲『廢』之俗寫。

〔一一三〕姧，刊本作『姦』，《五經文字·女部》：『姦，私也。俗作姧，訛。』

〔一一四〕弃弗，刊本作『棄不』，伯三三一五《尚書釋文》第八五行出『弃』，云：『古棄字。』『弗』『不』二字義同。

〔一一五〕之，刊本無，陳鐵凡(二)云：『言民叛與天災爲二事也。日本諸古寫本同，其他各本無上「之」字，義不顯矣。』

〔一一六〕尒，刊本作『爾』，《敦煌俗字研究》：『「爾」「尒」古本非一字，後世則合二而一，字多寫作「爾」。』(下編第七頁)下『尒』字同。

〔一一七〕伐，刊本作『罰』，阮校：『宋板、岳本、閩本、《纂傳》本同，《唐石經》「罰」作「伐」，明監本、毛本因之。古本及蔡《傳》並作「伐」。案「伐」字是也。』

〔一一八〕辤，刊本作『辭』，《五經文字·辛部》：『辭、辤、辞，上《説文》，中古文，下籒文。經典相承通用上字。』下『辤』字同。

〔一一九〕勛，刊本作『勳』，《説文·力部》：『勛，古文勳，从員。』

〔一二〇〕『十日』下刊本有『也』字。

〔一二一〕告，刊本作『誥』，陳鐵凡(一)云：『《説文·言部》云：「誥，告也。」本經《疏》文亦作「告」。俞云：「告者，誥之古文也。《禮記·緇衣篇》鄭注曰：告，古文誥。此其明證也。」』

〔一二二〕『威脅』二字底二書於『兵所』旁，應是旁注改字。

〔一二三〕𦏧贊，刊本『𦏧』作『益』，《説文·口部》：『嗌，咽也。𦏧，籒文嗌。』《漢書·百官公卿表》云：『𦏧作朕虞。』師古注：『𦏧，古益字也。』『𦏧』者，『𦏧』之隸定也，『益』『嗌』古今字。底二『贊』原作『賛』，應是俗訛字，兹據刊本録正。《傳》中『贊』字同。

〔一二四〕𡾋，刊本作『動』，陳鐵凡(一)云：『敦煌本、日本古鈔本「動」字多作「𡾋」，「𡾋」字當爲「堹」字之譌。古文從止之字，多譌從山作。《說文》「動」字下出籀文，作「⿺辵重」，「歱」殆「桌」之省。「歱」在許書訓另一字，訓跟。』案『⿺辵重』字隸定爲『⿺辶重』，辵旁與止旁可通用，故『⿺辶重』可寫作『歱』，遂與訓跟之『歱』同形，《汗簡・止部》引《尚書》作『歱』。

〔一二五〕以，刊本無。

〔一二六〕嗛，刊本作「謙」，陳鐵凡(一)云：「《說文・口部》云：『嗛，口有所銜也。』言部云：『謙，敬也。』段注云：『謙或假嗛爲之。』是也。《漢書・藝文志》：『合於堯之克攘，易之嗛嗛。』顔注曰：『嗛字與謙同。』」《傳》中『嗛』字同。

〔一二七〕天道之常，刊本作『天之常道』，陳鐵凡(一)云：「『互注本、八行本、阮刻本作「是天之常道」，内野本作「是天道之常道也」，足利本末有「也」字。案《正義》曰：「滿招損，謙受益，爲天道之常也。」是孔《疏》本如此。後世「道」字誤倒于「常」字下，誤。内野本又加二「道」字，尤非。』

〔一二八〕耕，刊本無，陳鐵凡(一)云：『内野本、足利本、神宮本同，其他各本無「耕」字。案《傳》曰「言初耕于歷山之時」，《疏》曰「書傳言舜耕於歷山，鄭玄云：歷山在河東，是耕於歷山之時……」是傳、疏本皆有「耕」字也，嚴可均《唐石經校記》云：「初耕于歷山，磨改「初于歷山」。」』

〔一二九〕天，刊本作『父』，案當作『父』。

〔一三〇〕於，刊本作『于』，二字通用。

〔一三一〕他，刊本作『於』。

〔一三二〕弘，刊本作『引』，陳鐵凡(一)云：『《說文解字詁林》「引」字下，丁福保據慧琳《音義》卷三頁六「引」字注，引《說文》云：古文從人作弘。』下『弘』字同。

〔一三三〕瞽，刊本作『瞽』。『瞽』爲『瞽』之俗字。

〔一三四〕夒夒亝桌，刊本『夒夒』作『夔夔』，『亝』作『齋』，『桌』作『慄』，『夒』爲『夔』之俗字，見《干祿字書・平聲》：『亝』爲『齊』之古字，『齊』『齋』古今字；陳鐵凡（一）云：『「㮚」爲篆文「𣘀」之省，隸變作「栗」。』又云：『「慄」爲許書所無，而始見於《玉篇》，當爲後起之字。』

〔一三五〕匿惡也，刊本『匿』作『慝』，無『也』字，『匿』『慝』古今字，説見《經義述聞》卷二十『野處而不暱』條。

〔一三六〕皃，刊本作『貌』，據《説文》，『皃』爲小篆隸定字，『貌』爲籀文隸定字。

〔一三七〕於，刊本作『于』，二字通用。

〔一三八〕成，刊本作『誠』，『成』爲『誠』之借。

〔一三九〕敓，刊本作『矧』，《説文·矢部》『矤』篆下段注：『《尚書》多用「矤」字，俗作「矧」。』《玉篇·矢部》『矤』條下云：『矧，同上。敓，同上。』《龍龕·矢部》則以『敓』爲『矤』之俗字。

〔一四〇〕也，刊本無。

〔一四一〕也，刊本無。

〔一四二〕旉，刊本作『敷』，伯三三一五《尚書釋文》第六六行：『旉，古敷字。』

〔一四三〕𦏶，刊本作『舞』，《説文·舛部》：『舞，樂也。𦏶，古文舞，从羽亾。』『亡』爲『亾』之隸變。

〔一四四〕也，刊本無。

〔一四五〕『翳』下刊本有『也』字。

〔一四六〕脩，刊本作『修』，二字古多通用，然此處當以作『修』爲正字。

〔一四七〕於，刊本作『于』，二字通用。

〔一四八〕服，底二原脱左半『月』。『服』前底二殘泐，刊本作『事七旬有苗格討而不』。

〔一四九〕御之必有道也，刊本『之』下有『者』，無『也』字。

〔一五〇〕『荒』前底二殘泐，刊本作『洞庭右彭蠡在』。

〔一五一〕底二至『里』字止，其後殘泐。

〔一五二〕畏，底三殘存左半。底三起於此。

〔一五三〕執非敵之志，底三「執」字存左半，「敵」字存左上角。

〔一五四〕以伐之則克矣，底三「則」殘存左半，刊本無「以」字。「矣」後底三殘泐，刊本作「百姓懔懔」。

〔一五五〕无所容頭也，刊本「无」作「無」，無「也」字。

〔一五六〕烏雩，刊本作「嗚呼」，「烏」「嗚」古今字，「雩」字後起，《説文》、《玉篇》均無，考虍、雨二部首古常混，則「雩」當是「虖」之誤也，「虖」「呼」古今字。下「烏雩」皆同。

〔一五七〕世，底三原缺筆，避諱缺筆字，玆據刊本録正。《傳》中「世」字同。

〔一五八〕安之也，刊本作「安民」。

〔一五九〕𣂚，刊本作「誓」，《説文·艸部》「折」之籀文作「𣂚」，《玉篇·艸部》隸定作「𣂚」，此作「𣂚」，亦其變體，王引之《經義述聞》卷三「誓字古文」條云：「𣂚，籀文折字，古文假借也。」

〔一六〇〕百夫長以上也，底三「夫」、「長」殘存左半，刊本「以」作「已」，無「也」字，案「以」「已」古通用。

〔一六一〕⿱帥月，刊本作「類」，陳鐵凡《敦煌本商書校證》云：「《説文》：『⿱帥月，血祭肉也。』與「類」同音通叚，隸古文《尚書》皆作⿱帥月。」（四七頁，臺北長期發展科學委員會一九六五）

〔一六二〕「商王受」前刊本有「今」字。

〔一六三〕巟，刊本作「荒」，黄侃《説文段注小箋》：「荒之本字亦作巟。」（《説文箋識四種》一九四頁，上海古籍出版社一九八三）

〔一六四〕㡭，刊本作「絶」，《説文·糸部》：「繼，續也。繼或作㡭。」（此據段注本）《正字通·糸部》：「㡭，繼本字。」《説文·糸部》：「絶，斷絲也。𢇍，古文絶，象不連體絶二絲。」此作「㡭」，「𢇍」之訛。

〔一六五〕㞢，刊本作「之」，《玉篇·之部》「之」條下云：「㞢，古文。」下凡「㞢」字同。

〔一六六〕臤，刊本作「賢」，《説文·臤部》：「臤，古文以爲賢字。」

〔一六七〕於人，底三原誤倒作『人於』，兹據刊本乙正。

〔一六八〕作畏煞尋，刊本『畏』作『威』，『尋』作『戮』。『畏』『威』古通，隸古定《尚書》『威』多寫作『畏』，《集韻・蕭韻》：『戮，古作尋。』

〔一六九〕痛，底三原作『痡』，乃『痛』字形誤，兹據刊本録正。《傳》中『痛』字同。

〔一七〇〕佀，刊本作『信』，《玉篇・人部》：『佀，古文信。』

〔一七一〕寀，刊本作『保』，《集韻・晧韻》：『保，古作采，隸作保。』『寀』蓋『采』之訛變。

〔一七二〕迴，刊本作『回』，《説文・交部》：『𡇷，衺也。』此回邪之『回』的本字，《説文・口部》：『回，轉也。』『迴』爲回轉之『回』的後起字，作『迴』誤。

〔一七三〕姧耶，刊本作『姦邪』，《玉篇・女部》『姦』條下云：『姧，同上，俗。』又《耳部》『耶』條下云：『俗邪字。』

〔一七四〕返放退之也，刊本『返』作『反』，無『也』字，案『返』爲『反』之音借字，『也』乃爲雙行對齊而添。

〔一七五〕弃，刊本作『棄』，《説文・華部》以『弃』爲『棄』之古文。《傳》中『弃』字同。

〔一七六〕伩，刊本作『奴』，《玉篇・女部》『奴』條下云：『伩，古文。』

〔一七七〕弗，刊本作『不』，二字義同。

〔一七八〕宗庴弗含，刊本作『宗廟不享』，『庴』爲『庿』之誤，『庿』爲『廟』之古文；『弗』『不』義同；據《説文》，『享』之籀文作『亯』，隸定作『亯』，『含』爲『亯』隸變之異，三體《石經》作『亯』，亦『亯』之變體。

〔一七九〕伎，刊本作『技』，《説文・手部》：『技，巧也。』人部：『伎，與也。』則『技』爲正字，『伎』爲借字。《傳》中『伎』字同。

〔一八〇〕慾，刊本作『欲』，『欲』『慾』古今字。

古文尚書傳（五）（益稷—胤征）

伯三六〇五（底一甲）　伯三六一五（底一乙）　伯三四六九（底一丙）
伯三一六九（底一丁）　伯五五二二（底二甲）　伯四〇三三（底二乙）
伯三六二八（底二丙）　伯四八七四（底二丁）　伯五五四三（底二戊）
伯三七五二（底二己）　伯五五五七（底二庚）　伯二五三三（底三）
北敦一五六九五（忘九五）（甲一）　石谷風舊藏（甲二）

【題解】

底一編號爲伯三六〇五（底一甲）+伯三六一五（底一乙）+伯三四六九（底一丙）+?+伯三一六九（底一丁）。

底一甲存《益稷》後半，起「下管鼗鼓」之「管」，至篇末，共十四行，第十三行上部殘缺數字，末行僅存「卷第三」三字。《索引》首先定名爲《古文尚書殘卷》（存益稷篇十三行）。

底一乙起《益稷》「庶事康哉」僞孔《傳》「衆主乃安」之「乃」，至《禹貢》「蒙羽其藝」僞《傳》「二水已治」，共二十五行。《索引》首先比定其名。

底一丙起《禹貢》「蒙羽其藝」僞《傳》「二山已可種藝」，至「達于淮泗」之「于」，共十三行。伯目著録爲「《書經》殘文」，《索引》定名爲《古文尚書》（殘存禹貢篇十三行）。

底一丁起《禹貢》「伊、洛、瀍、澗既入于河」僞《傳》「洛出上洛山」之「上」，至「至于荆山」僞《傳》「漾水出潘冢」之「漾水」，共二十五行，前二行上下部均有殘缺，末三行上截殘。伯目著録爲「古文《尚書》」，《索引》定名爲

《古文尚書禹貢殘卷》。

《索引》以底一甲、底一乙爲一卷之裂，底一丙、底一丁亦爲同卷。雖然底一丙與底一丁間有殘缺，不能直接綴合，但此四卷爲同一寫卷撕裂而成則無疑問，説詳陳鐵凡《敦煌本尚書十四殘卷綴合記》（新加坡《新社學報》第三期，一九六九）。此四卷綴合後共七十四行，經文大字，小注雙行，涉及《益稷》、《禹貢》二篇的内容。寫卷『治』字缺筆，乃高宗朝以後之寫本。

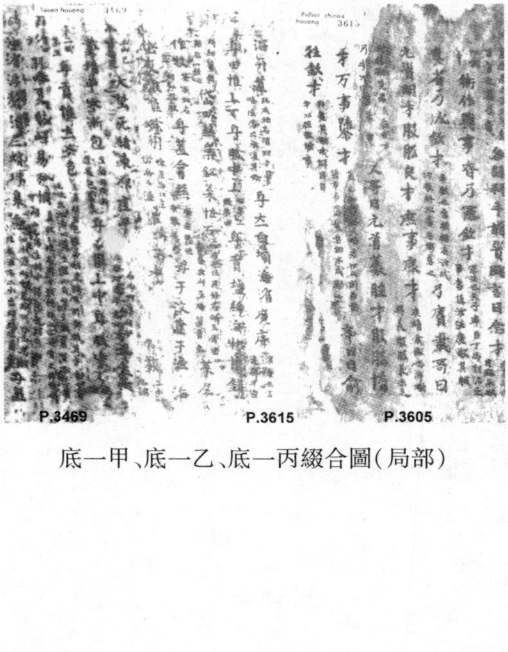

底一甲、底一乙、底一丙綴合圖（局部）

底二編號爲伯五五二二（底二甲）+？+伯四〇三三（底二乙）+伯三六二八（底二丙）+伯四八七四（底二丁）+？+伯五五四三（底二戊）+？+伯三七五二（底二己）+伯五五五七（底二庚）。

底二甲起《禹貢》『厥賦上下』僞《傳》『人功修』（寫卷作『人功脩也』），至『厥篚纖纊』之『厥篚』（寫卷作『[illegible]篚』），僅十一個上半行，下部皆缺。王重民《敘録》首先比定其名。

底二乙起《禹貢》『會于渭汭』僞《傳》『自渭北涯逆水西上』之『逆』字，至『東迆北會于匯』（寫卷作『東迆北岺于匯』）僞《傳》『都共北會爲彭蠡』之『都』，共二十四下半行。

底二丙起《禹貢》『東迆北會于匯』僞《傳》『都共北會爲彭蠡』之『共』，至『三百里諸侯』之『里』字，共二十上半行。《索引》定名爲《古文尚書殘卷》（存禹貢篇十九個上半行）。

底二丁起《禹貢》『導渭自鳥鼠同穴』之『鼠』字，至『厎慎財賦』（寫卷作『厎眘財賦』）僞《傳》『謂壤、墳、壚之『壤』，共八下半行。《索引》定名爲《古文尚書》（存禹貢殘文八斷行）。

底二戊起《禹貢》『五百里綏服』僞《傳》『侯服外之五百里』之『百里』，至《五子之歌》篇題僞《傳》『啓之五子』，涉及《禹貢》、《甘誓》、《五子之歌》三篇内容，存二十一下半行。《索引》定名爲《古文尚書》（殘存下半截廿一行），没有標出篇目；《寶藏》定名爲《古文尚書夏書甘誓》，乃據殘存子目定名。許建平據寫卷内容，定爲《尚書（禹貢—五子之歌）》（《敦煌本〈尚書〉敘録》，《敦煌文獻論集：紀念敦煌藏經洞發現一百周年國際學術研討會論文集》三八三頁，遼寧人民出版社二〇〇一）。

底二己起《五子之歌》『予將疇依』僞《傳》『言當依誰以復國乎』之『復』，至《胤征》『遒人以木鐸徇于路』僞《傳》『木鐸』，共十三行。第一行僅存僞《傳》文『復』及『愧』、『忸』兩個殘字，第二至七行上端殘泐，末行僅存僞《傳》文五字。《索引》定名爲《古文尚書》（存胤征八行）；法目定名《尚書》，在説明中注明了寫卷所包括的《五子之歌》、《胤征》兩篇名。

底二庚起《胤征》『每歲孟春』之『春』，至篇末，尾題『尚書卷第三』，共二十六行。《索引》定名爲《古文尚書》（存胤征篇廿六行）。

王重民根據筆迹，確定底二甲、底二乙、底二丙三卷爲同一卷斷裂而成（《敘録》一四頁），不過底二甲與底二乙之間殘缺約十九行之多。陳鐵凡《敦煌本尚書十四殘卷綴合記》又將底二戊與上三卷綴合，但底二丙與底二戊之間殘缺約一行的位置，並不能直接綴合。吴福熙發現底二丁正好是底二丙之下半部（《敦煌殘卷古文尚書校注》八八頁，甘肅人民出版社一九九二）。姜亮夫認爲底二甲、底二戊、底二庚三卷爲一卷之裂（《莫高窟年表》三二八頁，上海古籍出版社一九八五），饒宗頤又將底二戊、底二己、底二庚三卷綴合爲一卷（《法藏敦煌書苑精華》第二册二四九頁，廣東人民出版社一九九三）。如此，共有七個殘卷綴合爲一，起《禹貢》『厥賦上下』僞《傳》『人功修』，至《胤征》篇末，共二百一十五行，涉及《禹貢》、《甘誓》、《五子之歌》、《胤征》四篇的内容，故擬名爲《古文尚書傳（禹貢—胤征）》。

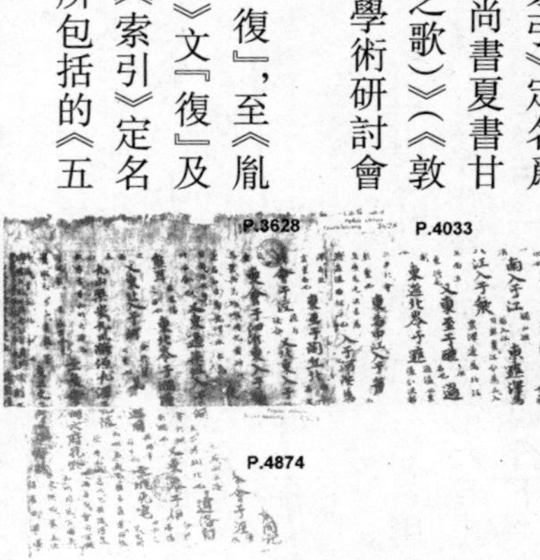

底二乙、底二丙、底二丁綴合圖

底二庚卷末題記云『天寶二年八月十七日寫了也』，則此寫卷乃抄於天寶二年（七四三）也。

底三編號爲伯二五三三，起《禹貢》『四海會同』之『海』（寫卷作『𣳚』），至《胤征》『嗚呼！　威克厥愛』之『嗚呼』（寫卷作『於虖』），共一百零六行，末二行下截殘泐。經文大字，小注雙行。《伯目》著録爲『尚書，僞孔安國注』，《索引》定名爲《古文尚書殘卷》（存禹貢至胤征）。此卷涉及《禹貢》、《甘誓》、《五子之歌》、《胤征》四篇的内容，今依例擬名爲《古文尚書傳（禹貢—胤征）》。

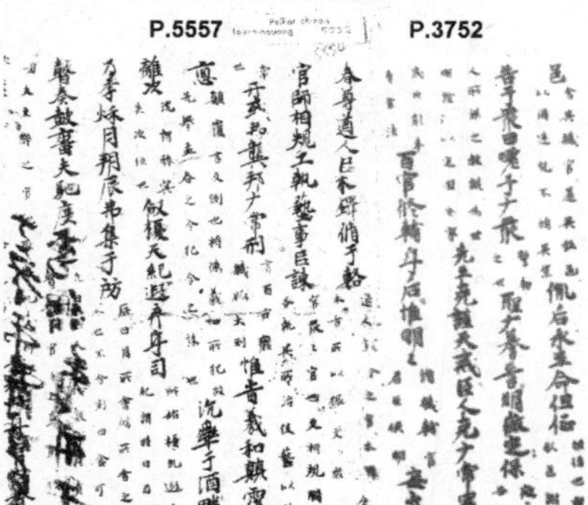

底二己與底二庚綴合圖（局部）

底三『世』出現三次，『民』出現十次，『治』出現七次，『棄』出現一次，均不避諱，因而羅振玉認爲是初唐寫本（《隸古定尚書孔傳唐寫本殘卷校字記》，《羅雪堂先生全集・四編》第三册一一〇一頁，臺北文華出版公司一九六八），姜亮夫則定爲六朝寫本（《敦煌——偉大的文化寶藏》九二頁，上海古典文學出版社一九五六）。

甲卷編號爲北敦一五六九五（甲一）+石谷風舊藏（甲二）。甲一，國家圖書館千字文編號爲忘九五，起《禹貢》『至于鳥鼠』之『于』，至『織皮崐崘』僞《傳》『織皮，毛布』，七上半行，經文大字，小注雙行。這個國圖所藏殘片原件共六行，是由三個碎片拼接而成的，但拼接錯誤，如果修整過來以後，這個殘片應該是七行，考詳許建平《中國國家圖書館藏未刊敦煌寫本殘片四種的定名與綴合》（《浙江與敦煌學——常書鴻先生誕辰一百周年紀念文集》三一六頁，浙江古籍出版社二〇〇四）。

甲二爲石谷風舊藏《尚書》殘片，僅存四行九字，《晉魏隋唐殘墨》（安徽美術出版社一九九二）定名《唐文書殘紙》，方廣錩比定爲白文本《尚書・夏書・禹貢》（《〈晉魏隋唐殘墨〉綴目》，《敦煌吐魯番研究》第六卷三二七頁，北京大學出版社二〇〇二）。其實此殘片乃是從甲一脱落之碎片，正可綴接於甲一第一至第四行下。而甲一是僞孔本《尚書》，則此殘片亦非白文本。

甲一、甲二綴合後，共七行，存《禹貢》部分内容。方廣錩認爲是鈔寫於七、八世紀的唐寫本。

劉師培《敦煌新出唐寫本提要·隸古尚書孔氏傳夏書殘卷》（《劉申叔遺書》，江蘇古籍出版社一九九七。簡稱『劉師培』）、羅振玉《隸古定尚書孔傳唐寫本殘卷校字記》（簡稱『羅振玉』）都對底三作有簡單的校記；陳鐵凡《敦煌本虞夏商書斠證補遺》（《大陸雜誌》第三八卷第二期，一九六九。簡稱『陳鐵凡（一）』）對底一甲、底二丁作過校證；陳鐵凡《敦煌本夏書斠證》（《南洋大學中文學報》第三期，一九六五。簡稱『陳鐵凡（二）』）對底一丙、底三作過校證；吴福熙《敦煌殘卷古文尚書校注》（甘肅人民出版社一九九二。簡稱『吴福熙』）對底卷都作過簡單的校記。

本篇先以底一甲+底一乙+底一丙爲底本，自《禹貢》『厥土惟塗泥，厥田惟下中，厥賦上下』僞《傳》『人功脩也』起以底二甲爲底本，自《禹貢》『伊、洛、瀍、澗既入于河』僞《傳》『洛出上洛山』之『上洛山』起以底一丁爲底本，自《禹貢》『導嶓冢，至于荆山』僞《傳》『漾水出嶓冢』之『出嶓冢』起以底二乙爲底本，自《禹貢》『咸則三壤』之『壤』起以底三爲底本，自《胤征》『脅從罔治』僞《傳》『皆无治也』起以底二庚爲底本。

底一、底二皆據縮微膠卷録文；底三，縮微膠卷所據原卷已有殘泐，此據羅振玉影印《鳴沙石室佚書》宸翰樓本録文；以甲卷及中華書局影印阮元刻《十三經注疏·尚書正義》爲對校本（簡稱『刊本』），校録於後。

（前缺）

管鼗鼓〔一〕，合止柷敔，堂下樂也。上下合止樂，各有柷敔。助球、絃、鍾、［籥］〔二〕，各自互見。笙庸吕〔三〕間，鳥獸䂋䂋〔四〕；庸，大鍾；間，迭也。吹笙擊鍾，鳥獸化德，相率而舞，蹌蹌然也〔五〕。簫韶九成，鳳皇來儀。』韶，舜樂名。言簫，見細器之備。雄曰鳳，雌曰皇，靈鳥也。儀，有容儀。備樂九奏而致鳳皇，則餘鳥獸不侍〔六〕九而率舞。夔〔七〕曰：『於！予擊石拊石，百獸衛習〔八〕，庶〔九〕尹允諧。』尹，止〔一〇〕也，衆正官之長。信諧〔一一〕，言神人洽也〔一二〕。始於任賢，立政以礼〔一三〕，治〔一四〕成以樂，所以太平。帝庸作哥〔一五〕曰：『勑天之命，惟旹〔一六〕惟幾。』用庶尹允諧之〔政〕〔一七〕，故歌〔一八〕以戒，安不忘危。勑，正也。奉正天命以臨民，惟在順時，唯〔一九〕在慎微。乃哥曰：『股肱喜才〔二〇〕！元首迟〔二一〕才！百工哭〔二二〕才！』元首，君也。股肱之臣喜樂盡忠，君之治〔二三〕功乃起，百官之業乃廣。咎繇〔二四〕拜手䭫𩠐〔二五〕，颺言曰：『念才！大言而疾曰颺。承歌以戒帝。衛作興事，眘〔二六〕乃憲，欽才！憲，法也。天子率臣下爲起治之事，當慎汝法度，敬其職〔二七〕。婁〔二八〕省乃成，欽才！』屢，數也。當數顧省汝成功，敬終以善，無懈怠也〔二九〕。乃賡載哥曰：『元𩠐明才，股肱良才，庶事康才！』庚〔三〇〕，續；載，成也。帝歌歸美股肱，義未足，故續歌。先君後臣，衆主〔三一〕乃安，以〔三二〕成其義也〔三三〕。又哥曰：『元首叢脞才，股肱惰才，万事隳才〔三四〕！』叢脞，細碎無大略。君如此，則臣懈墮，万事隳〔三五〕廢，其功不成。歌以申戒。帝拜〔三六〕曰：『俞，往欽才〔三七〕！』拜受其歌，戒群臣自今以往，敬職事〔三八〕。

尚書禹貢第一〔三九〕　卷第三　夏書

禹別九州，分其圻界。隨山濬川，桒〔四〇〕其木，深其流。任土作貢。任其土地所有，以定〔四一〕貢賦之差。此堯時事，而在《夏書》之首，禹之王以是功。

《禹貢》禹制九州貢法。

禹旉〔四二〕土，隨山桒木，洪水汎溢，禹分〔四三〕布治九州之土，隨行山林，斬木通道。奠高山大川。奠，定也。高山，五岳；大川，四瀆。定其差秩〔四四〕，祀礼所視。

冀州无〔四五〕載，堯所都也。先施貢賦役〔四六〕，載於書。壺口治梁及岐〔四七〕。壺口在冀州，梁、岐在雍州，從東循山治水而西。无〔四八〕修太原，至于岳昜〔四九〕。高平曰太原，今以爲郡名。岳，太岳，在太原西南。山南曰陽。覃懷厎〔五〇〕績，至于㚓〔五一〕漳。覃懷，近河地名。漳水横流入河，從覃懷致功至横漳。身〔五二〕土惟白壤，無塊曰壤。水去土復，其性色白而壤〔五三〕。身賦惟上上鍇〔五四〕，賦謂土地所生，以供天子。上上，第一。錯，雜也，雜出第二之賦。身田惟中中〔五五〕。田之高下肥脊〔五六〕，九州之中爲苐五也〔五七〕。恒、衛无㓥〔五八〕，大陸无作。二水已治，從其故道，大陸之地已可耕作〔五九〕。島㠯〔六〇〕皮服，海曲〔六一〕謂之島。居島之夷還服其皮，□（明）水害除也〔六二〕。夾右碣石，入于河。碣石，海畔山。禹夾行此山之□（右），而入河逆上地〔六三〕。此州帝都，不説境界，以餘州□（所）至則可知。先賦後田，亦殊於餘州。不言▨（貢）〔六四〕篚，亦差於餘州也〔六五〕。

㳄、河惟沇州〔六六〕。東南據濟，西□（北）距河。九河无〔六七〕道，河水分爲九道，在此州界，平原以北是也〔六八〕。雷夏无澤，邕、沮𡵩同〔六九〕。雷夏，澤名。雍、沮〔七〇〕，二水，會同此澤。桑土无蠶，是降丘宅土。地高曰丘。大水去，民下丘，居平土，就桑蠶也〔七一〕。身土黑墳，色黑而墳起也〔七二〕。身屮〔七三〕惟繇，身木惟條。繇，茂；條，長〔七四〕。身田惟中下，田苐六也〔七五〕。身賦貞。貞，正也。州苐九，成賦▨▨▨▨（正與九相當）〔七六〕。作十ナ〔七七〕三載，乃同。治〔七八〕水十三年，乃有賦法，与他州同也〔七九〕。身貢𢒉〔八〇〕絲，身篚𢇍〔八一〕文。地宜漆林，又宜桑蠶。織文，錦綺之屬。盛之□▨（筐篚）而貢焉也〔八二〕。浮于㳄、漯，達于河。順流曰浮。㳄、漯，兩水名。因水入水曰達也〔八三〕。

㬪〔八四〕、岱惟青州。□□□（東北據）海，西南距岱。嵎㠯无畧，惟、淄亓道〔八五〕。隅〔八六〕夷，地名。用功少曰略。惟、淄二水復其故道。身土白墳，海濱廣㡿〔八七〕。濱，涯也。言復其㡿鹵。身田惟丄丅〔八八〕，身賦中丄。田苐三，賦苐四。身貢𧗿〔八九〕、絺，海物惟錯。絺，細葛。錯，雜，非一種也〔九〇〕。岱畎絲、枲、鉛、㮕、恠〔九一〕石。□（畎），谷也。恠，異，好石似玉者。岱□（山）之谷，出此五物，皆貢之。萊㠯作牧。萊夷，地名。可以放牧。身篚𩞁〔九二〕絲。檿桑蠶絲，中琴瑟絃〔九三〕。浮于汶，達于㳄。

海、岱及淮惟徐州。東至海，北至岱，南及淮。淮、沂亓乂，▨（蒙）□（羽）▨（亓）埶〔九四〕，二水已治〔九五〕，二〔九六〕山已可種藝。大埜无猪〔九七〕，東原厎〔九八〕平。大野澤名。水所停曰猪〔九九〕。□（東）原致功而平，言可耕。身土赤𡊄〔一〇〇〕墳，屮木漸包。土黏曰墑〔一〇一〕。漸，進長；包，藂生。身田惟丄中，身賦中中。田苐〔一〇二〕二，賦苐五。身貢惟土㐅〔一〇三〕色，王者封五色土爲社，建諸侯則各割其方色土与之，使立社。▨（燾）〔一〇四〕以黄土，苴以白茅〔一〇五〕，茅取潔〔一〇六〕，黄取王者覆四方。羽畎夏狄〔一〇七〕，嶧昜孤桐，夏狄，狄，雉名。羽中旌旄，羽山之谷有之。孤，特也。嶧山之陽生〔一〇八〕桐，中琴瑟絃也〔一〇九〕。泗濱浮磬，淮尸蠙珠㬈〔一一〇〕魚。泗水涯〔一一一〕水中見石，可以爲磬。蠙〔一一二〕，珠名，淮、夷二水出蠙珠及美魚。身篚玄纖縞。玄，黑繒；縞，白繒；纖，細也。纖在中，明二物皆當細。浮于淮、泗，達于河。

淮、㴓惟揚州。北據〔一一三〕淮，南距海。彭蠡〔一一四〕旡猪，昜鳥迓凥〔一一五〕。彭蠡，澤名。隨陽之鳥，鴻鴈之屬，冬月所居於此澤也〔一一六〕。三江旡入，震澤厎〔一一七〕定。震澤，吴南大湖名。言三江已入，致定爲震澤也〔一一八〕。篠簜旡尃，篠，小〔一一九〕竹箭；簜，大竹。水去已布生也〔一二〇〕。身中惟夭，身木惟喬。少長曰夭；喬，高也。身土惟塗埿〔一二一〕，地泉濕。□（身）〔一二二〕田惟丅丅，身賦丅丄丄錯〔一二三〕。田第九，□（賦）第七，雜出第六。身貢惟▨（金）〔一二四〕□□（三品），□□（金銀）銅也。瑤琨篠簜，瑤、琨，▨（皆）美石也〔一二五〕。凶〔一二六〕革羽毛惟木。齒，象牙▯〔一二七〕羽。毛，旄▯〔一二八〕樟也〔一二九〕。島尸卉服。南海島夷草服葛越。身篚㦸、貝，織，細紵；貝，水物。▯〔一三〇〕貢。小曰橘，大曰柚。其所包裹而▯〔一三一〕。▨（沿）于▨▨（江海）〔一三二〕，▨（達）于〔一三三〕▯

（中間殘缺）

人功脩也〔一三四〕。身韇〔一三五〕羽、毛、齒、革，惟金三〔一三六〕▯也。栢葇松身曰栝也〔一三七〕。礪、砥〔一三八〕、砮、丹，砥細於砺〔一三九〕，▨（皆）▯〔一四〇〕石，中矢鏃。▨（丹）▯〔一四一〕厎〔一四二〕韇身名，菌〔一四三〕、簵，美竹；楛，中矢幹。三▯〔一四四〕澤三國常致貢之，其▯〔一四五〕菁茅，匭，狎〔一四六〕也。菁以爲菹〔一四七〕，茅以縮酒也〔一四八〕。身▯〔一四九〕之。璣，珠類，生於水。組，綬類也〔一五〇〕。九江納錫大龜▯〔一五一〕。浮于江、沲〔一五二〕，潛于〔一五三〕漢，逾于𣴎▯〔一五四〕，越洛而至南河。

荆、河惟豫州。西南至▨（荆）▯〔一五五〕河水之。▯〔一五六〕河。伊出陸渾山，洛出上洛山〔一五七〕，澗出澠池〔一五八〕山，滙出河南〔一五九〕北山。四水合流而入河也〔一六〇〕。熒〔一六一〕▨（波）▭〔一六二〕遏猪。道〔一六三〕荷澤，被盟猪〔一六四〕。荷澤在胡陵。盟猪，澤名，在荷〔一六五〕東北，水流溢覆被之也〔一六六〕。身土惟壤，下土〔一六七〕墳壚。高者墳，下者壚〔一六八〕。壚，疏也〔一六九〕。身田惟中上，身賦錯上中。田第▭〔一七〇〕又雜出第一〔一七一〕。身貢〔一七二〕𣥫、枲、絺、紵，身篚〔一七三〕纖纊，纊，細綿。錫貢磬錯。治〔一七四〕玉石曰錯。治磬錯。▨（浮）于条〔一七五〕，達于河。

華昜〔一七六〕、黑水惟梁州。東據華山之南，西距黑水。岷、嶓旡蓺〔一七七〕，沱、濳旡道。岷山、嶓冢，皆山名。水去已可種藝。沲濳發原〔一七八〕此州，入荆州也〔一七九〕。蔡、蒙岺〔一八〇〕平，咊𡰥厇〔一八一〕績。蔡、蒙，二山名。祭山曰旅。平言治〔一八二〕功畢。和夷之地，致功可藝也〔一八三〕。身土青蔾〔一八四〕，色青黑而沃壤。身田惟丅上，身賦丅中三錯。田第七，賦第八，雜出第七、第九三等。身貢璆、鐵、銀、鏤、砮、磬，璆，玉名；鏤，剛鐵。熊、羆、狐、狸〔一八五〕𦆑皮。□（獸）之皮，織皮，今罽也〔一八六〕。西傾因洹〔一八七〕是來，浮于濳，逾于沔〔一八八〕，西傾，山名。桓▭〔一八九〕南行，因桓水是來，浮濳〔一九〇〕。□（漢）上曰沔。入于渭，𤔔〔一九一〕于河。沔而北入渭，浮東渡河而還帝都，白所治〔一九二〕。正絕流曰亂。

黑水、西河惟邕〔一九三〕州。西距黑水，東據河。龍門之河在冀州西也〔一九四〕。弱水旡西，道〔一九五〕之西流，至于合黎。屬渭汭，屬，逮也。水北曰汭。言治涇水入之渭〔一九六〕。漆沮旡㓥，澧水逌〔一九七〕同。漆沮之水，已從入渭。澧水所同，同於渭也〔一九八〕。荆、岐〔一九九〕旡岺，已旅祭，治〔二〇〇〕功畢。此荆在岐東，非荆州之荆也〔二〇一〕。兵南、惇物〔二〇二〕，至于〔二〇三〕鳥鼠。三山名，言相▨（望）〔二〇四〕。原隰厎〔二〇五〕績，至于猪埜〔二〇六〕。下濕曰隰。猪野，地名。言皆致功。三危旡宅，▨（三）〔二〇七〕苗丕敘。畜之山已可居，三苗之族大有次敘。禹之功〔二〇八〕。身土惟黄壤，身田惟丄上，□□（厥賦）中丅。田第一，賦第六，人功少也〔二〇九〕。身貢惟球、玲、琅玕〔二一〇〕。球、玲，皆玉名。琅玕，石而似珠者〔二一一〕。浮于積〔二一二〕石，至於竜門〔二一三〕西河，□（積）石山在▭〔二一四〕河順流而北，千里而東，千里而南。龍門山在河東之西界也〔二一五〕。𡴞于渭汭。逆〔二一六〕□□□（流曰會）。自渭北□（涯）逆水西上〔二一七〕。𦆑皮▨▨(崑崙)〔二一八〕、□(析)支、渠、叟〔二一九〕，西戎即敘。織皮，也布〔二二〇〕。有此四國，在荒服〔二二一〕之外，流沙之內，羌髳〔二二二〕之屬皆就次敘。美禹之功及戎狄也。

道岍□(及)岐〔二二三〕，至于荊山，更理説所治〔二二四〕山川首尾所在，治山通水，故以山名之〔二二五〕。三山皆在雍州。逾于河。此謂梁山龍門〔二二六〕。壺□(口)、雷首，至于太岳。三山冀州，太岳在上黨〔二二七〕。厎〔二二八〕柱、析城，至于王屋。此三山在冀州南河之北東行也〔二二九〕。太行、恒山，至于〔二三〇〕碣石，入于海。此二山連延東北，接碣石而入滄海〔二三一〕。百川俓〔二三二〕此衆山，禹皆治〔二三三〕▭可名〔二三四〕，故以山言之。西傾、朱圉〔二三五〕、鳥鼠，西傾、朱圉在積石以東。鳥鼠，渭〔二三六〕所出，在隴西之西。三□(者)雍州之南山也〔二三七〕。至于太華；相首尾而東。熊〔二三八〕▭至于倍尾〔二三九〕。四山相連，東南在豫州〔二四〇〕。洛經熊耳，伊經外方，淮出桐栢，經倍尾。凡此先〔二四一〕▭。道嶓冢〔二四二〕，至于荊山；漾水出嶓冢〔二四三〕，在梁州，俓荊山。荊山在荊▭名〔二四四〕。▭俓〔二四五〕。崏〔二四六〕山之昜，至于奧山，▭于〔二四七〕尃淺原。言行山東〔二四八〕連延過九江，接敷淺原也〔二四九〕。言▭

▨(道)〔二五〇〕弱水，至于合黎，合黎，水名，在流▭西〔二五一〕▭道〔二五二〕黑水，至于三危，入于南棸。▭▨(至)〔二五三〕于龍門；施功發於積石，至於〔二五四〕龍門。或鑿山，或▭▨(門)〔二五五〕南流至▭▨(而)〔二五六〕東行。東至于厎〔二五七〕柱；厎柱，山名。▭于〔二五八〕孟津，孟津，地名也〔二五九〕。在洛北，都道所湊，古今以爲津也〔二六〇〕。▭河處也〔二六一〕。山再成▭▨(于)大伾而北行也〔二六二〕。北過降水，至▭▨(爲)〔二六三〕九河，北分爲九河，以煞〔二六四〕其溢。在滱〔二六五〕州界。同爲逆▭▨(入)之〔二六六〕於勃之也〔二六七〕。

嶓冢道〔二六八〕漾，東▭▨(流)〔二六九〕爲▭水也〔二七〇〕。又東爲滄浪之水；別流也〔二七一〕，在▭▨(入)〔二七二〕▭名〔二七三〕。南入于江。觸山迴南，入江。東匯澤爲▭▨(北)〔二七四〕江，入于棸。自彭蠡〔二七五〕江分爲三，入震澤，遂爲北江▭▨(東)〔二七六〕南流，□(沱)東行也〔二七七〕。又東至于醴〔二七八〕，醴，水名也〔二七九〕。過□荆〔二八〇〕□也〔二八一〕。東迤北𠫓〔二八二〕于匯，迤，溢也。東溢分流，都共北會彭蠡也〔二八三〕。
東爲中江，入于㯉。□〔二八四〕▨（南）□〔二八五〕。泉源爲沇，流去爲濟，在温西北平地。入于河，泆爲□〔二八六〕澤，在敖倉東南也〔二八七〕。東至〔二八八〕于陶丘北，陶丘，□（丘）再成。□〔二八九〕北，會于汶，洤与汶合。又北東入于▨（㯉）□〔二九〇〕之東。東會于泗、沂，東入于㯉□〔二九一〕▨（鼠）同穴〔二九二〕，鳥鼠共爲雄雌〔二九三〕，同穴處此山，遂名山曰鳥鼠，渭水出焉。東▨（會）□〔二九四〕▨（東）〔二九五〕會于涇，灃水〔二九六〕自南，涇水自北而合也〔二九七〕。又東過桼〔二九八〕沮，入于河。□□□（漆沮二）水名，亦曰洛水，出馮翊北也。道洛自〔二九九〕熊耳，在宜陽之西也〔三〇〇〕。東北𠫓于澗瀍〔三〇一〕，會於河南城也。又東𠫓于伊，合於洛陽〔三〇二〕之南。又東北入于河。合於鞏之東也〔三〇三〕。九▨（州）〔三〇四〕逌同，所同事在下也〔三〇五〕。亖坒〔三〇六〕无宅。四方之宅已可居〔三〇七〕也。九山栞〔三〇八〕𡵨，九川滌源，九澤无〔三〇九〕陂。九州名山已〔三一〇〕槎木通道而旅祭矣，九州之川已滌除源泉無雍塞〔三一一〕矣，九州之澤已皆▨（陂）彰無決溢矣也〔三一二〕。亖㯉會同〔三一三〕，六府孔修。四海之內會同京師〔三一四〕，九州同風，万國共貫〔三一五〕，水火金木土穀甚修治。言政化和也〔三一六〕。庶土交正〔三一七〕，厎眘〔三一八〕財賦，交，俱也。衆土俱得其〔三一九〕正，謂壤、墳、壚也〔三二〇〕。致所慎者，財貨貢賦。言取民有節，不過度也〔三二一〕。咸則三壤〔三二二〕，成賦中邦。皆法壤田上中下大較三品，成九州之賦。明水害除也〔三二三〕。錫土姓。祇台悳〔三二四〕先，弗歫〔三二五〕朕行。台，我也。天子建德，因生以賜姓。謂有德之人生此地，以此地名賜之姓以顯之也。王者常自以敬我德爲先，則天下無歫違我行者也。
㐅百里甸𦨭〔三二六〕。規方千里之內謂之甸服。爲天子服治田，去王城面五百里內〔三二七〕。百里賦納總〔三二八〕，甸服內之〔三二九〕近王城者。禾藁曰揔〔三三〇〕，入之供食國馬也〔三三一〕。二百里納銍，所銍刈，謂禾穗也〔三三二〕。三百里納秸服，秸，藁也，服藁役也〔三三三〕。亖〔三三四〕百里粟，㐅百里米。所納精者少，麤者多也〔三三五〕。㐅百里侯服。甸服外之五百里也〔三三六〕。侯，候也，斥〔三三七〕候而服事。百里采，侯服內之百里也〔三三八〕，供王事而已，不主一也〔三三九〕。二百里男邦，男，任〔三四〇〕，任王者事也〔三四一〕。三百里𢒼侯〔三四二〕。三百里同爲王者斥候，故合三爲一名。㐅百里綏〔三四三〕𦨭。綏，安也。侯服外之五百〔三四四〕里，安𦨖王者政教〔三四五〕。三百里揆文教，揆，度〔三四六〕。度王者文教而行之，三百里皆同也〔三四七〕。二百里奮武衛。文教外之二百里也〔三四八〕。奮武衛，天子所以安也〔三四九〕。㐅百里〔三五〇〕要𦨖。婑服外之五百里，要束以文教者也〔三五一〕。三百里𡰱，守平常之教，事王者而已。二百里蔡。蔡，法也。法三百里而差簡。㐅百里巟〔三五二〕𦨖。要服外之五百里也〔三五三〕。言荒，又簡略也〔三五四〕。三百里蠻，以文德蠻來之，不制以法也〔三五五〕。二百里流。流，移〔三五六〕。言政教隨其俗也〔三五七〕。凡五服，相距方五千里〔三五八〕。

東漸于𣳾，西被于流沙，朔南臮聲教，漸，入〔三五九〕；被，及也。此言五𦨖之外皆與王者聲教而朝見也〔三六〇〕。訖于亖𣳾。帝錫玄圭，告身成功。玄，天色也〔三六一〕。禹功盡加於四海，故堯賜玄圭以章〔三六二〕顯之。言天功成也〔三六三〕。

尚書𡆥斳第二〔三六四〕　夏書　孔氏傳

启與又扈𢍁于𡆥之埜〔三六五〕，作《𡆥斳》。夏啓嗣禹立〔三六六〕，伐有扈之罪。

《𡆥斳》甘，有扈郊地〔三六七〕。將戰先誓也〔三六八〕。

大𢍁于𡆥，乃召六卿。天子六軍，其將皆命卿也〔三六九〕。王曰：『嗟！六事之人，各有軍事，故曰六事。予斳告女〔三七〇〕：又扈氏畏〔三七一〕侮㐅行，怠弃〔三七二〕三正，五行之德，王者相承所取法也〔三七三〕。有扈與夏同姓，恃〔三七四〕親而不恭，是則威虐侮慢五行，怠惰〔三七五〕棄廢天地人之正道。言亂常也〔三七六〕。天用勦䜌〔三七七〕亓命，用其失道故也〔三七八〕。勦，截〔三七九〕。截絕謂滅之也〔三八〇〕。今予惟龔行天之罰〔三八一〕。恭，奉也。言欲截絕之也〔三八二〕。左弗〔三八三〕攻于左，女弗龔命。左，車左，左方主射。攻，治〔三八四〕，治其職。右弗攻于右，女弗龔命。右，車右，勇力爲士之主〔三八五〕，執戈矛〔三八六〕以退敵。御非其〔三八七〕馬之正，女弗龔命。御以正馬爲政者也〔三八八〕。三者有失，不奉我命也〔三八九〕。用命，賞于祖；天子親征，必載遷廟〔三九〇〕之祖主行，有功則賞祖主前，示不專也〔三九一〕。弗用命，𢧵〔三九二〕于社。天子親征，又載社主，謂之社事。不用命奔背〔三九三〕者，則戮之于〔三九四〕社主前。社主陰，陰主殺，親祖嚴社之義也〔三九五〕。予則伇〔三九六〕⿱⿰彐彐女。』奴，子也。非但止身〔三九七〕，辱及女〔三九八〕子。言恥累之也〔三九九〕。

尚書㐅子之哥第三　夏書　孔氏傳

大康〔四〇〇〕失邦，啓子也。般〔四〇一〕于遊田，不恤民事，爲羿所逐，不得返〔四〇二〕國。昆弟㐅人須〔四〇三〕于条汭，作《㐅子之哥》。大康五弟與其母待大康於洛水之北，怨〔四〇四〕其不反，故作歌也〔四〇五〕。

㐅子之哥啓之五子〔四〇六〕，因以名篇。

大康尸位吕逸悆〔四〇七〕，尸，主也。主以尊位，爲逸豫不勤也〔四〇八〕。烕〔四〇九〕身恴，黎民咸弍〔四一〇〕，君喪其德，則衆民〔四一一〕二心矣。乃般遊亡〔四一二〕度，般，樂，樂〔四一三〕遊逸，無法度。畋于又〔四一四〕条之表，十旬弗反。洛水之表，水之南也〔四一五〕。十日曰旬。畋獵過百日不還也〔四一六〕。又窮〔四一七〕后羿，因民弗忍，歫于河，有窮，國名。羿，諸侯名也〔四一八〕。歫大康於河，不得入國，遂廢之也〔四一九〕。身弟㐅人御亓母吕从，御，侍〔四二〇〕。言從畋也〔四二一〕。徯于条之汭。㐅子咸怨，待大康，怨其久畋失國也〔四二二〕。述大禹之戒以作哥。述，循也。歌以敘怨。

亓一曰：『皇祖又訔〔四二三〕，民可近，弗可丅，皇，君〔四二四〕。君祖禹有訓戒也〔四二五〕。近謂親之，下謂失分也〔四二六〕。民惟邦本，本固邦寍〔四二七〕。言人君當固民以安國也〔四二八〕。予眎〔四二九〕天丅，愚夫愚婦，一能勝予，言能畏敬小民，所以得衆心也〔四三〇〕。一人三失，怨豈在明？弗見是圖〔四三一〕。三失，過非一也。不見是謀，備其微。予臨兆民，廩虖若朽索馭六馬〔四三二〕，十萬曰億，十億曰兆，言多也〔四三三〕。廩，危皃。朽，腐也。腐索御馬〔四三四〕，危懼甚也〔四三五〕。爲人上者，柰〔四三六〕何弗敬？』能敬則不驕，在上不驕〔四三七〕，則高而不危也〔四三八〕。

亓二曰：『訔又之，内作色荒，外作禽荒。作，爲也。迷亂曰荒。色，女色；禽，鳥獸也〔四三九〕。甘酒耆〔四四〇〕音，峻寓〔四四一〕彫牆。甘耆無猒足也〔四四二〕。峻，高大；彫，飾畫也〔四四三〕。又一于此，未或弗亡。』此六者，棄德之君必有其一，有一必亾〔四四四〕，況兼有乎？

亓三曰：『惟彼陶唐，又此冀方。陶唐，帝堯氏也〔四四五〕。都冀州，統天下四方。今失身道〔四四六〕，𤔔其紀綱[四四七]，乃底威止。』[四四八]言失堯之道，亂其法制，自致威亾也[四四九]。

亓三曰：『明明我祖，万邦之君。又典又則，貽身子孫。君萬國爲天子也[四五〇]。典謂經籍。則，法也[四五一]；貽，遺[四五二]。言仁及後世。關石咊鈞，王府則又。巟墜身緒，覆宗鎩[四五三]祀。』金鐵曰石，供民器用，通之使和平，則官民足。言古制存，而大康失其業，以取亾者也[四五四]。

亓㐅曰：『於虖[四五五]！曷帰[四五六]？予褱[四五七]之悲。曷，何也。言思而悲也[四五八]。万姓仇予，予將曙[四五九]依？仇，怨也。言當依誰以復[四六〇]國乎？欝陶虖[四六一]予心，顔戹[四六二]又忸怩。鬱陶言哀思也。顔厚，色愧；忸怩，心慙也[四六三]。慙愧於仁人賢士也[四六四]。弗脅身悳，雖悔[四六五]可追？』言人君行己不慎其德，以速滅敗，雖欲改悔，其可追及乎？言無益也[四六六]。

尚書亂征第三[四六七]　夏書　孔氏傳

羲咊湎淫，廢旹繹日，羲氏、和氏，世[四六八]掌天地四時之官，自唐虞至三代，世職不絕。承大康[四六九]之後，沈湎於酒，過差非度，廢天時，亂甲乙[四七〇]。亂往征之[四七一]，作《亂征》。胤國之君奉王命往征之[四七二]。

亂征奉辭伐[四七三]罪曰征。

惟中康肇位[四七四]三𣴎，羿廢大康，而立其弟中康爲天子。亂侯命掌六師。中康命胤侯也[四七五]。掌，主。主六師[四七六]，爲大司馬也[四七七]。羲和[四七八]廢身職，酒巟于身邑，舍其職官，還其私邑，以酒迷亂，不脩其業也[四七九]。亂后承王命徂征。徂，往也。就其私邑討之也[四八〇]。告于衆曰：『嗟予又衆，誓勅之也[四八一]。聖又暮[四八二]訔，明徵定保。徵，證；保，安也。聖人所謀之教訓，爲世明證，所以定國安家也[四八三]。先王克謹天戒，臣人克又常憲，言君能慎戒，臣能奉有常法也[四八四]。百官修輔[四八五]，身后惟明明。脩[四八六]職輔君，君臣俱明也[四八七]。每歲孟𡩟[四八八]，遒人以木鐸循于路[四八九]，遒人，宣令之官。木鐸[四九〇]，金鈴木舌，所以振文教也[四九一]。官師相規[四九二]，工執藝[四九三]事𠇒諫，官衆，官也[四九四]。更相規闕，百工各執其所治技藝以諫，諫失常也[四九五]。亓或弗龔，邦又常刑。言百官廢職，服大刑也〔四九六〕。惟㫺義吚，顛覆身悳，顛覆言反倒也〔四九七〕。將陳義和所犯，故先舉孟春之令，犯令之誅也〔四九八〕。沉䜌于酒，畔官離次，沉謂醉冥。次，位也〔四九九〕。俶擾天紀，遐弃身司，俶，始；擾，亂；遐，遠也。紀謂時日。司，所主也〔五〇〇〕。乃季秌〔五〇一〕月朔，辰弗集于房〔五〇二〕，辰，日月之〔五〇三〕會。房，所舍之次。集，合也。不合則日食可知〔五〇四〕。瞽奏鼓〔五〇五〕，嗇〔五〇六〕夫馳，庶人走〔五〇七〕。凡日食，天子伐鼓于〔五〇八〕社，責上公也〔五〇九〕。瞽，樂官，進鼓則伐之也〔五一〇〕。嗇夫，主幣〔五一一〕之官，馳取幣礼天神也〔五一二〕。衆人走，供救日食之百役也〔五一三〕。義吚尸身官，宊聋〔五一四〕知，主其官而無聞知於日食之變異〔五一五〕，所以罪重也〔五一六〕。昏迷于天象〔五一七〕，㠯干先王之誅，闇鐇〔五一八〕天象，言亂之〔五一九〕也。干，犯也〔五二〇〕。政典曰：「先㫺者殺亡〔五二一〕赦，政典，夏后爲政之典籍，若《周官》六卿之治典也〔五二二〕。先天時謂歷象之法〔五二三〕、四時節氣、弦望晦朔。先天時則罪死無赦也〔五二四〕。弗及㫺者殺亡赦。」不及，謂歷象後天時也〔五二五〕。雖治其官，苟有先後之差，則無赦，況癈〔五二六〕官乎！今予以尒〔五二七〕又衆，奉將天罰〔五二八〕。將，行也。奉王命行王誅，謂殺湎淫之身，立其賢子弟。尒衆士同力王室〔五二九〕，尚弼予欽承天子〔五三〇〕畏命。以天子威命督其士衆，使▨（用）命也〔五三一〕。火炎崐岡〔五三二〕，玉石俱焚。山脊曰岡〔五三三〕。崐山出玉，言火逸而害玉也〔五三四〕。天吏佾悳〔五三五〕，𠛱〔五三六〕于猛火。佾，過也。天王之吏爲過惡之德，其傷害天下，甚於火之害玉。猛火裂〔五三七〕矣，又烈於火〔五三八〕。殲身渠魁〔五三九〕，脅刅宊治〔五四〇〕，殲，滅；渠，大；魁，帥也。指謂義和罪▨（人）之身也〔五四一〕，其脅從岠〔五四二〕王師者，皆无治也〔五四三〕。舊染汙俗，咸与惟新。言其餘人久染汙俗，本無惡心，皆与更新，一無所問也〔五四四〕。烏虖〔五四五〕！威克厥〔五四六〕愛，允濟。歎能以威勝所愛，則必有成功也〔五四七〕。愛克身威，允罔功。以愛勝威，無以濟衆，信無功也〔五四八〕。亓〔五四九〕尒衆士，楙〔五五〇〕戒才！』言當勉以用命，戒以避〔五五一〕戮。

自禼〔五五二〕至于成湯，八䙴〔五五三〕。十四世，凡八徙國都。湯乨〔五五四〕凥亳，刅先王凥，契父帝嚳都亳，湯自商丘遷焉，故曰『從先王居』。作《帝告》、《釐〔五五五〕沃》。告來居，理〔五五六〕沃土，二篇皆亡。湯征𢒊〔五五七〕侯，爲夏方伯，得專征伐也〔五五八〕。葛栢〔五五九〕不祀，湯乱征𡳿，葛，國。栢，爵也。廢其土之山川及宗廟神祇〔五六〇〕，皆不祀，湯始伐之。始伐於葛也〔五六一〕。作《湯征》。述始征之義也，亡。

伊尹去亳適夏，伊尹，「字氏，湯進於桀。既醜有夏，復歸于亳。醜惡」〔五六二〕其政。不能用賢，故退還。入自北門，乃遇女鳩、女方。鳩、方，二人，湯之賢臣也〔五六三〕。不期而會曰遇。作《女鳩》、《女方》。言所以醜夏而還之意也〔五六四〕。二篇皆亡也〔五六五〕。

尚書卷第三〔五六六〕

【校記】

〔一〕『鼗鞁』，刊本作『鼗鼓』，『鼗鞁』爲『鼗鼓』之俗字。

〔二〕『助球絃鍾籥』，刊本『助』作『明』，『絃』作『弦』，吴福熙云：『「助」爲「明」之誤，「鍾」下脱「籥」字。』案孔穎達《尚書正義》（以下簡稱『正義』）云：『明球、絃、鍾、籥，上下樂器不同，各自更互見也。』兹據刊本補『籥』字；《説文》無『絃』字，『絃』爲『弦』之後起別體。

〔三〕『庯㠯』，刊本作『鏞以』，阮元《尚書校勘記》（以下簡稱『阮校』）云：『鏞當作庯。』《玉篇·人部》：『以，古作㠯。』下凡『㠯』字不復出校。

〔四〕𨃓𨃓，刊本作『蹌蹌』，《集韻·陽韻》：『蹌，古作𨃓。』

〔五〕也，刊本無。

〔六〕侍，刊本作『待』，吴福熙云：『「侍」爲「待」之誤。』

〔七〕𧄼，刊本作『夔』，『𧄼』爲『夔』之俗字。

〔八〕衛翌，刊本作『率舞』。『衛』爲『率』之古文，説詳《古文尚書傳》（四）校記〔九三〕，下『衛』字同。《説文·舛部》：『舞，樂也。[illegible]，古文舞，从羽亾。』『𠃊』爲『亾』之隸變字『亡』的俗體。

〔九〕 庹，刊本作『庶』，『庶』字《説文》小篆作『庶』，此作『庹』，隸變之異。

〔一〇〕 止，刊本作『正』，吴福熙云：『「止」爲「正」之誤。』

〔一一〕 信諧，刊本作『信皆和諧』。

〔一二〕 洽也，刊本『洽』作『治』，無『也』字，阮校：『古本、岳本、宋板「治」作「洽」。』北京大學出版社點校本《尚書正義》校云：『依文意，作「洽」字爲宜，據改。』

〔一三〕 礼，刊本作『禮』，『礼』爲古文『禮』字，敦煌寫本多用此字，後世刊本則多用『禮』字。下凡『礼』、『禮』之别者均不復出。

〔一四〕 治，底一甲原缺末筆，避諱缺筆字，兹據刊本録正。

〔一五〕 哥，刊本作『歌』，『哥』『歌』古今字。下凡『哥』字均同，不復出校。

〔一六〕 旹，刊本作『時』，《説文・日部》：『旹，古文時，从日㞢作。』

〔一七〕 政，底一甲原無，當是偶脱，兹據刊本補。

〔一八〕 故歌，刊本作『故作歌』。

〔一九〕 唯，刊本作『惟』，案二字通用，然前句作『惟』，此句釋經文『惟幾』，字亦作『惟』，則此亦當同。

〔二〇〕 才，刊本作『哉』，《集韻・咍韻》：『哉，古作才。』下『才』字皆同。

〔二一〕 迡，刊本作『起』，《説文・走部》：『起，能立也。古文起从辵。』

〔二二〕 㷩，刊本作『熙』，《集韻・之韻》：『熙，古作㷩。』

〔二三〕 治，底一甲原缺末筆，避諱缺筆字，兹據刊本録正。

〔二四〕 咎繇，刊本作『皋陶』，隸古定《尚書》『皋陶』作『咎繇』，説詳《古文尚書傳》(二)校記〔三三〕。

〔二五〕 䭫𩠐，刊本作『稽首』，《玉篇・𩠐部》：『䭫，今作稽。』又：『𩠐，古文首也。』下『𩠐』字同。

〔二六〕 昚，刊本作『慎』，《説文・心部》：『慎，謹也。昚，古文。』『昚』爲『昚』之隸定。下凡『昚』字同。

〔二七〕軄，刊本作「職」，《玉篇·身部》云：「軄，俗職字。」下凡「軄」字皆同，不復出校。

〔二八〕婁，刊本作「屢」，段玉裁《古文尚書撰異》云：「『屢』疑衛包所改，古本當只作『婁』。」

〔二九〕也，刊本無。

〔三〇〕庚，刊本作「賡」，案當作「賡」。

〔三一〕衆主，刊本作「衆事」。

〔三二〕乃安以，「乃」爲底一乙之文，「安以」二字底一甲存左半，底一乙存右半。底一乙起於此。

〔三三〕也，刊本無。

〔三四〕「才万事隳才」五字爲底一乙之文；刊本「万」作「萬」，「隳」作「墮」，《玉篇·方部》：「万，俗萬字。十千也。」段玉裁《古文尚書撰異》云：「隳，俗人所改俗字。」下凡「万」字皆同。

〔三五〕墮万事隳，「墮万事」三字爲底一乙之文；「隳」，底一乙存上半，底一甲存下半。

〔三六〕拜，底一原誤作「曰」，兹據刊本改正。

〔三七〕「往欽才」三字爲底一乙之文。

〔三八〕「拜受其歌戒群臣自今以往敬軄事」爲底一乙之文；「敬軄事」，刊本作「敬其職事哉」，陳鐵凡（一）云：「各本『敬』下有『其』字，『事』下有『哉』字。案此當誤脱。」

〔三九〕⿱人帛貢苐一，刊本「⿱人帛」作「禹」，《説文·内部》：「𢁒，古文禹。」《漢書·藝文志》有「大⿱人帝三十七篇」，師古注：「⿱人帝，古禹字。」《書古文訓》作「⿱人帛」，「⿱人帛」者「⿱人帝」之訛變，下凡「⿱人帛」字皆同；「苐」爲「弟」之俗字，俗書竹頭多寫作草頭，俚俗據「苐」楷正，則成「第」字，下凡「苐」字皆同。

〔四〇〕栞，縮微膠卷殘存上半「开」，此據國家圖書館藏王重民所攝照片；刊本作「刊」，《漢書·地理志》「隨山栞木」師古注：「栞，古刊字。」

〔四一〕以定，刊本作「定其」。

〔四二〕尃，刊本作『敷』，伯三三一五《尚書釋文》第六六行云：『尃，古敷字。』下『尃』字同。

〔四三〕分，刊本無。

〔四四〕祑，刊本作『秩』，案二字同音，當可通用，然《廣雅・釋詁》云：『秩，次也。』而『祑』字則《集韻》始收入，入聲《質韻》：『祑，祭有次也。』而敦煌寫卷『禾』旁字常寫作『礻』旁，則此處『祑』應可作爲『秩』之俗寫看待（參看張涌泉《漢語俗字續考》，載《中國文字研究》第六輯，廣西教育出版社二〇〇五）。

〔四五〕旡，刊本作『既』，伯三三一五《尚書釋文》第三行云：『旡，古既字。』下凡『旡』字同此。

〔四六〕伇，刊本作『役』，《説文・殳部》：『伇，古文役，从人。』

〔四七〕治梁及歧，底一乙『治』字原缺末筆，避諱缺筆字，茲據刊本録正；刊本『歧』作『岐』，陳鐵凡（一）云：『「歧」當爲「岐」之譌。』《傳》中『歧』、『治』二字同。

〔四八〕旡，底一乙原作『无』，形誤，茲據上下文改正。

〔四九〕岀昜，刊本作『岳陽』，《説文・山部》：『嶽，東岱、南靃、西華、北恒、中大室。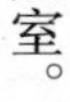，古文，象高形。』段玉裁注：『今字作「岳」，古文之變。』『岀』當是『』隸變之異。《漢書・地理志》『曲昜』師古注：『昜，古陽字。』下凡『昜』字同。

〔五〇〕覃懷厔，刊本作『覃懷厎』，『覃』爲『覃』之誤字；『厔』爲『底』之俗字，此處當爲『厎』之誤字。

〔五一〕㮇，刊本作『衡』，《説文・角部》：『衡，牛觸，横大木其角。，古文衡如此。』『㮇』當是『衡』字古文隸變。下『㮇』字同。

〔五二〕身，刊本作『厥』，《説文・氏部》有『氒』篆，段玉裁注云：『《玉篇》亦作「身」，隸變也。』《廣韻・月韻》以『氒』爲『厥』之古文，案此作『身』，均『氒』之隸變也。下凡『身』字同此。

〔五三〕其性色白而壤，縮微膠卷『其』、『而壤』三字殘泐，『性』殘存右下角，此據國家圖書館藏王重民所攝照片。

〔五四〕丄丄鍇，刊本作『上上錯』，《玉篇・上部》『上』條下云：『丄，古文。』《集韻・鐸韻》：『錯，古作鍇。』下皆同。

〔五五〕自上句傳文『以供天子』至『身田惟中中』句，縮微膠卷『子』、『上上』、『二之賦』、『身』及下『中』字均殘泐，此據國家圖書館藏王重民所攝照片。

〔五六〕田之高下肥脊，縮微膠卷『田之』二字殘泐，此據國家圖書館藏王重民所攝照片；『脊』字刊本作『瘠』，《説文·𠦬部》：『𠦬，背呂也。』徐灝《説文解字注箋》云：『𠦬、脊古今字。』《説文》同部又云：『脊，背呂也。』徐灝云：『此出𠦬，相承增肉，實一字也。』《説文·肉部》『膌』篆下段注：『凡人少肉則脊呂歷歷然，故其字從脊。』『膌』乃『脊』字增肉旁，與『然』字增火旁作『燃』同也。『脊』『膌』亦古今字。雷浚《説文外編》云：『《説文》無「瘠」字，肉部：「膌，瘦也。」爲「瘠」之正字。』瘦弱爲病態，故改肉旁爲疒旁也。

〔五七〕也，刊本無。

〔五八〕刅，刊本作『從』，《集韻·鍾韻》：『从，古作刅。』『从』『從』古今字，《説文·从部》『从』篆下段注：『从者，今之從字，從行而从廢矣。』下凡『刅』字同。

〔五九〕此條傳文縮微膠卷『已治』、『大陸之』五字殘泐，『地』殘存左半『土』旁，此據國家圖書館藏王重民所攝照片。『治』字原缺末筆，避諱缺筆字，兹據刊本録正。

〔六〇〕𡰥，刊本作『夷』，《玉篇·尸部》：『𡰥，古文夷字。』下『𡰥』字同。

〔六一〕曲，底一乙原誤作『典』，兹據刊本正。

〔六二〕明水害除也，底一乙『明』字殘泐，此據刊本擬補；以下底卷中凡殘字、缺字、脱字補出而未特別説明者，均據刊本，不復一一注明。刊本無『也』字。

〔六三〕地，刊本無，陳鐵凡(一)云：『岩崎本「地」作「也」。其他各本無「地」字。案此卷「地」當爲「也」之譌。』

〔六四〕貢，底一乙殘存下半『貝』字。

〔六五〕也，刊本無。

〔六六〕 滍河惟沇州，刊本「滍」作「濟」，「沇」作「兖」，《玉篇·水部》「濟」條下云：「滍，古文。」下「滍」字同。《説文》有「沇」無「兖」，「兖」爲後起字，陳鐵凡（一）云：「易沇爲兖，則在天寶改字以後。」

〔六七〕 旡，底一乙原作「无」，形誤字，兹依例改正。

〔六八〕 也，刊本無。

〔六九〕 邕沮㞈同，刊本「邕」作「灉」，「㞈」作「會」，陳鐵凡（一）云：「邕、雝當即一字，灉則後起之孳乳也。」《玉篇·山部》：「㞈，古文會字。」

〔七〇〕 雍爼，刊本作「灉沮」，陳鐵凡（一）云：「雍爲雝之隸變。」「爼」爲「沮」之誤字。

〔七一〕 也，刊本無。

〔七二〕 也，刊本無。

〔七三〕 屮，刊本作「草」，《漢書·禮樂志》「屮木零落」師古注：「屮，古草字。」下「屮」字同。

〔七四〕 「長」下刊本有「也」字。

〔七五〕 也，刊本無。

〔七六〕 成賦正與九相當，刊本無「成」字，底一乙「正與九相當」五字模糊難辨，鄧文寬先生在法國目驗原卷，云乃因紙背墨迹滲透，才導致不可辨認。

〔七七〕 ナ，刊本作「有」，《集韻·有韻》：「有，古作ナ。」下凡「ナ」字同。

〔七八〕 治，底一乙原缺末筆，避諱缺筆字，兹據刊本録正。

〔七九〕 与他州同也，刊本「与」作「與」，無「也」字，案「与」「與」二字古混用無别，敦煌寫本多用「与」字，後世刊本多改作「與」。下凡刊本作「與」者均不復出。

〔八〇〕 㯃，刊本作「漆」，《集韻·質韻》：「桼，古作㯃。」「桼」「漆」古今字。

〔八一〕 戠，刊本作「織」，《集韻·職韻》：「織，古作戠。」下「戠」字同。

〔八二〕筐篚而貢焉也，底一乙『筐』字殘缺，『篚』存下半『匪』；刊本『筐』作『篚』，無『也』字，阮校：『「篚篚」當作「筐篚」。』『也』當是衍文。

〔八三〕也，刊本無。

〔八四〕𣳚，刊本作『海』，《玉篇·水部》『海』條下云：『𣳚，同上。』《書古文訓》即作『𣳚』。下凡『𣳚』字同。

〔八五〕惟淄亓道，刊本『惟』作『濰』，馬宗霍《説文解字引經考》云：『維、淮、惟皆以同聲叚借，許引作「濰」，古文正字也。』《傳》中『惟』字同。底一乙『亓』原作『开』，形誤字，底卷『其』字多寫作『亓』，《集韻·之韻》：『其，古作亓。』兹依例改正。

〔八六〕隅，刊本作『嵎』，陳鐵凡（一）云：『「隅」當爲「嵎」之譌。』

〔八七〕庍，刊本作『斥』，『庍』爲『㡿』之隸變，『斥』又爲『厈』之變體。《傳》中『庍』字同。

〔八八〕丁，刊本作『下』，《説文·丄部》：『丁，底也，指事。丅，篆文丁。』席世昌《席氏讀説文記》云：『此曰篆文「丁」，則「丁」爲古文「下」字可知。』後凡『丁』字同。

〔八九〕塩，刊本作『鹽』，『塩』當爲『鹽』之俗字，改形聲字『鹽』爲會意也。

〔九〇〕也，刊本無。

〔九一〕枀㤝，刊本『枀』作『松』，『㤝』作『怪』，《四聲篇海·木部》：『枀，音松，義同。』『㤝』爲『恠』的訛俗字，而『恠』與『怪』則爲篆文隸變之異，説見《敦煌俗字研究》下編三七六頁。《傳》中『㤝』字同。

〔九二〕畬，刊本作『檿』，《史記·夏本紀》作『酓』，陳鐵凡（一）認爲『畬』爲『酓』之訛變，今本作『檿』，衛包所改。

〔九三〕瑟絃，縮微膠卷『瑟』字殘存上半『珏』，『絃』字殘存左邊『糹』，此據國家圖書館藏王重民所攝照片。

〔九四〕蒙羽亓蓺，底一乙『蒙』字殘存上端『艹』，『亓』殘存下部『丌』；刊本『蓺』作『藝』，『蓺』爲『蓺』之俗寫，『蓺』『藝』古今字。

〔九五〕治，底一乙原缺末筆，避諱缺筆字，兹據刊本録正。底一乙止於此。

〔九六〕二，底一丙起於此。

〔九七〕大埜无猪，刊本「埜」作「野」，「猪」作「豬」，《玉篇·林部》：「埜，古文野。」《廣韻·魚韻》「豬」條下云：「猪，俗。」《傳》中「猪」字同。

〔九八〕「厎」爲「底」之俗字。

〔九九〕大野澤名水所停曰猪，縮微膠卷「大野澤」三字殘泐，「猪」殘脱右下角「日」，此據國家圖書館藏王重民所攝照片。

〔一〇〇〕墍，刊本作「埴」，陳鐵凡(二)云：「今寫本《尚書》凡「埴」俱作「墍」，所據固爲古文明矣。」

〔一〇一〕𡒄，刊本作「埴」，《篇海類編·土部》：「𡒄，亦作墍。」

〔一〇二〕苐，底一丙原作「驕」，當是誤字，兹依例改正。

〔一〇三〕乂，刊本作「五」，「五」字《説文》小篆作「X」，《玉篇·五部》以爲「五」之古文，此作「乂」，當是「X」之變體。下凡「乂」字皆同。

〔一〇四〕燾，底一丙殘存上半「壽」。

〔一〇五〕茅，底一丙原作「茅」，乃「茅」之誤，兹據刊本改正。

〔一〇六〕取潔，刊本作「取其潔」，案《通典》卷四《食貨四·賦税上》引作「取其絜」，《玉篇·氵部》：「潔，俗絜字。」「絜」「潔」古今字。底一丙脱「其」字。

〔一〇七〕狄，刊本作「翟」，《説文·犬部》：「狄，北狄也。」羽部：「翟，山雉也。」是「狄」爲「翟」之借字。《傳》中「狄」字同。

〔一〇八〕生，刊本作「特生」，陳鐵凡(二)云：「各本「生」上有「特」字。案前文曰：「孤，特也。」依傳例當有「特」字，此殆誤脱。《夏本紀》集解引此，亦有「特」字。」

〔一〇九〕絃也，刊本無，陳鐵凡(二)云：「岩崎本、内野本、足利本「也」與此同，其他各本無「也」字。案疏題「傳夏翟至琴瑟」，無「也」字。各本無「絃」字。案此當誤衍。」

〔二一〇〕臮，刊本作『曁』，《玉篇·乑部》：『臮，古文曁字。』下凡『臮』字同。

〔二一一〕漄，刊本作『涯』，『厓』『崖』同字（王筠《説文釋例》卷七《異部重文》），『涯』『漄』當亦同字。

〔二一二〕『蠙』下刊本有『珠』字，陳鐵凡（二）云：『各本重「珠」字。案此當誤脱。』

〔二一三〕據，刊本作『揚』，阮校：『「揚」當作「據」』，毛本不誤。」

〔二一四〕⿱彖虫，刊本作『蠡』，《集韻·薺韻》：『蠡，蟲齧木中也。或省。』案《集韻》所謂『或省』者，省一『虫』也。《傳》中『⿱彖虫』字同。

〔二一五〕迂𡰥，刊本作『攸居』，《龍龕·辵部》以『迂』爲『遊』之古字，黄侃《字通》云：『攸，即游水正字。』（《説文箋識四種》九二頁，上海古籍出版社一九八三）『游』『遊』古今字。《玉篇·尸部》『居』條下云：『𡰥，古文。』下凡『𡰥』字不復出校。

〔二一六〕也，刊本無。

〔二一七〕庢，刊本作『底』，『庢』爲『底』之俗寫，此處爲『底』之誤字。

〔二一八〕也，刊本無。

〔二一九〕小，刊本無，王重民《敘録》云：『今本「篠」下缺「小」字。按《正義》云：「是篠爲小竹，簜爲大竹」，則孔穎達所見本，似尚未缺「小」字。』

〔二二〇〕已布生也，縮微膠卷『已』字殘泐，此據國家圖書館藏王重民所攝照片，刊本無『也』字。

〔二二一〕渥，刊本作『泥』，《干禄字書·平聲》：『渥、泥，上俗下正。』

〔二二二〕身，底一丙殘泐，刊本作『厥』，底一凡『厥』皆寫作『身』，故據以擬補。

〔二二三〕丄丄鍇，刊本作『上錯』，《集韻·鐸韻》：『錯，古作鍇。』阮校：『閩本「上錯」上更有「上」字，按所補是也。』

[一二四] 金，底一丙左下角殘脱。

[一二五] 皆美石也，底一丙『皆』殘存上部『比』；刊本『石』作『玉』，無『也』字，段玉裁《古文尚書撰異》云：『孔《傳》：「瑤琨，皆美石也。」《正義》曰：「美石，似玉者也。」《釋文》曰：「瑤琨，美石也。」今本注、疏及《史記》皆譌作「美玉」。』

[一二六] 𠚕，刊本作『齒』，夏竦《古文四聲韻》卷四《六止》引《雲臺碑》『齒』作此形，陳鐵凡（一）認爲是《説文》『齒』之古文『』的隸變。

[一二七] 象牙，刊本作『革牙』，陳鐵凡（二）云：『「革牙」不辭，當爲「象牙」之誤。』『象牙』下底一丙殘泐，刊本作『革犀皮羽鳥』。

[一二八] 『旄』下底一丙殘泐，刊本作『牛尾木楩梓豫』。

[一二九] 樟也，刊本『樟』作『章』，無『也』字，案『章』『樟』古今字。

[一三〇] 『水物』下底一丙殘泐，刊本作『厥包橘柚錫』。

[一三一] 『而』後底一丙殘泐，刊本作『致者錫命乃貢言不常』。

[一三二] 沿于江海，底一丙『沿江海』三字均殘脱左邊『氵』；刊本『沿』作『沿』，《正字通·水部》：『沿，同沿，俗省。』

[一三三] 達于，底一丙『達』字殘存右半。底一丙止於此。

[一三四] 人功脩也，底二甲起於此，自此以底二甲爲底本；刊本『脩』作『修』，無『也』字，案『脩』爲『修』之借字。

[一三五] 贑，刊本作『貢』，《説文·貝部》：『貢，獻功也。』『贑，賜也。』則當以作『貢』爲正字，日本古寫本岩崎本、内野本、足利本等亦均作『貢』，『贑』爲『贑』之後起別體。下『贑』字皆同。

[一三六] 『三』下底二甲殘泐，刊本作『品土所出與揚州同杶榦栝柏榦栝』。

[一三七] 栢棻松身曰栝也，刊本『栢』作『柏』，無『也』字，《干禄字書·入聲》：『栢、柏，上俗下正。』『棻』爲『葉』之

諱改字。

〔一三八〕 ⿰石萬⿰石玄，刊本作『礪砥』，『⿰石萬』字見下條考證；『⿰石玄』爲『砥』之俗訛，『砥』之俗字寫作『⿰石互』，『⿰石互』又訛作『⿰石玄』也。《傳》中『⿰石玄』字同。

〔一三九〕 砅，刊本作『礪』。段玉裁《古文尚書撰異》云：『厲，《唐石經》作「礪」，俗字也，必衛包所改，今更正。唐貞觀時釋元應《衆經音義》引《尚書》「砅砥砮丹」，宋庠《國語補音》引古文《尚書》「若金用汝作砅」，《汗簡》、《古文四聲韻》皆曰「泵，古文礪」，《集韻》礪、砅、厲爲一字，宋氏所謂古文《尚書》者，宋次道、王仲至家本，語在僞《説命》也。而貞觀時元應所引《禹貢》亦作「砅」，此等字必本於《三體石經》，非無根據也。』案《書古文訓》作『砅』，日本古寫本岩崎本、内野本、足利本、影天正本亦作『砅』，隸古定當是作『砅』也。今寫卷僞《傳》作『砅』，而經文作『⿰石萬』，『⿰石萬』字不見於字書，當是『礪』之誤書。段氏謂『礪』爲衛包所改，據此卷，段氏説可商。

〔一四〇〕 皆，底二甲殘存上端殘畫。『皆』下底二甲殘泐，刊本作『磨石也砮』。

〔一四一〕 丹，底二甲殘存上端殘畫。『丹』下底二甲殘泐，刊本作『朱類惟菌簵楛三邦』。

〔一四二〕 庢，刊本作『底』，『庢』爲『底』之俗字，此處爲『厎』之誤。

〔一四三〕 菌，刊本作『箘』，敦煌寫本⺮、艹互混，正字當作『箘』。

〔一四四〕 『三』下底二甲殘泐，刊本作『物皆出雲夢之澤近』。

〔一四五〕 『其』下底二甲殘泐，刊本作『名天下稱善包橘柚匭』。

〔一四六〕 狎，刊本作『匣』，『狎』當是『柙』之誤，『柙』俗可寫作『押』，『押』又誤作『狎』也，《説文·匚部》『匣，匱也』段注：『古亦借「柙」爲之。柙，檻也。』

〔一四七〕 葅，刊本作『菹』，《説文·艸部》有『菹』無『葅』，《玉篇》始見『葅』字。

〔一四八〕 也，刊本無。

〔一四九〕『身』下底二甲殘泐，刊本作『篚玄纁璣組此州染玄纁色善故貢』。

〔一五〇〕也，刊本無。

〔一五一〕亀，刊本作『龜』，《説文·龜部》以『□』爲『龜』之古文，《書古文訓》之『𠧴』，寫卷之『亀』，蓋當爲『□』之變體。下『亀』字同。『亀』下底二甲殘泐，刊本作『尺二寸曰大龜出於九江水中龜不常用錫命而納之』。

〔一五二〕沲，刊本作『沱』，《玉篇·水部》『沱』條下云：『沲，同上，俗。』

〔一五三〕于，刊本無，陸德明《經典釋文·尚書音義》云：『江沱潛漢，四水名，本或作潛于漢，非。』孔穎達《正義》曰：『本或「潛」下有「于」，誤耳。』段玉裁《古文尚書撰異》云：『《夏本紀》「浮於江、沱，涔於漢」，則今文《尚書》有此「于」字也。或改古文同今文，或古文本有，皆未可知。古文《無逸》篇「無淫于觀、于逸、于游、于田」，以「淫」領四「于」字，此以「浮」領二「于」字，句法正同。陸氏誤絶其句，故云「非」耳。』案段説是也。

〔一五四〕条，刊本作『洛』，《康熙字典·水部》：『洛，古文条。』『条』下底二甲殘泐，刊本作『至于南河逾越也河在冀州南東流故』。

〔一五五〕荆，底二甲僅存左上角『卄』。『荆』下底二甲殘泐，刊本作『山北距』。

〔一五六〕之，刊本無，案此乃爲雙行對齊而添。『之』下底二甲殘泐，刊本作『伊、洛、瀍、澗既入于』。

〔一五七〕上洛山，底一丁起於此，自此以底一丁爲底本。

〔一五八〕澠池，刊本作『沔池』，《史記·夏本紀》裴駰《集解》引作『澠池』，王先謙《尚書孔傳參正》認爲『沔』爲『澠』之誤。

〔一五九〕『山湹出河南』五字底一丁殘泐，兹據底二甲補；刊本『湹』作『瀍』，案『湹』爲『瀍』之俗省。

〔一六〇〕也，刊本無。

〔一六一〕熒，刊本作『滎』，段玉裁《古文尚書撰異》云：『攷熒澤字古从火，不从水。』

〔一六二〕波，底一丁殘脱右下角。「波」下底一丁殘泐，刊本作「既豬滎澤波水已成」。

〔一六三〕「遏猪道」三字底一丁殘泐，茲據底二甲補；刊本「猪」作「豬」，「道」作「導」，「豬」「猪」正俗字，「道」「導」古今字。

〔一六四〕荷澤被盟猪，底一丁「荷」字殘缺，「澤」字殘存「氵」，「被」字殘存「衤」，茲據底二甲補；刊本「荷」作「菏」，《史記·夏本紀》、《漢書·地理志》皆作「荷」；「盟猪」，底二甲同，刊本作「孟豬」，《漢書·地理志》作「盟豬」，《羣經音辨》卷四引亦作「盟豬」，「盟」「孟」通假字，「豬」「猪」正俗字。《傳》中「荷」、「盟猪」同。

〔一六五〕荷，底二甲下有「澤」字，刊本亦無。

〔一六六〕也，刊本無。

〔一六七〕壤下土，底一丁殘泐，茲據底二甲補。

〔一六八〕高者墳下者壚，底二甲、刊本作「高者壤下者壚」，案《史記·夏本紀》裴駰《集解》：「馬融曰：『豫州地有三等，下者墳壚也。』」《通典》卷一《食貨一》引作「高者壤，下者壚」，日本古寫本九條本、内野本、足利本均與刊本同，底一丁之「墳」當是「壤」之誤。

〔一六九〕也，底二甲同，刊本無，陳鐵凡（一）云：「各本無『也』字。案此有『也』字，語義較顯。」案《史記·夏本紀》裴駰《集解》、《通典》卷一《食貨一》引及日本古寫本九條本、内野本、足利本均有「也」字。

〔一七〇〕「第」下底一丁殘泐，刊本作「四賦第二」。

〔一七一〕第一，底一丁殘泐，茲據底二甲補；底二甲下又有「也」字。

〔一七二〕身貢，底一丁殘泐「身」字，茲據底二甲補；底二甲「貢」作「贑」，説參校記〔三五〕。

〔一七三〕篚，底二甲止於此。

〔一七四〕「治」字底一丁缺末筆，避諱缺筆字，茲據刊本録正。下句「治」字同。

〔一七五〕浮于洜，底一丁「浮」殘存右下角；刊本「洜」作「洛」，《康熙字典·水部》：「洛，古文洜。」

〔一七六〕昜，底一丁原作「易」，刊本作「陽」，《漢書・地理志》「曲昜」師古注：「昜，古陽字。」「易」當爲「昜」之訛，兹據以改。

〔一七七〕蓺，刊本作「藝」，「蓺」「藝」古今字。

〔一七八〕沲灊發原，底一乙「沲」字原在上句「水」之前，刊本作「沱灊」，陳鐵凡(一)云：「『沲』即『沱』，《集韻》：『沱，或作沲。』此字誤倒，當在『灊』字上。」《玉篇・水部》「沱」條下云：「沲，同上，俗。」兹據以改正。刊本「原」作「源」，陳鐵凡(一)云：「原、源古今字。」

〔一七九〕也，刊本無。

〔一八〇〕⿱山𧘇，刊本作「旅」，《説文・㫃部》「旅」下云：「⿱从𧘇，古文旅。」《玉篇・止部》：「⿱止𧘇，古文旅。」「⿱止𧘇」即「⿱从𧘇」之隸變也，此作「⿱山𧘇」，俗訛也，從山、從止之字古常互誤。下「⿱山𧘇」字皆同。

〔一八一〕咊𡰥庢，刊本「咊」作「和」，「庢」作「底」，案《玉篇・口部》「和」條下云：「咊，古文。」「庢」爲「底」之俗寫，此當爲「厎」之誤。

〔一八二〕治，底一丁原缺末筆，避諱缺筆字，兹據刊本録正。

〔一八三〕也，刊本無。

〔一八四〕藜，刊本作「黎」，陳鐵凡(一)云：「黎、藜古多通用。」

〔一八五〕狸，刊本作「貍」，「狸」爲「貍」之後起換旁字，《干禄字書・平聲》：「狸、貍，上通下正。」

〔一八六〕織皮今罽也，刊本作「織金罽」，「罽」爲「罽」字俗省，王重民《敘録》云：「今本脱『皮』字。」陳鐵凡(一)云：「《史記・夏本紀》集解：『孔安國曰：織皮，今罽也。』與此卷同。……然則『今罽』者，殆謂『古之織皮，即今日之罽也』。作『金』者誤。」

〔一八七〕洹，刊本作「桓」，「洹」當是「桓」之形誤，《傳》中仍作「桓」，是也。

〔一八八〕汅，刊本作「沔」，《廣韻・獮韻》「沔」條下云：「汅，俗。」《傳》及下句《傳》中「汅」字同。

〔一八九〕「桓」下底一丁殘泐，刊本作「水自西傾山」。
〔一九〇〕浮潛，刊本作「浮于潛」，陳鐵凡（一）云：「各本「浮」下有「于」字。案此當誤奪。」
〔一九一〕䜌，刊本作「亂」，《集韻·換韻》：「亂，古作𤔔。」《三體石經》作「□」，即「𤔔」之隸定，此作「䜌」，「𤔔」之變體。下「䜌」字同。
〔一九二〕治，底一丁原缺末筆，避諱缺筆字，茲據刊本録正。
〔一九三〕邕，刊本作「雍」。陳鐵凡（一）云：「「雍」爲「邕」之隸變。」
〔一九四〕也，刊本無。
〔一九五〕道，刊本作「導」，「道」「導」古今字。
〔一九六〕治涇水入之渭，底一丁「治」字缺末筆，避諱缺筆字，茲據刊本録正；刊本「之」作「於」，陳鐵凡（一）云：「《正義》曰：「言治涇水使之入渭」，孔本亦當作「之」。」
〔一九七〕逌，刊本作「攸」，《漢書·地理志上》「漆沮既從，酆水逌同」顔師古注：「逌，古攸字也。」
〔一九八〕同於渭也，刊本作「同之於渭」。盧文弨《羣書拾補》云：「《史記集解》作「同於渭也」，是。」
〔一九九〕歧，刊本作「岐」，「歧」爲「岐」之誤字。《傳》中「歧」字同。
〔二〇〇〕治，底一丁缺末筆，避諱缺筆字，茲據刊本録正；刊本「治」前有「言」字，陳鐵凡（一）云：「各本「治」上有「言」字。案此當誤奪。」
〔二〇一〕也，刊本無。
〔二〇二〕兵南憻物，刊本「兵」作「終」，「憻」作「惇」，《説文·糸部》：「□，古文終。」「兵」應是「□」之形誤，《書古文訓》亦作「□」；「惇」字《説文》小篆作「□」，隸定爲「憻」，「憻」當是「憻」之變體。
〔二〇三〕于，甲一起於此。
〔二〇四〕望，底一丁殘存右半，茲據甲一擬補。

〔二〇五〕庢，甲一同，刊本作『厎』，『庢』爲『厎』之俗寫，此當爲『厎』之誤。

〔二〇六〕埜，刊本作『野』，《玉篇·林部》：『埜，古文野。』

〔二〇七〕三，底一丁殘存最下一横。

〔二〇八〕禹之功，甲一同，刊本前有『美』字，案《史記·夏本紀》裴駰《集解》引孔安國曰：『西裔之山已可居，三苗之族大有次序，禹之功也。』亦無『美』字。

〔二〇九〕也，甲一、刊本無，案《史記·夏本紀》裴駰《集解》引孔安國曰：『田第一，賦第六，人功少。』亦無『也』字。

〔二一〇〕玲琅玕，甲二、刊本『玲』作『琳』，段玉裁《古文尚書撰異》云：『蓋孔本作「琳」，鄭本作「玲」。玲與琳異字，音雖同部，義則異物也。……疑古文《尚書》作「玲」，今文《尚書》作「琳」，與《爾雅》合。孔本同今文《尚書》者也，鄭本作「玲」，其作「琳」者非也。薛氏《書古文訓》作「玲」，采諸鄭本也。』案日本古寫本九條本亦作『玲』，則隸古定《尚書》有作『玲』作『琳』之異本，段説不確。『琅』，刊本同，甲二作『瑯』，『琅』『瑯』正俗字。《傳》中『玲』、『琅』同。

〔二一一〕珠者，刊本『珠』作『玉』，無『者』字，阮校：『閩本、葛本同，岳本、《纂傳》「玉」作「珠」，萬曆本「珠」作「玉」，毛氏本與古本、宋板同。按作「玉」誤也，作「珠」與《疏》標目合。《初學記·地部上》「琅玕，石似珠也」，注云：「出《尚書注》。」此作「珠」之證。』

〔二一二〕于積，底一丁『于』字殘存上面一横，『積』字殘存右邊『責』，兹據甲一補。

〔二一三〕至於竜門，底一丁『至於』二字殘泐，兹據甲一補；刊本『於』作『于』，『於』『于』二字古通用；『竜』，甲一同，刊本作『龍』，《集韻·鍾韻》：『龍，古作竜。』

〔二一四〕『在』下底一丁殘泐，刊本作『金城西南河所經也沿』。

〔二一五〕也，甲一、刊本無。

〔二一六〕逆，底一丁殘泐，兹據甲一補。

〔二一七〕「渭北涯逆水西上」，底一丁「北」殘泐，茲據甲一補；底一丁「逆」亦殘泐，茲據底二乙補，底二乙起於此；底二乙「西上」下有「也」字。

〔二一八〕「崑崙」二字底一丁殘泐，底二乙僅存左半，《貞觀政要·封建》「文命矜其即敘」戈直注引作「崑崙」，茲即據以擬補；刊本作「崐崘」，《史記·夏本紀》作「昆侖」，「崑崙」「崐崘」皆「昆侖」之後起別體。

〔二一九〕叟，刊本作「搜」，《漢書·地理志》作「叟」，「叟」「搜」古今字。

〔二二〇〕也布，甲一、刊本「也」作「毛」，陳鐵凡（一）云：「『也』當爲『毛』字之譌。」甲一止於此。

〔二二一〕在荒服，底一丁「在荒」二字殘泐，「服」殘去右上角，茲據底二乙補。

〔二二二〕髦，底二乙同，刊本作「髳」，《詩·小雅·角弓》「如蠻如髦，我是用憂」鄭《箋》「髦，西夷別名。武王伐紂，其等有八國從焉」孔穎達《正義》：「《牧誓》曰：『及庸、蜀、羌、髳、微、盧、彭、濮人。』又曰：『逖矣，西土之人。』是西方也。彼髳此髦，音義同也。」

〔二二三〕道岍及歧，刊本「道」作「導」，「歧」作「岐」，「道」「導」古今字，「歧」爲「岐」之誤字。

〔二二四〕治，底一丁原缺末筆，避諱缺筆字，茲據刊本録正。下句「治」字同。

〔二二五〕之，底一丁殘泐，茲據底二乙補。

〔二二六〕「門」下刊本有「西河」二字，陳鐵凡（一）云：「各本末有『西河』二字。《漢書·地理志》顔師古注亦無『西河』二字，與此卷同。」

〔二二七〕三山冀州太岳在上黨，底二乙、刊本「三山」下有「在」字，刊本「上黨」下有「西」字，案有「在」是，《史記·夏本紀》裴駰《集解》引孔安國曰：「三山在冀州，太嶽在上黨西也。」

〔二二八〕庢，底二乙同，刊本作「厎」，「庢」爲「厎」之俗字，此乃「厎」之誤。

〔二二九〕也，刊本無。

〔二三〇〕于，底一丁殘泐，茲據底二乙補。

〔二三一〕滄海，刊本同，底二乙下有『也』字。
〔二三二〕徑，底二乙、刊本作『經』，『徑』爲『經』之假借。
〔二三三〕治，底一丁原缺末筆，避諱缺筆字，兹據刊本録正。
〔二三四〕『可名』前底一丁殘泐，刊本作『之不』；『可』下刊本有『勝』字，是也。
〔二三五〕『以山言之西傾朱圉』諸字底一丁殘泐，兹據底二乙補。
〔二三六〕渭，底二乙同，刊本作『渭水』。陳鐵凡（二）云：『各本「渭」下有「水」字。案此當誤奪。』
〔二三七〕也，底二乙、刊本無。
〔二三八〕『太華相首尾而東熊』諸字底一丁殘泐，兹據底二乙補。
〔二三九〕至于倍尾，『至』前底一丁殘泐，刊本作『耳外方桐柏』；刊本『倍』作『陪』，日本古寫本九條本及《漢書·地理志》俱作『倍』。《傳》中『倍』字同。
〔二四〇〕豫州，底二乙同，刊本下有『界』字。
〔二四一〕『淮出桐栢經倍尾凡此先』諸字底一丁殘泐，兹據底二乙補，刊本『栢』作『柏』，『此』下有『皆』字，《干禄字書·入聲》：『栢、柏，上俗下正。』
〔二四二〕道嶓冢，『道』前底一丁殘泐，刊本作『舉所施功之山於上而後條列所治水於下互相備』，『冢』，底一丁殘泐，兹據底二乙補。
〔二四三〕漾水出嶓冢，底二乙『漾』誤作『溔』，底一丁止於此；自『出嶓冢』起以底二乙爲底本。
〔二四四〕『名』前底二乙殘泐，刊本作『州内方至于大别内方大别二山』。
〔二四五〕『徑』前底二乙殘泐，刊本作『在荆州漢所』。
〔二四六〕崏，刊本作『岷』，《漢書·地理志》作『崏』，繆祐孫《漢書引經異文録證》卷四云：『《説文》無「岷」字，𡺰山在蜀湔氐西徼外，是正體。「崏」蓋由「𡺰」省，今《書》之「岷」，又由「崏」省耳。』

〔二四七〕『于』前底二乙殘泐，刊本作『岷山江所出在梁州衡山江所經在荆州過九江至』。

〔二四八〕行山東，刊本『行』作『衡』，無『東』字，案『行』爲『衡』之誤。

〔二四九〕也，刊本無。

〔二五〇〕道，底二乙殘存下端，刊本作『導』。『道』『導』古今字。『道』前底二乙殘泐，刊本作『導從首起言陽從南敷淺原一名博陽山在揚州豫章界』。

〔二五一〕『西』前底二乙殘泐，刊本作『流沙東餘波入于流沙弱水餘波』。

〔二五二〕道，刊本作『導』，『道』『導』古今字。『道』前底二乙殘泐，刊本作『溢入流沙』。

〔二五三〕至，底二乙殘去上面一横。『至』前底二乙殘泐，刊本作『黑水自北而南經三危過梁州入南海導河積石』。

〔二五四〕於，刊本作『于』，二字古通用。

〔二五五〕門，底二乙殘存下端殘畫。『門』前底二乙殘泐，刊本作『穿地以通流南至于華陰河自龍』。

〔二五六〕而，底二乙殘去上面一横。『而』前底二乙殘泐，刊本作『華山北』。

〔二五七〕庢，刊本作『底』，『庢』爲『底』之俗字。顧頡剛、劉起釪《尚書校釋譯論》云：『隸古寫本如敦煌P二五三三及九條本逕寫作底（字形作庢），甚是，《水經注》大典本作砥柱、刊本有作底柱者，傅寅《説斷》明確作底柱。以後學者如陳經、江聲、焦循等等《禹貢》著作多即作「底柱」，皆是。』《傳》中『庢』字同。

〔二五八〕『于』前底二乙殘泐，刊本作『河水分流包山而過山見水中若柱然在西虢之界又東至』。

〔二五九〕『也』字底二乙爲小字擠於『名』『在』两字之間，當是後補。

〔二六〇〕也，刊本無。

〔二六一〕『河處也』前底二乙殘泐，刊本作『東過洛汭至于大伾洛汭洛入』；刊本無『也』字。

〔二六二〕于大伾而北行也，『于』字底二乙殘去上面一横，刊本作『於』；『于』前底二乙殘泐，刊本作『曰伾至』。刊本無『也』字。

〔二六三〕「爲」字底二乙殘存下端殘畫，「爲」前底二乙殘泐，刊本作「于大陸降水水名入河大陸澤名又北播」。

〔二六四〕煞，刊本作「殺」，《干禄字書·入聲》以「煞」爲「殺」之俗字。

〔二六五〕渷，刊本作「兖」，《玉篇·水部》「沇」條下云：「亦作渷。」《説文》有「沇」無「兖」，「兖」爲後起字。

〔二六六〕入之，底二乙「入」存下半，刊本無「之」字，「之」爲雙行對齊而添。「入之」前底二乙殘泐，刊本作「河入于海同合爲一大河名逆河而」。

〔二六七〕「之也」前底二乙殘泐，刊本作「海皆禹所加功故叙」，刊本無「也」字。

〔二六八〕道，刊本作「導」，「道」「導」古今字。

〔二六九〕流，底二乙殘存下端殘畫。「流」前底二乙殘泐，刊本作「流爲漢泉始出山漾水東南」。

〔二七〇〕「水也」前底二乙殘泐，刊本作「沔水至漢中東流爲漢」，刊本無「也」字。

〔二七一〕也，刊本無。

〔二七二〕入，底二乙殘存下端殘畫，「入」前底二乙殘泐，刊本作「荆州過三澨至于大别三澨水名」。

〔二七三〕「名」前底二乙殘泐，刊本作「漢大别山」。

〔二七四〕北，底二乙殘存下端殘畫，「北」前底二乙殘泐，刊本作「彭蠡匯迴也水東迴爲彭蠡大澤東爲」。

〔二七五〕蠡，刊本作「蠡」，説見校記〔二一四〕。

〔二七六〕「東」字底二乙上端殘缺。「東」前底二乙殘泐，刊本作「而入海岷山導江東别爲沱江」。

〔二七七〕也，刊本無。

〔二七八〕醴，刊本作「澧」，段玉裁《古文尚書撰異》云：「《唐石經》已下「醴」作「澧」，蓋依衛包妄改。又經開寶改《釋文》之「醴」爲「澧」也，今更正。《夏本紀》、《地理志》皆作「醴」，今文《尚書》與古文《尚書》同也。」阮校：「「澧」，《史記》、《漢書》俱作「醴」，鄭氏以「醴」爲陵名，亦不从水。《史記索隱》曰：「騷人所歌濯余佩於醴浦，明醴是水。孔安國、馬融解得其實。又虞喜《志林》以醴是江沅之别流，而醴字作澧也。」」據此則以「醴」爲「澧」，始於虞喜《志林》。安國本作「醴」，與馬、鄭同耳。」《傳》中「醴」字同。

〔二七九〕也，刊本無。

〔二八〇〕「荆」前底二乙殘泐，刊本作「九江至于東陵江分爲九道在」。

〔二八一〕「也」前底二乙殘泐，刊本作「州東陵地名」，刊本無「也」字。

〔二八二〕東迤北岑，刊本「迤」作「迆」，「岑」作「會」，《説文·辵部》有「迆」無「迤」，「迤」爲後起別體；《玉篇·山部》：「岕，古文會字。」「岑」當是「岕」之訛變。下「迤」、「岑」同此。

〔二八三〕都共北會彭蠡也，底二乙止於「都」，底二丙起於「共」字；刊本「會」下有「爲」，無「也」字，阮校：「古本無「爲」字，與《疏》及《史記集解》合。按經文「于」作「爲」，《傳》中加「爲」字，其誤一也。」

〔二八四〕「衆」下底二丙殘泐，刊本作「有北有中」。

〔二八五〕南，底二丙殘存上半。「南」下底二丙殘泐，刊本作「可知導沇水東流爲濟」。

〔二八六〕泆爲，刊本「泆」作「溢」，《説文·水部》「泆，水所蕩泆也」段注：「《禹貢》「道沇水，入于河，泆爲熒」，本作「泆」，《周禮疏》、師古《漢書注》所引不誤，且《史記》、《水經注》皆作「泆」。」「爲」下底二丙殘泐，刊本作「滎濟水入河並流十數里而南截河又並流數里溢爲滎」。

〔二八七〕也，刊本無。

〔二八八〕至，刊本作「出」，段玉裁《古文尚書撰異》云：「此經「出」字當依《説文》作「至」。」

〔二八九〕「成」下底二丙殘泐，刊本作「又東至于菏菏澤之水又東」。

〔二九〇〕衆，底二丙殘存上部之「𠂉」。「衆」下底二丙殘泐，刊本作「北折而東導淮自桐柏桐柏山在南陽」。

〔二九一〕「衆」下底二丙殘泐，刊本作「與泗沂二水合入海導渭自鳥」。

〔二九二〕鼠同穴，底二丁「鼠」字殘缺右上半；底二丁起於此，此三字爲底二丁中文。

〔二九三〕雄雌，刊本作「雌雄」，阮校：「古本、岳本、宋板「雌雄」二字倒，與《史記集解》合，《纂傳》與今本同。」案

《史記·夏本紀》裴駰《集解》引孔安國曰：『鳥鼠共爲雄雌，同穴處此山，遂名曰鳥鼠，渭水出焉。』《爾雅·釋鳥》『鳥鼠同穴，其鳥爲鵌，其鼠爲鼵』郭璞注引孔氏《尚書傳》云：『共爲雄雌。』疑僞孔《傳》原作『雄雌』。

〔二九四〕會，底二丙殘存上端殘畫。『會』下底二丙殘泐，刊本作『于灃又』。

〔二九五〕東，底二丁殘缺右上半。

〔二九六〕『會于涇灃水』五字爲底二丁中文。

〔二九七〕也，刊本無。

〔二九八〕柒，刊本作『漆』。《干禄字書·入聲》：『柒、漆，上俗下正。』

〔二九九〕『水名亦曰洛水出馮翊北也道洛自』十四字爲底二丁中文，刊本無『也』字。

〔三〇〇〕也，刊本無。

〔三〇一〕漽，刊本作『瀍』，案『漽』爲『瀍』之俗省。

〔三〇二〕『會於河南城也又東岑于伊合於洛陽』十五字爲底二丁中文，刊本前一『於』作『于』，『也』作『南』，案『也』字誤。

〔三〇三〕也，刊本無。

〔三〇四〕州，底二丙殘存左上角殘畫。下『逌同』至『已可』爲底二丁中文。

〔三〇五〕也，刊本無。

〔三〇六〕亖⿰土北，刊本作『四隩』，《玉篇·二部》：『亖，古文四。』《説文·土部》：『墺，四方土可居也。〓，古文墺。』段注：『《禹貢》「四墺既宅」，今作「隩」者，衛包改也。』慧琳《音義》卷九三《續高僧傳》第十二卷『舊垗』條云：『下音奥，《説文》云「古文奥字」也。』《説文·宀部》：『奥，宛也，室之西南隅。』無古文。則慧琳所云『古文奥字』之『奥』當作『墺』也。『⿰土北』爲『垗』之訛體，『垗』則爲『〓』之隸變。

〔三〇七〕也，刊本無。

〔三〇八〕栞，刊本作『刊』，《漢書·地理志》『隨山栞木』師古注：『栞，古刊字。』『栞』當是『栞』之變體。

〔三〇九〕无，底二丙存上半，底二丁存下半。『无』以下至『源泉』爲底二丁中文。

〔三一〇〕已，刊本作『與』，案《史記·夏本紀》裴駰《集解》引孔安國曰：『九州名山已槎木通道而旅祭也。』與寫卷同，是也。

〔三一一〕源泉無雍塞，刊本『源泉』作『泉源』，『雍』作『壅』，『雍』『壅』古今字。

〔三一二〕陂彰無決溢矣也，底二丙『陂』字殘存右邊『皮』；刊本『彰』作『障』，『彰』爲『障』之同音借字；縮微膠卷『無』、『也』二字殘泐，此據國家圖書館藏王重民所攝照片，刊本無『也』字，此乃爲雙行對齊而添。

〔三一三〕彔會同，底三起於此，底三『會』作『袷』，《說文·會部》以『𢓜』爲『會』之古文，《集韻·太韻》以『袷』爲『會』之古文，『袷』即『𢓜』之隸定，『袷』則爲隸變之訛。自『同』至《傳》文『万國共』爲底二丁之文。

〔三一四〕京師，刊本作『京京師』，吴福熙云：『今本作「會同京京師」，阮氏《校勘記》則作「會同于京師」，前者當爲刻工之誤。』

〔三一五〕貫，底二丙原作『實』，吴福熙云：『「實」爲「貫」之誤。』兹據以改正。

〔三一六〕也，刊本無。

〔三一七〕庶土交正，底二丙『庶』原作『度』，底三作『庻』，刊本作『庶』，案『庻』即小篆『庶』隸變之異，『度』應是『庻』之形誤，兹據刊本改正，『正』字底二丙存上半，底二丁存下半。自此至『謂壤』爲底二丁中文，底二丁止於此。

〔三一八〕昚，底三作『昚』，刊本作『慎』，《說文·心部》：『慎，謹也。𡮪，古文。』『昚』爲『𡮪』之隸定，『昚』爲變體。

〔三一九〕其，底二丁原作『甚』，形誤字，兹據底三改正。

〔三二〇〕也，底三同，刊本無。

〔三一〕「言取民有節不過度也」九字原在下一行，此處原作「田上中下大較三品成九」十字，且有塗抹之迹，今據底三、刊本置於此；刊本「言」作「舍」，「民」作「之」，無「也」字，陳鐵凡（一）云：「各本「民」作「之」，清原本「之」字旁注。 案各本作「之」，疑據唐人避太宗諱改字，而宋以後未及回改之本。唐以前本當作「民」。」

〔三二〕咸則三壤，底二丙自此行以下共八行下截殘泐，故自「壤」始以底三爲底本，而以底二丙爲對校本。

〔三三〕也，底二丙同，刊本無。

〔三四〕祗台悳，刊本作「祗台德」，《玉篇·示部》「示」條下云：「𥘅，古文。」則「祗」爲「祇」之古文；「德」，《説文》作「𢛳」，隸定作「悳」。

〔三五〕弗岠，刊本作「不距」，「弗」「不」義同；「岠」「距」爲形旁相通之異體字，説見高明《古體漢字義近形旁通用例》（《高明論著选集》四一頁，科學出版社二〇〇一）下凡「岠」字皆同。

〔三六〕乂百里甸䑺，底二丙、刊本「乂」作「五」，「䑺」作「服」，案「五」字《説文》小篆作「𠄡」，《玉篇·五部》以爲「五」之古文，此作「乂」，當是「𠄡」之變體；《晉辟雍頌》「服」亦作「䑺」（秦公《碑別字新編》六六頁，文物出版社一九八五），「服」字《説文》小篆作「𦨈」，「䑺」當是其隸變。經文中「乂」、「䑺」兩字底二丙皆作「五」、「服」，下不復出校。

〔三七〕王城面五百里内，底二丙「城」作「成」，刊本無「内」字，「成」爲「城」之音借字，劉師培云：「各本挩「内」字，此與《史記·夏本紀》集解引同。」

〔三八〕總，刊本同，底二丙作「総」，俗字。

〔三九〕内之，底二丙同，刊本下有「百里」二字，陳鐵凡《敦煌本易書詩考略》云：「據孔氏《正義》，「百里」二字亦當爲衍文。」

〔三〇〕禾藁曰揔，底二丙、刊本作「藁」作「稾」，《干禄字書·上聲》：「藁、稾，上通下正。」《説文》有「稾」無「藁」，「藁」爲後起增旁字，下「藁」同，不復出校；「揔」，底二丙作「捴」，刊本作「總」，「揔」、「捴」皆「總」之俗字。

〔三三一〕供食國馬也，『食』字底二丙同，刊本作『飼』，雷浚《説文外編》云：『《説文·食部》無「飼」字，「飤，糧也」，與《玉篇》「飤」字義異。經典「飼」字多作「食」，去聲，無作「飤」者。鄙見「飼」字依經典作「食」爲是。』底二丙、刊本無『也』字。

〔三三二〕所銍刈謂禾穗也，刊本無『所』、『也』二字，阮校：『古本作「所銍刈，謂禾穗也」。按「所」字依《史記集解》增。』劉師培云：『若夫孔《傳》之文，足校今本訛挩。』陳鐵凡(二)云：『《夏本紀》引此，亦有「所」字。竊謂此似以有「所」字爲是。所猶其也。……本《傳》「所銍刈」，猶其銍刈者。』案當以劉、陳説爲是，《通典·食貨四》引亦作『所銍刈謂禾穗』，與《史記集解》同。

〔三三三〕役也，底二丙同，刊本『役』作『役』，無『也』字，《説文·殳部》：『役，古文役从人。』

〔三三四〕『亖』，底二丙同，刊本作『四』，《玉篇·二部》：『亖，古文四。』

〔三三五〕麤者多也，刊本『麤』作『麄』，無『也』字，《集韻·模韻》：『麤，俗作麄。』

〔三三六〕也，刊本無。

〔三三七〕厈，底二丙同，刊本作『斥』，案『厈』、『斥』二字均『㡿』之隸變，説詳《敦煌俗字研究》下編三三一頁。下『厈』字同。

〔三三八〕也，刊本無。

〔三三九〕也，刊本無。

〔三四〇〕任，底二丙同，刊本下有『也』字。

〔三四一〕也，底二丙、刊本無。

〔三四二〕三百里𢒉侯，底二丙『里』字殘存上部『田』，底二丙止於此；刊本『𢒉』作『諸』，《玉篇·彡部》：『𢒉，古文諸。』此作『𢒉』，變體也，俗書山旁、止旁常混用。

〔三四三〕娞，刊本作『綏』，《玉篇·女部》：『娞，《尚書》爲古文綏。』《傳》中『娞』字同。

〔三四四〕百，底二戊殘存下半截『日』。底二戊起於此。

〔三四五〕王者政教，刊本『王者』下有『之』字，底二戊末有『也』字。

〔三四六〕『度』下底二戊、刊本有『也』字。

〔三四七〕也，刊本無。

〔三四八〕也，底二戊同，刊本無。

〔三四九〕也，底二戊同，刊本無。

〔三五〇〕里，刊本同，底二戊脱。

〔三五一〕者也，刊本無，陳鐵凡（二）云：『九條本「者也」作「也者」字，其他各本無「者也」二字。案《正義》曰：「……知要者要束以文教也。」《史記·夏本紀》集解引亦有「也」字。是孔、裴所本俱有「也」字。』

〔三五二〕巟，刊本作『荒』，《汗簡》卷下川部引《尚書》、《書古文訓》皆作『巟』。『巟』者，『荒』之古文也。黄侃《説文段注小箋》：『荒之本字亦作「巟」。』（《説文箋識四種》一九四頁）下凡『巟』不復出校。

〔三五三〕也，底二戊、刊本無。

〔三五四〕也，底二戊、刊本無。

〔三五五〕也，底二戊同，刊本無。

〔三五六〕『移』下刊本有『也』字。

〔三五七〕也，底二戊同，刊本無。

〔三五八〕方五千里，刊本『方』前有『爲』字，底二戊末有『也』字。

〔三五九〕『入』下刊本有『也』字。

〔三六〇〕也，底二戊同，刊本無。

〔三六一〕也，底二戊、刊本無。

〔三六二〕章，底二戊同，刊本作「彰」，「章」「彰」古今字。

〔三六三〕也，刊本無。

〔三六四〕曰斳第二，「曰斳」二字底二戊作「甘斳」，刊本作「甘誓」，《説文》小篆「甘」作「」，「曰」即其變體也，《説文·艸部》「折」之籀文作「」，《玉篇·艸部》「斳」即其隸定也，王引之《經義述聞》卷三「誓字古文」條認爲此即「誓」之古文，《古文四聲韻》所列之「𣂔」、「𣃚」、「𡺿」諸形皆「斳」傳寫之訛，寫卷之「斳」、「斳」皆「斳」之變體也，下「斳」字皆同。「第」字刊本同，底二戊作「弟」，「弟」俗作「苐」，俗書竹頭多寫作草頭，俚俗據「苐」楷正，則成「第」字。

〔三六五〕启與又扈𢌿于曰之壄，刊本「启」作「啟」，《書古文訓》作「启」，《汗簡》引《尚書》亦作「启」，洪成玉《古今字》云：「從字形和字意來看，启、啓應是古今字。」「啓」爲「啟」之別體；刊本「又」作「有」，「又」「𠂇」同字，皆爲「有」之古字；刊本「𢌿」作「戰」。《玉篇·止部》：「𢌿，古文戰。」《龍龕·止部》：「𢌿、𢍃，二古文戰字。」徐在國《隸定古文疏證》據郭店楚簡及《古文四聲韻》所引《古老子》作「𢍃」，認爲「𢌿」爲訛字；刊本「壄」作「野」，《玉篇·土部》：「壄，古文野。」下「𢌿」、「曰」及「又扈」皆同此。

〔三六六〕夏啓嗣禹立，底二戊「啓」作「启」，刊本「立」作「位」，黄侃《字通》：「立，即古位字。」（《説文箋識四種》一一八頁）

〔三六七〕「郊地」下刊本有「名」字。

〔三六八〕也，刊本無。

〔三六九〕也，底二戊、刊本無。

〔三七〇〕女，底二戊同，刊本作「汝」，「女」「汝」古今字。下凡「女」字同此。

〔三七一〕畏，刊本作「威」，陳鐵凡（二）云：「九條本、内野本、足利本「畏」與此同，其他各本作「威」。」案今本《尚書》凡「威」字，敦煌本俱作「畏」。古威、畏二字同音通用，不分平去。《困學紀聞》云：「古文自我民明畏，今作威，蓋衛包所改。」今得此敦煌本《尚書》，足爲王説左證。』下『畏』字同。

〔三七二〕弃，刊本作『棄』，《説文》以『弃』爲『棄』之古文。

〔三七三〕也，底二戊同，刊本無。

〔三七四〕恃，刊本同，底二戊作『侍』，陳鐵凡(二)云：『足利本「恃」作「侍」。案「侍」爲「恃」之譌。』

〔三七五〕惰，刊本同，底二戊作『憧』，『憧』爲『惰』之增旁俗字。

〔三七六〕也，刊本無。

〔三七七〕𠞰㡭，刊本作『勦絶』，《説文·刀部》：『劋，絶也。《周書》曰：「天用劋絶其命。」』《玉篇·刀部》：『劋，絶也。𠞰，同上。』《龍龕·刀部》：『剿，或作；𠞰，正。』《正字通·刀部》：『𠞰、剿，同劋，經史通作𠞰。』是『𠞰』『剿』均爲『劋』之後起別體也，『勦』爲『𠞰』之誤，段玉裁《古文尚書撰異》據《説文》改爲『劋』。柳榮宗《説文引經攷異》云：『馬本作「剿」，从刂。刂爲刀之隸變，蓋《書》本作「𠞰」，今誤从力耳。許書水部「漅」下曰「讀若《夏書》勦絶」，「勦」當爲「𠞰」之誤，是許所據《書》有作「𠞰」者，與馬本合。蓋古文作「𠞰絶」，今文作「劋絶」。』今寫卷底三作『𠞰』，底二戊作『剿』(經文雖殘泐，然傳文作剿)，可證柳説之善。又《説文·糸部》：『絶，斷絲也。𢇍，古文絶，象不連體絶二絲。』此作『㡭』，『𢇍』之訛變。

〔三七八〕也，底二戊同，刊本無。

〔三七九〕截，底二戊同，刊本下有『也』字，《史記·夏本紀》裴駰《集解》引孔安國曰：『勦，截也。』

〔三八〇〕滅之也，底二戊『滅』作『威』，刊本無『也』字，王筠《説文解字句讀》云：『滅者，威之絫增字。』

〔三八一〕龔行天之罰，刊本『龔』作『恭』，『罰』作『罸』。繆祐孫《漢書引經異文録證》卷六：『《甘誓》、《牧誓》「龔行天之罰」，漢魏晉唐引此無不作「龔」，其作「恭」者，衛包所改也。』『罸』與『罰』，小篆『罰』隸變之異也。

下『龔』字同。

〔三八二〕也，刊本無。

〔三八三〕弗，底二戊同，刊本作『不』。下凡底三作『弗』而刊本作『不』者，均不復出。

〔三八四〕攻治，刊本作『絶之也』，陳鐵凡(二)云：『九條本同，阮刻本作「絶之也」，其他各本作「攻治也」。案「絶之」當是涉上文而誤。』

〔三八五〕勇力爲士之主，刊本作『勇力之士』，陳鐵凡(一)云：『内野本「主」與此同，其他各本無「主」字。案以前《傳》「車左、左方主射」例之，此當以有「主」字爲是。《正義》引《左·宣十二年傳》曰：「是左方主射，右主擊刺」……孔本當亦有「主」字也。』

〔三八六〕矛，底三原作『予』，陳鐵凡(二)云：『當以「矛」爲正。』案敦煌寫卷『予』字常寫作『矛』，兹依刊本改正。

〔三八七〕其，刊本同，底二戊作『亓』，《集韻·之韻》：『其，古作亓。』

〔三八八〕者也，刊本無，劉師培云：『若夫孔《傳》之文，足校今本訛挩……此與山井鼎《考文》引古本並同。』陳鐵凡(二)云：『九條本、内野本、足利本同，其他各本無「者也」二字。案此有「者也」二字，語意方足。』

〔三八九〕不奉我命也，刊本作『皆不奉我命』，案有『皆』是，《史記·夏本紀》裴駰《集解》引孔安國曰：『御以正馬爲政也。三者有失，皆不奉我命也。』

〔三九〇〕庿，底二戊同，刊本作『廟』，據《説文》，『庿』爲『廟』之古文。

〔三九一〕也，刊本無。

〔三九二〕剹，刊本作『戮』，《集韻·屋韻》：『戮，古作剹。』下『剹』字同。

〔三九三〕背，底二戊、刊本作『北』，陳鐵凡(二)云：『九條本同，其他各本「背」作「北」。案北、背古今字。』

〔三九四〕于，底二戊同，刊本作『於』，二字古通用。

〔三九五〕也，刊本無。

〔三九六〕𠇍，刊本作『孥』，段玉裁《古文尚書撰異》云：『古奴婢、妻帑字皆作「奴」，故鄭司農釋《尚書》之「奴」爲奴婢，假令如今本《尚書》作「孥」，則司農何至釋爲奴婢？故知「孥」是俗字，衛包所改《尚書》原文只作「奴」也。』案《說文·女部》：『𠇍，古文奴。』《書古文訓》及日本古寫本九條本亦作『𠇍』，則古文《尚書》作『𠇍』也。《傳》中『奴』字同。

〔三九七〕止身，底二戊同，刊本作『止汝身』，陳鐵凡（二）云：『《史記·夏本紀》集解引亦無「汝」字。』

〔三九八〕女，底二戊此字殘存『氵』，則本爲『汝』也，刊本亦作『汝』。『女』『汝』古今字。

〔三九九〕之也，底二戊無『也』字，刊本無『之』字，羅振玉云：『諸本無「之」字，《史記集解》引有。案《疏》言「以恥惡累之」，是孔《傳》原亦有「之」字。』劉師培云：『若夫孔《傳》之文，足校今本訛挩……此與《史記·夏本紀》集解引同。』

〔四〇〇〕大康，刊本作『太康』，『大』『太』古今字。下『大康』同此，不復出校。

〔四〇一〕般，刊本作『盤』，陳鐵凡（二）云：『各本「般」作「盤」。案《說文·舟部》云：「般，辟也，象舟之旋。」引伸爲般遊、般樂。「盤」在許書爲「槃」之或體，訓承盤，承水之器。今本經傳以「盤」代「般」，蓋通叚用之。』案齊佩瑢《訓詁學概論》云：『籀文盤字，篆文作槃，古文作鎜，而甲文則止作般。』（三九頁，中華書局一九八四）『般』『盤』古今字，陳說誤。下『般』字同。

〔四〇二〕返，刊本作『反』，陳鐵凡（二）云：『各本「返」作「反」。案返，正字；反，借。經傳反、返通用。』案陳說誤，『反』『返』古今字。

〔四〇三〕頚，刊本作『須』，《說文·頁部》：『頚，待也。』段注：『今字多作需、作須，而頚廢矣。』

〔四〇四〕惌，刊本作『怨』，『惌』爲『怨』之俗字，說見《敦煌俗字研究》下編三七五頁。

〔四〇五〕也，刊本無。

〔四〇六〕啓之五子，刊本同，底二戊『啓』作『启』，『启』『啓』古今字。底二戊止於此。

〔四〇七〕 尸位昌逸悆，刊本「尸」作「尸」，「悆」作「豫」，「尸」爲《説文》小篆「尸」之隸定；黄侃《説文段注小箋》云：「悦豫本作悆。」（《説文箋識四種》一九〇頁）陳鐵凡（二）云：「九條本、内野本、足利本「悆」與此同，其他各本作「豫」。案《説文·心部》云：「悆，忘也。……《周書》曰：有疾不悆。悆，喜也。」《周書》所引爲《金縢》文，今本作「豫」。「豫」字許書訓象之大者，悆正豫借。今本《尚書》以豫代悆，蓋始於天寶改字。」

〔四〇八〕 也，刊本無。

〔四〇九〕 烕，刊本作「滅」，《字彙補·戈部》：「烕，古文滅字，見《五音篇韻》。」下「烕」字同。

〔四一〇〕 弍，刊本作「貳」，陳鐵凡（二）云：「各本「弍」作「貳」。案「弍」爲《説文》古文二。「貳」字許訓副益，後世通叚以代「二」。」案《書古文訓》即作「弍」。

〔四一一〕 「衆民」下刊本有「皆」字。

〔四一二〕 亡，刊本作「無」，陳玉樹《毛詩異文箋》卷二「何有何亡」條云：「亡、無古今字。」《書古文訓》、日本古寫本九條本並作「亡」。

〔四一三〕 般樂樂，羅振玉云：「諸本奪一「樂」字，考文本有。」劉師培云：「若夫孔《傳》之文，足校今本譌挩……此與《考文》引古本同。」

〔四一四〕 又，刊本作「有」，「又」爲「有」之古字。下凡經文「又」字皆同此。

〔四一五〕 也，刊本無。

〔四一六〕 畋獵過百日不還也，刊本「畋」作「田」，無「也」字，「田」「畋」古今字。

〔四一七〕 又窮，刊本作「有窮」。《説文·穴部》：「竆，極也。」邵瑛《群經正字》云：「竆，今經典作「窮」，蓋「䠶」字《説文》或體作「躬」。經典「窮」字從或體「躬」也。」然《説文·邑部》有「竆」，云：「夏后時諸侯夷羿國也。」是有竆氏《説文》作「竆」也。段玉裁注云：「今《左傳》作「窮」，許所據作「竆」，今古字也。」「窮」之古字作『竆』，不作『𨞪』也。朱珔《説文假借義證》認爲『竆』當爲『𨞪』之假借，蓋是。《玉篇・邑部》云：『𨞪，《書》曰「有𨞪后羿」。』是顧氏所見作『𨞪』，與《説文》合。

〔四一八〕也，刊本無。

〔四一九〕也，刊本無。

〔四二〇〕侍，刊本作『待』，下又有『也』字，阮校：『岳本、閩本、明監本、毛本「待」作「侍」，《正義》同。案「侍」字是也。』

〔四二一〕也，刊本無。

〔四二二〕也，刊本無。

〔四二三〕訔，刊本作『訓』，《玉篇・言部》『訓』：『訔，古文。』下凡『訔』字同。

〔四二四〕『君』下刊本有『也』字。

〔四二五〕也，刊本無。

〔四二六〕也，刊本無。

〔四二七〕寍，刊本作『寧』，《説文・宀部》：『寍，安也。』段注：『此安寧正字，今則「寧」行而「寍」廢矣。僞古文「萬邦咸寍」，《音義》曰：「寍，安也。」《説文》安寧字如此。寧，願詞也。語甚分明。自衛包改正文，李昉、陳鄂又改《釋文》，令人不可讀矣。』

〔四二八〕也，刊本無。

〔四二九〕眎，刊本作『視』，《廣韻・至韻》：『視，看視。眎，古文。』

〔四三〇〕也，刊本無。

〔四三一〕圀，刊本作『圖』。《玉篇・口部》『圖』條下云：『圀，古文。』古從山與從止之字常互混，『圀』應是『圂』之訛變。

〔四三二〕廩虖若朽索馭六馬，刊本『廩虖』作『懍乎』，『索』下有『之』字，錢大昕《經典文字考異》云：『「懍乎若朽索之馭六馬」，當作「廩」。』王叔岷《尚書斠證》云：『《治要》引懍作廩，注：「廩，危皃也。」懍，俗字。』《漢書・揚雄傳・反離騷》『淑周楚之豐烈兮，超既離虖皇波』師古注：『虖，古乎字。』

〔四三三〕也，刊本無。

〔四三四〕御馬，刊本作『馭六馬』，《說文・彳部》：『馭，古文御。』

〔四三五〕危懼甚也，刊本作『言危懼甚』，陳鐵凡（二）云：『各本「危」上有「言」字。案此當誤脱。』

〔四三六〕柰，刊本作『奈』，《說文・木部》『柰，果也』段注：『假借爲柰何字，見《尚書》、《左傳》。俗作「奈」，非。』

〔四三七〕憍，刊本作『驕』，《說文・馬部》『驕，一曰野馬』段注：『凡驕恣之義當是由此引伸，旁義行而本義廢矣。……俗製嬌、憍字。』下『憍』字同。

〔四三八〕也，刊本無。

〔四三九〕也，刊本無。

〔四四〇〕耆，刊本作『嗜』，『耆』『嗜』古今字。下『耆』字同。

〔四四一〕寓，刊本作『宇』，《說文・宀部》：『宇，屋邊也。籀文宇从禹。』

〔四四二〕無猒足也，刊本『猒』作『厭』，無『也』字，《說文》『猒』篆下段注云：『猒、厭古今字。』

〔四四三〕也，刊本無。

〔四四四〕亾，刊本作『亡』，『亾』、『亡』爲小篆『亾』隸變之異。下『亾』字皆同。

〔四四五〕也，刊本無。

〔四四六〕道，刊本作『道』，《說文》小篆『道』作『𨗉』，此作『道』，隸變之異也。

〔四四七〕䋄，刊本作『綱』，《說文》小篆『綱』作『䋄』，此作『䋄』，隸定字。

〔四四八〕乃底烕止，刊本『底』作『厎』，『止』作『亡』，案『底』爲『厎』之誤；『止』乃『亾』之誤，『亾』『亡』同字。

（四四九）也，刊本無。

（四五〇）也，刊本無。

（四五一）也，刊本無。

（四五二）『遺』下刊本有『也』字。

（四五三）𢇍，刊本作『絶』，説詳校記（三七）。

（四五四）以取亾者也，底三『取』爲小字旁注，刊本無『者也』二字，陳鐵凡（二）云：『九條本無「取」字。案此本「取」字旁注，疑爲後人所增。《正義》曰：「言古制存而太康失其業，所以亡也。」孔本亦無「取」字。』

（四五五）於虖，刊本作『嗚呼』。《説文·烏部》『烏』篆下説解：『於，象古文烏省。』『烏』『嗚』古今字，『虖』『呼』亦古今字。

（四五六）帰，刊本作『歸』，『帰』爲《説文》籀文隸定字，『歸』爲《説文》小篆隸定字。

（四五七）褱，刊本作『懷』。伯三三一五《尚書釋文》第二九行：『褱，古懷字。』

（四五八）也，刊本無。

（四五九）𠷎，刊本作『疇』，説詳《古文尚書傳》（二）校記（三五）。

（四六〇）復，底二已起於此。

（四六一）𣚣陶虖，刊本『𣚣』作『鬱』，『虖』作『乎』，《集韻·迄韻》：『鬱，古作𣚣。』陳鐵凡（二）云：『從司殆從曰之譌。』徐在國《隸定古文疏證》認爲『𣚣』下部之『曰』乃是金文『[illegible]』字下部偏旁訛變而成，其説較確。《漢書·揚雄傳·反離騷》『淑周楚之豐烈兮，超既離虖皇波』師古注：『虖，古乎字。』

（四六二）垕，刊本作『厚』，《玉篇·土部》『垕，古文厚。』

（四六三）也，刊本無。

（四六四）也，底二已同，刊本無。

〔四六五〕 悳，底二已、刊本作『悔』，《龍龕·心部》：『悳，古文悔字。』

〔四六六〕 也，底二已作『之』，刊本無，案作『之』無義，當是爲雙行對齊而添。

〔四六七〕 亂，刊本作『胤』，不知因何作『亂』，待考。

〔四六八〕 世，底二已作『代』，諱改字。

〔四六九〕 大康，底二已、刊本作『太康』，『大』『太』古今字。下『大康』同此，不復出校。

〔四七〇〕 『甲乙』下底二已有『也』字。

〔四七一〕 之，刊本同，底二已作『㞢』，《玉篇·之部》『之』條下云：『㞢，古文。』

〔四七二〕 胤國之君奉王命往征之，底二已、刊本『奉』作『受』，案《史記·夏本紀》裴駰《集解》引孔安國曰：『胤國之君受王命往征之。』底二已末有『也』字。

〔四七三〕 伐，底二已同，刊本作『罰』，阮校：『岳本、葛本、宋本、閩本同。按《大禹謨》「奉辭伐罪」，宋本亦作「罰」。』案《大禹謨》有『奉辭罰罪』句，斯八〇一亦作『伐』，阮校：『宋板、岳本、閩本、《纂傳》本同，《唐石經》「罰」作「伐」，明監本、毛本因之。古本及蔡《傳》並作「伐」。案「伐」字是也。』

〔四七四〕 中康肈位，刊本『中』作『仲』，席世昌《席氏讀説文記》：『仲，古作中。』『肈』字刊本同，底二已作『肇』，《玉篇·攴部》：『肈，俗肇字。』下『中康』皆同，不復出校。

〔四七五〕 也，底二已同，刊本無。

〔四七六〕 掌主主六師，底二已作『掌主六師』，刊本作『掌王六師』，阮校：『岳本、宋本「王」作「主」，古本作「掌，主也，主六師爲大司馬也」，按當從之。《纂傳》亦作「掌王六師」，則其誤久矣。』陳鐵凡(二)云：『蓋岳本、葛本、宋本誤脱一「主」字，後世不察，乃改「主」爲王。』

〔四七七〕 也，底二已、刊本無。

〔四七八〕 和，刊本同，底二已作『咊』，《玉篇·口部》『和』條下云：『咊，古文。』

〔四七九〕不脩其業也，『脩』，底二己同，刊本作『修』，『脩』爲『修』之借字；底二己、刊本無『也』字。

〔四八〇〕私邑討之也，底二己同，刊本『私邑』下有『往』，無『也』字。

〔四八一〕也，底二己同，刊本無。

〔四八二〕暮，底二己作『謩』，刊本作『謨』，《説文·言部》：『暮，古文謨，从口。』段注：『此蓋壁中《尚書》古文如此作也。』《玉篇·言部》『謨』條下云：『謩，同上。』《龍龕·言部》：『謨、謩，二同。』

〔四八三〕也，底二己、刊本無。

〔四八四〕也，底二己、刊本無。

〔四八五〕補，底二己、刊本作『輔』。《集韻·噳韻》：『俌，助也，古作補，通作輔。』《説文·人部》『俌，輔也』段注：『俌見《釋詁》「弼棐輔比，俌也」，郭云：「俌，猶輔也。」《廣韻》曰：「俌出《埤蒼》。」蓋「輔」專行而「俌」廢矣。』《漢語大字典》云：『俌，後作輔。』乃以『俌』『輔』爲古今字也。

〔四八六〕脩，底二己同，刊本作『修』，『脩』爲『修』之借字。

〔四八七〕也，底二己、刊本無。

〔四八八〕歲孟旹，底二己『歲』作『嵗』，『孟』作『宩』，伯三三一五《尚書釋文》第二一行：『𡻕，古歲字。』『嵗』蓋其訛變，止訛作山，少訛作火也，徐在國《隸定古文疏證》云：『疑𡻕等字並歲字俗體，非古文。』案：《毛公鼎》『歲』作『□』，與『𡻕』形近，古文蓋有作『𡻕』形者；《説文·子部》：『□，古文孟。』『宩』蓋其訛變；『旹』，底二庚（底二庚起於此）、刊本作『春』。伯三三一五《尚書釋文》第一二行：『旹，古春字。』《龍龕·日部》亦以『旹』爲『春』之古文。

〔四八九〕以木鐸循于路，底二庚『以』作『㠯』，《玉篇·人部》：『以，古作㠯。』刊本『循』作『徇』，二字古多通用；底二庚『路』作『輅』，『輅』爲『路』之誤字。

〔四九〇〕木鐸，底二己止於此。

〔四九一〕也，底二庚同，刊本無。

〔四九二〕規，刊本同，底二庚作『規』。《干禄字書·平聲》：『規、規，上俗下正。』而《正字通·矢部》云：『規，古規字。』趙平安《説文小篆研究》認爲『規』是正字，《説文》小篆作『規』是訛字（一七六頁，廣西教育出版社一九九九）。

〔四九三〕蓺，底二庚作『蓺』，刊本作『藝』，《説文·丮部》：『埶，穜也。』《漢語大字典》『蓺』字下引《集韻》云：『《集韻·祭韻》：「埶，或作蓺、蓺。」』然今所見宋本《集韻》則作『埶，或作蓺、藝、蓺』，《大字典》誤也。不過，寫卷之『蓺』正可補《大字典》引例之闕。至於『蓺』，當是『藝』之誤。

〔四九四〕官也，底二庚作『衆官也』，刊本作『衆官』，案有『衆』者是，底三『官』前當是脱一重文符號。

〔四九五〕也，底二庚同，刊本無。

〔四九六〕也，底二庚，刊本無。

〔四九七〕也，底二庚同，刊本無。

〔四九八〕也，底二庚同，刊本無。

〔四九九〕次位也，底二庚、刊本前有『失』字，陳鐵凡（二）云：『内野本同，其他各本「次」上有「失」字。案「次位」詁訓字，「失」字疑爲後人誤增。如以「失」訓「離」，則其上應有「離」字。以上文「沈亂于酒」《傳》釋「沈」而不釋「亂」例之，則此亦當僅釋「次」而不釋「離」也。』

〔五〇〇〕也，刊本同，底二庚無。

〔五〇一〕烁，底二庚同，刊本作『秋』，《廣韻·尤韻》『秋』條下云：『烁，古文。』

〔五〇二〕𠂢弗集于防，『𠂢』字底二庚作『𠂢』，刊本作『辰』，陳鐵凡（二）云：『𠂢爲字書所無，當是譌省。』伯三三一五《尚書釋文》第六行：『𠂢，古文辰。』『𠂢』應是『𠂢』字省筆；『防』字底二庚同，刊本作『房』，《集韻·陽韻》：『房，古書作防。』

〔五〇三〕之，底二庚、刊本作『所』，孔穎達《正義》曰：『昭七年《左傳》曰：「晉侯問於士文伯曰：何謂辰？對曰：日月之會是謂辰。」是「辰」爲日月之會。』陳鐵凡（二一）云：『據此可知孔本原作「之」。』案《堯典》『厤象日月星辰』僞孔《傳》：『辰，日月所會。』《洪範》『四曰星辰』僞孔《傳》：『二十八宿迭見以敘氣節，十二辰以紀日月所會。』皆作『所』，不作『之』；《周禮·春官·保章氏》『掌天星，以志星辰日月之變動』鄭玄《注》：『辰，日月所會。』亦作『所』；《左傳·昭公七年》『日月之會是謂辰』杜預注：『一歲日月十二會，所會謂之辰。』亦作『所』；而《僖公五年》『龍尾伏辰』注：『日月之會曰辰。』則又作『之』，『之』『所』同義，例詳裴學海《古書虛字集釋》『所』字條與『之』字條，則僞孔《傳》原本作『之』抑或作『所』，不能確定。

〔五〇四〕不合則日食可知，刊本『則』作『即』，底二庚末有『之』字，案『則』『即』同義，然二寫本均作『則』，蓋『即』字後人所改；底二庚之『之』字當是爲雙行對齊而添。

〔五〇五〕瞽奏鼓，『瞽』字底二庚作『瞽』，刊本作『瞽』；『鼓』字底二庚作『皷』，刊本作『鼓』。趙平安《說文小篆研究》認爲『鼓』『鼓』乃一字之異寫，用法無別（六六頁）。那么『瞽』與『瞽』亦一字之異體也。《正字通·皮部》：『皷，俗鼓字。』則皷、瞽皆爲俗字。下『瞽』、『鼓』同。

〔五〇六〕嗇，刊本同，底二庚作『嗇』。《說文·嗇部》：『[illegible]，古文嗇。』《玉篇》隸定爲『[illegible]』，此作『嗇』，略有訛變。

〔五〇七〕庹人夵，『庹』字底二庚作『庹』，刊本作『庶』，《說文》小篆『庶』作『[illegible]』，『庹』其隸定也，至於『庹』，又其變體也；『夵』字底二庚、刊本作『走』。《龍龕·大部》：『夵，今作走。』案：走，《盂鼎》作『[illegible]』，《中山王鼎》作『[illegible]』，《說文》小篆作『[illegible]』，『夵』爲其隸變。《傳》中『夵』字同。

〔五〇八〕于，底二庚同，刊本作『於』，二字古通用。

〔五〇九〕也，底二庚同，刊本無。

〔五一〇〕進鼓則伐之也，刊本『進』前有『樂官』二字，無『也』字，陳鐵凡（二一）云：『各本「樂官」下重「樂官」二字。案當以重「樂官」爲是，此本殆誤脱。』案陳説是也，底二庚『樂』下『官』下均有重文符號，底三當是誤脱重文符號所致。

〔五一二〕幣，刊本同，底二庚作『弊』，『弊』爲『弊』之俗字，古『弊』『幣』二字多通用，此以『幣』爲正字。

〔五一二〕也，底二庚同，刊本無。

〔五一三〕百役也，刊本『役』作『役』，『役』爲『役』之古文；底二庚無『也』字。

〔五一四〕宂聋，『宂』字底二庚作『宦』，刊本作『罔』，《説文·网部》：『𦉳，古文网，从冖亡聲。』《玉篇·宀部》：『宀，古文罔。』則已訛『宀』爲『宀』也，蔡主賓《敦煌寫卷儒家經籍異文考》云：『宂又宀之誤也。』其説是，至于『宦』字，則又『宀』之俗也，『聋』字底二庚同，刊本作『聞』，《玉篇·耳部》『聞』條下云：『聋，古文。』

〔五一五〕變異，刊本同，底二庚無『變』字，吴福熙云：『「之」下脱「變」字。』

〔五一六〕也，底二庚同，刊本無。

〔五一七〕昬迷于天象，底二庚『昬』作『昏』，『昏』爲『昬』之異體；底二庚、刊本『象』作『象』，《玉篇·象部》『象』條下云：『象，古文。』《干禄字書·上聲》：『象、象，上通下正。』《書古文訓》亦作『象』。雖説『象』、『象』皆爲小篆『𧰼』之隸定（《敦煌俗字研究》下編五五八頁），然《玉篇》、《書古文訓》皆以『𤉣』爲古字，隸古定《尚書》當是作『𤉣』。此作『象』，形體稍變也。

〔五一八〕鍇，底二庚、刊本作『錯』，《集韻·鐸韻》：『錯，古作鍇。』

〔五一九〕亂之，底二庚前有『昏』，刊本前有『昬』，案『昏』爲『昬』之異體。

〔五二〇〕也，刊本同，底二庚無。

〔五二一〕亡，底二庚同，刊本作『無』，『亡』『無』古今字。下句『亡』字同。

〔五二二〕也，底二庚、刊本無。

〔五二三〕先天時謂歷象之法，底二庚、刊本無『天』字，陳鐵凡（二）云：『案此當涉下文而衍。』底二庚『歷』作『曆』，『歷』『曆』古今字。

〔五二四〕 赦也，底二庚、刊本『赦』作『赦』，案『赦』爲『赦』之或體，見《説文》『赦』篆下説解；底二庚、刊本無『也』字。

〔五二五〕 歷象後天時也，底二庚『歷』作『曆』、『時』作『旹』，刊本無『也』字，『歷』『曆』古今字，『旹』爲『時』之古字。

〔五二六〕 癈，底二庚同，刊本作『廢』，『癈』爲『廢』之俗字。

〔五二七〕 尒，底二庚作『尒』，刊本作『爾』，『尒』爲『尒』之增筆俗字。《敦煌俗字研究》：「「爾」「尒」古本非一字，後世則合二而一，字多寫作「爾」。」（下編第七頁）

〔五二八〕 罰，刊本作『罰』，『罰』與『罰』，小篆『』隸變之異也。

〔五二九〕 尒衆士同力王室，刊本『尒』作『爾』，説詳校記〔五二七〕；底二庚『王』誤添筆成『玉』。

〔五三〇〕 弼予欽承天子，刊本『弼』作『弼』，據《説文·弜部》，『弼』爲『弼』之古文；底二庚『天』作『兲』，《玉篇·一部》『天』條下云：『兲，古文。』『兲』蓋其變體。

〔五三一〕 用命也，底三『用』殘存右半，兹據底二庚、刊本補；刊本無『也』字。

〔五三二〕 罔，刊本作『罔』，『罔』字《説文》小篆作『』，『罔』其隸定也；底二庚作『罔』，『罔』之形誤也。

〔五三三〕 罔，底二庚作『崗』，『崗』之誤字也，《玉篇·山部》：『罔，俗作崗。』

〔五三四〕 也，底二庚、刊本無。

〔五三五〕 天吏俏悳，底二庚作『兲吏俏悳』，刊本作『天吏逸德』，《龍龕·人部》云：『佾，俗；佾，正。』案《説文》無『佾』字，鄭珍《説文新附考》認爲『佾』即《説文》『㑀』字，『佾』爲後起增旁字。既然本字爲『㑀』，則當以從『㑀』者爲正字，《龍龕》誤。

〔五三六〕 裂，底二庚作『列』，刊本作『烈』，《説文·火部》：『，火猛也。从火，𠛱聲。』則其隸定當是『裂』形，此作『裂』，略有訛變，《字彙·火部》：『𤉣，烈本字。』得之，唯從『火』改作從『灬』也。『列』『烈』字通。

〔五三七〕 裂，底二庚、刊本作『烈』，案『裂』爲『烈』之借。

〔五三八〕烮於火，底二庚、刊本「烮」作「烈」，「烮」爲「裂」隸變之異。底二庚末有「也」字。

〔五三九〕渠魁，刊本同，底二庚作「⿱詎木匙」，「⿱詎木匙」應是「渠魁」之訛，「渠」之「氵」連寫則成「讠」，「讠」改作「言」，即成「⿱詎木」字，「魁」之「斗」旁或作「十」，又訛作「卜」，「鬼」中之「厶」常省。《傳》中「魁」字同。

〔五四〇〕脅刏宄治，底二庚「脅」作「貹」，《玉篇·貝部》：「貹，音協，財也。」《正字通·貝部》：「貹，俗字。旧註音協，財也，誤。」然未言何字之俗字，杨寶忠《疑難字考釋與研究》認爲此乃「脅」之俗字（五九二頁，中華書局二〇〇五）；「宄」字底二庚作「冟」，刊本作「罔」，「宄」爲「宂」之誤，「宂」爲「罔」之古字，「冟」爲「罔」之俗，説參校記〔五一四〕。後「允罔功」句，底二庚作「罔」，「罔」亦「罔」之俗。

〔五四一〕罪人之身也，底三「人」存右邊殘畫，兹據底二庚、刊本補；底二庚「也」字旁注，刊本無。

〔五四二〕岠，底二庚、刊本作「距」，案「岠」爲「歫」之誤。

〔五四三〕皆无治也，刊本「无」作「無」，無「也」字，《説文·亾部》：「无，奇字無也。」自此句起，底三殘泐過甚，因以底二庚爲底本。

〔五四四〕也，刊本無。

〔五四五〕烏虖，底三作「於虖」，刊本作「嗚呼」。説参校記〔四五五〕。底三止於此。

〔五四六〕厥，底二庚旁注，底二庚凡「厥」皆作「身」，惟此旁注爲「厥」，當是閲者所補。

〔五四七〕也，刊本無。

〔五四八〕也，刊本無。

〔五四九〕亓，底二庚原作「开」，乃「亓」之形誤，兹依例改正。

〔五五〇〕楙，刊本作「懋」，吴福熙謂「楙」「懋」古今字。

〔五五一〕避，刊本作「辟」，「辟」「避」古今字。

〔五五二〕禼，刊本作「契」，《説文·内部》：「禼，蟲也。从厹，象形。讀與偰同。」王筠《説文釋例》卷十一《讀同》

云：『《人部》「偰」下云「堯司徒，殷之先」。《尚書》作「契」，「偰」之省借。《漢書》作「禼」，蓋正字也。』此作『禼』，『禼』之變體也。

〔五五三〕與，刊本作『遷』，《説文·舁部》：『䙴，升高也。[illegible]，䙴或从卩。』『[illegible]』字隸定即爲『䙴』，『與、』當是『䙴』之俗訛，《漢書·律曆志下》『周人䙴其行序』師古注：『䙴，古遷字。』

〔五五四〕乱，刊本作『始』，《玉篇·乙部》：『乱，今作始。』《集韻·止韻》：『始，古作乱。』

〔五五五〕𨤲，刊本作『釐』，伯三三一五《尚書釋文》第二一行亦作『𨤲』，《集韻·之韻》：『釐，或作𨤲。』『𨤲』爲『釐』之俗。

〔五五六〕理，刊本作『治』，阮校：『「告來居洽沃土」，閩本、葛本同，岳本、毛本「洽」作「治」。案「治」字是也。』吳福熙云：『此卷作「理」，當是避唐高宗諱，可證阮按之是。』

〔五五七〕㣊，刊本作『諸』，《玉篇·彡部》：『㣊，古文諸。』此作『㣊』，當是其訛變。

〔五五八〕也，刊本無。

〔五五九〕栢，刊本作『伯』，《干禄字書·入聲》：『栢、柏，上俗下正。』『柏』『伯』字通。《傳》中『栢』字同。

〔五六〇〕土之山川及宗庿神祇，刊本『之』作『地』，『庿』作『廟』，案『土』者，地也，作『之』較善。《禮記·王制》云：『山川神祇有不舉者爲不敬，不敬者君削以地；宗廟有不順者爲不孝，不孝者君絀以爵。』此謂葛伯不祀其境内之山川及宗廟之神祇，若作『地』，則謂廢其土地山川矣。《説文·广部》：『庿，旱石也。』广部『廟』下有古文『庿』字。『庿』當爲『庿』之訛，故據以改正。

〔五六一〕始伐於葛也，刊本『始伐』作『伐始』，無『也』字，案作『伐始』是。

〔五六二〕『字氏湯進於桀既醜有夏復歸于亳醜惡』諸字底二庚奪，吳福熙云：『「伊尹」以下脱文較多。』茲據刊本補。

〔五六三〕也，刊本無。

〔五六四〕也，刊本無。

〔五六五〕也，刊本無。

〔五六六〕尚書卷第三，底二庚「尚」字重複，兹删其一。

古文尚書傳（六）（仲虺之誥）

俄敦八六七二

【題解】

底卷編號爲俄敦八六七二，起《仲虺之誥》「東征西夷怨」之「征」，至「奚獨後予」之「予」，僅三殘行，行有界欄，經文大字，小注雙行。許建平《俄藏敦煌文獻儒家經典類寫本的定名與綴合》首次比定其名（《姜亮夫、蔣禮鴻、郭在貽先生紀念文集》三〇四頁，上海教育出版社二〇〇三），茲依例擬名爲《古文尚書傳（仲虺之誥）》。

底卷據《俄藏》録文，以中華書局影印阮元刻《十三經注疏·尚書正義》爲對校本（簡稱「刊本」），校録於後。

（前缺）

▨（征）西𡰥[一]怨，▨（南）[二]□ 煞[三]其人，奪其▨（餉）□[四]從此之[五]後遂征□

獨[六]後予？」□

（後缺）

【校記】

[一] 征西𡰥，底卷「征」字上端殘泐，茲據刊本擬補；刊本「𡰥」作「夷」，《玉篇·尸部》：「𡰥，古文夷字。」

[二] 南，底卷左下角殘泐，茲據刊本擬補。

[三] 煞，刊本作「殺」，《干禄字書·入聲》以「煞」爲「殺」之俗字。自前行「南」至此底卷殘泐，刊本作「征北狄怨葛伯遊行見農民之餉於田者」。

〔四〕『餉』字右下角殘損，兹據刊本擬補。『餉』下底卷殘泐，刊本作『故謂之仇餉仇怨也湯爲是以不祀之罪伐之』。

〔五〕之，刊本無。

〔六〕獨，自前行『征』至此底卷殘泐，刊本作『無道西夷北狄舉遠以言則近者著矣曰奚』。

古文尚書傳（七）（盤庚上—微子）

伯二六四三（底卷）　　斯一一三九九（甲一）　　伯三六七〇（甲二）

伯二五一六（甲三）

【題解】

底卷編號爲伯二六四三，起《盤庚上》『丕乃敢大言』之『丕』，迄《微子》篇末，尾題『古文尚書第㐅』，共二百七十三行，前十一行下截殘損，行有界欄，經文大字，小注雙行。存《盤庚上》、《盤庚中》、《盤庚下》、《説命上》、《説命中》、《説命下》、《高宗肜日》、《西伯勘黎》、《微子》九篇内容，這是敦煌《尚書》寫卷中的第一長卷。《伯目》著録此卷云：『《古文尚書》卷九。』今依例擬名爲《古文尚書傳（盤庚上—微子）》。

尾題前有題記『乾元二年正月廿六日義學生王老子寫了故記之也』，尾題後又有朱筆『乾元二年正月廿六日義學生王老子寫了』一行，可知底卷即義學生王老子在唐肅宗乾元二年（七五九）所抄。

甲卷編號爲斯一一三九九（甲一）+？+伯三六七〇（甲二）+伯二五一六（甲三）。

甲一起《盤庚上》『丕乃敢大言』之『大言』，至『不服田畝』（寫卷作『弗欣田晦』），僅三下半行，《榮目》定名爲《尚書盤庚上》。

甲二起《盤庚上》『汝曷弗告朕』之『告』字，至《盤庚中》『汝誕勸憂』僞《傳》『大勸憂之道也』，共四十三行，前七行下截殘損。經文大字，小注雙行。顔色灰暗，字迹模糊。《索引》著録此卷云：『古文尚書。存盤庚上篇、中篇（殘）。』

甲三起《盤庚中》『今其有今罔後』（寫卷作『今亓ナ今宀後』），至《微子》末，尾題『尚書卷第五』，共一百九十三行，存《盤庚中》、《盤庚下》、《説命上》、《説命中》、《説命下》、《高宗肜日》、《西伯勘黎》、《微子》八篇的內容。《伯目》著録此卷云：「《尚書孔傳》卷五之末，自《盤庚中》至《微子》終。」

王重民在《敦煌本尚書六跋》一文中已將甲二與甲三綴合爲一（《國立北平圖書館館刊》第九卷第四號一頁，一九三五年七月）。甲一與甲二＋甲三亦一卷之裂，説詳許建平《敦煌經籍敘録》（一〇二頁，中華書局二〇〇六）。

三卷綴合後，共二百三十九行，涉及《盤庚上》至《微子》凡九篇的內容，故擬其名爲《古文尚書傳（盤庚上—微子）》。

甲卷「民」字缺筆，當是高宗以後寫本。

劉師培《敦煌新出唐寫本提要·隸古尚書孔氏傳卷第五商書殘卷》（《劉申叔遺書》，江蘇古籍出版社一九九七。簡稱「劉師培」）對甲三有簡單的校記；許壽裳《敦煌祕籍留真新編的研究——尚書盤庚、微子二篇》（《學藝雜誌》第一八卷第五號，簡稱「許壽裳」）有對底卷的校記；陳鐵凡《敦煌本商書校證》（臺北·國家長期發展科學委員會一九六五年。簡稱「陳鐵凡」）對底卷、甲二、甲三有詳細的校記；吴福熙《敦煌殘卷古文尚書校注》（甘肅人民出版社一九九二年。簡稱「吴福熙」）對底卷、甲二、甲三作過簡單的校記。

底卷據縮微膠卷録文，以甲卷及中華書局影印阮元刻《十三經注疏·尚書正義》爲對校本（簡稱「刊本」），校録於後。

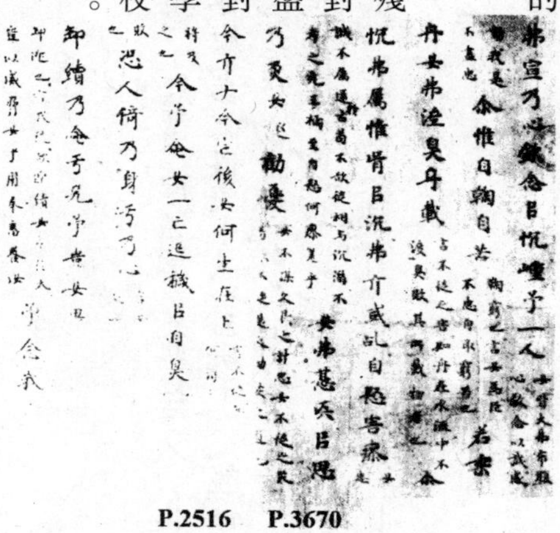

P.2516　P.3670

甲二與甲三綴合圖（局部）

（前缺）

▨▨（丕乃）叡大言〔一〕，女□□□（ナ積悳）〔二〕。▨（女）▨□□（臣能）▭〔三〕之心，施實德▨□（於民）〔四〕，▨（至）於婚▨（姻）〔五〕□□□□（僚友。則我）〔六〕大乃敢言女有積德之□（臣）〔七〕。 □□□□□（乃弗畏戎毒）于遠迩〔八〕，惰莀〔九〕自安，□（不）□□□（昏作勞）〔一〇〕，□□□（弗肰田）晦〔一一〕，𢧵亓宅又黍稷。▭〔一二〕。惰之農，苟自安逸，不強作□（勞）於田畝〔一三〕，則黍稷無所有〔一四〕。 ▭姓，惟女自生毒，責公▭〔一五〕官，是▭〔一六〕姦宄，㠯〔一七〕自災于身▭〔一八〕乃旡〔一九〕先惡于民，乃▭〔二〇〕及？群臣不欲徙，是先惡▭〔二一〕在身〔二二〕，徒奉持所痛▨（而）▭〔二三〕峕悳〔二四〕民，猷胥顧〔二五〕▭效予制乃短㕦▨□（之命）〔二六〕？ □□▨（言憸利）▭〔二七〕▨（箴）〔二八〕誨，恐其發動有□（過）口之患。況我制汝死生之命，▨□（而汝）〔二九〕不相教從我，是不若小民。 女害弗告朕〔三〇〕，而□（胥）𡼲〔三一〕㠯浮言，忎沉〔三二〕于衆？害，何也。責其不以情告▨（上）〔三三〕，而相恐動〔三四〕以浮言，不徙，□（恐）〔三五〕女沉溺於衆，有禍害也〔三六〕。 若火之尞〔三七〕于原，則惟弗〔三八〕可嚮尒，亓猷〔三九〕可撲滅。火炎不可向〔四〇〕近，尚可撲滅；▨（浮）〔四一〕言不可信用，尚可刑戮絕也〔四二〕。 則惟▨（女）〔四三〕衆自作弗靖，非予又〔四四〕咎。我刑戮女，非我▨（咎）〔四五〕也。靖，謀也。是女□（自）爲非謀所致也〔四六〕。 遟任又言〔四七〕曰：「人惟求舊，器非求▨（舊）〔四八〕，惟新。」遟〔四九〕任，古賢也〔五〇〕。言人貴舊，器貴新，女不徙，不貴舊也〔五一〕。 古我先王，臮乃▨（祖）〔五二〕乃父，胥及逸勤，予叡𡼲用非罰〔五三〕？ 言古君臣相与〔五四〕同勞逸，子孫所宜法之。我豈敢動用非常之罰脅女▨（也）〔五五〕？ 世選尒〔五六〕勞，予弗弇〔五七〕尒善。選，數也。言我世世數〔五八〕女功勤，不弇蔽女善，是我忠於女也〔五九〕。 茲予大亯〔六〇〕于先王，尒祖亓刅與亯之〔六一〕。古者天子録功臣配▨（食）於庿〔六二〕。大享，烝嘗〔六三〕也。此所以不弇善也〔六四〕。 作福作災，予亦弗叡𡼲用非悳。善自作福，惡自作災，我敢〔六五〕動用非罰加女，非德賞女乎？從女善惡而報之也〔六六〕。 予告女于〔六七〕難，若䠶〔六八〕之又志。告女行事之難，當如射之有所准〔六九〕志，必中所志乃善也〔七〇〕。 女亡老侮〔七一〕成人，亡弱孤又幼。不用老成人之言，是老侮之也〔七二〕；不從則孤幼受害，是弱易之也〔七三〕。各奚于身𡰥〔七四〕，勉□（出）〔七五〕乃力，聽予一人〔七六〕之作猷。盤庚敕臣下各思▨（長）〔七七〕於其居，勉盡心出力，聽從遷徙之謀也〔七八〕。亡又遠迩〔七九〕，用辠〔八〇〕伐身死，用悳〔八一〕彰身善。言遠近待之如一，罪以懲之，使勿犯〔八二〕，伐去其〔八三〕死道。德以明之，使勸慕，競爲善也〔八四〕。邦〔八五〕之臧，惟女衆；有善則衆臣之功也〔八六〕。邦之弗臧，惟予一人又［佚］〔八七〕罰。佚，失也。是己失政之罰。罪己之義也〔八八〕。凡介衆，亓惟致告：致我誠，告女衆也〔八九〕。自今至于後日，各龏〔九〇〕介事，𢒼〔九一〕乃位，厇〔九二〕乃口。奉其職〔九三〕事，正齊其位，以法度居口〔九四〕，勿浮言也〔九五〕。罰〔九六〕及介身，弗可悔。』不從▨（我）〔九七〕謀，罰已及身〔九八〕，雖悔可及〔九九〕乎？

尚書盤庚中第十〔一〇〇〕　商書　孔氏傳

盤庚作，惟涉河㠯民𨔵〔一〇一〕。爲此南渡河之法，用民徙也〔一〇二〕。乃話民之弗率〔一〇三〕，誕告用亶亓又衆。話，善言也〔一〇四〕。民不循教，發善言大告用誠於其衆也〔一〇五〕。咸造勿褻在王庭，造，至也。衆皆至王庭，無褻慢也〔一〇六〕。盤庚乃登進身民。升進，命使前也〔一〇七〕。曰：『明〔一〇八〕聽朕言，亡荒〔一〇九〕失朕命。荒，廢也〔一一〇〕。烏虖〔一一一〕！古我歬〔一一二〕后，亡弗惟民之承。言我先世賢君，無不承安民而恤之也〔一一三〕。保后胥慼〔一一四〕，鮮㠯弗浮于天〔一一五〕旹。民亦安君之政，相与憂行君令。浮，行也。少以不行於天時者，言皆行天時也〔一一六〕。殷降大虐，先王弗褢〔一一七〕。我殷家於天降大灾〔一一八〕，則先王不思故居而行徙也〔一一九〕。身迪作眎〔一二〇〕民利，用𨔵。其所爲視民有利，則用徙也〔一二一〕。女害弗念我古后之䎽〔一二二〕？古君，先王也〔一二三〕。之聞，謂遷事也〔一二四〕。承女卑〔一二五〕女，惟喜〔一二六〕康共，非女又咎，比于罰。今我法先王惟民之承，故承女使女徙，惟与女共喜安，非謂女有惡徙女，令比近殃罰也〔一二七〕。予若籲褱兹新〔一二八〕邑，亦惟女故，㠯丕刅身志。言我順和懷此新邑，欲利女衆，故大從其志而徙也〔一二九〕。今予將試㠯女𨔵，安定身邦。試，用也〔一三〇〕。女弗憂朕心之迪朱〔一三一〕，所困，不順上命也〔一三二〕。乃咸大弗宣乃心，欽念㠯忱，𢔶予一人。女皆大不布腹心，敬念以誠感動我，是不盡忠也〔一三三〕。介惟自鞠自苦，鞠，窮也。言女爲臣不忠，自取窮苦也〔一三四〕。若乘舟，女弗洀〔一三五〕，臭身載。言不徙之害，如舟在中流〔一三六〕不渡，臭敗其所載物也〔一三七〕。尒忱弗屬，惟胥㠯沉。弗亓或乩〔一三八〕，自忞〔一三九〕，害瘳？女忠誠不屬逮古〔一四〇〕，苟不欲徙，相与沉溺，不考之先王，禍至自▨（怒）〔一四一〕，何瘳差乎？女弗惎吴〔一四二〕，㠯恖乃𡘋〔一四三〕，女誕勸憂。女不謀久長〔一四四〕之計，思女不徙之災，苟欲不徙〔一四五〕，▨（是）大勸憂之道也〔一四六〕。今〔一四七〕亓又今亡後，女何生在丄〔一四八〕？言□（不）徙□（無）後計〔一四九〕，女何得久生在上〔一五〇〕，禍將及也〔一五一〕。今予命女一，亡迉栽㠯□（自）臭〔一五二〕，我一心命女，女違我，是自臭敗也〔一五三〕。忎人倚乃身，迂〔一五四〕乃心。言女既不欲徙，又爲他人所誤。倚，曲。迂，僻也〔一五五〕。予卸續乃命于天〔一五六〕，予豈女畏〔一五七〕？用奉畜女衆。御，▨（迎）〔一五八〕也。言我徙，欲迎續女命於〔一五九〕天，豈以威脅女乎？用奉畜養女也〔一六〇〕。予念我先神后之勞尒先，予丕克羞〔一六一〕尒，用褱尒然。言我亦法湯大能進勞女，以義懷女心，而女違我，是女反先人也〔一六二〕。失于政，敕〔一六三〕于茲，高后丕乃崇降辠〔一六四〕疾，曰：「害虐朕民？」崇，重也。今既失政，而陳久於此而不徙，湯必大重下罪疾於我〔一六五〕：『何爲虐我民而不徙乎也？』〔一六六〕女万〔一六七〕民乃弗生生，臮〔一六八〕予一人猷同心。不進進謀同心徙也〔一六九〕。先后丕降與女辠疾，曰：「害弗臮朕幼孫又比？」言非但罪我，亦將罪女。幼孫，盤庚自謂。比，同心也〔一七〇〕。故又爽悳，自丄亓罰女，女宂能迪。湯有明〔一七一〕德在天，見女情，下罰罰〔一七二〕女，女無能道。言無辝也〔一七三〕。古我先王〔一七四〕，旡勞乃祖乃父，勞之共治民也〔一七五〕。女共作我畜民。女又戕，則在乃心。戕，殘也。女共我治民，有殘民之心而不欲徙〔一七六〕，是反父祖之行也〔一七七〕。我先后婑〔一七八〕乃祖乃父，□□□□（乃祖乃父）乃𢇍弃〔一七九〕女，弗救乃死。言我先王安女父祖之忠，今女不忠女父祖，必斷絶棄女〔一八〇〕，不救女死也〔一八一〕。茲予又𤔔〔一八二〕政同位，具乃貝玉。亂，治也。此我有治政之臣，同位於父祖，不念盡忠，但念貝玉而已。言其貪也〔一八三〕。乃祖先父丕乃告我高后曰：「作丕刑于朕〔一八四〕。」女父祖〔一八五〕見女貪而不忠，必大乃告湯曰：『作大刑於我子孫，求討不忠之罪也[一八六]。』迪高后，丕乃崇降弗祥。言女父祖開導[一八七]湯，大下不善以罰女[一八八]。陳忠孝之義督之也[一八九]。烏虖！今予告女弗易，凡所言皆不易之事也[一九〇]。永敬大卹[一九一]，亡胥緻[一九二]遠。長敬我言，大憂行之，無相与絕遠棄廢之也[一九三]。女分猷念㠯相劢，各設中于乃心。群臣當分相[一九四]与謀念，和以相從，各設中正於女心也[一九五]。乃又弗吉弗迪，不善不道，謂凶人也[一九六]。顛越[一九七]弗龔，暫遇姦宄[一九八]，顛，隕；越，隊[一九九]。不恭，不奉上命也[二〇〇]。暫遇人而劫奪之，爲姦於外，爲宄於内也[二〇一]。我乃劓殄威[二〇二]之，亡遺育，亡卑易種于茲新邑。劓，割；育，長也。不吉之人[二〇三]當割絕滅之，無遺長其類，無使易種於此新邑也[二〇四]。往才[二〇五]生生！▨（今）[二〇六]予將試㠯女畢，永建乃家。』自今以往[二〇七]，▨□□（進進於）[二〇八]善。我用以女□（徙）[二〇九]，□（長）立女家也[二一〇]。卿大夫稱家也[二一一]。

尚書盤庚下第十一[二一二]　商書　孔氏傳

盤庚旡畢，奠身逌屋，乃正身位，定其所居，正郊廟朝社之位也[二一三]。婑爰又衆，曰：『亡戲怠，楙[二一四]建大命。安於有衆，戒無戲怠，勉立大教也[二一五]。今予亓尃[二一六]心腹腎腸，麻[二一七]告尒百姓于朕志。布心腹，言輸誠於百官以告志也[二一八]。宔辠尒衆，尒亡共怒，恊[二一九]比讒言予一人。群臣前有此過，故禁其後也[二二〇]。今我不罪女，女勿共[二二一]怒我，合比凶人而妄言也[二二二]。古我先王，將多于苒功[二二三]，言以遷徙多大前人之功美也[二二四]。適于山。用降我凶悳，嘉績于朕邦。徙必依山之險，無[二二五]城郭之勞。下去凶惡之德，立善功於我國[二二六]。今我民用蕩斦離屋[二二七]，宔又定極。水泉沉溺，故蕩析離居，無安定之極，徙以爲之極也[二二八]。尒胃[二二九]朕：『害震𡍩万民㠯畢？』言皆不明己本心也[二三〇]。肆[二三一]上帝將復我高祖之悳，亂越[二三二]我家。以徙故，天將復湯德，治理於我家也[二三三]。朕及竺[二三四]敬，龔承民命，用永地于新邑。言我當与厚敬之臣，奉承民命，用長居新邑也[二三五]。肆予沖人，非廢身悬，弔繇霝[二三六]。沖，童。童人，謙也。弔，至；靈，善也。非廢，謂動謀於衆，至用其善也[二三七]。各非敢韋[二三八]卜，用宏茲賁。宏、賁，大也[二三九]。君臣用謀，不敢違卜，用大此遷都大業也〔二四〇〕。　烏虖！　邦柏〔二四一〕師冞，百執事之人，尚皆隱才！國伯，二伯及州牧也。衆長，公卿也。言當庶幾相隱括其爲善政也〔二四二〕。　予亓楙柬〔二四三〕相尒，念敬我衆。簡，大；相，助也。勉大助女，念敬我衆民也〔二四四〕。　朕弗肩玨〔二四五〕貨，敢龔生生。鞠人惎人之保居，敘欽。肩，任也。我不任貪〔二四六〕，▨（敢）〔二四七〕奉用進進於善者。人之窮困能謀安其居者，則我式序而敬之也〔二四八〕。　今我无羞告尒于朕志，若否，宅又弗欽。已進告女之後，順於女心与不〔二四九〕，當以情告我，無敢有不敬也〔二五〇〕。　亡總于貨珤〔二五一〕，生生自庸。無總貨寶以求〔二五二〕位，當進進皆自用功德也〔二五三〕。　式尃民悳，永肩一心。』用布示▨（民）〔二五四〕，必以德義，長任一心以事君也〔二五五〕。

尚書說命上第十二　商書　孔氏傳

高宗夢㝵〔二五六〕說，盤庚弟小乙子也〔二五七〕，名武丁。德高可尊，故號高宗。夢得賢相，其名曰說也〔二五八〕。　岑百工營求彸埜〔二五九〕，㝵彸傅巖，使百官以所夢之形象經求之於外野〔二六〇〕，得之傅巖之谿也〔二六一〕。　作《說命》三篇。命說爲相，使攝政也〔二六二〕。

說命始求得而命之也〔二六三〕。

王宅憂，亮侌〔二六四〕三祀。陰，默也。居憂，信默三年不言也〔二六五〕。　无免喪〔二六六〕，亓惟弗言，除喪猶不言政也〔二六七〕。　羣臣咸諫于王曰：『烏虖！　知之曰明悊〔二六八〕，明悊實作則。知事則爲明知〔二六九〕，明知則能制作法則也〔二七〇〕。　天子惟君万邦，百官承式，天下待令〔二七一〕，百官仰法也〔二七二〕。　王言惟作命，弗言臣丁宅逌稟〔二七三〕令。』稟，受。令亦命也。　王庸作書㠯誥曰：『㠯台正于亖〔二七四〕方，台忈悳弗臂〔二七五〕，兹故弗言。用臣下恉□（之）也〔二七六〕，故作誥也〔二七七〕。▨（類）〔二七八〕，善也。我正四方，恐德不善，此故不言也〔二七九〕。　龔默恖道，夢帝賚▨（予）良弼〔二八〇〕，亓代予言。』夢▨（天）与我▨▨▨（輔弼良）佐〔二八一〕，將代我言政□（教）也〔二八二〕。　乃宷□（身）鴌〔二八三〕，卑㠯形旁求于天〔二八四〕丁。　□□□□□□□□□□□□□□□（審所夢之人，刻其形象，以四方旁求之）於民閒也〔二八五〕。　說築傅巖之埜，惟□（肖）。　□□□□□□□□□□□□（傅氏之巖在虞虢之界，通道所）〔二八六〕

經，有澗水壞道，常使胥靡刑〔二八七〕人築□□□□（護此道。説賢）〔二八八〕而隱，代胥靡築之以供食。肖，似，似□□□□□（所夢之形者也）〔二八九〕。□□（爰立）作相〔二九〇〕，王置諸亓左右。於□□□□□（是礼命立以爲）佐□□□□□（相，使在左右也）〔二九一〕。□（命）〔二九二〕之曰：『朝夕納誨〔二九三〕，目補〔二九四〕□□（台悳）。□□□□□□□□（言當納諫誨，直辞以輔我）〔二九五〕。若金，用女作砅〔二九六〕；鐵須礪□（以）成利▨（器）□（也）〔二九七〕。□□□□□（若濟巨川，用女）〔二九八〕作舟揖〔二九九〕；度大水待舟揖也〔三〇〇〕。若𢧵〔三〇一〕□□□□□（大旱，用女作霖）〔三〇二〕雨。霖，三日雨也〔三〇三〕。霖以救旱。启〔三〇四〕乃心，沃▨（朕）〔三〇五〕心。若▨□□（藥弗瞑眩）〔三〇六〕，身疾弗瘳；開女心以沃我心。如服藥必瞑眩極，其病乃除。欲其出切言以自警也〔三〇七〕。若跣弗眎地，身足用傷。▨（跣）〔三〇八〕必視地，足乃無害。言欲使爲己視聽也〔三〇九〕。惟臮乃僚，亡弗同心，目匡乃辟〔三一〇〕。與女並官，當〔三一一〕倡率，無不同心以匡正女君也〔三一二〕。卑率先王，迪我高后，目康兆民。言匡〔三一三〕女君，使循先王之道，蹈▨（成）〔三一四〕湯之蹤，以安天下也〔三一五〕。烏虖！欽予旹命，亓惟又𠂮〔三一六〕。』敬我是命，脩〔三一七〕其職，使有終也〔三一八〕。説復于王曰：『惟木𠛬繩則正，后𠛬諫則聖。言木以繩直，君以諫明也〔三一九〕。君〔三二〇〕克聖，臣弗命亓承，君能受諫，則臣不待命，其承意而諫也〔三二一〕。𠰱〔三二二〕敢弗祗若王之休命？』言如此〔三二三〕，誰敢不敬順王之美命而諫者乎〔三二四〕？

尚書説命中第十三　　商書　　孔氏傳

惟説命總百官，在冢宰之任也〔三二五〕。乃進于王曰：『烏虖！明王奉若天〔三二六〕道，建邦設都，天有日月〔三二七〕北斗、五星、廿〔三二八〕八宿，皆有尊卑相正之法。言明王奉順此道，以立國設都也〔三二九〕。樹〔三三〇〕后王君公，承目大夫師𠈁，言立君臣上下也〔三三一〕，將陳爲治之本，故先舉其始也〔三三二〕。弗惟逸悆〔三三三〕，惟目𤔲民。不使有位者逸豫民上，言立之主使治民也〔三三四〕。惟天聰明，惟聖旹憲，惟臣〔三三五〕欽若，惟民𠛬乂。憲，法也。言聖王法天以立教，臣敬順而奉之，民以從上爲治也。〔三三六〕惟口起羞，惟甲胄起戎，鎧；胄，兜鍪也。言不可輕教令，易用兵也〔三三七〕。

惟衣裳在笥，惟干戈眚身躳〔三三八〕。言服不可加非其人，兵不可任非其才也〔三三九〕。王惟戒兹，允兹克明，乃亡弗休。言王戒慎此四惟之事，信能明，政乃無不美也〔三四〇〕。惟治𤔲在庶〔三四一〕官。所官〔三四二〕得人則治，失人則亂。官弗及厶昵〔三四三〕，惟亓能；不加私昵，惟能是官也〔三四四〕。㪅〔三四五〕亡及惡悳，惟亓臤〔三四六〕。言非賢不爵也〔三四七〕。慮善㠯𨤍，𨤍惟身旹。非善非時不可動也〔三四八〕。又亓善，喪身善；矜〔三四九〕亓能，喪身功。雖天子亦必讓以得之也〔三五〇〕。惟事事乃亓又備，又備亡患。事事，非一事也〔三五一〕。亡启寵納侮，開寵非其人，則納侮之道也〔三五二〕。亡恥過作非。恥過誤而文之，遂成大非也〔三五三〕。惟身逌戹，政事惟醇〔三五四〕。其所居行，皆如所言，則王之政事醇粹也〔三五五〕。黷于祭祀，旹胃弗欽。禮煩則𤔲，事神則難。』祭不欲數，數則黷，黷則不敬；事神礼煩，則亂而難行。高宗之祀特豐數近廟〔三五六〕，故說因以戒也〔三五七〕。王曰：『旨才！說乃言惟服〔三五八〕。旨，美也。美其所言皆可服行也〔三五九〕。乃弗良于言，予亡聋于行。』女若不善於所言，則我無聞於所行之事也〔三六〇〕。說拜𩐁〔三六一〕，曰：『非知之艱，行之惟艱。言知之易而〔三六二〕行之難。以勉高宗也〔三六三〕。王忱弗艱，允協〔三六四〕于先王成悳，王心誠不以行之爲難，則信合於先王成德矣〔三六五〕。惟說弗言又身咎。』王能行善，而說不言，則有其咎罪也〔三六六〕。

尚書說命丁第十三〔三六七〕　商書　孔氏傳

王曰：『來，女說。台小子舊學于甘盤〔三六八〕，學先王之道。甘盤，殷賢臣有道德者也〔三六九〕。旡乃遯〔三七〇〕于흐埜，入宅于河。既學而中廢業，遯居田野。河，洲也。其父欲使高宗知民之艱苦，故使居民閒也〔三七一〕。自河徂亳，㬲身亾亡〔三七二〕顯。用〔三七三〕河往居亳，与今其終，故遂無顯明之德也〔三七四〕。介惟習〔三七五〕于朕志，言女當教訓於我，使我志通達也〔三七六〕。若作酒醴，介惟麴櫱〔三七七〕；酒醴須麴糵〔三七八〕以成，亦言我須女成也〔三七九〕。若作味〔三八〇〕羹，介惟鹽𣛭〔三八一〕。鹽，鹹〔三八二〕；梅，酢〔三八三〕。羹須鹹、酢以和之也〔三八四〕。介交修〔三八五〕予，亡予弃，予惟克邁乃習。』交，非一之義。邁，行也。言我能行女教也〔三八六〕。說曰：『王，人求多聋，旹惟建事，學于古習，乃又

獲。王者求多聞以立事，學古訓〔三八七〕，乃有所得也〔三八八〕。　事弗師古，㠯克永世，匪說逌聞。事不法古訓而以能長世，非說所聞。言無是道也〔三八九〕。　惟學孫〔三九〇〕志，務㞢敏，身修〔三九一〕乃來。學以順志，務是敏疾，其德之脩乃來也〔三九二〕。　允褱于茲，道積于身躬。信懷此學志，則道積其身也〔三九三〕。　惟斅學半，念夊乱〔三九四〕典于學，身悳修〔三九五〕它覺。斅，教也。教然後知所困，是學之半也〔三九六〕。終始常念學，則其脩〔三九七〕，無能自覺者也〔三九八〕。　監于先王成憲，亓永亡愆。愆，過〔三九九〕。視先王成法，其長無過，其唯學乎也〔四〇〇〕！　惟說式克欽承，旁招畯〔四〇一〕乂，劉于庶位〔四〇二〕。』言王能志學，說亦用能敬承王志，廣招畯乂〔四〇三〕，使列衆官也〔四〇四〕。

王曰：『烏虖！說，亖㮚〔四〇五〕之內，咸仰朕悳，㞢乃風。風，教也。使天下皆仰我德，是女教也〔四〇六〕。股肱惟人，良臣惟聖。手足具，乃成人；有良臣，乃成聖也〔四〇七〕。　昝先正保卤〔四〇八〕，作我先王，保衡，伊尹也〔四〇九〕。作，起也〔四一〇〕；正，長也。言先世長官之臣也〔四一一〕。　乃曰：「予弗克卑身后惟堯舜，亓心愧恥，若撻于𠂔。」〔四一二〕言伊尹不能使其君如堯舜，則恥之，若見撻於〔四一三〕市，故成其能也〔四一四〕。　一夫弗獲，則曰「㞢予之辜」。伊尹見一夫不得其所，則以爲己罪也〔四一五〕。　右我烈〔四一六〕祖，格于皇天〔四一七〕。言以此道左〔四一八〕右成湯，功至大天，無能及者也〔四一九〕。　尒尚明保予，它卑阿卤㞢孅〔四二〇〕又商。女庶幾明安我〔四二一〕，則与伊尹同美也〔四二二〕。惟后非臤弗乂，惟臤非后弗食。言君須賢治，賢須君食也〔四二三〕。　亓尒克紹乃辟〔四二四〕于先王，永綏〔四二五〕民。』能繼女君於先王，長安民，則女亦有保衡之功也〔四二六〕。　說拜䭫𩒨，曰：『敢對敭天子〔四二七〕之休命。』對，荅也。荅受美命而稱揚之也〔四二八〕。

尚書高宗肜日第十ㄨ〔四二九〕　商書　孔氏傳

高宗祭成湯，又飛雉升鼎〔四三〇〕耳而雊，耳不聽之異。雊，鳴也〔四三一〕。　祖己訓諸王，賢臣也，以訓道諫王也〔四三二〕。　作《高宗肜日》、《高宗之訓》。所以訓也〔四三三〕。

高宗肜日祭之明日又祭。殷曰肜，周曰繹。

高宗肜日，越〔四三四〕雊雉。於肜日有雊異也〔四三五〕。祖己曰：『惟先格王，正身事。』言至道之王遭變異，正其事而異自消也〔四三六〕。乃訓于王。曰：『惟天監下〔四三七〕，典身誼〔四三八〕。祖己既言，遂以道訓諫王也〔四三九〕，言天視下民，以義爲常也〔四四〇〕。降年〔四四一〕又永又弗永，非天夭民，中絶命〔四四二〕。言天之下年与民〔四四三〕，有義者長，無義者不長，非天欲夭民，民自不脩義以致絶命也〔四四四〕。民又弗若悳，弗聽罪。天〔四四五〕旡孚命正身悳。不順德，言無義也〔四四六〕；不服罪，不改脩也〔四四七〕。天以〔四四八〕信命正其德，謂有永有不永也〔四四九〕。乃曰：「亓如台。」祖己恐王未受其言，故乃復曰，天道其如我所言也〔四五〇〕。烏虖！王司敬民，它非天〔四五一〕胤，典祀亡豊于尼。』〔四五二〕胤，嗣；尼，近也。歎以感王入其言也〔四五三〕。王者主民，當敬民事。民事無〔四五四〕非天所嗣常也。祭祀有常，不當特豊於近〔四五五〕。欲王因異服罪改脩也〔四五六〕。

尚書西伯戡黎第十六〔四五七〕　商書　孔氏傳

殷乱〔四五八〕咎周，咎，惡也〔四五九〕。周人乘黎。乘，勝也。所以見惡也〔四六〇〕。祖伊恐，祖己後賢臣也〔四六一〕。奔告于受，受，紂也，音相亂。帝乙之子，嗣立，暴虐無道也〔四六二〕。作《西伯戡黎》。戡亦勝也。

西伯戡黎

西伯旡戡黎，近王圻之諸侯也〔四六三〕，在上黨東北〔四六四〕。祖伊恐，奔告于王。曰：『天子，天旡訖我殷命，文王帥〔四六五〕諸侯以事紂，内秉王心，紂不能制。今又尅〔四六六〕有黎國，迫近王圻，故知天已〔四六七〕畢訖殷之王命。言將化爲周也〔四六八〕。格人元龜〔四六九〕，它敢知吉。至人以人事觀殷，大龜以神靈考之，皆無知吉者也〔四七〇〕。非先王弗相我後人，惟王淫戲用自絶。非先祖不助子孫，以王淫過戲怠〔四七一〕，用自絶於先王也〔四七二〕。故天〔四七三〕弃我，弗又康食。弗忿〔四七四〕天性，弗迪率典。以紂自絶〔四七五〕先王，故天亦棄〔四七六〕之。宗廟〔四七七〕不有安食於天下。而王不度知天性命所在，而所〔四七八〕行不蹈循常法。言多罪也〔四七九〕。今我民它弗欲喪，曰：「天害不降畏〔四八〇〕？大命弗摯〔四八一〕？」今王其〔四八二〕如台。』摯，至也。民無不欲王之亡，言：『天何不下罪誅之？有大命宜王者，何以不至？』王之凶禍〔四八三〕，其如我所言也〔四八四〕。　王曰：『烏虖！　我生弗又命在天〔四八五〕？』言我生有壽命在天，民之所言，豈能害我。遂惡之辤也〔四八六〕。　祖伊反曰：『烏虖！　乃辠多厽〔四八七〕在上，乃能責命于天〔四八八〕？反，報，報紂言也〔四八九〕。女罪惡衆多，參列在〔四九〇〕天。天誅罰女，女能責命於〔四九一〕天，距天誅乎〔四九二〕？　殷之即喪，指乃功，弗亡戮于邦〔四九三〕。』言殷之就亡，指女功事所致，女不得無死戮於殷國，必將滅亡，在可待也〔四九四〕。

尚書微子第十七　商書　孔氏傳

殷旡錯天命，錯，亂也。微子作誥父師、少師。告二師而去紂也〔四九五〕。

微子微，圻內國名。子，爵也〔四九六〕。爲紂卿士，去無道也〔四九七〕。

微子若曰：『父師、少師，父師，太師，三公，箕子也；少師，孤卿，比干也〔四九八〕。微子以紂距諫，知其必亡，順其事而言也〔四九九〕。　殷亓弗或𤔲正亖方。或，有也。言殷其不有治政〔五〇〇〕四方之事，將必亡也〔五〇一〕。　我祖底遂敶〔五〇二〕于丄。言湯致遂其功，陳列於上世也〔五〇三〕。　我用沉酗于酒，用𤔲敗身悳于丅。我，紂也。沉湎酗醟，敗亂湯德於後世也〔五〇四〕。　殷它弗小大，玡中〔五〇五〕竊姦宄，草野盜竊〔五〇六〕，又爲姧宄於外內也〔五〇七〕。　卿士師師非度，凡又辜辠，乃它恒獲。六卿典事相師傚〔五〇八〕，爲非法度，皆有辜罪，無秉常得中者〔五〇九〕。　小民方興，相爲敵𢓊〔五一〇〕。卿士既亂，而小民〔五一一〕各起一方，共爲讎敵〔五一二〕，言不和同也〔五一三〕。　今殷亓淪喪，若涉大水，亓亡津涯。淪，没也；言殷將没亡，如涉水〔五一四〕，無涯際，無所依就也〔五一五〕。　殷遂〔五一六〕喪，粤〔五一七〕至于今。』言遂喪亡於是，至於今，到不待久也〔五一八〕。　曰：『父師、少師，我亓發出狂，奐家旄孫〔五一九〕于巟。我念殷亡，發疾生狂，在家旄亂，故欲遂〔五二〇〕出於荒野。言愁悶也〔五二一〕。　今尒亡指告予顛嶐〔五二二〕，若之何亓？』女無指意告我殷邦顛隕隮隊〔五二三〕，故欲如之何其救之乎〔五二四〕？　父師若曰：『王子！　比干不見，明心同，省文也〔五二五〕。微子，帝乙元子，故曰王子也〔五二六〕。

天毒降災〔五二七〕巟殷邦，方興沉酗于酒，天生紂爲亂，是天毒下災也〔五二八〕，四方化紂沉湎〔五二九〕，不可如何也〔五三〇〕。

乃它畏畏，咈亓耇〔五三一〕旻舊又位人。言起沉湎者〔五三二〕，上不畏天災〔五三三〕，下不畏賢人。違戾耇老之長致仕〔五三四〕之賢，不用其教，法紂故也〔五三五〕。今殷民乃斁竊神祇之犧全〔五三六〕牲用，吕容將食，亡災。自來而取曰攘，色純曰犧，體完曰全，牛羊豕曰牲，器實曰用。盜天地宗廟〔五三七〕牲用，相容行食之，無災罪之者。言政亂也〔五三八〕。降監殷民，用乂𠷎〔五三九〕斂，召敵𠷎〔五四〇〕弗怠。下視殷民，所用治者，皆重賦傷民、斂聚怨讎之道，而又亟行暴虐，自召敵讎不解怠也〔五四一〕。辠合于一，多瘠它詔。言殷人〔五四二〕上下有罪，皆合於一紂〔五四三〕，故使民多瘠病，而無詔救之者也〔五四四〕。商今亓又災，我興受亓敗；災〔五四五〕滅在近，我起受敗〔五四六〕。言宗室大臣義不忍去也〔五四七〕。商亓淪喪，我它爲臣僕〔五四八〕。詔王子出迪，商其〔五四九〕没亡，我二人無〔五五〇〕所爲臣僕，欲以死諫紂也〔五五一〕。我教王子出，合於道也〔五五二〕。我舊員〔五五三〕刻子。王子弗出，我乃顛隮〔五五四〕。刻，病也。我久知子賢，言於帝乙，欲立子，帝乙不肯。病子不得立，則宜爲殷後者也〔五五五〕。子今若不出逃難，我殷家宗廟乃隕隊無主也〔五五六〕。自彰〔五五七〕人自獻于先王，各自謀行其志，人人自獻達於〔五五八〕先王，以不失道也〔五五九〕。我弗顧行遯〔五六〇〕。』言將与紂俱死也〔五六一〕。所執各異，皆歸於仁，明君子之出處默語非一塗也〔五六二〕。

古文尚書苐㐅

【校記】

〔一〇〕丕乃叡大言，『丕乃』二字底卷僅存左端殘畫，兹據刊本擬補；『叡』字刊本作『敢』，『敢』字《説文》小篆作『□』，隸定爲『叡』，徐在國《隸定古文疏證》認爲『叡』乃『叡』之省變，可從；甲一起於『大言』。以下底卷中凡殘字、缺字、脱字補出而未特别説明者，均據刊本，不復一一注明。

〔一一〕女ナ積悳，『女』字甲一同，刊本作『汝』，『女』『汝』古今字；『ナ積悳』三字底卷殘泐，兹據甲一補，刊本作『有積德』，《集韻·有韻》：『有，古作ナ。』《説文》有『悳』字，隸變作『悳』、『悳』，《廣韻·德韻》以『悳』

爲『德』之古文。下凡底卷作『女』、『ナ』、『悳』者，刊本均作『汝』、『有』、『德』，不復出校。

〔三〕『女▨臣能』四字底卷殘泐，兹據甲一補；甲一『女▨』二字存左邊殘畫，刊本作『汝羣』，據『汝』知甲一第一字乃古字『女』之殘，而第二字殘筆似與『群』、『羣』不符，存疑。『能』下底卷、甲一均殘泐，刊本作『退去傲上』。

〔四〕於民，底卷『於』殘存上半，『民』字殘泐。

〔五〕至於婚姻，底卷『至』存下端殘畫，甲一殘泐；『婚』字刊本作『婚』，二字古異體；底卷『姻』存下端殘畫，兹據甲一補。

〔六〕僚友則我，底卷、甲一均殘泐。

〔七〕臣，底卷殘泐，兹據甲一補。

〔八〕乃弗畏戎毒于遠迩，『乃弗畏戎毒』五字底卷殘泐，兹據甲一補；刊本『弗』作『不』，『迩』作『邇』。『弗』『不』義同，『迩』爲『邇』之古文『迩』的變體（《敦煌俗字研究》下編五八四頁）。

〔九〕莀，刊本作『農』，《玉篇·艸部》：『莀，古文農。』

〔一〇〕昬作勞，底卷殘泐，據甲一補。

〔一一〕弗肰田畮，底卷『弗肰田』三字殘泐，兹據甲一補，刊本作『不服田畝』，《玉篇·肉部》：『肰，許律切，牛肉也。』與此不合。《龍龕·肉部》：『肰，俗伏、聿二音，正作眹，辟也。』甲一之『肰』，刊本作『服』，《龍龕》另一音『伏』，正可爲『服』之音。『肰』蓋『服』之俗訛。《漢書·食貨志上》『故必建步立畮，正其經界』師古注：『畮，古畝字也。』甲一止於此。

〔一二〕戉亓𡧉又黍稷，刊本『戉』作『越』，『亓』作『其』，『𡧉』作『罔』，『又』作『有』。『戉』爲《説文·走部》『越』隸變之訛，今作『越』；《集韻·之韻》：『其，古作亓。』《玉篇·宀部》：『𡧉，古文罔。』『又』『ナ』同字，皆爲『有』之古字。下凡底卷、甲卷作『亓』、『𡧉』，刊本作『其』、『罔』者均不復出校。『黍稷』下底卷殘泐，刊

〔一三〕本作『戎大昏強越於也言不欲徙則是不畏大毒於遠近如息』。

〔一四〕畒,刊本作『畆』,『畒』爲『畞』之隸變字。

〔一五〕『所有』下底卷殘泐,刊本作『汝不和吉言于百』。

〔一六〕『責公』下底卷殘泐,刊本作『卿不能和喻百』。

〔一七〕『官是』下底卷殘泐,刊本作『自生毒害乃敗禍』。

〔一八〕㠯,刊本作『以』,《玉篇·人部》:『以,古作㠯。』底卷『㠯』字,甲卷『㠯』、『以』間出,刊本皆作『以』。下凡此均不復出校。

〔一九〕𡿧于身,刊本『𡿧』作『災』,『身』作『厥』,伯三三一五《尚書釋文》第七〇行:『𡿧,本又作災,皆古灾字。』《説文·氏部》有『氒』篆,段玉裁注云:『《玉篇》亦作身,隸變也。』《廣韻·月韻》以『氒』爲『厥』之古文,案此作『身』,亦『氒』之隸變也。此下底卷『身』字,甲卷皆同,刊本則均作『厥』,下均不復出校。『身』下底卷殘泐,刊本作『言汝不相率共徙是爲敗禍姦宄以自災之道』。

〔二〇〕旡,刊本作『既』,伯三三一五《尚書釋文》第三行:『旡,古既字。』底卷『旡』,刊本皆作『既』,下不復出校。

〔二一〕『乃』下底卷殘泐,刊本作『奉其恫汝悔身何』。

〔二二〕『惡』下底卷殘泐,刊本作『於民恫痛也不徙則禍毒』。

〔二三〕在身,刊本作『在汝身』,陳鐵凡云:『此以無「汝」字爲勝。』

〔二四〕徒奉持所痛而,刊本『徒』作『徙』,阮元《尚書校勘記》(以下簡稱『阮校』)云:『閩本同,毛本「徒」作「徙」,是也。』『而』字底卷存右上角殘畫,『而』下底卷殘泐,刊本作『悔之則於身無所及相』。

〔二五〕旹惥,刊本作『時憸』,《説文·日部》:『旹,古文時,从日㞢作。』『旹』爲『旹』之訛體,底卷凡『旹』字,刊本皆作『時』,下不復出校。王叔岷《尚書斠證》云:『「惥」蓋「愳」之變。』(《中央研究院歷史語言研究所集刊》一二七頁,一九六五)

〔二五〕猷胥顧，刊本「猷」作「猶」，陳玉樹《毛詩異文箋》卷七云：「《毛詩》「猶」字二十二見，「猷」字二見，「猷」左酋右犬，「猶」左犬右酋，實一字。」「顧」下底卷殘泐，刊本作「于箴言其發有逸口」。

〔二六〕⿰矢攵予制乃短𠑷之命，刊本「⿰矢攵」作「矧」，「𠑷」作「長」，《説文・矢部》「弞」篆下段注：「《尚書》多用「弞」字，俗作「矧」。」《玉篇・矢部》「弞」條下云：「矧，同上。⿰矢攵，同上。」《龍龕・矢部》則以「⿰矢攵」爲「弞」之俗字。林平和《敦煌〈隸古定尚書〉寫卷中原自〈説文解字〉古文之隸字作「𠑷」「𠑹」，當爲原自《説文解字》長之古文變易。」（《第四届中國文字學全國學術研討會論文集》一三二頁，臺北大安出版社一九九三）案林説是，《説文・長部》「長」條下云：「𠑹，古文。」「𠑹」即「兲」之隸定，此作「𠑷」，「兲」之隸變也。「之」字底卷殘存上半。

〔二七〕利，底卷殘存左邊「禾」。「利」下底卷殘泐，刊本作「小民尚相顧於」。

〔二八〕箴，底卷殘存下部「咸」。

〔二九〕而，底卷殘存上端殘畫。

〔三〇〕害弗告朕，刊本「害」作「曷」，《説文・曰部》：「曷，何也。」段玉裁注：「害者，「曷」之假借字，《詩》《書》多以「害」爲「曷」。」《傳》中前一「害」字同，下凡經文「害」字皆同，不復出校。甲二起於「告朕」。

〔三一〕胥𡸣，底卷「胥」字殘泐，兹據甲二補；「𡸣」字甲二同，刊本作「動」，「𡸣」爲《説文》「動」之籀文「𨔝」的換旁異體，説詳《古文尚書傳》（四）校記〔三四〕。

〔三二〕𢖶沉，刊本「𢖶」作「恐」，「沉」作「沈」，《説文・心部》：「恐，懼也。𢖶，古文。」《玉篇・水部》「沈」條下云：「沉，同上，俗。」下凡「𢖶」、「沉」，刊本皆作「恐」、「沈」，不復出校。

〔三三〕以情告上，刊本無「以」字，「情」作「請」，阮校：「閩本、葛本、明監本「請」作「情」，毛本「情」上又有「以」字。按諸本皆因《疏》而誤，不知《疏》亦誤也。」陳鐵凡云：「刊本「請」爲「情」之訛，又誤奪「以」字。」底卷「上」字存上端殘畫，兹據甲二擬補。

〔三四〕動，甲二同，刊本誤作『欲』，北京大學出版社標點本《尚書正義》已改作『動』。

〔三五〕恐，底卷殘泐，兹據甲二補。

〔三六〕也，甲二同，刊本無。

〔三七〕𡘇，刊本作『燎』，《説文·火部》：『𡘇，柴祭天也。』『燎，放火也。』徐灝《説文解字注箋》云：『尞、燎實一字，相承增火旁。』陳鐵凡云：『尞爲𡘇之省變。』

〔三八〕弗，甲二殘泐，刊本作『不』，二字義同通用。下凡底卷、甲卷作『弗』而刊本作『不』者均不復出校。

〔三九〕嚮尒亓猷，『嚮尒亓』三字底卷殘泐，兹據甲二補，刊本作『嚮邇其』，『尒』與『邇』同，説詳王引之《經義述聞》卷十九『偪介之關』條；『猷』字甲二同，刊本作『猶』，詳見校記〔二五〕。

〔四〇〕向，刊本作『嚮』，『嚮』爲『向』之後起增旁字。

〔四一〕浮，底卷殘去右下角。

〔四二〕刑戮絶也，刊本作『得遏絶之』，陳鐵凡云：『《疏》云：「尚可刑戮使絶也」，是孔本亦與此同也。』

〔四三〕女，底卷存上端殘畫，兹據甲二補。

〔四四〕又，刊本作『有』，『又』爲『有』之古字。

〔四五〕咎，底卷殘去下邊『口』。

〔四六〕自爲非謀所致也，底卷『自』字殘泐，兹據甲二補。『也』，甲二同，刊本無。

〔四七〕𨑨任又言，『𨑨』字甲二作『遅』，刊本作『遲』，《説文·辵部》：『遲，或从𡰥。籀文遲从屖。』『遅』則爲『遲』之俗字，《集韻·脂韻》：『𨑨，侍夷切，闕，人名。𨑨仁，古賢人。《書》「𨑨仁有言」。』『又』字甲二作『𠂇』，刊本作『有』，『又』、『𠂇』皆『有』之古字。下凡經文作『又』而不出校者，皆如此。

〔四八〕舊，底卷殘去下部『臼』字。

〔四九〕遲，甲二同，刊本作『遲』，説見校記〔四七〕。

〔五〇〕也，甲二同，刊本無。

〔五一〕不貴舊也，甲二同；刊本無『也』字，『不』前有『是』字。

〔五二〕㬾乃祖，刊本『㬾』作『暨』，《玉篇·乑部》：『㬾，古文暨字。』底卷『祖』字殘去右邊一竪。

〔五三〕𠭖𡺨用非罸，『𠭖』字甲二作『敦』，刊本作『敢』，『敢』字《說文》小篆作『𠭖』，『𠭖』即其隸定之變，陳鐵凡云：『《說文》古文「敢」字作「𣪏」，「敦」則由此譌變。』下凡此不復出校；『𡺨』字甲二作『𡺨』，刊本作『動』，說詳《古文尚書傳》（四）校記〔三四〕，下凡此亦不復出校；『罸』字甲二作『罰』，刊本作『罰』，陳鐵凡云：『案罸、罰一字。罸則俗譌。』案『罸』與『罰』，小篆『罰』隸變之異也。

〔五四〕古君臣相与，刊本作『古之君臣相與』，『与』、『與』二字古混用無別，敦煌寫本多用『与』字，後世刊本多改作『與』。下凡底卷『与』刊本作『與』者均不復出校。

〔五五〕非常之罸胥女也，『罸』，甲二同，刊本作『罰』，《五經文字·罒部》：『罰、罸，上《說文》，下《石經》，五經多用上字。』下凡『罸』字同此，不復出校；底卷『也』殘存零星筆迹，茲據甲二補，刊本作『乎』。

〔五六〕尒，甲二同，刊本作『爾』，《說文·八部》『尒』篆下段玉裁注以『爾』爲『尒』之借字。張涌泉《敦煌俗字研究》云：『「爾」「尒」古本非一字，後世則合二而一，字多寫作「爾」。』（下編第七頁）下凡底卷『尒』字，甲卷皆同，而刊本均作『爾』，不復出校。

〔五七〕弇，甲二同，刊本作『掩』，商承祚《說文中之古文考》：『弇即掩之初字。』《傳》中『弇』字同。

〔五八〕數，甲二同，刊本作『選』，阮校：『葛本、閩本、明監本同，毛本「選」作「數」。』陳鐵凡云：『「選」爲「數」之譌。此上《傳》云：「選，數也。」《正義》曰：「自我先王以至於我，世世數汝功勞。」』北京大學出版社標點本《尚書正義》據阮校改爲『數』。

〔五九〕也，甲二同，刊本無。

〔六〇〕含，甲二作『畣』，刊本作『享』，案『享』字《說文》籀文作『亯』（此從段玉裁說，商承祚《說文中之古文考》

認爲是古文），『含』『𠋫』皆爲『亯』之變體。

〔六一〕 㚇與含之，『㚇』字甲二同，刊本作『從』，《集韻·鍾韻》：『从，古作㚇。』『从』『從』古今字，下凡『㚇』字皆同，不復出校；『之』字刊本同，甲二作『㞢』，《玉篇·之部》『之』條下云：『㞢，古文。』底卷經文『之』字，刊本皆同，甲卷則『之』、『㞢』間出，下不復出校。

〔六二〕 配食於庿，底卷『食』字殘存左邊撇與竪鈎，兹據甲二補；『庿』字底卷原作『庴』，『庴』爲『庿』之俗訛字，甲二同，刊本作『廟』，據《說文》，『庿』爲『廟』之古字。

〔六三〕 亯，甲二同，刊本作『享』，吳福熙云：『「烝亯」，今本作「烝享」，誤。阮校未出，恐亦刻工之誤。』北京大學出版社標點本《尚書正義》已改作『亯』，『亯』『亯』同字。

〔六四〕 此所以不弇善也，甲二無『也』字，刊本作『所以不掩汝善』，陳鐵凡云：『尋繹《傳》意，似以有「此」字爲是。「汝」字累辭，疑涉上文而衍。』案『弇』『掩』古今字，說已見校記〔五七〕。

〔六五〕 我敢，甲二作『我豈敢』，刊本作『我不敢』，陳鐵凡云：『敦煌本與岩崎本作「我敢……乎」「我豈敢……乎」，則理明詞達矣。蓋隋以前本無「不」字，後世以經文作「不敢……」，而疏文亦作「不敢……」，乃旁注「不」字於「敢」字之旁，嗣又誤入傳文之中，宋代以後傳本皆如此，是其致誤固已久，若非古本之出，奚足以訂正之哉！』

〔六六〕 也，甲二同，刊本無。

〔六七〕 于，刊本同，甲二作『亏』，《玉篇·亏部》『亏』條下云：『于，同上，今文。』則《玉篇》以『亏』爲古文也。底卷『于』字，刊本皆同，甲卷或作『于』，或作『亏』，下皆不復出校。

〔六八〕 䠶，甲二同，刊本作『射』，據《說文》，『䠶』爲『射』之古文。

〔六九〕 准，甲二同，刊本作『準』，《玉篇·冫部》『准』條下云：『俗準字。』

〔七〇〕 也，甲二、刊本無。

〔七一〕亡老侮，甲二同，刊本作『無侮老』，伯三三一五《尚書釋文》第九四行：『亡，音無，古文「無」字皆尒。』下凡經文中『亡』字皆同，不復出校。段玉裁《古文尚書撰異》云：『古文《尚書》作「無老侮成人，無弱孤有幼」，鄭注：「老、弱，皆輕忽之意也。」僞孔傳與鄭注本同。孔傳「老成人」三字爲經文「老侮」張本，非孔作「侮老成人也」。《唐石經》作「老侮」不誤。今版本作「侮老」，因「老成人」三字口習既孰，又誤會孔傳，故倒亂之。』《傳》中『老侮』同。

〔七二〕也，甲二同，刊本無。

〔七三〕也，甲二同，刊本無。

〔七四〕吴于身㞐，甲二、刊本『吴』作『長』，説見校記〔二六〕；『㞐』字甲二同，刊本作『居』，《玉篇·尸部》『居』條下云：『㞐，古文。』下凡底卷、甲卷作『㞐』，刊本作『居』者皆不復出校。

〔七五〕出，底卷殘泐，兹據甲二。

〔七六〕予一人，刊本同，甲二作『余一人』，《禮記·曲禮下》『朝諸侯、分職、授政、任功，曰「予一人」』鄭玄注：『余、予古今字。』裘錫圭《文字學概要》云：『在我们現在所能看到的商代甲骨文和西周春秋金文裏，第一人稱代詞「余」都寫作「余」。古人开始用「予」表「余」，不會早於春秋時代。但是在傳世的《尚書》、《詩經》兩書所包含的那些西周時代作品裏，第一人稱代詞「余」却全都已經被後人改作「予」了。』（二七二頁，商务印書館一九八八）

〔七七〕思長，底卷『思』殘泐，『長』殘存左下角，兹據甲二。

〔七八〕也，甲二、刊本無。

〔七九〕迩，甲二作『尒』，刊本作『邇』，『迩』爲『邇』之古文『迩』的變體，説詳《敦煌俗字研究》下編五八四頁；『尒』與『邇』同，説詳王引之《經義述聞》卷十九『偪介之關』條。

〔八〇〕辠，甲二同，刊本作『罪』，《説文·辛部》：『辠，犯灋也。秦以辠似皇字，改爲罪。』

〔八一〕 悳，甲二同，刊本作『德』，説見校記〔三〕。下凡底卷作『悳』者，甲卷皆同，刊本均作『德』，不復出校。
〔八二〕 勿犯，刊本同，甲二下有『也』字。
〔八三〕 其，刊本同，甲二作『亓』，《集韻・之韻》：『其，古作亓。』
〔八四〕 也，甲二作『者也』，刊本無。
〔八五〕 邦，刊本同，甲二作『邽』，『邽』爲『邦』字《説文》小篆『𨚓』字之隸變。下凡『邦』皆同，不復出校。
〔八六〕 也，甲二同，刊本無。
〔八七〕 佚，底卷原無，陳鐵凡云：『此當誤脱「佚」字。《周語》引作「逸罰」，逸、佚古通用。』案僞《傳》云：『佚，失也。』可知經當有『佚』字，兹據甲二補。
〔八八〕 也，甲二、刊本無。
〔八九〕 也，甲二、刊本無。
〔九〇〕 龔，甲二同，刊本作『恭』，『龔』爲古文『恭』，説詳《古文尚書傳》（二）校記〔七三〕。下凡『龔』字皆同。
〔九一〕 亝，甲二同，刊本作『齊』，《玉篇・二部》：『亝，徂兮切，古文齊。』
〔九二〕 庀，甲二同，刊本作『度』，《集韻・鐸韻》：『度，古作庀。』
〔九三〕 軄，甲二同，刊本作『職』，《玉篇・身部》：『軄，俗職字。』下『軄』字同。
〔九四〕 居口，甲二同，刊本作『居汝口』，陳鐵凡云：『岩崎本同，其他各本「口」上有「女」或「汝」字。案「女」字釋「乃」，此當誤奪。《正義》：「故傳言以江度居汝口也。」』
〔九五〕 也，甲二、刊本無。
〔九六〕 罸，甲二作『罸』，刊本作『罰』，『罸』與『罰』，小篆『罰』隸變之異也，《五經文字・罒部》：『罰、罸，上《説文》，下《石經》，五經多用上字。』下『罸』字同。
〔九七〕 我，底卷殘存右下角殘畫，兹據甲二補。

〔九八〕　罰已及身，甲二作『罰以及身』，刊本作『罰及汝身』，陳鐵凡云：『岩崎本、内野本、神宫本作「罰及爾身」，雲窗一本、足利本作「罰已及汝身」，其他各本作「罰及汝身」。案已、以古通，以猶其（其猶將也）也。「罰以及身」者，「罰其及身」、「罰將及身」也。』

〔九九〕　及，甲二同，刊本作『外』，阮校：『古本「外」作「及」。案「及」字是也。』

〔一〇〇〕　第，甲二同，刊本作『第』，『第』爲『弟』之俗字，俗書竹頭多寫作草頭，俚俗據『第』楷正，則成『第』字。下皆同，不復出校。

〔一〇一〕　民䙴，『民』字刊本同，甲二作『𫝀』，『𫝀』當是『民』之變體，下凡經文『民』字不出校者同此；『䙴』字甲二同，刊本作『遷』，《説文·舁部》：『䙴，升高也。[illegible]，䙴或从卩。』『[illegible]』字隸定即爲『𨙻』，『䙴』當是『𨙻』之俗訛，《漢書·律曆志下》『周人𨙻其行序』師古注：『𨙻，古遷字。』下『䙴』字同。

〔一〇二〕　也，甲二同，刊本無。

〔一〇三〕　率，刊本同，甲二作『衜』，『衜』爲『率』之古文，説詳《古文尚書傳》（四）校記〔九三〕，『衜』應是『衜』之誤。下凡經文『率』字同此。

〔一〇四〕　也，甲二同，刊本無。

〔一〇五〕　其衆也，甲二同，刊本無『其』、『也』二字。

〔一〇六〕　也，甲二、刊本無。

〔一〇七〕　也，甲二同，刊本無。

〔一〇八〕　明，甲二同，刊本作『明』，『明』『明』古異體字。下凡『明』字同，不復出校。

〔一〇九〕　巟，甲二、刊本作『荒』，黄侃《説文段注小箋》：『荒之本字亦作「巟」。』（《説文箋識四種》一九四頁，上海古籍出版社一九八三）下凡『巟』字同。

〔一一〇〕　也，甲二、刊本無。

〔二一〕烏虖，甲二作「烏呼」，刊本作「嗚呼」，烏嗚、虖呼均古今字。下凡「烏虖」同此。

〔二二〕歬，甲二同，刊本作「前」，《玉篇·止部》：「歬，今作前。」

〔二三〕也，甲二同，刊本無。

〔二四〕慼，刊本同，甲二作「慽」，「慽」「慼」古今字。

〔二五〕天，刊本同，甲二作「兲」，《玉篇·一部》「天」條下云：「兲，古文。」「兲」爲「兲」之變體。

〔二六〕也，甲二同，刊本無。

〔二七〕褱，甲二同，刊本作「懷」，伯三三一五《尚書釋文》第二九行：「褱，古懷字。」下凡「褱」字同，不復出校。

〔二八〕灾，甲二、刊本作「災」，案「烖」之或體作「灾」，籀文作「災」，見《說文·火部》「烖」篆下說解。

〔二九〕也，甲二同，刊本無。

〔三〇〕逌作眎，甲二同，刊本作「攸作視」，《漢書·地理志上》「漆沮既同，酆水逌同」師古注：「逌，古攸字也。」《玉篇·目部》：「眎，古文視。」下凡逌、眎同，不復出校。

〔三一〕也，甲二同，刊本無。

〔三二〕䎽，甲二同，刊本作「聞」，《玉篇·耳部》「聞」條下云：「䎽，古文。」下凡「䎽」字同，不復出校。

〔三三〕古君先王也，「君」字甲二同，刊本作「后」，陳鐵凡云：「『君』當爲『后』之譌。」「也」字甲二同，刊本無。

〔三四〕也，甲二同，刊本無。

〔三五〕卑，甲二同，刊本作「俾」，陳鐵凡云：「鐘鼎文俾益、俾使字俱作『卑』。」案「卑」「俾」古今字。下「卑」字同。

〔三六〕喜，刊本同，甲二作「憙」，《說文·喜部》：「喜，樂也。」「憙，說也。」段注：「憙與嗜義同，與喜樂義異。淺人不能分別，認爲一字。」徐灝《說文解字注箋》：「喜、憙古今字，段強生分別。」徐說是。《傳》中「喜」字同。

〔二七〕比近殃罰也，甲二同；刊本「近」下有「於」字，無「也」字。

〔二八〕新，底卷旁注，甲二無，刊本則有，陳鐵凡云：「「新」字旁注，似爲事後增補，疑原本無之。」案日本古寫本元亨本「新」字旁注，與底卷同，岩崎本無「新」字，與甲二同。

〔二九〕也，甲二同，刊本作「之」。

〔三〇〕也，甲二、刊本無。

〔三一〕朱，刊本作「困」。《説文・口部》「困」篆下云：「朱，古文困。」甲二作「𣎵」，訛字也。

〔三二〕也，甲二、刊本無。

〔三三〕是不盡忠也，甲二「是不盡忠」，刊本作「是汝不盡忠」。陳鐵凡云：「「汝」字疑爲旁注誤入。」

〔三四〕窮苦也，甲二作「窮苦也」，刊本作「窮苦」，邵瑛《群經正字》云：「窮，今經典作「窮」，蓋「船」字《説文》或體作「躬」，經典「窮」字從或體「躬」也。」

〔三五〕汵，甲二同，刊本作「濟」，《玉篇・水部》「濟」條下云：「汵，古文。」

〔三六〕中流，甲二、刊本作「水中流」。

〔三七〕也，甲二作「者也」，刊本無。

〔三八〕乩，甲二同，刊本作「稽」，《玉篇・乙部》：「乩，今作稽。」

〔三九〕忞，甲二、刊本作「怒」，《集韻・莫韻》：「怒，古作忞。」下凡「忞」字同。

〔四〇〕逮古，刊本同，甲二旁注一「於」字，據其字體，當屬後添。

〔四一〕怒，底卷殘存上部「奴」，兹據甲二補。

〔四二〕惎奚，「惎」字甲二同，刊本作「謀」，《龍龕・心部》：「惎，古文，音謀。」「奚」字甲二作「乒」，刊本作「長」，《玉篇・長部》「長」條下云：「兵，古文。」「奚」、「乒」均「兵」之變體。下凡「惎」、「奚」皆同此，不復出校。

〔四三〕恖乃𤆂，「恖」字甲二、刊本作「思」，《玉篇・思部》「思」條下云：「恖，古文。」「𤆂」字甲二同，刊本作「災」，伯三三一五《尚書釋文》第七〇行：「𡿧，本又作災，皆古灾字。」下凡「恖」、「𡿧」皆同，不復出校。

〔二四四〕久長，甲二同，刊本作「長久」，《正義》云：「顧氏云：「汝今日其且有今目前之小利，無後日久長之計，患禍將至，汝何得久生在民上也？」」亦作「久長」。

〔二四五〕欲不徙，甲二同，刊本作「不欲徙」。

〔二四六〕是大勸憂之道也，底卷「是」殘泐，茲據甲二補；刊本無「也」字。甲二止於此。

〔二四七〕今，甲三起於此。

〔二四八〕丄，甲三、刊本作「上」，《玉篇·上部》「上」條下云：「丄，古文。」下凡「丄」字，甲三或作「丄」、或作「上」，刊本均作「上」，不復出校。

〔二四九〕言不徙無後計，底卷「不」、「無」二字殘泐，茲據甲三補。

〔二五〇〕在上，甲三作「在民上」，刊本作「在人上」，陳鐵凡云：「《疏》文亦作「民」；蓋孔本原爲「民」字，後世易爲「人」字也。甲一（平案：指底卷）誤奪「民」字。」吴福熙云：「孔疏作「汝何得久生在民上也」，作「民」字與孔疏合。」

〔二五一〕及也，甲三作「及之也」，刊本作「及汝」，陳鐵凡云：「「汝」字疑爲後世誤衍。」

〔二五二〕⿺辶己栽㠯自臭，「⿺辶己」字甲三同，刊本作「起」，《説文·走部》：「起，能立也。古文起从辵。」隸變即爲「⿺辶己」，下「⿺辶己」字同；「栽」字甲三、刊本作「穢」，《集韻·廢韻》：「穢，古作𢧜。」移「禾」旁於偏旁「歲」之古字中間，伯三三一五《尚書釋文》第二一行：「𢦔，古歲字。」由止、少、戈三字组成，此作「栽」，底下尚有一「小」字，據《集韻》，知此「小」乃「禾」之誤；「自」字底卷殘泐，茲據甲三補。

〔二五三〕也，甲三同，刊本無。

〔二五四〕迁，刊本同，甲三作「迃」，《玉篇·亐部》「亐」條下云：「于，同上，今文。」《玉篇》以「亐」爲古文也，甲三作「迃」，即「迁」之古文也。

〔一五五〕也，刊本無。

〔一五六〕卸續乃命于天，『卸』，甲三作『卸』，刊本作『迓』，顔師古《匡謬正俗》卷二引《盤庚》云：『予御續乃命於天。』惠棟《九經古義・尚書上》云：『此經與《牧誓》「弗迓克奔」，皆當作「御」。趙宋以來儒者見孔氏訓「御」爲「迎」，遂改作「迓」（或衛包所改）。』段玉裁《古文尚書撰異》云：『此唐初本作「御」之證，《唐石經》已下作「迓」者，衛包改也。』孫星衍《尚書今古文注疏》云：『《説文》無「迓」字，當爲「訝」，或爲「御」。初唐人引《書》作「御」，則「迓」是衛包所改矣。』楊筠如《尚書覈詁》云：『古本作「御」，而讀爲「訝」耳。』許壽裳云：『今卷子本作「卸」，按「卸」即「御」字，「御」从午聲，「卸」依《韻會》亦从午聲，「御」从彳从卩，「卸」从止从卩。古从辵之字亦或从止，兩字實一字也。《説文》訓解有誤，王筠於其所著《説文釋例》中已言之。』《傳》中『卸』字同。『天』字刊本同，甲三作『兂』，《玉篇・一部》『天』：『旡，古文。』『兂』爲『旡』之變體。

〔一五七〕畏，甲三殘泐上半，刊本作『威』。説見《古文尚書傳》（五）校記〔三七二〕。

〔一五八〕迎，底卷脱去右邊『卩』，兹據甲三補。

〔一五九〕於，甲三同，刊本作『于』，二字古通用。

〔一六〇〕也，刊本作『衆』，甲三無。陳鐵凡云：『《疏》題：「傳迓迎至汝衆。」是孔本亦有「衆」字，無「也」字。』

〔一六一〕羞，刊本同，甲三作『巻』，『巻』當是『羞』之訛俗字，《龍龕・雜部》有『𢍏』字，與『巻』形近，亦『羞』之訛俗字。下凡『羞』字同。

〔一六二〕也，甲三、刊本無。

〔一六三〕敕，甲三作『軙』，刊本作『陳』，《説文・攴部》『敶，列也』段注：『敶者，敶之省。《素問注》云：「敶，古陳字。」是也。』《字彙・車部》：『軙，古陳字。』

〔一六四〕辠，甲三、刊本作『罪』，《説文・辛部》：『辠，犯灋也。秦以辠似皇字，改爲罪。』下凡『辠』字同。

〔一六五〕『下罪疾於我』下甲三、刊本有『曰』字，陳鐵凡云：『依經文，似當有「曰」字，此疑誤奪。』

〔一六六〕也，甲三、刊本無。

〔一六七〕万，甲三同，刊本作『萬』，《玉篇・方部》：『万，俗萬字，十千也。』下凡『万』字皆同。

〔一六八〕臮，甲三作『泉』，刊本作『暨』，《玉篇・豕部》：『臮，古文暨字。』『泉』爲『臮』之變體。下『臮』字皆同。

〔一六九〕也，甲三同，刊本無。

〔一七〇〕也，甲三同，刊本無。

〔一七一〕明，刊本同，甲三作『眀』，二字異體。

〔一七二〕罰罰，甲三、刊本僅一『罰』字，陳鐵凡云：『孔《疏》云：「下罪罰於汝」，以罪訓上一「罰」字，而下一「罰」字則爲動詞。此疑當重一「罰」字。』案《説文・刀部》：『罰，辠之小者。』《國語・周語上》引《尚書》『國之不臧，則惟余一人，是有逸罰』韋昭注：『罰猶罪也。』是罪、罰同義連文，孔《疏》所云『下罪罰於汝』，即『下罪於汝』之意也，並非如陳氏所云二『罰』有名動之别。底卷『罰』字重者，衍其一也。

〔一七三〕無辝也，甲三同；刊本『辝』作『辭』，無『也』字，敦煌寫本『辭』多寫作『辝』，《干禄字書・平聲》：『辝、辤、辭，上中竝辝讓；下辭説，今作辝，俗作辞非也。』在唐時，『辝』已成爲『辭』之俗字。

〔一七四〕先王，甲三、刊本作『先后』。

〔一七五〕治民也，甲三『民』缺末筆，避諱缺筆字；刊本『民』作『人』，無『也』字，案『人』爲承襲諱改字。

〔一七六〕殘民之心而不欲徙，刊本『民』作『人』，甲三無『欲』字，案『人』乃承襲諱改字。

〔一七七〕也，甲三同，刊本無。

〔一七八〕媛，甲三、刊本作『綏』，《玉篇・女部》『媛』條下云：『《尚書》爲古文「綏」。』下『媛』字同。

〔一七九〕乃祖乃父乃㡭弃，底卷原無『乃祖乃父』四字。屈萬里《尚書異文彙録》認爲底卷『脱「乃祖乃父」四字』，茲據甲三補；『㡭』，甲三同，刊本作『斷』，《説文・斤部》：『㡭，古文斷。』『㡭』即其隸定也；『弃』字甲三同，刊本作『棄』，《説文》以『弃』爲『棄』之古文，下凡『弃』字皆同。

〔一八〇〕 棄女，甲三作『⿱亣木女』，刊本作『棄汝命』，案『⿱亣木』當是『弃』之誤字。

〔一八一〕 也，甲三、刊本無。

〔一八二〕 ⿱䜌又，甲三作『⿱爫子』，刊本作『亂』，《集韻·换韻》：『亂，古作⿱䜌又。』『⿱爫子』爲『⿱䜌又』之變體。

〔一八三〕 也，甲三同，刊本無。

〔一八四〕 朕，甲三同，刊本下有『孫』字，劉師培云：『此挩「子孫」二字。』于大成《尚書盤庚孔傳校文》云：『留真乙本、佚書本但作「作丕刑于朕」，無「子」字。楊本與足利本、唐本合。疑作「作丕刑于朕」者近于古，後人以傳云「作大刑於我子孫」，遂據以增「孫」字，或增「子孫」字耳。』（《孔孟學報》第二八期第一〇六頁，一九七四年九月）

〔一八五〕 女父祖，甲三同，刊本前有『言』字。

〔一八六〕 也，甲三同，刊本無。

〔一八七〕 導，甲三、刊本作『道』，陳鐵凡云：『道、導古今字。』

〔一八八〕 大下不善以罸女，甲三、刊本『大下』作『大重下』，陳鐵凡云：『各本「大」下有「重」字。案此當誤脱。』甲三脱『以罸女』三字。

〔一八九〕 督之也，甲三同，刊本作『以督之』，陳鐵凡云：『《疏》云：「陳忠孝之義，以督勵之」。亦有「以」字。』

〔一九〇〕 也，甲三、刊本無。

〔一九一〕 卹，甲三同，刊本作『恤』，《説文·心部》：『恤，憂也。』段注：『恤與卹音義皆同。又疑古衹有「卹」，「恤」其或體也。』血部：『卹，憂也。』段注：『「卹」與心部「恤」音義皆同，古書多用「卹」字，後人多改爲「恤」。』

〔一九二〕 𢇍，甲三作『⿱𢇍皿』，刊本作『絶』，《説文·糸部》：『絶，斷絲也。𢇍，古文絶，象不連體絶二絲。』甲三作『⿱𢇍皿』，『𢇍』之訛變。

〔一九三〕之也，甲三無『之』，刊本無『之也』。

〔一九四〕分相，甲三同，刊本作『分明相』，陳鐵凡云：『《正義》云：「汝羣臣臣（衍一臣字）分輩相與計謀」，是孔本亦無「明」字。各本「明」字當爲後世誤衍。』

〔一九五〕也，甲三同，刊本無。

〔一九六〕也，甲三同，刊本無。

〔一九七〕䞤，甲三、刊本作『越』，《說文·走部》小篆『越』隸定或作『䞤』，『䞤』當是其訛變。

〔一九八〕宄，底卷原誤作『究』，茲據甲三、刊本改正。

〔一九九〕隊，甲三、刊本作『墜』，『隊』『墜』古今字。

〔二〇〇〕也，甲三同，刊本無。

〔二〇一〕爲姦於外爲宄於內也，甲三『外』、『內』二字誤倒，刊本無『也』字。

〔二〇二〕劓殄戚，『劓』字甲三同，刊本作『劓』，《說文·刀部》：『劓，刖鼻也。劓，或从鼻。』『戚』字甲三、刊本作『滅』，《字彙補·戈部》：『烕，古文滅字，見《五音篇韻》。』『戚』當是『烕』之訛。《傳》中『劓』字同。

〔二〇三〕不吉之人，甲三同，刊本前有『言』字。

〔二〇四〕也，甲三、刊本無。

〔二〇五〕才，甲三同，刊本作『哉』，《集韻·咍韻》：『哉，古作才。』下凡經文中『才』字同。

〔二〇六〕今，底卷殘存一捺，茲據甲三補。

〔二〇七〕以，刊本同，甲三作『已』，『以』『已』通用。

〔二〇八〕進進於，底卷前一『進』字殘存上端，後『進於』二字殘泐，茲據甲三補。

〔二〇九〕用以女徙，底卷『徙』殘泐，茲據甲三補；刊本『用』作『乃』，陳鐵凡云：『《疏》云：「今我将用以汝遷」，是孔本亦作「用」也。』案『用』『乃』義同。

〔三一〇〕長立女家也，底卷「長」殘泐，兹據甲三補；刊本無「也」字。

〔三一一〕卿大夫稱家也，甲三無「夫」字，刊本無「也」字，陳鐵凡云：「誤奪『夫』字。」

〔三一二〕丅，甲三同，刊本作「下」，《字彙補·一部》：「丅，古文下字。」後凡「丅」字同此。

〔三一三〕郊厝朝社之位也，「厝」字甲三同，刊本作「廟」，據《説文》，「廟」之古文作「庿」，「厝」爲「庿」之訛俗字；刊本無「也」字。

〔三一四〕楙，甲三作「楙」，刊本作「懋」，「楙」爲「楙」之誤字，「楙」「懋」古今字。下「楙」字同。

〔三一五〕也，甲三、刊本無。

〔三一六〕尃，甲三作「旉」，刊本作「敷」，伯三三一五《尚書釋文》第六六行：「旉，古敷字。」《正字通·寸部》：「尃，敷本字。小篆加攴作『敷』，楷譌作『敷』。」下「尃」字同。

〔三一七〕厤，甲三、刊本作「歷」，「厤」「歷」古今字。

〔三一八〕也，甲三同，刊本無。

〔三一九〕恊，甲三作「恊」，刊本作「協」，《五經文字·十部》：「協，和也。心部亦有『恊』字，與此字同，並訓和。」案古文作「叶」，則從「十」者義長。《書古文訓》作「叶」，内野本、足利本亦均作「叶」，即爲「協」之古字。「恊」則爲「協」之誤字。

〔三二〇〕也，甲三同，刊本無。

〔三二一〕共，甲三同，刊本作「其」，案「其」爲形誤字，北京大學出版社標點本《尚書正義》已改作「共」。

〔三二二〕也，甲三同，刊本無。

〔三二三〕多于歬功，「多」字刊本同，甲三作「𡖋」，《集韻·戈韻》：「多，古作𡖋。」「歬」字甲三作「歬」，刊本作「前」，《玉篇·止部》：「歬，今作前。」「歬」當是「歬」之誤。下經文「多」字皆同。

〔三二四〕也，甲三同，刊本無。

〔三三五〕無，刊本同，甲三作『无』，《說文・亾部》：『无，奇字無也。』

〔三三六〕我國，刊本同，甲三下有『也』字。

〔三三七〕蕩斨離㞕，『斨』字甲三同，刊本作『析』，《集韻・錫韻》：『析，古作斨。』『離』字刊本同，甲三作『離』，『離』爲『離』之俗字。

〔三三八〕也，甲三同，刊本無。

〔三三九〕胃，甲三同，刊本作『謂』，陳鐵凡云：『胃、謂同音通叚。』案『胃』『謂』應是古今字，馬王堆出土帛書《戰國策》、《老子》及睡虎地出土秦簡凡『謂』字均寫作『胃』。下『胃』字同。

〔三三〇〕也，甲三同，刊本無。

〔三三一〕隸，甲三、刊本作『肆』，陳鐵凡云：『「隸」正字，「肆」隸變。』下『隸』字同。

〔三三二〕戉，甲三、刊本作『越』，『戉』爲『越』字《說文》小篆『』的隸變之訛。

〔三三三〕也，甲三同，刊本無。

〔三三四〕竺，甲三同，刊本作『篤』，《說文・二部》『竺』篆下段注：『《爾雅》、《毛傳》皆曰「篤，厚也」。今經典絶少作「竺」者，惟《釋詁》尚存其舊，叚借之字行而真字廢矣。篤，馬行鈍遲也。聲同而義略相近，故叚借之字專行焉。』

〔三三五〕也，甲三同，刊本無。

〔三三六〕繇霈，甲三作『繇霧』，刊本作『由霛』，《爾雅・釋水》『繇膝以下爲揭』《釋文》：『繇，古由字。』《玉篇・雨部》：『霧，古文霛。』《汗簡・青部》有『霈』，黄錫全《汗簡注釋》認爲是『靁』的訛誤。

〔三三七〕也，甲三同，刊本無。

〔三三八〕韋，甲三同，刊本作『違』，陳鐵凡云：『韋、違古今字。』

〔三三九〕大也，甲三同，刊本『大』前有『皆』字。

〔三四〇〕用大此遷都大業也，甲三無前『大』字，刊本無『也』字，案《正義》云：『「用大此遷都」，「大」謂立嘉績以大之也。』則《正義》所據本亦有『大』字，此解經『用宏兹賁』句，『大』字當有，甲三蓋偶脱。

〔三四一〕柏，甲三同，刊本作『伯』，《穆天子傳》卷一『河宗之子孫鄘柏絮』郭璞注：『古伯字多從木。』

〔三四二〕其爲善政也，甲三同，刊本『其』作『共』，無『也』字，陳鐵凡云：『岩崎本、雲窗一本、内野本、足利本同，其他各本「其」作「共」。案阮《記》云：「古本作其，誤。」古本即足利本。云誤者，蓋據孔《疏》而然。今敦煌本及日本鈔本皆作「其」，竊以「其」爲命令或期望之詞，與《帝典》「我其试哉」！《洛誥》「汝其敬識百辟享」同例，未必誤也。』

〔三四三〕柬，甲三作『柬』，刊本作『簡』，陳鐵凡云：『柬、簡古今字。《漢書》高、高后、文功臣表「遴柬布章」，晉灼注引慎曰：「柬，古簡字。」「柬」殆「柬」之變。』案『柬』又『柬』之訛變。

〔三四四〕也，甲三同，刊本無。

〔三四五〕⿰丑子，甲三、刊本作『好』，《玉篇·子部》：『⿰丑子，古文好字。』

〔三四六〕不任貪，甲三同，刊本作『不任貪貨之人』，陳鐵凡云：『岩崎本「貪」下，旁注「貨」字，内野本、雲窗一本末有「貨」字，其他各本有「貨之人」三字。案「貪」釋好貨，於義已足。「貨」字疑由旁注誤入。後世又據孔《疏》增「之人」，贅矣。』

〔三四七〕敢，底卷缺左下角『耳』，兹據甲三補。

〔三四八〕也，甲三、刊本無。

〔三四九〕与不，甲三同，刊本作『與否』，黄侃《説文段注小箋》云：『「否」與「不」同字。』（《説文箋識四種》一九六頁）

〔三五〇〕也，甲三同，刊本無。

〔三五一〕總于貨珤，甲三作『総于貨珤』，刊本作『總于貨寶』，『総』爲『總』之俗字，説詳《敦煌俗字研究》下編五三二頁，《玉篇·玉部》『琉』條下云：『《聲類》云「古文寶字」。』下『總』字同此。

〔三五二〕求，甲三同，刊本作『已』，阮校：『葛本、閩本、明監本同，毛本「已」作「求」。案「求」字是也。』

〔三五三〕也，刊本無。

〔三五四〕民，底卷殘存左半，茲據甲三補。

〔三五五〕也，甲三同，刊本無。

〔三五六〕㝵，甲三同，刊本作『得』，《說文·彳部》：『得，行有所得也。□，古文省彳。』『㝵』爲『□』之隸變。下『□』字同，不復出校。

〔三五七〕也，甲三同，刊本無。

〔三五八〕也，甲三同，刊本無。

〔三五九〕㞕百工營求𢒉埜，『㞕』字甲三同，刊本作『使』，《玉篇·山部》：『㞕，古使字。』『𢒉埜』二字甲三作『諸埜』，刊本作『諸野』，《玉篇·彡部》：『𢒉，古文諸。』《玉篇·林部》：『埜，古文野。』下『𢒉』、『埜』字同。

〔三六〇〕經求之於外野，甲三『經』下有『營』，刊本無『外』字，陳鐵凡云：『阮刻本無「外」字，其他各本「經」下有「營」字。案：阮刻本誤奪「外」字，其他各本誤奪「營」字。』

〔三六一〕得之傅巖之谿也，甲三、刊本『得之』下有『於』字，刊本無『也』字，案《正義》云：『《傳》云「得之於傅巖之谿」。』是亦有『於』字。

〔三六二〕也，甲三同，刊本無。

〔三六三〕也，甲三同，刊本無。

〔三六四〕侌，甲三同，刊本作『陰』，《玉篇·雲部》：『霒，今作陰。侌，古文。』

〔三六五〕也，甲三同，刊本無。

〔三六六〕喪，甲三、刊本作『喪』，《說文·哭部》『喪』之小篆作『□』，『喪』即其隸定也。

〔二六七〕也，甲三、刊本無。

〔二六八〕悊，甲三、刊本作「哲」，陳鐵凡云：「悊爲《説文》古文「哲」，鐘鼎文亦從心作，與此同。」案《説文・口部》：「哲，知也。悊，哲或从心。」則「悊」爲「哲」之重文。下句「悊」字同。

〔二六九〕知，甲三同，刊本作「智」，「知」「智」古今字。下句「知」同。

〔二七〇〕也，甲三、刊本無。

〔二七一〕令，刊本同，甲三作「命」，陳鐵凡云：「令、命古通。」案「令」「命」本同字，甲骨文無「命」字。

〔二七二〕也，甲三同，刊本無。

〔二七三〕稟，甲三作「稟」，刊本作「禀」，《字彙・示部》：「禀，俗稟字。」「稟」亦爲「稟」之俗字，變「禾」爲「米」也，六朝墓誌多有從米者，見《碑別字新編》二五三頁。《傳》中「稟」字同。

〔二七四〕亖，甲三、刊本作「四」，《玉篇・二部》「亖」條下云：「古文四。」下凡「亖」字同。

〔二七五〕台忎悳弗曾，「台」字甲三有墨釘，刊本作「惟」，阮校：「葛本、閩本、明監本、《纂傳》同，《唐石經》、岳本、毛本「惟」作「台」。」陳鐵凡云：「「惟」爲「台」之譌。」案《吕氏春秋・審應覽・重言》：「高宗乃言曰：「以余一人正四方，余唯恐言之不類也，茲故不言。」」惠棟《古文尚書考》認爲即僞古文所本。《爾雅・釋詁下》：「台、予、朕、身、甫、余、言，我也。」台即余也。底卷及《唐石經》均作「台」，當是。甲三之墨釘，蓋後閲者所爲。刊本等作「惟」者，蓋據《吕覽》「唯恐言」之「唯」而改也。「曾」，甲三同，刊本作「類」。陳鐵凡云：「《説文》：「曾，血祭肉也。」與「類」同音通叚，隸古文《尚書》皆作曾。」

〔二七六〕恠之，「恠」，甲三作「佐」，刊本作「怪」，「佐」爲「恠」的訛俗字，而「恠」與「怪」則爲篆文隸變之異，説見《敦煌俗字研究》下編三七六頁；底卷「之」字殘泐，茲據甲三補。甲三末有「也」字。

〔二七七〕故作誥也，甲三無此四字，刊本無「也」字。

〔二七八〕類，底卷殘存上端殘畫，茲據甲三補。

〔二七九〕也，甲三、刊本無。

〔二八〇〕予良弻，底卷「予」殘存「マ」，茲據甲三補；「弻」字甲三同，刊本作「弼」，據《說文・弜部》，「弻」爲「弼」之古文。

〔二八一〕夢天与我輔弼良佐，「天」、「輔弼良」四字底卷皆有殘損，茲據甲三補。

〔二八二〕教也，底卷「教」字殘泐，茲據甲三補。刊本無「也」字。

〔二八三〕宷身為，「宷」字甲三、刊本作「審」，《說文・釆部》：「宷，悉也，知宷諦也。審，篆文宷，从番。」段注：「然則宷，古文籀文也。」「宷」又「宷」字俗省，同「悉」字俗省作「悉」之比。「為」字甲三、刊本作「象」，《玉篇・象部》「象」條下云：「為，古文。」底卷「身」字殘泐，茲據甲三補。

〔二八四〕天，刊本同，甲三作「兂」，《玉篇・一部》「天」：「兂，古文。」「兂」爲「旡」之變體。

〔二八五〕審所夢之人刻其形象以四方旁求之於民間也，「審所夢之人刻其形象以四方旁求之」十五字底卷殘泐，茲據甲三補。刊本無「也」字。

〔二八六〕「肖傳氏之巖在虞虢之界通道所」十三字底卷殘泐，茲據甲三補。

〔二八七〕刑，刊本同，甲三作「形」，「形」爲「刑」之借字。

〔二八八〕「護此道說賢」五字底卷殘泐，茲據甲三補。

〔二八九〕「所夢之形者也」六字底卷殘泐，茲據甲三補。刊本無「者也」二字。

〔二九〇〕爰立作相，「爰立」二字底卷殘泐，茲據甲三補；甲三「作」作「佐」，「佐」蓋涉《傳》文「佐相」而誤，說見下條。

〔二九一〕「於是礼命立以爲佐相使在左右也」，底卷僅存「於」、「佐」二字，茲據甲三補足；刊本無「佐」、「也」二字，《通典》卷二一《職官三・宰相》「武丁得傅說，爰立作相，王置諸其左右」自注：「武丁，殷之高宗也。得賢相傅說，於是禮命立以爲佐相，使在左右也。」乃引僞古文及孔《傳》，亦有「佐」、「也」二字。

〔二九二〕命，底卷殘泐，茲據甲三補。

〔二九三〕[illegible]，刊本作『誨』，《集韻·隊韻》：『誨，古从口。』

〔二九四〕補，甲三同，刊本作『輔』，《集韻·噳韻》：『俌，助也，古作補，通作輔。』

〔二九五〕『台悳言當納諫誨直辞以輔我』諸字底卷殘泐，茲據甲三補；刊本末有『德』字。

〔二九六〕砅，甲三同，刊本作『礪』。黃焯《經典釋文彙校》云：『《説文》無「礪」字，經典通用「厲」，本當作「砅」。』

〔二九七〕以成利器也，底卷『以』、『也』殘泐，『器』字僅存右邊『吕』，茲據甲三補。刊本無『也』字。

〔二九八〕『若濟巨川用女』六字底卷殘泐，茲據甲三補；甲三『女』字左邊旁添兩點，遂成『汝』形，然甲三全卷『汝』皆寫作『女』，此兩點必爲閲者所添，故仍録作『女』。

〔二九九〕揖，甲三同，刊本作『楫』，吴福熙云：『「揖」爲「楫」之誤。』案敦煌寫卷扌、木常混用，不當言誤字。《傳》中『揖』字同。

〔三〇〇〕度大水待舟揖也，甲三『度』作『渡』，甲三、刊本無『也』字，『度』『渡』古今字。

〔三〇一〕㦲，甲三、刊本作『歲』，《汗簡》卷下《戈部》引《尚書》作『[illegible]』，『㦲』即其變體。

〔三〇二〕『大旱用女作霖』六字底卷殘泐，茲據甲三補。

〔三〇三〕也，甲三、刊本無。

〔三〇四〕启，甲三同，刊本作『啟』，陳鐵凡云：『启、啓古今字。』案『啟』『啓』字同。下『启』字同。

〔三〇五〕朕，底卷殘存左邊『月』，茲據甲三補。

〔三〇六〕藥弗瞑眩，底卷『藥』殘存左半，『弗瞑眩』三字殘泐，茲據甲三補。

〔三〇七〕也，甲三同，刊本無。

〔三〇八〕跣，底卷殘存右下角『儿』，茲據甲三補。

〔三〇九〕也，甲三同，刊本無。

〔三〇〕 侵，甲三作『侵』，刊本作『辟』，《玉篇·人部》：『侵侵，二同，古文辟。』『侵』當是『侵』之形誤。

〔三一〕 當，甲三、刊本前有『皆』字，陳鐵凡云：『各本「當」上有「皆」字。案此當誤奪。』

〔三二〕 也，甲三同，刊本無。

〔三三〕 匡，甲三、刊本作『匡正』。

〔三四〕 成，底卷殘存左半，兹據甲三補。

〔三五〕 也，甲三同，刊本無。

〔三六〕 夂，甲三作『⿱自冬』，刊本作『終』，《説文·糸部》：『𠔃，古文終。』段注：『有「𠔃」而後有「𣆐」，「冬」而後有「終」，此造字之先後也，其音義則先有「終」之古文也。』是『冬』『終』古今字，『夂』爲『𠔃』之隸定，伯三三一五《尚書釋文》第一七行：『冬，古作⿱日夂。』『⿱日夂』爲『𣆐』之隸變，『⿱自冬』又『⿱日夂』之變體。下『夂』字同。

〔三七〕 脩，甲三同，刊本作『修』，『脩』爲『修』之借字。

〔三八〕 也，甲三、刊本無。

〔三九〕 也，甲三同，刊本無。

〔三〇〕 君，甲三、刊本作『后』，陳鐵凡云：『「君」爲「后」之譌。』

〔三一〕 也，甲三無，刊本作『之』。

〔三二〕 ⿱口𢏚，甲三作『𠷎』，刊本作『疇』，《説文·口部》：『𠷎，誰也。从口𢏚，又聲。𢏚，古文疇。』《廣韻·尤韻》：『𠷎，《説文》「誰也」。又作𢏚。』嚴可均《説文校議》云：『𠷎爲正體，𢏚爲重文。』案原當作『𠷎』，隸定爲『疇』，『⿱口𢏚』、『𠷎』皆『𠷎』之變體，説詳《古文尚書傳》（二）校記〔三五〕。

〔三三〕 言如此，甲三同，刊本作『言王如此』，陳鐵凡云：『「言如此」於義已足，似以無「王」字爲是。』

〔三四〕 者乎，刊本同，甲三作『之也』。

〔三五〕 也，甲三同，刊本無。

〔二六〕天，刊本同，甲三作『兂』。《玉篇·一部》『天』條下云：『兲，古文。』『兂』爲『兲』之變體。

〔二七〕月，底卷原作『有』，吴福熙云：『「有」爲「月」之誤。』兹據甲三、刊本改正。

〔二八〕廿，甲三同，刊本作『二十』，『廿』爲『二十』之合文。

〔二九〕也，甲三同，刊本無。

〔三〇〕樹，刊本同，甲三作『尌』，《説文·壴部》：『尌，立也。从壴从寸，持之也。』段注：『今字通用樹爲之，樹行而尌廢矣。』

〔三一〕也，甲三同，刊本無。

〔三二〕也，甲三同，刊本無。

〔三三〕悆，甲三同，刊本作『豫』，黄侃《説文段注小箋》云：『悦豫本作悆。』（《説文箋識四種》一九〇頁）

〔三四〕也，甲三同，刊本無。

〔三五〕臣，刊本同，甲三誤作『峕』。

〔三六〕言聖王法天以立教臣敬順而奉之民以從上爲治也，甲三同，刊本作『言聖王法天以立教，於下無不聞見，除其所惡，納之於善。雖復運有推移，道有升降，其所施爲未嘗不法天也。臣敬順而奉之，奉即上文承也。奉承君命而布之於民，民以從上爲治，不從上命則亂，故從乂也』，阮校：『按此節今本《疏》混入《注》，又脱上截四十二字。山井鼎據古本宋板正誤補闕。』案寫本可證成山井鼎之説。

〔三七〕也，甲三同，刊本無。

〔三八〕眚身躳，『眚』字甲三同，刊本作『省』，陳鐵凡云：『眚、省本一字之異構，許書誤歧爲二。』『躳』字甲三、刊本作『躬』，《説文·吕部》：『躳，身也。躬，俗从弓身。』

〔三九〕也，甲三同，刊本無。

〔四〇〕也，甲三、刊本無。

〔三四一〕庚，甲三作「庚」，刊本作「庶」，《説文》小篆「庶」作「庶」，「庚」其隸定也，至於「庚」，又其變體也。

〔三四二〕所官，甲三同，刊本前有「言」字。

〔三四三〕厶昵，「厶」字甲三同，刊本作「私」，《玉篇·厶部》：「厶，姦邪也。今爲私。」「昵」字刊本同，甲三作「昵」，案「昵」俗寫作「昵」，「昵」當是「昵」之誤，《傳》中即作「昵」，可證。

〔三四四〕也，甲三、刊本無。

〔三四五〕𩰪，甲三、刊本作「爵」，陳鐵凡云：「『𩰪』由篆文隸定，『爵』爲省變之字。」案《説文·鬯部》小篆有「爵」，隸定爲「𩰪」，《新加九經字樣·雜辨部》認爲「爵」爲「𩰪」之隸省，《玉篇·鬯部》：「𩰪，今作爵。」《廣韻·藥韻》以「𠫑」爲「爵」之古文，字形作「𠫑」者，訛體也。底卷作「𩰪」，亦訛體。

〔三四六〕臤，甲三同，刊本作「賢」，《説文·臤部》：「臤，古文以爲賢字。」下「臤」字同。

〔三四七〕也，甲三同，刊本無。

〔三四八〕也，甲三同，刊本無。

〔三四九〕矜，刊本同，甲三作「矜」，案凡經典「矜」字皆「矜」之訛，説詳《説文·矛部》「矜」篆下段注、臧庸《拜經日記》卷五「矜」字條。

〔三五〇〕「之也」，刊本無「也」字，甲三無「之」字。

〔三五一〕也，甲三同，刊本無。

〔三五二〕也，甲三、刊本無。

〔三五三〕也，甲三同，刊本無。

〔三五四〕醇，甲三、刊本作「醇」，案《集韻·諄韻》：「醇，古作醇。」《説文·酉部》小篆有「醇」字，隸定則爲「醇」，此作「醇」，「醇」之變體也。《傳》中「醇」字同。

〔三五五〕也，甲三同，刊本無。

〔三五六〕豊數近厝，「豊」字甲三同，刊本作「豐」，《玉篇·豐部》：「豐，俗作豊。」下凡「豊」字皆同。「庿」字甲三同，刊本作「廟」，「廟」之古文作「庿」，「厝」爲「庿」之俗訛字。

〔三五七〕也，甲三、刊本作「之」，陳鐵凡云：「《疏》題：「傳祭不至戒之。」亦作「之」。」

〔三五八〕服，刊本同，甲三作「肞」。「肞」爲「服」之俗訛，説詳校記〔一二〕。

〔三五九〕也，甲三同，刊本無。

〔三六〇〕也，甲三、刊本無。

〔三六一〕䭫𩠐，甲三作「䭫首」，刊本作「稽首」，《玉篇·𩠐部》：「䭫，今作稽。」「䭫」、「䭫」皆「䭫」之變體。《玉篇·𩠐部》：「𩠐，《説文》與百同，古文首也。首，同上，今文。」下「䭫𩠐」同。

〔三六二〕「而」，甲三同，刊本無。

〔三六三〕也，甲三同，刊本無。

〔三六四〕恊，甲三作「㤼」，刊本作「協」，説詳校記〔三九〕。

〔三六五〕矣，甲三作「也」，刊本無。

〔三六六〕也，甲三、刊本無。

〔三六七〕亖，刊本作「四」，案《玉篇·二部》：「亖，古文四。」甲三誤作「三」。

〔三六八〕盤，刊本同，甲三作「般」，齊佩瑢《訓詁學概論》云：「籀文盤字，篆文作槃，古文作鎜，而甲文則止作般。其實原始應该作凡，……由此可知般、盤爲累增字，槃、鎜爲或體，幋、鞶、磐爲分別文。」《傳》中「盤」字同。

〔三六九〕者也，甲三無「者」字，刊本無「也」字。

〔三七〇〕逯，甲三同，刊本作「遯」，《集韻·恨韻》：「遯，或作逯。」《傳》中「遯」字甲三仍作「逯」。

〔三七一〕也，甲三同，刊本無。

〔三七二〕宀，甲三作「冈」，刊本作「罔」，案《玉篇·宀部》：「宀，古文罔。」「冈」爲「罔」之俗字，説詳《敦煌俗字研究》下編四六七頁。

〔三七三〕用，甲三、刊本作「自」，陳鐵凡云：「「用」爲「自」之譌。」

〔三七四〕也，甲三、刊本無。

〔三七五〕訔，甲三同，刊本作「訓」，《玉篇·言部》「訓」條下云：「訔，古文。」下「訔」字同。

〔三七六〕也，甲三同，刊本無。

〔三七七〕巕，甲三作「蘖」，刊本作「糵」。案《說文·米部》：「糱，牙米也。」《正字通·米部》：「糵，同糱。」「糵」字《說文》所無，乃後起字。底卷作「巕」，爲「糱」之形誤。甲三作「蘖」，「糵」之俗也；「蘖」者，「糵」之誤。

〔三七八〕蘖，甲三作「糵」，刊本作「糵」，「蘖」爲「糵」之俗，「蘖」爲「糵」之誤。

〔三七九〕成也，甲三作「以成也」，刊本作「以成」，案底卷蓋脱「以」字。

〔三八〇〕咊，甲三同，刊本作「和」，《玉篇·口部》「和」條下云：「咊，古文。」

〔三八一〕楳，甲三、刊本作「梅」，陳鐵凡云：「「楳」爲「梅」之異構，《篇海》：「楳，同梅。」《汗簡》與此同。」

〔三八二〕醎，甲三同，刊本作「鹹」，「醎」爲「鹹」之俗字，說見《廣韻·咸韻》。《傳》中「醎」字同。

〔三八三〕酢，甲三同，刊本作「醋」，陳鐵凡云：「《說文》云：「酢，鹼也。」又云：「醋，客酌主人也。」「酢」下段注云：「今人以爲酬醋字，反以醋爲酒酢，時俗相承之變。」今此本及日本古鈔本俱作「酢」，仍存其朔。」下「酢」字同。

〔三八四〕也，甲三同，刊本無。

〔三八五〕修，甲三、刊本作「脩」，「脩」爲「修」之借字。

〔三八六〕也，甲三同，刊本無。

〔三八七〕學古訓，甲三同，刊本作「學於古訓」。

〔三八八〕也，甲三、刊本無。

〔三八九〕也，甲三同，刊本無。

〔三九〇〕孫，甲三、刊本作『遜』，陳鐵凡云：『孫、遜古通用。』案李惇《群經識小》云：『遜，遁也；愻，順也。古字並作「孫」，後有愻、遜二字，一从辵，則爲遁；一从心，則爲順，字形文義皆截然不可混。《説文》「愻」字下云：「順也，《唐書》五品不愻。」此古文也。後人並改作「遜」，而經典中遂罕見「愻」字矣。』陳説誤。

〔三九一〕修，甲三同，刊本作『脩』，陳鐵凡云：『「修」正字，「脩」借字。』

〔三九二〕脩乃來也，『脩』字刊本同，甲三作『修』，『脩』爲『修』之借字；甲三、刊本無『也』字。

〔三九三〕積其身也，甲三、刊本作『積於其身』。

〔三九四〕乱，甲三同，刊本作『始』，蔡主賓《敦煌寫本儒家經籍異文考》云：『「亂」殆由「乱」形似而訛。』（三四六頁）陳鐵凡云：『「亂」爲「乱」之譌。』案此字底卷本作『乱』，『乱』字筆畫稍變也，諸位誤爲『亂（乱）』。『乱』者，『始』之古字。

〔三九五〕修，甲三同，刊本作『脩』，『脩』爲『修』之借字。

〔三九六〕也，甲三同，刊本無。

〔三九七〕其脩，甲三作『其德脩』，刊本作『其德之脩』，陳鐵凡云：『此當誤奪「德」字。』

〔三九八〕者也，甲三、刊本無。

〔三九九〕『過』下甲三、刊本有『也』字。

〔四〇〇〕其唯學乎也，甲三、刊本『唯』作『惟』，『唯』『惟』古通用；刊本無『乎也』，甲三無『乎』字，案此底卷爲雙行對齊而添『乎』也。

〔四〇一〕畯，甲三同，刊本作『俊』，伯三三一五《尚書釋文》第二行：『畯，本又作儁，皆古俊字。』

〔四〇二〕劉于庚位，甲三、刊本『劉』作『列』，陳鐵凡云：『「劉」本字，「列」隸變。』『庚』字甲三同，刊本作『庶』，《説文》小篆『庶』作『[illegible]』，『庚』其隸定也。

〔四〇三〕畯乂，甲三、刊本「畯」作「俊」，「畯」爲「俊」之古文；「乂」字甲三同，刊本誤作「又」，北京大學出版社標點本《尚書正義》已改作「乂」。

〔四〇四〕也，甲三同，刊本無。

〔四〇五〕𣿰，甲三、刊本作「海」，伯三三一五《尚書釋文》第七九行：「𣿰，古海字。」

〔四〇六〕也，甲三同，刊本無。

〔四〇七〕也，甲三、刊本無。

〔四〇八〕曶先正保𠧪，「曶」字甲三、刊本作「昔」，《説文·日部》小篆作「[illegible]」，「曶」其隸定也；「𠧪」字甲三同，刊本作「衡」，《説文·角部》：「牛觸，横大木。[illegible]，古文衡如此。」《玉篇·角部》以「𡘜」爲古文「衡」字，「𠧪」、「𡘜」皆「[illegible]」字隸變體。下「𠧪」字同。

〔四〇九〕也，刊本同，甲三無。

〔四一〇〕也，甲三同，刊本無。

〔四一一〕也，甲三、刊本無。

〔四一二〕专，甲三同，刊本作「市」，《説文·冂部》「市」字小篆作「[illegible]」，「专」其變體也。

〔四一三〕於，甲三同，刊本作「于」，二字古通用。

〔四一四〕也，甲三同，刊本無。

〔四一五〕也，甲三同，刊本無。

〔四一六〕右我烈祖，「右」字甲三同，刊本作「佑」，陳鐵凡云：「右、佑古今字。」「烈」字甲三、刊本作「烈」，《説文·火部》：「[illegible]，火猛也。从火，𠛱聲。」「烈」其隸變也。

〔四一七〕天，刊本同，甲三作「兂」，《玉篇·一部》「天」：「兲，古文。」「兂」爲「兲」之變體。

〔四一八〕左，刊本同，甲三作「佐」，「左」「佐」古今字。

〔四一九〕者也，刊本無，甲三無「者」字。

〔四二〇〕⿱山叀⿰女戠，甲三作「⿰女敫⿱山云」，刊本作「専美」，《説文·叀部》有「〓」字，隸定爲「叀」，徐灝《説文解字注箋》云：「「叀」即古「専」字。」陳鐵凡云：「⿱山叀、専古今字。「⿱山云」爲「⿱山叀」之譌省。」錢大昕《十駕齋養新録》卷二「⿰女戠」條云：「《師氏》「掌以⿰女戠詔王」，⿰女戠，古美字。」「⿰女敫」爲「⿰女戠」之形誤。甲三「⿱山云⿰女敫」二字誤倒。

〔四二一〕「我」下甲三、刊本有「事」字，陳鐵凡云：「此當誤奪。」案此蓋提行而誤脱。

〔四二二〕也，甲三同，刊本無。

〔四二三〕也，甲三同，刊本無。

〔四二四〕⿰亻⿱彐又，甲三作「侵」，刊本作「辟」，「侵」當是「⿰亻⿱彐又」之誤，説參校記〔三一〇〕。

〔四二五〕綏，刊本同，甲三作「娞」，《玉篇·女部》「娞」條下云：「《尚書》爲古文「綏」。」

〔四二六〕也，甲三、刊本無。

〔四二七〕敭天子，「敭」字甲三作「敭」，刊本作「揚」，《説文·手部》：「揚，飛舉也。〓，古文。」「〓」隸定即爲「敭」，底卷作「敭」，形誤也。「天」字刊本同，甲三作「兂」，《玉篇·一部》「天」：「兲，古文。」「兂」爲「兲」之變體。

〔四二八〕揚之也，甲三「揚」作「楊」，刊本無「也」字，「楊」當作「揚」，敦煌寫卷扌、木混用所致也。

〔四二九〕⿰舟彡日第十㐅，「⿰舟彡」字甲三、刊本作「肜」，《説文·舟部》「⿰舟彡，船行也」段注：「夏曰復胙，商曰肜，周曰繹。即此字，取舟行延長之意也。」「肜」爲「⿰舟彡」的隸變字。「㐅」字甲三作「〓」，刊本作「五」，「五」字《説文》小篆作「𠄡」，《玉篇·五部》以爲「五」之古文，此作「㐅」、「〓」，皆「𠄡」之變體。下凡「⿰舟彡」、「㐅」皆同，不復出校。

〔四三〇〕〓，甲三作「貞」，刊本作「鼎」，案《説文·鼎部》：「鼎，三足兩耳，和五味之寶器也。籒文以鼎爲貞字。」甲骨文鼎、貞一字，《集韻·迥韻》：「鼎，古作鼎。」底卷作「〓」、甲三作「貞」者，皆「鼎」之變體也。

〔四三一〕也，甲三同，刊本無。

〔四三二〕也，甲三、刊本無。

〔四三三〕「也」下甲三、刊本有「亡」字，陳鐵凡云：「《正義》於「亡」字無疏，疑孔本亦無「亡」字。」

〔四三四〕⿰扌戉，甲三、刊本作「越」，甲三下有「ナ」，刊本下有「有」字。「⿰扌戉」爲「越」字《説文》小篆「越」的隸變字。陳鐵凡云：「各本「越」下有「有」字。案此當誤奪。」

〔四三五〕也，甲三、刊本無。

〔四三六〕也，甲三、刊本無。

〔四三七〕惟天監丅，「天」字刊本同，甲三作「兲」，《玉篇・一部》「天」：「兲，古文。」「兲」爲「兲」之變體，下句「天」字同；刊本「丅」後有「民」字，陳鐵凡云：「岩崎本、雲窗一本、内野本、神宫本同，其他各本末有「民」字。案疑本無「民」字，後世據《傳》增補。「天監下」殆即《詩・大明》「天監在下，有命既集」、《蒸民》「天監有周，照臨下土」之誼也。」案《史記・殷本紀》：「祖己乃訓王曰：「唯天監下典厥義，降年有永有不永。」」是司馬遷所見《尚書》無「民」字，「民」當是後人據僞孔《傳》「言天視下民」而添。

〔四三八〕誼，甲三同，刊本作「義」，陳鐵凡云：「誼、義古今字。」案陳説是，杭世駿《訂譌類編續補》卷上「誼義粤越亮諒字」條云：「「誼」乃古「義」字。」

〔四三九〕也，甲三、刊本無。

〔四四〇〕也，甲三、刊本無。

〔四四一〕秊，甲三、刊本作「年」，陳鐵凡云：「秊正字，年隸變。」案《説文・禾部》小篆作「秊」，隸定爲「秊」。

〔四四二〕中𢇍命，甲三作「中絶命」，刊本作「民中絶命」，陳鐵凡云：「岩崎本同，其他各本「民」下有「民」字。案《史記・殷本紀》云：「非天夭民中絶其命。」亦不重「民」字，與此同。蓋此不重「民」字，於義已足也。傳、疏解經，每多增字，後世乃據以增字於經文之中，此其一例也。」案陳説是，江永《尚書集注音疏》云：

「一民」不當有重文，重者，衍字也。』《説文・糸部》：『絶，斷絲也。𢇍，古文絶，象不連體絶二絲。』下『𢇍』字同。

〔四四三〕民，刊本同，甲三缺末筆，案甲三『民』字乃避諱缺筆字。

〔四四四〕不脩義以致絶命也，甲三同，刊本『脩』作『修』，無『也』字，案『脩』爲『修』之借字。

〔四四五〕天，刊本同，甲三作『兂』。《玉篇・一部》『天』條下云：『兲，古文。』『兂』爲『兲』之變體。

〔四四六〕也，甲三同，刊本無。

〔四四七〕脩也，甲三同，刊本『脩』作『修』，無『也』字，案『脩』爲『修』之借字。

〔四四八〕以，甲三、刊本作『已』，二字古通用。

〔四四九〕也，甲三同，刊本無。

〔四五〇〕我所言也，甲三同，刊本『我』作『其』，無『也』字，陳鐵凡云：『「我」字傳「台」，作「其」者非。』

〔四五一〕天，刊本同，甲三作『兂』，説見校記〔四四五〕。

〔四五二〕尼，甲三作『迡』，刊本作『昵』，段玉裁《古文尚書撰異》云：『《尚書》本作「尼」，衛包改作「昵」。』『迡』爲『遲』之或體，見《説文・辵部》『遲』篆下説解，甲三作『迡』，當是誤字，其《傳》文云：『昛，近也。』『昛』即『昵』的俗字『昵』之訛；既然甲三《傳》文已作『昵』，其經文『迡』蓋爲『昛』之誤，則段氏言衛包改爲『昵』之説可商。

〔四五三〕也，甲三同，刊本無。

〔四五四〕無，刊本同，甲三作『无』，《説文・亾部》：『无，奇字無也。』

〔四五五〕於近，甲三同，刊本下有『廟』字，陳鐵凡云：『岩崎本、雲窗一本、神宮本同，其他各本末有「廟」字。案「近」字傳「昵」，於義已足。宋以後諸本有「廟」字，殆據《疏》文而增。』案《史記・殷本紀》裴駰《集解》引孔安國曰：『王者主民，當敬民事。民事無非天所嗣常也。祭祀有常，不當特豐於近也。』亦無『廟』字。

〔四五六〕脩也，甲三同，刊本作「修之」，「脩」爲「修」之借字。

〔四五七〕黿，甲三同，刊本作「黎」，陳鐵凡云：「黿正字，黎借字。《説文》：『黿，殷諸侯國，在上黨東北。』」下「黿」字同。

〔四五八〕乿，甲三同，刊本作「始」，《玉篇·乙部》：「乿，今作始。」

〔四五九〕也，甲三同，刊本無。

〔四六〇〕也，甲三同，刊本無。

〔四六一〕也，甲三同，刊本無。

〔四六二〕也，甲三同，刊本無。

〔四六三〕也，甲三同，刊本無。

〔四六四〕東北，刊本同，甲三下有「也」字，案此「也」字不當有。

〔四六五〕帥，甲三同，刊本作「率」，「帥」「率」二字古多通用，將帥之「帥」《説文》作「𧗿」，「帥」「率」均借字也，説詳《説文·行部》「𧗿」篆下段注。

〔四六六〕尅，甲三、刊本作「克」，陳鐵凡云：「尅、克古通用。」案「尅」爲「剋」之俗字，「克」「剋」古今字。

〔四六七〕已，刊本同，甲三作「以」，二字古通用。

〔四六八〕也，甲三同，刊本無。

〔四六九〕𪚦，甲三、刊本作「龜」，《説文·龜部》以「𠁴」爲「龜」之古文，寫卷之「𪚦」，蓋當爲「𠁴」之變體。

〔四七〇〕者也，刊本無，甲三無「者」字。

〔四七一〕怠，甲三同，刊本作「迨」，陳鐵凡云：「『迨』爲『怠』之譌。」案《説文·心部》：「怠，慢也。」《爾雅·釋言》：「迨，及也。」二字義別，當以作「怠」爲正；「怠」「迨」二字《廣韻》皆音徒亥切，應可通假，《詩·商頌·殷武》「不敢怠遑」，《文選·東京賦》「匪怠皇以寧静」李善注引《詩》作「迨」，即其例。

〔四七二〕也，甲三同，刊本無。

〔四七三〕天，刊本同，甲三作『兂』，説見校記〔四四五〕。下句『天』字同。

〔四七四〕㕜，甲三同，刊本作『虞』，陳鐵凡云：『《六書故》云：「㕜，古文虞字。」』

〔四七五〕自絶，甲三同，刊本下有『於』字。

〔四七六〕棄，刊本同，甲三作『弃』，《説文》以『弃』爲『棄』之古文。

〔四七七〕廧，甲三同，刊本作『廟』，『廧』爲『廟』的古文『庿』之俗訛字。

〔四七八〕所，刊本同，甲三涉下『不』字誤作『不』。

〔四七九〕也，甲三同，刊本無。

〔四八〇〕畏，甲三同，刊本作『威』，説詳《古文尚書傳》（五）校記〔三七二〕。

〔四八一〕𡠗，甲三同，刊本作『摯』，《説文・女部》：『𡠗，至也。《周書》曰：「大命不𡠗。」』段玉裁注：『「周」當爲「商」，字之誤也，此《西伯戡黎》文。陸氏《釋文》云：「摯，本又作𡠗。」是陸氏所見尚有作「𡠗」者。』其《古文尚書撰異》云：『壁中本作「𡠗」，後易爲「摯」。』案陸氏所見者爲僞古文，二寫卷亦作『𡠗』，則僞古文與壁中古文同也。《傳》中『𡠗』字同此。

〔四八二〕其，刊本同，甲三作『亓』，《集韻・之韻》：『其，古作亓。』

〔四八三〕禍，甲三同，刊本作『害』，陳鐵凡云：『岩崎本、雲窗一本、内野本、神宮本同，其他各本「禍」作「害」。』案此當以「禍」爲是。《正義》云：「王之凶禍，其如我之所言。」是孔本亦作「禍」也。

〔四八四〕也，甲三同，刊本無。

〔四八五〕天，刊本同，甲三作『兂』，説見校記〔四四五〕。

〔四八六〕也，甲三、刊本無。

〔四八七〕厽，甲三同，刊本作『參』，《玉篇・厽部》：『厽，《尚書》以爲「參」字。』

〔四八八〕天，刊本同，甲三作『兂』，説見校記〔四五〕。

〔四八九〕反報報紂言也，甲三同；刊本作『反報紂也』，少二『報』字，『言』字屬下句。陳鐵凡云：『此似以重「報」字爲是。上「報」字釋反，義猶未明，乃又足之曰：「報紂言也。」如增一「也」字，作「反，報也，報紂言也。」則更明顯。《説命中》「惟聖是憲」《傳》：「憲，法也。言聖王法天以立教……」又「旨哉説乃言惟服」《傳》：「旨，美也，美其所言皆可服行。」《説命下》「惟斆學半」《傳》：「斆，教也。教然後知所困，是學之半。」併與此句法同。』

〔四九〇〕在，甲三同，刊本作『於』，下有『上』字。

〔四九一〕於，甲三同，刊本作『于』，二字古通用。

〔四九二〕距天誅乎，甲三作『距天誅也』，刊本作『拒天誅乎』，案『距』『拒』古今字。

〔四九三〕邦，甲三作『邽』，刊本前有『爾』字，陳鐵凡云：『岩崎本、雲窗一本同，其他各本「邦」上有「爾」字。案《傳》云：「汝不得無死戮於殷國。」似僞孔本無「爾」字。』

〔四九四〕在可待也，甲三、刊本『在』作『立』，刊本無『也』字，吴福熙云：『「在」爲「立」之誤。』

〔四九五〕也，甲三、刊本無。

〔四九六〕也，甲三同，刊本無。

〔四九七〕也，甲三同，刊本無。

〔四九八〕也，甲三同，刊本無，陳鐵凡云：『案以上《傳》「太師三公箕子也」例之，此當以有「也」字爲是。』

〔四九九〕也，甲三同，刊本作『之』。

〔五〇〇〕政，甲三、刊本作『正』，陳鐵凡云：『政、正古通用。』案《史記·宋微子世家》裴駰《集解》引孔安國曰：『言殷不有治政四方之事，将必亡也。』亦作『政』。

〔五〇一〕也，甲三同，刊本無。

〔五〇二〕遣敕，『遣』字甲三作『逌』，刊本作『遂』，《説文・辵部》：『遂，亡也。𨘻，古文遂。』許壽裳云：『遣，即《説文》遂之古文「𨘻」字。』陳鐵凡云：『《説文》古文作「𨘻」，「遣」殆由此隸變。』『敕』字甲三作『軟』，刊本作『陳』，説見校記〔一六三〕。

〔五〇三〕也，甲三同，刊本無。

〔五〇四〕也，甲三、刊本無。

〔五〇五〕𡥆中，『𡥆』字甲三、刊本作『好』，《玉篇・子部》：『𡥆，古文好字。』『中』字甲三同，刊本作『草』，《漢書・禮樂志》『中木零落』師古注：『中，古草字。』

〔五〇六〕盜竊，甲三同，刊本作『竊盜』。

〔五〇七〕奸宄於外内也，『奸』字甲三、刊本作『姦』，《玉篇・女部》『姦』條下云：『奸，同上，俗。』『外内』二字甲三同，刊本作『内外』，陳鐵凡云：『《左氏・成公十七年》傳云：「臣聞亂在外爲姦，在内爲軌。」（《釋文》云「本又作宄」，軌、宄同音通叚）前經《盤庚中》「暫遇姦宄」，僞孔《傳》亦云：「爲姦於外，爲宄於内。」《説文》云：「宄，姦也。外爲盜，内爲宄。」《晉語》云：「亂在内爲宄，在外爲姦。」姦外宄内，自無疑義。此《傳》謂「又爲奸宄於外内也」，是矣。宋以後刊本，改作「内外」，實誤倒。』刊本無『也』字。

〔五〇八〕典事相師傚，『事』字甲三同，刊本作『士』，陳鐵凡云：『《正義》曰：「士訓事也。故卿事爲六卿典事。」是孔本亦作「典事」也。』『傚』字甲三作『効』，刊本作『效』，《説文》：『效，象也。』段注：『傚，效法字之或體。』《廣韻・效韻》『效』條下云：『効，俗。』

〔五〇九〕者，刊本同，甲三無。

〔五一〇〕敵𠷎，『敵』字刊本同，甲三作『歒』，臧克和《尚書文字校詁》云：『歒爲敵之訛。』『𠷎』字甲三、刊本作『讎』，許壽裳云：『《詩・祈父》箋：「若𠷎祈父。」《釋文》：「𠷎，古疇字。」「疇」蓋古與「讎」通。』

〔五一一〕民，甲三同，刊本作『人』，案作『人』者承襲諱改字。

〔五一二〕共爲讎敵，甲三同，刊本作『其爲敵讎』，阮校：『閩本、葛本同。岳本「其」作「共」。「其」字誤也。』《史記·宋微子世家》裴駰《集解》引孔安國曰：『卿士既亂，而小民各起，共爲敵讎。言不和同。』亦作『敵讎』。

〔五一三〕也，甲三、刊本無。

〔五一四〕涉水，甲三同，刊本作『涉大水』，陳鐵凡云：『此當誤奪「大」字。』

〔五一五〕也，甲三同，刊本無。

〔五一六〕遚，甲三、刊本作『遂』，説詳校記〔五〇二〕。

〔五一七〕粵，甲三作『曰』，刊本作『越』，吴福熙云：『三字古通用』

〔五一八〕也，甲三同，刊本無。

〔五一九〕奐家旄孫，甲三同，刊本作『吾家耄遜』，『魚』『吾』上古多通假，二字同隸疑紐魚部，張鳴珂《説文佚字考》『耄』條下引李富孫曰：『「耄」字當作「薹」，今僞古文皆作「耄」，是隸變體，《説文》無此字。』《説文·㫃部》：『旄，幢也。』則應是『耄』之借字，《傳》中『旄』字同。『孫』『遜』古今字，詳見校記〔三九〇〕。

〔五二〇〕遜，甲三同，刊本作『遯』，《集韻·恨韻》：『遯，或作遜。』

〔五二一〕也，甲三、刊本無。

〔五二二〕峗，甲三同，刊本作『隮』，《説文·足部》：『躋，登也。从足，齊聲。《商書》曰：予顛躋。』孫星衍《尚書今古文注疏》云：『隮，當爲躋。』馬宗霍《説文解字引經考》『躋』字下考云：『《説文·自部》無「隮」字，《玉篇》「隮」在後收字中，蓋俗體也。《史記·宋世家》述此文作「躋」，許與之合。日本古寫本隸古定《商書》殘卷亦作「躋」，正與許同。』《集韻·霽韻》：『躋，或从自，古作跻，通作嶠。』案岩崎本作『峗』，《書古文訓》亦作『峗』，與兩寫卷同，從山與從自多通用，『峗』與『隮』蓋皆爲『躋』之後起別體也。《傳》中『躋』字甲三誤作『濟』。

〔五二三〕無指意告我殷邦顛隕躋隊，「無」字刊本同，甲三作「无」，《説文·亾部》：「无，奇字無也。」「隊」字甲三、刊本作「墜」，「隊」「墜」古今字。

〔五二四〕乎，甲三、刊本無。

〔五二五〕也，甲三同，刊本無。

〔五二六〕也，甲三同，刊本無。

〔五二七〕災，刊本同，甲三作「烖」，伯三三一五《尚書釋文》第七〇行：「烖，本又作災，皆古灾字。」下凡經文「災」字同。

〔五二八〕災也，甲三「災」作「灾」，甲三、刊本無「也」字，案説詳上條。

〔五二九〕酒，甲三同，刊本作「湎」，陳鐵凡云：「岩崎本、雲窗一本、内野本、神宮本同，其他各本「酒」作「湎」。案「酒」當爲「湎」之譌。」案陳氏誤，「沈酒」爲詞，古已有之，《漢語大詞典》有「沈酒」條，釋爲「沉湎于酒」，引桓寬《鹽鐵論·散不足》：「今富者逐驅殲罔罝，掩捕麑彀，耽湎沈酒鋪百川。」顔之推《顔氏家訓·勉學》：「阮嗣宗沈酒荒迷，乖畏途相誡之譬也。」

〔五三〇〕也，甲三同，刊本無。

〔五三一〕亓者，「亓」字底卷原旁注，並寫作「开」，乃是形誤，兹據甲三改作「亓」；「耇」字刊本同，甲三作「苟」，「耇」、「苟」《廣韻》均古厚切，當是音借字。《傳》中「耇」字同。

〔五三二〕沉湎者，甲三「湎」作「酒」，刊本無「者」字，案「湎」當作「酒」，説見校記〔五二九〕。

〔五三三〕災，刊本同，甲三作「灾」，伯三三一五《尚書釋文》第七〇行：「烖，本又作災，皆古灾字。」

〔五三四〕仕，刊本同，甲三作「士」，「士」爲「仕」之借。

〔五三五〕也，甲三同，刊本無。

〔五三六〕𢿱竊神祇之犧全，甲三、刊本「𢿱」作「攘」，《集韻·陽韻》：「攘，古作𢿱。」「攵」爲「攴」之隸變；「全」字甲三同，刊本作『牷』。朱珔《説文假借義證》云：『全爲牷之省借。』案《説文・入部》：『仝，完也。全，篆文仝。从玉，純玉曰全。』牛部：『牷，牛純色也。』《禮記・表記》『牲牷禮樂齊盛，是以無害乎鬼神，無怨乎百姓』《釋文》：『牷，純色也，本亦作全。』《墨子・明鬼下》『犧牷之不全肥』孫詒讓《墨子閒詁》引畢沅云：『全，謂純色，與牷同。』玉純曰全，牛毛色純曰牷，『全』『牷』疑爲古今字。《傳》中『全』字同。

〔五三七〕 庿，底卷、甲三原作『庿』，刊本作『廟』，『庿』爲『廟』之古字『庿』的俗訛字，玆據以改正。

〔五三八〕 也，甲三、刊本無。

〔五三九〕 㐅署，刊本『㐅』誤作『又』，北京大學出版社標點本《尚書正義》已改作『㐅』；甲三、刊本『署』作『䤺』，説詳校記〔五一〇〕。

〔五四〇〕 敵署，『敵』字刊本同，甲三作『啇』；『署』字甲三、刊本作『䤺』，説詳校記〔五一〇〕。

〔五四一〕 解怠也，『解』字刊本同，甲三作『懈』，阮校：『岳本、葛本、宋板、正嘉本、閩本、《纂傳》「解」作「懈」。毛本作「解」，與此同。按《釋文》云「解，佳賣反」，是「解」讀爲「懈」，非字作「懈」也。通志堂本「解」作「懈」亦誤。』陳鐵凡云：『經傳多叚「解」爲「懈」。』案『解』『懈』古今字，陳説不確。甲三、刊本無『也』字。

〔五四二〕 殷人，甲三同，刊本作『殷民』，案當作『殷人』，殷人指所有人，殷民則指百姓。

〔五四三〕 一紂，甲三同，刊本作『一法紂』，陳鐵凡云：『《正義》云：「上下各有罪，合於一紂之身。」是孔本亦無「法」字也。「一法紂」三字連詞，實無意義，「法」字當是衍文。』

〔五四四〕 之者也，甲三無此三字，刊本無『也』字。

〔五四五〕 災，刊本同，甲三作『灾』，伯三三一五《尚書釋文》第七〇行：『𤆎，本又作災，皆古灾字。』

〔五四六〕 受敗，甲三同，刊本作『受其敗』。

〔五四七〕 去也，甲三無『去』字，刊本無『也』字，案無『去』者疑脱。

〔五四八〕 臣僕，底卷『臣』字原爲旁注，甲三亦旁注，刊本有此字，《釋文》云：『臣僕，一本無臣字。』《説文・丵部》：

『𦣞，古文从臣。』段玉裁《古文尚書撰異》云：『無者是也。《毛詩》「景命有僕」，《傳》云：「僕，附也。」《說文》曰：「古文僕字从臣作𦣞。」恐此是古本作「𦣞」，析爲二字也，今删「臣」字。』二寫卷旁注之『臣』當是後閲者所爲，原卷並無。

〔五四九〕其，刊本同，甲三作『亓』，《集韻·之韻》：『其，古作亓。』

〔五五〇〕無，刊本同，甲三作『无』，《説文·亾部》：『无，奇字無也。』

〔五五一〕也，甲三同，刊本無。

〔五五二〕也，甲三同，刊本無。

〔五五三〕員，甲三同，刊本作『云』，陳鐵凡云：『員、云古通用。』案『員』『云』古今字，隸古本《尚書》『云』皆作『員』，説詳虞萬里《上博簡、郭店簡〈緇衣〉與傳本合校補證（上）》（《史林》二〇〇二年第二期）。

〔五五四〕𡾊，甲三作『濟』，刊本作『隮』，説詳校記〔五三三〕。甲三『濟』字應是『𡾊』之誤字。

〔五五五〕也，甲三同，刊本無。

〔五五六〕宗庿乃隕隊無主也，底卷、甲三『庿』原作『𢊁』，刊本作『廟』，『𢊁』爲『廟』之古字『庿』的俗訛字，兹據以改正；『隊』字甲三、刊本作『墜』，『隊』『墜』古今字。刊本無『也』字。

〔五五七〕彰，甲三、刊本作『靖』，伯三三一五《尚書釋文》第二七行：『彰，古静字。』案僞《傳》云：『各自謀行其志。』釋『彰』爲『謀』也，黄侃《説文段注小箋》於『靖』字下云：『訓謀者借爲「静」。』（《説文箋識四種》一九〇頁）則釋『謀』之字當爲『静』也。甲三、刊本改『彰』作『靖』，似不若改作『静』爲佳。

〔五五八〕於，甲三同，刊本作『于』。二字古多通用。

〔五五九〕也，甲三同，刊本無。

〔五六〇〕逯，甲三同，刊本作『遯』。《集韻·恨韻》：『遯，或作逯。』

〔五六一〕也，甲三同，刊本無。

〔五六二〕明君子之出處默語非一塗也，刊本『之』下有『道』字，甲三旁注，陳鐵凡云：『此當誤奪「道」字。』案『明君子之出處默語非一塗也』字從句順，並無不妥，《周易·繫辭上》云：『君子之道，或出或處，或默或語。』『道』蓋後人據《周易》而添，甲三旁注，可爲其證。日本古寫本元亨本亦有後人旁注之『道』，八行本則無『道』字，與底卷同。『默語』，甲三同，刊本作『語默』，陳鐵凡云：『《正義》引《易·繫辭》曰「君子之道，或出或處，或默或語」，是孔本亦作「默語」。而宋以後本誤倒爲「語默」。』『塗』字甲三同，刊本作『涂』，陳鐵凡云：『塗、途通用。』案『涂』『塗』古今字。甲三、刊本無『也』字。

古文尚書傳（八）（泰誓上）

伯二五二三碎三

【題解】

底卷是伯二五二三號所附第三件碎片，起《泰誓上》「皇天震怒」僞孔《傳》「言天怒紂之惡」之「怒」，至「觀政于商」僞《傳》「謂十一年自孟津還時」，僅二殘行，經文只存「于商」二字。《索引》没有出此編號，《寶藏》將碎片統一編入伯二五二三號，定名《古文尚書殘塊》；吴福熙《敦煌殘卷古文尚書校注》定此爲《泰誓上》（一四八頁，甘肅人民出版社一九九二），今依例擬名爲《古文尚書傳（泰誓上）》。

底卷據縮微膠卷録文，以中華書局影印阮元刻《十三經注疏・尚書正義》爲對校本（簡稱「刊本」），校録於後。

（前缺）

□怒紂之惡，命文王敬□（行）天罸〔一〕，功業未成而崩。□于商〔二〕。父業未就之故，故我与汝諸侯觀紂
政善惡〔三〕。謂十一年自孟津還▨（時）〔四〕□

（後缺）

【校記】

〔一〕罸，刊本作「罰」，「罸」與「罰」，小篆「」隸變之異；「罸」爲「罸」之形誤。

〔二〕于商，自前行『而崩』至此底卷殘泐，刊本作『肆予小子發以爾友邦冢君觀政』。

〔三〕与汝諸侯觀政善惡，刊本作『與諸侯觀政之善惡』，『与』『與』二字古混用無别，敦煌寫本多用『与』字，後世刊本多改作『與』。

〔四〕時，底卷存右上角，兹據刊本擬補。

古文尚書傳（九）（泰誓中—武成）

斯七九九

【題解】

底卷編號爲斯七九九，起《泰誓中》「謂祭無益」之「益」（寫卷存左端殘畫），迄《武成》末，共一百零四行，行有界欄，經文大字，小注雙行。存《泰誓中》、《泰誓下》、《牧誓》、《武成》四篇内容。《翟目》定名爲《尚書·周書》（泰誓中—武成），今依例擬名《古文尚書傳（泰誓中—武成）》。

底卷「民」缺末筆，「虎」、「世」、「治」諸字均不諱，《翟目》定爲七世紀寫本。

底卷據中國國家圖書館國際敦煌項目網站的照片録文，以中華書局影印阮元刻《十三經注疏·尚書正義》爲對校本（簡稱「刊本」），校録於後。

（前缺）

□▨（益）〔一〕，▨（胃）暴亡□（傷）。□〔二〕在彼夏王。其視紂罪，與桀同辜。言必誅之。▨▨（天其）□〔三〕夢協朕〔四〕卜，襲于休祥，戎商□〔五〕必克之占。受有億兆𡰥〔六〕人，離心離▨（悳）□〔七〕⿱𢆶乎〔八〕臣十人，同心同悳。我治理之臣□（雖）少而心德▨（同）。□〔九〕仁人。周，至也。紂〔一〇〕至親雖多，不若〔一一〕周家之少仁人。天眎〔一二〕自▨（我）□〔一三〕聽。言天因民〔一四〕以視聽，民所惡者天誅之。百姓𠂇〔一五〕過，在予□〔一六〕今朕必往，我武惟敭〔一七〕，侵于之畺。□〔一八〕，取彼凶殘。我伐用張，于湯𠂇光。□〔一九〕紂□〔二〇〕取之。伐惡之道張設。比〔二一〕於湯又有光明。⿱罒力才〔二二〕，夫子！它或亡▨

（畏）□〔二三〕。𠭁，免〔二四〕也。夫子謂將士。無敢有無畏之心，寧執非敵之志，以伐之則克矣也〔二五〕。百姓懍〔二六〕，▨（若）〔二七〕□□□（崩厥角）。言民〔二八〕畏紂之虐，危懼不安，若崩摧其角，無所容頭之〔二九〕。烏虖〔三〇〕！乃一悳□□□□□（一心，立定厥）功，惟克永世。』汝同心立功，則能長世以安之也〔三一〕。

泰誓下第三〔三二〕　周書

旹身〔三三〕明，王乃大巡六師，明誓衆士。是其戊午明日也〔三四〕，師出以律，三申令之，重難之義。衆士，百夫長以〔三五〕上。王曰：『烏呼〔三六〕！我西土君子。天ナ顯道，身嘗〔三七〕惟彰。言天有明道，其義類惟明，言王所宜法則。商王受〔三八〕，狎侮㐅〔三九〕常，荒怠弗敬。輕狎五常之教，侮慢不行，大爲怠惰，不敬天地神明。自𢇍〔四〇〕于天，結怨于民〔四一〕。不敬天，自絶之；酷虐民，結怨之。斮朝涉之脛，剖賢人之心，冬月見朝涉水者，謂其脛耐寒，斮而視之；比干忠諫，謂其心異於人，剖而觀之。酷虐之甚。作畏殺𦐇〔四二〕，毒痡亖𣛰〔四三〕。痡，病也。言害所及遠。崇仏〔四四〕姦回，放黜師保，回，耶〔四五〕也。姦耶之人，反尊信之。可法以安者，反放退之。屏㠯〔四六〕典刑，囚奴正士，屏棄常法而不顧，箕子正諫而以爲囚奴。郊社弗〔四七〕修，宗廟弗亯〔四八〕，作奇伎淫巧㠯〔四九〕悦婦人。言紂癈〔五〇〕至尊之敬，營卑褻惡事，作過制伎巧，以姿耳目之慾〔五一〕。上帝弗順，祝降旹喪。祝，断〔五二〕。天惡紂逆道，斷絶其命，故下是喪亡之誅。尒〔五三〕其孜孜，奉予一人，龔行天罰〔五四〕。孜孜，勸免〔五五〕不怠。古人ナ言曰：「攷〔五六〕我則后，虐我則讎。」武王述古言以明其〔五七〕義，言非唯今惡紂〔五八〕。獨夫受，洪惟作畏，乃女〔五九〕世讎。言獨夫，失君道〔六〇〕。大作畏煞〔六一〕無辜，乃是女累世之讎。明不可不罰〔六二〕。樹德務滋，除惡務本，立德務滋長，去惡務除本。言紂爲天下惡本。肆予小子，誕㠯尒衆士殄殲乃讎。言欲行除惡之義，絶盡紂。尒衆士其尚迪果忍〔六三〕，㠯登乃侵〔六四〕。迪，進〔六五〕。殺敵爲果，致果爲毅。登，成〔六六〕。成汝君之功。功多ナ𠪚〔六七〕賞，弗〔六八〕迪ナ顯𦐇。賞以勸之，戮以威之。烏虖！惟我文考，若日月之照臨，光于亖方，顯于西土。稱父以感衆〔六九〕。言其明德充塞四方，明著岐周。惟我ナ周，誕受多方。言文王德大，故受衆方之國，三分天下而有其二。予克受，非予武，惟朕文考亡辠〔七〇〕。推功於父。言文王無罪於天下，故天祐〔七一〕之，人盡其用。受克予，非朕文考ナ辠，惟予小子亡良。』若紂克我，非我父罪，我之無善之致。

尚書坶斷第四〔七二〕　周書

武王戎車三百兩，兵車，百夫長所載也〔七三〕。車稱兩。一車步卒七十二人。凡二万〔七四〕一千人，舉全數。虎賁三百人，勇士稱〔七五〕。若虎賁獸，言其猛〔七六〕。皆百夫長已上〔七七〕。與受岪于坶埜〔七八〕，作《坶斷》。

坶斷至牧地而誓衆。

旹甲子昧爽，是克紂之月甲子之日，二月四日。昧，冥；爽，明。早旦。王朝至于商郊坶埜，乃斷。紂近郊卅〔七九〕里地名牧。癸亥夜陣〔八〇〕，甲子朝誓，將與紂戰。王左杖黃鉞，右秉白旄目麾，曰：『逷〔八一〕矣，西土之人！』鉞〔八二〕，以黃金錺〔八三〕斧。左手杖鉞，示無事於誅；右手把旄，示有事於教。逷，遠〔八四〕。遠矣，西土之人。勞苦之也〔八五〕。王曰：『嗟！我友邦冢君，同志爲友，言志同滅紂也〔八六〕。卸〔八七〕事司徒、司馬、司空，治事三卿，司徒主民〔八八〕，司馬主兵，司空主土。指誓戰者也〔八九〕。亞岃〔九〇〕、師氏、亞，次；旅，衆大夫〔九一〕，其位次卿。師氏，大夫官，以兵守門〔九二〕。千夫長、百夫長，師帥、卒帥。及庸、蜀、羌、髳〔九三〕、微、盧、彭、濮人。八國皆〔九四〕蠻夷戎狄屬文王者國名。羌在西蜀叟，髳、微在巴蜀，盧、彭在西北，庸、濮在江漢之南。爯〔九五〕尒戈，比尒干，立尒矛〔九六〕，予亓〔九七〕斷。』稱，舉〔九八〕。戈，戟；干，楯〔九九〕。王曰：『古人ナ言〔一〇〇〕：「牝雞亡辰；言無晨鳴之道。牝雞之辰，惟家之索。」索，盡也。喻婦人知外事。雌代雄鳴則家盡，婦奪夫政則國亡。今商王受惟婦言是用，妲己或〔一〇一〕紂，紂信用之。昬弃身肆祀弗畣〔一〇二〕，昬，亂；肆，陳；荅，當也。乱棄其所陳祭祀，不復當饗〔一〇三〕鬼神。昬弃身遺王父母弟弗〔一〇四〕迪，王父，祖之昆弟。母弟，同母弟。言棄其骨肉，不接之以道。乃惟亖方之多辠逋逃，是崇是長，言紂棄其賢臣，而尊長逃亡罪人，信用之。是仩是孶〔一〇五〕，是目爲大夫卿士。士，事〔一〇六〕。用爲卿大夫，典政事。卑〔一〇七〕暴虐于百姓，目姦宄〔一〇八〕于商邑。使四方罪人暴虐姦宄於都邑。今予發惟龔行［天］〔一〇九〕之罸。今日之事，弗僭〔一一〇〕于六步、七步，乃止亝〔一一一〕焉。今日戰事，就敵不過六步、七步，乃止相齊。言當旅進一心。夫子勗才！弗僭于三伐、㐅[伐]〔一一二〕、六伐、七伐，乃止亝焉。夫子謂將士，勉厲〔一一三〕之。伐謂擊刺，少則四五，多則六七以爲例。勗才夫子！尚桓桓。桓桓，武皃〔一一四〕。如虎如貔，如熊如羆，于商郊。貔，執夷，虎屬〔一一五〕。四獸皆猛健，欲使士衆法之，奮擊於牧野之〔一一六〕。弗卸〔一一七〕克奔，吕役〔一一八〕西土。商衆能奔來降者，不迎擊〔一一九〕。如此則所以役我西土之義。勗才夫子！尒所弗勗，其于尒躬ナ眔〔一二〇〕。』臨敵所安，女不免〔一二一〕，則其於女〔一二二〕身有戮矣。

尚書武成苐㐅　周書

武王伐殷。往伐帰〔一二三〕獸，往誅紂克定，偃武脩〔一二四〕文，歸馬牛於華山桃林之牧地也〔一二五〕。哉〔一二六〕其政事，記識殷家政教善事以爲法。作《武成》。武功成，文事脩。

武成文王受命，有此武功，成於克商。

惟一月壬辰，旁死魄。此本説始伐紂時。一月，周正月〔一二七〕。旁，近也。月二日，近死魄之〔一二八〕。粵翌〔一二九〕日癸巳，王朝步自周，于征伐商。翌，明也〔一三〇〕；步，行也。武王以正月三日行自周，往征伐商，廿〔一三一〕八日渡孟津。身三月，才生明，王來自商，至于豊〔一三二〕。其〔一三三〕四月。哉，始〔一三四〕。始生明〔一三五〕，月三日，與死魄互言。乃偃武修文，到〔一三六〕載干戈，苞〔一三七〕以虎皮，示不用。行礼射，設庠序，脩文教。帰馬于華山之陽，放牛于桃林之埜，示天下弗服。山南曰陽。桃林在華山東。皆非長養牛馬之地，欲使自生自死，示天下不復〔一三八〕乘用。丁未，祀于周庿〔一三九〕，邦甸、侯、衛，駿奔走，執梪籩〔一四〇〕。四月丁未，祭告后稷以下、文考文王以上七世之祖。駿，大〔一四一〕。邦，國也〔一四二〕。甸、侯、衛服諸侯皆大奔走於庿執〔一四三〕。粵〔一四四〕三日庚戌，柴望，大告武成。燔柴郊天，望祀山川，先祖後郊，自近始。旡〔一四五〕生魄，庶邦冢君㬻〔一四六〕百工，受命于周。魄生明死，十五日之後，諸侯與百官受政命於周。明一統。王若曰：『烏虖，羣后！順其祖業歎〔一四七〕之，以告諸侯也〔一四八〕。惟先王建邦启〔一四九〕土，謂后稷〔一五〇〕。尊其祖〔一五一〕，故稱先王。公劉克笁冓烈〔一五二〕，后稷曾孫。公，爵；劉，名。能厚先人之業。至于大王，肇㞷〔一五三〕王迹，王季亓勤王家。大王脩德以翦齊商人，始王業之兆〔一五四〕迹。王季纘統其緒〔一五五〕，乃勤立王家〔一五六〕。我文考文王，克成身勛〔一五七〕，誕膺天命，以撫方夏。言我文德之父，能成其王功，大當王命〔一五八〕，以撫綏四方中下〔一五九〕。大邦畏亓力，小邦褱〔一六〇〕亓悳〔一六一〕。言天下諸侯，大者畏威，小者懷德，是文王威德之大。惟九年，大統未集。言諸侯歸之，九年而卒，故大業〔一六二〕未就。予小子亓承身志，言承文王本意。庢〔一六三〕商之辠，告于皇天后土、所過名山大川，致商罪〔一六四〕，胃伐紂之時。后土，社也。名山，華岳；大川，河也〔一六五〕。曰：「惟又〔一六六〕道曾孫周王發，將又大正于商。告天社山川辭〔一六七〕。大正，以兵征之〔一六八〕。今商王受亡道，無道德也〔一六九〕。暴殄天物，害虐烝民〔一七〇〕，暴絶天物，言逆天〔一七一〕。逆天害民，所以爲無道。爲天下逋逃主，萃囦〔一七二〕藪。逋，亡也。天下罪人亡迯〔一七三〕者，而紂爲魁主。窟聚淵府藪澤。言大姧也〔一七四〕。予小子旡獲仁人，敦佢承〔一七五〕上帝，以遏〔一七六〕亂略。仁人胃太〔一七七〕公、周、邵〔一七八〕之徒。略，路也。言誅紂敬承天意〔以〕絶乱（亂）略〔一七九〕。華夏蠻貊，宔弗率卑〔一八〇〕。龔天成命，免〔一八一〕服采章曰華，大國曰夏，四夷〔一八二〕皆相率而使奉天成命。肆予東征，綏身士女。此謂十一年會孟津時〔一八三〕。惟亓士女，篚身玄黄，昭我周王。言東國士女匡筐盛其絲帛〔一八四〕，奉迎道次。明我周王爲之除害。天休震嶂〔一八五〕，用附我大邑周。天之美應〔一八六〕，動民心〔一八七〕，故用依附我。惟亝〔一八八〕𠂇神，尚克相予，目㴱兆民〔一八九〕，亡作神羞。」』神庶幾助我庶民免害〔一九〇〕，無爲神羞辱。旡戊午，師逾盟津〔一九一〕。癸亥，軙〔一九二〕于商郊，𢀖〔一九三〕天休命。自河至朝歌，出四百里，五日而至。赴敵宜速，待天休命，謂夜雨止畢陳。甲子昧爽，受衛〔一九四〕亓𡶜若林，岸〔一九五〕于坶埜。旅，衆〔一九六〕。如林，言盛多。會，逆距戰。宔𠂇敵于我師，冓〔一九七〕徒倒戈，攻于後目北，血流漂杵。紂衆服周仁政，無有戰心，前人自攻於後以走〔一九八〕，血流漂舂杵。甚之言也〔一九九〕。壹〔二〇〇〕戎衣，天下大定。衣，服〔二〇一〕。一著戎服而滅〔二〇二〕紂，言與衆同心，動有成〔二〇三〕。乃反商政，政繇〔二〇四〕舊。反紂惡政，用商先王善政。釋箕子囚，圭〔二〇五〕比干墓，式商容閭。皆武王所〔二〇六〕反紂政。囚，奴，徒隸。封，益其土。商容，賢人，紂所貶退，式其閭巷以礼賢也〔二〇七〕。散鹿臺之財，發臣喬〔二〇八〕之粟，紂所積之府倉也〔二〇九〕，皆散發以賑貧人〔二一〇〕。大賚于亖㯱，而万姓悦服。施舍已責〔二一一〕，救乏〔二一二〕賙無，所謂周有大賚，天下皆悦仁服德也〔二一三〕。列爵惟㐅，即所識政事而法之。爵五等，公侯伯子男。分土惟三。裂〔二一四〕地封國，公侯方百里，伯方七十里，子男方五十里〔二一五〕，爲三品。建官惟賢，立〔二一六〕官以官賢才。位事惟能。居位理事，必任能士〔二一七〕。重民㐅教，所重在民人〔二一八〕及五常之教。惟食喪〔二一九〕祭。民〔二二〇〕以食爲命，喪礼篤親愛，祭祀〔二二一〕崇孝養，皆聖王所重。惇仁明誼〔二二二〕，使天下厚行信〔二二三〕，顯忠義。崈〔二二四〕悳報功，有德尊以爵，有功報以祿。垂拱而天下治。言武王所脩皆是，所任得人，故〔二二五〕垂拱而天下治。

【校記】

〔一〕益，底卷殘存左端殘畫，兹據刊本補。以下底卷中凡殘字、缺字、脱字補出而未特别説明者，均據刊本，不復一一注明。

〔二〕胃暴亡傷，底卷「胃」殘缺右上角，「傷」殘存上端殘畫；「傷」下殘泐，刊本作「言紂所以罪過於桀厥監惟不遠」。刊本「胃」作「謂」，「亡」作「無」，「胃」「謂」古今字，馬王堆出土帛書《戰國策》、《老子》及睡虎地出土秦簡凡「謂」字均寫作「胃」。案伯三三一五《尚書釋文》第九四行：「亡，音無，古文「無」字皆尒。」下凡經文「胃」、「亡」皆同。

〔三〕天其，底卷「天」殘去一捺，「其」殘存左邊殘畫。「其」下底卷殘泐，刊本作「以予乂民用我治民當除惡朕」。

〔四〕朕，底卷原作「朕」，當是「朕」之俗訛。底卷後三「朕」字皆作「朕」，亦俗訛也。

〔五〕「戎商」下底卷殘泐，刊本作「必克言我夢與卜俱合於美善以兵誅紂」。

〔六〕𡰥，刊本作「夷」，《玉篇·尸部》：「𡰥，古文夷字。」

〔七〕 悳，底卷下截殘去，刊本作「德」，《説文》有「悳」字，隸變作「悳」、「惪」，《廣韻·德韻》以「惪」爲「德」之古文。據下行「同心同悳」，知寫卷「德」字寫作「悳」，乃「惪」之變體，兹據以擬補。「悳」下底卷殘泐，刊本作「平人凡人也雖多而執心用德不同予有」。下凡「悳」字皆同，不復出校。

〔八〕 𤔔，刊本作「亂」，《集韻·換韻》：「亂，古作𤔔。」「𤔔」爲「𤔔」之變體。下「𤔔」字同。

〔九〕 同，底卷左下角殘缺。「同」下底卷殘泐，刊本作「雖有周親不如」。

〔一〇〕 「紂」前刊本有「言」字。

〔一一〕 若，刊本作「如」，二字同義。

〔一二〕 眎，刊本作「視」，《玉篇·目部》：「眎，古文視。」

〔一三〕 我，底卷殘存上半截。「我」下底卷殘泐，刊本作「民視天聽自我民」。

〔一四〕 民，底卷原缺末筆，避諱缺筆字，兹據刊本録正。下句「民」字同。

〔一五〕 ナ，刊本作「有」，《集韻·有韻》：「有，古作ナ。」下凡「ナ」字皆同，不復出校。

〔一六〕 「予」下底卷殘泐，刊本作「一人己能無惡於民民之有過在我教不至」。

〔一七〕 敭，刊本作「揚」，《説文·手部》：「揚，飛舉也。敡，古文。」「敡」隸定即爲「敭」。

〔一八〕 畺，刊本作「疆」，徐灝《説文解字注箋》云：「畺、疆古今字。」「畺」下底卷殘泐，刊本作「揚舉也言我舉武事侵入紂郊疆伐之」。

〔一九〕 「光」下底卷殘泐，刊本作「桀流毒天下湯黜其命」。

〔二〇〕 「紂」下底卷殘泐，刊本作「行凶殘之德我以兵」。

〔二一〕 比，刊本作「此」，阮元《尚書校勘記》（下簡稱「阮校」）云：「毛本『此』作『比』，所改是也。」

〔二二〕 勗才，刊本作「勖哉」，「勗」爲「勖」之俗字，《集韻·咍韻》：「哉，古作才。」下「勗」及經文「才」皆同此。

〔二三〕 ⿱宀亡或亡畏，《玉篇·宀部》：「⿱宀亡，古文罔。」下「⿱宀亡」字同。「畏」字底卷殘存上部「田」。「畏」下底卷殘泐，刊本作『寧執非敵』。
〔二四〕免，刊本作『勉』，二字古通用。
〔二五〕以伐之則克矣也，刊本無『以』、『也』二字，『也』當是爲雙行對齊而添。
〔二六〕廩廩，刊本作『懔懔』，《説文·仌部》『凜，寒也』段注：『俗字作懔懔。』『廩』應是『懔』之借字。
〔二七〕若，底卷殘存上端殘畫。
〔二八〕民，底卷原缺末筆，避諱缺筆字，兹據刊本録正。
〔二九〕之，刊本無，案『之』當是爲雙行對齊而添。
〔三〇〕烏虖，刊本作『嗚呼』，烏嗚、虖呼均古今字。下『烏虖』同。
〔三一〕安之也，刊本作『安民』，疑『之』爲『人』之誤，而『人』爲『民』之諱改字。
〔三二〕泰𣃔下第三，『𣃔』，刊本作『誓』，《説文·艸部》『折』之籒文作『𣂚』，《玉篇·艸部》『𣃔』即其隸定，此作『𣃔』，則爲其變體。王引之《經義述聞》卷三『誓字古文』條云：『𣃔，籒文折字，古文假借也。』下『𣃔』字皆同。『第三』，刊本作『第三』，斯八四六四作『苐廿九』，『苐』爲『弟』之俗字，俗書竹頭多寫作草頭，俚俗據『苐』楷正，則成『第』字，《泰誓下》在《周書》之第三篇，若就全本《尚書》言，則在第二十九篇。
〔三三〕旹身，刊本作『時厥』，《説文·日部》：『旹，古文時，从日㞢作。』『旹』爲『旹』之訛體；《説文·氏部》有『𠂎』篆，段玉裁注云：『《玉篇》亦作身，隸變也。』《廣韻·月韻》以『𠂎』爲『厥』之古文，案此作『身』，亦『𠂎』之隸變也。底卷『旹』、『身』，刊本均作『時』、『厥』，下均不復出校。
〔三四〕也，刊本無。
〔三五〕以，刊本作『已』，二字古多通用。
〔三六〕烏呼，刊本作『嗚呼』，『烏』『嗚』古今字。
〔三七〕⿰月胃，刊本作『類』，伯三三一五《尚書釋文》第五四行：『⿰月胃，古類字。』陳鐵凡《敦煌本商書校證》云：『《説文》：「胄，血祭肉也。」與「類」同音通叚，隸古文《尚書》皆作胄。」（四七頁，臺北長期發展科學委員會一九六五）「胄」當是「胄」之誤。

〔三八〕「商王受」前刊本有「今」字。

〔三九〕乄，刊本作「五」，「五」字《説文》小篆作「㐅」，《玉篇·五部》以爲「五」之古文，此作「乄」，當是「㐅」之變體。下「乄」字同此。

〔四〇〕𢇍，刊本作「絶」，《説文·糸部》：「絶，斷絲也。𢇁，古文絶，象不連體絶二絲。」此作「𢇍」，應是「𢇁」之訛變。

〔四一〕民，底卷原缺末筆，避諱缺筆字，兹據刊本録正。《傳》中「民」字同。

〔四二〕作畏殺𦐇，刊本「畏」作「威」，「𦐇」作「戮」，古文《尚書》「威」皆作「畏」，説見《古文尚書傳》（五）校記〔三七二〕；《玉篇·羽部》：「𦐇，今作戮。」此作「𦐇」，變體也。下「畏」、「𦐇」皆同此。

〔四三〕亖𣳚，刊本作「四海」，《玉篇·二部》：「亖，古文四。」伯三三一五《尚書釋文》第七九行：「𣳚，古海字。」下「亖」、「𣳚」二字同此。

〔四四〕㐰，刊本作「信」，《玉篇·人部》：「㐰，古文信。」下「㐰」字同。

〔四五〕「耶」，刊本作「邪」，《玉篇·耳部》：「耶，俗邪字。」《傳》中「耶」字同。

〔四六〕弃，刊本作「棄」，此字當是「棄」字俗省，蔡主賓《敦煌寫本儒家經籍異文考》謂其爲俗訛（一一四頁），可參。

〔四七〕弗，刊本作「不」，二字同義。下句「弗」字同。

〔四八〕宗庿弗亯，「庿」字底卷原作「庿」，刊本作「廟」，「庿」乃「廟」之古文「庿」之俗訛，故據以改正；「亯」字刊本作「享」，據《説文》，「享」之籀文作「亯」，隸定作「亯」，「亯」爲「亯」隸變之異。三體《石經》作「亯」，亦「亯」之變體。

〔四九〕奇伎淫巧㠯，刊本「伎」作「技」，「㠯」作「以」，《説文·手部》：「技，巧也。」人部：「伎，與也。」則「技」爲正字，「伎」爲借字，《玉篇·人部》：「以，古作㠯。」《傳》中「伎」字同。下「㠯」字皆同，不復出校。

〔五〇〕癈，刊本作「廢」，「癈」爲「廢」之俗字。

〔五一〕以姿耳目之慾，刊本「姿」作「恣」，「慾」作「欲」，案「姿」爲「恣」之借字，「欲」「慾」古今字。

〔五二〕断，刊本作「斷」，下有「也」字，《干禄字書·上聲》：「断、斷，上俗下正。」《傳》中「断」字同。

〔五三〕尒，刊本作「爾」，「尒」爲「尒」之增筆俗字，《敦煌俗字研究》：「「爾」「尒」古本非一字，後世則合二而一，字多寫作「爾」。」（下編第七頁）下凡「尒」字皆同。

〔五四〕龔行天罸，刊本「龔」作「恭」，「罸」作「罰」，「龔」爲「恭」之古字，説詳《古文尚書傳》（二）校記〔七三〕；《五經文字·网部》：「罰、罸，上《説文》，下《石經》，五經多用上字。」下「龔」、「罸」同。

〔五五〕免，刊本作「勉」，二字通用。

〔五六〕𢼸，刊本作「撫」，《説文·攴部》：「𢼸，撫也。从攴，亡聲。讀與撫同。」《説文解字繫傳》：「《尚書》古文「撫」或如此。」《玉篇·攴部》：「攺，或作撫。」「𢼸」爲「攺」之變體。

〔五七〕其，底卷此字爲後閲者所添，刊本無。

〔五八〕唯今惡紂，刊本作「惟今紂惡」，「唯」「惟」古通。

〔五九〕女，刊本作「汝」，「女」「汝」古今字。下除「士女」之「女」外，餘「女」字皆爲「汝」之古字。

〔六〇〕「君道」下刊本有「也」字。

〔六一〕煞，刊本作「殺」，《干禄字書·入聲》以「煞」爲「殺」之俗字。

〔六二〕罸，刊本作「誅」。

〔六三〕忍，刊本作「毅」，《説文·心部》：「忍，怒也。从心，刀聲，讀若毅。」《汗簡·心部》引《尚書》作「忍」。

〔六四〕侵，刊本作「辟」，《玉篇·人部》：「侵，古文辟。」「侵」當是「侵」之誤。

〔六五〕『進』下刊本有『也』字。

〔六六〕『成』下刊本有『也』字。

〔六七〕垕，刊本作『厚』，《玉篇·土部》：『垕，古文厚。』

〔六八〕弗，刊本作『不』，二字義同。

〔六九〕『感衆』下刊本有『也』字。

〔七〇〕辠，刊本作『罪』，《説文·辛部》：『辠，犯灋也。秦以辠似皇字，改爲罪。』下凡『辠』字同。

〔七一〕祐，刊本作『佑』，案『祐』指天助，『佑』指人助，然二字皆爲『右』之後起分别文，考詳單周堯《文字訓詁叢稿》一七八頁（臺北文史哲出版社二〇〇〇）

〔七二〕⿰土每，刊本作『牧』，段玉裁《古文尚書撰異》云：『許君《説文·土部》「坶」字下云：「朝歌南七十里地。」引《周書》「武王與紂戰于坶野」，此乃壁中原文，子國以今文字讀之，改爲「牧」，而所傳之本因之，坶、牧不一。坶一作⿰土每，此乃體之小異耳。每亦母聲也。若《玉篇》云「坶，古文《尚書》作⿰土每」，此則宋陳彭年輩重修之語。所謂古文《尚書》者，謂郭忠恕爲之《釋文》傳至宋次道、王仲至、晁公武者耳。』案寫卷作『⿰土每』，可證顧野王所見本《尚書》即作『⿰土每』，《玉篇》『古文《尚書》作「⿰土每」』句，當是野王原文，非陳彭年輩所添也。下『⿰土每』字同。

〔七三〕也，刊本無。

〔七四〕万，刊本作『萬』，《玉篇·方部》：『万，俗萬字。十千也。』下『万』字同。

〔七五〕『稱』下刊本有『也』字。

〔七六〕『猛』下刊本有『也』字。

〔七七〕已上，刊本無。

〔七八〕⿱山开于⿰土每埜，刊本『⿱山开』作『戰』，『埜』作『野』，《玉篇·止部》：『⿱止廾，古文戰。』『⿱山开』爲『⿱止廾』之俗誤；《玉篇·

林部》：『埜，古文野。』下『埜』字同。

〔七九〕卅，刊本作『三十』，『卅』爲『三十』之合文。

〔八〇〕陣，刊本作『陳』，『陣』『陳』古今字。

〔八一〕逿，刊本作『逖』，《説文·辵部》：『逖，遠也。逿，古文逖。』《傳》中『逿』字同。

〔八二〕鉞，底卷原訛作『越』，兹據刊本改正。

〔八三〕鎊，刊本作『飾』，《玉篇·食部》『飾』條下云：『鎊，同上，俗。』

〔八四〕『遠』下刊本有『也』字。

〔八五〕也，刊本無。

〔八六〕也，刊本無。

〔八七〕卸，刊本作『御』，馬敘倫《説文解字六書疏證》云：『古書無作「卸」者，證之甲文，「卸」即「御」之省彳者也，當爲「御」之重文。』

〔八八〕民，底卷原缺末筆，避諱缺筆字，兹據刊本録正。

〔八九〕也，刊本無。

〔九〇〕⿱山衣，刊本作『旅』，《玉篇·止部》：『⿱止衣，古文旅。』『⿱山衣』當是『⿱止衣』之訛體。下『⿱山衣』字同。

〔九一〕『衆大夫』前刊本有『衆也』二字，阮校：『古本無下「衆」字。按《史記集解》作「旅衆大夫也」，視今本少一「衆」字，而「也」字在「夫」下，文義較順。』

〔九二〕『守門』下刊本有『者』字，《史記·周本紀》裴駰《集解》引孔安國曰：『師氏，大夫官，以兵守門。』亦無『者』字。

〔九三〕髣，刊本作『髳』，『髣』當是『髳』之誤，《史記·周本紀》云：『武王曰：「嗟！我有國冢君，司徒、司馬、司空，亞旅、師氏，千夫長、百夫長，及庸、蜀、羌、髳、微、纑、彭、濮人，稱爾戈，比爾干，立爾矛，予其誓。」』

《傳》中「髣」同。

〔九四〕皆，底卷誤作「背」，兹據刊本改正。

〔九五〕爯，刊本作「稱」，《説文·冓部》：「爯，并舉也。」徐灝《説文解字注箋》云：「爯、稱古今字。」

〔九六〕矛，底卷原誤作「柔」，兹據刊本改正。

〔九七〕亓，底卷原作「开」，案刊本作「其」，《集韻·之韻》：「其，古作亓。」兹據以改。底卷凡「亓」字皆誤作「开」，下凡「亓」字同此，不復出校。

〔九八〕「舉」下刊本有「也」字。

〔九九〕「楯」下刊本有「也」字。

〔一〇〇〕「言」下刊本有「曰」字。

〔一〇一〕或，刊本作「惑」，「或」「惑」古今字。

〔一〇二〕弃身肆祀弗畣，刊本「弃」作「棄」，「畣」作「荅」，《説文·華部》以「弃」爲「棄」之古文，下「弃」字皆同。蔡主賓《敦煌寫本儒家經籍異文考》云：「應答字，古本作畣。『畣』爲字書所無，當是畣之變誤。」案蔡説是，「畣」爲「享」之籀文「亯」的隸變，説見校記〔四八〕，此作「畣」，乃「畣」之訛。

〔一〇三〕嚮，刊本作「享」，「嚮」當是「饗」之音誤字，「饗」爲「享」之借，説詳段玉裁《經韻樓集》卷五「亯饗二字釋例」條。

〔一〇四〕弗，刊本作「不」，二字義同。

〔一〇五〕𡵂，刊本作「使」，《玉篇·山部》：「𡵂，古使字。」

〔一〇六〕「事」下刊本有「也」字。

〔一〇七〕卑，刊本作「俾」，「卑」「俾」古今字。

〔一〇八〕穴，刊本作「宂」，「穴」乃「宂」字之訛。《傳》中「穴」字同。

〔一〇九〕天，底卷原脱，兹據刊本補。

〔一一〇〕弗僁，刊本作「不愆」，「弗」「不」二字義同；《説文·心部》：「愆，過也。，籀文。」「」隸定則爲「𠌫」，「僁」蓋爲「𠌫」之訛省。下「弗僁」同。

〔一一一〕亝，刊本作「齊」，《玉篇·二部》：「亝，古文齊。」下「亝」字皆同。

〔一一二〕伐，底卷原脱，兹據刊本補。

〔一一三〕厲，刊本作「勵」，雷浚《説文外編》云：「《説文》無「勵」字。「厲」字不加力，古書勉勵字多如此作，然依《説文》則爲假借字。《説文》：「勱，勉力也。《周書》曰：用勱相我邦家，讀若厲。」此「勱」之古讀，爲勉勵之正字。」

〔一一四〕猊，刊本作「貌」，案從犭從豸之字古可混用，「猊」爲「貌」之別體。

〔一一五〕「虎屬」下刊本有「也」字。

〔一一六〕之，刊本無，當爲雙行對齊而添。

〔一一七〕卸，刊本作「迓」，作「迓」者後人所改，説詳《古文尚書傳》（七）校記〔一五六〕。

〔一一八〕役，刊本作「役」，《説文·殳部》：「役，古文役从人。」《傳》中「役」字同。

〔一一九〕「迎擊」下刊本有「之」字。

〔一二〇〕𦋾，刊本作「戮」，「𦋾」爲「翏」之俗寫，《説文·羽部》：「翏，高飛也。从羽，从㐱。」《玉篇·羽部》：「𦑝，今作戮。」「𦋾」蓋「𦑝」之訛。

〔一二一〕免，刊本作「勉」，二字古通。

〔一二二〕其於女，刊本無「其」字；底卷「女」原誤作「安」，此字刊本作「汝」，底卷凡「汝」皆寫作「女」，兹據改。

〔一二三〕㱕，刊本作「歸」，《説文·止部》：「歸，女嫁也。㱕，籀文省。」下「㱕」字同。

〔一二四〕脩，刊本作「修」，「脩」爲「修」之借字。下凡「脩」字皆同。

〔一二五〕也，刊本無，當是爲雙行對齊而添。

〔一二六〕戠，刊本作『識』，林義光《文源》云：『戠，即題識本字。』

〔一二七〕周正月，刊本作『周之正月』。

〔一二八〕之，刊本無，當是爲雙行對齊而添。

〔一二九〕粤翌，刊本作『越翼』，『粤』『越』、『翌』『翼』古多通用。《傳》中『翌』字同。

〔一三〇〕也，刊本無。

〔一三一〕廿，刊本作『二十』，『廿』爲『二十』之合文。

〔一三二〕豊，刊本作『豐』，《玉篇·豐部》：『豐，俗作豊。』

〔一三三〕底卷『其』下原有重文符號，兹據刊本删。

〔一三四〕『始』下刊本有『也』字。

〔一三五〕始生明，底卷『始』下有『月』字，當爲衍字，兹據刊本删。

〔一三六〕到，刊本作『倒』，『到』『倒』古今字。

〔一三七〕苞，刊本作『包』，『包』『苞』古今字。

〔一三八〕復，底卷原作『服』，應是『復』之音誤，兹據刊本改正。

〔一三九〕庿，底卷原誤作『唐』，刊本作『廟』，『廟』之古字作『庿』，兹據以改爲『庿』。《傳》中『庿』字同。

〔一四〇〕梪邊，刊本作『豆籩』，《説文·豆部》：『梪，木豆謂之梪。』徐灝《説文解字注箋》云：『梪即豆之重文，因豆假爲尗豆，故增偏旁耳。』《説文·竹部》：『籩，竹豆也。』『邊』應是同音借字。

〔一四一〕『大』下刊本有『也』字。

〔一四二〕也，刊本無。

〔一四三〕執，刊本作『執事』，案底卷疑脱『事』，孔穎達《正義》：『故云「皆大奔走於廟執事」也。』

〔四四〕粤，刊本作『越』，二字古通。底卷前有『旡生魄庚邦』五字，當是涉下句而誤衍，兹據刊本删。

〔四五〕旡，刊本作『既』，伯三三一五《尚書釋文》第三行：『旡，古既字。』下『旡』字同。

〔四六〕臮，刊本作『暨』，《玉篇·乑部》：『臮，古文暨字。』

〔四七〕歎，刊本作『歎美』。

〔四八〕也，刊本無。

〔四九〕启，刊本作『啓』，『启』『啓』古今字。

〔五〇〕『后稷』下刊本有『也』字。

〔五一〕尊其祖，刊本無『其』字。

〔五二〕竺歬烈，刊本作『篤前烈』，《説文·二部》『竺』篆下段注：『《爾雅》、《毛傳》皆曰「篤，厚也」。今經典絶少作「竺」者，惟《釋詁》尚存其舊，叚借之字行而真字廢矣。篤，馬行鈍遲也。聲同而義略相近，故叚借之字專行焉。』《玉篇·止部》：『歬，今作前。』『歬』爲『歬』之變體。《説文·火部》：『𤆍，火猛也。从火，𠛱聲。』『烈』其隸變也。

〔五三〕𡍮，底卷原作『𡋲』，刊本作『基』，案《集韻·之韻》：『基，古作𡍮。』『𡋲』當是『𡍮』之俗訛，兹據以改。

〔五四〕兆，刊本作『肇』，『肇』當作『兆』，《正義》云：『是大王翦齊商人，始王業之兆迹也。』

〔五五〕緒，刊本作『業』，《廣雅·釋詁》：『緒，業也。』二字同義。

〔五六〕王家，刊本作『王業』，《正義》云：『是能纘統大王之業，勤立王家之基本也。』蓋作『王家』爲善。底卷『家』下原有『之也』二字，當是爲雙行對齊而添，故删之。

〔五七〕勛，刊本作『勳』，《玉篇·力部》『勳』條下云：『勛，古文。』

〔五八〕王命，刊本作『天命』，案『王』蓋涉上『王功』而誤。

〔五九〕下，刊本作『夏』，案『下』爲『夏』之音借字。

〔一六〇〕褱，刊本作「懷」，伯三三一五《尚書釋文》第二九行：「褱，古懷字。」

〔一六一〕悳，刊本作「德」，《説文》有「𢛳」字，隸變作「悳」、「惪」，《廣韻・德韻》以「惪」爲「德」之古文。「悳」乃「惪」之變體。下「悳」字同。

〔一六二〕業，刊本作「統」，阮校：「葛本、正德本、嘉萬本、閩本、《纂傳》同，岳本「統」作「業」，與《疏》合，毛本依之。」北京大學出版社標點本《尚書正義》已改正。

〔一六三〕庢，刊本作「厎」，「庢」爲「底」之俗字，此爲「厎」字形誤。

〔一六四〕商罪，刊本作「商之罪」。

〔一六五〕也，刊本無。

〔一六六〕又，刊本作「有」，「又」爲「有」之古字。下句「又」字同。

〔一六七〕辭，底卷原作「乱」，誤也，當從刊本作「辭」，兹據改。「辭」之俗字作「辞」，與「乱」形近。

〔一六八〕「征之」下刊本有「也」字。

〔一六九〕也，刊本無。

〔一七〇〕害䆝烝民，刊本「䆝」作「虐」，《字彙補・穴部》：「䆝，音義與虐同。」「民」字底卷原缺末筆，避諱缺筆字，兹據刊本録正。《傳》中「民」字同。

〔一七一〕「逆天」下刊本有「也」字。

〔一七二〕囦，刊本作「淵」，《説文・水部》：「淵，回水也。囦，古文从囗水。」「囦」即「囦」之隸定。

〔一七三〕亡迯，刊本作「逃亡」，「迯」爲「逃」的俗字。

〔一七四〕大姧也，刊本「姧」作「姦」，無「也」字，《玉篇・女部》「姦」條下云：「姧，同上，俗。」

〔一七五〕敦伍承，刊本作「敢祗承」，「敦」爲「敢」之古字「𠭖」的變體，説詳《古文尚書傳》(七)校記〔五三〕；「伍」爲「低」之俗字，当是「祇」之訛，明嘉靖年間福建刊本《尚書正義》作「祇」可證，刊本作「祗」，誤字。

〔一七六〕遏，底卷原寫作「邊」，後閲者改作「遏」。

〔一七七〕太，刊本作「大」，「大」「太」古今字。

〔一七八〕邵，刊本作「召」，「召」「邵」古今字。

〔一七九〕以絶亂略，底卷「以」字原脱，兹據刊本補；刊本「略」作「路」，案僞《傳》已釋「略」爲「路」，則此當作「路」。

〔一八〇〕弗率卑，刊本作「不率俾」，「弗」「不」二字義同，「卑」「俾」古今字。

〔一八一〕免，刊本作「冕」，「免」爲「冕」之借字，《漢書·古今人表》「師冕」，師古注：「即師免。」

〔一八二〕「四夷」前刊本有「及」字。

〔一八三〕時，刊本作「還時」。

〔一八四〕匡筐盛其絲帛，刊本作「筐篚盛其絲帛」，阮校：「古本作「上篚筐其絲帛」，補本作「筐篚其綿帛」。按當作「筐篚其絲帛」，古本之「上」，今本之「盛」，衍字也。古本之「篚筐」，倒字也。補本之「綿」，誤字也。」北京大學出版社標點本《尚書正義》據以改作「筐篚其絲帛」，案阮校之古本即足利本也，内野本、八行本作「筐篚其絲帛」，影天正本作「篚筐其絲帛」，寫卷「匡筐」，「筐」當是「篚」之誤字，「匡」爲「筐」之本字。

〔一八五〕⿰山重，刊本作「動」，「⿰山重」爲「動」之古字「𨔝」的誤字，説詳《古文尚書傳》（四）校記〔二四〕。

〔一八六〕美應，底卷原作「義悳」，「義悳」當是「美應」之形誤，兹據刊本及日本古寫本神田本、内野本、八行本、影天正本改正。

〔一八七〕動民心，底卷「民」字缺筆，避諱缺筆字，兹據刊本録正。刊本「動」前有「震」字。

〔一八八〕⿱𠆢爾，刊本作「爾」，「⿱𠆢爾」爲「爾」之小篆隸定字「⿱𠆢爾」的變體。

〔一八九〕湝兆民，刊本「湝」作「濟」，《玉篇·水部》「濟」條下云：「湝，古文。」底卷「民」字缺筆，避諱缺筆字，兹據刊本録正。《傳》中「民」字同。

〔一九〇〕庶民免害，刊本作「渡民危害」，案疑底卷爲是，「度」「庶」形近，「庶」訛作「度」，後又寫作「渡」，「度」「渡」

古今字也，『免』『危』亦形近而誤。

〔一九一〕盟津，刊本作『孟津』，『盟』『孟』字通。

〔一九二〕軙，刊本作『陳』，《字彙·車部》：『軙，古陳字。』

〔一九三〕戺，刊本作『俟』，《書古文訓》作『戺』，李遇孫《尚書隸古定釋文》云：『俟本作「竢」，《集韻》「竢或作迡」。此作「戺」，或從「迡」而誤。』

〔一九四〕『衛』，刊本作『率』，『衛』爲『率』之古文，説詳《古文尚書傳》（四）校記〔九二〕。

〔一九五〕『岸』，刊本作『會』，《玉篇·山部》：『岃，古文會字。』『岸』蓋『岃』之形誤。

〔一九六〕『衆』下刊本有『也』字。

〔一九七〕耑，刊本作『前』，《玉篇·止部》：『歬，今作前。』『耑』爲『歬』之變體。

〔一九八〕前人自攻於後以走，刊本作『前徒倒戈，自攻于後以北走』。

〔一九九〕也，刊本無。

〔二〇〇〕壹，刊本作『一』，『壹』『一』古通用。

〔二〇一〕『服』下刊本有『也』字。

〔二〇二〕烕，刊本作『滅』，『烕』『滅』古今字。

〔二〇三〕成，刊本作『成功』。

〔二〇四〕繇，刊本作『由』，《爾雅·釋水》『繇膝以下爲揭』《釋文》：『繇，古由字。』

〔二〇五〕圭，刊本作『封』，《龍龕·山部》：『圭，古文，音封。』

〔二〇六〕所，刊本無，案有『所』是，此所字結構作名詞。

〔二〇七〕也，刊本無。

〔二〇八〕臣喬，刊本作『鉅橋』，蔡主賓《敦煌寫本儒家經籍異文考》云：『「臣」當涉與「巨」形近而訛。』（三八五頁）

案『巨』『鉅』古今字。《史記·殷本紀》：『厚賦税以實鹿臺之錢，而盈鉅橋之粟。』裴駰《集解》引服虔曰：『鉅橋，倉名。許慎曰：「鉅鹿水之大橋也，有漕粟也。」』司馬貞《索隱》引鄒誕生曰：『鉅，大，橋，器名也。紂厚賦税，故因器而大其名。』則作『喬』者乃借字也。《逸周書·克殷》：『乃命南宮忽振鹿臺之財、巨橋之粟。』《呂氏春秋·慎大覽·慎大》：『發巨橋之粟，賦鹿臺之錢。』

〔三〇九〕也，刊本無。

〔三一〇〕人，刊本作『民』，案『人』當是諱改字。

〔三一一〕責，刊本作『債』，『責』『債』古今字。

〔三一二〕乏，底卷原誤作『之』，茲據刊本改正。

〔三一三〕也，刊本無。

〔三一四〕裂，刊本作『列』，《説文·刀部》：『列，分解也。』衣部云：『裂，繒餘也。』是『裂』爲『列』之借字。

〔三一五〕公侯方百里伯方七十里子男方五十里，刊本無後兩『方』字，案刊本是也，此於修辭上謂之『承上省』也，《禮記·王制》：『天子之田方千里，公侯田方百里，伯七十里，子男五十里。』《孟子·萬章下》：『天子之制，地方千里，公侯皆方百里，伯七十里，子、男五十里。』此即僞孔《傳》所本。

〔三一六〕立，底卷原誤作『五』，茲據刊本改正。

〔三一七〕士，刊本作『事』，二字古多通用，此蓋作『士』者爲正字。

〔三一八〕民人，底卷『民』字缺筆，避諱缺筆字，茲據刊本録正；刊本無『人』字。

〔三一九〕䘮，刊本作『喪』，《説文·哭部》『喪』之小篆作『[篆文]』，『䘮』當是隸變。

〔三二〇〕民，底卷原缺筆，避諱缺筆字，茲據刊本録正。

〔三二一〕祀，底卷原誤作『礼』，茲據刊本改正。

〔三二二〕憛伯明誼，刊本『憛』作『惇』，『誼』作『義』，『惇』字《説文》小篆作『[篆文]』，隸定爲『⿰忄𦎫』，此作『憛』，變體也」，杭世駿《訂譌類編續補》卷上『誼義粤越亮諒字』條云：『「誼」乃古「義」字。』

〔三三〕信，刊本作『言』，阮校：『葛本、閩本同。《纂傳》「言」作「信」。』北京大學出版社標點本《尚書正義》云：『依文義作「信」爲宜，據改。』

〔三四〕密，刊本作『祟』，《漢書·郊祀志上》『以山下户凡三百封密高』師古注：『密，古祟字耳。』

〔三五〕故，刊本作『欲』，阮校：『閩本同，毛本「欲」作「故」。案「欲」字誤也。』

古文尚書傳(一〇)(洪範)

俄敦二八八三(底一)　俄敦二八八四(底二)

【題解】

底一編號爲俄敦二八八三,起《洪範》「威用六極」僞孔《傳》「此已上禹所第敘」,迄「二曰言」之「曰」,六行,經文大字,小注雙行,殘損嚴重。《俄藏》定名《尚書洪範》,今依例擬名爲《古文尚書傳(洪範)》。

底二編號爲俄敦二八八四,起《洪範》「稼穡作甘」之「稼」字(存左部殘畫),訖「汝則念之」(寫卷「汝」作「女」),共十五行,首行殘存傳文八字,經文大字,小注雙行,行有界欄。《俄藏》定名《尚書洪範》,茲依例擬名《古文尚書傳(洪範)》。

《俄藏》將底一與底二綴合爲一。其實此二卷行款、字體均不同,且前後亦不密合,不應綴合,説詳許建平《敦煌本〈尚書〉敘録》(《敦煌文獻論集:紀念敦煌藏經洞發現一百周年國際學術研討會論文集》三八五頁,遼寧人民出版社二〇〇一)。

底一、底二皆據《俄藏》録文,以中華書局影印阮元刻《十三經注疏·尚書正義》爲對校本(簡稱「刊本」),校録於後。

(前缺)

□▨(此)以上禹所第敘之也[一]。

一,㐅[二]行。一曰▨(水)[三]□▨(曰)[四]金,㐅曰土。皆其生數也[五]。水曰潤下,□

然〔六〕□□(性)也〔七〕。木曰曲直，金曰刅〔八〕革，木可□(以)▨〔九〕曲直，金可改更之也〔一〇〕。土爰稼畜〔一一〕。▨(種)〔一二〕曰稼，斂曰畜〔一三〕。土□□(可以)種，可以斂也〔一四〕。潤下作鹹，水鹵所生。炎上作苦，焦氣之味。曲直作酸，木實之性。刅〔一五〕革作辛，金之氣味〔一六〕。稼畜□(作)甘〔一七〕。甘味生於百穀。五行以下，箕子所陳也〔一八〕。

二，叒事。一曰皃〔一九〕，容儀。二曰言〔二〇〕，辭〔二一〕章。三曰視，觀政〔二二〕。四曰聽，察是非也〔二三〕。叒〔二四〕曰思。心慮所行。皃曰龔〔二五〕，儼恪。言曰從，是則可從。眂〔二六〕曰明，必清審也〔二七〕。聽曰聰〔二八〕，必微諦也〔二九〕。思曰睿。必通於微。龔作肅，心敬。從作乂，可以治也〔三〇〕。明作哲〔三一〕，炤〔三二〕了。聰作惎〔三三〕，所謀必成當也〔三四〕。睿作聖。於事無不通謂之聖也〔三五〕。

三，八政。一曰食，勤農業也〔三六〕。二曰貨，寶用物也〔三七〕。三曰祀，敬鬼神以成教。亖〔三八〕曰司空，主空土以居民。五曰司徒，主徒衆，教以礼義也〔三九〕。六曰司寇，主姦盜，使無縱。七曰賓，礼賓客，無不敬。八曰師。簡師所任必良，士卒必練。

四，五紀。一曰歲，所以記四時也〔四〇〕。二曰月，所以紀一月也〔四一〕。三曰日，紀一日。亖曰星辰，廿〔四二〕八宿迭見以敘氣節，十二辰以紀日月所會也〔四三〕。五曰厤數。厤〔四四〕數節氣之度，以節〔四五〕爲厤，敬授民旹〔四六〕。

五，皇極。皇建亓又極也〔四七〕。大中之道，大立其有中，謂行九疇之義也〔四八〕。斂時五福，用敷錫身〔四九〕庶民。斂時五福之道以爲教，用布与衆人〔五〇〕使慕之。惟旹身庶民于女〔五一〕極，錫女保極。君上有五福之教，衆民於君取中，与君以安中之善。言從化。凡身庶民，亡有㸒朋〔五二〕，人亡有比悳〔五三〕，惟皇作極。民有安中之善，則無淫過朋黨之惡、比周之德，惟天下皆大爲中正也〔五四〕。凡身庶民，ナ猷ナ爲ナ守，女則念之。

(後缺)

【校記】

〔一〕此以上禹所第敘之也，底二「此」殘存左邊「止」，兹據刊本擬補。以下底卷中凡殘字、缺字、脱字補出而未特别説明者，均據刊本，不復一一注明。刊本「以」作「已」，無「之也」二字，「以」「已」二字古通，「之也」當是爲雙行對齊而添。

〔二〕乂，刊本作「五」，「五」字《説文》小篆作「𠄡」，《玉篇·五部》以爲「五」之古文，此作「乂」，乃「𠄡」之變體。下凡「乂」字同此。

〔三〕水，底一殘存左半。

〔四〕曰，底一殘存左半。自「水」至「曰」間底一殘泐，刊本作「二曰火三曰木四」。

〔五〕也，刊本無。

〔六〕「然」前底一殘泐，刊本作「火曰炎上言其自」。

〔七〕性也，底一「性」存下半。「性」前底一殘泐，刊本作「之常」。刊本無「也」字。

〔八〕刅，刊本作「從」，《集韻·鍾韻》：「从，古作刅。」「从」「從」古今字，《説文·从部》「从」篆下段注：「从者，今之從字，從行而从廢矣。」

〔九〕注文殘字底一右部有殘缺，所殘存之左部模糊不能辨，刊本作「揉」。

〔一〇〕可改更之也，刊本作「可以改更」，案孔穎達《尚書正義》（以下簡稱「正義」）云：「『可改更』者，可銷鑄以爲器也。」是其所據本亦無「以」字；「之也」二字當是爲雙行對齊而添。

〔一一〕嗇，刊本作「嗇」，《説文·嗇部》：「𤲿，古文嗇。」《玉篇》隸定爲「𤲿」，此作「嗇」，訛變之體也。

〔一二〕種，底一殘存下半。

〔一三〕啬，刊本作「穡」，「啬」爲「嗇」之俗字，「嗇」「穡」古今字，《説文通訓定聲》於「嗇」字下云：「此字本訓當爲收穀，即「穡」之古文也。」下同。

〔一四〕也，刊本無。

〔一五〕刓，底卷原寫作「𠕥」，乃「朋」字俗寫，文中當是「刓」之誤，此徑改正；刊本作「從」，「刓」爲「從」之古文，説詳校記〔八〕。

〔一六〕味，刊本無，阮元《尚書校勘記》云：「葛本、嘉萬本、閩本同。毛本「氣」下有「味」字。《史記集解》作「金氣之味」。按「金氣之味」猶上言「焦氣之味」也，鹹、苦、酸、辛、甘皆以味言，不以氣言，金之氣乃腥也。」北京大學出版社標點本《尚書正義》據以補「味」字。

〔一七〕稼嗇作甘，底二「稼」字殘存左旁「禾」之殘畫，「嗇」之第二横筆亦存左端殘畫，「作」字殘存左邊「亻」旁。底一「作」字殘泐。底二起於「稼」字。

〔一八〕也，底二、刊本無。

〔一九〕皀，刊本作「貌」，斯二七二九《毛詩音》第五行有「皀」字，伯三六〇二《庄子集音》第一二行有「快性之皀」句，「皀」應是「皀」之變體，「皀」爲「皃」之俗字，《干禄字書·去聲》：「皀、皃、貌，上俗中通下正。」

〔二〇〕底一止於「二曰」，自「言」字始以底二爲底本。

〔二一〕辭，刊本作「詞」，《干禄字書·平聲》：「辝、辤、辭，上中竝辞讓；下辭説，今作辞，俗作辞，非也。」「辞」爲「辭」之俗字，「辭」「詞」二字古多混用。

〔二二〕政，刊本作「正」，《正義》云：「視者言其觀正不觀邪也。」則當以作「正」爲是，「政」爲同音借字。

〔二三〕也，刊本無。

〔二四〕㐅，刊本作「五」，説見校記〔三〕。

〔二五〕皀曰龔，刊本作「貌曰恭」，「皀」爲「皃」之俗字，《干禄字書·去聲》：「皀、皃、貌，上俗中通下正。」「龔」爲古文「恭」，説詳《古文尚書傳》（二）校記〔七三〕。下凡「龔」字皆同。

〔二六〕眎，刊本作「視」，《玉篇·目部》：「眎，古文視。」

〔三七〕也，刊本無。

〔三八〕聰，刊本作『聦』。《干禄字書・平聲》：『聡、聦、聰，上、中通，下正。』

〔二九〕也，刊本無。

〔三〇〕也，刊本無。

〔三一〕哲，刊本作『哲』，《正義》云：『王肅及《漢書・五行志》皆云：「哲，智也。」定本作「哲」則讀爲哲。』案《玉篇・口部》『哲』條下云：『《書》曰「明作哲」。』《舊唐書・五行志》：『《經》曰「敬用五事」，謂「貌曰恭，言曰從，視曰明，聽曰聰，思曰睿。恭作肅，從作乂，明作哲，聰作謀，睿作聖」。』皆作『哲』。《説文・口部》：『哲，知也。』《爾雅・釋言》：『哲，智也。』《史記・宋微子世家》云：『五事：一曰貌，二曰言，三曰視，四曰聽，五曰思。貌曰恭，言曰從，視曰明，聽曰聰，思曰睿。恭作肅，從作治，明作智，聰作謀，睿作聖。』乃以訓詁字代經字，可知司馬遷所見本亦作『哲』。

〔三二〕炤，刊本作『照』，《五經文字・火部》：『炤，與照同。』

〔三三〕𢘓，刊本作『謀』，《龍龕・心部》：『𢘓，古文，音謀。』

〔三四〕也，刊本無。

〔三五〕也，刊本無。

〔三六〕也，刊本無。

〔三七〕也，刊本無。

〔三八〕亖，刊本作『四』，《玉篇・二部》：『亖，古文四。』下『亖』字同。

〔三九〕礼義也，刊本『礼』作『禮』，無『也』字，『礼』爲古文『禮』字，敦煌寫本多用此字，後世刊本則多用『禮』字。下凡『礼』字均不復出。

〔四〇〕記四時也，刊本『記』作『紀』，無『也』字，案當作『紀』，下諸句皆作『紀』。

〔四一〕也，刊本無。

〔四二〕廿，刊本作「二十」，「廿」爲「二十」之合文。

〔四三〕也，刊本無。

〔四四〕曆，刊本作「厤」，「厤」「曆」古今字。

〔四五〕節，刊本無。

〔四六〕旹，刊本作「時」，《説文·日部》：「旹，古文時，从日㞢作。」下「旹」字同。

〔四七〕亓又極也，刊本「亓」作「其」，「又」作「有」，無「也」字，《集韻·之韻》：「其，古作亓。」《集韻·有韻》：「有，古作ナ。」「又」「ナ」同字，皆「有」之古文。下「ナ」字同。

〔四八〕也，刊本無。

〔四九〕身，刊本作「厥」，《説文·氏部》有「氒」篆，段玉裁注云：「《玉篇》亦作身，隸變也。」《廣韻·月韻》以「氒」爲「厥」之古文，案此作「身」，亦「氒」之隸變也。下「身」字同。

〔五〇〕人，刊本作「民」。

〔五一〕女，刊本作「汝」，「女」「汝」古今字。下「女」字同。

〔五二〕亡有㸒朋，刊本「亡」作「無」，「㸒」作「淫」，伯三三一五《尚書釋文》第九四行：「亡，音無，古文「無」字皆尒。」下句「亡」字同。黄侃《説文段注小箋》云：「貪淫本作「㸒」。」（《説文箋識四種》一七九頁，上海古籍出版社一九八三）

〔五三〕悳，刊本作「德」，《説文》有「悳」字，隸變作「悳」、「惪」，《廣韻·德韻》以「惪」爲「德」之古文，「悳」乃「惪」之變體。

〔五四〕惟天下皆大爲中正也，刊本「惟」作「爲」，無「也」字，《正義》云：「善多惡少，則惡亦化而爲善；無復有不中之人，惟天下皆大爲中正矣。」是其所據本亦作「惟」。

古文尚書傳（一一）（洛誥—立政）

伯二七四八（底一）　斯一〇五二四A（底二甲）　北臨二四〇九（底二乙）
斯五六二六（底二丙）　斯六二五九（底二丁）　斯二〇七四（底三）
伯二六三〇（底四）　斯六〇一七（甲卷）　伯三七六七（乙卷）

【題解】

底一編號爲伯二七四八，起《洛誥》「予乃胤保」，至《蔡仲之命》「因蔡叔于郭鄰，以車七乘」僞孔《傳》「因謂制其出入」之「其」，存《洛誥》、《多士》、《亡逸》、《君奭》、《蔡仲之命》五篇内容，共二百四十三行，經文大字，小注雙行。《伯目》已定此卷爲《尚書》，今依例擬其名爲《古文尚書傳（洛誥—蔡仲之命）》。

王重民《敦煌本尚書六跋》以此爲唐中葉以後寫本（《國立北平圖書館館刊》第九卷第四號第三頁，一九三五年七月），案寫卷第一百六十八行「基」字缺筆，其抄寫時代必在玄宗以後。

底二編號爲斯一〇五二四A（底二甲）+？+北臨二四〇九（底二乙）+斯五六二六（底二丙）+斯六二五九（底二丁）。

底二甲起《君奭》「時則有若伊尹，格于皇天」僞《傳》「謂致太平」，至「則商實百姓」僞《傳》「皆知禮節」之「禮」，存九上半行。《榮目》首先比定其名。

底二乙起《蔡仲之命》篇題「第九」二字，至「爾尚蓋前人之愆，惟忠惟孝」僞《傳》「汝當庶幾脩德」之「德」字，存十四個下半行。

底二丙起《蔡仲之命》「王命蔡仲」僞《傳》「成王也」，至「皇天無親」之「天」，共十六上半行。《翟目》、《寶藏》皆誤爲《尚書·呂刑》，向達《倫敦所藏敦煌卷子經眼目録》首先比定其名爲《隸古定尚書存蔡仲之命》。此卷左下角倒置之殘片，存『修已以』、『庶幾修（存上端殘畫）』、『父所』七字及『汝爲』二字之左半，應置於此卷第十一、十二行之下端，原卷綴合錯誤。

底二丁起《蔡仲之命》『克勤無怠』，至《多方·序》『在宗周』之『在』，凡二十一行，前四行殘上截，第一行連下端亦殘泐，末五行殘缺下截，經文大字，小注雙行。《翟目》首先比定其名。

底二丙最後四行正爲底二丁前四行所缺之上半截，《尚書文字合編》已將兩者綴合。底二甲與底二丙、底二丁之背面皆爲《文樣》，字體相同，亦當爲同一卷，只是中間不連接，榮新江已發之，説見《〈英藏敦煌文獻〉定名商補》（《文史》二〇〇〇年第三輯，一二七頁）。

底二乙與底二丙亦爲一卷之裂，其第三至十四行殘去之上半截正爲底二丙第一至十二行，考詳許建平《中國國家圖書館藏未刊敦煌寫本殘片四種的定名與綴合》（《浙江與敦煌學——常書鴻先生誕辰一百周年紀念文集》三一八至三二〇頁，浙江古籍出版社二〇〇四）。

以上四卷綴合後凡四十四行，涉及《君奭》、《蔡仲之命》、《多方》三篇内容，故擬名爲《古文尚書傳（君奭—多方）》。

底三編號爲斯二〇七四，起《蔡仲之命》『降霍叔于庶人』之『降』，迄《立政》『不敢替厥義德』之『替』，共一百六十六行，前十四行及末行殘去下截，大字經文，小注雙行，涉及《蔡仲之命》、《多方》、《立政》三篇的内容。《翟目》已比定其名，兹依例擬名爲《古文尚書傳（蔡仲之命—立政）》。此卷『世』、『民』、『治』諸字均缺筆，《翟目》定爲七世紀寫本。然此卷避諱極嚴，『世』、『民』、『治』三字均缺筆，甚至第一四九行『治』字先寫作『治』，又改爲缺筆，那麼此卷極有可能是

底二丙與底二丁綴合圖（局部）

高宗朝抄本。

底四編號爲伯二六三〇，起《多方》『爾罔不克臬』僞《傳》『汝無不能用法』之『法』，迄《立政》末，尾題『尚書卷第十』，共九十九行，前三行下截殘，第一行僅存僞《傳》文五字。經文大字，小注雙行。《伯目》首先比定其名，兹依例擬名《古文尚書傳（多方、立政）》。寫卷『世』、『民』、『基』缺筆，則其抄寫時間不會早於玄宗朝。

甲卷編號爲斯六〇一七，起《洛誥》『汝其敬識百辟享』僞《傳》『其當敬識百君諸侯之奉上者』之『君』，迄『和恒四方民』之『方』，十二行，首行有殘缺。經文大字，小注雙行。《翟目》最先比定其名，今依例擬名《古文尚書傳（洛誥）》。

乙卷編號爲伯三七六七，起《無逸》『生則逸，不知稼穡之艱難』僞《傳》『言與小人之子同其敝』之『敝』（寫卷作『弊』），迄篇末，尾題『尚書卷第九』，共三十三行。經文大字，小注雙行。《索引》首先比定其名，兹依例擬名爲《古文尚書傳（無逸）》。

吴福熙《敦煌殘卷古文尚書校注》（蘭州・甘肅人民出版社一九九二。簡稱『吴福熙』）對底一、底二丁、底四、乙卷作過簡單的校記。

本篇先以底一爲底本，自《蔡仲之命》『囚蔡叔于郭鄰，以車七乘』僞《傳》『囚謂制其出入』之『出入』起以底二爲底本，自《蔡仲之命》『成王東伐淮夷』起以底三爲底本，自《立政》『不敢替厥義德』之『替』起以底四爲底本。

底一、底四據縮微膠卷録文，底二甲、底二丙、底二丁、底三據《英藏》録文，底二乙據國家圖書館所藏原卷録文，以甲卷、乙卷及中華書局影印阮元刻《十三經注疏・尚書正義》爲對校本（簡稱『刊本』），校録於後。

（前缺）

予乃胤保，大▨（相）〔一〕東土，亓基作人明𠉀〔二〕。我乃继〔三〕文武安天下之道，大相洛邑，□□□□▨▨▨

▨（其始爲民明君之治）[四]。▨▨（予惟）[五]乙卯，朝至于洛▨（師）[六]。致政在冬，本其春來至洛衆，説始卜定都之意。我卜河朔黎水上[七]，我乃卜澗水東、瀍[八]水西，惟洛食。我使人卜河北黎水上，不吉；又卜澗瀍之間，南近洛，吉。今河南城也。卜必先墨畫龜，然後灼之，兆順食墨也[九]。我亦[一〇]卜瀍水東，亦惟洛食。伻來以圖及獻卜。』今洛陽也。將定下都，遷殷頑人[一一]，故并卜之。遣使以所卜視[一二]地圖及獻所卜吉兆，來告於成王也[一三]。王拜手䭫[一四]首曰：『公不敢不敬天之休，來相宅，其作周匹休。成王尊[一五]周公，荅其拜手䭫首而受其言。述而美之，言公不敢不敬天之美，來相宅，其作周以配天之美矣也[一六]。公旡[一七]定宅，伻來，來眎[一八]予卜休恒吉。我二人共貞。言公前已定宅，遣使來，來示[一九]我以所卜之美、常吉之居，我与公共正其美。公其以予万[二〇]億年敬天之休。』公其當用我□（万）[二一]億年敬天之美。十千爲万，十万爲億，言久遠。王[二二]拜手䭫首誨言。成王盡礼[二三]致敬於周公，求[二四]教誨之言。

周公曰：『王肈[二五]稱殷礼，祀于新邑，咸袟亡[二六]文。言王當始舉殷家祭礼[二七]，以礼典祀於新邑，皆次袟不在礼文者而祀之。予齊百工，伻從王于周。予惟曰：「庶有事。」言王[二八]我整齊百官，使從王於周，行其礼典。我惟曰：『庶幾有善政事。』今王即命曰：「記功，宗以功，作元祀。」今王就行王命於洛邑，曰：『當記人之功，尊人亦當用功大小爲序，有大功則列爲[二九]大祀。』謂功施於人也[三〇]。惟命曰：「女[三一]受命篤，弼丕眎功載，乃女其悉自教工。」惟天命我周邦，女受天命厚矣，當輔大天命，視群臣有功者記載之，乃女新即政，其當盡自教衆官，躬化之。孺子其朋，孺子其朋，慎[三二]其往。少子慎其朋黨，少子慎其[三三]朋黨。戒其自今以往也[三四]。亡若火始錟錟，厥逌焯[三五]敘，不[三六]其絕。今[三七]朋黨敗俗，所宜禁絕。無令若火始[然][三八]，錟錟尚微，其所及，焯然有次序，不其絕。事從微至著，防之宜以初也[三九]。厥若彝，及撫事如予，惟以在周工。順其[四〇]常道，及撫國事，如我所爲，惟用在周之百官也[四一]。往新邑，平[四二]嚮即有僚，明作有功，惇大成裕，女永有詞[四三]。』往行政化於新邑，當使臣下各嚮就有官，明爲有功，厚大成行[四四]寬裕之德，則女長有歎譽之辤於後世也[四五]。公曰：『已！女惟沖[四六]子惟終。已乎！汝惟童子，嗣父祖之位，惟當終其美業。女其敬識百侯亯〔四七〕，亦識其有不亯。亯多儀，儀不及物，惟曰不亯。奉上謂之享。言女爲王，其當敬識百官〔四八〕諸侯之奉上者，亦識其有違上者。奉上之道多威儀，威儀不及礼物，惟曰不奉上矣〔四九〕。惟不役志于亯〔五〇〕，凡人〔五一〕惟曰不亯，惟事其〔五二〕爽侮。言君〔五三〕惟不役志於奉上，則凡人〔五四〕化之。惟〔五五〕不奉上矣。如此則惟政事其差錯侮慢不可治理也〔五六〕。乃惟孺子，攽朕不暇〔五七〕，聽朕教女于棐，人〔五八〕彛。我爲政常若不暇，女惟少子〔五九〕，當分取我之不暇而行之，聽我教女於輔人〔六〇〕之常而用之。女乃是不蘉，乃時惟不永哉〔六一〕！女乃是不勉〔六二〕爲政，汝乃〔六三〕是惟不可長哉！欲其必勉爲可長〔六四〕。篤〔六五〕敘乃正父，罔〔六六〕不若予，不敢廢〔六七〕乃命。厚次序女正父之道而行之，無不順我所爲，則天下不敢弃〔六八〕女命，常奉之。女往敬哉！兹予其明農〔六九〕哉！彼裕我民〔七〇〕，亡遠用戾。』女往居新邑，敬行教化哉！如此我其退老，明教農人〔七一〕以義哉！彼天下被寬裕之政，則我人〔七二〕無遠用來。言皆來〔七三〕。

王若曰：『公，明保予沖〔七四〕子。成王順周公意，請留之自輔。言公當明安我〔七五〕童子，不可去〔七六〕。公稱丕顯德〔七七〕，以予小子揚文武烈〔七八〕，言公當留，舉大明德，用我小子裒揚文武之業而奉順天〔七九〕。奉荅天命〔八〇〕，和恒四方人〔八一〕，居師，又當奉當天命，以和常四方之人〔八二〕，居處其衆也〔八三〕。惇宗將礼，稱秩元祀，咸秩亡文。厚尊大礼，舉秩大祀，皆次秩無礼文而宜在祀典者，凡此待公而行。惟公德明，光于上下，勤施于四方。言公明德光於天地，勤施政於〔八四〕四海，万邦四夷服仰公德而化之也〔八五〕。旁作穆穆卸〔八六〕衡，弗〔八七〕迷文武勤教，四方徬〔八八〕來爲敬敬之道，以迎太平之政，不迷惑於文武所勤之教。言化洽〔八九〕。予沖子夙夜毖祀。』言政化由公而立，我童子徒早起夜寀，慎其祭祀而已。無所能。王曰：『公功棐迪篤，罔不若時。』公之功輔導〔九〇〕我已厚矣，天下無不順而是公也〔九一〕。

王曰：『公，予小子其退即侯于周，而命公後。我小子退坐之後，便〔九二〕就君於周，命立〔九三〕公後，公當留佐我之也〔九四〕。四方迪亂，未定[于]〔九五〕宗礼，亦未克敉公功。言四方雖道治，猶未定於尊礼。礼未章也〔九六〕，是亦未能撫順公之大功。明不可以去。迪將其後，監我士師工，公留教道，將助我其今以〔九七〕後之政，監督我〔九八〕政事衆官。委

[任]〔九九〕之言。 誕保文武受民〔一〇〇〕亂，爲四輔。』大安文武所受之人治之也〔一〇一〕，爲我四維之輔。 明當依倚公。 王曰：『公定，予往已。公功肅將祇歡，公留以安定我，我從公言，往至洛邑〔一〇二〕已矣。 公功已〔一〇三〕進大，天下咸敬樂公功。 公亡困才！ 我惟亡斁其康事，公勿替刑，四方其世享。』公必留，無去以困我哉！ 我惟無猒〔一〇四〕其安天下事。 公勿去以廢法，則四方其世世享公之德也〔一〇五〕。

周公拜手䭫首曰：『王命予來，承保乃文祖受命人〔一〇六〕，拜而後言，許成王留。 言王命我來，承安女文德之祖文王所受命之人〔一〇七〕，是所以不得去也〔一〇八〕。 越乃光烈〔一〇九〕考武王，弘朕恭。 於女大業父〔一一〇〕武王，大使我恭奉其道。 敘成王留己意。 孺子來相宅，其大惇典殷獻人〔一一一〕，少子今所以來相宅於洛邑，其大厚行典常於殷賢人。 亂爲四方新侵，作周恭先。 言當治理天下，新其政化，爲四方之新君，爲周家見恭敬之王，後世所推先〔一一二〕。 曰，其自時中乂，萬邦咸休，惟王有成績。 曰，其當用是土中爲治，使萬國皆被美德，如此惟王乃有成功。 予旦昌〔一一三〕多子越御事，篤前人成烈，畣〔一一四〕其師，作周孚先。 我旦以衆卿大夫及〔一一五〕於御治事之臣，厚率行先王成業，當其衆心，爲周家立信者之所推先也〔一一六〕。 考朕昭子刑，乃單文祖德，伻來毖殷，乃命寧。 我所成明子法，乃盡文祖之德，謂典礼〔一一七〕。 所以居土中〔一一八〕，是文武使己來慎教殷人〔一一九〕，乃見命而安之。 予以秬鬯二卣，曰明禋，拜手䭫首，休享。 周公攝政七年致太平，以黑黍酒二器，明絜致敬，告文武以美享。 既告而致政，成王留之。 本説之也〔一二〇〕。 予不敢宿，則禋于文王武王。 言我見天下太平，即〔一二一〕絜告文武，不經宿。 惠篤敘，亡有冓〔一二二〕自疾。 萬年猒于〔一二三〕乃德，殷乃引考。 女爲政當順其〔一二四〕典常，厚行之使有次序，無有遇用患疾之道者，則天下万年猒於女德，殷乃長成爲周矣〔一二五〕。 王伻殷乃承敘萬年，其永觀朕子懷德〔一二六〕。』王使殷人〔一二七〕上下相承有次序，則万年之道也，人其長觀我子孫而婦〔一二八〕其德矣。 勉使終之。

戊辰，王在新邑。 成王既受周公誥，遂就居洛邑，以十二月戊辰晦到。 烝祭歲，文王騂牛一，武王騂牛一。 王命作册〔一二九〕，逸祝册，惟告周公其後。 明月，夏之仲冬，始於新邑烝祭，故曰烝祭歲。 古者襃〔一三〇〕德賞功，必於祭日，示不專〔一三一〕。特加文武各一〔一三二〕牛，告白〔一三三〕尊周公，立其後爲魯侯也〔一三四〕。王賓，煞〔一三五〕禋，咸格，王入太室裸。王賓異周公，殺牲精意以享文武，皆至其廟親告〔一三六〕。太室，清廟〔一三七〕。裸鬯告神。王命周公後，作笧逸誥，王爲策〔一三八〕書，使史逸告伯禽封命也〔一三九〕，皆同在烝祭日，周公拜前，魯公拜後。在十有二月。惟周公誕保文武受命，惟七年。言周公攝政盡此十二月，大安文武受命之事，惟七年，天下太平。自戊辰以〔一四〇〕下，史所終述。

多士第十六

成周旡成，洛陽下都。䙴殷頑人〔一四一〕，殷大夫士心不測〔一四二〕德義之經，故徙近王都教誨之也〔一四三〕。「周公以王命誥，稱成王命告令之。」〔一四四〕作《多士》。

多士所告者即衆士，故以名篇。

惟三月，周公初于新邑洛，用告商王士。周公致政明年三月，始於新邑洛，用王命告商王之衆士。王若曰：『尒〔一四五〕殷遺多士，順其事稱以告殷遺餘衆士也〔一四六〕。所順在下。不〔一四七〕弔，旻天大降喪于殷。稱天以愍〔一四八〕下，言愍道至者，殷道不至，故旻天下喪亡於殷也〔一四九〕。我有周祐〔一五〇〕命，將天明畏〔一五一〕，言我有周受天祐助〔一五二〕之命，故得奉天明威。致王罸〔一五三〕，勑殷命終于帝。天命周致王者之誅罸，正〔一五四〕黜殷命，終周於帝王。肆尒多士，非我小國敢弋殷命。天右〔一五五〕我，故女衆士臣服我。弋，取也。非我敢取殷之〔一五六〕王命，乃天之〔一五七〕命。惟天不畀〔一五八〕允它固亂，弼我，其〔一五九〕敢求位？惟天不祐與信〔一六〇〕無堅固治者，故輔右〔一六一〕我，我其敢求〔天位乎〕〔一六二〕？惟帝不畀，惟我下人〔一六三〕秉爲，惟天明畏。惟天不與紂，惟我周家下人秉心爲我，皆是天明德可畏之効〔一六四〕。我聞曰：「上帝引逸。」有夏不適逸，則惟帝降格。言上天欲人長〔一六五〕逸樂，有夏桀爲政不之逸樂，故天下至戒以譴告之。嚮于時夏。不〔一六六〕克庸帝，大淫佾有詞〔一六七〕。天下至戒，是嚮於夏〔一六八〕，不背弃也〔一六九〕。桀〔一七〇〕不能用天戒，大爲過佚〔一七一〕之行，有惡辤聞於世也〔一七二〕。惟時天它念聞，厥惟廢元命，降致罰。惟是桀惡有辝，故天無所念聞，言不祐也〔一七三〕，其惟癈其大〔一七四〕命，下致天罰。乃命尒〔一七五〕先祖成湯革夏，畯人〔一七六〕甸四方。天命湯更代夏，用其賢人治四方之也〔一七七〕。自成湯至于帝乙，亡不明德卹〔一七八〕祀。自帝乙以上，無不顯用有德，憂念齋〔一七九〕敬，奉其祭祀。言能保宗廟〔一八〇〕社稷。亦惟天丕建保乂有殷，殷王亦亡敢失帝，亡弗配天其澤。湯既革夏，亦惟天大立安治有殷〔一八一〕。殷家諸王皆能憂念祭祀，無敢失天道者。故無不配天布其德澤。在今後孠〔一八二〕王，誕亡顯于天，攷〔一八三〕曰其有聽念于先王勤家？後嗣王紂，大無明於〔一八四〕天道，所行昏虐〔一八五〕，天且忽之，况曰其有聽念先祖、勤勞國家之事〔一八六〕？誕淫厥佾，亡顧于天顯人〔一八七〕祇。言紂大〔一八八〕過其過，無顧於天，無能明人爲敬，暴亂甚。惟時上帝不保，降若兹大喪。惟是紂惡，天〔一八九〕不安之，故下若此大喪亡之誅。惟天不畀不明厥德，凡四方小大邦喪，亡非有訔〔一九〇〕于罰。』惟天不与不明其德者，故凡四方小大國喪滅，無非有辝於天所罰。言皆有暗亂之辝也〔一九一〕。

王若曰：『尒殷多士，今惟我周王，丕靈承帝事，周王，文武〔一九二〕。大神奉天事，言明德恤祀。有命曰：「割殷，告勑于帝。」天有命，命周割絕殷命，告政〔一九三〕於天。謂尅紂〔一九四〕，柴於牧野，告天不「頓」兵傷士〔一九五〕。惟我事弗貳適，「惟」〔一九六〕尒王家我適。言天下事已之我周矣，不貳之他也〔一九七〕，惟汝殷王家已之我，不復有變者也〔一九八〕。

予亓曰：「惟尒洪亡度，我弗尒⿰山重〔一九九〕，自乃邑。」我其曰，惟女大無法度，謂紂無道。我不先動誅女，亂〔二〇〇〕從女邑起。言自招〔二〇一〕禍者。予亦念天即于殷大戾，肆弗正。』我亦念天就於殷大罪而加誅者，故以紂不能正身念法者〔二〇二〕。

王曰：『繇告尒殷〔二〇三〕多士，予惟時其遷屔〔二〇四〕西尒。以道告女衆士，我惟女未達德義，是以徙屔西女於洛邑，教誨女也〔二〇五〕。非我一人奉德弗康寧，時惟天命。我從女，非我天子奉德，不能使人安安之也〔二〇六〕，是惟天命宜然。亡違，朕弗敢有後，亡我怨。女無違命，我〔二〇七〕不敢有後誅，女無怨我者也〔二〇八〕。惟尒知，惟殷先人，有笧有⿱𥫗典〔二〇九〕，殷革夏命。言女所親知，殷先世有策書典藉〔二一〇〕。説殷改夏王「命」之意也〔二一一〕。今尒又曰：「夏迪簡在王庭，有服在百僚。」簡，大也。今女又曰：『夏之衆士蹈道者，大在殷王庭，有服職〔二一二〕在百官。』言見任用者也〔二一三〕。予一人惟聽用德，肆予敢求尒于天邑商。言我周亦法殷家，惟聽用有德，故我敢求女於天邑商，將任用之者〔二一四〕。予惟徇肆矜〔二一五〕尒，非予辠〔二一六〕，時[惟]〔二一七〕天命。』惟我循殷故事，憐愍〔二一八〕女。故徙教女，非我罪咎〔二一九〕，是惟天命。王曰：『多士，昔朕來自奄，予大津〔二二〇〕尒四國民命。昔我來從奄，謂先誅三監，後伐〔二二一〕奄、淮夷。人命謂君〔二二二〕。大下女人命，誅四國君也〔二二三〕。我乃明致天罰〔二二四〕，移尒遐逷〔二二五〕，比事臣我宗，多孫〔二二六〕。』四國君叛〔二二七〕，我下其命，乃所以明致天罰。命〔二二八〕移徙女於洛邑，使女遠於惡俗，比近臣我周宗〔二二九〕，多爲順道也〔二三〇〕。王曰：『告尒殷多士，今[予惟不爾殺]〔二三一〕，予惟時命有申。所以徙女，是我不欲煞女，故惟是教命申戒也〔二三二〕。今朕作大邑于兹洛〔二三三〕，予惟四方宅適〔二三四〕賓，今我作此洛邑，以待四方，無有遠近，無所賓外者也〔二三五〕。亦惟尒多士，適服奔走臣我，多遜。非但待四方，亦惟女衆士，所當服行奔走臣我，多爲順事。尒乃尚有尒土，乃尚寍〔二三六〕幹止，女多爲順事，乃庶幾還有女本土，乃庶幾安女事〔二三七〕止居。以返所生誘之者〔二三八〕。尒克敬，天惟卑〔二三九〕矜尒。[女]〔二四〇〕能敬行順事，則爲天所与，爲天所憐也〔二四一〕。尒弗克敬，尒弗啻弗有尒土，予亦致天之罰于尒躬。女不能敬順，其罰深重，不但不得還本土而已，我亦致天罰於女身。言刑煞。今尒惟時宅尒邑，繼尒立〔二四二〕，尒厥有幹有年于兹洛。今女惟是敬順居女邑，繼女所當居爲，則女其有安事，有豐年於此洛〔二四三〕。言由洛脩〔二四四〕善，得還本土，有幹有年者〔二四五〕。尒小子乃興，從尒遷。』女能敬，則子孫乃起從女化而遷善者〔二四六〕。王曰：『有〔二四七〕曰時予，乃或誨〔二四八〕言，尒適屋。』言女衆士當是我，勿非我也。我乃有教誨之言，則女所當居行。

亡逸第十七

周公作《亡逸》。中人之性好逸豫，故戒以無逸豫者〔二四九〕。

亡逸成王即政，恐其逸豫，故以所戒名篇者也〔二五〇〕。

周公曰：『烏虖〔二五一〕！君子所其亡逸。歎美君子之道，所在念德，其無逸豫。君子且猶然，況王者乎？先知稼畬〔二五二〕之艱難，乃逸，則知小人之依。稼啬〔二五三〕農夫之艱難，事先知之，乃謀逸豫，則知小人之所依怙也。相小人，厥父母勤勞稼畬，厥子乃弗知稼啬之艱難，視小人不孝者，其父母躬勤艱〔難〕〔二五四〕，而子乃不知其勞。乃逸乃喭〔二五五〕。无唌〔二五六〕，否則侮厥父母曰：「昔之人亡聞知。」』小人之子既不知父母之勞，乃爲逸預〔二五七〕遊戲，乃▨（畔）墧〔二五八〕不恭。已欺誕父母，不欺，則輕侮其父母曰：『古老之人無所聞知也〔二五九〕。』

周公曰：『烏虖！我聞曰，昔在殷王中宗，太〔二六〇〕戊也，中宗〔二六一〕，殷家中世尊其德，故稱宗。嚴龔〔二六二〕寅畏天命，自度，言太戊嚴恪恭敬，畏天命，用法度也〔二六三〕。治民祗懼，弗敢荒〔二六四〕寧。爲政敬身畏懼，不敢荒〔怠〕自安者〔二六五〕。肆中宗之亯〔二六六〕國，七十有㐅〔二六七〕年。以敬畏之故，得壽考之福。其在高宗，時舊勞于外，爰臮〔二六八〕小人。武丁，父小乙使之久居人間〔二六九〕，勞是稼啬，与小人出入同事。作其即位，乃或亮陰，三年弗言。武丁起其即王位，則小乙死，乃有信嘿〔二七〇〕，三年不言。言孝行着也〔二七一〕。其惟弗言，言乃邕〔二七二〕。弗敦〔二七三〕荒寧。在喪則其惟不言，喪畢發言，則天下和。亦法中宗，不敢荒怠自安者也〔二七四〕。嘉靖殷邦。至于小大，亡時或怨。善謀殷國，至於〔二七五〕小大之政，人無〔二七六〕是有怨者。言無非。肆高宗之亯國，㐅十有九年。高宗爲政，小大無怨，故亦享國永年也〔二七七〕。其在祖甲，弗誼〔二七八〕惟王，舊爲小人。湯孫太甲，爲王不義，久爲小人之行，伊尹放之桐。作其即位，爰知小人之依，能保惠于庻〔二七九〕民，弗侮鰥寡〔二八〇〕。在桐三年，思集用光，起就王位，於是知小人之所依。依仁政，故就安順於衆人〔二八一〕，不敢侮慢惸獨者〔二八二〕。肆祖甲之亯國，三十有三年。太甲亦以〔知〕〔二八三〕小人之依，故得久年。此以德優劣、立年多少爲先後，故祖甲在下。殷家〔二八四〕祖其功，故稱之者也〔二八五〕。自時厥後立王，生則逸。從是三王，各承其後而立者，生則逸預無度也〔二八六〕。生則逸，弗知稼啬之艱難，言与小人之子同其弊〔二八七〕。弗聞小人之勞，惟湛〔二八八〕樂之從。過樂胃〔二八九〕之湛。惟樂之從，言荒淫。自時厥〔後〕〔二九〇〕，亦冈或克耆〔二九一〕。以湛樂之故，從是其後，從無有能壽〔二九二〕。或十年，或七八年，或又六年〔二九三〕，或四〔二九四〕三年。』高者十年，下者三年，言逸樂之損壽。周公曰：『烏虖〔二九五〕！厥亦惟我周大王、王季〔二九六〕，克自抑祥力〔二九七〕畏。大〔二九八〕王，周公曾祖。王季即祖〔二九九〕。言皆能以義自抑，畏〔三〇〇〕敬天命。將説文王，故本其父〔三〇一〕。文王卑服，即康功田功。文王節儉〔三〇二〕，卑其衣服，以就其安人之功。就田功〔三〇三〕，以知稼穡之難〔三〇四〕。徽柔懿共〔三〇五〕，懷保小人〔三〇六〕，惠鮮鰥〔三〇七〕寡。以美道和其人〔三〇八〕，故人懷之。以美政供待人〔三〇九〕，故人安之。又加惠鮮［乏］〔三一〇〕鰥寡之人。自朝至于日中仄〔三一一〕，弗皇〔三一二〕暇食，用咸和万民。從朝至日跌不暇食〔三一三〕，思慮政事，［用］皆和万人〔三一四〕。文王弗敢盤于遊田，㠯度邦惟正之共〔三一五〕。文王不敢樂于遊逸〔三一六〕於田獵，以衆國所取法則〔三一七〕，當以正道供待之故者〔三一八〕。文王受命惟中身，厥亯或〔三一九〕㐅十年。』文王九十七而終。中身，則即位時年卌七〔三二〇〕。言中身，舉全數〔三二一〕。

周公曰：『烏虖！繼自今孠〔三二二〕王，繼從今以［往］〔三二三〕嗣世之王，皆戒〔三二四〕之。則其〔三二五〕亡淫于觀、于逸、于遊、于田，以〔三二六〕万民惟正之共。所以無敢過於觀遊逸豫田獵者，用萬人當惟正身以待之故者〔三二七〕。亡皇曰：「今日湛樂。」乃非民逌訓〔三二八〕，非天逌若，時人丕則有愆〔三二九〕。無敢自暇〔三三〇〕曰：『［唯今日］〔三三一〕樂，後日止〔三三二〕。』夫湛樂也〔三三三〕，乃非所［以］〔三三四〕教民，非所以順天，是［人］則大有過矣〔三三五〕。亡若殷王受之迷𤔔〔三三六〕，酗于酒德才〔三三七〕！』以酒爲凶胃之酗。言紂心迷政亂〔三三八〕，以酗酒爲德。戒嗣王無如之〔三三九〕。

周公曰：『烏虖！我聞〔三四〇〕曰，古之人，猷〔三四一〕胥訓告，胥保惠，胥教誨〔三四二〕，歎古之君臣，雖君明臣良，猶相道〔三四三〕告，相安順，相教誨以義方也〔三四四〕。民亡或胥嚋〔三四五〕張爲幻。譸張，誑〔三四六〕。君臣以道相正，故下民無有相欺誑或幻〔三四七〕。此厥弗聽，人乃訓𡳿〔三四八〕，乃變𤔔〔三四九〕先王之正刑，至于小大。此其不聽中正之君，人乃教之以非法，乃變亂先王之正法，至於〔三五〇〕小大，無不變亂。言已有以致之者〔三五一〕。民否則厥心韋〔三五二〕怨，否則厥口禃祝。』〔三五三〕以君變亂正法，故人不則心韋恣〔三五四〕，否則其口禃祝。言皆患其上〔三五五〕。周公曰：『烏虖！自殷王中宗［及高宗］〔三五六〕，及祖甲，及我周文王，茲四人迪悊〔三五七〕。言此四人皆蹈智明德以臨下人〔三五八〕。厥或告之曰：「小人怨女詈［女］〔三五九〕。」則皇自疾〔三六〇〕敬德，其有告之，言小人怨詈者〔三六一〕，則大自敬德，增脩〔三六二〕善政。厥僭，曰：「朕之僭。」允若時弗啻弗敢含忞〔三六三〕。其人有過〔三六四〕，則曰：『我過，百姓有過，在予一人。』信如是怨詈，則四王不啻不敢含怒以罪之。言當和悅也〔三六五〕。此厥弗聽，人乃或𠼝〔三六六〕張爲幻，曰：「小人怨女詈女。」則信〔三六七〕之。此其不聽中正之君，有人誑或〔三六八〕之，言小人怨憾䛅詈女〔三六九〕，則信受之者〔三七〇〕。則若時，弗永念厥侵〔三七一〕，弗寬綽厥心，則如此〔三七二〕信讒者，不長念其爲君之道，不寬緩其心。言含怒也〔三七三〕。亂罰〔三七四〕亡辠，煞〔三七五〕亡辜，怨有〔三七六〕同，是藂〔三七七〕于厥身。』信讒含〔三七八〕怒，罰煞無辜〔三七九〕，則天下同怨讎之〔三八〇〕，藂聚於其身也〔三八一〕。周公曰：『烏虖！孠王其〔三八二〕監于茲。』視此亂罰之禍以爲戒也〔三八三〕。

尚書君奭第十八　周書　孔氏傳

召公爲保，周公爲師，相成王爲左右。召公弗說，周公作《君奭》。

君奭尊之曰君。奭，名，同姓〔三八四〕。陳古以告之，故以名篇之也〔三八五〕。

周公若曰：『君奭，順古道呼其名而告之也〔三八六〕。弗吊〔三八七〕，天降喪于殷，殷既墜厥命。我有周既受。言殷道不至，故天下喪亡於殷。殷已墜失其王命，我有周道至已受之矣也〔三八八〕。我弗敢知〔三八九〕，厥基〔三九〇〕永孚于休，若天棐忱，𤻲〔三九一〕興之迹，亦君所知。言殷家其始長信於美道，順天輔誠，所以國之〔三九二〕。我亦弗敢知曰，其終出于弗祥。言殷紂其終墜厥命，以出於不善之故，亦君所知也〔三九三〕。烏呼！君已〔三九四〕！時我，亦弗〔三九五〕敢寧于上帝命。歎而言曰：『君已〔三九六〕！當是我之留，我不敢安於〔三九七〕上天之命，故不敢不留。』弗永遠念天威。越我民罔〔三九八〕尤違，言君不長遠念天之威，而勸化於我人〔三九九〕，使無過違之闕。惟民〔四〇〇〕在我後嗣子孫，大弗克恭上下，遏佚前民光，在家弗知。惟衆人共在〔四〇一〕我後嗣子孫，若大不〔四〇二〕能恭承天地，絕失〔先王〕〔四〇三〕光大之道，我老〔在〕〔四〇四〕家，則不得知。天命弗易，天難忱〔四〇五〕，乃其墜命，弗克經歷。天命不易，天難信無德者，乃其墜失王命，不能經久歷遠，不可不慎也〔四〇六〕。嗣前人，恭明德，在今予小子旦。繼先王大業〔四〇七〕，恭奉其明德人〔四〇八〕，正在今我〔四〇九〕小子旦。言異於餘臣也〔四一〇〕。非克有正，迪惟前民〔四一一〕光，施于我沖〔四一二〕子。』我留非能有改正，但欲蹈行先王光大之道，施〔四一三〕於我童子。童子，成王。又曰：『天不可信，我道惟寧王德延，無德去之，是天不可信，故我以道惟安寧王之德，謀欲延久。天弗庸釋于文王受命。』言天不用令釋癈於〔四一四〕文王所受命，故我[留]〔四一五〕佐成王。

公曰：『君〔四一六〕，我聞在昔成湯既受命，已放桀，受命爲天子。時則有若伊尹，格于皇天。伊摯〔四一七〕佐湯，功至大天〔四一八〕。胃〔四一九〕致太平。在太甲，時則有若保衡。太甲繼湯，時則有如此伊尹爲保衡，言天[下]〔四二〇〕所取安，所取平。在太戊〔四二一〕，太甲之孫。時則有若伊陟、臣扈，格于上帝，巫咸乂王家。伊陟、臣扈帥〔四二二〕伊尹之職，使其君不殞〔四二三〕祖業，故至天之功不殞。巫咸治王家，言不及二臣也〔四二四〕。在祖乙，時則有若巫賢。祖乙，殷家亦祖其功，時賢臣有如此巫賢。賢，咸子。巫，氏也〔四二五〕。在武丁，時則有若甘盤。高宗即位，甘盤佐之，後有傅説。率惟兹有陳，保乂有殷，故殷禮〔四二六〕陟配天，多歷年所。言伊尹至甘盤六〔四二七〕臣佐其君，循惟此道〔四二八〕，有陳列之功，以安治有殷，故殷禮能升配天，享國久長，多歷年所也〔四二九〕。天維純右〔四三〇〕命，則商實百姓也〔四三一〕。殷礼配天，天惟〔四三二〕大佑助其王命，使商家百姓豐實，皆知礼節〔四三三〕。王人罔〔四三四〕弗秉德，明恤小臣，屏侯甸。自湯至武丁，其王人無不持德立業，明憂其小臣，使得其人，以爲蕃屏侯甸之服。小臣且憂得人，大臣可知之〔四三五〕。矧〔四三六〕咸奔走，惟兹惟德稱，用乂厥辟。王猶秉德憂臣，況臣下得不皆奔走？惟王此事，惟有德者舉，用治其君事乎〔四三七〕。故一民有〔四三八〕事于四方，若卜筮，罔弗是孚。』一人，天子也。君臣務德，故有事於四方，而天下化服。如卜筮，無不是而信之也〔四三九〕。公曰：『君奭，天壽平格，保乂有殷，有殷嗣，天滅威。言〔四四〇〕天壽有平至之君，故安治有殷。有殷嗣子紂，不能行〔四四一〕平至，天滅亡，加之以〔四四二〕威。今汝永念，則有固命，厥亂明我新造邦。』今汝長念平至者安治，反是者滅亡。以爲法戒也〔四四三〕，則有堅固王命，其治理足以明我新成國〔四四四〕。公曰：『君〔四四五〕，在昔上帝，割申勸寧王[之]〔四四六〕德，其集大命于厥身〔四四七〕。在昔上天，割制其義，重勸文王之德，故其能成王大命於其身〔四四八〕。謂勤德以受命之也〔四四九〕。惟文王尚克修和我有夏，亦惟有若虢叔，有若閎夭，文王庶幾能脩政〔四五〇〕，以和我所有諸夏，亦惟賢臣之［助］〔四五一〕爲治，有如此虢、閎夭〔四五二〕。閎，氏。虢，國；叔，字。文王苐〔四五三〕。夭，名也〔四五四〕。有若散宜生，有若泰顛，有若南宮括。散、泰、南宮皆氏。宜生、顛、适皆名〔四五五〕。凡五臣佐文王爲胥附、奔走、先後、御〔四五六〕侮之任。又曰，無能往來，兹迪彝教文王蔑德，降于國民〔四五七〕。有五賢〔四五八〕，猶曰其少，無所〔四五九〕能往來。而五人以此道法教文王以精微之德，下政令於國人。言雖聖人，亦須良佐。亦惟純右〔四六〇〕，秉德迪知天威，乃惟時昭文王。文王亦如殷家惟天所大佑，王〔四六一〕亦秉德蹈知天威，乃惟是五人明文王德〔四六二〕。迪見冒聞于上帝，惟時受有殷命哉！言能明文王德，蹈行顯見，覆冒下人〔四六三〕，彰聞上天，惟是故受有殷之王命。武王惟兹四民〔四六四〕，尚迪有祿。文王没，武王立，惟此四人，庶幾輔相武王蹈有天祿。虢叔先死，故曰四人。後暨武王，誕將天威，咸劉厥敵。言［此］〔四六五〕四人後与武王皆煞其敵。胃誅紂。惟兹四民，昭武王，惟冒丕單稱德。惟此四人，明武王之德，使布冒天下，大盡舉行［其］〔四六六〕德。今在予小子旦，若遊〔四六七〕大川，予往暨汝奭其濟小子，同未在位，誕無我責。我新還政，今任重在我小子旦，不能同於四人〔四六八〕。若遊大川，我往與汝奭其共濟渡成王，同於未在位即政時，汝大無非責我留。收冈勖弗及，耇造德弗降，我則鳴鳥弗聞，矧曰其有能格？』今與汝留輔王〔四六九〕，欲收教無自勉不及道義者，立此化，而老成德不肯〔四七〇〕降意爲之。我周則鳴鳥〔四七一〕不得聞，況曰其有能格［于］〔四七二〕皇天乎？公曰：『烏〔四七三〕呼！君，肆其監于兹。我受命無畺〔四七四〕惟休，亦大惟艱。以朝臣無能立功至天，故其當視於此，我周受命無窮惟美，亦大惟難〔四七五〕，不可輕忽，胃之易治。告君乃繇〔四七六〕裕，我弗以後人迷。』告君汝〔四七七〕謀寬饒之道，我留与汝輔王，不用後人迷或〔四七八〕，故欲教之。公曰：『前人敷乃心，乃悉命汝，作汝人〔四七九〕極。前人文武布其乃心爲法度，乃悉以命汝矣，爲汝人立中正矣。曰，汝明勖偶王，在亶乘兹大命。汝以前人法度明勉配王，［在］於誠信行［此］大命而已也〔四八〇〕。惟文王德，丕承無畺［之］〔四八一〕恤。』惟文王聖德，爲之子孫無忝厥祖，大承無窮之憂。公曰：『君，告汝朕允。告汝以我之誠信〔四八二〕。保奭，其汝克敬以予，監于殷喪大否。呼其官而名之，勑使能敬以我言也〔四八三〕，視於殷喪亡大不〔四八四〕。言其大不可不戒。肆念我天畏〔四八五〕，予弗允惟若茲誥，予惟曰：「襄我二人。」以殷喪大故，當念我天德可畏。言命無常，我不信惟若此誥。我惟曰：『當因我文武之道而行之。』汝有合哉！言曰：「在時〔二〕民〔四八六〕，天休〔滋〕〔四八七〕至，惟時二民弗戡。」言汝行事，動當有所合哉！發言常在是文武，則天美周家，日益至矣，惟是文武不勝受。言多福也〔四八八〕。其汝克敬德，明我畯人〔四八九〕在讓，後民〔四九〇〕于丕時。』其汝能敬行德，明我賢人在礼讓，則後世〔四九一〕將於此道大且是。公曰〔四九二〕：『烏呼！篤棐時二人，我式克至于今日休。言我厚輔是文武之道而行之，我用能至於今日其政美之也〔四九三〕。我咸成文王功于弗怠，丕冒海〔四九四〕隅出日，罔弗率俾。』今我周家皆成文王功於〔四九五〕不懈怠，則〔德〕教大覆被〔四九六〕海隅日所出之地，無不循化而使〔四九七〕。公曰：『君，予弗惠若茲多誥，予惟用閔于天越民。』我不順若此多誥而已，欲使汝念躬行之閔勉也。我惟用勉於天道加於人〔四九八〕。公曰：『烏呼！君惟乃知人德，亦罔弗能厥初，惟其終。惟汝所知人德，亦無不能其初，鮮能有終，惟其終則惟君子。戒召公以慎〔終〕〔四九九〕。祗若茲，往敬用治。』當敬順我此言，自今以往，敬用治人〔五〇〇〕職事。

蔡仲之命第十九〔五〇一〕　周書　孔氏傳

蔡叔既没，以罪放而卒。王命蔡仲，踐諸侯位，成王也〔五〇二〕。父卒命子，罪不相及。作《蔡仲之命》。策〔五〇三〕書命之。

蔡仲之命蔡，國名。仲，字也〔五〇四〕。因以名篇。

惟周公位冢宰，正百工，百官總己以聽冢宰，冐武王崩時。羣叔流言。乃致辟管叔于商；因蔡叔于郭鄰〔五〇五〕，以車七乘；致法冐誅煞。囚冐制其出▨（入）〔五〇六〕。郭鄰，中〔五〇七〕國之外地名。從車七乘，言少。管、蔡，國名。降霍叔于庶〔五〇八〕人，三年不齒。罪輕，故退爲衆人。三年之後乃齒〔五〇九〕録，封爲霍侯，子▨（孫）爲晉所滅。蔡仲克〔五一〇〕庸祗德，周公以爲卿士。蔡仲，字也，能用敬德，稱其賢也。明王之法，誅父用子，言至公也〔五一一〕。周

[公]〔五一二〕，圻内諸侯，貳卿治事也〔五一三〕。叔卒，乃命諸王封之蔡。叔之所封，圻内之蔡；仲之〔五一四〕所封，淮汝之閒〔五一五〕。圻内之▨（蔡）名已▨（滅）〔五一六〕，故取其名以名新國，欲其戒□（之）〔五一七〕。

王若曰：『小子胡，言小子，明當受〔五一八〕教訓。胡，仲名。順其事而告之。惟介率德〔五一九〕改行，克慎厥猷，言汝循祖〔五二〇〕之德，改父之行，能慎其道。歎其賢。肆〔五二一〕予命介▨（侯）于東土。往即乃封〔五二二〕，▨（敬）〔五二三〕哉！以汝〔五二四〕率德改行之故，故我□（命）汝爲諸▨（侯）〔五二五〕於東土。往就汝所封國〔五二六〕，當修己以敬□〔五二七〕人之愆〔五二八〕，惟忠惟孝，汝當庶幾▨▨（修德）□〔五二九〕。子能□（蓋）〔五三〇〕父，所□〔五三一〕。介乃邁迹自身，▨（克）〔五三二〕勤無怠，以□〔五三三〕。□□（女乃）〔五三四〕行善迹用汝身，使可▨（蹤）〔五三五〕迹而法循之，能勤無懈怠，以垂法子孫〔五三六〕，▨（世）世〔五三七〕稱頌，乃當我意。率乃祖文王▨（之）彝訓，無〔五三八〕若▨（介）〔五三九〕考之違王命。言當循文王〔五四〇〕之常教，以父違命故爲世〔五四一〕戒。▨▨▨（皇天無）〔五四二〕親，惟德之〔五四三〕輔。民心無常，惟惠之懷。天之於人，無有親疏〔五四四〕，惟有德者則輔佐〔五四五〕之。民心〔五四六〕於上，無有常主，惟愛己者則歸之。爲善不同，同歸于治。爲惡不〔五四七〕同，同歸于亂〔五四八〕。言人爲善爲惡，各有▨（百）〔五四九〕端，未必正同。□▨（而治）亂所□（歸）〔五五〇〕不殊，宜慎其微也〔五五一〕。介其戒哉〔五五二〕！慎厥〔五五三〕初，惟厥終〔五五四〕，終以□▨（不困）〔五五五〕。不惟厥終，終以困窮。汝其〔五五六〕戒治亂之機哉！作事云爲，必▨（慎）〔五五七〕其初，念其終，則終用不困窮〔五五八〕。楙乃攸〔五五九〕績，睦乃□（四）鄰〔五六〇〕，▨（以）蕃王□（室）〔五六一〕，▨（以）和〔五六二〕兄弟。勉〔五六三〕汝所立之功，親汝四鄰之國，□（以）〔五六四〕蕃屏王室，以和協同姓之邦〔五六五〕，諸侯之□（道）〔五六六〕。康濟小民〔五六七〕。率自中，無作聰明亂〔五六八〕舊章。汝爲政，當安小民之居，成小民之業，循用大中之道，無敢〔五六九〕爲小聰明，作異辯，以變亂舊典文章。詳乃視〔五七〇〕聽，冈以側言改厥度〔五七一〕。則予一人汝嘉。』詳審汝〔五七二〕視聽，非礼義勿視聽〔五七三〕，無以邪〔五七四〕巧之言易其常度，必断之以義〔五七五〕，則我一人善汝〔五七六〕。王曰：『嗚呼〔五七七〕！小子胡，汝往哉〔五七八〕！無荒弃〔五七九〕朕命。』歎而勑之，欲其念戒〔五八〇〕：『小子胡，汝往之國哉！無廢弃我□（命）〔五八一〕。』欲其終身奉行，後世尊則〔五八二〕。

成王東伐淮尸〔五八三〕，逋〔五八四〕踐奄，成王即政，［淮夷］奄國又畔〔五八五〕，王親征之，遂滅奄而徙之，以其數反覆。作《成王政》。爲平淮夷徙奄之政令也〔五八六〕。亡。

成王旡〔五八七〕踐奄，將䙴亓君〔五八八〕蒲姑，已滅［奄］而徙其君及民臣〔五八九〕之惡者於蒲姑。蒲姑，齊地也〔五九〇〕，近中國，教化［之］〔五九一〕。周公告召公，作《將蒲姑》。言將徙奄新立之君於蒲姑，告召公使爲此策書告令之〔五九二〕。亡也〔五九三〕。

尚書多方第廿〔五九四〕　周書　孔氏傳

成王歸自奄，伐奄歸也〔五九五〕。在〔五九六〕宗周，誥庶邦〔五九七〕，告〔五九八〕以禍福。作《多方》。

多方衆方，天下諸侯之也〔五九九〕。

惟又〔六〇〇〕月丁亥，王來自奄，至于宗周。周公歸政之明〔六〇一〕年，淮夷、奄又畔〔六〇二〕。魯征淮夷，作《柴〔六〇三〕誓》，王親征奄，滅其國，五月還至鎬京也〔六〇四〕。周公曰：『王若曰，繇告尔四或〔六〇五〕多方。周公以王命順大道，告四方。稱周公，以別王自告也〔六〇六〕。惟尔殷侯尹民〔六〇七〕，我惟大降尔命，尔宅弗〔六〇八〕知。殷之諸侯正〔六〇九〕民者，我大下〔六一〇〕女命，謂誅紂也。言天下無不知紂暴虐取亡也〔六一一〕。洪惟圖〔六一二〕天之命，弗永寅念于祀，惟帝降格于夏，大惟爲王謀天之命，不長敬念〔六一三〕祭祀。謂夏桀也〔六一四〕。惟天下至戒於夏以譴告〔六一五〕。謂灾異也〔六一六〕。又夏誕身〔六一七〕逸，弗肯慼言于民，有夏桀不畏天戒而大其逸豫，不肯憂言於民。無憂民之言也〔六一八〕。乃大淫昏，弗克臯〔六一九〕日勸于帝之迪，言桀乃大爲過昏〔六二〇〕之行，不能終日勸於天下〔六二一〕之道。乃尔逌聋〔六二二〕。言桀之惡乃女所聞。身圖帝之命，弗克開于民之麗。桀其謀天之命，不能開於民之〔六二三〕所施政教。麗，施。言昏昧也〔六二四〕。乃大降罰〔六二五〕，崇率〔六二六〕又夏，因甲于內率，桀乃大下罰於民，重亂有夏。言殘虐也〔六二七〕。外不憂民，內不勤德，甲〔六二八〕於二亂之內。言昏甚也〔六二九〕。弗克霝承于衣〔六三〇〕，宅丕惟進龔〔六三一〕，洪舒于民。言桀不能善奉於民〔六三二〕衆，無大惟進恭德，而大舒堕於治民也〔六三三〕。亦惟又夏之民叨殜〔六三四〕，日欽剠刉〔六三五〕夏邑。桀洪舒於民，故亦惟有夏之民貪饕〔六三六〕忿懫而逆命，於是桀日〔六三七〕尊敬其能剠割夏邑者。謂殘賊臣也〔六三八〕。天惟旹〔六三九〕求民主，乃大降顯休命于成湯，天惟是桀惡，故更求民主以代之，大下明美之命於成湯，使王天下也〔六四〇〕。刑殄又夏。惟天弗畀〔六四一〕純。命湯刑絕有夏，惟天不與桀，亦已大也〔六四二〕。乃惟𠀾〔六四三〕尒多方之誼民，弗克永于多亯〔六四四〕。天所以不與桀，以其惟用女衆方之義民〔爲〕臣〔六四五〕，而不能長於多享國故也〔六四六〕。惟夏之龔多士，大弗克明保亯于民，惟桀之所謂恭人衆士，大不能明安享於民。言亂主所任，任同己〔者〕〔六四七〕。乃胥惟虐于民，至于百爲，大弗克開。桀之衆士，乃相与惟暴虐於民，至於百端所爲。言虐非一也〔六四八〕。大不能開民以善。言與桀合志也〔六四九〕。乃惟成湯，克𠀾尒多方，柬代〔六五〇〕夏作民主。乃惟成湯，能用女衆方之賢，大代夏政，爲天下民主也〔六五一〕。昚〔六五二〕身麗乃勸，身民刑用勸。湯慎其施政於民，民乃勸善。其〔民〕〔六五三〕雖刑，亦用勸善。言政刑清也〔六五四〕。𠀾至于帝乙，𡧢弗明悳〔六五五〕昚罰，亦克用勸。言自湯以〔六五六〕至於帝乙，皆能成其王道，畏順〔六五七〕輔相，無不明有德，順去罰〔六五八〕，亦能用勸善者〔六五九〕。要囚，殄戮多辠，亦克用勸。帝乙以〔六六〇〕上，要察囚情，絕戮衆罪，亦能用勸善。開放無罪之人，必無枉縱，亦能用勸善。開釋亡辜，亦克用勸。今至于尒彔〔六六一〕，弗克𠀾尒多方，亯〔六六二〕天之命。今至於〔六六三〕女君，謂紂，不能用〔女〕〔六六四〕衆方，享天之命，故誅滅也〔六六五〕。烏雽！王若曰，誥〔六六六〕尒多方，非天庸釋又夏，歎而順其事以告女衆方，非天用釋弃〔六六七〕桀，桀縱惡自弃，故誅放也〔六六八〕。非天庸釋乂〔六六九〕殷。乃惟尒彔，𠀾尒多方，大淫圂天之命，屑又𤔲〔六七〇〕。非天用弃有殷紂也〔六七一〕，乃惟女君紂，用女衆方大爲過惡者，共謀天之命，惡事盡有辤〔六七二〕說，布在天下，故見誅滅也。乃惟又夏圂身政，弗揖于亯〔六七三〕，天降旹喪，又邦閒〔六七四〕之。更説桀也。言桀謀其政，不成於〔享〕〔六七五〕，故天下是喪亡以禍之，使天下有國聖人代之。言有國，明皇天無親，佑有德之〔六七六〕。乃惟尒商後王，逸身佾〔六七七〕，後王，紂也〔六七八〕。逸豫其過徇。言縱恣無度也〔六七九〕。圂身政，弗蠲烝〔六八〇〕，天惟降旹喪。紂謀其政，不絜進於〔六八一〕善，故天惟下是〔六八二〕喪亡。謂誅滅之也〔六八三〕。惟聖宔念作狂，惟狂克念作聖。惟聖人無念於善，則爲狂人。惟狂人能念〔於〕〔六八四〕善，則爲聖人。言桀紂非實狂愚，以不念善，故滅亡之也〔六八五〕。天惟𠀆年，須暇〔六八六〕之子孫，誕作民主，宔可念聽。天以湯故，五年須暇湯之子孫，冀其改悔。而紂大爲民主，肆〔六八七〕行無道，事無可念，言無可聽。武王〔六八八〕服喪三年，還師二年也〔六八九〕。天惟求尔多方，大嶂㠯畏〔六九〇〕，開身顧天。天惟求女衆方之賢者，大動〔六九一〕紂以威，開其能顧天可以代者也〔六九二〕。惟尔多方，宔戡〔六九三〕顧之。惟我周王，霝承于农。惟女衆方之中，無堪顧天之道者。惟我周王，善奉于〔六九四〕衆。言以仁政得民心者也〔六九五〕。克戡用悳，惟典神天。言周文武能堪用德，惟可以主神天之祀，任天王也〔六九六〕。天惟式教我用休，柬卑〔六九七〕殷命，尹尔多方。天以我用德之故，惟用教我用美道代〔六九八〕殷，大〔六九九〕與我殷之王命，以正女衆方諸侯〔七〇〇〕。今我害〔七〇一〕敎多誥，我惟大降尔亖或〔七〇二〕民命。今我何敢多誥女而已，我惟大下女四國民命，謂〔誅〕管、蔡、商、奄之君也〔七〇三〕。尔害弗忱裛〔七〇四〕之于尔多方？女何不以誠〔七〇五〕行寬裛之道於女衆方？欲其戒四國，崇和協之也〔七〇六〕。尔害弗夾分〔七〇七〕乂我周王，畣天之命？夾，近也。女何不近大見治〔七〇八〕於我周王，以享天之命，而爲不安乎？今尔尚宅尔宅，畋尔佃〔七〇九〕，爾害弗惠王㒷〔七一〇〕天之命？今女殷之諸侯皆尚得居女常居，臣民皆尚得畋女故田，女何不順從王政，廣天之命，而自懷疑乎？尔乃迪婁〔七一一〕弗靜，尔心未愛。女所蹈行，數爲不安，女心未愛我周故也〔七一二〕。尔乃弗大宅天命，尔乃屑𦊱〔七一三〕天命，女乃不大居安天命，是女乃盡播弃天命也〔七一四〕。尔乃自作弗典圂忱于正。女未愛我周，播弃天命，是女乃自爲不常謀信於正道也〔七一五〕。我惟旹亓〔七一六〕教告之，我惟旹亓𢍏要囚之，我惟女如是不謀信於正〔道〕〔七一八〕，故其教告之，謂誥以文誥也〔七一九〕；其戰要囚之，謂討其倡亂，執其朋黨。至于再，至于三。再謂三監、淮夷畔時也〔七二〇〕。三謂成王即政又叛也〔七二一〕。言迪婁〔七二二〕不靜之事。乃又弗用我降尔命，我乃亓大罰極〔七二三〕之。我教告戰囚〔七二四〕女已至再三，女其有〔七二五〕不用我命，我乃下〔七二六〕誅女君，乃其大罰誅之也〔七二七〕。非我又周秉悳弗康〔七二八〕，乃唯〔七二九〕尔自速辜。』非我有周執德不安寧，自誅女也〔七三〇〕，惟女自召罪以取誅之〔七三一〕。

王曰：『烏雩！繇告尔又方多士臮〔七三二〕殷多士，王歎而以道告〔女〕衆方與殷多士也〔七三三〕。今尔奔走臣我監又祀。監謂成周之監也〔七三四〕，此指謂所遷頑民殷衆士也〔七三五〕。今女奔來徙臣我監〔七三六〕，五年無過，則得還本土也〔七三七〕。越惟又胥栢〔七三八〕小大多正，尔它弗克臬〔七三九〕。於惟有相長事小大衆正官之人，女無不能用法〔七四〇〕。欲其皆用法也〔七四一〕。自作弗咊〔七四二〕，尔惟咊才〔七四三〕！尔〔七四四〕室弗睦，尔惟咊才！尔邑克明，尔惟克勤乃事。小大多正自爲不和，女有方多士，當和之哉！女親近室家不睦，女亦當和之〔七四五〕！女邑中能明，是女惟能勤女軄事者也〔七四六〕。尚弗窨〔七四七〕于凶悳，亦則㠯敹敹〔七四八〕在乃位，女庶幾不自忌，入於凶德，亦則用敬敬常在女位。克閲于乃邑基〔七四九〕介，尔乃自峕𠂤〔七五〇〕邑，尚永力畋尔田。女能使我閲具於〔女〕〔七五一〕邑，而以女所謀爲大，則女乃用是洛邑，庶幾長力畋女田矣。言〔雖〕〔七五二〕遷徙，而以脩〔七五三〕善，得反邑里。天惟畀矜〔七五四〕尔，我又〔七五五〕周惟亓大介賚尔。女能脩〔七五六〕善，天惟〔七五七〕與女憐女，我有周惟其大大〔七五八〕賜女。言受多福之祚者也〔七五九〕。迪柬〔七六〇〕在王庭，尚尔事，又服在大僚。』非但受憐賜，又乃蹈大道在王庭，庶幾脩〔七六一〕女事，有所服行在大官也〔七六二〕。

王曰：『烏雩！多士，尔弗克勸忱我命，尔亦則惟弗克𠅏，凡民〔七六三〕惟曰弗𠅏。王歎而言曰：『衆士，女不能勸信我命，女亦〔七六四〕則惟不能享天祚矣，凡民亦惟曰不享於女祚矣。』尔乃惟逸惟頗，大遠王命，則惟尔多方探天之畏〔七六五〕，我則致天之罸，離逷〔七六六〕尔土。』若尔乃爲逸預〔七六七〕頗僻，大奔王命，則惟女衆方取天之威，我則〔七六八〕致行天罸，離遠〔七六九〕女土，將遠徙之也〔七七〇〕。

王曰：『我弗惟多誥〔七七一〕，我惟祇告尔命。』我不惟多誥女而已，惟〔七七二〕敬告女吉凶之命。又曰：『峕惟尔初，弗克敬于咊，則亡我怨。』又誥女〔七七三〕：『是惟女初不能敬於〔七七四〕和道，故誅女。無我怨也〔七七五〕。』解所以再三加誅之意也〔七七六〕。

尚書立政苐廿一　周書　孔氏傳

周公作《立政》。周公既致政成王，恐其怠忽，故以君臣立政爲戒也〔七七七〕。

立政言用臣當共立政，以名篇〔七七八〕。

周公若曰：『拜手䭫〔七七九〕首，告孠〔七八〇〕天子王矣。』順古道盡礼致敬，告成王，言：『嗣天子，今已爲〔七八一〕王矣，不可不順也〔七八二〕。』用咸戒于王曰：『左右〔七八三〕常栢、常任、準〔七八四〕人、綴衣、虎賁。』周公用王所立政之事皆戒於〔七八五〕王曰，常所長事、常所委任，謂三公六卿也〔七八六〕；準人平法，謂士官也〔七八七〕；綴衣掌衣服，虎賁以武力事王，皆左右近臣，宜得其人也〔七八八〕。周公曰：『烏雩！休兹，知卹〔七八九〕鮮才！歎〔七九〇〕此五者立政之本，知憂得其人者少。古之人迪惟又夏，乃又室大競〔七九一〕，籲畯尊上〔七九二〕帝，古之人道惟有夏禹之時，乃有卿大夫室家大彊〔七九三〕，猶乃招呼賢儁〔七九四〕，與共尊事上天也〔七九五〕。迪知忱恂于九㥁之行。禹之臣蹈知誠信於九德之行，謂賢智大臣也〔七九六〕。九德，咎繇所謨也〔七九七〕。乃敎告教身后曰：「拜手䭫首，后矣！」曰，宅乃事，宅乃牧，宅乃準，兹惟后矣。知九德之臣乃敢告教其君以立政也〔七九八〕。君矣，亦猶王矣。宅居女事〔七九九〕，六卿掌事者也〔八〇〇〕。牧，牧民，九州［之］伯也〔八〇一〕。居內外［之］〔八〇二〕官及平法者皆得其人，則此惟君矣。𢀩面，用丕訓〔八〇三〕㥁，則乃宅人，兹乃三宅亡誼民。謀所面見之事，無疑則能用大慎〔八〇四〕德，乃能居賢人於官〔八〇五〕。若此則乃能三〔八〇六〕居無義民。大罪宥之〔八〇七〕四裔，次九州之外，次中國之外也〔八〇八〕。桀㥁惟乃弗作往任，是惟暴㥁，亡後。桀之爲德，惟乃不爲其先王之法、往〔八〇九〕所委任，是惟暴德之人，故絕世無後也〔八一〇〕。亦越成湯陟，丕釐上帝之耿命，桀之昬〔八一一〕亂，亦於成湯之道得升，大賜上天之光命，王天下〔八一二〕。乃用三又宅，克即宅，曰三又畯，克即畯。言〔八一三〕湯乃用三有居惡人之法，能使就其居。言服罪也〔八一四〕。又曰，能用剛柔正直三德之儁，能就其儁事。言明德〔八一五〕。嚴惟丕式，克用三宅三畯，言湯所［以］〔八一六〕能嚴威，惟可大法象者，以能用三居三德之法也〔八一七〕。亓在商邑，用協于身邑，亓在三方，用丕式見㥁。湯在商邑，用三宅三儁之道和其邑。其在四方，用是大法見其聖德。言遠近化之〔八一八〕。烏雩！亓在受㥁忞〔八一九〕，惟羞刑暴㥁之〔八二〇〕，同于身邦。受德，紂字也〔八二一〕。帝乙愛焉，爲作善字，而反大惡〔八二二〕自強，惟進用刑，與暴德之人同於〔八二三〕其國，並爲威虐也〔八二四〕。乃惟庻習佾悳之〔八二五〕，同于身政。乃惟［衆］〔八二六〕習爲過德之人，同於〔八二七〕其政。言不任賢也〔八二八〕。帝欽罸之，乃伻我又夏，式商受命，弇〔八二九〕甸万姓。天以紂惡，故敬罸之。乃使我周家王有華夏，得用商所受天命，同治〔八三〇〕萬姓。言皇天親有德□〔八三一〕。亦▨（越）〔八三二〕文王、武王，克知三又宅心，焯〔八三三〕見三又畯心，紂之不善，亦於文武［之］〔八三四〕道大行，以能知三有居惡人〔八三五〕，灼然見三有賢儁之心者也〔八三六〕。㠯敬事上帝，立民兲〔八三七〕栢。言文武知三宅三儁，以故能〔八三八〕敬事上天，立民正長。謂郊祀天，建諸侯也〔八三九〕。立政，常任、準人〔八四〇〕、牧，作三事。文武亦法禹湯以立政，常任、準人及牧，治爲天地人三事〔八四一〕。虎賁、綴衣、趣馬小尹，趣馬，掌馬之官。言此三者雖卑〔八四二〕官長，必順擇其人也〔八四三〕。左右携〔八四四〕僕、百司庻〔八四五〕府，雖左右携持器物之僕，及百官有［司］〔八四六〕主券契藏吏，亦皆擇人者也〔八四七〕。大都小栢、藝人表臣、百司，小臣猶皆順擇人〔八四八〕，况大都邑之小長，以道藝爲表幹之臣及百官有司之身〔八四九〕，可以非其任乎？太〔八五〇〕史、尹栢、庻掌〔八五一〕吉士，大史，下大夫，掌邦六典之貳。尹伯，長官大夫也〔八五二〕。及衆掌事之善士〔八五三〕，皆得其人者也〔八五四〕。司徒、司馬、司空、亞⿱山衣〔八五五〕，此有三卿及次卿衆大夫，則是文武未伐紂時也〔八五六〕。舉文武之初以爲法則者也〔八五七〕。𡰥〔八五八〕微、盧蒸〔八五九〕，三亳、阪尹。蠻夷微、盧之衆師，及亳民〔八六〇〕之歸文王者，三所爲之立監，及阪地之尹長，皆用賢也〔八六一〕。文王惟克身宅心，乃克立茲常事［司］〔八六二〕牧人，㠯克畯又悳。文王惟其〔八六三〕居心遠惡舉善，乃能立此常事司牧人〔八六四〕，用能儁有德〔八六五〕。文王它逌〔八六六〕兼于庻言，庻獄庻昚〔八六七〕，惟又司之牧夫。文王無所兼知於毁譽衆言，及衆刑獄，衆所當順〔八六八〕之事，惟順擇有司牧夫而已。勞於求才，逸於任之也〔八六九〕。是⿱巛言用韋〔八七〇〕。庻獄庻昚，文王它敎知于兹。是萬民順法，用違法，衆獄衆順〔八七一〕之事，文王壹〔八七二〕無敢自知於此，委任賢能而已也〔八七三〕。亦越武王，率惟敉功，弗敦替〔八七四〕厥誼德，亦於武王循惟文王撫安天下之功〔八七五〕，不敢廢其義德，奉遵父道。率惟謀從容德，以竝受此丕丕基〔八七六〕。武王循惟謀從文王寬容之德，故君臣以〔八七七〕竝受此大大之基業，傳子孫也〔八七八〕。烏呼！孺子王矣。歎稚子今以爲王矣，不可不勤法祖考也〔八七九〕。繼自今，我其立政、立事、准〔八八〇〕人、牧夫，我其克灼〔八八一〕知厥若，丕乃俾〔八八二〕亂。繼從今已往〔八八三〕，我其立政大臣、立事小臣及准人、牧夫，我其能灼然知其順者，則大乃使治〔八八四〕。言知臣下之勤勞，然後莫不盡心〔八八五〕力。相我受民，和我庶獄庶慎，時則勿有間〔八八六〕之，能治我所受天民，和平我衆［獄衆］〔八八七〕慎之事，如是則勿有以代之。言不可復變也〔八八八〕。自一話一言，我則末惟成德之彦，以乂我受民。言政當用一善，善在一言而已。欲其口無擇言。如此我則終惟有成［德］〔八八九〕之美，以治我所受民矣〔八九〇〕。烏呼！予旦〔八九一〕已受人之徽言，咸告孺子王矣。歎所受賢聖説禹湯之美言，皆以告稚子王矣。繼自今，文子文孫，其勿誤乎〔八九二〕庶獄庶慎，惟正是乂之。文子文孫，文王之子孫。從今已往，惟以正是之道治衆獄衆慎，其勿誤也〔八九三〕。自古商〔八九四〕人，亦越我周文王立政、立事、牧夫、准人，則克宅之，克繇〔八九五〕繹之，茲乃俾乂。言用古商湯，亦於我周文王立政立事，用賢人之法，能居之於心，能用陳之，此乃使天下治也〔八九六〕。國則宅有立政，用憸人，弗訓德〔八九七〕，是宅顯在厥世〔八九八〕。商周賢聖之國，則無有立政用憸利之人［者］〔八九九〕。憸人不順〔九〇〇〕於德，是使其君無顯名在其世。繼自今立政，其勿以憸人，其惟吉士，用勱相我國家。立政之臣，惟以〔九〇一〕吉士，用勉治我國家。今文子文孫，孺子王矣。告文王之子孫，言稚子已即政爲王〔九〇二〕，所以厚戒之〔九〇三〕。其勿誤于庶獄，惟有司之牧夫。獨言衆獄、有司，欲其重刑，慎官人也〔九〇四〕。其克詰爾〔九〇五〕戎兵，以陟禹之迹，其當能▨（治）〔九〇六〕汝戎服兵器，威懷竝設，以升禹治水之舊迹也〔九〇七〕。方行天下，至于海表，宅有弗服。方，四方也〔九〇八〕。海表，蠻夷戎狄，無有不服化者〔九〇九〕。以覲文王之耿光，以揚武王之大烈。能使四夷賓服，所以見祖之明光〔九一〇〕，揚父之大業。烏呼！繼自今，後王立政，其惟克用常人。』其惟能用賢才爲常人，不可以天官有所私也〔九一一〕。周公若曰：『太史，順其事并告太史人〔九一二〕。司寇蘓公，式敬尒繇獄，以長我王國。忿生爲武王司寇，封蘓國，能用法也〔九一三〕。敬汝所用之獄，以長施行於我王國。言主獄當求蘇公比也〔九一四〕。兹式有慎，以列用中罰。』此法有所慎行，必以其列用中罰，不輕不重，蘓公所行。太史掌六典，有廢置官人之制。故告之也〔九一五〕。

尚書卷第十

【校記】

〔一〕相，底一存右邊「目」，兹據刊本擬補。以下底卷中凡殘字、缺字、脱字補出而未特别説明者，均據刊本，不復一一注明。

〔二〕亓基作人明俣，刊本『亓』作『其』，『人』作『民』，『俣』作『辟』，《集韻·之韻》：『其，古作亓。』『人』爲諱改字。《玉篇·人部》：『俣，古文辟。』『俣』爲『俣』之變體。下凡『亓』、『俣』不復出校。

〔三〕继，刊本作『繼』，『继』爲『繼』之俗字。

〔四〕『明君之治』四字底一殘存左半。

〔五〕予惟，底二『予』存第二横左邊殘畫，『惟』存左邊『忄』。

〔六〕師，底一存上端殘畫。

〔七〕上，刊本無。王叔岷《尚書斠證》云：『據僞孔《傳》：「我使人卜河北黎水上，不吉。」孔《疏》：「我使人卜河北黎水之上，不得吉兆。」正文蓋本有「上」字。』（《中央研究院歷史語言研究所集刊》第三十六本，一三二頁，一九六五）

〔八〕湹，刊本作『瀍』，『湹』爲『瀍』之俗省。下『湹』字同。

〔九〕也，刊本無。

〔一〇〕亦，刊本作『又』，王叔岷《尚書斠證》云：『《疏》：「我亦使人卜瀍水東。」似所據本「又」亦作「亦」。』（一三二頁）

〔一一〕頑人，刊本作『頑民』，『人』爲諱改字。

〔一二〕視，刊本無。

〔一三〕來告於成王也，刊本無『於』、『也』二字，吴福熙云：『古本作「來告於成王之」，阮元以爲「疏標起訖無之字，古本妄加」。竊以爲「之」或爲「也」之誤。若是則與此卷全合。』案：吴説誤。古本之『之』當是爲雙行對齊而添，敦煌寫卷亦多有此例。古本有『於』字，與寫卷同，孔穎達《尚書正義》（以下簡稱『正義』）云：『周公既至，即遣使以所卜地圖及獻所卜吉兆，來告於成王。』是孔所見本亦有『於』字。

〔一四〕𩠐，刊本作『稽』，《玉篇・䭫部》：『䭫，今作稽。』『𩠐』爲『䭫』之變體。下凡『𩠐』字皆同。

〔一五〕尊，刊本作『尊敬』。

〔一六〕矣也，刊本無，當爲雙行對齊而添。

〔一七〕旡，刊本作『既』，伯三三一五《尚書釋文》第三行：『旡，古既字。』下凡『旡』字皆不復出校。

〔一八〕眎，刊本作『視』，《玉篇・目部》：『眎，古文視。』下『眎』字同。

〔一九〕示，刊本作『視』，案作『視』爲善。

〔二〇〕万，刊本作『萬』，《玉篇・方部》：『万，俗萬字。十千也。』下凡『万』字皆同。

〔二一〕万，底一殘泐，刊本作『萬』，寫卷『萬』均寫作『万』，兹據以擬補。

〔二二〕王，刊本無，王叔岷《尚書斠證》云：『僞孔《傳》：「成王盡禮致敬於周公，求教誨之言。」疑所據本原有「王」字。』（一三三頁）

〔二三〕礼，刊本作『禮』，『礼』爲古文『禮』字，敦煌寫本多用此字，後世刊本則多用『禮』字。下凡『礼』字均不復出。

〔二四〕求，刊本作『來』，阮元《尚書校勘記》（下簡稱『阮校』）云：『古本、岳本、宋板、《纂傳》「來」作「求」，與《疏》合。』北京大學出版社標點本《尚書正義》據以改爲『求』。

〔二五〕肇，刊本作『肇』，《玉篇·攴部》：『肇，俗肇字。』

〔二六〕袟亡，刊本作『秩無』，敦煌寫卷『禾』旁字常寫作『衤』旁，則此處『袟』應可作爲『秩』之俗寫看待；伯三三一五《尚書釋文》第九四行：『亡，音無，古文「無」字皆尒。』下『袟』、『亡』皆同。

〔二七〕礼，刊本作『祀』，《正義》云：『王居此洛邑，當始舉殷家祭祀以爲禮典，祀於洛之新邑。』亦作『祀』。

〔二八〕言王，刊本無，吴福熙云：『恐誤抄上句傳文之首二字而衍。』案吴説是，《正義》標起止亦無此二字。

〔二九〕爲，刊本無，阮校云：『古本「列」下有「爲」字，與《疏》合。』北京大學出版社標點本《尚書正義》據以補。

〔三〇〕人也，刊本作『民者』，案『人』爲諱改字。

〔三一〕女，刊本作『汝』，『女』『汝』古今字。下凡『女』字皆同，不復出校。

〔三二〕慎，刊本無，段玉裁《古文尚書撰異》云：『《後漢書·爰延傳》延上封事曰：「臣聞之，帝左右者，所以咨政德也。故周公戒成王曰：其朋其朋。言慎所與也。」李注：「《尚書》周公戒成王曰：孺子其朋，孺子其朋，慎其往。」按今本多「慎」字。足利古本同，此疑妄增也。』孫詒讓《十三經注疏校記》云：『唐本自有「慎」字。古本與《傳》合，非妄增也。』蔡根祥《後漢書尚書考辨》云：『李賢注本文曰：「孺子其朋，孺子其朋，慎其往。」多二「慎」字。足利本、内野本、敦煌本二七四八並同。此本有「慎」字，故爰延申之曰「慎與也」。又《三國志·魏志》二條，亦有「慎」字，則此文本實有「慎」字，李賢引時尚有之，其後傳寫脱之。段玉裁以爲「此疑妄增」，過矣。』（《臺灣師範大學國文研究所集刊》第二九號二三〇頁）

〔三三〕其，刊本無，阮校：『古本、岳本、宋板、《纂傳》「慎」下有「其」字。』北京大學出版社標點本《尚書正義》校云：『依文意，有「其」字爲宜，據改。』

〔三四〕以往也，刊本『以』作『已』，無『也』字，『以』『已』古通用。

〔三五〕逌焯，刊本作『攸灼』，《漢書·地理志上》『漆沮既同，酆水逌同』師古注：『逌，古攸字也。』《説文·火部》：『焯，明也。』又『灼，炙也。』段注：『凡訓灼爲明者，皆由經傳叚灼爲焯。』下凡『逌』、『焯』皆同。

〔三六〕不，刊本作「弗」，二字義同。

〔三七〕今，刊本作「言」，案《正義》標起止作「言」，作「今」不通。

〔三八〕然，底一原脱。

〔三九〕也，刊本無。

〔四〇〕順其，刊本作「其順」，案厥，其也；若，順也；彝，常也，作「其順」者是。

〔四一〕也，刊本無。

〔四二〕平，刊本作「伻」，于鬯《香草校書》卷八「伻來以圖及獻卜」條云：「『伻來』發語辭。『伻』爲俗字，正當作『平』。」

〔四三〕詞，刊本作「辭」，「辭」「詞」古多通用。

〔四四〕行，刊本無，案「行」字疑衍。

〔四五〕有歎譽之辝於後世也，刊本「辝」作「辭」，無「也」字，《干禄字書·平聲》：「辝、辤、辭，上中立辝讓；下辭説，今作辝，俗作辞非也。」是在唐時，「辝」已成爲「辭」之俗字。下凡「辝」皆同。

〔四六〕冲，刊本作「沖」，《玉篇·冫部》：「冲，俗沖字。」

〔四七〕亯，刊本作「享」，案「享」字《説文》籀文作「亯」(此從段玉裁説，商承祚《説文中之古文考》認爲是古文)，「亯」應是「亯」之變體。下「亯」字皆同。

〔四八〕官，甲卷、刊本作「君」，《正義》云：「汝爲天子，其當恭敬記識百官諸侯奉上者。」是孔穎達所見本作「官」，然僞孔《傳》「辟」字釋爲「君」，無釋爲「官」者。《周官》「六服羣辟」，羣辟即百辟也。《正義》云：「六服之内羣衆諸侯之君。」則不釋「辟」爲「官」也。「官」非其朔，底一及《正義》所據本皆非。又甲卷起於此。

〔四九〕矣，甲卷同，刊本無。

〔五〇〕不役志于享，甲卷作「弗役志于亯」，刊本作「不役志于享」，「不」「弗」義同，甲卷惟「不敢廢乃命」句作

『不』，餘『不』字皆作『弗』，《説文・殳部》：『役，古文役，从人。』『亯』爲『享』之籀文『亯』的變體，説見校記〔四七〕。下句『享』甲卷亦作『亯』。

〔五一〕人，甲卷、刊本作『民』，案『人』爲諱改字。

〔五二〕其，刊本同，甲卷無，案僞《傳》云：『如此則惟政事其差錯侮慢不可治理。』甲卷奪『其』字。

〔五三〕君，甲卷、刊本作『人君』，《正義》云：『所以須記之者，百官諸侯爲下民之君，惟爲政教不肯役用其志於此奉上之事，則凡民化之，亦惟曰不奉上矣。』蔡沈《集傳》云：『諸侯惟不用志于享，則國人化之，亦皆謂上不必享矣。』則此『君』者，言百辟也，諸侯也。《儀禮・喪服》：『君，至尊也。』鄭玄注：『天子、諸侯及卿大夫有地者，皆曰君。』則作『君』亦可。

〔五四〕人，刊本同，甲卷作『民』，案『人』爲諱改字。

〔五五〕惟，甲卷同，刊本下有『曰』。

〔五六〕也，甲卷同，刊本無。

〔五七〕攽朕不暇，『攽』字甲卷同，刊本作『頒』，《説文・攴部》：『攽，分也。《周書》曰「乃惟孺子攽」。』馬宗霍《説文解字引經考》云：『《説文・頁部》云：「頒，大頭也。」無分義，則作「頒」爲叚借字。……許偁作「攽」，古文正字也。』『暇』字底一原作『暇』，誤字，兹據甲卷、刊本改正。

〔五八〕人，甲卷、刊本作『民』，案『人』爲諱改字。

〔五九〕惟少子，甲卷同，刊本作『爲小子』，《正義》云：『故戒之成王：汝惟小子，當分取我之不暇而行之。』是孔穎達所據本亦作『惟』，日本古寫本内野本、足利本、影天正本、八行本亦均作『惟』；刊本『小子』亦誤，前『孺子其朋』僞《傳》『少子慎其朋黨』，下『孺子來相宅』僞《傳》云『少子今所以來相宅於洛邑』，均作『少子』，而且内野本、影天正本、八行本亦作『少子』，《正義》作『小子』，已誤。

〔六〇〕人，甲卷、刊本作『民』，案『人』爲諱改字。

〔六一〕乃時惟不永哉，刊本同，甲卷作『迺旹惟弗永才』，郝懿行《爾雅義疏・釋詁下》：『經典迺、乃通者非一，故《廣韻》及《列子釋文》並以「迺」爲古文「乃」字，是矣。』下底一『乃』字，甲卷皆作『迺』。《説文・日部》：『旹，古文時，从日㞢作。』『旹』爲『旹』之訛體。《集韻・咍韻》：『哉，古作才。』底一經文『哉』字，甲卷皆作『才』。

〔六二〕勉，刊本同，甲卷作『免』，『免』『勉』古多通用。《傳》中『勉』字同。

〔六三〕乃，甲卷、刊本無。

〔六四〕可長，刊本同，甲卷下有『也』字。

〔六五〕篤，刊本同，甲卷作『竺』，《説文・二部》『竺』篆下段注：『《爾雅》、《毛傳》皆曰「篤，厚也」。今經典絶少作「竺」者，惟《釋詁》尚存其舊，叚借之字行而真字廢矣。篤，馬行鈍遲也。聲同而義略相近，故叚借之字專行焉。』

〔六六〕它，甲卷同，刊本作『罔』，《玉篇・宀部》：『它，古文罔。』

〔六七〕敢癈，甲卷作『敎癈』，刊本作『敢廢』，『敎』爲『敢』之古字『𠭖』的變體，説詳《古文尚書傳》（七）校記〔五三〕。『癈』爲『廢』之俗字，下凡『癈』字同此。

〔六八〕弃，甲卷作『⿱大世』，刊本作『棄』，《説文》以『弃』爲『棄』之古文，『⿱大世』當是『棄』字俗省，蔡主賓《敦煌寫本儒家經籍異文考》謂其爲俗訛（一一四頁），可參。

〔六九〕其明農，刊本同，甲卷作『亓明莀』，《集韻・之韻》：『其，古作亓。』《玉篇・艸部》：『莀，古文農。』

〔七〇〕裕我民，刊本同，甲卷『裕』作『衮』，脱『民』字，《集韻・遇韻》：『裕，古《書》作衮。』

〔七一〕農人，刊本同，甲卷作『農民』。

〔七二〕我人，甲卷、刊本作『我民』，案『人』爲諱改字。

〔七三〕皆來，刊本同，甲卷下有『矣也』二字，當是爲雙行對齊而添。

〔七四〕冲，甲卷同，刊本作「沖」，《玉篇・冫部》：「冲，俗沖字。」

〔七五〕安我，刊本同，甲卷作「安汝我」，衍一「汝」字。

〔七六〕去，甲卷下有「也」，刊本下有「之」。

〔七七〕稱丕顯德，刊本同，甲卷「稱」作「爯」，「德」作「惪」，《説文・冓部》：「爯，并舉也。」徐灝《説文解字注箋》云：「爯、稱古今字。」《説文》有「𢛳」字，隸變作「悳」、「悳」，《廣韻・德韻》以「悳」爲「德」之古文，「惪」乃「悳」之變體。

〔七八〕以予小子楊文武烈，「以」字刊本同，甲卷作「目」，《玉篇・人部》：「以，古作目。」「楊」字甲卷作「敭」，刊本作「揚」，《説文・手部》：「揚，飛舉也。敭，古文。」「敭」隸定即爲「敭」，「楊」爲「揚」之形誤，敦煌寫卷扌、木不分所致。「烈」字甲卷作「烮」，刊本作「烈」，《説文・火部》：「烮，火猛也。从火，𠛱聲。」「烮」其隸定，「烈」則爲隸變。

〔七九〕裒揚文武之業而奉順天，「裒」字甲卷作「褎」，刊本作「裦」，段玉裁在《説文・衣部》「裦」篆下注：「隸作褎，作裒。」「天」下甲卷有「命也」二字，阮校云：「古本下有『地』字。」吳福熙云：「古本『天』下有『地』字。按：『天』下如尚有字，似以『命』字較妥。」

〔八〇〕荅天命，刊本同，甲卷作「亯兲命」，「亯」爲「享」之籀文「亯」的隸變，説見校記〔四七〕，此「亯」乃「畣」之訛，「畣」爲「荅」之古字，《玉篇・亼部》：「畣，今作荅。」《玉篇・一部》：「兲，古文。」「兲」應是「兲」之訛體。

〔八一〕和恒四方人，「和恒四方」四字刊本同，甲卷作「咊恒亖方」，《玉篇・口部》「和」條下云：「咊，古文。」《玉篇・二部》：「亖，古文四。」甲卷止於「方」；刊本「人」作「民」，作「人」者諱改字。

〔八二〕人，刊本作「民」，案「人」爲諱改字。

〔八三〕也，刊本無。

〔八四〕勤施政於，刊本作「勤政施於」。

〔八五〕也，刊本無。
〔八六〕卸，刊本作『迓』，作『迓』者後人所改，説詳《古文尚書傳》（七）校記〔一五六〕。
〔八七〕弗，刊本作『不』，二字義同。底卷『弗』字，刊本多作『不』，下凡底卷『弗』字者均不復出。
〔八八〕傍，刊本作『旁』。『旁』『傍』古今字。
〔八九〕洽，刊本作『治』，阮校：『閩本、葛本同。毛本「治」作「洽」，是也。』
〔九〇〕導，刊本作『道』，『道』『導』古今字。
〔九一〕是公也，刊本作『是公之功』，案《正義》標起止有『之功』二字。
〔九二〕便，刊本作『使』，阮校：『毛本「使」作「便」。案「使」字誤也。』
〔九三〕立，刊本作『正』，阮校：『毛本「正」作「立」，案「正」字誤也。』
〔九四〕佐我之也，刊本『佐』作『佑』，無『之也』二字，《正義》『使公子伯禽爲國君，公當留佑我』句，阮校云：『「公當留佑我」，宋板「佑」作「佐」，與宋本注合。』則阮所見宋本亦作『佐』，與寫卷同。『之也』二字當是爲雙行對齊而添。
〔九五〕于，底一原無，吴福熙云：『「定」下脱「于」字。』兹據刊本補。
〔九六〕章也，刊本『章』作『彰』，無『也』字，案『章』『彰』古今字。
〔九七〕以，刊本作『已』，二字古多通用。
〔九八〕督我，刊本『督』作『篤』，『督』『篤』二字古多通用；『我』下底一原有『事』字，乃涉下而衍，今據刊本删。
〔九九〕任，底一原無，兹據刊本補。
〔一〇〇〕民，底一原缺末筆，避諱缺筆字，兹據刊本録正。
〔一〇一〕所受之人治之也，刊本『人』作『民』，無『也』字，案『人』爲諱改字。
〔一〇二〕洛邑，底一原作『洛公邑』，衍一『公』字，兹據刊本删。

〔一〇三〕已，刊本作『以』，二字古多通用。

〔一〇四〕猒，刊本作『厭』，『猒』『厭』古今字。

〔一〇五〕也，刊本無。

〔一〇六〕人，刊本作『民』，案『人』爲諱改字。

〔一〇七〕人，刊本作『民』，案『人』爲諱改字。

〔一〇八〕也，刊本無。

〔一〇九〕烮，刊本作『烈』，《説文》篆文『烈』隸變之異。下『烮』字同。

〔一一〇〕大業父，刊本作『大業之父』，案《正義》云：『又於汝大業父武王，大使我恭奉其道。』則其所據本亦無『之』字。

〔一一一〕人，刊本作『民』，案『人』爲諱改字。

〔一一二〕『推先』下刊本有『也』字。

〔一一三〕㠯，刊本作『以』，《玉篇・人部》：『以，古作㠯。』下『㠯』字同。

〔一一四〕畣，刊本作『荅』，《玉篇・亼部》：『畣，今作荅。』

〔一一五〕及，底一旁注，刊本無，案《正義》云：『故欲以衆卿大夫及於御治事之臣，深厚率行先王之業。』蓋其所據本有『及』字。

〔一一六〕也，刊本無。

〔一一七〕『典礼』下刊本有『也』字。

〔一一八〕居土中，刊本作『君土中』。阮校：『古本、岳本、宋板、閩本「君土中」作「居土中」，是也。』

〔一一九〕人，刊本作『民』，案『人』爲諱改字。

〔一二〇〕也，刊本無。

〔一二一〕即，刊本作『則』，『即』『則』同義。

〔一二二〕冓，刊本作『遘』，『冓』『遘』古今字。

〔一二三〕于，刊本無，阮校：『《唐石經》、古本、岳本、《纂傳》「猷」下有「于」字。案有「于」字是也。』

〔一二四〕其，刊本無，案《正義》引亦無『其』字。

〔一二五〕矣，刊本無。

〔一二六〕『懷德』下底一原有『殷』字，衍文，兹據刊本删。

〔一二七〕人，刊本作『民』，案『人』爲諱改字。《傳》中『人』字同。

〔一二八〕㷌，刊本作『歸』，《説文·止部》：『歸，女嫁也。㷌，籀文省。』

〔一二九〕笧，刊本作『册』，《説文·册部》：『笧，古文册，从竹。』下『笧』字同。

〔一三〇〕㐮，刊本作『褒』，段玉裁在《説文·衣部》『㐮』篆下注：『隶作褒、作㐮。』

〔一三一〕『不専』下刊本有『也』字。

〔一三二〕一，刊本無，阮校：『閩本、葛本同，毛本「各」下有「一」字。』北京大學出版社標點本《尚書正義》校云：『依文意有「一」字爲宜，據補。』

〔一三三〕白，刊本作『曰』，阮校：『古本、葛本「曰」作「白」，與《疏》合。』北京大學出版社標點本《尚書正義》據改。

〔一三四〕也，刊本無。

〔一三五〕煞，刊本作『殺』，《干禄字書·入聲》以『煞』爲『殺』之俗字。下『煞』字同。

〔一三六〕其庿親告，刊本『庿』作『廟』，末有『也』字，《説文·广部》『廟』篆下有古文『庿』字。

〔一三七〕庿，底一原作『厝』，刊本作『廟』，『厝』乃『廟』的古文『庿』之誤，兹據以改正。

〔一三八〕策，刊本作『册』，『策』爲『册』之借字。

〔一三九〕告伯禽封命也，刊本『告』作『誥』，無『也』字，有『之書』二字，『告』『誥』古今字。

〔四〇〕以，刊本作『已』，二字古通用。

〔四一〕舉殷頑人，刊本『舉』作『遷』，『人』作『民』，《説文·舁部》：『䙴，升高也。𨑒，䙴或从卩。』『𨑒』字隸定即爲『䙴』，『舉』當是『䙴』之俗訛，《漢書·律曆志下》『周人䙴其行序』師古注：『䙴，古遷字。』『人』爲諱改字。

〔四二〕測，刊本作『則』，吴福熙云：『「測」爲「則」之誤。』案吴説是，《左傳·僖公二十四年》：『心不則德義之經爲頑。』《舜典》『瞽子，父頑』僞《傳》：『心不則德義之經爲頑。』

〔四三〕也，刊本無。

〔四四〕『周公以王命誥稱成王命告令之』十三字底一脱，兹據刊本補。

〔四五〕介，刊本作『爾』，《敦煌俗字研究》：『「爾」「介」古本非一字，後世則合二而一，字多寫作「爾」。』（下編第七頁）下凡底一『介』字皆同。

〔四六〕也，刊本無。

〔四七〕不，刊本作『弗』，二字義同。

〔四八〕愍，左上的『民』底一缺筆，避諱缺筆字，兹據刊本録正。下句『愍』字同。

〔四九〕於殷也，刊本『於』作『于』，無『也』字，案『于』『於』古多通用。

〔五〇〕祐，刊本作『佑』，案『祐』指天助，『佑』指人助，然二字皆爲『右』之後起分别文，考詳單周堯《文字訓詁叢稿》一七八頁（臺北文史哲出版社二〇〇〇）。《傳》中『祐』字同。

〔五一〕明畏，刊本作『明威』，『明』『明』古異體，下『明』字皆同；古文《尚書》『威』皆作『畏』，説見《古文尚書傳》（五）校記〔三七〕。

〔五二〕『助』前底一有『明』字，衍文，兹據刊本删。

〔五三〕罰，刊本作『罰』，《五經文字·刀部》：『罰、罸，上《説文》，下《石經》，五經多用上字。』下凡『罸』字同。

〔一五四〕正，刊本作『王』，案《正義》云：『勑訓正也，「正黜殷命」謂殺去虐紂，使周受其終事。』是作『王』者誤字。
〔一五五〕右，刊本作『佑』，『右』『佑』古今字。
〔一五六〕之，刊本無，《正義》引鄭玄注云：『非我周敢驅取女殷之王命。』僞孔《傳》蓋本諸鄭注。
〔一五七〕之，刊本無，《正義》標起止無『之』字。
〔一五八〕卑，刊本作『畀』，案敦煌寫卷『畀』往往寫作『卑』。下『惟帝不卑』句同。
〔一五九〕『其』前刊本有『我』字，吴福熙云：『「我」下脱「我」字。』案底一蓋脱重文符號。
〔一六〇〕天不祐與信，刊本作『天不與言』，阮校：『古本「與」上有「右」字，毛本「言」作「信」。案「言」字非，閩本、明監本並誤。』『右』『祐』古今字。
〔一六一〕右，刊本作『佑』，『右』『佑』古今字。
〔一六二〕『天位乎』三字底一原脱，兹據刊本補。
〔一六三〕人，刊本作『民』，案『人』爲諱改字。《傳》中『人』字同。
〔一六四〕効，刊本作『效』，《玉篇·力部》：『効，俗效字。』
〔一六五〕欲人長，刊本『人』作『民』，案『人』爲諱改字。『長』下底一原有『人』字，吴福熙云：『「人」字衍。』兹據刊本删。
〔一六六〕不，刊本作『弗』，二字義同。
〔一六七〕淫佾有詞，刊本『佾』作『泆』，『詞』作『辭』，《龍龕·人部》云：『佾，俗；佾，正。』案《説文》無『佾』字，鄭珍《説文新附考》認爲『佾』即《説文》『肖』字，『佾』爲後起增旁字。既然本字爲『肖』，則當以從『肖』者爲正字，《龍龕》誤。王國維《魏石經殘石考》云：『《尚書》中逸、泆諸字古本多作「屑」，或作「佾」。』（《王國維遺書》第九册二四頁，上海古籍書店一九八三）下『佾』字同。『辭』『詞』古多通用。
〔一六八〕夏，刊本作『時夏』。

〔一六九〕弃也，刊本『弃』作『棄』，無『也』字，《説文》以『弃』爲『棄』之古文。

〔一七〇〕桀，底一原作『禁』，吴福熙云：『「禁」爲「桀」之誤。』兹據刊本改正。

〔一七一〕佚，刊本作『逸』，二字古多通用。

〔一七二〕也，刊本無。

〔一七三〕祐也，刊本『祐』作『佑』，無『也』字，案『祐』、『佑』之别參校記〔一五〇〕。

〔一七四〕大，刊本作『天』，吴福熙云：『孔《疏》亦作「廢其大命」，阮氏未出校記，恐系刻工之誤。』

〔一七五〕尒，刊本作『爾』。『尒』爲『尒』之增筆俗字，《敦煌俗字研究》：『「爾」「尒」古本非一字，後世則合二而一，字多寫作「爾」。』(下編第七頁)

〔一七六〕畯人，刊本作『俊民』，伯三三一五《尚書釋文》第二行：『畯，古俊字。』『人』爲『民』之諱改字。

〔一七七〕『之也』二字刊本無，案此當是爲雙行對齊而添。

〔一七八〕卹，刊本作『恤』，《説文·心部》：『恤，憂也。』段注：『恤與卹音義皆同。又疑古衹有「卹」，「恤」其或體也。』血部：『卹，憂也。』段注：『「卹」與心部「恤」音義皆同，古書多用「卹」字，後人多改爲「恤」。』

〔一七九〕齋，刊本作『齊』，『齊』『齋』古今字。

〔一八〇〕庿，底一原作『庿』，刊本作『廟』，『庿』乃『廟』的古文『庿』之俗誤，兹據以改正。

〔一八一〕有殷，刊本作『於殷』。案《正義》云：『非獨成湯以用其行合天意，亦惟天大立安治有殷。』『有殷』者，殷朝也。蓋作『有殷』爲長。

〔一八二〕孠，刊本作『嗣』，《説文·册部》：『孠，古文嗣，从子。』是『孠』爲『嗣』之古文。

〔一八三〕矤，刊本作『矧』，《説文·矢部》『弞』篆下段注：『《尚書》多用弞字，俗作矧。』《玉篇·矢部》『弞』條下云：『矧，同上。矤，同上。』《龍龕·矢部》則以『矤』爲『弞』之俗字。

〔一八四〕於，刊本作『于』，二字古通用。

〔一八五〕所行昏虐，刊本無『所』字，『昏』作『昬』，案『昏』爲『昬』之異體，唐避李世民諱多用『昏』字。下凡『昏』、『昬』之别者不再出校語。

〔一八六〕『國家之事』下刊本有『乎』字。

〔一八七〕人，刊本作『民』，案『人』爲諱改字。

〔一八八〕大，底一原誤作『天』，兹據刊本改正。

〔一八九〕天，底一原作『天地』，吴福熙云：『今本無「地」字，是。』兹據刊本删之。

〔一九〇〕詈，刊本作『辭』，《集韻・之韻》：『詞，古作詈，或書作辝。』『詞』『辭』古通。

〔一九一〕暗亂之辝也，刊本『暗』作『闇』，無『也』字。《説文・日部》：『暗，日無光也。』門部：『闇，閉門也。』然二字古多不别，《玉篇・門部》：『闇，閉門也，幽也，與暗同。』段注《説文》：『闇，借以爲幽暗字。』

〔一九二〕『文武』下刊本有『也』字。

〔一九三〕政，刊本作『正』，《正義》云：『師以正行，故爲「告正」。』則作『政』者爲借字。

〔一九四〕謂尅紂，底卷原作『夫謂尅紂』，吴福熙云：『今本無「夫」字，是。』兹據刊本删，刊本『謂』下有『既』字，『尅』作『克』，『尅』爲『剋』之俗字，『克』『剋』古今字。

〔一九五〕告天不頓兵傷士，底卷原作『告不天兵傷士』，錯亂甚，兹據刊本補正。

〔一九六〕惟，底卷原無，吴福熙云：『「適」下脱「惟」字。』案僞《傳》云：『惟汝殷王家已之我，不復有變者也。』兹據刊本補。

〔一九七〕他也，刊本『他』作『佗』，無『也』字，段玉裁在《説文・它部》『它』篆下云：『其字或叚佗爲之，又俗作他。經典多作它，猶言彼也。』

〔一九八〕『者也』二字刊本無，案此當是爲雙行對齊而添。

〔一九九〕䖸，刊本作『動』。『䖸』爲『動』之古文，説詳《古文尚書傳》（四）校記〔二三四〕。

〔二〇〇〕亂，底卷原誤作『乳』，因『亂』或寫作『乱』，『乱』、『乳』形近而誤，茲據刊本改正。

〔二〇一〕招，刊本作『召』，『召』『招』古今字；底卷『招』下有『言』字，吴福熙云：『「自招」下衍「言」字。』茲據刊本刪。

〔二〇二〕者，刊本無。

〔二〇三〕繇告尒殷，刊本『繇』作『猷』，無『殷』字，王引之《經傳釋詞》云：『繇、由、猷古字通。』王叔岷《尚書斠證》云：『敦煌本「爾」下有「殷」字，據上文「爾殷多士」，下文「告爾殷多士」，則有「殷」字是。』（一三三頁）

〔二〇四〕凥，刊本作『居』，《玉篇·尸部》『居』條下云：『凥，古文。』下『凥』字皆同。

〔二〇五〕也，刊本無。

〔二〇六〕使人安安之也，刊本作『使民安之』，阮校：『古本作「不能使民安安之也」，山井鼎曰：「恐衍一安字。」』按《疏》云：『不能使民安而安之。』即古本之所本。『人』爲『民』之諱改字。

〔二〇七〕我不敢，刊本作『我亦不敢』。

〔二〇八〕『者也』二字刊本無案，當爲雙行對齊而添。

〔二〇九〕籅，刊本作『典』，《説文·丌部》：『𥫔，古文典，从竹。』『籅』爲隸定字。

〔二一〇〕策書典藉，刊本『策』作『册』，『藉』作『籍』，『策』爲『册』之借字；『藉』當作『籍』，敦煌寫卷艹、竹混用所致。

〔二一一〕改夏王命之意也，底一原脱『命』字，茲據刊本補；刊本無『也』字。

〔二一二〕軄，刊本作『職』，《玉篇·身部》：『軄，俗職字。』下凡『軄』字同。

〔二一三〕『者也』二字刊本無，當爲雙行對齊而添。

〔二一四〕『者』字刊本無，當爲雙行對齊而添。

〔二一五〕衛肆矝，刊本『衛』作『率』，『矝』作『矜』，『衛』爲『率』之古文，説詳《古文尚書傳》（四）校記〔九三〕，『衛』則爲『衑』之誤，『衑』又爲『衑』之誤也，俗寫彳、亻不分；凡經典『矝』字皆『矝』之訛，説詳《説文・矛部》『矝』篆下段注、臧庸《拜經日記》卷五『矝』字條，下『矝』字同。

〔三二六〕辠，刊本作『罪』，《説文・辛部》：『辠，犯灋也。秦以辠似皇字，改爲罪。』下『辠』字同。

〔三二七〕惟，底卷原無，吴福熙云：『「時」下脱「惟」字。』案僞《傳》云：『非我罪咎，是惟天命。』兹據刊本補。

〔三二八〕愍，左上『民』之末筆底一原缺，避唐諱，兹據刊本録正。

〔三二九〕咎，底一原誤作『若』，兹據刊本改正。

〔三三〇〕津，刊本作『降』，蔡主賓《敦煌寫本儒家經籍異文考》云：『「降」訛作「津」。』（三九四頁）

〔三三一〕伐，底一原作『代』，吴福熙云：『「代」爲「伐」之誤。』案敦煌寫本『代』、『伐』常互誤，兹據刊本改正。

〔三三二〕人命謂君，刊本『人』作『民』，末有『也』字，案『人』爲諱改字。下句『人』字同。

〔三三三〕誅四國君也，刊本『誅』前有『謂』，無『也』字。

〔三三四〕罰，刊本作『罰』，『罰』與『罰』，小篆『』隸變之異也；『罰』應是『罰』之形誤。下『罰』字同。

〔三三五〕秵尒遐逷，刊本『秵』作『移』，『逷』作『逖』，《集韻・戈韻》：『多，古作㕭。』又《紙韻》：『侈，古作㑥。』則『秵』爲『移』之古字也。《説文・辵部》：『逖，遠也。逷，古文逖。』

〔三三六〕孫，刊本作『遜』，『孫』『遜』古今字。

〔三三七〕叛，刊本作『叛逆』。

〔三三八〕命，刊本作『今』，《正義》云：『「今移徙汝於洛邑」，令去本鄉遠也。』疑其所據本亦作『命』，引《傳》作『今』者，疑爲『令』之訛。

〔三三九〕周宗，刊本作『宗周』，《詩・小雅・雨無正》『周宗既滅』馬瑞辰《通釋》認爲周宗與宗周有別，宗周有鎬京、洛邑及周王室諸義，而周宗則指與周同姓者。曾運乾《尚書正讀》云：『我宗，宗周及魯衛也。』屈万里《尚書集釋》云：『宗，族也；此義習見。我宗，意謂我周人。』即馬瑞辰所言周宗之義也。《正義》云：『比近京師，臣我周家，使汝從我善化。』言『周家』，蓋其所見本僞《傳》亦作『周宗』也。

〔三三〇〕也，刊本無。

〔三三一〕今予惟不爾殺，底一『今』前原有『尒』字，吴福熙云：『「尒」字衍。』兹據刊本删；『予惟不爾殺』五字底一原無，吴福熙云：『「予」下脱「惟不尒杀予」五字。』此當是因换行而誤脱（前後二句皆有『予』字，此因提前誤抄下句『予』字後之文），兹據刊本補。

〔三三二〕也，底一原置於雙行小注第一行末之『不欲』下，當是爲雙行對齊而置於此，兹移置注文之末，刊本無『也』字，但末有『之』字，『之』字義長。

〔三三三〕条，刊本作『洛』，《康熙字典·水部》：『洛，古文条。』下『条』字同。

〔三三四〕適，刊本作『攸』，《漢書·地理志上》『漆沮既同，酆水逌同』師古注：『逌，古攸字也。』『適』應是『逌』之誤字。下『適』字同。

〔三三五〕者也，刊本無。

〔三三六〕乃尚寍，刊本『乃』前有『爾』字，『寍』作『寧』。王叔岷《尚書斠證》云：『僞孔《傳》：「汝多爲順事，乃庶幾還有汝本土，乃庶幾安汝故事止居。」孔《疏》：「汝若多爲順事，汝乃庶幾還有汝本土，乃庶幾安汝故事止居。」似正文本作「乃尚寧幹止」。今本「乃」上有「爾」字，疑涉上文而衍。』（一一三三頁）《説文·宀部》：「寍，安也。」段注：『此安寧正字，今則寧行而寍廢矣。』

〔三三七〕事，刊本作『故事』。

〔三三八〕返所生誘之者，刊本『返』作『反』，無『者』字，『反』『返』古今字。

〔三三九〕卑，刊本作『畀』，案敦煌寫卷『畀』往往寫作『卑』。

〔三四〇〕『女』字底一原無，吴福熙云：『「能」上脱「女」字。』案刊本有『汝』字，底一凡『汝』均寫作『女』，故據補『女』。

〔三四一〕也，刊本無。

〔三四二〕立，刊本作『居』，江聲《尚書集注音疏》云：『「宅爾邑」既謂安其居處，則「繼爾居」不得復爲居處，故以爲所居之業。《易·文言·彖》云：「修詞立其誠，所以居業也。」是業可言「居」也。《蟋蟀》詩云：「職思其居。」亦謂所爲之事爲「居」也。』孫星衍《尚書今古文注疏》、曾運乾《尚書正讀》、楊筠如《尚書覈詁》從之。案：業可言居，並非業等於居。《詩經》『職思其居』之義，江聲乃依鄭《箋》爲釋，然鄭玄之解不確。馬瑞辰《毛詩傳箋通釋》云：『謂君子思不出其位也。』于鬯《香草校書》云：『居者，言本位也。』皆釋此『居』爲位，《晏子春秋·内篇問上》『不權居以爲行，不稱位以爲忠』俞樾《平議》：『權成與稱位相對，權猶稱也，居猶位也。』『繼尒居』之『居』，乃指遷於洛邑之殷頑民臣民之位。僞《傳》云：『繼女所當居爲。』是其所據《尚書》必作『居』。底一作『立』，蓋『凥』之壞字，『凥』者，『居』之古字。

〔三四三〕洛，刊本作『洛邑』。

〔三四四〕脩，刊本作『修』，『脩』爲『修』之借字。

〔三四五〕者，刊本無。

〔三四六〕者，刊本無。

〔三四七〕有，刊本作『又』，孫詒讓《尚書駢枝》云：『「王曰」以下，忽更云「又曰」，文殊難通，孔釋亦未及。竊疑「又」當讀爲「有」，「有曰」，謂有是言曰，猶云有言曰，與《君奭》「言曰在時二人」義亦相近。』底一作『有』，可爲孫説作證。

〔三四八〕每，刊本無，段玉裁《古文尚書撰異》云：『《唐石經》「或言」二字初刻是三字，摩去重刻，致每行十字者成九字矣。初刻隱然可辨，「或言」之閒多一字，諦視則是「誨」字，與《傳》「教誨之言」合，《雒誥》亦有「誨言」二字也。』《集韻·隊韻》『誨』條下云：『每，古从口。』

〔三四九〕豫者，刊本無，《正義》云：『上智不肯爲非，下愚戒之無益，故中人之性，可上可下，不能勉强，多好逸豫，故周公作書以戒之，使無逸。』蓋其所見亦無『豫者』二字。

〔三五〇〕故以所戒名篇者也，刊本『故』作『本』，無『者也』二字，吳福熙云：『恐系刻工之誤。』案吳説是，『本』爲誤字。

〔三五一〕烏虖，刊本作『嗚呼』，烏嗚、虖呼均古今字。下凡『烏虖』同此。

〔三五二〕畓，刊本作『穡』，《説文·嗇部》：『畓，古文嗇。』《玉篇》隸定爲『畓』，此作『畓』，訛變之體也，『嗇』『穡』古今字。下『畓』字同。

〔三五三〕啬，刊本作『穡』，『啬』爲『嗇』之俗字，『嗇』『穡』古今字。下『啬』字同。

〔三五四〕難，底一原無，茲據刊本補。

〔三五五〕𠷎，刊本作『諺』，閔齊伋《六書通》去聲線韻『諺』下收有『𠷎』，隸定即爲『𠷎』，《書古文訓》亦作『𠷎』，應是『諺』之古文。

〔三五六〕唌，刊本作『誕』，《集韻·緩韻》：『誕，亦从口。』《書古文訓》作『唌』。

〔三五七〕乃爲逸預，刊本『乃』作『力』，『預』作『豫』，阮校：『葛本、閩本、明監本同。毛本「力」作「乃」，是也。』斯三八八字樣第五行：『豫，象屬也，一曰逸豫；預，安；悆，亦豫音。並通用。』

〔三五八〕畔塇，刊本作『叛諺』，『畔』字底一作『半』形，吳福熙云：『原卷中「半」字偏小，恐爲「叛」之殘字，「塇」則系形近之誤。』案《論語·先進》『由也喭』何晏《集解》云：『鄭曰：「子路之行，失於畔喭。」』畔喭、叛諺爲一詞之異寫，亦作『詖諺』（《類篇·言部》『諺』字下説解）、『吅喭』（《集韻·換韻》『吅』字下説解）、『伴仠』（《集韻·換韻》『伴』字下説解）。底一『半』字偏在右側，其左側殘，故『半』不當是『叛』之殘，當是『畔』之殘，茲據以擬補。『塇』蓋『𠷎』之誤。

〔三五九〕也，刊本無。

〔三六〇〕太，刊本作『大』，『大』『太』古今字。

〔二六一〕「中宗」二字刊本無。

〔二六二〕龔，刊本作「恭」。「龔」爲古文「恭」，説詳《古文尚書傳》（二）校記〔七三〕。下凡「龔」字皆同。

〔二六三〕也，刊本無。

〔二六四〕巟，刊本作「荒」，黄侃《説文段注小箋》：「荒之本字亦作「巟」。」（《説文箋識四種》一九四頁，上海古籍出版社一九八三）下凡「巟」字同。

〔二六五〕巟怠自安者，底一「怠」字原脱，兹據刊本補；刊本無「者」字，底卷蓋爲雙行對齊而添。

〔二六六〕亯，刊本作「享」，案「享」字《説文》籀文作「亯」（此從段玉裁説，商承祚《説文中之古文考》認爲是古文），「亯」應是「亯」之變體。下「亯」字皆同。

〔二六七〕㐅，刊本作「五」，「五」字《説文》小篆作「𠄡」，《玉篇·五部》以爲「五」之古文，此作「㐅」，當是「𠄡」之變體。下「㐅」字同此。

〔二六八〕臮，刊本作「暨」，《玉篇·乑部》：「臮，古文暨字。」

〔二六九〕父小乙使之久居人間，刊本「父」前有「其」字，「人」作「民」，阮校：「古本「其」作「也」。」是亦無「其」字，《正義》標起止作「武丁其」，則有「其」字；「人」爲「民」之諱改字。

〔二七〇〕嘿，刊本作「默」，《干禄字書·入聲》：「嘿、默，上俗下正。」

〔二七一〕着也，刊本作「者」，阮校：「毛本「者」作「著」。」北京大學出版社標點本《尚書正義》校云：「「下《疏》標起訖作「著」，依文意作「著」字爲宜，據改。」」案「着」即「著」之俗字。

〔二七二〕邕，刊本作「雍」，案「邕」正字，「雝」借字，「雍」爲「雝」之隸變。

〔二七三〕敄，刊本作「敢」，「敄」爲「敢」之古字「𠭖」的變體，説詳《古文尚書傳》（七）校記〔五三〕。下凡「敄」字同。

〔二七四〕「者也」二字刊本無。

〔二七五〕於，刊本作「于」，二字古通用。

〔三七六〕「無」下底一原有「爲」字，《正義》云：「人無是有怨高宗者，言其政無非也。」是亦無「爲」字，兹據刊本删。

〔三七七〕也，刊本無。

〔三七八〕誼，刊本作「義」，杭世駿《訂譌類編續補》卷上「誼義粤越亮諒字」條云：「『誼』乃古『義』字。」下凡「誼」字同。

〔三七九〕庋，刊本作「庶」，「庋」當是「庻」之誤，「庻」爲《説文》「庶」之小篆隸定字「庻」的變體。

〔三八〇〕弗侮鰻寡，刊本作「不敢侮鰥寡」，「弗」「不」義同；吴福熙云：「『弗』下脱『敢』字。」王叔岷《尚書斠證》云：「敦煌本無『敢』字，《治要》引同，《史記·魯世家》亦無『敢』字。」（一三四頁）案「敢」疑爲後人據僞《傳》而添，「鰻」爲「鰥」之别體。

〔三八一〕就安順於衆人，刊本「就」作「能」，「人」作「民」，案《史記·魯周公世家》裴駰《集解》引孔安國曰：「小人之所依，依仁政也。故能安順於衆民，不敢侮慢惸独也。」「就」當是「能」之誤，「人」爲「民」之諱改字。

〔三八二〕者，刊本無。

〔三八三〕知，底一原脱，兹據刊本補。

〔三八四〕「殷家」下刊本有「亦」字。

〔三八五〕稱之者也，刊本作「稱祖」。

〔三八六〕逸預無度也，刊本「預」作「豫」，無「也」字，「預」「豫」通用。

〔三八七〕弊，乙卷同，刊本作「敝」，「弊」爲「敝」之俗字，説見《玉篇·尚部》；乙卷下有「也」字。乙卷起於此。

〔三八八〕湛，刊本作「耽」，李遇孫《尚書隸古定釋文》云：「《説文》訓『耽』爲耳大垂也，訓『湛』爲没，訓『媅』爲樂。則耽樂字當作『媅』，餘俱借用。」下「湛」字皆同。

〔三八九〕胃，刊本作「謂」，「胃」「謂」古今字，馬王堆出土帛書《戰國策》、《老子》及睡虎地出土秦簡凡「謂」字均寫作「胃」。下凡「胃」字皆同。

〔三九〇〕厥後，底一原無『後』字，吴福熙云：『「厥」下脱「後」字。』兹據乙卷補；乙卷『厥』作『身』，《説文·氏部》有『氒』篆，段玉裁注云：『《玉篇》亦作身，隸變也。』《廣韻·月韻》以『氒』爲『厥』之古文，案此作『身』，亦『氒』之隸變也。乙卷凡『厥』皆作『身』，下不復出。

〔三九一〕冈或克耆，『冈』字乙卷作『𡧑』，刊本作『罔』，《玉篇·宀部》：『𡧑，古文罔。』『冈』亦『罔』的古異體字；『耆』字乙卷作『耇』，刊本作『壽』，《玉篇·老部》『壽』條下云：『𦓃，古文。』『耆』、『耇』當是『𦓃』之訛變。

〔三九二〕從無有能壽，乙卷、刊本『從』作『亦』，刊本『壽』下有『考』字。

〔三九三〕或又六年，底一原有兩『或』字，當是因換行而衍，吴福熙云：『衍一「或」字。』兹據刊本删其一；『又』字乙卷作『㐅』，刊本作『五』，『五』字《説文》小篆作『𠄡』，『㐅』即其變體，作『又』則爲訛字也；『年』字刊本同，乙卷作『秊』，《新加九經字樣·禾部》：『秊、年，上《説文》，從禾從千聲；下經典相承隸變。』下凡『年』字乙卷皆作『秊』，不復出校。

〔三九四〕四，刊本同，乙卷作『亖』，《玉篇·二部》：『亖，古文四。』經文『四』字乙卷均作『亖』，下不復出。

〔三九五〕烏虖，乙卷作『烏雩』，刊本作『嗚呼』，『烏』『嗚』古今字；『雩』字後起，《説文》、《玉篇》均無，考虍、雨二部首古常混，則『雩』當是『虖』之誤也，『虖』『呼』亦古今字。下『烏虖』皆同。

〔三九六〕大王王季，刊本『大』作『太』，『大』『太』古今字，《傳》中『大』字同；底一後一『王』字原作重文符號，乙卷無，當是脱去。

〔三九七〕祥力，底一原雙行注於『抑』字下，疑爲切語，然已塗去。

〔三九八〕大，乙卷同，刊本作『太』。

〔三九九〕祖，刊本同，乙卷下有『也』字。

〔三〇〇〕畏，乙卷同，刊本作『長』，阮校：『各本「長」皆作「畏」，形近之譌。』

〔三〇一〕父，乙卷、刊本作「父祖」，吴福熙云：「『父』下脱『祖』字。」案《正義》標起止有「祖」字。

〔三〇二〕儉，底一原誤作「檢」，兹據乙卷改正。

〔三〇三〕就田功，刊本前有「以」字，案《正義》云：「以就安人之功，田功最急，故特云『田功』，以示知稼穡之艱難也。」無「以」字爲長，乙卷脱「田」字。

〔三〇四〕以知稼嗇之難，刊本作「以知稼穡之艱難」，案據上條所引《正義》，亦有「艱」字，「嗇」「穡」古今字。乙卷作「以稼穡之」，有脱漏。

〔三〇五〕懿共，底一「懿」原作「懃」，當是形誤，兹據乙卷改正；刊本「共」作「恭」，乙卷與底一同。段玉裁《古文尚書撰異》云：「孜僞《孔傳》釋『徽柔』云：『以美道和民。』釋『懿恭』云：『以美政恭民。』此必經文作『共』，故云『共民』。『共民』猶給民也，即下文所謂供待也。《正義》曰：『以此柔恭懷安小民。』似《正義》始誤解，因之衛包擅改，開寶中擅删《釋文》之『共』音恭矣，今更正作『共』。《尚書》供給字通作『共』，而恭敬字作『恭』，畫然迥别。」今兩寫卷作「共」，可爲段説佐證。

〔三〇六〕懷保小人，乙卷「懷」作「褱」，刊本「人」作「民」，伯三三一五《尚書釋文》第二九行：「褱，古懷字。」「人」爲「民」之諱改字。

〔三〇七〕鱞，乙卷作「⿰角睘」，刊本作「鰥」，《龍龕·角部》：「⿰角睘，俗，正作鱞字。」「鱞」爲「鰥」之别體。

〔三〇八〕其人，乙卷、刊本無「其」字，「人」作「民」，案《正義》所引與乙卷、刊本同，「人」爲諱改字。《傳》中除「鰥寡之人」之「人」外皆諱改字。下句「故人懷之」之「人」乙卷脱。

〔三〇九〕供待人，乙卷作「供民」，刊本作「恭民」，據校記〔三〇五〕所引段玉裁之考，知刊本作「恭民」乃後人據衛包改字本改。下文有「則其無淫于觀、于逸、于遊、于田，以萬民惟正之供」句，僞《傳》云：「所以無敢過於觀遊逸豫田獵者，用萬民當惟正身以供待之故。」「共」（刊本作「供」，此據底一）正釋作「供待」，則此當以底一作「供待人」爲是，至於「人」字，乃諱改字，當據乙卷回改爲「民」。

〔三〇〕乏，底一原脱，兹據刊本補；乙卷作『之』，乃『乏』之誤。

〔三一〕仄，乙卷同，刊本作『昃』，《説文》有『仄』無『仄』，『仄』當是俗字，從广從厂之字常有此類訛俗，《説文·日部》：『㫷，日在西方時，側也。』段注：『隸變作「昃」。』厂部：『仄，側傾也。』此云『日中仄』，則當以作『昃』者爲正字。

〔三二〕皇，乙卷同，刊本作『遑』，段玉裁《古文尚書撰異》云：『皇，今本作「遑」，俗字，疑衛包所改也。下文「則皇自敬德」，鄭注「皇謂暇，謂寬暇自敬」，可以證此之不从辵矣。皇、暇疊文同義，《爾雅·釋言》「偟，暇也」。凡《詩》、《書》「遑」字皆後人所改。』

〔三三〕至日昳不暇食，乙卷脱『至』字，刊本『昳』作『昳』，《周禮·地官·司市》『日㫷而市，百族爲主』鄭注：『日㫷，昳中也。』阮校：『《大司徒》注云「日昳景乃中」，此「昳」當作「昳」。賈《疏》云「㫷者，傾側之義；昳者，差昳之言」，今諸本俱誤爲「差昳」矣。按昳、昳二字，上正下俗。』案《説文》無『昳』字，新附始有，黄侃《説文新附考原》云：『昳，本作昳。俗改从日，當在漢以後。』（《説文箋識四種》二六四頁）『暇』字底一原作『暇』，形誤字，兹據乙卷改正。

〔三四〕用皆和万人，底一無『用』字，乙卷無『皆』字，刊本『人』作『民』，案此釋經文『用咸和万民』句，『用』、『皆』二字均不當無（《正義》云：『咸訓皆也。』），兹據乙卷、刊本補『用』字。『人』爲『民』之諱改字。

〔三五〕目庋邦惟正之共，『目』字乙卷同，刊本作『以』，《玉篇·人部》：『以，古作目。』『庋』字乙卷作『庶』，刊本作『庶』，『庋』當是『庚』之誤，『庚』爲《説文》『庶』之小篆隸定字『庚』的變體，『庶』亦『庚』之變體；『邦』字刊本同，乙卷作『邽』，『邽』爲《説文》小篆『𢍍』字之隸變，『共』字乙卷同，刊本作『供』，王引之《經義述聞》卷四『惟正之共』條據《後漢書·郅惲傳》李賢注所引改『供』爲『共』，正與兩寫卷合。下『惟正之共』同。

〔三六〕樂于遊逸，乙卷、刊本『于』作『於』，二字古通用；底一『遊逸』下原衍『於』字，兹據乙卷删。

〔三一七〕法則，刊本同，乙卷奪「法」字。

〔三一八〕供待之故者，乙卷「供」作「恭」，乙卷、刊本無「者」字，案「供」「恭」二字通用，「者」蓋衍文。

〔三一九〕厥舍戜，乙卷脱「厥」字；「舍」字乙卷作「舍」，刊本作「享」，「舍」爲「享」之籀文「亯」的變體，説見校記〔四七〕，「舍」亦其變體也；「戜」字乙卷同，刊本作「國」，郭忠恕《佩觿》卷下：「戜戜，上于逼反，與域同。下居墨翻，即邦戜字，與國同。」《集韻·德韻》：「國，古作戜。」「或」下從「王」，與寫卷「或」下從「土」不同。《周禮·地官·小司徒》「乃分地域而辨其守」鄭注「故書域爲邦」，段玉裁《周禮漢讀考》云：「《説文·戈部》：『或，邦也。』『域』，『或』或字也，口部：『國，邦也。』蓋古三字本一字。」劉心源《奇觚室吉金文述》云：「『域从邑，即「國」字。《説文》或、域皆「國」字，後人分用。』（《續修四庫全書》九〇三册四六二頁）「戜」即「域」字土旁移位所致，國之古字當是「戜」，《佩觿》與《集韻》從王作「戜」，應是「戜」之誤字。《書古文訓》作「戜」，與寫卷同。三體《石經》作「戜」，當即僞古文《尚書》所本。

〔三二〇〕則即位時年卌七，乙卷同；刊本無「則」字，「卌」作「四十」，「卌」爲「四十」之合文。

〔三二一〕全數，刊本同，乙卷「數」誤作「稱」，下有「也」字。

〔三二二〕孠，乙卷同，刊本作「嗣」，《説文·册部》：「孠，古文嗣，从子。」是「孠」爲「嗣」之古文。下「孠」字同。

〔三二三〕往，底一原無，吴福熙云：「『以』下脱『往』字。」兹據乙卷補。

〔三二四〕戒，刊本同，乙卷作「誐」，《正字通》以「誐」爲「識」字，此蓋爲「誡」字誤，「戒」「誡」古今字。

〔三二五〕其，刊本同，乙卷作「亓」，《集韻·之韻》：「其，古作亓。」

〔三二六〕以，刊本同，乙卷作「㠯」，《玉篇·人部》：「以，古作㠯。」

〔三二七〕用萬人當惟正身以待之故者，底一「萬人」下原有「也」字，案「也」字施於此實不通，疑底一抄寫者所據底本由於雙行對齊關係，將注末之「也」字施於雙行小注之第一行末，抄寫者未加細辨而隨手抄録，遂成今貌，兹據乙卷删之；「人」爲「民」之諱改字，乙卷、刊本皆作「民」；乙卷「萬」作「万」；底一「故者」二字有塗抹痕迹，疑爲閲者所爲，由于『萬人』下有『也』字，故閲者於『也』字下讀斷，因而『當惟正身以待之故者』句不通，遂以臆删『故者』二字，底一『者』字當是爲雙行對齊而添，乙卷、刊本均無，然『故』字則不可缺；刊本『待』前有『供』字，僞《傳》前有『以美政供待人』、『當以正道供待之故者』句，皆作『供待』，此蓋脱『供』字。

〔三二八〕 逌訓，乙卷作『逌訔』，刊本作『攸訓』，《漢書·地理志上》『漆沮既同，酆水逌同』師古注：『逌，古攸字也。』『逌』應是『逌』之誤字；《玉篇·言部》『訓』條下云：『訔，古文。』下句『逌』字同。乙卷『訓』皆作『訔』，後不復出。

〔三二九〕 時人丕則有僭，乙卷作『旹人丕則ナ僭』，刊本『僭』作『愆』，餘皆同底一。《説文·日部》：『旹，古文時，从日㞢作。』『旹』爲『旹』之訛體。趙坦《春秋異文箋·附録》：『丕，本字；丕，隸之變體。』《集韻·有韻》：『有，古作ナ。』《龍龕·言部》：『僭，古文，音僁，過也。』《玉篇·心部》『愆』條下云：『僁，同上，俗。』《説文·心部》：『愆，過也。□，籀文。』則《龍龕》以『僭』爲『愆』之古文，然『愆』字《説文》籀文作『□』，隸定則爲『僭』，作『僭』者當是訛體。底一作『僭』，疑爲『僭』之訛省。下『僭』字同。經文『時』乙卷皆作『旹』，下不復出。

〔三三〇〕 暇，底一原誤作『暇』，兹據刊本改正；乙卷則誤作『服』。

〔三三一〕 『唯今日』三字底一脱，兹據乙卷補；刊本『唯』作『惟』，二字古通。

〔三三二〕 止，底卷原誤作『正』，兹據乙卷改正。乙卷下有『也』字。

〔三三三〕 也，乙卷無，刊本作『者』。

〔三三四〕 以，底一原無，吴福熙云：『「所」下脱「以」字。』兹據乙卷補。

〔三三五〕 人則大有過矣，底一原無『人』字，吴福熙云：『「是」下脱「人」字。』兹據乙卷補；乙卷『矣』下有『也』字，當是爲雙行對齊而添。

〔三三六〕 𤔔，乙卷同，刊本作「亂」，《集韻・換韻》：「亂，古作𤔔。」

〔三三七〕 德才，乙卷「德」作「悳」，刊本「才」作「哉」。《廣韻・德韻》以「悳」爲「德」之古文，「悳」乃「惪」之變體。經文「德」，乙卷皆作「悳」，下不復出。《集韻・咍韻》：「哉，古作才。」

〔三三八〕 亂，底一原誤作「乳」，茲據乙卷改正。

〔三三九〕 如之，刊本同，乙卷下衍「何」字。

〔三四〇〕 聞，刊本同，乙卷作「𦖞」，《玉篇・耳部》「聞」條下云：「𦖞，古文。」

〔三四一〕 猷，乙卷同，刊本作「猶」，《説文》有「猶」無「猷」，陳玉樹《毛詩異文箋》卷七云：「《毛詩》『猶』字二十二見，『猷』字二見，『猷』左酋右犬，『猶』左犬右酋，實一字。」

〔三四二〕 誨，刊本同，乙卷作「⿱每口」。《集韻・隊韻》：「誨，古从口。」

〔三四三〕 道，刊本同，乙卷作「尊」，吴福熙云：「『尊』爲『道』之誤。」案「尊」應是「導」之誤，「道」「導」古今字。

〔三四四〕 也，底一原置於雙行小注第一行之末，乙卷有，刊本無。

〔三四五〕 ⿰口遂，乙卷作「喤」，刊本作「譸」，《説文・言部》：「譸，詶也。《周書》曰「無或譸張爲幻」。」《玉篇・口部》：「嚋，嚋張，誑也。」又《言部》：「譸，譸張，誑也。」《集韻・尤韻》：「譸，或作嚋。」「嚋」之古字作「喝」，「⿰口遂」、「喤」並其訛變。

〔三四六〕 「誑」下乙卷、刊本有「也」字。

〔三四七〕 或幻，乙卷作「幻或」，刊本作「幻惑」，案「或」「惑」古今字；乙卷下有「也」字，刊本下有「者也」二字。

〔三四八〕 㞢，乙卷、刊本作「之」。《玉篇・之部》「之」條下云：「㞢，古文。」

〔三四九〕 變⿱宀卒，乙卷作「矣⿱爫卒」，刊本作「變亂」，《玉篇・彡部》：「⿰貞彡，古文變。」徐在國《隸定古文疏證》認爲「矣」是「⿰貞彡」之隸變；「⿱宀卒」爲「率」俗寫，當是「𤔔」之訛，《集韻・換韻》：「亂，古作𤔔。」「⿱爫卒」爲「𤔔」之變體。

〔三五〇〕 於，乙卷同，刊本作「于」，二字古通。

〔三五一〕者，乙卷作「故也」，刊本無，案《正義》標起止作「致之」，則與刊本同。

〔三五二〕韋，乙卷同，刊本作「違」，「韋」「違」古今字。

〔三五三〕否則厥口禬祝，乙卷脱「否」字；「禬」字乙卷作「襘」，刊本作「詛」，《玉篇·示部》「襘，亦作詛。」《漢書·五行志上》：「明年，屈釐復坐祝禬要斬。」師古注：「襘，古詛字也。」「禬」爲「襘」之訛體。「礻」旁古文作「朩」，故「祝」之古文寫作「⿰朩兄」。《傳》中「禬」字同。

〔三五四〕故人不則心韋恣，刊本作「故民否則其心違怨」，「人」爲「民」之諱改字；《説文·口部》：「否，不也。」然此處經文作「否」，則此當作「否」爲然，以與下句一律；底一脱「其」字，「韋」「違」古今字；「恣」應是「怨」之形誤；乙卷只有「故民」二字，下五字誤奪。

〔三五五〕患其上，刊本同，乙卷作「有患其上之故也」。

〔三五六〕「及高宗」三字底一無，吴福熙云：「脱『及高宗』三字。」兹據乙卷補。

〔三五七〕悊，乙卷同，刊本作「哲」，《説文·口部》：「哲，知也。悊，哲或从心。」

〔三五八〕蹈智明德以臨下人，乙卷「智」作「知」，乙卷、刊本無「人」字，案「知」「智」古今字。《正義》云：「自殷王中宗，及高宗，及祖甲，及我周文王，此四人者，皆蹈明智之道以臨下民。」是其所據本「下」下有「民」字，底一作「人」，乃「民」之諱改字。

〔三五九〕詈女，底一原作「則詈」，無「女」字，吴福熙云：「『怨女則詈』應爲『怨女詈女則』，『詈』下脱『女』。」兹據乙卷補「女」字，移「則」於「皇」前。

〔三六〇〕疾，乙卷、刊本無，吴福熙云：「『疾』衍文。」王叔岷《尚書斠證》云：「『則皇自疾敬德』者，『則益自急敬德』也。」（一三四頁）是王氏不以「疾」爲衍文。案僞《傳》云：「則大自敬德。」則經文應無「疾」字。《漢石經》無「疾」字。《後漢書·楊震傳》楊震上疏云：「殷周哲王，小人怨詈，則還自敬德。」則其所見《尚書》亦無「疾」字。李賢注引《尚書》曰：「厥或告之曰：『小人怨女詈女。』則皇自敬德。」李賢所見者爲隸古定

《尚書》，亦無『疾』字。

〔三六一〕怨詈者，乙卷同，刊本作『怨詈汝者』。

〔三六二〕脩，乙卷同，刊本作『修』，『脩』爲『修』之借字。

〔三六三〕敢含忞，乙卷『敢』作『敎』。『敎』爲『敢』之古字『叙』的變體，說詳《古文尚書傳》（七）校記〔五三〕；乙卷『含』誤作『含』；『忞』字乙卷同，刊本作『怒』，《集韻·莫韻》：『怒，古作忞。』

〔三六四〕過，乙卷同，刊本作『禍』，案《正義》曰：『民有愆過，則曰「我過」。』『禍』當是『過』之誤字。

〔三六五〕當和悦也，乙卷、刊本『當』作『常』，乙卷『和悦』下有『之故』二字，案《正義》曰：『此四王即不啻不敢含怒以罪彼人，乃自願聞其愆言，其顔色常和悦也。』亦作『常』字。

〔三六六〕曦，乙卷作『唏』，刊本作『譸』，說見校記〔三四五〕。

〔三六七〕信，刊本同，乙卷作『伩』，《玉篇·人部》：『伩，古文信。』

〔三六八〕或，乙卷同，刊本作『惑』，『或』『惑』古今字。

〔三六九〕言小人怨憾禬詈女，底一原無『言』字，吴福熙云：『「誑惑之」下脱「言」字。』兹據乙卷補；『憾』字底一原誤作『惐』，兹據乙卷改正；『禬』字乙卷、刊本作『詛』，『禬』爲『禮』之訛體，『禮』爲『詛』之古字，說詳校記〔三五三〕。

〔三七〇〕者，乙卷作『也』，刊本無。

〔三七一〕侵，乙卷作『侵』，刊本作『辟』，《玉篇·人部》：『侵，古文辟。』『侵』當是『侵』之變體。

〔三七二〕此，乙卷、刊本作『是』，二字義同。

〔三七三〕含怒也，乙卷『含怒』誤作『含恕』，刊本無『也』字。

〔三七四〕亂罸，乙卷作『𤔔罸』，刊本作『亂罰』，『𤔔』爲『亂』之古文『𤔔』的變體，『罸』與『罰』，小篆『亂』隸變之異也；『罸』應是『罸』之形誤，《五經文字·罒部》：『罰、罸，上《說文》，下《石經》，五經多用上字。』《傳》中

「罰」，乙卷寫作「罸」。

〔三七五〕煞，乙卷、刊本作「殺」，《干禄字書·入聲》以「煞」爲「殺」之俗字，下「煞」字同。乙卷「殺」下有「戮」字，王重民《敍録》云：「今本缺「戮」字。」吴福熙云：「「亡」上衍「戮」字。」案前句「罸亡辠」與此「煞亡辜」對文，「戮」當是手民涉「殺戮」一詞而衍，王校誤。

〔三七六〕有，刊本同，乙卷作「ナ」，《集韻·有韻》：「有，古作ナ。」

〔三七七〕蘘，乙卷同，刊本作「叢」，《玉篇·丵部》：「叢，俗作蘘。」《傳》中「蘘」字同。

〔三七八〕含，刊本同，乙卷誤作「含」。

〔三七九〕辜，乙卷作「理」，刊本作「罪」，辜者，罪也，作「理」無義。

〔三八〇〕同怨讎之，刊本同，乙卷「同」誤作「冈」，「讎」作「雔」，徐灝《説文解字注箋》云：「雙鳥爲雔，即逑匹本義。引申爲凡相當之偁，讎敵、讎荅、讎校皆此義也。」則「讎」爲「雔」之後起字也。

〔三八一〕也，乙卷作「者也」，刊本無。

〔三八二〕其，刊本同，乙卷作「开」，乃是「亓」之誤，《集韻·之韻》：「其，古作亓。」

〔三八三〕亂罸之禍以爲戒也，底一「亂」原誤作「乳」，兹據乙卷改正；刊本「罸」作「罰」；底一「禍」原誤作「禮」，吴福熙云：「「禮」爲「禍」之誤。」兹據乙卷改正；乙卷「戒」作「䛘」，刊本無「也」字，《正字通》以「䛘」爲「識」字，此蓋爲「誡」字誤，「戒」「誡」古今字。乙卷後有「尚書卷第九」二字，乙卷止於此。

〔三八四〕「同姓」下刊本有「也」字。

〔三八五〕之也，刊本無，當是爲雙行對齊而添，《史記·燕召公世家》裴駰《集解》引孔安國曰：「尊之曰君，陳古以告之，故以名篇。」亦無「之也」二字。

〔三八六〕也，刊本無。

〔三八七〕吊，刊本作「弔」，《干禄字書·去聲》：「吊、弔，上俗下正。」

〔三八八〕『矣也』二字刊本無，當是爲雙行對齊而添。

〔三八九〕弗敢知，刊本『知』下有『曰』字，吴福熙云：『「知」下脱「曰」字。』

〔三九〇〕基，底一原缺末筆，避諱缺筆字，兹據刊本録正。

〔三九一〕癈，刊本作『廢』，『癈』爲『廢』之俗字。

〔三九二〕之，刊本作『也』。

〔三九三〕也，刊本無。

〔三九四〕『已』下刊本有『曰』字。

〔三九五〕『亦弗』前刊本有『我』字。

〔三九六〕已，刊本作『也』，阮校：『古本、岳本、《纂傳》「也」作「已」，與《疏》合。』北京大學出版社標點本《尚書正義》據而改作『已』。

〔三九七〕我不敢安於，刊本『我』下有『亦』字，『於』作『于』，案《正義》引僞《傳》亦無『亦』字，『于』『於』二字古通用。

〔三九八〕冈，刊本作『罔』，『冈』爲『罔』之俗字。

〔三九九〕人，刊本作『民』，案『人』爲諱改字。

〔四〇〇〕民，刊本作『人』，案『人』乃承襲諱改字。下『前民』之『民』同。

〔四〇一〕在，刊本作『存在』。

〔四〇二〕『若大不』三字底一抄重，吴福熙云：『衍「若大不」三字。』兹據刊本删。

〔四〇三〕『先王』二字底一脱，兹據刊本補。

〔四〇四〕在，底一無，吴福熙云：『「老」下脱「在」字。』兹據刊本補。

〔四〇五〕忱，刊本作『諶』，黄侃《説文段注小箋》：『諶，與訦、忱皆同字。』（《説文箋識四種》一五一頁）

〔四〇六〕也，刊本無。

〔四〇七〕先王大業，刊本作『先王之大業』。

〔四〇八〕人，刊本無。

〔四〇九〕今我，刊本作『我今』，阮校：『毛本「我今」作「今我」。山井鼎曰：「古本我今作今我，宋板同。」按：葛本、閩本、明監本俱作「我今」，毛本却不誤，鼎失检耳。《纂傳》亦作「今我」。』北京大學出版社標點本《尚書正義》據阮校改作『今我』。

〔四一〇〕也，刊本無。

〔四一一〕民，刊本作『人』，案『人』乃承襲諱改字。

〔四一二〕冲，刊本作『沖』。《玉篇・冫部》：『冲，俗沖字。』

〔四一三〕『施』下刊本有『正』字。

〔四一四〕釋癈於，底一原誤作『精於癈』，兹據刊本乙正。刊本『癈』作『廢』，『癈』爲『廢』之俗字。

〔四一五〕留，底一原脱，吴福熙云：『「我」下脱「留」字。』兹據刊本補。

〔四一六〕『君』下刊本有『奭』字，吴福熙云：『「君」下脱「奭」字。』案下多作『君』，無『奭』字，疑本無『奭』字。

〔四一七〕伊摯，刊本作『尹摯』，阮校：『尹，《史記集解》「尹」作「伊」。山井鼎曰：「尹摯，古本作伊尹，後改作伊摯。」按古本後改者，正與《史記集解》合，亦與宋板《疏》標目合。』案《史記・燕召公世家》裴駰《集解》：『孔安國曰：「伊摯佐湯，功至大天，謂致太平也。」』《史記・殷本紀》司馬貞《索隱》：『孫子《兵書》：「伊尹名摯。」孔安國亦曰「伊摯」。』底一原作『伊尹摯』，又塗去『尹』字，蓋因習於『伊尹』一詞而連寫所致，作『尹摯』之本，疑删去『伊』字所致。

〔四一八〕天，刊本作『夫』，阮校：『毛本「夫」作「天」，是也。』案《史記・燕召公世家》裴駰《集解》引孔安國曰亦作『天』。

〔四一九〕　胃，底二甲、刊本作『謂』；底二甲起於此。

〔四二〇〕　下，底一原無，吴福熙云：『「天」下脱「下」字。』兹據底二甲補。

〔四二一〕　戊，底一原作『戉』，吴福熙云：『「戉」爲「戊」之誤。』兹據底二甲改正。

〔四二二〕　帥，刊本作『率』，『帥』『率』二字古多通用，將帥之『帥』《説文》作『衛』，『帥』『率』均借字也，説詳《説文·行部》『衛』篆下段注。

〔四二三〕　殞，刊本作『隕』，《説文》有『隕』無『殞』，『殞』爲後起别體。下句『殞』字同。

〔四二四〕　也，底二甲、刊本無。

〔四二五〕　也，底二甲、刊本無。

〔四二六〕　故殷禮，底一原倒作『禮殷故』，蓋涉上『有殷』而誤倒，吴福熙云：『「禮殷故」爲「故殷禮」之誤。』兹據刊本乙正。

〔四二七〕　六，底一原作『大』，形誤字，兹據刊本改正。

〔四二八〕　此道，底一原作『此有道』，吴福熙云：『「有」字衍。』兹據刊本删。

〔四二九〕　也，底二甲、刊本無。

〔四三〇〕　右，刊本作『佑』，『右』『佑』古今字。

〔四三一〕　也，刊本無。

〔四三二〕　天惟，刊本作『惟天』，吴福熙云：『「天惟」應爲「惟天」。』案《正義》云：『殷能以禮配天，故天降福。天惟大佑助其王命，風雨以時，年穀豐稔，使商家百姓豐實，家給人足。』亦作『天惟』，與寫卷同，吴説不確。

〔四三三〕　礼節，底二甲止於『礼』字。

〔四三四〕　冈，刊本作『罔』，『罔』字古作『网』，亦作『冈』，『冈』即『冈』手寫之變。下凡『冈』皆同，不復出校。

〔四三五〕　大臣可知之，刊本作『則大臣可知』。

〔四三六〕敓，刊本作「矧」，《説文・矢部》「矤」篆下段注：「《尚書》多用「矤」字，俗作「矧」。」《玉篇・矢部》「矤」條下云：「矧，同上。敓，同上。」《龍龕・矢部》則以「敓」爲「矤」之俗字。

〔四三七〕乎，刊本無。

〔四三八〕一民有，底卷原作「有一民」，吴福熙云：「「有一民」爲「一人有」之誤。」兹據刊本乙正。孔《傳》云：「一人，天子也。」天子從無稱作「一民」者，此「民」當是手民回改所致。

〔四三九〕也，刊本無。

〔四四〇〕言，刊本作「信」，阮校：「毛本「信」作「言」。案「信」字誤。」

〔四四一〕行，刊本無。

〔四四二〕以，刊本作「有」，阮校：「毛本「有」作「以」，案「有」字誤。」

〔四四三〕也，刊本無。

〔四四四〕「國」下刊本有「矣」字。

〔四四五〕君，刊本作「君奭」，吴福熙云：「「君」下脱「奭」字。」案吴説可疑，説見校記〔四一六〕。

〔四四六〕之，底一原無，吴福熙云：「「王」下脱「之」字。」兹據刊本補。

〔四四七〕身，刊本作「躬」，案《禮記・緇衣》云：「《君奭》曰：「昔在上帝，周田觀文王之德，其集大命于厥躬。」」亦作「躬」。

〔四四八〕故其能成王大命於其身，刊本作「故能成其大命於其身」，此句釋經文「其集大命于厥身」，其主語「其」指代文王，《正義》順其義曰：「以文王有德，勸勉使之成功，故文王能成大（原作「之」，據阮校改）命於其身。」寫卷「故」下有「其」字與《正義》合。集，成也。集大命者，成大命也。「大命」爲何，《正義》無釋。《禮記・緇衣》「其集大命于厥躬」鄭玄注：「集大命於其身，謂命之使王天下也。」此大命指爲天下之王也。寫卷作「成王大命」，正與鄭玄同義。此句應以寫卷作「故其能成王大命於其身」爲善。

〔四四九〕之也，刊本無，底一蓋爲雙行對齊而添。
〔四五〇〕脩政，刊本作『修政化』，『脩』爲『修』之借字。
〔四五一〕助，底一原無，吴福熙云：『「之」下脱「助」字。』兹據刊本補。
〔四五二〕夭，刊本無。
〔四五三〕苐，刊本作『弟』，『苐』爲『弟』之俗字。
〔四五四〕也，刊本無。
〔四五五〕适皆名，刊本『适』作『括』，《説文·辵部》：『适，疾也，讀與括同。』南宫括，《漢書·古今人表》作『南宫适』。底卷原有二『名』字，吴福熙云：『衍一「名」字。』兹據刊本删其一。
〔四五六〕御，刊本作『禦』，『御』『禦』古今字。
〔四五七〕民，刊本作『人』，案『人』乃承襲諱改字。
〔四五八〕『賢』下刊本有『臣』字。
〔四五九〕無所，底卷原作『無所以』，兹據刊本删『以』字。
〔四六〇〕右，刊本作『佑』，『右』『佑』古今字。
〔四六一〕王，刊本作『文王』。
〔四六二〕文王德，刊本作『文王之德』。
〔四六三〕人，刊本作『民』，案『人』爲諱改字。
〔四六四〕民，底一原缺末筆，避諱缺筆字，兹據以録正；刊本作『人』，案此当作『人』，四人指閎夭、散宜生、泰顛、南宫括，寫卷作『民』，以意回改也。下句『四民』亦當作『四人』。
〔四六五〕此，底卷原無，吴福熙云：『「言」下脱「此」字。』兹據刊本補。
〔四六六〕其，底卷原無，《正義》標起止作『其德』，吴福熙云：『「行」下脱「其」字。』兹據刊本補。

〔四六七〕遊，刊本作『游』，『游』『遊』古今字。《傳》中『遊』字同。

〔四六八〕四人，刊本作『四方』，吴福熙云：『「人」爲「方」之誤。』案吴説大誤，《正義》云：『我新還政成王，今任之重者，其在我小子之身也。我不能同於四人，輔文武使有大功德，但苟求救溺而已。』又云：『彼四人者能翼贊初基，佑成王業，我不能同於四人，望有大功，惟求救弱而已。』『四人』指經所云『惟兹四人』，即閎夭、散宜生、泰顛、南宫括四人也。

〔四六九〕王，刊本作『成王』。

〔四七〇〕不肯，刊本無『肯』字，《正義》云：『我欲成立此化，而老成德之人不肯降意爲之。』是亦有『肯』字。

〔四七一〕鳥，刊本作『鳳』，案《正義》曰：『政無所成，祥瑞不至，我周家則鳴鳳不得聞。則鳳是難聞之鳥，必爲靈瑞之物，故以「鳴鳥」爲鳴鳳。』蓋僞《傳》以鳴鳳釋『鳴鳥』。《經典釋文》引馬融云：『鳴鳥謂鳳皇也。』是馬亦以鳳釋『鳥』，僞《傳》蓋本諸馬融。

〔四七二〕于，底一原無，前有『時則有若伊尹，格于皇天』句，是當有『于』字，兹據刊本補。

〔四七三〕鳥，刊本作『鳴』，『鳥』『鳴』古今字。下『鳥』字同。

〔四七四〕畺，刊本作『疆』，徐灝《説文解字注箋》云：『畺、疆古今字。』下『畺』字同。

〔四七五〕難，刊本作『艱難』。

〔四七六〕繇，刊本作『猷』，王引之《經傳釋詞》云：『繇、由、猷古字通。』

〔四七七〕君汝，底卷原作『汝君』，吴福熙云：『「汝君」爲「君汝」之誤。』案此周公告君奭之言，汝釋乃也，《舜典》『乃言厎可績』僞《傳》：『乃，汝。』《小爾雅·廣詁》：『乃，汝也。』君、汝同義，指召公奭也。《正義》曰：『我今告君，汝當謀寬饒之道以治下民。』兹據刊本乙正。

〔四七八〕或，刊本作『惑』，『或』『惑』古今字。

〔四七九〕人，刊本作『民』，案『人』爲諱改字。《傳》中『人』字同。

〔四八〇〕在於誠信行此大命而已也，刊本作『在於成信行此大命而已』，《正義》曰：『在於誠信行此大命而已。』又曰：『亶，信也。』『《傳》以乘爲行，蓋以乘车必行，故訓乘爲行。』案《爾雅·釋詁下》：『茲，此也。』故據刊本補『在』、『此』二字；刊本之『成』爲『誠』之借字。

〔四八一〕之，底卷原無，吴福熙云：『「疆」下脱「之」字。』茲據刊本補。

〔四八二〕『誠信』下刊本有『也』字。

〔四八三〕也，刊本無。

〔四八四〕不，刊本作『否』，《説文·口部》：『否，不也。』

〔四八五〕畏，刊本作『威』，隸古定《尚書》『威』多作『畏』，説詳《古文尚書傳》（五）校記〔三七一〕。

〔四八六〕二民，底卷原無『二』字，吴福熙云：『「時」下脱「二」字。』茲據刊本補，案『民』乃『人』之回改，下句『二民』之『民』亦爲『人』字回改，二人指召公與周公，召公自稱也，不可稱『二民』。

〔四八七〕滋，底卷原無，吴福熙云：『「休」下脱「滋」字。』案僞《傳》云：『則天美周家，日益至矣。』是以『日益』釋『滋』，茲據刊本補。

〔四八八〕也，刊本無。

〔四八九〕畯人，刊本作『俊民』，伯三三一五《尚書釋文》第二行：『畯，古俊字。』『人』爲『民』之諱改字。

〔四九〇〕民，刊本作『人』，案『民』當作『人』，寫卷作『民』乃以意回改。

〔四九一〕世，底一原缺右邊竪筆，避諱缺筆字，茲據以録正；刊本作『代』，乃『世』之諱改字。

〔四九二〕公曰，刊本無。阮校：『古本首有「公曰」二字。』段玉裁《古文尚書撰異》云：『盧氏文弨據《正義》云「周公言而歎曰」補「公曰」二字於「烏呼」上。顧氏廣圻云：「非也，玩『言而歎曰』之云，則知與『烏呼君已』同，不當有『公曰』也。」』王叔岷《尚書斠證》云：『上下文「嗚呼」上皆有「公曰」二字，此亦當有。孔《疏》：「周公言而嘆曰：嗚呼！我厚輔是二人之道而行之。」是所據本亦有「公曰」二字。』（一三五頁）

〔四九三〕我用能至於今日其政美之也，刊本「我」作「或」，「於」作「于」，無「之也」二字，吳福熙云：「但孔《疏》作「我用能至于今日」，而阮校未出此條，恐爲刻工之誤。」案吳說是，「或」必爲誤字，「於」「于」古通，「之也」二字乃爲雙行對齊而添。

〔四九四〕㴻，刊本作「海」，伯三三一五《尚書釋文》第七九行：「㴻，古海字。」

〔四九五〕於，刊本作「于」，二字古通。

〔四九六〕則德教大覆被，底一原無「德」字，吳福熙云：「「則」下脫「德」字。」兹據刊本補；刊本「被」作「冒」，案僞《傳》不釋「冒」字，凡經文「冒」《傳》文仍作「冒」，底一作「被」，蓋非原貌。

〔四九七〕「使」下刊本有「之」字。

〔四九八〕人，刊本作「民」，案「人」爲諱改字。下句經文及《傳》文「人」字同。

〔四九九〕終，底一原無，吳福熙云：「「慎」下脫「終」字。」案《正義》標起止作「慎終」，兹據刊本補。

〔五〇〇〕人，刊本作「民」，案「人」爲諱改字。

〔五〇一〕第十九，底二乙脫「九」字。底二乙起於此。

〔五〇二〕成王也，底二丙起於此。

〔五〇三〕策，底二乙同，刊本作「册」，「策」爲「册」之借字。

〔五〇四〕也，底二乙、刊本無。

〔五〇五〕隣，刊本作「鄰」，「隣」為「鄰」之後起別體。

〔五〇六〕制其出入，底一止於「制其」；底二丙「入」存上半；底二丙起於「出」字。以下以底二丙爲底本。

〔五〇七〕「郭鄰中」三字爲底二乙之文。以下以底二乙爲底本。

〔五〇八〕「蔡國名降霍叔于庻」八字爲底二乙之文；刊本「庻」作「庶」，「庶」字《說文》小篆作「」，「庻」當是其隸變。底三起於「降」字。

〔五〇九〕『人三年之後乃齒』七字爲底二乙之文。

〔五一〇〕『孫爲曾所滅蔡仲克』八字爲底二乙之文；底二乙『孫』字原殘存左半『子』，兹據底三補。底三『滅』下有『也』字。

〔五一一〕『蔡仲字也能用敬德稱其賢也明王之法誅父用子言至』二十二字爲底二乙之文；刊本無『字也』二字，底三則有。『公也』，底三、刊本無『也』字。

〔五一二〕公，底二丙原脱，兹據底三補。

〔五一三〕貳卿治事也，刊本『貳』作『二』，無『也』字，《正義》云：『蔡叔之子蔡仲能用敬德，周公爲畿内諸侯，得立二卿，以蔡仲爲己之卿士。』雖『貳』、『二』通用，然『貳』尚有輔佐之義，如《周禮・春官・大史》『凡邦國都鄙及萬民之有約劑者藏焉，以貳六官』，《後漢書・仲長統傳》『《周禮》六典，冢宰貳王而理天下』，皆其例。作『貳』易滋歧義，且九條本、内野本、足利本等日本古寫本均作『二』，無作『貳』者，當以作『二』爲是。

〔五一四〕『王封之蔡叔之所封圻内之蔡仲之』十四字爲底二乙之文；刊本『封』作『邦』，底三作『封』，案古『邦』『封』同字。

〔五一五〕閒，刊本作『間』，『閒』『間』古今字。

〔五一六〕蔡名已滅，底二丙『蔡』脱去『艹』，『滅』殘存上半，兹據刊本補。

〔五一七〕之，底二丙已殘泐，兹據底三補，底三『之』下又有『也』字。

〔五一八〕『王若曰小子胡言小子明當受』十二字爲底二乙文。

〔五一九〕尒率德，『尒』，底三作『尓』，刊本作『爾』，《敦煌俗字研究》云：『「爾」「尒」古本非一字，後世則合二而一，字多寫作「爾」。』（下編第七頁）『尓』爲『尒』之手寫變體。（下編第八頁）底二『尒』字，底三皆作『尓』，刊本皆作『爾』，下不復出校。『德』字刊本同，底三作『悳』，《説文》有『𢛳』字，隸變作『悳』、『悳』，《廣韻・德韻》以『悳』爲『德』之古文，『悳』乃『悳』之變體。下凡『德』字，底三皆作『悳』，不復出校。

〔五二〇〕「改行克慎厥猷言汝循祖」十字爲底二乙文；底三「慎」作「昚」，《説文·心部》：「慎，謹也。昚，古文。」「昚」爲「昚」之隸定，「昚」則爲「昚」之變體。

〔五二一〕肆，刊本同，底三作「肆」，蔡主賓《敦煌寫本儒家經籍異文考》云：「肆爲字書所無，當是俗訛。」（八八頁）

〔五二二〕「侯于東土往即乃封」八字爲底二乙之文；底二乙「侯」字原殘脱右上角，兹據底三補。

〔五二三〕敬，底二丙脱去左上角「艹」，兹據刊本補。

〔五二四〕汝，刊本同，底三作「女」。「女」「汝」古今字。底三凡「汝」皆作「女」，下不復出校。

〔五二五〕命汝爲諸侯，底二乙「命」字殘泐，兹據底三補；「汝爲」二字殘存右半，其左半在底二丙左下角倒置之殘片上；「侯」存上端殘畫，兹據刊本補。

〔五二六〕封國，底三同，刊本作「封之國」。

〔五二七〕修己以敬，「修己以」三字在底二丙左下角倒置之殘片上；底三、刊本「修」作「脩」，「脩」爲「修」之借字；「敬」爲底二乙之文，「敬」下底二乙殘泐，刊本作「哉爾尚蓋前」。

〔五二八〕愆，底三作「諐」，《龍龕·言部》：「諐，古文，音愆，過也。」《説文·心部》：「愆，過也。諐，籀文。」則《龍龕》以「諐」爲「愆」之古文，然「愆」字《説文》籀文作諐，隸定則爲「諐」，作「諐」者當是訛體。

〔五二九〕庶幾修德，「庶幾」二字在底二丙左下角倒置之殘片上；「修」字上端在底二丙左下角倒置之殘片上，其下端在底二乙末行，中間部分殘泐；底二乙「德」字存上端殘畫，兹據刊本疑補。底二乙止於此。「修德」下底二乙殘泐，刊本作「尚蓋前人之過」。

〔五三〇〕蓋，底二丙殘泐，兹據底三補。

〔五三一〕「父所」二字在底二丙左下角倒置之殘片上。「所」下底二丙殘泐，刊本作「以爲惟忠惟孝」。

〔五三二〕克，底二丙存上端殘畫，底二丁存下半「儿」，兹據底三補足。底二丁起於此，自此以底二丁爲底本。

〔五三三〕「以」下底二丁殘泐，刊本作「垂憲乃後」。

〔五三四〕女乃，底二丁殘泐，兹據底三補。

〔五三五〕『行善迹用汝身使可蹤』九字爲底二丙文。底二丙『蹤』字殘存上半，兹據刊本擬補。底三『蹤』作『縱』，『縱』、『蹤』皆爲『從』之後起字，『縱』爲縱横之從的專字，『蹤』爲蹤跡之從的專字，然『縱』、『蹤』二字亦常通用，例詳高亨《古字通假會典》二六頁。

〔五三六〕『勤無懈怠以垂法子孫』九字爲底二丙文。

〔五三七〕世世，底二丁前一『世』字殘存下端殘畫，後一『世』字爲重文符號，兹據刊本録爲『世世』。底三『世』字缺筆，第二字亦作重文符號。

〔五三八〕『之彝訓無』四字爲底二丙文；底二丙『之』字原殘去上面一點，兹據底三補足；底三『無』作『亡』，伯三三一五《尚書釋文》第九四行：『亡，音無，古文無字皆亡。』

〔五三九〕若尒，底二丁『若』存左下角殘畫，兹據底三補足；『尒』存左半，底三作『尓』，刊本作『爾』，案底二凡『爾』皆作『尒』，兹依例補。

〔五四〇〕文王，刊本作『文武』，阮校：『古本、《纂傳》「武」作「王」，按岳本已作「武」。』案經云：『率乃祖文王之彝訓。』則作『文王』是。

〔五四一〕故爲世，底二丁『世』字原缺筆，避諱缺筆字，兹據刊本録正；刊本無『故』字。

〔五四二〕戒皇天無，『戒皇天』三字爲底二丙文；底二丙『戒』原誤作『我』，兹據底三改正，底三『戒』下有『也』字；『皇天』二字殘存右半，兹據底三擬補。底二丙止於此。底二丁『無』字殘存左下角殘畫，兹據刊本擬補；底三作『亡』，『亡』『無』古今字。

〔五四三〕之，底三同，刊本作『是』。案《左傳·僖公五年》：『故《周書》曰：「皇天無親，惟德是輔。」』惠棟《古文尚書考》認爲僞《蔡仲之命》即據《左傳》。在賓語前置句中作爲助詞的『是』、『之』作用是相同的，但經文下句作『民心無常，惟惠之懷』，疑僞古文作者有意識改『是』爲『之』，日本早期古寫本九條本、内野本亦均作

『之』，與兩敦煌本同。今本作『是』者，蓋後人據《左傳》改也。

〔五四四〕疎，刊本同，底三作『疏』，《廣韻·魚韻》：『疏，俗作疎。』

〔五四五〕輔佐，刊本作『輔佑』，案古書多作『輔佐』，少作『輔佑』，疑作『輔佐』爲是。

〔五四六〕心，底三同，刊本作『之』。

〔五四七〕不，底三作『弗』，二字義同。

〔五四八〕歸于亂，刊本同，底三『歸』作『帰』，『亂』作『乑』，《説文·止部》：『歸，女嫁也。帰，籀文省。』《集韻·換韻》：『亂，古作孿。』『乑』爲『孿』之變體。

〔五四九〕百，底二丁殘去下半，兹據刊本補。

〔五五〇〕而治亂所歸，底二丁『而』、『歸』二字殘泐，『治』殘存右邊『台』，兹皆據刊本補。底三無『而』字。

〔五五一〕也，底三同，刊本無。

〔五五二〕其戒哉，刊本同，底三作『亓戒才』，《集韻·之韻》：『其，古作亓。』《集韻·咍韻》：『哉，古作才。』

〔五五三〕慎厥，刊本同，底三作『昚身』，《説文·心部》：『慎，謹也。昚，古文。』『昚』爲『昚』之隸定；《説文·氏部》有『氒』篆，段玉裁注云：『《玉篇》亦作身，隸變也。』《廣韻·月韻》以『氒』爲『厥』之古文，案此作『身』，亦『氒』之隸變也。凡底二丁『厥』字底三皆作『身』，下不復出。

〔五五四〕終，刊本同，底三作『皋』，《説文·糸部》：『𠔃，古文終。』段注：『有𠔃而後有𣅽，冬而後有終，此造字之先後也，其音義則先有「終」之古文也。』是『冬』『終』古今字，伯三三一五《尚書釋文》第一七行：『冬，古作㚇。』『㚇』爲『𣅽』之隸變，『皋』又『㚇』之變體。下『終』字同。

〔五五五〕以不困，底三『以』作『㠯』，《玉篇·人部》：『以，古作㠯。』底二丁『以』字底三皆作『㠯』，下不復出。『不』字底二丁原殘泐，刊本作『不』，底三作『弗』，因底二凡『不』無作『弗』者，故據刊本補『不』字，『不』『弗』義同，下句『不』字同。『困』字底二丁殘存下半截，兹據刊本擬補，底三作『朱』，《説文·口部》『困』篆下云：「朱，古文困。」此作「米」，「朱」之訛體也。下句「困」字同。

〔五五六〕其，刊本同，底三無。

〔五五七〕慎，底二丁殘存右半「真」，茲據底三補。

〔五五八〕則終用不困窮，刊本同，底三作「用不困窮也」。

〔五五九〕楙乃攸，底三作「楙乃逌」，刊本作「懋乃攸」，「楙」爲「懋」之古文，《漢書·地理志上》「漆沮既同，酆水逌同」顔師古注：「逌，古攸字也。」

〔五六〇〕四鄰，底二丁「四」字殘泐，茲據底三補；底三「鄰」作「厸」，《玉篇·厶部》：「厸，古鄰字。」

〔五六一〕以蕃王室，底二丁「以」存下端殘畫，「室」字殘泐，茲據刊本擬補。

〔五六二〕以和，底二丁「以」字殘存左下角殘畫，茲據刊本擬補；底三「和」作「咊」，《玉篇·口部》「和」條下云：「咊，古文。」

〔五六三〕勉，刊本同，底三作「免」，二字通用。

〔五六四〕以，底二丁殘泐，茲據底三補。

〔五六五〕邦，刊本同，底三作「邽」，「邽」爲《説文》「邦」字小篆「[illegible]」字之隸變。

〔五六六〕道，底二丁殘泐，茲據底三補。底三下有「也」字。

〔五六七〕濟小民，底三「濟」作「洤」，《玉篇·水部》「濟」條下云：「洤，古文。」底二丁「民」字原缺末筆，避諱缺筆字，茲據刊本録正。

〔五六八〕無作聰明亂，底三「無」作「亡」，「明」作「明」，「亂」作「乑」，「亡」「無」古今字；據《説文》，「明」「明」異體，《傳》中「明」字同；《集韻·換韻》：「亂，古作𤔔。」「乑」爲「𤔔」之變體。

〔五六九〕敢，刊本同，底三無。

〔五七〇〕視，刊本同，底三作「眎」，《玉篇·目部》：「眎，古文視。」

〔五七一〕 冈以側言改厥度，『冈』字底三作『它』，刊本作『罔』，《玉篇・宀部》：『它，古文罔。』『冈』爲『罔』之異體字；底三『側』作『仄』，『度』作『厇』，伯三三一五《尚書釋文》三四行：『仄，字又作庂，古側字。』《集韻・鐸韻》：『度，古作厇。』

〔五七二〕 汝，刊本同，底三無，案《小爾雅・廣詁》：『乃，汝也。』『汝』釋經文『乃』，不當無。

〔五七三〕 視聽，刊本同，底三下衍『也』字。

〔五七四〕 邪，刊本同，底三作『耶』，《玉篇・耳部》：『耶，俗邪字。』

〔五七五〕 義，刊本同，底三下有『也』字。

〔五七六〕 善汝，底三、刊本下有『矣』。

〔五七七〕 嗚呼，刊本同，底三作『烏雩』，『烏』『嗚』古今字；『雩』字後起，《説文》、《玉篇》均無，考虍、雨二部首古常混，則『雩』當是『虖』之誤也，『虖』『呼』亦古今字。

〔五七八〕 哉，刊本同，底三作『才』，《集韻・咍韻》：『哉，古作才。』

〔五七九〕 無荒弃，底三作『亡巟弃』，刊本作『無荒棄』，『亡』『無』古今字；黄侃《説文段注小箋》：『荒之本字亦作「巟」。』（《説文箋識四種》一九四頁）《玉篇・収部》：『弃，古文棄。』《傳》中『弃』字同。

〔五八〇〕 念戒，刊本同，底三下衍『也』字。

〔五八一〕 廢弃我命，底三『廢』作『癈』，『癈』爲『廢』之俗字。底二丁『命』字殘泐，兹據底三補。

〔五八二〕 後世尊則，底二丁『世』字原缺筆，避諱缺筆字，兹據刊本録正，底三『世』字亦缺筆；底三、刊本『尊』作『遵』，『尊』『遵』古今字。底三末有『也』字。

〔五八三〕 成王東伐淮𡰥，自此以下底二丁殘損嚴重，故以底三爲底本。『𡰥』字底二丁、刊本作『夷』，《玉篇・尸部》：『𡰥，古文夷字。』

〔五八四〕 逋，底二丁、刊本作『遂』，《説文・辵部》：『遂，亡也。𨔶，古文遂。』『逋』當爲『遂』字古文之訛。

〔五八五〕淮夷奄國又畔，底三原無『淮夷』二字，兹據底二丁補；刊本『畔』作『叛』，底二丁殘泐，『畔』爲『叛』之借字。

〔五八六〕徙奄之政令也，底三『徙』原誤作『從』，兹據刊本改正。刊本無『也』字。

〔五八七〕旡，底二丁、刊本作『既』，伯三三一五《尚書釋文》第三行：『旡，古既字。』

〔五八八〕将𦥛亓君，刊本『𦥛』作『遷』，『亓』作『其』，『君』下有『於』字，『𦥛』爲『䙴』之俗訛，『䙴』爲『遷』之古字，説詳校記〔一四二〕；『亓』爲『其』之古字。

〔五八九〕已滅奄而徙其君及民臣，底三原脱『奄』字，『徙』誤作『從』，兹據刊本補正；底三『民』原缺末筆，避諱缺筆字，兹據以録正，刊本作『人』，乃承襲諱改字。

〔五九〇〕也，底二丁、刊本無。

〔五九一〕之，底三原無，《正義》標起止作『化之』，兹據底二丁補。

〔五九二〕使爲此策書告令之，底二丁作『使爲此策書告令也』，刊本作『使此册書告令之』，阮校：『古本作「使爲此册書告令之也」，宋板作「使此册書告令之」。山井鼎云：「二本紛亂混淆，似有謬誤，古本上也字誤寫灼然。」按岳本、《纂傳》俱作「使此册書告令之」，與《考文》所引之宋板同，僞古本衍二「也」字，《疏》標起訖可證。』案《正義》云：『孔以意卜之「告召公使爲此策書告令之」，不能知其必然否也。』是亦有『爲』字。

〔五九三〕也，底二丁、刊本無，案『也』字不當有。

〔五九四〕廿，刊本作『二十』，『廿』爲『二十』之合文。下凡『廿』字同。

〔五九五〕帰也，刊本『帰』作『歸』，無『也』字，《説文·止部》：『歸，女嫁也。帰，籀文省。』

〔五九六〕在，底二丁止於此。

〔五九七〕庻邽，刊本作『庶邦』，『庶』字《説文》小篆作『[illegible]』，『庻』當是其隸變；『邽』爲《説文》『邦』小篆『[illegible]』字之隸變。下『邽』字同。

〔五九八〕告，刊本作『誥』，《説文・言部》『誥』篆下段玉裁注：『以言告人，古用此字，今則用「告」字，以此「誥」爲上告下之字。』

〔五九九〕『之也』二字刊本無，案『之』蓋爲雙行對齊而添。

〔六〇〇〕ㄨ，刊本作『五』，案『五』字《説文》小篆作『㐅』，《玉篇・五部》以爲『五』之古文，此作『ㄨ』，當是『㐅』之變體。下『ㄨ』字同。

〔六〇一〕明，刊本作『明』，二字異體。下『明』字皆同。

〔六〇二〕畔，刊本作『叛』，『畔』爲『叛』之借字。

〔六〇三〕粊，刊本作『費』，《説文・米部》：『粊，惡米也。《周書》有《粊誓》。』（據段注本）段玉裁注云：『《尚書・粊誓》，即今所用衛包妄改本之《費誓》也。《周禮》、《禮記・曾子問》鄭注皆云《粊誓》，裴駰、司馬貞注《史記》皆云「《尚書》作粊」，司馬貞當開元時，衛包本猶未行，至包乃改作「費」，至宋開寶陳鄂乃將《尚書音義》之「粊」改「費」，學者莫知古本矣。』

〔六〇四〕也，刊本無。

〔六〇五〕繇告尒四或，刊本『繇』作『猷』，王引之《經傳釋詞》云：『繇、由、猷古字通。』底三『或』原作『戜』，刊本作『國』，案『戜』乃形誤字，兹改正，説參校記〔三一九〕。

〔六〇六〕也，刊本無。

〔六〇七〕尔殷侯尹民，底三『民』原缺末筆，避諱缺筆字，兹據刊本録正，底三凡『民』字皆缺末筆，下不復出校；刊本『尔』作『爾』，《敦煌俗字研究》云：『「爾」「尒」古本非一字，後世則合二而一。「爾」字多寫作「尒」。』（下編第七頁）『尔』爲『尒』之手寫變體。下凡『尔』字不復出校。

〔六〇八〕宂，刊本作『罔』，《玉篇・宀部》：『宂，古文罔。』下凡『宂』字皆同，不復出校。

〔六〇九〕正，刊本作『王』，阮校：『毛本「王」作「正」。』案「王」字誤。

〔六一〇〕下，刊本作「降」，阮校：「古本、岳本、宋本、《纂傳》「降」作「下」。」

〔六一一〕暴虐取亡也，刊本作「暴虐以取亡」，《正義》云：「汝諸侯天下之民，無有不知紂以暴虐取亡。」蓋亦無「以」字。

〔六一二〕図，刊本無，阮校：「諸本「天」上有「圖」字，此誤脱也。」案《玉篇・口部》「圖」條下云：「圗，古文。」古從山與從止之字常互混，「図」應是「圗」之訛變。下「図」字皆同。

〔六一三〕「念」下刊本有「于」字。

〔六一四〕也，刊本無。

〔六一五〕「譴告」下刊本有「之」字。

〔六一六〕灾異也，刊本「灾」作「災」，無「也」字，案「烖」之或體作「灾」，籀文作「災」，見《説文・火部》「烖」篆下説解。

〔六一七〕又夏誕身，刊本作「有夏誕厥」，「又」爲「有」之古字，「身」爲「厥」之古字。下凡底三經文「又」、「身」字，刊本皆作「有」、「厥」，不復出校。

〔六一八〕也，刊本無。

〔六一九〕臬，刊本作「終」，「臬」爲「終」之古文「𣅀」的變體，説參校記〔五五四〕。

〔六二〇〕昏，刊本作「昬」，二字異體。

〔六二一〕天下，刊本無「下」字，案《正義》云：「不能終竟一日勉於天之道。」此以「天」釋經文「帝」，寫卷衍「下」字者，乃熟於「天下」一詞而誤耳。

〔六二二〕逌䎽，刊本作「攸聞」，《漢書・地理志上》「漆沮既同，酆水逌同」顔師古注：「逌，古攸字也。」《玉篇・耳部》「聞」條下云：「䎽，古文。」

〔六二三〕之，刊本無。

〔六二四〕 昏昧也，刊本『昏』作『昬』，無『也』字。

〔六二五〕 罰，刊本作『罸』，『罰』與『罸』，小篆『』隸變之異也；『罰』應是『罰』之形誤。下『罰』字同。

〔六二六〕 率，刊本作『亂』，《集韻・換韻》：『亂，古作𢿢。』『率』爲『𢿢』之變體。下『率』字同。

〔六二七〕 也，刊本無。

〔六二八〕 『甲』前刊本有『因』字。

〔六二九〕 昏甚也，刊本『昏』作『昬』，無『也』字。

〔六三〇〕 霧承于农，刊本作『靈承于旅』，《玉篇・雨部》：『霧，古文靈。』《玉篇・止部》：『𣥠，古文旅。』此作『农』，訛體也。後『霧』、『农』同此。

〔六三一〕 進龔，刊本作『進之恭』，『龔』爲古文『恭』，説詳《古文尚書傳》(二)校記〔七三〕。下『龔』字同。

〔六三二〕 民，底三原缺末筆，避諱缺筆字，兹據刊本録正；刊本作『人』，乃承襲諱改字。

〔六三三〕 堕於治民也，刊本『堕』作『惰』，無『也』字，《五經文字・心部》：『憜惰，二同，並徒卧反，不敬也。俗作墮。』『堕』又『墮』之俗也。底三『治民』二字均缺末筆，避諱缺筆字，兹據刊本録正。

〔六三四〕 殪，刊本作『懫』，《説文・至部》：『𤻲，忿戾也。从至，至而復遜；遜，遁也。《周書》曰：「有夏氏之民叨𤻲。」』段玉裁《古文尚書撰異》云：『今《尚書》「𤻲」作「懫」，天寶間改也。《釋文》「𤻲」作「懫」，開寶間改也。』寫卷作『殪』，『𤻲』之形誤。

〔六三五〕 劓刅，刊本作『劓割』，《説文・刀部》：『劓，刖鼻也。劓，或从鼻。』《集韻・曷韻》：『割，古作刅。』《傳》中『劓』字同。

〔六三六〕 饕，刊本作『叨』，《説文・食部》：『饕，貪也。饕或从口刀聲。』

〔六三七〕 日，刊本誤作『民』，《正義》云：『桀無如之何，惟日日尊敬其能劓割夏邑者。』此十行本刊誤也。

〔六三八〕 也，刊本無。

〔六三九〕旹，刊本作「時」，《説文・日部》：「旹，古文時，从日㞢作。」「旹」爲「旹」之訛體。下凡「旹」皆同。
〔六四〇〕也，刊本無。
〔六四一〕卑，刊本作「畀」，案敦煌寫卷「畀」往往寫作「卑」。
〔六四二〕也，刊本無。
〔六四三〕目，刊本作「以」，《玉篇・人部》：「以，古作目。」下凡「目」字同。
〔六四四〕亯，刊本作「享」，據《説文》，「享」之籀文作「亯」，隸定作「亯」，「亯」爲「亯」隸變之異。下「亯」字同。
〔六四五〕以其惟用女衆方之義民爲臣，刊本下「其」有「乃」字，「衆方」作「多方」，案篇題下已釋「多方」爲「衆方」，且本篇下尚出「多方」九次，寫卷與刊本皆釋作「衆方」，無一例外，則此亦應作「衆方」爲是。底三原脱「爲」字，兹據刊本補。
〔六四六〕長於多享國故也，刊本「於」作「久」，無「也」字。
〔六四七〕者，底卷原無，《正義》標起止作「已者」，兹據刊本補。
〔六四八〕也，刊本無。
〔六四九〕也，刊本無。
〔六五〇〕柬代，刊本「柬」作「簡」，《漢書・高惠高后文功臣表》「遴柬布章，非所以視化勸後也」師古注引晉灼曰：「柬，古簡字。」「柬」乃「柬」之形誤。底三「代」原作「伐」，案敦煌寫卷「伐」、「代」二字常混，兹據刊本改正。
〔六五一〕也，刊本無。
〔六五二〕昚，刊本作「慎」，《説文・心部》：「慎，謹也。㫬，古文。」「昚」爲「㫬」之隸定。
〔六五三〕民，底三原無，《正義》云：「其民雖被刑殺，亦用勸勉爲善。」是《正義》所據本「其」下有「民」字，兹據以補；刊本「其」下有「人」字，乃承襲諱改字也。

〔六五四〕也，刊本無。

〔六五五〕惪，刊本作『德』，《廣韻・德韻》以『悳』爲『德』之古文，『惪』乃『悳』之變體。底三『德』又寫作『㥁』，亦『悳』之變體。下均不復出。

〔六五六〕以，刊本無。

〔六五七〕畏順，刊本作『長慎』，《正義》云：『畏慎刑罰，亦能用勸勉爲善。』則作『畏』是，『長』蓋形誤，『順』、『慎』古多通用。《傳》中『順』字同。

〔六五八〕罰，刊本作『刑罰』。

〔六五九〕者，刊本無。

〔六六〇〕以，刊本作『已』，二字古多通用。

〔六六一〕俕，刊本作『辟』，《玉篇・人部》：『侲，古文辟。』『俕』當是『侲』之變體。下『俕』字同。

〔六六二〕亯，刊本作『享』，據《說文》，『享』之籀文作『亯』，隸定作『亯』，『亯』爲『亯』之訛體。

〔六六三〕於，刊本作『于』，二字古通用。

〔六六四〕女，底三原無，刊本作『汝』，案此釋經文『尒』，『汝』字應有。底三『汝』皆作『女』，茲據以補『女』字。

〔六六五〕也，刊本作『之』。

〔六六六〕誥，刊本下有『告』，王叔岷《尚書斠證》云：『「告」字疑涉「誥」字右旁而衍。僞孔《傳》：「歎而順其事，以告汝衆方。」蓋詁「誥」爲告；孔《疏》：「以言告人謂之誥，我告汝衆方諸侯。」足證正文本作「誥爾多方」矣。』（一三五頁）

〔六六七〕弃，刊本作『棄』，《玉篇・収部》：『弃，古文棄。』下凡『弃』字同。

〔六六八〕也，刊本無。

〔六六九〕メ，刊本作『有』，《集韻・有韻》：『有，古作ナ。』『メ』爲『ナ』之變體。

〔六七〇〕 司，刊本作『辭』，《集韻・之韻》：『詞，古作司。』『辭』、『詞』通用。

〔六七一〕 紂也，刊本無。

〔六七二〕 辤，刊本作『辭』，『辤』爲『辭』之借字。

〔六七三〕 揖于畣，刊本『揖』作『集』，『畣』作『享』，僞《傳》云：『不成於享。』《正義》云：『不能成於享國。』均釋『集』爲『成』。《小爾雅・廣詁》：『集，成也。』段玉裁《古十七部諧聲表》『咠』聲、『雧』聲均在第七部，是揖、集二字古可通假。據《說文》，『享』之籒文作『𠅘』，隸定作『亯』。而『畣』則爲『荅』之古文，此『畣』當是『𠅘』之訛體。

〔六七四〕 閒，刊本作『間』，『閒』『間』古今字。

〔六七五〕 享，底三原無，此釋經文『享』，不當無，《正義》云：『乃惟有夏桀謀其政，不能成於享國。』茲據補。

〔六七六〕 之，刊本無，此當是爲雙行對齊而添。

〔六七七〕 𢓜，刊本作『逸』，《集韻・質韻》：『佾，古作𢓜。』『𢓜』、『𢓜』竝『佾』之誤字。王國維《魏石經殘石考》云：『《尚書》中逸、泆諸字古本多作「屑」，或作「佾」。』（《王國維遺書》第九册二四頁，上海古籍書店一九八三）下『𢓜』字同。

〔六七八〕 也，刊本無。

〔六七九〕 也，刊本無。

〔六八〇〕 烝，刊本作『烝』，『烝』爲『蒸』之别體，見《說文・艸部》『蒸』篆下說解，『烝』『蒸』古今字。

〔六八一〕 於，刊本作『于』，二字古通用。

〔六八二〕 是，刊本作『其』，阮校：『古本、岳本、宋板、《纂傳》「其」作「是」。』北京大學出版社標點本《尚書正義》校云：『「下疏亦作「是」，據改。』案所改是也，僞孔《傳》釋『時』爲是，不釋爲其。

〔六八三〕 之也，刊本無。

〔六八四〕於，底三原脱，兹據刊本補。

〔六八五〕之也，刊本無。《正義》標起止作『滅亡』，『之也』二字當是爲雙行對齊而添。

〔六八六〕暇，底三原作『暇』，形誤字，兹據刊本改正。《傳》中『暇』字同。

〔六八七〕肆，刊本作『肆』，蔡主賓《敦煌寫本儒家經籍異文考》云：『肆爲字書所無，當是俗訛。』（八八頁）

〔六八八〕王，刊本作『正』，阮校：『「正」當作「王」，形近之譌。』

〔六八九〕也，刊本無。

〔六九〇〕⿰山重目畏，刊本作『⿰山重以威』。『⿰山重』爲『動』之古字『堹』的誤字，説詳《古文尚書傳》（四）校記〔三四〕；古文《尚書》『威』皆作『畏』，説見《古文尚書傳》（五）校記〔三七二〕。

〔六九一〕動，底三原誤作『勳』，兹據刊本改正。

〔六九二〕也，刊本無。

〔六九三〕戡，刊本作『堪』，《説文·戈部》：『戡，刺也。』土部『堪，地突也』段注：『引申之凡勝任皆曰堪，古叚戡、𢦚爲之。』底三作『戡』，蓋爲古文。下『戡』字同。

〔六九四〕于，刊本作『於』，二字古通用。

〔六九五〕民心者也，底三『民』字原缺末筆，避諱缺筆字，兹據以録正；刊本作『人』，乃承襲諱改字。刊本無『者也』二字，當是爲雙行對齊而添。

〔六九六〕也，刊本無。

〔六九七〕柬卑，刊本作『簡畀』，『柬』爲『柬』之形誤，『柬』爲『簡』之古文，説詳校記〔六五〇〕；敦煌寫卷『畀』往往寫作『卑』。

〔六九八〕代，刊本作『伐』，阮校：『古本、岳本、宋板、《纂傳》「伐」當作「代」。按《疏》則作「代」字是。』

〔六九九〕大，刊本作『天』，案《正義》云：『大與我殷王之命，命我代殷爲王。』《盤庚下》『予其懋簡相爾』僞《傳》：

「簡，大。」《多士》「夏迪簡在王庭」僞《傳》：「簡，大也。」則作「大」者是。

〔七〇〇〕衆方諸侯，刊本作「衆方之諸侯」，案篇題「多方」僞《傳》云：「衆方，天下諸侯。」「衆方」與「諸侯」義同，疑無「之」爲善。

〔七〇一〕害，刊本作「曷」，《説文·曰部》：「曷，何也。」段玉裁注：「害者，曷之假借字，《詩》《書》多以「害」爲「曷」。」下「害」字皆同。

〔七〇二〕亖或，刊本作「四國」，《玉篇·二部》：「亖，古文四。」《集韻·德韻》：「國，古作戜。」「或」當是「戜」之形誤。

〔七〇三〕誅管蔡商奄之君也，底三原脱「誅」字，兹據刊本補；刊本無「也」字。

〔七〇四〕衮，刊本作「裕」，《集韻·遇韻》：「裕，古《書》作「衮」。」《傳》中「衮」字同。

〔七〇五〕誠，刊本作「誠信」。

〔七〇六〕「之也」二字刊本無，此當是爲雙行對齊而添。

〔七〇七〕分，刊本作「介」，「分」與「介」之俗字形近，此「分」當爲「介」俗字之訛。本卷後「介」有作俗寫者，與此「分」形極近。

〔七〇八〕治，底三原缺末筆，避諱缺筆字，兹據刊本録正。

〔七〇九〕佃，刊本作「田」，「田」「佃」古今字，然《傳》云「畋女故田」，則經文當作「田」，此作「佃」，應是誤字。

〔七一〇〕哭，刊本作「熙」，《集韻·之韻》：「熙，古作哭。」

〔七一一〕婁，刊本作「屢」，《説文》有「婁」無「屢」，尸部新附有「屢」字，徐鉉云：「此字後人所加，从尸未詳。」女部「婁」篆下段注：「俗乃加尸旁爲「屢」字，古有「婁」無「屢」也。」

〔七一二〕周故也，「周」字底三原作「同」，案《正義》云：「是汝心未愛我周家故也。」而且僞《傳》下又有「女未愛我周」句，則作「周」是，兹據刊本改正。刊本無「也」字。

〔七一三〕罙，刊本作『播』，《玉篇·丑部》：「罙，今作播。」

〔七一四〕也，刊本無。

〔七一五〕於正道也，刊本『於』作『于』，無『也』字，『於』『于』古多通用。

〔七一六〕亓，刊本作『其』，《集韻·之韻》：『其，古作亓。』下凡『亓』字同。

〔七一七〕⿱山廾，刊本作『戰』，案《龍龕·止部》：『⿱止廾、⿱山廾，二古文戰字。』徐在國《隸定古文疏證》據郭店楚簡及《古文四聲韻》引《古老子》作『⿱止廾』，認爲『⿱山廾』爲訛字，俗書止旁、山旁常混，此作『⿱山廾』，正俗書止、山互誤之故也。

〔七一八〕於正道，刊本『於』作『于』，案二字古通用；底三原無『道』字，案此乃復述上僞《傳》『是女乃自爲不常謀信於正道也』句，故『道』字不應無，兹據刊本補。

〔七一九〕誶以文誥也，刊本『誶』作『訊』，無『也』字，《正義》云：『訊，告也，告以文辭，數其罪也。』案《詩·陳風·墓門》『夫也不良，歌以訊之』，戴震《毛鄭詩考正》認爲『訊』乃『誶』字轉寫之訛。《爾雅·釋詁上》『訊，告也』，邵晉涵《爾雅正義》、郝懿行《爾雅義疏》、馬宗薌《爾雅本字考》、王樹枏《爾雅説詩》並認爲《墓門》及《釋詁》之『訊』均『誶』之誤。此『誶』即『誶』之俗寫，《正義》以『告』釋『訊』，乃據《爾雅》，『訊』當是『誶』之誤。

〔七二〇〕畔時也，刊本『畔』作『叛』，無『也』字，案『畔』爲『叛』之借字。

〔七二一〕也，刊本無。

〔七二二〕婁，刊本作『屢』，『婁』爲『屢』之古文，説見校記〔七一二〕。

〔七二三〕極，刊本作『殛』，段玉裁《古文尚書撰異》云：『各本作「殛之」，《釋文》：「殛，紀力反，本又作極。」玉裁按：作「極」者是也，足利古本亦作「極」。』

〔七二四〕戰囚，刊本作『戰要囚』。

〔七二五〕有，刊本無，案經文『又』爲『有』之古文，有『有』較善。

〔七二六〕下，刊本作『大下』。

〔七二七〕也，刊本無。

〔七二八〕『康』下刊本有『寧』字。

〔七二九〕唯，刊本作『惟』，二字古通用。

〔七三〇〕也，刊本無。

〔七三一〕惟女自召罪以取誅之，刊本『惟』前有『乃』字，無『之』字，案經文有『乃』字，疑有者爲是。『之』當是爲雙行對齊而添。

〔七三二〕繇告尔又多方多士臮，刊本『繇』作『猷』，『臮』作『暨』，王引之《經傳釋詞》云：『繇、由、猷古字通。』《玉篇・乑部》：『臮，古文暨字。』

〔七三三〕女衆方與殷多士也，底三原無『女』字，刊本有『汝』字，按此釋經『尒多方』，則當有『汝』字，底三『汝』皆寫作『女』，兹據補；刊本『殷』作『衆』，無『也』字，阮校：『古、岳、宋板、《纂傳》「衆」作「殷」。按「衆」字非也。』

〔七三四〕也，刊本無。

〔七三五〕也，刊本無。

〔七三六〕奔來徙臣我監，刊本『來』前有『走』字，『我』字重複，阮校：『岳本、葛本同，毛本「臣我」作「臣服」。案古本無「服」字。山井鼎曰：「宋板、正、嘉三本作臣我我監，衍一我字，神廟本改上我字作服，崇禎本據之。」』

〔七三七〕得還本土也，刊本『得』作『是』，無『也』字，阮校：『古本、岳本、宋板「是」作「得」。案「是」字非。』

〔七三八〕栢，刊本作『伯』，《穆天子傳》卷一『河宗之子孫鄘柏絮』郭璞注：『古伯字多从木。』《干禄字書・入聲》：『栢、柏，上俗下正。』下凡『栢』字不復出校。

〔七三九〕臬，底三原誤作『臬』，兹據刊本改正。

〔七四〇〕法，底四起於此。

〔七四一〕也，刊本無。

〔七四二〕咊，刊本作『和』，《玉篇·口部》『和』條下云：『咊，古文。』下凡『咊』字不復出校。

〔七四三〕才，底四同，刊本作『哉』，《集韻·咍韻》：『哉，古作才。』下凡經文『才』字同。

〔七四四〕尒，底四作『亽』，刊本作『爾』，《敦煌俗字研究》云：『「爾」「尒」古本非一字，後世則合二而一，字多寫作「爾」。』（下編第七頁）『尒』爲『尒』之手寫變體，『亽』爲『爾』小篆的隸定字。下尒、亽、爾之别者不復出校。

〔七四五〕和之，底四同，刊本下有『哉』。

〔七四六〕者也，底四、刊本無，此當是爲雙行對齊而添。

〔七四七〕尚弗訔，刊本『尚』前有『爾』字，『訔』作『忌』，底四無『尚』字，『訔』字殘泐。案《説文·言部》：『諅，忌也。从言，其聲。《周書》曰：「上不諅于凶德。」』《玉篇·言部》：『諅，渠記切，忌也。《書》曰：「上不諅于凶德。」』皆無『爾』字。王先謙《尚書孔傳參正》云：『「爾尚不忌于凶德」，僞古文也；古文作「上不諅于凶德」。』今兩寫卷均無『爾』字，正與《説文》、《玉篇》同，是僞古文與古文同也。『訔』字，《説文》、《玉篇》所引皆作『諅』，《正字通·言部》：『𧥺，古文諅。』『其』之古字作『亓』，故『諅』寫作『𧥺』，寫卷作『訔』，『訔』之訛變也。

〔七四八〕敫敫，底四、刊本作『穆穆』，案《玉篇·禾部》：『穆，古文作𣀀。』『敫』應是『𣀀』之訛變。

〔七四九〕惎，底四、刊本作『謀』，《龍龕·心部》：『惎，古文，音謀。』下『惎』字同。

〔七五〇〕条，底四、刊本作『洛』，《康熙字典·水部》：『洛，古文条。』

〔七五一〕於女邑，『於』字底四同，刊本作『于』，二字古多通用；底三原無『女』字，《正義》云：『閲謂簡閲其事，觀其具足以否，故言閱具於汝邑。』底四、刊本同《正義》，亦作『汝』。案底三凡『汝』皆寫作『女』，兹據以補『女』字。

〔七五二〕雖，底三原無，依文義應有，兹據底四補。

〔七五三〕脩，底四同，刊本作『修』，『脩』爲『修』之借字。

〔七五四〕卑矜，底四同，刊本作『畀矜』，案敦煌寫卷『畀』往往寫作『卑』；凡經典『矜』字皆『矝』之譌，説詳《説文·矛部》『矝』篆下段注、臧庸《拜經日記》卷五『矝』字條。

〔七五五〕又，底四、刊本作『有』，『又』爲『有』之古字。下除『又曰旹惟尔初』句之『又』外，經文『又』皆爲『有』之古字。

〔七五六〕脩，底四同，刊本作『修』，『脩』爲『修』之借字。

〔七五七〕惟，刊本同，底四作『唯』，二字古多通用。下句『惟』字同。『惟』下底三原有『其大』二字，乃涉下句『惟其大大』而衍，兹據底四、刊本删。

〔七五八〕大大，底四同，刊本作『大夫』，阮校：『毛本「大夫」作「大大」，「大夫」誤也。』

〔七五九〕言受多福之祚者也，刊本『祚』作『作』，底四、刊本無『者也』二字，阮校：『閩本、葛本同，明監本「作」作「胙」，是也。毛本誤作「祚」。』案：《説文》有『胙』無『祚』，新附有『祚』字，徐鉉云：『凡祭必受胙，胙即福也。此字後人所加。』鄭珍《説文新附考》云：『漢《帝堯碑》、《華山亭碑》及《孫根》、《夏承》諸碑皆有「祚」字，是漢世後出。』『作』爲誤字，誠如《校勘記》所云。然《校勘記》謂當作『胙』，未必然。兩寫卷均作『祚』，且漢世已有『祚』字，蓋僞《傳》本作『祚』字。底三『者也』二字乃爲雙行對齊而添。底四此句前有『庶幾脩▨事』五字，吴福熙云：『「事」上缺「女」字，「庶几修女事」乃下句之傳文，抄時誤入於此，自屬衍文。』兹據删。

〔七六〇〕東，底四、刊本作『簡』，『東』爲『柬』之形誤，『柬』爲『簡』之古文，説詳校記〔六五〇〕。

〔七六一〕脩，底四同，刊本作『修』，『脩』爲『修』之借字。

〔七六二〕也，底四同，刊本無。

〔七六三〕民，底三原缺末筆，避諱缺筆字，兹據刊本録正。底四作『人』，則爲諱改字。《傳》中『民』字同。

〔七六四〕亦，底三原作『尒』，乃『亦』之形訛，兹據底四改正。

〔七六五〕畏，底四同，刊本作『威』，隸古定《尚書》『威』多作『畏』，説詳《古文尚書傳》（五）校記〔三七二〕。

〔七六六〕遏，底四同，刊本作『逖』，《説文·辵部》：『逖，遠也。遏，古文逖。』

〔七六七〕預，底四同，刊本作『豫』，『預』『豫』通用。

〔七六八〕我則，底三原倒作『則我』，兹據底四乙正。

〔七六九〕遠，底四同，刊本作『逖』，案遏者遠也，此作『逖』，當是改『遏』爲『逖』以後之事。

〔七七〇〕也，底四同，刊本無。

〔七七一〕多誥，刊本同，底四小字旁注『汝』字，王叔岷《尚書斠證》云：『敦煌今字本「誥」下旁補「女」字。僞孔《傳》：「我不惟多誥汝而已。」孔《疏》：「不惟多爲言誥汝而已。」似正文本作「我不惟多誥女」。』（一三五頁）

〔七七二〕惟，底四同，刊本前有『我』字。

〔七七三〕女，底四、刊本作『汝』，底四『汝』下後補『曰』字，『女』『汝』古今字。

〔七七四〕於，底四同，刊本作『于』，二字古多通用。

〔七七五〕無我怨也，刊本前有『汝』字，底四、刊本無『也』字。

〔七七六〕也，底四同，刊本無。

〔七七七〕也，底四、刊本無。

〔七七八〕以名篇，刊本前有『故』字，底四末有『也』字。

〔七七九〕䭫，底四同，刊本作「稽」，《玉篇·𩠐部》：「𩠑，今作稽。」「䭫」其變體也。下「䭫」字同。

〔七八〇〕孠，底四、刊本作「嗣」，《説文·册部》：「孠，古文嗣，从子。」是「孠」爲「嗣」之古文。

〔七八一〕爲，刊本同，底四無。

〔七八二〕順也，底四、刊本「順」作「愼」，刊本無「也」字，「順」爲「愼」之借字。

〔七八三〕左右，底四同，刊本前有「王」字。

〔七八四〕準，刊本同，底四作「准」，《玉篇·冫部》：「准，俗準字。」下「準」字同。

〔七八五〕於，刊本同，底四作「于」，二字古多通用。

〔七八六〕也，底四同，刊本無。

〔七八七〕也，底四同，刊本無。

〔七八八〕也，底四、刊本無。

〔七八九〕卹，底四同，刊本作「恤」。「卹」爲「恤」之古文，説見校記〔一七八〕。

〔七九〇〕歎，刊本同，底四作「歎美」，《正義》標起止作「歎此」，並云：「休，美也。王肅云『此五官美哉』，是『休茲』爲美此五官也。歎其官之美，美官不可不委賢人用之，故歎之。」釋經文「休」爲「美」，是其所據本亦無「美」字。然僞《傳》似不應不釋「休」字，《大禹謨》「戒之用休」僞《傳》云：「休，美。」依僞《傳》釋詞之例，下凡「休」字皆於句中隨文釋之，其例滋夥，不贅。此句經文有「休」字，僞《傳》亦應以「美」字釋之。底四是也。

〔七九一〕競，底四同，刊本作「競」，《龍龕》始收「競」字，應是「競」之俗字。

〔七九二〕籲畯尊丄，底四「籲」作「喻」，底四、刊本「畯」作「俊」，「丄」作「上」。王叔岷《尚書斠證》云：「籲、喻正假字。」（一三六頁）伯三三一五《尚書釋文》第二行：「畯，古俊字。」《説文·上部》云：「丄，高也。此古文上。」下「畯」字同。

〔七九三〕彊，底三原作『彊』，底四、刊本作『强』，案『彊』當是『彊』之形誤，『彊』、『强』二字古多通用，茲據以改正。

〔七九四〕儁，底四、刊本作『俊』，《玉篇·人部》：『俊，《説文》云：「才過千人也。」儁，同上，俗作儁。』下『儁』字同。

〔七九五〕也，底四、刊本無。

〔七九六〕也，底四、刊本無。

〔七九七〕咎繇所謨也，底四作『咎繇所謩者也』，刊本作『臯陶所謀』，隸古定《尚書》『臯陶』作『咎繇』，説詳《古文尚書傳》(一一)校記〔三三〕。《玉篇·言部》『謨』條下云：『謩，同上。』《爾雅·釋詁》：『謨，謀也。』二字同源。

〔七九八〕也，底四同，刊本無。

〔七九九〕宅居女事，底四無『宅』字，刊本作『宅居也居汝事』。案《堯典》『宅嵎夷』僞《傳》：『宅，居也。』是『宅』字僞《傳》已有訓，後『宅』字僞《傳》皆隨文釋義。《正義》云：『宅訓居也，居汝事，須得賢人。』以此知《正義》所據本僞《傳》無『宅居也』之訓。底四無『宅』字當是僞《傳》原貌。底三『宅』字乃爲後人所添，刊本『宅居也』三字亦後人所添。『女』『汝』古今字。

〔八〇〇〕也，底四、刊本無。

〔八〇一〕九州之伯也，底三原脱『之』字，茲據底四補；刊本無『也』字。

〔八〇二〕之，底三原脱，茲據底四補。

〔八〇三〕訔，底四、刊本作『訓』，《玉篇·言部》『訓』條下云：『訔，古文。』下『訔』字同。

〔八〇四〕慎，底四、刊本作『順』，『慎』爲『順』之借字。

〔八〇五〕於官，底四作『於衆官』，刊本作『于衆官』。

〔八〇六〕三，底四同，刊本作『一』，北京大學出版社標點本《尚書正義》校云：『依下《疏》文意似應作「三」。』案作『三』是，『三居』釋經文『三宅』也。

〔八〇七〕宥之，底三原倒作『之宥』，茲據底四乙正。

〔八〇八〕也，底四、刊本無。

〔八〇九〕往，底三原誤作「住」，兹據底四改正。

〔八一〇〕世無後也，底三、底四「世」皆缺筆，避諱缺筆字，兹據刊本録正；刊本無「也」字。

〔八一一〕昬，底三「民」旁缺末筆，避諱缺筆字，兹據刊本録正。

〔八一二〕王天下，刊本同，底四末有「也」字。

〔八一三〕言，底四、刊本無。

〔八一四〕也，底四同，刊本無。

〔八一五〕「明德」下底四有「也」字。

〔八一六〕以，底三原脱，兹據底四補。

〔八一七〕也，底四同，刊本無。

〔八一八〕遠近化之，底四作「遠近化也」，刊本作「逮近化」，阮校：「岳本「逮」作「遠」，是也。」

〔八一九〕忞，底四作「㤂」，刊本作「暋」，案《説文・心部》：「忞，彊也。《周書》曰：「在受德忞。」」馬宗霍《説文解字引經考》云：「僞孔《傳》釋「暋」爲强。案《説文・攴部》云：「暋，冒也。」義不爲彊，則作「暋」爲叚借字。許引作「忞」，訓彊也，古文正字也。」「㤂」乃「愍」之避諱缺筆字，「愍」爲「暋」之借字。

〔八二〇〕之，底四、刊本下有「人」字，案九條本旁注「人」字，是本亦無。

〔八二一〕也，底四同，刊本無。

〔八二二〕惡，底三原誤作「悪」，兹據底四改正。

〔八二三〕於，底四同，刊本作「于」，二字古通用。

〔八二四〕也，底四同，刊本無。

〔八二五〕庻習脩意之，底四、刊本「庻」作「庶」，案「庶」字《説文》小篆作「庶」，「庻」當是其隸變；「脩」字底四同，

〔八二六〕刊本作『逸』，『佾』爲『逸』之古文，説見校記〔一六七〕。底四、刊本『之』下有『人』字。

〔八二七〕衆，底三原無，兹據底四補。

〔八二八〕於，底四同，刊本作『于』，二字古通用。

〔八二九〕也，底四同，刊本無。

〔八三〇〕弇，底四、刊本作『奄』，『弇』『奄』同字。

〔八三一〕治，底三原缺筆，避諱缺筆字，兹據刊本録正。

〔八三二〕言皇天親有德□，底四作『言皇天無親祐有德也』，但從字體及字距可以明顯看出，『無』、『祐』二字爲後加，則本作『言皇天親有德也』；刊本作『言皇天無親佑有德』。案九條本作『言皇天親有德也』，旁有後人所添小字『無』、『右』二字，其情形與底四相同；内野本作『言皇天親有德』，亦與底四同。《正義》云：『此經之意，言周家有德，皇天親有德也。』則其所據當亦與底四未經加字之本相同。疑後人改『言皇天親有德也』爲『言皇天無親祐有德也』，乃是據《多方》『天降時喪，有邦間之』僞《傳》『言有國，明皇天無親，佑有德』而改。底三句末之缺字當是『也』。

〔八三三〕越，底三殘存『走』旁，兹據底四補。

〔八三四〕焯，底四、刊本作『灼』，《説文·火部》：『焯，明也。《周書》曰：「焯見三有俊心。」』又『灼，炙也。』段注：『凡訓「灼」爲明者，皆由經傳叚「灼」爲「焯」。』

〔八三五〕之，底三原無，兹據底四補。

〔八三六〕惡人，底三同，刊本下有『之心』之字。

〔八三七〕者也，底四、刊本無。

〔八三八〕兵，底四、刊本作『長』，《説文·長部》：『𠑷，亦古文長。』《玉篇·長部》『長』條下云：『兵，古文。』『兵』即『𠑷』之隸定。此作『兵』，『𠑷』之隸變也。

〔八三八〕以故能，底四同，刊本作「故能以」。
〔八三九〕也，底四同，刊本無。
〔八四〇〕常任準人，底四作「任人准夫」，刊本作「任人準夫」。
〔八四一〕及牧治爲天地人三事，底三「及」原誤作「乃」，兹據刊本改正。底三「治」字原缺末筆，避諱缺筆字，兹據刊本録正。刊本「人」下有「之」字。
〔八四二〕卑，底四、刊本作「小」，「卑」、「小」義同。
〔八四三〕順擇其人也，底四、刊本「順」作「慎」，案「順」爲「慎」之借字。刊本無「也」字。
〔八四四〕「携」，底四同，刊本作「攜」，《五經文字·手部》云：「攜，相承作擕，或作携者，皆非。」則「携」爲後起俗字。《傳》中「携」字同。
〔八四五〕庚，底四、刊本作「庶」，「庚」爲《説文》「庶」之小篆隸定字「庚」的變體。下「庚」字同。
〔八四六〕司，底三無，兹據底四補。
〔八四七〕「者也」二字底四、刊本無。
〔八四八〕順擇人，底四、刊本作「慎擇其人」，案「順」爲「慎」之借字。
〔八四九〕身，底四同，刊本作「職」。
〔八五〇〕太史，底四、刊本同，然僞《傳》中作「大史」，「大」「太」古今字，而且底四之「太」中一點明顯是後人所添，是「太史」應作「大史」爲是。
〔八五一〕掌，底四作「掌」，旁有小字「常」；刊本作「常」。
〔八五二〕也，底四、刊本無。
〔八五三〕及衆掌事之善士，底四作「及衆掌常事之善士」，刊本作「及旅掌常事之善士」，《正義》所引與底四同。
〔八五四〕者也，底四無「者」字，刊本無。

〔八五五〕 𣥠，底四、刊本作『旅』，《玉篇・止部》：『𣥠，古文旅。』此作『𣥠』，訛體也。

〔八五六〕 時也，刊本『時』作『特』，底四、刊本無『也』字，阮校：『岳本、《纂傳》「特」作「時」，屬上句，與《疏》合。宋板亦作「時」，下更有「也」字。』北京大學出版社標點本《尚書正義》據以改作『時』。

〔八五七〕 『者也』二字底四、刊本無。

〔八五八〕 𡰥，底四、刊本作『夷』。《玉篇・尸部》：『𡰥，古文夷字。』

〔八五九〕 𤇯，底四、刊本作『烝』，『𤇯』爲『蒸』之別體，見《說文・艸部》『蒸』篆下說解，『烝』『蒸』古今字。

〔八六〇〕 民，底三原缺末筆，避諱缺筆字，茲據以録正；底四亦缺筆。刊本作『人』，乃承襲諱改字。

〔八六一〕 也，底四同，刊本無。

〔八六二〕 司，底三無，茲據底四補。

〔八六三〕 惟其，底四同，刊本下有『能』。

〔八六四〕 司牧人，刊本同，底四前有『以』。

〔八六五〕 有德，底四、刊本下有『者』。

〔八六六〕 逌，底四同，刊本作『攸』，《漢書・地理志上》『漆沮既同，酆水逌同』顏師古注：『逌，古攸字也。』

〔八六七〕 昚，底四、刊本作『慎』，《說文・心部》：『慎，謹也。𡮜，古文。』『昚』爲『𡮜』之隸定。下『昚』字同。

〔八六八〕 所當順，底四作『所當慎』，刊本作『當所慎』，《正義》釋下『相我受民，和我庶獄庶慎，時則勿有間之』云：『然後用此賢臣治我所受天民，和平我衆獄訟，及衆當所慎之事，必能如是，則勿復有以代之。』阮校：『「當所」二字宜倒。』北京大學出版社標點本《尚書正義》據改。案：此兩句完全相同，既然下句應作『所當』，則此句必同。『順』爲『慎』之借字。下句『順』字同。

〔八六九〕 之也，底四、刊本作『賢』。

〔八七〇〕 韋，底四、刊本作『違』，『韋』『違』古今字。

〔八七一〕順，底四、刊本作「慎」，「順」爲「慎」之借字。
〔八七二〕壹，底四、刊本作「一」，二字通用。
〔八七三〕也，底四、刊本無。
〔八七四〕替，自此开始以底四爲底卷，底三「替」字殘脱左下角，底三止於此。
〔八七五〕撫安天下之功，刊本作「無安天下之力」，阮校：「閩本、葛本同，毛本「力」作「功」，是也。」案刊本「無」爲「撫」之誤。《正義》云：「所循惟文王撫安天下之功。」
〔八七六〕基，底四原缺「土」之竪筆，避諱缺筆字，兹據刊本録正。《傳》中「基」字同。
〔八七七〕以，刊本無。吴福熙云：「「以」字衍。」案《正義》云：「故以爲「君臣竝受此大大之基業。」是亦無「以」字。
〔八七八〕傳子孫也，刊本作「傳之子孫」。
〔八七九〕也，刊本作「之德」。
〔八八〇〕准，刊本作「準」，《玉篇·冫部》：「准，俗準字。」下「准」字同。
〔八八一〕焯，刊本作「灼」，《説文·火部》：「焯，明也。《周書》曰：「焯見三有俊心。」」又「灼，炙也。」段注：「凡訓「灼」爲明者，皆由經傳叚「灼」爲「焯」。」
〔八八二〕卑，刊本作「俾」，「卑」「俾」古今字。下「卑」字同。
〔八八三〕從今已往，刊本作「用今已往」，《正義》云：「「自」訓爲從，亦訓爲用，此《傳》言「用今已往」，下《傳》言「從今已往」，其意同也。」案《正義》之「下《傳》言「從今已往」」，指「繼自今，文子文孫」僞《傳》「從今已往」，與此句同，既訓「自」爲從，則「繼自今」之「自」此句亦當訓作「從」，當以底卷作「從」爲是。
〔八八四〕「治」下刊本有「之」字。
〔八八五〕心，刊本作「其」，阮校：「古本、岳本、宋板「其」作「心」，與《疏》合。」北京大學出版社標點本《尚書正義》據改。

〔八八六〕閒，刊本作『間』，『閒』『間』古今字。
〔八八七〕獄衆，底四原無，吴福熙云：『「衆」下脱「獄衆」二字。』案：此當是因换行而誤脱，兹據刊本補。
〔八八八〕也，刊本無。
〔八八九〕德，底四原無，吴福熙云：『「成」下脱「德」字。』兹據刊本補。
〔八九〇〕民矣，底四『民』字原缺末筆，兹依例録正。刊本作『之民』，《正義》標起止亦作『之民』。
〔八九一〕旦，底四原作『且』，敦煌寫卷『旦』、『且』常混，兹據刊本改正。
〔八九二〕乎，刊本作『于』，案《尚書》不作『乎』，下『其勿誤于庶獄』句，仍作『于』，是也。
〔八九三〕也，刊本無。
〔八九四〕商，刊本作『商』，《干禄字書·平聲》：『商、商，上俗下正。』《傳》中『商』字同。
〔八九五〕繇，刊本作『由』，《爾雅·釋水》『繇膝以下爲揭』《釋文》：『繇，古由字。』下『繇』字同。
〔八九六〕也，刊本無。
〔八九七〕訓德，刊本作『訓于德』，吴福熙云：『「訓」下脱「于」字。』案段玉裁《古文尚書撰異》云：『石經《尚書》殘碑「訓德是罔顯哉厥世」。按無「于」字，「在」作「哉」，此今文《尚書》也。』王先謙《尚書孔傳参正》云：『「不訓德」與上文「丕訓德」相對成義。』今有『于』者，疑據孔《傳》『憸人不訓於德』添也。
〔八九八〕世，底四原缺筆，避諱缺筆字，兹據刊本録正。《傳》中『世』字同。
〔八九九〕者，底四原無，吴福熙云：『「人」下脱「者」字。』案：據文義，『者』字不當無，兹據刊本補。
〔九〇〇〕順，刊本作『訓』，案『順』當是『訓』之誤字。
〔九〇一〕以，刊本作『其』。
〔九〇二〕『爲王』下刊本有『矣』字。
〔九〇三〕之，刊本無。

〔九〇四〕也，刊本無。
〔九〇五〕龠，刊本作「爾」，「龠」爲「爾」小篆的隸定字。
〔九〇六〕治，底四殘存右旁「台」，兹據刊本擬補。
〔九〇七〕也，刊本無。
〔九〇八〕也，刊本無。
〔九〇九〕無有不服化者，刊本作「無不服化者乎」，阮校：「古本「無」下有「有」字，「者」下無「乎」字，宋本同，毛本「有」字「乎」字並無。山井鼎曰：「正德、嘉靖二本共無有字，者下有乎字爲誤。」按岳本、《纂傳》亦俱作「無有不服化者」，與《疏》合，閩、葛俱與正德本同。」北京大學出版社標點本《尚書正義》據以改作「無有不服化者」，正與寫卷同。
〔九一〇〕明光，刊本作「光明」，案「明」釋「耿」字，經云「耿光」，故《傳》云「明光」。
〔九一一〕也，刊本無。
〔九一二〕人，刊本無，吴福熙云：「「人」字衍。」案疑爲「也」字之誤。
〔九一三〕也，刊本無。
〔九一四〕比也，刊本作「之比」。
〔九一五〕也，刊本無。

古文尚書傳(一二)（顧命）

伯四五〇九

【題解】

底卷編號爲伯四五〇九，起《顧命》『道揚末命』之『末命』，至『盥以異同』之『異』，存九行，經文大字，小注雙行。

此爲我國學人最早見到的敦煌寫本之一。一九〇九年九月，羅振玉發表在《東方雜誌》上的《敦煌石室書目及發見之原始》已有『尚書顧命殘頁』一目，兹依例擬名《古文尚書傳（顧命）》。

王仁俊對《尚書·顧命》所作的跋文曾對底卷有所校勘（《敦煌石室真蹟録》甲集，國粹堂石印本一九〇九年，簡稱『王仁俊』）；吴福熙《敦煌殘卷古文尚書校注》（蘭州·甘肅人民出版社一九九二。簡稱『吴福熙』）對底卷也作過簡單的校記。

今據縮微膠卷録文，以中華書局影印阮元刻《十三經注疏·尚書正義》爲對校本（簡稱『刊本』），校録於後。

（前缺）

末命，[命]女孠訔〔一〕，策命告辤也〔二〕。大君，成王。言憑玉几所道〔三〕，稱揚終命，所以感動康王也〔四〕。命女繼嗣其道，言任重，因以託戒也〔五〕。臨君周邦，帥循大法〔六〕，用是道臨君周國，帥群臣循大法。燮咊〔七〕天下，用荅敭〔八〕文武之光訔。』言用和天下〔九〕，用勤〔一〇〕對揚聖祖文武之大教。敘成王之〔一一〕意。王再拜，興，荅曰：『眇眇予末小子，亓能而乿亖方〔一二〕，㠯忌天畏〔一三〕？』言微微我淺末小子，其能如父祖治四方，以敬忌天畏德乎？謙辤，託不能者〔一四〕。乃受同、瑁，王三宿，三祭，三咤〔一五〕。王受瑁爲主，受同以祭也〔一六〕。礼成於三〔一七〕，故酌者實三爵於王，王三進爵，三祭酒，三奠爵，告已受群臣所傳之命〔一八〕。上宗曰：『饗〔一九〕！』祭必受福，讚王曰：『饗福酒。』太保受同，降，受王所饗同，下當返〔二〇〕於篚。盥㠯異

（後缺）

【校記】

〔一〕命女孠㫚，刊本作『命汝嗣訓』。底卷原無『命』字，吴福熙認爲寫卷脱，案此當是寫卷脱重文符號，兹據刊本補。王仁俊云：『女、汝古今字。』『孠、嗣，碑別體也。』『㫚、訓，碑別體也。』案《説文·冊部》：『孠，古文嗣，从子。』《玉篇·言部》『訓』條下云：『㫚，古文。』則『孠』、『㫚』皆古文也，下『㫚』字同。《傳》中『女』字同。

〔二〕策命告辝也，刊本作『冊命之辭』，吴福熙云：『「告」爲「之」之誤。』告、之形不近，無誤之由。『告』應讀作『誥』，誥辭者，君王所頒之文誥也。『策命告（誥）辝』者，策命康王繼位之文誥也。『策』爲『冊』之借，『辝』爲『辭』之俗。下『辝』字同。

〔三〕所道，底卷原倒作『道所』，《正義》引作『所道』，兹據刊本乙正。

〔四〕也，刊本無。

〔五〕也，刊本無。

〔六〕帥循大法，刊本『帥』作『率』，『法』作『卞』，安『帥』、『率』二字古多通用，將帥之『帥』《説文》作『衛』，『帥』、『率』均借字也，説詳《説文·行部》『衛』篆下段注。《傳》中『帥』字同。王仁俊曰：『俊謂王肅所見本亦應作「法」，故訓與孔《傳》合。自《正義》本有「卞皮彦反」四字，蓋合注與疏之本附陸氏《釋文》也。可見作「卞」之本始於唐初，抑爲衛包所改也。「法」之所以爲「卞」者，或曰「法」脱爛水旁，存去字，又訛爲乇，校者遂肊改爲「卞」。』

〔七〕爕咊，刊本作『燮和』，《正字通·火部》：『爕，俗燮字。』《玉篇·口部》『和』條下云：『咊，古文。』

〔八〕敭，刊本作『揚』，《説文·手部》：『揚，飛舉也。𢼸，古文。』『𢼸』隸定即爲『敭』。

〔九〕和天下，刊本『和』下有『和道』二字。

〔一〇〕勤，刊本無，吴福熙云：『「勤」字衍。』

〔一一〕之，刊本無。

〔一二〕亓能而𤔔亖方，刊本作『其能而亂四方』，底卷『亓』原作『开』，王仁俊曰：『开者，丌譌。丌，古其字也。』案『开』爲『亓』之訛，《尚書》寫卷多有此例，《集韻·之韻》：『其，古作亓。』故據以改正。《集韻·换韻》：『亂，古作𤔕。』『𤔔』爲『𤔕』之變體。《玉篇·二部》：『亖，古文四。』

〔一三〕㠯忈天畏，刊本作『以敬忌天畏』。《玉篇·人部》：『以，古作㠯。』下『㠯』字同。《集韻·志韻》：『惎，古作忈。』《尚書·秦誓》『則曰未就予忌』，王引之《經義述聞》云：『《説文》引此「忌」作「惎」，《廣雅》「惎，意志也」，《廣韻》「惎，志也」。「惎」與「惎」同。……作「忌」者，字之假借耳。』隸古定《尚書》『威』皆作『畏』，説見《古文尚書傳（五）》校記〔三七二〕。《傳》中『畏』字同。吴福熙云：『「以」下脱「敬」字。』案日本古寫本觀智院本、八行本亦無『敬』字。

〔一四〕者，刊本無，王仁俊曰『者』字衍。

〔一五〕咤，刊本作『吒』，錢大昕《經典文字考異》云：『咤，即吒字。』

〔一六〕也，刊本無。

〔一七〕三，底卷原誤作『二』，兹據刊本改正。

〔一八〕之命，刊本作『顧命』，王仁俊曰：『誤「顧」爲「之」。』

〔一九〕鄉，刊本作『饗』，『鄉』爲『饗』之借字。下『鄉』字同。

〔二〇〕下當返，刊本作『下堂反』，王仁俊曰：『「下堂」誤「下當」。』『反』『返』古今字。

古文尚書傳（一三）（費誓、秦誓、尚書目録）

俄敦一〇六九八（底一）　俄敦一〇八三八（底二）　伯三八七一（底三）

伯二九八〇（底四）　伯二五四九（底五）

【題解】

底一編號俄敦一〇六九八，起《費誓》『無敢不善』之『敢』（寫卷作『教』），至『我商賚汝』僞孔《傳》『衆人其有得佚馬牛、逃臣妾，皆敬還復之，我則商度汝功』之『則』，六下半行，行有界欄。《俄藏》在彩頁一〇中定名爲《尚書費誓》。

底二編號俄敦一〇八三八，起《費誓》『祇復之，我商賚汝』僞《傳》『衆人其有得佚馬牛、逃臣妾，皆敬還復之』之『臣妾』，至『無敢寇攘，踰垣牆』僞《傳》『軍人無敢暴劫人，踰越人垣牆』之『垣』，共三下半行，第一半行『臣妾皆敬還復之我則』九字僞《傳》文存左半，第三半行『劫人踰越人垣』六字僞《傳》文殘存右半，行有界欄。《俄藏》無定名。

底三編號伯三八七一，起《費誓》『汝則有常刑』僞《傳》『汝則有此常刑』之『常刑』，至篇末，共八行。

底四編號爲伯二九八〇，存《秦誓》篇，共二十九行。

底五編號爲伯二五四九，爲《尚書》五十八篇目録，共二十一行。

底三、底四、底五王重民《敍録》已考定爲一卷之裂，底一＋底二亦可與底三＋底四＋底五綴合，説詳許建平《〈俄藏敦煌文獻〉儒家經典類寫本的定名與綴合》（《姜亮夫、蔣禮鴻、郭在貽先生紀念文集》三〇四頁，上海教育出版社二〇〇三）。五卷綴合後，共六十五行，包括《費誓》、《秦誓》及後所附《古文尚書虞夏商周書目録》，故可擬其名爲《古文尚書傳（費誓、秦誓及尚書目録）》。

縮微膠卷已將底三、底四、底五綴合爲一，統一置於編號爲伯三八七一背的號碼下，《寶藏》從之。案《索引》認爲卷背爲《古類書》，是不以《尚書》文字爲背面。而且與此爲一卷之裂的底一+底二均爲正面，是縮微膠卷之編號錯誤，故從《索引》之編號。

卷内多有閲者以朱筆在古文旁添注今文者。底五卷末兩行，乃後人所添之孔安國小傳。

吴福熙《敦煌殘卷古文尚書校注》（甘肅人民出版社一九九二。簡稱『吴福熙』）對底三、底四、底五作過簡單的校記。陳鐵凡《尚書敦煌卷序目題記》（《包遵彭先生紀念論文集》，臺北歷史博物館，一九七一。簡稱『陳鐵凡』）對底五作過校記。

底一、底二據《俄藏》録文，底三、底四、底五據縮微膠卷録文，以中華書局影印阮元刻《十三經注疏·尚書正義》爲對校本（簡稱『刊本』），校録於後。

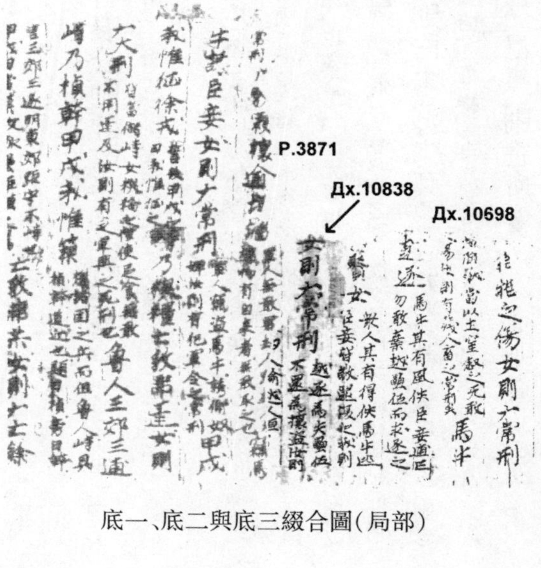

底一、底二與底三綴合圖（局部）

（前缺）

□敦▨（弗）善[一]。□▨▨▨（鍛鍊戈）矛[二]，磨礪▨（鋒）[三]刃。皆□馬[四]，今軍人惟大放舍牿牢之牛馬，言軍所在必放牧也。□敜[五]□▨（牿）[六]。牿之傷，女則ナ[七]常刑。□地[八]陷獸，當以土窒敜之。无[九]敢□▨▨（之傷）[一〇]，汝則有殘人畜之常刑矣[一一]。馬牛□越逐[一二]，馬牛其有風佚，臣妾逋亡，勿敢棄越壘伍而求逐之。□賫女[一三]。衆人其有得佚馬牛、逃臣妾，皆敬還復之，我則[一四]□女[一五]則ナ常刑。越逐爲失壘伍〔一六〕，不還爲攘盜，汝則□□（有此）常刑〔一七〕。 □▨（亡敢）〔一八〕寇攘，逾垣墻〔一九〕，軍人無敢暴劫人，踰越人垣〔二〇〕墻，物有自來者，無敢取之也〔二一〕。 竊馬牛，誘臣妾，女則亣常刑。 軍人竊盜〔二二〕馬牛，誘偷奴婢，汝則有犯軍令之常刑。 甲戌〔二三〕，我惟征徐戎。 峙乃糗糧，亡敢弗逮，女則亣大刑。 皆當儲峙女糗糒之糧，使足食，無敢不用〔二四〕逮及，汝則有乏軍興之死刑也〔二五〕。 誓後甲戌之日，我惟征之。 魯人三郊三逋〔二六〕，峙乃楨幹〔二七〕。 甲戌，我惟築， 揔諸国（國）之兵，而但［稱］〔二八〕魯人。 峙具楨幹，道近也。 題曰楨，旁曰幹。 言三郊三遂，明東郊距守不峙也〔二九〕，甲戌日當築攻敵壘距堙之屬。 亡敢弗共〔三〇〕，女則亣亡餘刑，非煞〔三一〕。 峙［具］〔三二〕楨幹，无敢不供。 不供，女則有无〔三三〕餘之刑。 刑者非一也，然亦非煞汝也〔三四〕。 魯人三郊三逋，峙乃蒭〔三五〕茭，亡敢弗多，女則亣大刑。』 郊遂多積蒭茭，供軍牛馬。 不多，［女］則亦有乏軍興之大刑也〔三六〕。

尚書秦誓篇第卅二〔三七〕　周書　孔氏傳

▨▨▨▨（秦穆公伐）〔三八〕鄭，遣三師帥師往〔三九〕伐之。 晉襄公帥師敗彸〔四〇〕崤，崤，晉□▨（要塞）〔四一〕也。 以其不假道，▨（伐）〔四二〕而敗之，囚其三帥。 還婦〔四三〕，作《秦誓》。 晉舍三帥，還歸秦，穆公悔過作誓也〔四四〕。

秦誓貪鄭取敗，悔而自誓。

公曰：『嗟！ 我士，聽亡嘩〔四五〕。 誓其羣臣，通稱士也。 予〔四六〕誓告女羣言之首。 衆言之本要也〔四七〕。 古人亣言曰：「民訖自若，是多股〔四八〕。」 言民之〔四九〕行已，盡用順道，是多樂。 稱古人言，悔前不順忠臣也〔五〇〕。 責人所〔五一〕亡難，惟受責俾〔五二〕如流，是惟難才〔五三〕！ 人之有非，以義責之，此无難也。 己〔五四〕有非，惟受人責，即改之如水流下，▨□（是惟）〔五五〕難哉。 我心之憂，日月逾邁，若弗員〔五六〕來。 言我心之憂，欲改過自新，如日月並行過，如不復云來，雖欲改悔，恐死及之，無所益也〔五七〕。 惟古之惎〔五八〕人，則曰未就予忎〔五九〕。 惟爲我執古義之謀人，謂忠賢蹇叔等也，則曰未成我所欲，反忌之〔六〇〕。 惟今之惎人，姑將以爲親。 惟指今事爲我［所］〔六一〕謀之人，我且將以爲親而用之。 悔前違古從今，取破敗也〔六二〕。 雖則員然，尚繇〔六三〕詢兹黄髮，則宄所僁〔六四〕。 言前雖則有云然之過，今〔六五〕庶幾以道謀此黃髮賢老，則行事无所過矣。番番良士，农力旡〔六六〕譽，▨▨（我尚）〔六七〕ナ之。勇武播播〔六八〕之良士，雖衆力已過老，我今庶幾欲有此人而用之也〔六九〕。仡仡勇夫，䠶馭〔七〇〕弗違，我尚弗欲。仡仡壯〔七一〕勇之夫，雖䠶御不違，我庶幾不欲用。自悔之至也〔七二〕。惟截截善諞言，卑君子易辭〔七三〕，我皇多ナ之，昧昧我思之。惟察察便巧善爲辯〔七四〕佞之言，使君子回〔七五〕心易辭，我前多有之，以我昧昧思之不明故也。如ナ一个〔七六〕臣，䫿□▨（䫿猗）〔七七〕，亡他伎，亓〔七八〕心□（休）休焉，亓如ナ宆〔七九〕。如有▨▨（束脩）一个［臣］〔八〇〕，斷斷猗然專壹〔八一〕之臣，雖無他伎藝，其心休休〔八二〕樂善，其如是，則能［有］〔八三〕所容。言將任之至〔八四〕。人之ナ伎〔八五〕，若己ナ之；人之彥聖，亓心好之，弗啻而〔八六〕自亓口出。是能宆之。人之有伎藝〔八七〕，若己有之，樂善之至也；人之美聖，其心好之，不啻如自其口出，心好之至〔八八〕。是人必能容民〔八九〕。㠯保我子孫黎▨（民）〔九〇〕，亦職〔九一〕ナ利才！用此好伎聖之人，以安我子孫衆民〔九二〕，亦主有利哉！言能興國也〔九三〕。人之ナ伎，□▨▨（冒疾㠯）〔九四〕惡之；人之彥聖，而違背〔九五〕之，卑弗達，見人之有伎［藝］〔九六〕，蔽冒疾害以惡之；人之美聖，而違背壅塞之，使不得上通。是弗［能］〔九七〕宆，㠯弗能保我子孫黎民，亦曰殆才！冒疾之人，是不能容民〔九八〕用之，則〔九九〕不能安我子孫衆民，亦曰危殆哉！邦之⿸广兀〔一〇〇〕隉，曰繇〔一〇一〕一人。杌隉，不安，言危也。一人所任用，國之傾危，曰由所任不用賢。邦之榮褱〔一〇二〕，亦尚一人之慶。』國之光榮，爲民所歸，亦庶幾其所任用賢之善也。穆公陳［戒］〔一〇三〕，背賢則危，用賢則榮，自誓改前▨▨（過之）〔一〇四〕意。

古文尚書卷第十三〔一〇五〕

古文尚書虞夏商周書目録〔一〇六〕

堯典一　舜典二　大禹〔一〇七〕三　咎繇〔一〇八〕謨四　益稷五

右虞書五篇

禹貢一　甘誓二　五子之歌三　胤征四

右夏書四篇

湯誓一　中〔一〇九〕虺之誥二　湯誥三　伊訓四　太甲上五　太甲中六　太甲下七　咸有悳〔一一〇〕八　盤庚上九　盤庚中十　盤庚下十一　説命上十二　説命中十三　説命下十四　高宗肜日十五　西伯戡黎十六　微子十七

右商書十七篇

太〔一一一〕誓上一　太誓中二　大誓下三　梅〔一一二〕誓四　武成五　洪範六　旅敖〔一一三〕七　金縢〔一一四〕八　大誥九　微子之命十　康誥十一　酒誥十二　杍〔一一五〕材十三　召誥十四　洛誥十五　多士十六　亡逸十七　君奭十八　蔡仲之命十九　多方廿　立政廿一　周官廿二　君敕〔一一六〕廿三　顧命廿四　康王之誥廿五　畢命廿六　君牙廿七　臩〔一一七〕命廿八　吕刑廿九　文侯之命卅　粊〔一一八〕誓卅一　泰〔一一九〕誓卅二

右周書卅二篇

凡虞夏商周書五十八篇

孔國字子國，又曰孔安國，漢武帝旹爲臨淮太守，孔子十世▨（孫）〔一二〇〕□

（後缺）

【校記】

〔一〕敦弗善，刊本「敦」作「敢」，「敦」爲「敢」之古字「𠭥」的變體，説詳《古文尚書傳》（七）校記〔五三〕；「弗」底一殘存上半，内野本作「弗」，兹據以擬補，刊本作「不」，「弗」「不」二字義同。下凡「敦」、「弗」皆同。

〔二〕「矛」上《傳》文底一殘泐，後三字存左半，刊本作「備汝弓矢弓調矢利鍛鍊戈」，兹據擬補後三字。以下底卷中凡殘字、缺字、脱字補出而未特別説明者，均據刊本，不復一一注明。

〔三〕鋒，底一殘缺右邊小半。

〔四〕『馬』前底一殘泐，刊本作『使無敢不功善今惟淫舍牿牛』。

〔五〕𢾀，刊本作『杜』，《説文·攴部》『𢾀，閉也』段注：『杜門字當作此，杜行而𢾀廢矣。』

〔六〕牿，底一有殘損，據其殘餘筆畫，似爲『牿』之殘存者，兹據刊本補。『牿』前底一殘泐，刊本作『乃擭敜乃穽無敢傷』。

〔七〕女則ナ，刊本作『汝則有』，『女』『汝』古今字，《集韻·有韻》：『有，古作ナ。』下凡『女』、『ナ』皆同，不復出校。

〔八〕『地』前底一殘泐，刊本作『擭捕獸機檻當杜塞之穽穿』。

〔九〕无，刊本作『無』，《説文·亾部》：『无，奇字無也。』下凡『无』皆同。

〔一〇〕之傷，底二『之』存右下角殘畫，『傷』殘脱『亻』。『之傷』前底一殘泐，刊本作『令傷所以牿牢之牛馬牛馬』。

〔一一〕矣，刊本無。

〔一二〕『越逐』前底一殘泐，刊本作『其風臣妾逋逃勿敢』。

〔一三〕『賚女』前底一殘泐，刊本作『役人賤者男曰臣女曰妾祗復之我商』；刊本『女』作『爾』，二字義同。

〔一四〕『臣妾皆敬還復之我則』九字底一存右半，底二存左半。底一止於此，底二起於此。

〔一五〕『女』前底二殘泐，刊本作『商度汝功賜與汝乃越逐不復』。

〔一六〕失壘伍，刊本無『壘』字，案僞《傳》前有『勿敢棄越壘伍而求逐之』句，疑此亦當有。

〔一七〕常刑，底三起於此。

〔一八〕亡敦，底三『亡』殘存左上角殘筆，『敦』殘存左半『孚』；刊本作『無敢』，『亡』『無』古今字。底三凡『無敢』

皆作『亡敦』，故據以擬補。下凡『亡』字皆同。

〔一九〕逾垣墻，刊本『逾』作『踰』、『墻』作『牆』，《説文·足部》『踰，越也』段注：『踰與逾音義略同。』《玉篇·土部》：『墻，正作牆。』《傳》中『墻』字同。底三『垣』字右邊之『亘』殘損右半。

〔二〇〕『劫人踰越人垣』六字，底二存左半，底三存右半。底二止於此。

〔二一〕也，刊本無。

〔二二〕竊盜，刊本作『盜竊』，竊盜、盜竊義同。

〔二三〕戌，底三原作『戍』，吴福熙云：『「戍」爲「戌」之誤，後「甲戌」同。』兹據刊本改正。

〔二四〕用，刊本作『相』。

〔二五〕也，刊本無。

〔二六〕逋，刊本作『遂』，王叔岷《尚書斠證》云：『逋乃逋之誤。』（《中央研究院歷史語言研究所集刊》第三十六本，一三七頁，一九六五）案：王説是也。《説文·辵部》：『遂，亡也。𨔶，古文遂。』《集韻·至韻》：『遂，古作逋。』『逋』爲『𨔶』之隸定，『逋』爲『逋』之形訛。下『逋』字同。

〔二七〕幹，刊本作『榦』，《説文·木部》『榦』篆下段注：『榦，俗作幹。』《傳》及下『幹』字同。

〔二八〕稱，底三原無，吴福熙云：『「但」下脱「稱」字。』兹據刊本補。

〔二九〕也，刊本無。

〔三〇〕共，刊本作『供』，『共』『供』古今字。

〔三一〕煞，刊本作『殺』，《干禄字書·入聲》以『煞』爲『殺』之俗字。下凡『煞』字同。

〔三二〕具，底三原無，吴福熙云：『「峙」下脱「具」字。』案上《傳》文有『峙具楨幹』句，兹據刊本補。

〔三三〕有无，刊本作『無有』，北京大學出版社標點本《尚書正義》改作『有無』，校云：『二字原倒，據上經文及下疏文乙。』正與寫卷合。

〔三四〕也，刊本無。

〔三五〕蓊，刊本作『蒭』，《玉篇・艸部》：『蒭，俗作蓊。』《傳》中『蓊』字同。

〔三六〕女則亦有乏軍興之大刑也，底三原無『女』字，吴福熙云：『「多」下脱「女」字。』案：此句釋經文『女則亡大刑』，應有『女』字，女者，汝之古字，底卷凡『汝』皆作『女』，兹據以補。刊本『乏』誤作『之』，無『也』字。底三止於此。

〔三七〕尚書秦斲萹第卅二，底四起於此。底四『秦』原作『泰』，吴福熙云：『「泰誓」爲「秦誓」之誤。』兹據刊本改正。刊本『斲』作『誓』，『萹』作『篇』，『卅』作『三十』，《説文・艸部》『折』之籀文作『𣂔』，《玉篇・艸部》隸定作『斲』，王引之《經義述聞》卷三『誓字古文』條認爲此即『誓』之古文，此作『斲』，『斲』之變體也。下『斲』字同。『萹』爲『篇』之俗體，俗書竹、艹不分也。『卅』爲『三十』之合文。

〔三八〕秦穆公伐，底四『秦』存右下角，『穆』存左半『禾』，『公』殘存下部『厶』之一點，『伐』存右半『戈』。

〔三九〕往，底四原作『法』，吴福熙云：『「法」爲「往」之誤。』兹據刊本改正。

〔四〇〕𢒆，刊本作『諸』，《玉篇・彡部》：『𢒆，古文諸。』俗書止旁、山旁常互訛，故『𢒆』寫作『𢒆』。

〔四一〕塞，底四『塞』存下半。

〔四二〕伐，底四殘損右下角。

〔四三〕㱕，刊本作『歸』，底卷『㱕』字原從山旁，當是止旁之誤，《玉篇・止部》『歸』條下云：『㱕，籀文。』兹據以改。

〔四四〕也，刊本無。

〔四五〕嘩，刊本作『譁』。《玉篇・華部》：『華，今作華。』此作『嘩』，即『嘩』之古字。《説文》有『譁』無『嘩』，『嘩』爲後起別體。

〔四六〕予，底四原誤作『矛』，兹據刊本改正。

〔四七〕也，刊本無。

〔四八〕股，刊本作『盤』，王叔岷《尚書斠證》曰：『敦煌本「盤」作「般」，古通。』（一三八頁）案寫卷作『股』，不作『般』，『盤』爲『般』之後起字，非通用字；『股』爲『般』之形誤。

〔四九〕之，底四原誤作『人』，兹據刊本改正。

〔五〇〕也，刊本無。

〔五一〕所，刊本作『斯』，《玉篇・斤部》『斯』條下云：『所，古文。』

〔五二〕俾，底四右下角殘損，兹據刊本補。

〔五三〕難才，刊本作『艱哉』，案日本早期古寫本九條本亦作『難』，《傳》中『難哉』之『難』同。《集韻・咍韻》：『哉，古作才。』下凡『才』字同。

〔五四〕『己』前刊本有『若』字。

〔五五〕是，底四殘存上部『日』。

〔五六〕員，刊本作『云』，阮校：『古本「云」作「員」，下「雖則云然」同。山井鼎曰：「《傳》文共同今本。」盧文弨云：《疏》云員即云也。則本是員字。』按《傳》以『云』釋『員』，作『云來』，故《正義》曰『員即云也』，衛包依之改『員』爲『云』。下文『雖則員然』同。

〔五七〕也，刊本無。

〔五八〕惎，刊本作『謀』，《龍龕・心部》：『惎，古文，音謀。』下『惎』字同。

〔五九〕忎，刊本作『忌』，《集韻・志韻》：『惎，古作忎。』王引之《經義述聞》云：『《説文》引此「忌」作「惎」，《廣雅》「惎，意志也」，《廣韻》「𢘑，志也」。「𢘑」與「惎」同。……作「忌」者，字之假借耳。』

〔六〇〕忌之，底四『忌』原作『忘』，吴福熙云：『「忘」爲「忌」之誤。』兹據刊本改正。

〔六一〕所，底四原脱，兹據刊本補。刊本末有『耳』字。

〔六二〕取破敗也，刊本作「以取破敗」。

〔六三〕繇，刊本作「猷」，王引之《經傳釋詞》云：「繇、由、猷古字通。」

〔六四〕宀所諐，刊本作「罔所愆」，《玉篇・宀部》：「宀，古文罔。」《龍龕・言部》：「諐，古文，音僁，過也。」《說文・心部》：「愆，過也。諐，籀文。」則《龍龕》以「諐」爲「愆」之古文，然「愆」字《說文》籀文作諐，隸定則爲「諐」，作「諐」者當是訛體。下「諐」字同。

〔六五〕「今」下刊本有「我」字。

〔六六〕衣力旡，刊本作「旅力既」，《玉篇・止部》：「衣，古文旅。」此作「衣」，訛體也。伯三三一五《尚書釋文》第三行：「旡，古既字。」

〔六七〕我尚，底四「我」字右下角殘泐，「尚」殘存右半。

〔六八〕播播，刊本作「番番」，「番」「播」古今字。

〔六九〕也，刊本無。

〔七〇〕躲馭，刊本作「射御」，據《說文》，「躲」爲「射」之古文。《說文・彳部》：「馭，古文御。」《傳》中「躲」字同。

〔七一〕壯，底四原誤作「往」，兹據刊本改正。

〔七二〕也，刊本無。

〔七三〕卑君子易習，刊本「卑」作「俾」，「習」作「辭」，「卑」「俾」古今字，下「卑」字同。又《集韻・之韻》：「詞，古作習，或書作習。」「詞」「辭」古多通用。

〔七四〕辯，刊本作「辨」，「辨」爲「辯」之借字。

〔七五〕回，刊本作「迴」，「回」「迴」古今字。

〔七六〕个，刊本作「介」，王引之《經義述聞》卷三一《通說上》「个」條云：「『个』即『介』字隸書之省。」《傳》中「个」字同。

〔七七〕鉊鉊猗，刊本「鉊」作「斷」，《玉篇・斤部》「斷」條下云：「鉊，古文。」底四「猗」殘存左半「犭」。

〔七八〕「亓」，底四原作「开」，刊本作「其」，《集韻・之韻》：「其，古作亓。」「开」應是「亓」之俗誤，兹據以改正。下「亓」字皆同。

〔七九〕宊，刊本作「容」，《玉篇・宀部》「容」條下云：「宊，古文。」下「宊」字同。

〔八〇〕束脩一个臣，「束脩」二字底四皆存殘筆；底四原無「臣」字，兹據刊本補。

〔八一〕断断猗然專壹，刊本「断」作「斷」，「壹」作「一」，《干禄字書・上聲》：「断、斷，上俗下正。」「壹」「一」二字古多通用。

〔八二〕「休休」下刊本有「焉」字。

〔八三〕有，底四原無，吴福熙云：「『能』下脱『有』字。」兹據刊本補。

〔八四〕至，刊本無，吴福熙云：「『至』字衍。」

〔八五〕伎，刊本作「技」，《説文・手部》：「技，巧也。」人部：「伎，與也。」則「技」爲正字，「伎」爲借字。下凡「伎」字同。

〔八六〕而，刊本作「若」，二字義同。

〔八七〕藝，刊本無。

〔八八〕「至」下刊本有「也」字。

〔八九〕容民，刊本作「容之」，案《正義》云：「大賢之人，見人之有技，如似己自有之。見人之有美善通聖者，其心愛好之，不啻如自其口出。愛彼美聖，口必稱揚而薦達之，其心愛之，又甚於口言其愛之至也。是人於民必能含容之。」蓋孔氏所據本亦作「容民」也。

〔九〇〕㠯保我子孫黎民，底四「民」字右上角殘損，刊本「㠯」作「以」，《玉篇・人部》：「以，古作㠯。」下「㠯」字同。

〔九一〕𨈖，刊本作『職』，《玉篇·身部》：『𨈖，俗職字。』

〔九二〕以安我子孫衆民，刊本無『以』字，『民』作『人』，案『人』爲承襲諱改字。

〔九三〕也，刊本無。

〔九四〕冒疾目，底四『冒』字殘泐，『疾目』皆存殘畫。

〔九五〕違背，刊本無『背』字，王叔岷《尚書斠證》曰：『敦煌本「違」下有「背」字，「而違背之」，不似春秋時語，疑涉《傳》文而衍。』（一三八頁）案王説是，《禮記·大學》引《秦誓》亦無『背』字。

〔九六〕藝，底四原無，兹據刊本補。

〔九七〕能，底四原無，吴福熙云：『「弗」下脱「能」字。』案《禮記·大學》引《秦誓》云：『俾不通，寔不能容。』亦有『能』字，兹據刊本補。

〔九八〕民，刊本作『人』，案『人』爲承襲諱改字。下句『民』字同。

〔九九〕則，刊本無。

〔一〇〇〕𡰥，刊本作『杌』，《説文》無『杌』字，《𠂤部》有『阢』字，云：『石山戴土也。』『隉』字下云：『危也。《周書》曰：「邦之阢隉。」』段注：『阢當是轉寫之誤，當是本作抓，或作兀，未可定也。』《古文四聲韻》入聲月韻引《籀韻》『抓』字作『𡯂』，與『𡰥』形近，《書古文訓》作『𡰥』，疑爲『𡰥』之誤。

〔一〇一〕繇，刊本作『由』，《爾雅·釋水》『繇膝以下爲揭』《釋文》：『繇，古由字。』

〔一〇二〕褭，刊本作『懷』，伯三三一五《尚書釋文》第二九行：『褭，古懷字。』

〔一〇三〕戒，底四原脱，兹據刊本補。

〔一〇四〕『過之』二字底四均存右半。

〔一〇五〕古文尚書卷第十三，底四止於此。

〔一〇六〕古文尚書虞夏商周書目録，底五起於此。

〔一〇七〕大禹，刊本作『大禹謨』。吴福熙云：『「禹」下脱「謨」字。』

〔一〇八〕咎繇，刊本作『皋陶』。陳鐵凡云：『《説文・言部》「謨」字下引「《虞書》曰咎繇謨」，《漢書・敍傳》曰「咎繇謨虞」，顔師古《漢書》皆作「咎繇」。《釋文・序》出「皋」字云：「皋，本又作咎。」又出「陶」字云：「陶，本又作繇。」敦煌本《帝典釋文》出「咎繇」曰：「咎繇，臣名。」今本無此條，殆爲宋開寶陳鄂所删薙矣。今此目亦作「咎繇」，是隋唐以前隸古本皆如是作。』

〔一〇九〕中，刊本作『仲』，陳鐵凡云：『甲金文「仲」字俱作「中」。……竊疑伯仲從人作，始於秦篆。此卷作「中虺」，或古文《尚書》本爾也。』

〔一一〇〕咸有悳，刊本作『咸有一德』，陳鐵凡以爲寫卷奪『一』字。《廣韻・德韻》以『悳』爲『德』之古文，『悳』乃『悳』之變體。

〔一一一〕太，刊本作『泰』，阮校：『閩本、監本、毛本「太」作「泰」。案當作「大」。王應麟《困學紀聞》云：「泰誓，古文作大誓。」晁氏曰：「開元間衛包定今文始作泰。」』下『太誓』、『大誓』同。

〔一一二〕梅，刊本作『牧』，《玉篇・土部》：『坶，古文《尚書》作坶。』『梅』當是『坶』之誤。

〔一一三〕敖，刊本作『獒』。楚蔿艾獵字叔敖，朱駿聲《説文通訓定聲》認爲『敖』通作『獒』。陳鐵凡云：『「獵」必攝「獒」，即以「獒」詁「獵」。』

〔一一四〕騰，刊本作『滕』，陳鐵凡云：『當以「滕」字爲正。』

〔一一五〕杍，刊本作『梓』，《正義》曰：『此古杍字，今文作梓。』

〔一一六〕軙，刊本作『陳』，《説文・攴部》『敶，列也』段注：『軙者，敶之省。《素問注》云：「軙，古陳字。」是也。』《字彙・車部》：『軙，古陳字。』

〔一一七〕臭，刊本作『冏』，《説文・夰部》：『臩，驚走也。《周書》曰「伯臩」。古文以爲囧字。』（據段玉裁注改）『冏』爲『囧』之後起別體。『臭』應是『臩』之訛體。

〔一二八〕粜，刊本作『費』，《説文·米部》：『粜，惡米也。《周書》有《粜誓》。』『粜』者，『費』之古文。

〔一二九〕泰，刊本作『秦』，吴福熙云：『「泰」爲「秦」之誤。』

〔一三〇〕孫，底卷存右邊『系』，兹依文意補。